Spitzbergen:
Arktis-Kreuzfahrt
Jukkasjärvi
SCHWEDEN
FINNLAND
Helsinki &
Lappland
ESTLAND
LETTLAND
LITAUEN
WEISS-
RUSSLAND
POLEN
UKRAINE
BULGARIEN
Istanbul
GRIECHEN-
LAND
RUSSLAND
KASACHSTAN
Mongolei
USBEKISTAN
Samarkand
KIRGISISTAN
TURKMENISTAN
TADSCHIKISTAN
TÜRKEI
SYRIEN
LIBANON
IRAK
ISRAEL
JORDANIEN
Petra
IRAN
AFGHANISTAN
Nil-
Kreuzfahrt
Rotes
Meer
KUWAIT
LIBYEN
ÄGYPTEN
SAUDI-
ARABIEN
OMAN
JEMEN
DSCHIBUTI
TSCHAD
SUDAN
Lalibela
ÄTHIOPIEN
ZENTRAL-
AFRIK. REP.
SOMALIA
UGANDA
KENIA
DEM. REP.
KONGO
RUANDA
BURUNDI
Kilimanjaro
TANSANIA
ANGOLA
MALAWI
SAMBIA
Victoria-Fälle
MOSAMBIK
MADAGASKAR
NAMIBIA
SIMBABWE
BOTSUANA
Kruger
National Park
Mosambik
SWASILAND
SÜDAFRIKA
LESOTHO
CHINA
Beijing
Seidenstraße
NORD-
KOREA
SÜD-
KOREA
JAPAN
Tokyo
Kyoto
Tibet
PAKISTAN
Barsana
NEPAL
Himalaya
Rajasthan
Agra
BANGLADESCH
Yunnan
Vietnam
Hongkong
INDIEN
MYANMAR
Mekong
LAOS
THAILAND
Bangkok
Angkor
KAMBODSCHA
PHILIPPINEN
Yap
Kerala
Kandy
SRI LANKA
Malediven
Ang Thong
National
Marine Park
Pulau
Perhentian
BRUNEI
MALAYSIA
SINGAPUR
Borneo
INDONESIEN
PAPUA-
NEUGUINEA
Borobudur
Bali
OST-
TIMOR
Pazifischer
Ozean
Indischer
Ozean
Vanuatu
Aitutaki
Ningaloo
Uluru
Queensland
AUSTRALIEN
Sydney
Tasmanien
NEU-
SEELAND
Nordinsel
Queenstow
ANTARKTIS

REISEN

Traumziele für das ganze Jahr

REISEN

Traumziele für das ganze Jahr

DK

Dorling Kindersley
www.travel.dk.com

DK

Ein Dorling Kindersley Buch

www.travel.dk.com

Managing Editors Vivien Antwi & Christine Stroyan
Senior Editor Hugh Thompson
Project Editor Ellie Smith
Editor Emma Gibbs

Design Managers Mabel Chan & Sunita Gahir
Art Editor Shahid Mahmood
Designers Marisa Renzullo & Paul Jackson
DTP Designers Natasha Lu & Jenn Hadley

Picture Researcher Sarah Smithies
Cartographers Casper Morris
Dominic Beddow von Draughtsman Ltd
& Ed Merritt von Merritt Cartographic
Production Controller Shane Higgins

Publisher Douglas Amrine

Titel der englischen Originalausgabe:
TRAVEL – Where To Go When
Zuerst erschienen 2007 in Großbritannien
bei Dorling Kindersley Ltd., London
A Penguin Company

Für die deutsche Ausgabe:

Aktualisierte Neuauflage 2011/2012

Programmleitung Dr. Jörg Theilacker,
Dorling Kindersley Verlag
Projektleitung Stefanie Franz, Dorling Kindersley Verlag

Übersetzung Barbara Rusch, München
Redaktion Brigitte Maier, Konzept & Text, München
Schlussredaktion Philip Anton, Köln

Satz und Produktion Dorling Kindersley Verlag
Lithografie Media Development Printing, Wiltshire, England
Druck Star Standard, Singapur

ISBN 978-3-8310-1359-3
3 4 5 6 7 14 13 12 11 10

Dorling Kindersley Verlag GmbH
Redaktion Reiseführer
Arnulfstraße 124 • 80636 München
travel@dk-germany.de

Umschlag: Kamele waten durch den Fluss Yamuna, im Hintergrund das Taj Mahal, Agra
Seite 1: Frau im Karnevalskostüm, Mexiko
Seite 2–3: Strand auf den Kanarischen Inseln
Vorwort: Montréal bei Nacht

INHALT

Vorwort

Reisen Sie gern? Träumen Sie gern davon, welche aufregenden Möglichkeiten die Welt bereithält und was es noch alles zu entdecken gibt? Dann haben wir etwas gemeinsam. Aber wissen Sie auch immer genau, was Sie auf Ihrem nächsten Trip erleben möchten? Wohin Ihre Reise gehen soll?

Dieses Buch stellt Ihnen Traumziele vor: die berühmtesten, die fremdesten und die verstecktesten. Mit weit mehr als tausend Fotos will *REISEN – Traumziele für das ganze Jahr* Anregungen liefern und Möglichkeiten präsentieren, die genau zu Ihnen und zu einer bestimmten Jahreszeit passen.

Das Spektrum ist breit. Wir wissen nicht, ob Sie allein, zu zweit, als Familie oder mit Freunden verreisen, ob Sie eher an Kultur oder an Natur interessiert sind, ob Sie sich in Städten oder im Dschungel wohlfühlen, ob Sie das Meer oder die Berge lieben, ob Sie mitten im Winter die kältesten oder die heißesten Regionen bevorzugen, ob Sie Ihre körperlichen Grenzen ausprobieren oder sich lieber verwöhnen lassen wollen. Aber wir wissen, welche Reiseziele es gibt. Und welche davon das scheinbar Unvereinbare in einer einzigen Reise vereinen lassen.

REISEN – Traumziele für das ganze Jahr kann Ihnen einen Eindruck vermitteln von einzigartigen Orten, von denen Sie sich bisher noch nichts haben träumen lassen.

Blättern Sie in diesem Buch. Sehen Sie sich die Fotos an, lassen Sie sich inspirieren und begeistern. Beginnen Sie zu träumen. Damit Ihre Träume die Chance haben, Realität zu werden, finden Sie im Buch natürlich auch konkrete Informationen: über die Anreise und die Wetterbedingungen, einige Vorschläge für Übernachten und Essen, eine grobe Kalkulation der Kosten und die zentralen Internet-Adressen für Ihre weiteren, ganz persönlichen Nachforschungen. Für jedes Reiseziel gibt es einen Plan, wie Sie Ihre Tage einteilen und die kostbarste Zeit des Jahres intensiv nutzen können. Und weil dieses Buch von Menschen geschrieben wurde, die erlebt haben, wovon Sie berichten, finden Sie auch ganz spezielle Tipps, was Sie tun und was Sie vermeiden sollten.

Dieses Buch ersetzt keinen Reiseführer. Es will nur Anregungen liefern. Denn jetzt sind Sie dran. Sie müssen sich aus den unendlichen Möglichkeiten, die unsere Erde bietet, für eine Reise entscheiden, die wirklich perfekt für Sie ist. Genießen Sie die Phase der Erkundungen, der Planung und der Vorfreude. Und wenn es dann losgeht, wünschen wir Ihnen eine rundum gelungene Reise.

JANUAR

Traumziele im **Januar**

Das neue Jahr beginnt in den meisten Teilen der Welt mit einem Feuerwerk. Die Feierlichkeiten versöhnen mit der Tatsache, dass im Januar ein Großteil der nördlichen Hemisphäre in Kälte und Wolken gehüllt ist. Manch guter Neujahrsvorsatz lässt sich nun gleich mit einem Skiurlaub in Europa oder Nordamerika in die Tat umsetzen, in Südeuropa herrschen eher Temperaturen zum Tennis- oder Golfspielen. Am intensivsten erlebt man die Jahreszeiten in der Natur, sei es in der Kälte der polnischen Wälder oder in den warmen Gewässern Indonesiens. Sehenswert sind auch die Wikingerfeiern auf den Shetland-Inseln oder das kinderfreundlichere Chinesische Neujahr. Auf dieser Doppelseite finden Sie alle Reiseziele des Januar-Kapitels sowie weitere Anregungen.

KULTUR UND FESTE

LALIBELA Farbenprächtige Weihnachtsprozession

LALIBELA
Äthiopien, Afrika

Faszinierende Kirchen im massiven Fels

Erleben Sie die schönen Schlösser von Gondar, die herrliche Natur der Simien-Berge und Weihnachten in den Felskirchen Lalibelas.

Siehe S. 14–15

SHETLAND-INSELN
Schottland, Europa

Up Helly Aa ist ein feuriges und spektakuläres Fest

Bei dem turbulenten Fest auf den Shetland-Inseln finden Fackelprozessionen statt, und ein Wikingerschiff wird verbrannt.

www.visitshetland.com

BANGKOK
Thailand, Asien

Chaotische Metropole mit wunderschönen Tempeln

Bewundern Sie riesige goldene Buddhas, den farbenfrohen schwimmenden Markt und den Großen Palast – Wat Phra Keow.

Siehe S. 22–23

»Hinter diesem ganz normalen Wahnsinn ist Bangkok jedoch von erstaunlicher Schönheit und Anmut.«

MONTE CARLO
Monaco, Europa

Spannung pur beim Autorennen oder im Casino

Wer nicht nur schnelle Autos liebt, genießt im Fürstentum an der Riviera Oper, Ballett, mildes Wetter und Nervenkitzel beim Roulette.

www.monte-carlo.mc

ST. PETERSBURG
Russland, Europa

Die Zarenstadt beeindruckt mit Kunst und Architektur

St. Petersburg, die Stadt der Kanäle und der unvergleichlichen Eremitage, zählt zu den weltweit bedeutendsten Kulturmetropolen.

Siehe S. 20–21

UNVERGESSLICHE EINDRÜCKE

PATAGONIEN Beeindruckende Landschaft am Beagle-Kanal

PATAGONIEN-KREUZFAHRT
Chile & Argentinien, Südamerika

Fahrt ans »Ende der Welt«

Folgen Sie legendären Seefahrern durch die Magellanstraße und den Beagle-Kanal zu Walen, Eisbergen und mächtigen Gletschern.

Siehe S. 28–29

OASE SIWA
Ägypten, Afrika

Kamele, Datteln und eine Fata Morgana in der Wüste

Reisen Sie in die nordafrikanische Wüste, wo zwischen Sanddünen und Plateaus in der Oase Siwa Beduinen leben.

www.egypt.travel

THE GHAN
Australien, Australasien

Eine Zugreise von Darwin nach Adelaide

The Ghan führt als der Inbegriff einer schier endlosen, fantastischen Zugreise über den ganzen australischen Kontinent.

www.railaustralia.com.au

AVIEMORE
Schottland, Europa

Das wichtigste Hundeschlittenrennen in Großbritannien

Nicht der Iditarod, aber großer Spaß. Kombinieren Sie das einwöchige Rennen mit Wanderungen und Tänzen zur Burns' Night.

www.visitaviemore.com

RALLYE DAKAR
Senegal, Afrika

Eine legendäre Wüstenreise von Europa nach Westafrika

Auch wenn Sie am Rennen gar nicht teilnehmen wollen – ein bisschen Spannung kann man auch in Dakar erleben.

www.dakar.com

WUNDER DER NATUR

COSTA RICA Pfeilgiftfrosch

»Scharlachrote Aras kreischen in den Bäumen, Brüllaffen spielen im Blätterdach, Krokodile wälzen sich im Schlamm.«

COSTA RICA
Zentralamerika

Herrliche Natur und Regenwälder an der Küste

Der Manuel-Antonio-Nationalpark bietet Palmenstrände, Mangrovensümpfe und unberührte Wälder mit einer vielfältigen Fauna.

Siehe S. 30–31

BUNAKEN MARINE PARK
Indonesien, Asien

Riffe mit bunten Korallengärten

Dank des klaren Wassers und der Vielfalt an Korallenarten kann man in diesem Unterwasserpark fantastisch Meereswesen beobachten.

www.sulawesi-info.com

GAMBIA-FLUSS
Gambia, Afrika

Im Einklang mit der Natur in einer ruhigen Öko-Lodge

Erleben Sie die gambische Kultur und Natur und mieten Sie sich in einem Pfahlbau in der tierreichen Fluss- und Sumpfregion ein.

www.responsibletravel.com

ROMINTER HEIDE
Polen, Europa

Waldlandschaft mit Wisenten, Wölfen und Wildschweinen

Die fast unberührten Wälder und uralten Jagdgebiete sind für viele bedrohte Tierarten mit die letzten Lebensräume in Europa.

www.naturetrek.co.uk

TROMSØ
Norwegen, Europa

Wahrscheinlich der beste Ort, um das Nordlicht zu sehen

Hier ist es bitterkalt, verschneit und wunderschön. Im Januar finden zudem internationale Film- und Musikfestivals statt.

www.destinasjontromso.no

Vorhergehende Doppelseite: Die reich verzierte Decke der Isaak-Kathedrale in St. Petersburg

Wetter

❶ Der Winter hat die USA großteils fest im Griff, doch in der Karibik ist es warm und sonnig. In Jamaika wehen angenehm kühle Winde vom Meer und Festland, es ist die trockenste Zeit des Jahres.

❷ Costa Ricas Trockenzeit von Dezember bis April ist auch die beste Reisezeit. Im zentralen Hochland ist es windig, im Tiefland viel wärmer.

❸ Skandinavien liegt unter einer tiefen Schneedecke, das strenge Klima gleicht dem in Alaska. St. Petersburg ist schön verschneit, aber bitterkalt.

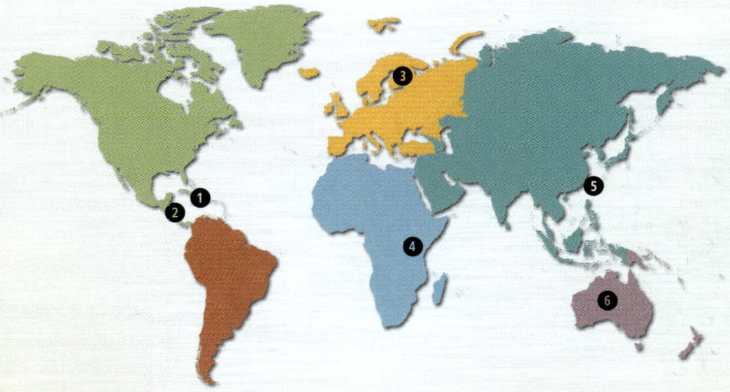

❹ Tansania liegt nah am Äquator, deshalb verändern sich die Temperaturen im Jahresverlauf nur wenig. Im Hochland ist es nicht zu heiß und im Normalfall trocken, in der Höhe kann es schneien.

❺ Hongkong hat ein feuchttropisches Klima, der Januar ist der trockenste und kühlste Monat. Die Tagestemperaturen sind im Durchschnitt angenehm, Regen ist nicht zu erwarten.

❻ In Zentralaustralien kann es heiß und trocken sein. Wenn der Wind vom Inland weht, herrschen an der Küste auch sehr hohe Temperaturen.

LUXUS UND ROMANTIK

JUKKASJÄRVI Flackerndes Feuer im Eiskamin in der Lobby des Icehotel

MÉRIDA
Venezuela, Südamerika

Wundervolle Stadt zwischen zwei riesigen Bergzügen

Kehren Sie in romantischen Landgasthöfen ein, erkunden Sie tagsüber die Sierra Nevada, gönnen Sie sich Wellness vor dem Abendessen.

www.meridapreciosa.com

MALEDIVEN
Indischer Ozean

Über tausend sonnige Inseln im türkisfarbenen Meer

Erkunden Sie die ruhigen Atolle im Segelboot, schnorcheln Sie im klaren Wasser über Korallenriffen und entspannen Sie im Spa.

Siehe S. 16–17

JUKKASJÄRVI
Schweden, Europa

Eine magische Nacht in einem Hotel aus Eis

Bewundern Sie im Bett gekuschelt das spektakuläre Nordlicht und entdecken Sie tagsüber eine winterliche Märchenlandschaft.

Siehe S. 18–19

CRANS MONTANA
Schweiz, Europa

Schweben Sie elegant über Schweizer Almen

Beim jährlichen Ballonfest wird der Schweizer Ferienort bunt – ein großartiger Anblick vom Ballonkorb oder auf der Skipiste.

www.myswitzerland.com

JAMAIKA
Karibik

Berauschender Rum und heiße Reggae-Rhythmen

Die Insel hat viel mehr als Party zu bieten: Sie können in den Blue Mountains wandern, schnorcheln und an herrlichen Stränden baden.

Siehe S. 24–25

»Weiße Strände verlieren sich im warmen grünblauen Wasser, Wasserfälle rauschen in smaragdgrünen Wäldern.«

AUFREGENDE ZIELE

KILIMANJARO Masai in der Ebene am Fuß des Kilimanjaro

KILIMANJARO
Tansania, Afrika

Ein majestätisches Abenteuer für alle Altersgruppen

Sonnenaufgang am Gipfel des Kilimanjaro – davon werden Sie noch Ihren Enkeln berichten. Allerdings braucht es dafür Kondition.

Siehe S. 26–27

ALGARVE
Portugal, Europa

Verbessern Sie Vorhand oder Handicap (oder beides)

An der ganzjährig sonnigen Algarve ist es nun angenehm kühl für schweißtreibende Tennismatches oder eine Runde Golf.

www.algarve-information.com

KAIRO – KAPSTADT
Afrika

Diese Radtour lässt den Weihnachtsspeck schmelzen

Wahrscheinlich wollen Sie nicht die ganzen 12 000 Kilometer abstrampeln – suchen Sie sich einfach eine Teilstrecke aus.

www.tourdafrique.com

BANSKO
Bulgarien, Europa

Bezauberndes, preiswertes und schönes Skifahren

Bansko lockt mit idyllischen Routen, gemütlichen Gaststätten, freundlichen Menschen und sehr guten Ski-Angeboten.

www.bulgariaski.com

JACKSON HOLE
USA, Nordamerika

Der ganz große Kick für ambitionierte Skifahrer

Was will man mehr: fantastische weite Hänge – und ein kleiner, freundlicher, nicht überfüllter Ferienort mit richtigen Cowboys.

Siehe S. 12–13

FAMILIENURLAUB

HONGKONG Ein Kind bestaunt die Neujahrsdekoration

»Der Geruch von Räucherstäbchen umweht die überlebensgroßen Löwen und Drachen, die spielerisch durch die Straßen tanzen.«

HONGKONG
China, Asien

Spektakuläre Feuerwerke am chinesischen Neujahrsfest

Hongkong ist eine faszinierende Mischung aus Tradition und Moderne, eine Stadt heiliger Tempel und gigantischer Wolkenkratzer.

Siehe S. 32–33

CENTER PARCS
England, Europa

Unzählige Aktivitäten für Kinder (und Erwachsene)

Unter der Allwetterkuppel können Ihre Kinder nach Herzenslust im Wasser toben, während Sie sich verwöhnen lassen.

www.centerparcs.co.uk

MIAMI
USA, Nordamerika

In der energiegeladenen Stadt gibt es viel zu tun

Miami bietet Strand, grandiose Shopping-Malls, Art-déco-Architektur, Seaquarium, die Everglades und das Kennedy Space Center.

www.miamigov.com

KIAWAH ISLAND
USA, Nordamerika

Die fröhliche Ferieninsel ist im Winter relativ ruhig

Das Wasser ist zu kalt zum Schwimmen, doch am weiten Strand können Kinder und Erwachsene viel unternehmen.

www.kiawahisland.org

GRAN CANARIA
Spanien, Europa

Ganzjährig mildes Wetter und familienfreundlich

Schwimmen, surfen, Rad fahren und einfach die Insel entdecken – ein solches Programm macht der ganzen Familie Spaß.

www.grancanaria.com

ANREISE
Jackson liegt im Nordwesten von Wyoming und wird von mehreren Airlines etwa von Chicago, Dallas, Salt Lake City und Denver angeflogen. Der Flughafen ist nur zehn Minuten vom Stadtzentrum entfernt.

VOR ORT UNTERWEGS
Zwischen Stadt und Skigebieten fahren regelmäßig Shuttle-Busse.

WETTER
Im Januar klettern die Temperaturen selten über 0 °C. Das Wetter schwankt zwischen blauem Himmel und dichtem Schneetreiben.

ÜBERNACHTEN
Das B&B Alpine House Inn gehört zwei ehemaligen Olympioniken; Doppelzimmer ab 80 €; www.alpinehouse.com

Im Teton Village gibt es Ferienwohnungen für Selbstversorger; Ein-Zimmer-Apartments ab 120 €; www.teton-village.com

Das Luxushotel Four Seasons im Jackson Hole Resort ist direkt mit den Skiern erreichbar; ab 240 €; www.fourseasons.com

ESSEN GEHEN
Von Barbecue bis Sushi findet sich etwas für jeden Geschmack und Geldbeutel – natürlich auch dicke Steaks. Zu den beliebtesten Lokalen zählt Bubba's BBQ, ab etwa 12 €.

KOSTEN FÜR ZWEI PERSONEN
250 € pro Tag inklusive Unterkunft, Verpflegung, Skipass, Ausflüge, Transport und Eintritt.

INFORMATION
www.jacksonhole.com

Land der Trapper

Jackson Hole erhielt seinen Namen von den Pelztierjägern, die das Tal über die steilen Berghänge erreichten und dabei das Gefühl hatten, in ein Loch *(hole)* hinabzusteigen. Der charakteristischste Berg über dem Tal ist der Grand Teton, dessen zerklüftetes Massiv die Stadt und ihre Umgebung dominiert. »Jackson« heißt das Tal nach dem Biberjäger David Edward Jackson (um 1785–1837), der hier im frühen 19. Jahrhundert Biber wegen ihrer Pelze jagte und damit Handel trieb. Der Trapper war auch einer der Pioniere des Oregon Trail.

Oben (von links nach rechts): Beim Skifahren im Teton Village Resort in Jackson Hole; Cowboy-Skifahrer; Teton National Park
Großes Bild: Snowboarder hoch in der Luft über den weiten Pisten von Jackson Hole

Tiefschneetraum

Unter Skifahrern ist Jackson Hole für sein steiles, anspruchsvolles Gelände berühmt. Tollkühne stürzen sich die schmale Steilabfahrt von Corbett's Couloir hinunter, normalsterbliche Ski- oder Snowboardfahrer werden von den gepflegten Pisten angezogen, die in den USA *trails* heißen, aber auch von den Pulverschneefeldern, auf denen man entspannt hinabschwingt. Das Jackson Hole Mountain Resort an den Bergen Rendezvous und Apres Vous bietet Wintersportfreunden vielfältige Möglichkeiten inmitten des beeindruckenden Teton-Gebirges.

Jackson Hole liegt relativ abgelegen im Nordwesten von Wyoming. Die Abfahrten sind selten voll, Skifahrer und Snowboarder fühlen sich in den weiten Bergen, als wären sie alleine. Bei Inversionswetterlagen umhüllt Nebel das Tal, doch die Skifahrer sonnen sich oben unter blauem Himmel und genießen die Abfahrt hinab in die Wolkenschicht. Das Städtchen Jackson liegt etwas entfernt vom Ferienort und ist noch immer ein Ort der Cowboys, die auf den umliegenden Ranches arbeiten. Hier dröhnt Country-Musik aus Honky-Tonk-Bars, hölzerne Bürgersteige knarren unten den Schritten der Stiefel, und auch die Freundlichkeit des Westens wird gelebt – Vorbeigehende tippen an ihren Hut und grüßen mit *Howdy*.

Jenseits der Pisten lockt direkt vor der Stadt der Yellowstone National Park. Sein erstaunlicher geologischer und biologischer Reichtum – 200 aktive Geysire, mehr als 100 Wasserfälle, 1050 Pflanzenarten sowie bedrohte Tierarten wie der Graue Wolf, Grizzlybär, Weißkopfseeadler und Luchs – ziehen in den warmen Monaten zahlreiche Besucher an. Doch im Winter ist Yellowstone eine friedliche, in Weiß getauchte Landschaft, in der die Tiere an den Stellen weiden, wo Geysire den Schnee wegschmelzen. Hier bekommt man einen unvergesslichen Eindruck von ursprünglicher, »wilder« Natur.

Manchmal umhüllt Nebel das Tal, doch die Skifahrer sonnen sich oben unter blauem Himmel und genießen die Abfahrt hinab in die Wolkenschicht.

Kleines Bild links: Seilbahn zum Gipfel des Rendezvous Mountain
Unten (von links nach rechts): Antler Arch am Stadtplatz; Playhouse, Jackson

Winterfreuden

Der Januar ist wegen der landschaftlichen Schönheit ideal für einen Besuch in Jackson Hole. Das trocken-sonnige Wetter wird bisweilen von heftigen Schneefällen unterbrochen – im Jahresdurchschnitt fallen etwa 1166 Zentimeter Schnee. Die Pisten eignen sich für Skifahrer und Snowboarder aller Niveaus.

Eine Woche auf der Piste

TAG 1–2

Gehen Sie möglichst früh auf die Piste, um den Pulverschnee zu nutzen – erfahrene Skifahrer und Snowboarder werden die steilen Hänge des Rendezvous Mountain genießen, Anfänger die leichteren Abfahrten am Fuß des Apres Vous Mountain.

Abends lernen Sie den Twostepp in der Million Dollar Cowboy Bar oder besuchen die Show im Playhouse.

TAG 3

Auf einer Tour in den Yellowstone National Park lernen Sie den Wildreichtum des Gebiets kennen, beobachten Büffelherden, Trompetenschwäne und mit etwas Glück auch Wölfe. Bestaunen Sie die heißen Wasserdampffontänen des Old-Faithful-Geysirs, die mehrmals in der Stunde bis zu 30 Meter hochsprudeln. Sie können skilanglaufen oder auf einsamen Pfaden mit dem Hundeschlitten durch hohe Kiefernwälder fahren.

TAG 4–5

Es geht wieder auf eine der vielen Pisten oder mit Führer auf einen Heli-Ski-Trip. Das National Museum of Wildlife Art sorgt mit Gemälden, Skulpturen und Fotografien für kulturelle Kurzweil. Die 8000 Elche des National Elk Refuge erleben Sie am besten bei einer Pferdeschlittenfahrt. Mit der Schneeschmelze ziehen sich die Elche wieder in die Berge zurück.

TAG 6–7

Zur Abwechslung fahren Sie auf die andere Seite des Teton-Passes nach Grand Targhee. Sehr gute Skifahrer oder Snowboarder gehen hier abseits der Lifte mit Schneeraupen auf Touren durch unberührte Pulverschneefelder.

Auf Schneeschuhen lassen Sie sich von ausgebildeten Rangern durch den Grand Teton National Park führen.

Dos & Don'ts

- ✓ Besuchen Sie wie die Einheimischen sonntagabends The Stagecoach, das Esslokal wird dann zur Honky-Tonk-Bar.
- ✗ Packen Sie keine Abendgarderobe ein. Dies ist ein Erholungsort, in dem Sport und Freizeit angesagt sind.
- ✓ Die Bogen aus Tausenden Geweihen am Dorfplatz muss man gesehen haben. Die Geweihe wurden von Elchen in der Nähe der Stadt abgeworfen.
- ✓ Kaufen Sie Schmuck aus türkis- und azurfarbenen Austernschalen, der von Indianern hergestellt wurde.

Unten: Schild der Million Dollar Cowboy Bar, Jackson

ANREISE
Lalibela liegt in Nordäthiopien in Ostafrika. Internationale Flüge landen in Addis Abeba, von dort gehen Inlandsflüge in das 640 Kilometer entfernte Lalibela.

VOR ORT UNTERWEGS
Ein Inlandsflug kostet rund 80 €. Der Preis für einen Mietwagen beträgt rund 35 € pro Tag, 70 € kostet ein Geländewagen mit Fahrer.

WETTER
Die Durchschnittstemperatur von Addis Abeba liegt bei 24 °C, im hoch gelegenen Lalibela ist es mit durchschnittlich 16 °C nicht heiß. Nachts fallen die Temperaturen auf wenig über den Gefrierpunkt.

ÜBERNACHTEN
Die Ghion Hotel Group betreibt einige Hotels an der »Historischen Route«, darunter das Hotel Roha in Lalibela, das Tana Hotel in Bahir Dar, das Goha Hotel in Gondar und das National in Addis Abeba; Doppelzimmer ab 35 €; www.ghionhotel.com.et

In Addis Abeba bietet das Hilton eine zentrale Lage und gute Ausstattung; Doppelzimmer ab 100 €; www.hilton.com

ESSEN GEHEN
Kosten Sie *doro wat*, scharfen Hühnereintopf auf *injera*, einem großen, säuerlichen Teigfladen. Äthiopische Küche ist köstlich und sehr preiswert, doch etwas gewöhnungsbedürftig.

KOSTEN FÜR ZWEI PERSONEN
135–160 € pro Tag inklusive Unterkunft, Verpflegung, Inlandsflüge und Mietwagen.

INFORMATION
www.tourismethiopia.org

Wer baute die Kirchen?

Einige Wissenschaftler gehen davon aus, dass zum Bau der Kirchen 40 000 Arbeiter benötigt wurden – den Einheimischen zufolge kam jedoch der Himmel zu Hilfe: Die menschlichen Arbeiter schufteten tagsüber, nachts kamen himmlische Helfer zum Zuge. So konnten die Kirchen in übernatürlicher Geschwindigkeit entstehen. Doch auch menschliche fremde Hilfe kann an dieser Stelle fast sicher ausgeschlossen werden – Lalibela ist der Höhepunkt alter äthiopischer Baukunst.

Großes Bild: Prozession zum äthiopischen *Leddet* (Weihnachten) in Lalibela

Afrikanische Wallfahrt

Lalibela – »Afrikas Petra« – gehört zu den bedeutendsten religionshistorischen Orten in Afrika, vielleicht sogar der gesamten christlichen Welt. Obwohl Reisende seit Jahrhunderten über diesen geheimnisvollen Ort mit seinen aus dem Fels gehauenen Kirchen berichten, ist er bis heute touristisch wenig entwickelt. Durch seine Lage hoch oben im wilden, zerklüfteten Lasta-Gebirge blieb Lalibela isoliert. Noch heute ist die Anreise auf dem Landweg lang und beschwerlich – bei der Ankunft in dem kleinen Ort fühlt man sich wie am Ende einer langen Wallfahrt. Und Lalibela *ist* tatsächlich ein Pilgerzentrum.

Die elf fantastischen Kirchen aus dem Mittelalter sind direkt in den felsigen Untergrund gehauen, sodass ihre Dächer sich auf Höhe des Bodens der Umgebung befinden. Als hätte sich dieser Ort seit Jahrhunderten nicht verändert, huschen Priester im Ornat durch düstere Durchgänge und Tunnel, hört man aus verborgenen Grüften und

Ganz oben: Religiöse Prozession in Lalibela

Oben: Säulen in der Beta-Ghiorghis-Kirche in Lalibela

Unten: Die eindrucksvollen Fälle des Blauen Nil sind die zweitgrößten Wasserfälle Afrikas

Ganz unten: Papyrusboot zwischen Pelikanen auf dem Tanasee

Höhlen Gesänge. Der verführerische Duft von Weihrauch und Bienenwachskerzen durchzieht das tiefe, kühle Innere des Felsens. Eremiten studieren leise in ihren winzigen, grob in die Felswände geschlagenen Nischen heilige Schriften. Aus der ganzen Umgebung kommen ununterbrochen Pilger, die um Gesundheit, Wohlstand und Glück bitten.

An Feiertagen wandelt sich dieses stete »Rinnsal« zu einem großen Strom von Pilgern, die eine tage- oder sogar wochenlange Anreise auf sich nehmen. Überall halten die Wallfahrer Prozessionen, Gesänge und Tänze ab, ihre Festtagskleidung lässt den Ort in leuchtenden Farben erstrahlen. Wie bei einer Zeitreise fühlt man sich hier sechs oder sieben Jahrhunderte zurückversetzt. Alles scheint wahrlich biblisch – und es ist auch fast biblisch. Schließlich übernahm Äthiopien bereits als zweites Land der Welt um 350 n. Chr. das Christentum.

Lalibelas in die Felsen gehauene Kirchen sind frei stehend und schlicht atemberaubend. Noch heute gilt die Beschreibung des portugiesischen Priesters Francisco Alvares aus dem 16. Jahrhundert, für den sie Bauwerke waren, »wie man sie nirgendwo sonst auf Welt findet«.

Festtagsstimmung

Am besten besucht man Lalibela während des beeindruckenden äthiopischen Weihnachtsfestes *Leddet* vom 6. bis 7. Januar oder zum Dreikönigsfest *Timkat* am 19. Januar. Drei Tage reichen, um die Felsenkirchen zu besichtigen. Viele Reisende besuchen sie als Teil der »Historischen Route« durch Nordäthiopien.

Zwei Wochen »Historische Route«

4.–7. JAN

Von Addis Abeba gibt es Flüge nach Lalibela in den Lasta-Bergen. Bestaunen Sie die fantastische weihnachtliche Prozession zwischen den beeindruckenden Felsenkirchen.

Planen Sie einige Tage ein, um die Umgebung Lalibelas zu erkunden. Die Kirchen sind wie versteckte Juwele in der kargen Landschaft zu finden.

8.–10. JAN

Kehren Sie nach Addis Abeba zurück. Besuchen Sie dort den riesigen Freiluftmarkt *Merkato*, auf dem man von Gold bis zu Kamelen einfach alles kaufen kann.

Das Nationalmuseum lohnt auf jeden Fall einen Besuch, präsentiert es doch die Überreste unserer vermutlich frühesten Vorfahren. Genießen Sie Met in einem *tej bet* (äthiopische Kneipe) oder ein Mahl mit lokalen Speisen, während dem traditionelle äthiopische Tänze aufgeführt werden.

11.–13. JAN

Machen Sie einen Bootsausflug zu den Inselklöstern auf dem Tanasee bei Bahir Dar und bewundern Sie die spektakulären Fälle des Blauen Nils.

14.–15. JAN

Fliegen Sie in die alte Hauptstadt Gondar und besichtigen Sie seine zahlreichen Schlösser. Hier fanden zu früheren Zeiten Verschwörungen, Hofintrigen und Festspiele statt. In den schönen Simien-Bergen können Sie wandern, picknicken und die Natur beobachten.

16.–17. JAN

Fliegen Sie weiter nach Aksum, das im 3. Jahrhundert n. Chr. die Hauptstadt eines mächtigen Königreichs war. Erkunden Sie dort königliche Gräber und Paläste.

Dos & Don'ts

- ✓ Wenn Sie zu den Feiertagen reisen wollen, sollten Sie unbedingt im Voraus buchen – mindestens einige Monate.
- ✓ Kosten Sie den starken Honigwein *tej*, der auch den äthiopischen Königen mundete – Lalibela ist berühmt dafür.
- ✗ Besuchen Sie Kirchen nicht in Shorts und T-Shirt – lange Ärmel und Hosen bzw. die Knie bedeckende Röcke sind angemessen.
- ✓ Engagieren Sie einen qualifizierten Führer – er kann Ihnen die Kirchen sachkundig zeigen und zudem lästige Schlepper in Schach halten.

Unten: Schlösser in der äthiopischen Landschaft bei Gondar

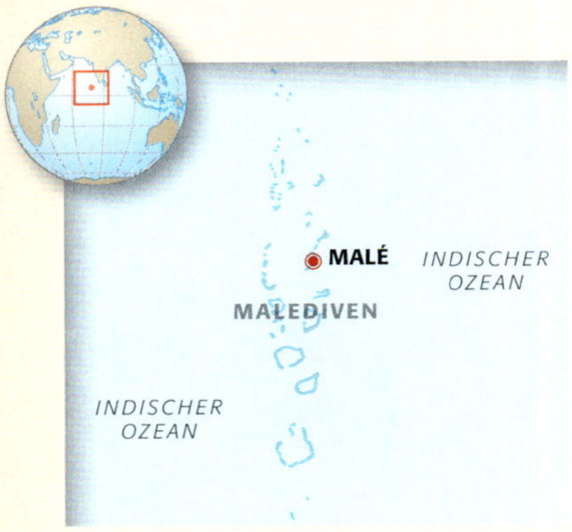

ANREISE
Der Inselstaat liegt 340 Kilometer südwestlich von Indien, der internationale Flughafen bei der Hauptstadt Malé. Thiruvananthapuram in Kerala ist 40 Flugminuten entfernt. Von der Flughafeninsel bei Malé fahren Fähren ab.

VOR ORT UNTERWEGS
Dhonis (Schnellboote) sind beliebte Verkehrsmittel. In Malé und auf größeren Inseln fahren Taxis, die meisten Inseln lassen sich gut zu Fuß erkunden.

WETTER
Im Januar erfrischen Meeresbrisen, die durchschnittliche Höchsttemperatur liegt bei 30 °C.

ÜBERNACHTEN
Das Nasandhura Palace Hotel in Malé ist gut und preiswert; Doppelzimmer ab 150 €; www.nasandhurapalace.com

Auf der Privatinsel Lankanfushi kosten Doppelzimmer im Soneva Gili Resort and Spa ab 700 €; www.six-senses.com

Das Dhoni Mighili, nördliches Ari-Atoll, bietet zu jedem *dhoni* ein Strandhaus; Doppelzimmer ab 1200 €; www.dhonimighili.com

ESSEN GEHEN
Die Gerichte sind würzig, jedoch milder als in den Nachbarländern. Fisch und Meeresfrüchte dominieren; eine Spezialität ist *garudhiya*, Fischsuppe mit Zitrone und Zwiebeln.

KOSTEN FÜR ZWEI PERSONEN
Ca. 450 € pro Tag inklusive Unterkunft, Verpflegung und Tauchgang.

INFORMATION
www.visitmaldives.com

Glitzernde Juwelenkette

Die abgelegene tropische Inselgruppe im Indischen Ozean kann man nur als »Himmel auf Erden« bezeichnen. Jede Insel ist von flachen türkisfarbenen Lagunen und einem eigenen Korallenriff umgeben, auf den Landflächen wachsen Kokospalmen und Obstbäume. Die weißen Sandstrände sind mit schönen Muschelschalen in allen Farben und Formen bedeckt. In den magischen Unterwassergärten tummelt sich eine grandiose Vielfalt an Meereslebewesen.

Erfrischende, doch immer laue Meeresbrisen durchbrechen die schwüle Hitze. Von Dezember bis März dauert die Trockenzeit. Dann weht der sanfte Nordost-Monsun über die Inseln am Äquator, der Himmel bleibt allerdings blau und das Meer ruhig. Im Gegensatz zum Südwest-Monsun, der im April beginnt und bis Oktober anhält, ist dieser Wind trocken.

Antike Malediven

Die an alten Seerouten gelegenen Malediven waren verschiedensten kulturellen und religiösen Einflüssen ausgesetzt. Archäologische Funde belegen, dass eine längere buddhistische Ära auf den Inseln ihren Höhepunkt zwischen dem 9. und 12. Jahrhundert erreichte. Mit der Ausbreitung des Islams nach Westasien erweiterten die Araber ihre Seehandelsrouten nach Südasien. Unter diesem Einfluss konvertierte der herrschende Monarch im 12. Jahrhundert zum Islam. Buddhistische und islamische Artefakte präsentiert das kleine National Museum auf Malé.

Großes Bild: Verträumte Hotelszene mit Strohhütten, Palmen und Blick auf den Indischen Ozean

Links: Ein farbenprächtiger Zackenbarsch im Korallenriff

Rechts (von links nach rechts): Beim Schnorcheln im Korallenriff; das Dhigufinolhu-Atoll mit seinen unberührten weißen Sandstränden; Kakadu und Ara auf Maga Island

Rechte Spalte (von oben nach unten): Sonnenuntergang über dem ruhigen Meer vor den Inseln; typische Hotelhütten mit Strohdach; Badezimmer in einem Resorthotel

Die Malediven sind zu jeder Jahreszeit ein Paradies, in dem man entspannt den Alltag vergisst. Hier kann man sich perfekt erholen, Stress und Anspannung des modernen Lebens vergessen. Schon bald tickt die innere Uhr des Körpers im Einklang mit dem Rhythmus der Natur, der durch den Sonnenauf- und -untergang bestimmt wird. Nur die einfachsten Bedürfnisse – Essen und Schlafen – sind von Bedeutung. Tauchen, Surfen, Schwimmen oder Sonnenbaden regen den Körper, spektakuläre Sonnenuntergänge die Lebensgeister an. Hier lässt man die Seele baumeln.

Steht der Sinn nach geistiger Anregung, können die Malediven mit einer reichen Kultur aufwarten. Über die Jahrhunderte trafen hier arabische und chinesische Seefahrer sowie berühmte Reisende wie Vasco da Gama und Ibn Batuta ein. Der Islam erreichte die Inseln im 12. Jahrhundert und prägt heute den sunnitisch-islamischen Staat. Ruinen erzählen von buddhistischen und hinduistischen Einflüssen und einer 300 Jahre währenden matriarchalen Herrschaftsdynastie.

Atoll-Erlebnisse

Die Malediven sind berühmt für ihr klares Wasser, die Korallenriffe und tropischen Fische. Die Sichtweite unter Wasser beträgt meist um die 30 Meter, das Wasser ist das ganze Jahr über warm. In allen Urlaubsorten der Malediven gibt es Tauchschulen, viele Hotels liegen direkt an den wunderbaren Riffen.

Sechs Tage Insel-Hopping

TAG 1 Vom Flughafen Malé International geht es mit dem *dhoni* oder Lufttaxi zum Urlaubsort. Nach dem Mittagessen unter Palmen entspannen Sie am Strand oder paddeln mit dem Kajak in der klaren Lagune.

TAG 2 Der Tag gehört dem Insel-Hopping. Fahren Sie zu unbewohnten Inseln, die sich sowohl zum Faulenzen als auch zum Tauchen (nur mit Partner) eignen. Riffe und Atolle beherbergen über 700 Fischarten. Im offenen Meer beobachten Sie Haie, Wale und Mantarochen.

TAG 3 Machen Sie einen Ausflug nach Malé und erkunden Sie zu Fuß gemütlich die Hauptstadt. Das Nationalmuseum befindet sich im früheren Präsidentenpalast. Die Große Moschee mit der goldenen Kuppel und dem schlanken Minarett dominiert das Stadtbild. Spazieren Sie am Meer entlang, vorbei an geschäftigen Fischern, *dhonis* und Fähren. Nach der Rückkehr in Ihr Hotel brechen Sie zu einer nächtlichen Angelpartie auf.

TAG 4 Bei einem morgendlichen Tauchgang entdecken Sie im Meer die erstaunlichsten Fische und Korallen. Abends genießen Sie den Sonnenuntergang.

TAG 5 Stehen Sie früh auf, um die stille Schönheit der Morgendämmerung am Strand zu erleben und zu schnorcheln. Die meisten Urlaubsinseln haben Korallenriffe nahe am Strand. Am Nachmittag geht es hinaus auf das Meer zu den verspielten Spinnerdelfinen.

TAG 6 Heute ist Wellness-Tag. Im Spa des Hotels werden Sie mit vielfältigen Behandlungen verwöhnt. Danach bereiten Sie sich in Ruhe auf die Abreise vor.

Dos & Don'ts

- ✓ Verhandeln Sie mit dem Eigner des *dhoni* (Schnellboot), bevor Sie es mieten. Bei mehrmaliger Benutzung sinken die Preise, und der Service wird besser.
- ✗ Gehen Sie nicht auf den Korallen, berühren Sie sie auch nicht. Das schadet den Korallen und Ihnen – Korallen sind scharf und können giftig sein.
- ✓ Packen Sie reichlich leichte Baumwoll- oder Leinenkleidung ein; hier ist es fast durchgehend heiß. Nacktbaden ist strengstens verboten.

Unten: Die goldene Kuppel der Großen Moschee in Malé

ANREISE
Jukkasjärvi liegt in Nordschweden, 200 Kilometer vom Polarkreis entfernt. Der nächste, zwölf Kilometer entfernte Flughafen, Kiruna, ist von Stockholm aus in 90 Flugminuten zu erreichen.

VOR ORT UNTERWEGS
An Werktagen pendeln Busse zwischen Icehotel und Flughafen Kiruna. Transfer ist auch mit Taxis (12 €) und Hundeschlitten (125 €) möglich.

WETTER
Die Durchschnittstemperatur beträgt im Januar –12 °C, der Boden ist schneebedeckt.

ÜBERNACHTEN
In der Regel verbringt man eine Nacht in einem Eiszimmer und zwei im Nordic oder Aurora Chalet bzw. im Kaamos Hotel; www.icehotel.com

In den Aurora Chalets sieht man durch Oberlichter das Nordlicht; Doppelzimmer ab 250 €.

In den Eiszimmern schläft man in Schlafsäcken auf einer dicken Matratze und Rentierfellen auf einem Eisblock; Doppelzimmer ab 280 €.

ESSEN GEHEN
Lokale Spezialitäten wie Saibling, Ukeleirogen, Rentierfleisch, Schneehuhn, Waldpilze und Beeren werden elegant im Icehotel (Hauptgerichte ab 30 €) und am Buffet im Old Homestead Restaurant (Hauptgerichte ab 18 €) gereicht. Das nahe Restaurant Lapplandia serviert preisgekrönte Küche (Hauptgerichte ab 30 €).

KOSTEN FÜR ZWEI PERSONEN
410–640 € pro Tag inklusive Unterkunft, Verpflegung, Ausflüge und Reisen im Land.

INFORMATION
www.visitsweden.com

Die Samen

Die bunt bestickte Kleidung der Samen *(Saami)* bringt Farbe in die weiße Landschaft des winterlichen Lappland. Noch heute ziehen samische Rentierzüchter wie ihre nomadischen Vorfahren mit ihren Herden. In den mit Häuten bedeckten *lavvu* (Zelte) sorgt Feuer, auf dem auch gekocht wird, für Wärme. Besucher können in Jukkasjärvi Samen und deren Lebensweise auf verschiedensten Ausflügen kennenlernen – etwa bei einer Fahrt auf dem Rentierschlitten oder bei einem traditionellen Mahl, das über dem Feuer des *lavvu* bereitet wurde.

Oben (von links nach rechts): Schlittenhunde im Geschirr; Lagerfeuer in einer *Saami*-Hütte; Hundeschlittenfahrt im Sonnenuntergang

Im hohen Norden

Es ist eine gefrorene Welt, in der das Land unter einer Schneedecke liegt und Ihr Hotel aus Eis gebaut wurde. Innerhalb der kristallklaren Wände – das Eis aus dem Fluss Torne in Nordschweden wird durch keine Luftblase getrübt – leuchtet die Welt wie im Inneren eines Gletschers blau. Im fast 200 Kilometer nördlich des Polarkreises gelegenen Jukkasjärvi in Schweden gelten die Gesetze der Arktis.

Jeden Dezember errichtet man hier nach einem stets neuen Bauplan ein neues Icehotel. Künstler aus aller Welt gestalten die Zimmer und Suiten individuell und auf einzigartige Weise. Sogar der Kronleuchter in der Säulenhalle des Foyers besteht aus schimmerndem Eis. Am schönsten ist das himmlische Licht in der Ice Church, die jedes Jahr auf dem Fluss Torne neu gebaut wird. Im sanften Kerzenlicht lassen sich hier Paare auf unvergessliche Weise trauen, bevor sie sich in eine Hochzeitssuite des Hotels zurückziehen, in der selbst das Bett ein Kunstwerk ist.

In der Absolut Ice Bar genießen die Gäste auf mit Rentierfellen bedeckten Eisblöcken Cocktails aus arktischem Beerensaft und Wodka, die in Gläsern aus Eis serviert werden. Der kurze Tag hier ist schnell vorbei, wenn Sie die magische Umgebung bei Hunde- oder Rentierschlittenfahrten durch die schneebedeckten Wälder erkunden, mit Schneeschuhen wandern oder mit Motorschlitten auf Elchsafari gehen. Wen die zauberhafte Umgebung inspiriert, kann in Eisbildhauerkursen lernen, das schöne Eis des Torne zu bearbeiten.

Nachts erwacht der Himmel durch die flirrenden Farben der Polarlichter zum Leben. Nach der Übernachtung in einem Eiszimmer wohnen Sie in einem behaglichen Aurora Chalet, wo Sie das außerirdische Spektakel am Himmel in seinen Bann zieht.

Nachts erwacht der Himmel durch die flirrenden Farben des Polarlichts zum Leben.

Großes Bild: Lobby des Icehotel mit Lüster aus Eiskristallen
Kleines Bild: Das Nordlicht tanzt über den Wäldern
Unten (von links nach rechts): Aurora Chalets, eine gemütliche Alternative zum Hauptbau des Icehotel; einladendes Bett in einer Suite des Icehotel

Lappland-Trip

Im Januar sind die kalten Tage kurz und die sternenerleuchteten Nächte lang. Nun ist jedoch die beste Zeit, um die fantastischen Farben des Nordlichts zu bewundern. In vier Tagen kann man eine Hundeschlittenfahrt unternehmen, sich am Eisbildhauen versuchen und in einer Sauna unter Sternen entspannen.

Vier Tage im arktischen Schnee

Ankunft und Transfer zum Icehotel mit dem Hundeschlitten – eine packende Erfahrung der Landschaft.

TAG 1

Bei einer geführten Tour durch das Hotel sehen Sie die einzigartig gestalteten Zimmer. Genießen Sie einen kühlen Drink an der Ice Bar, um für die Nacht im Eiszimmer in Stimmung zu kommen.

TAG 2

Nehmen Sie an einem vom Hotel organisierten Ausflug teil. Ein Same führt Sie zu einem Gehöft in Sautosjohkka, wo Sie die traditionelle Kultur beim Mittagessen vom Lagerfeuer und bei einer Rentierschlittenfahrt kennenlernen. Oder Sie unternehmen eine Motorschlittenfahrt zu den Winterweiden der Elche.

Am Abend werden Ihnen im anspruchsvollen Restaurant des Ice Hotel lokale Spezialitäten auf Eistellern serviert. Die Nacht verbringen Sie in einem Aurora Chalet und beobachten vom Bett aus das Nordlicht.

TAG 3

Am Morgen gestalten Sie unter Anleitung eines Künstlers eine Eisskulptur. Am Nachmittag geht es mit einem Führer auf Schneeschuhen durch die schneebedeckten Wälder zu einem Aussichtspunkt über dem Hotel und dem Ort. Nach Kuchen aus der Gegend und einem heißen Drink geht es zurück. Wer das Abenteuer sucht, kann sich auch an einer Felswand abseilen.

Bei einer geführten Safari auf dem Schneemobil erleben Sie das magische Naturereignis des Polarlichts und einen unvergesslichen Abend. Oder entspannen Sie in einer heißen Wanne unter den Sternen.

TAG 4

Schießen Sie noch einige Fotos des Hotels und genießen Sie dann das herzhafte Buffet im Old Homestead.

Dos & Don'ts

- ✓ Reservieren Sie lange im Voraus, besonders in den Ferienzeiten ist schnell alles ausgebucht.
- ✗ Angemessene Kleidung (Zwiebelprinzip) ist für den Genuss dieses Abenteuers unerlässlich – besonders zu empfehlen ist Thermo-Unterwäsche.
- ✗ Tragen Sie keine Kleidung aus Baumwolle, sie kühlt mehr als sie wärmt.
- ✓ Denken Sie daran, die Stunden mit Tageslicht ausgiebig zu nutzen, im skandinavischen Winter sind die Tage sehr kurz.

Unten: Flackerndes Feuer im eisigen Kamin in der Lobby des Icehotel

Pracht im Schnee

ANREISE
St. Petersburg liegt 400 Kilometer nordwestlich von Russlands Hauptstadt Moskau; es gibt Direktflüge von vielen europäischen Städten.

VOR ORT UNTERWEGS
Sehr gut kommt man mit der Metro sowie mit Nahverkehrszügen, Bussen, Straßenbahnen und *maršrutki* (Minibusse) voran.

WETTER
Tagsüber liegen die Temperaturen bei etwa −10 °C, nachts darunter. Doch es lohnt sich, die Kälte in Kauf zu nehmen, denn die Stadt ist am schönsten, wenn sie tief verschneit ist.

ÜBERNACHTEN
Brothers Karamazov, gut geführt; Doppelzimmer ab 100 €; www.karamazovhotel.ru

In den sechs eleganten, zentralen Minihotels von Nevsky Association Hotels kosten Doppelzimmer ab 150 €; www.hon.ru

Das Grand Hotel Europe bietet Eleganz in einem opulenten Bau aus den 1870er Jahren; Doppelzimmer ab 280 €; www.grand-hotel-europe.com

ESSEN GEHEN
Mechta Molokhovets in der Ulica Radiševa 10 serviert in romantischem Ambiente klassische russische Küche, etwa die Spezialität *kulebjaka*, mit Fleisch, Fisch und anderem gefüllter Kuchen (Hauptgerichte etwa 20 €).

KOSTEN FÜR ZWEI PERSONEN
280–320 € pro Tag inklusive Unterkunft, Verpflegung, Fahrten vor Ort und Eintritt.

INFORMATION
www.saint-petersburg.com

Rasputin

Rasputin (1869–1916) hatte als junger Mann eine Vision, der zufolge die Menschen durch Sündigen und Bereuen näher zu Gott finden würden. Die Glaubensvorstellungen des charismatischen Predigers fanden großen Zuspruch im St. Petersburger Adel. Nachdem er den Sohn der Zarin von der Bluterkrankheit geheilt hatte, gewann Rasputin *(unten)* unheilvollen Einfluss auf die Zarenfamilie und wurde von Fürst Felix Jusupov ermordet.

Das ewige Geheimnis Russland kommt dem Westen in der Stadt St. Petersburg (Sankt-Peterburg) im wörtlichen und übertragenen Sinn am nächsten. Der bedeutende Zar und Modernisierer Peter der Große gründete die herrlich an den Ufern der Newa gelegene Metropole vor über 300 Jahren als Russlands »Fenster zum Westen«. Dies blieb sie bis heute.

Peter der Große baute seine neue Hauptstadt in einem Sumpf, der durch Kanäle trockengelegt wurde. Die ausgedehnten Wasserstraßen tragen heute erheblich zu St. Petersburgs Schönheit bei – die Stadt erinnert durch sie an Venedig oder Amsterdam. Der Glanz ihrer breiten Prachtstraßen, die monumentalen Gebäude aus Rokoko und Klassizismus und die schönen Parks zeugen von europäischer Ordnung und Prunk, weisen jedoch einen unverkennbar russischen Charakter auf. Das Ergebnis ist

Großes Bild: Der verschneite Winterpalast

Links: Prachtvolle Kuppel im Mariinski-Theater

Rechts (von links nach rechts): Sowjetische Andenken auf einem Souvenirmarkt; eine Ballerina bereitet sich hinter der Bühne des Rimski-Korsakov-Konservatoriums auf ihren Auftritt vor

von atemberaubender Großartigkeit, die sich vor allem am goldenen und mintgrünen Winterpalast des Zaren an der Newa und entlang der Hauptstraße Nevski Prospekt niederschlägt.

Der Winterpalast ist das Haupthaus der Eremitage. Das staatliche Kunstmuseum beherbergt eine der größten Sammlungen der Welt und ist das Aushängeschild der vielen faszinierenden Museen und Galerien der kulturellen Hauptstadt Russlands. St. Petersburg ist auch der Geburtsort des russischen Balletts, und in den Straßen ist noch immer der Geist von Čajkovski, Dostojevski, Rimski-Korsakov, Nižinski und Puškin zu spüren.

Für die 300-Jahr-Feiern 2003 wurde St. Petersburg gründlich aufpoliert. Die Stadt nutzt das Interesse und die Investitionen des Westens auf das Beste. Mit seinem äußerst kreativen und spannenden Nachtleben, unwiderstehlichen Läden und verführerischen Restaurants ist St. Petersburg zweifellos die schickste Stadt Osteuropas.

Oben: Besucher vor der Porträtgalerie in der Eremitage im Winterpalast

Unten: Reich geschmücktes Deckengewölbe in der Auferstehungskirche

Kulturimpressionen

Im hochwinterlichen Januar werden alle Träume von goldenen Kuppeln über schneebedeckten Dächern, gefrorenen Flüssen, herzhaften Mahlzeiten und *troikas* (Dreispänner) in den vereisten Straßen wahr. In Russland hat man sich dem kalten Klima ganz angepasst, und das Leben geht im Schnee fröhlich weiter.

Eine Woche in der Zarenstadt

TAG 1 Spazieren Sie im historischen Bezirk rund um die Eremitage am Südufer der Newa und am Nevski Prospekt. Hier faszinieren Läden, monumentale Bauwerke und schlicht die ganze Atmosphäre.

TAG 2 Die Eremitage zählt zu den grandiosesten Kunstmuseen der Welt und ist ein Höhepunkt bei jeder Reise nach St. Petersburg. Nachtleben bieten der JFC Jazz Club, die DJ Bar Dacha und die Diskothek Second Floor.

TAG 3 Besichtigen Sie die prächtigen Kaiserpaläste und Parkanlagen des »russischen Versailles« in Petrodvorec und das berühmte Kirov-Ballett des Mariinski-Theaters.

TAG 4 Rund um den westlichen Nevski Prospekt locken viele Sehenswürdigkeiten, etwa die Isaak- und die Kazan-Kathedralen, die Auferstehungskirche sowie das Russische, das Puškin- und das Wodka-Museum.

TAG 5 Am Nordufer der Newa lohnt St. Petersburgs ältestes Bauwerk, die Peter-und-Pauls-Festung, einen Besuch. Oder Sie gleiten mit Schlittschuhen über das Eis der Hallen- und Außeneisbahnen des SKA-Sportpalasts.

TAG 6 Ein Ausflug aufs Land führt Sie zur herrlichen Kaiserresidenz Carskoje Selo mit dem barocken Katharinenpalast und den Parkanlagen. Zurück in der Stadt besuchen Sie die innovative Musikbar Fish Fabrique.

TAG 7 Besuchen Sie die Gräber der großen Künstler Čajkovski und Dostojevski im Alexandr-Nevski-Kloster. Danach führt Sie Ihr Weg in die zeitgenössischen Galerien der Free Arts Foundation.

Dos & Don'ts

- ✓ Kleiden Sie sich bequem in »Zwiebelschichten«, da Sie sich ständig zwischen beheizten Innenräumen und der bitterkalten Umgebung mit Minustemperaturen bewegen.
- ✗ Trinken Sie kein Leitungswasser. St. Petersburgs Wasser enthält den berüchtigten Parasiten *Giardia lamblia*.
- ✓ Achten Sie auf Taschendiebe, besonders rund um die Kreuzung von Nevski Prospekt und Gribojedov-Kanal.
- ✓ In Kirchen, die als Gotteshäuser dienen, sollten Männer die Mütze abnehmen und Frauen den Kopf bedecken.

Unten: Der Winterkanal in der Abendsonne

ANREISE
Bangkok ist die Hauptstadt des südostasiatischen Staates Thailand. Der Suvarnabhumi International Airport ist mit dem Taxi in etwa 45 Minuten von der City aus zu erreichen.

VOR ORT UNTERWEGS
Mit dem Skytrain ist man am schnellsten unterwegs, er fährt jedoch nicht in alle Viertel. Hinzu kommen Boote, Taxis oder *tuk-tuks* (immer vorher den Preis aushandeln!).

WETTER
Im Januar herrscht in Bangkok sonniges, warmes Wetter mit durchschnittlich 28 °C.

ÜBERNACHTEN
Das Majestic Grande Hotel liegt günstig nahe dem Einkaufsviertel; Doppelzimmer ab 65 €; www.majesticgrande.com

Das Marriott Resort & Spa liegt am Fluss; Doppelzimmer ab 100 €; www.marriott.com

Das legendäre Oriental aus dem 19. Jahrhundert bietet Luxus pur; Doppelzimmer ab 200 €; www.mandarinoriental.com

ESSEN GEHEN
Typisch für die Thai-Küche sind Kokosmilch, Chillis, *nam plah* (Fischsauce) und Zitronengras. Straßenstände bieten preiswerte, gute einheimische Gerichte, wie *satay* (Fleischspießchen) – die frischesten Speisen gibt es meist an den am besten besuchten Ständen.

KOSTEN FÜR ZWEI PERSONEN
135–200 € pro Tag inklusive Unterkunft, Verpflegung, Ausflüge und Besichtigungen.

INFORMATION
www.bangkok.com

Thai-Massage

Ein echte Thai-Ganzkörpermassage zählt zu den intensivsten Körperbehandlungen, die man genießen – oder ertragen – kann. In über 3000 Jahren wurde sie zur Perfektion geführt. Thai-Mönche erlernten die ursprünglich in Indien entwickelte Massage zur körperlichen und geistigen Entspannung, um geistige Klarheit und Gesundheit zu erreichen oder zu erhalten. Die Masseure arbeiten mit ihren Händen, Ellbogen und sogar Füßen. Dadurch wird die Behandlung zu einer äußerst intensiven, aber unvergesslichen Erfahrung.

Großes Bild: Händler in ihren Booten auf einem schwimmenden Markt in Bangkok
Oben (von links nach rechts): Der beleuchtete Große Palast; Räucherstäbchen; Novize beim Gebet im Wat Indrawihan

Unter goldenen Dächern

Auf den ersten Blick ist Bangkok (Krung Thep) eine unfassbare, wuchernde Metropole mit etwa acht Millionen Einwohnern, eine chaotische Hauptstadt des Staubs, Smogs, Schmutzes und waghalsiger Tuk-Tuk-Fahrer. Hinter diesem ganz normalen Wahnsinn ist die Stadt jedoch von erstaunlicher Schönheit und Anmut: Am frühen Morgen verflüchtigen sich die Nebelschwaden über dem Fluss Chao Phraya und enthüllen die spiralförmigen goldenen Türme des Großen Palasts sowie die vielen in der Ferne glitzernden Tempel. In ihrer Umgebung eröffnen Kleinigkeiten alltägliches Leben, oft kombiniert mit spiritueller Energie: Händler, die glimmende Räucherstäbchen und Essensgaben vor die kleine Buddhastatue ihres Ladens legen; Handwerker, die am Straßenrand Statuetten und Accessoires schnitzen; Verkäufer auf den Märkten; Straßenköche, die *satay* zubereiten, und Mönche, die ihre Tempel für den Tag herrichten. Bangkok wurde 1782 gegründet und sollte noch großartiger und prächtiger werden als die alte Hauptstadt Ayutthaya. Seitdem hat sich die Stadt enorm entwickelt und dabei ihr altes Gesicht als Venedig des Ostens verloren – aus den meisten Kanälen *(khlongs)* wurden bis Mitte des 20. Jahrhunderts Straßen. Doch der Fluss bestimmt noch immer den Puls der Stadt; mietet man eines der langen, schmalen Boote, kommt man oft am schnellsten voran.

Einen Eindruck von der Geschichte der Stadt vermittelt das undurchdringliche Labyrinth der engen Kanäle von Thon Buri. Spazieren Sie über den Chatuchak-Markt oder fahren Sie aus der Stadt hinaus nach Süden zu dem schwimmenden Markt von Damnoen Saduak. Er ist zwar sehr touristisch, lässt jedoch die Freude und Hingabe der Thais am Handeln erfahren. Auch diese weltlichen Aktivitäten sind mit einer tiefen Friedfertigkeit und Spiritualität verbunden, von der jeder im Land durchdrungen ist. Harmonie und Ausgeglichenheit regieren den Tag.

Die Nebelschwaden verflüchtigen sich und enthüllen die spiralförmigen goldenen Türme des Großen Palasts.

Kleines Bild: Detail eines reich verzierten *wat* (Tempel)
Unten (von links nach rechts): Khao San Road bei Nacht; farbenfrohe *tuk-tuks*

Tempel und Märkte

Die Tempel, Märkte und Paläste Bangkoks bieten mehr als genug Attraktionen für eine ganze Woche. Man kann jedoch die Highlights in drei Tagen besichtigen und am vierten grandiose Eindrücke außerhalb der Stadt sammeln. Wer länger Zeit hat, sollte den Ang Thong National Marine Park besuchen *(siehe S. 50–51)*.

Vier Tage am Rand des Chaos

TAG 1

Beginnen Sie Ihre Tour im historischen königlichen Stadtbezirk Rattanakosin und besichtigen Sie den Großen Palast und den Tempel des Smaragd-Buddhas Wat Phra Kaeo. Er zählt zu den bedeutendsten Tempeln der Welt. Erklimmen Sie dann die 320 Stufen des Goldenen Berges.

Abends essen Sie in einem Straßenrestaurant nahe der Khao San Road – in dem Viertel gehen auch junge Thais gern essen. Danach besuchen Sie eine Thai-Tanzaufführung im Nationaltheater.

TAG 2

Mieten Sie ein Boot und fahren Sie flussaufwärts nach Banglamphu und zum Tempel des Stehenden Buddhas, Wat Indrawihan. Von dort spazieren Sie nach Thon Buri und erleben auf einer Bootsfahrt durch die Kanäle das traditionellere Leben Bangkoks. Nach dem Mittagessen locken die Märkte in Little India und Chinatown mit Spezialitäten und Gewürzen.

TAG 3

In Bangkok kann man fantastisch einkaufen. Am Wochenende ist der riesige Chatuchak Weekend Market ein Muss. Essen Sie dort zu Mittag und bummeln Sie dann durch die schicken Einkaufszentren rund um den Square – MBK etwa mutet sehr südasiatisch an und bietet einen großartigen Food Court.

TAG 4

Besuchen Sie den etwa zwei Stunden entfernten schwimmenden Mark von Damnoen Saduak. Noch weiter entfernt ist die berühmte River-Kwai-Brücke bei Kanchanaburi. Der Spaziergang entlang der (modernen) Gleise, wo die alliierten Kriegsgefangenen schufteten, ist ein beeindruckendes Erlebnis.

Dos & Don'ts

- ✓ Nutzen Sie so weit wie möglich Boote – Bootsfahrten sind preiswert und bieten großartige Aussichten auf die Stadt.
- ✗ Lassen Sie sich auf niemanden ein, der Sie auf der Straße nach Ihrem Einkaufsziel fragt und erzählt, dass es geschlossen sei. Dies ist in der Regel ein Trick, um Sie zu einem anderen Laden zu führen und Provision zu kassieren.
- ✓ Zeigen Sie gegenüber dem König und seiner Familie Respekt in Unterhaltungen – auch gegenüber seinen Bildern. Treten Sie etwa nicht auf heruntergefallene Banknoten mit dem Bild des Königs, das gilt als äußerst respektlos.

Unten: Traditionelle Tanzaufführung im Nationaltheater

JAN FEB MÄRZ APR MAI JUNI JULI AUG SEP OKT NOV DEZ

Reggae, Rum und Rastafari

Jamaika, eine der aufregendsten und abwechslungsreichsten Inseln der Karibik, hat nichts von der Wirkung verloren, die einst etwa Sir Noel Coward anzog, der sich ein Haus namens Firefly baute, oder Ian Fleming, der seine James-Bond-Romane nahe Ocho Rios verfasste. Weiße Strände verlieren sich im warmen, grünblauen Wasser, Wasserfälle rauschen in smaragdgrünen Wäldern, baumbedeckte Berge ragen bis zu 2196 Meter auf – dieser Liebreiz Jamaikas steht im überraschenden Kontrast zu seinem halbtrockenen, von Kakteen übersäten Südwesten.

Von der tropisch entspannten Gemächlichkeit von Treasure Beach bis zur hedonistischen Idylle von Negril haben alle Hotels ein eigenes Flair. Je nachdem, wo Sie Ihren Urlaub verbringen, werden Sie die Insel anders erleben. Jamaika ist berühmt für seine alten Luxushotels mit der

Links (von links nach rechts): Weiße Luxusvillen an der Millionaires' Row; Flaschen im Sonnenlicht in einer Strandbar

Rechts: In den herrlich kühlen, üppigen Blue Mountains

Großes Bild: Long Bay bei Port Antonio, einer der vielen malerischen Strände der Insel

ANREISE
Jamaika ist eine Insel in der westlichen Karibik. Internationale Flughäfen befinden sich bei Montego Bay und Kingston.

VOR ORT UNTERWEGS
In Kingston fahren öffentliche Busse, zwischen den Städten Minibusse (nichts für schwache Nerven). Regionale Flughäfen werden von Charterflügen angeflogen. Für Ausflüge in die Umgebung stehen Taxis und Mietwagen zur Verfügung.

WETTER
Klar und mild, im Januar liegt die Durchschnittstemperatur bei etwa 25 °C, gelegentlich gibt es Wolken und kurze kühle Phasen.

ÜBERNACHTEN
Das Time 'N' Place in Falmouth hat einen privaten weißen Sandstrand; Doppelzimmer ab 45 €; www.mytimenplace.com

Beliebt: Hibiscus Lodge in Ocho Rios; Doppelzimmer ab 85 €; Tel. (876) 974 2676.

Luxuriös: The Caves in Negril; Doppelzimmer ab 300 €; www.islandoutpost.com

ESSEN GEHEN
Jamaikas Küche bietet Kabeljau zum Frühstück, würzigen Pepperpot (Eintopf), Ziegencurry und scharf mariniertes Fleisch *(jerk)*. Die Preise reichen von 3,50 € an Ständen bis 35 € für Gourmetgerichte in Hotels.

KOSTEN FÜR ZWEI PERSONEN
150–170 € pro Tag inklusive Unterkunft, Verpflegung und Mietwagen.

INFORMATION
www.visitjamaica.com

Rastafari

Die Anhänger dieser jamaikanischen Religion sind an ihren Dreadlocks zu erkennen. Sie entstand im frühen 20. Jahrhundert aus der »Back to Africa«-Bewegung und vergöttlicht den äthiopischen Kaiser Haile Selassie. Rastas rauchen Marihuana zur spirituellen Erleuchtung, leben im Einklang mit dem Alten Testament, sind Vegetarier und verachten die westliche Konsummentalität.

traditionellen englischen Teestunde am Nachmittag, aber auch für seine romantischen Boutique-Hotels mit moderner Ausstattung. Viele Urlauber bevorzugen die großen All-inclusive-Hotels, andere suchen nach privaten Villen, die versteckt in verwunschenen kleinen Buchten liegen.

Klettern Sie abseits der Hotels die Dunn's River Falls hinauf, die sich über Kalksteintreppen zum Strand hinabstürzen. Ein Erlebnis sind auch die Fahrten auf Bambusflößen den Martha Brae River hinab. Verbessern Sie Ihren Golfschlag auf Fairways, von denen man über das Meer blickt. Spüren Sie Krokodile und Seekühe in den Sümpfen von Black Morass auf. Schnorcheln oder tauchen Sie in Korallenriffen voller tropischer Fische. Kreuzen Sie mit einem Segelboot (und dem obligatorischen Schluck Rum) die Küste entlang. Am Ende eines langen Tages genießen Sie dann ein Live-Konzert auf den Negril Cliffs am West End und bewundern, wie die untergehende Sonne den Himmel in flammendes Orange und Purpur taucht. Nachts schließlich können Sie sich bei den ansteckenden Rhythmen des Reggae im Tanz wiegen.

Karibische Träume

Jamaika, die aufregendste Insel der Karibik, bietet eine einzigartige Kultur und Küche, reiche Geschichte, fantastische Landschaften, herrliche Strände und hervorragende, romantische Unterkünfte. Veranschlagen Sie mindestens eine Woche für die Hauptattraktionen, die man am besten im milden Januar entdeckt.

Eine Woche romantische Idylle

Montego Bay bietet viele Attraktionen, doch am besten fahren Sie weiter nach Negril, wo die schönsten und beliebtesten Strände der Insel auf Sie warten.	**TAG 1**
Genießen Sie den Strand, das Schnorcheln oder Tauchen im klaren Wasser – und nach dem Cocktail zum Sonnenuntergang ein Open-Air-Reggae-Konzert.	**TAG 2**
Beobachten Sie auf einer Bootstour Krokodile und tropische Vögel. Am nahen Treasure Beach lässt es sich in einem ruhigen Fischerdorf wunderbar entspannen.	**TAG 3**
Fahren Sie über die kühlen, malerischen Dry Harbour Mountains via Nine Miles, wo Bob Marley begraben ist. Am Abend entspannen Sie in Ocho Rios mit einem Cocktail auf der Veranda oder am Hotelstrand.	**TAG 4**
Erklettern Sie die Kaskaden der Dunn's River Falls und schwimmen Sie danach mit Delfinen im nahen Dolphin Cove. Am Nachmittag besuchen Sie Firefly, das ehemalige Haus des Schriftstellers Sir Noel Coward.	**TAG 5**
Von Chukka Cove aus reiten Sie in die Berge. Besuchen Sie den Cranbrook Botanical Garden und übernachten Sie in der westlich gelegenen Stadt Falmouth.	**TAG 6**
Fahren Sie nach einer Bambusfloßtour auf dem Martha Brae River zum Heimflug zurück nach Montego.	**TAG 7**

Dos & Don'ts

- ✓ Verzichten Sie auf das heimische, überall erhältliche *ganja* (Marihuana). Drogenbesitz ist illegal, und Ausländer werden vor Gericht nicht bevorzugt behandelt.
- ✗ Halten Sie sich nicht nur in den beliebten All-inclusive-Hotels auf – auf diese Weise können Sie die Insel und ihre Schönheiten nicht entdecken.
- ✓ Kleiden Sie sich abseits des Strandes ordentlich. Jamaika ist ein konservatives Land, und die Einheimischen sind über Besucher in zu knapper Kleidung schnell verärgert.

Unten: Kaskaden der Dunn's River Falls

ANREISE
Tansania liegt in Ostafrika zwischen Kenia und Mosambik. Internationale Flughäfen sind bei Daressalam, am Kilimanjaro und auf Sansibar.

VOR ORT UNTERWEGS
Tansanias Hauptsehenswürdigkeiten sind mit Flug- und Buslinien zu vernünftigen Preisen zu erreichen. Mietwagen kosten ab 45 € pro Tag (Geländewagen ab 100 €).

WETTER
Tansanias Wetter ist nicht einheitlich. An der Küste ist es heiß und feucht, im Hochland herrscht angenehmeres tropisches Klima. Der Januar fällt in die wärmste Zeit.

ÜBERNACHTEN
Das Royal Palm liegt perfekt im Zentrum von Daressalam; Doppelzimmer ab 150 €; www.moevenpick-hotels.com

Bei Moshi kosten im Uhuru Hostel Doppelzimmer ab 20 €; www.transkibo.com

In Arusha bietet das Outpost Schlafsaalbetten ab 20 €; www.outposttanzania.com

In Sansibar-Stadt sind im komfortablen Shangani Hotel Doppelzimmer ab 50 € erhältlich; www.shanganihotel.com

ESSEN GEHEN
Kosten Sie die lokale Spezialität *nyama choma* (gegrilltes Fleisch) sowie an der Küste und auf Sansibar Fisch und Meeresfrüchte.

KOSTEN FÜR ZWEI PERSONEN
100–135 € pro Tag inklusive Unterkunft, Verpflegung, Fahrten und Kilimanjaro-Trekking.

INFORMATION
www.tanzania.go.tz

Masai

Die in Kenia und Nordtansania lebenden Masai sind Hirtennomaden. Ihr traditioneller Lebensstil wurde vor allem bedroht, als ihre ehemaligen Weideflächen – besonders Masai Mara und Serengeti – in Wildreservate umgewandelt wurden. Eine besondere Rolle im Leben der Masai spielt das Vieh, das ihnen ihrem Glauben zufolge durch den Regengott übergeben wurde. Es bildet ihre wichtigste Ernährungsgrundlage. Der getrocknete Viehdung wird zum Hausbau verwendet.

Großes Bild: Der Gipfel des Kilimanjaro ragt imposant aus den Wolken auf. Deutlich sichtbar ist der Krater im Gletschereis

Den Kilimanjaro erobern

Auf dem staubigen Flickenteppich, den man vom Flugzeug aus im Anflug auf Daressalam sieht, tummeln sich Gazellen, Zebras und gelegentlich Giraffen. Ihr Tansania-Abenteuer scheint ruhig zu beginnen, doch lehnen Sie sich nicht zu weit zurück – Sie wollen auf dieser Reise schließlich den höchsten Berg Afrikas bezwingen. Während des Aufstiegs ändert sich die Landschaft ständig. Zuerst kommen die mit Vogelgezwitscher erfüllten tropischen Wälder. Ungewohnte Gerüche hängen in der Waldluft. Durch eine Lücke zwischen den Bäumen öffnet sich gelegentlich ein spektakulärer Blick auf die Savanne – nur ein Vorgeschmack auf kommende Eindrücke.

Bald scheint das Gehen leichter zu fallen, wenn der Wald einer Heidelandschaft weicht. Hier wächst vor allem das Riesen-Kreuzkraut, eine große, stachelig aussehende Lobelie. In der scheinbar tierlosen Landschaft herrscht gespenstische Stille. Wenn die Heide durch Wüste abgelöst wird, wird der Marsch anstrengender. Die Höhe macht

Oben (von oben nach unten): Tausende Flamingos im Ngorongoro-Krater im Ngorongoro National Park; Aug in Aug mit den Wildtieren auf einer Safari

Unten: Auf einer Tour durch die Wildnis des Kilimanjaro National Park

sich bemerkbar, Wanderer leiden unter pochendem Kopfschmerz und scheinbar unstillbarem Durst. Wenn man schließlich die Tundra erreicht, kann man das Ziel bereits erahnen.

Am Gipfeltag geht es schon um 1 Uhr nachts los. Die Tundra verwandelt sich schnell in trockenes, gefrorenes Geröll und erschwert das Vorwärtskommen. »Pole, pole« – »langsam, langsam« – wird zum hypnotischen Mantra der Führer. Hin und wieder fegt ein eisiger Wind über den Berg. Die Temperatur ist auf –10 °C gefallen.

Um 4 Uhr morgens lässt die Sonne die Temperaturen langsam steigen. Wie wenn sich ein Bühnenvorhang öffnet, zeigt sich plötzlich eine wunderschöne Kulisse – die afrikanische Savanne erstreckt sich über Hunderte Kilometer. Die Aussicht ist fantastisch, und die Sonne taucht die Gletscher in Kupfer und Gold. Nach Gillman's Point geht es am südlichen Kraterrand weitere 200 Meter aufwärts. Doch wenn man dann im silbrigen Licht des Morgens auf dem 5895 Meter hohen Kibo-Gipfel (auch Uhuru Peak genannt) steht, dann vergisst man alle Erschöpfung und taucht ein in die Magie dieses grandiosen afrikanischen Berges.

Naturvielfalt

Im Januar entgehen Sie der Regenzeit (Mitte März bis Mai, November und Dezember). Drei Wochen reichen, um auf Safari zu gehen, den Kilimanjaro zu besteigen und sich auf Sansibar zu erholen, zwei Wochen für die klassische »Busch-Strand-Tour« – eine Woche Safari, eine Woche Strandurlaub.

Drei Wochen in Ostafrika

Nach der Ankunft in Daressalam besichtigen Sie die alten Kolonialgebäude, Museen, den Hafen und die farbenfrohen Märkte.	**TAG 1**
Im nördlich gelegenen Arusha, Tansanias Safari-Hauptstadt, verbringen Sie mindestens eine Woche auf Safari. Beginnen Sie mit dem kleinen Arusha National Park. Bestaunen Sie dann in der Ngorongoro Conservation Area den Ngorongoro-Krater, in dem fast alle Säugetierarten der afrikanischen Ebenen leben. Im Selous Game Reserve, einem der größten der Welt, fahren Sie mit dem Boot auf dem Fluss Rufiji. Ein Muss: der Serengeti National Park, wohl einer der schönsten Afrikas, mit seiner unglaublichen Tierwelt.	**TAG 2–8**
Nach der Safariwoche erobern Sie auf einer fünftägigen geführten Tour langsam, aber stetig Afrikas höchsten Berg, den Kilimanjaro. Gute Kondition ist für die sogenannte Marangu-Route zum Gipfel des Kibo erforderlich, Klettererfahrung aber nicht.	**TAG 9–14**
In der dritten Woche entspannen Sie an Sansibars Stränden und verwöhnen sich mit köstlichen Fisch- und Meeresfrüchtegerichten. Besichtigen Sie Stone Town, die alten Sklavenmärkte, Festungen und Paläste sowie im Landesinneren die Gewürzplantagen. Beobachten Sie Delfine im safirblauen Wasser und Stummelaffen in schattigen Wäldern. Erkunden Sie Tansanias Unterwasserwelt: Schnorcheln oder tauchen Sie bei den herrlichen Korallenriffen.	**TAG 15–21**

Dos & Don'ts

- ✓ Unterhalten Sie sich mit den Einheimischen. Hier legt man Wert auf Freundlichkeit; Fragen nach der Familie oder nach Freunden zählen zum guten Ton.
- ✗ Nehmen Sie in öffentlichen Verkehrsmitteln kein Essen und keine Getränke von Fremden an.
- ✓ Verhalten Sie sich immer respektvoll. Höflichkeit, Respekt und Bescheidenheit werden in der traditionellen tansanischen Gesellschaft hoch geschätzt.
- ✓ Straßen- und Safari-Schlepper wehrt man am besten mit einer ruhigen, aber eindeutigen Ablehnung ihrer Dienste ab – außer man will sie engagieren.

Unten: Entspannung pur an einer Strandbar auf Sansibar

JAN FEB MÄRZ APR MAI JUNI JULI AUG SEP OKT NOV DEZ

ANREISE
Internationale Flüge landen in Chiles Hauptstadt Santiago. Von dort fliegt man in fünf Stunden in das 2140 Kilometer weiter südlich gelegene Punta Arenas, den Ausgangsort des großen Patagonien-Törns.

VOR ORT UNTERWEGS
Die Tour bietet zahlreiche Möglichkeiten zum Anlegen und Erkunden der Umgebung.

WETTER
Im Januar herrschen etwa 5 bis 15 °C, gelegentlich regnet es. In Santiago ist das Wetter sonnig und angenehm.

ÜBERNACHTEN
Im luxuriösen Park Plaza in Santiago kosten Doppelzimmer ab 80 €; www.parkplaza.cl

Das Las Hayas Resort Hotel liegt etwa drei Kilometer von Ushuaia in der Bucht; Doppelzimmer ab 170 €; www.lashayashotel.com

Vier Übernachtungen an Bord der *Mare Australis* kosten ab 1600 € für eine Doppelkabine inkl. Vollpension; www.australis.com

ESSEN GEHEN
In Santiago und Ushuaia sind frische Fische und Meeresfrüchte, etwa Krabben und Muscheln, delikat. An Bord wird regionale und internationale Küche serviert.

KOSTEN FÜR ZWEI PERSONEN
Rund 170 € pro Tag an Land, inklusive Unterkunft, Verpflegung und Transport vor Ort. Die Kosten an Bord liegen bei rund 470 € pro Tag mit Vollpension und Ausflügen.

INFORMATION
www.patagonia-travel.com

Am Ende der Welt

Wenn am Beagle-Kanal der Morgen anbricht, erhellt das Licht langsam das blaue Eis der Gletscher in der Nähe des Schiffes. Die tiefe Winterstille wird gelegentlich unterbrochen vom Donnern riesiger Eisbrocken, die sich vom Gletscher abspalten und in das Meer stürzen. Das ist Süd-Patagonien: das Land riesiger Gletscher, aber auch das Land dichter Wälder mit einem unglaublichen Tierreichtum.

Auf der Schiffsreise durch die legendäre Magellanstraße von Punta Arenas in Chile nach Ushuaia in Argentinien, der südlichsten Stadt der Welt, enthüllt sich dem Reisenden langsam eine atemberaubende Landschaft. Die Fahrt geht durch ein Labyrinth gewundener Fjorde, Kanäle und Inseln, man sieht die unterschiedlichsten Weiß-, Blau- und Grüntöne, beißende Winde heulen um die Gletscher.

Großes Bild: Sonnenaufgang über dem Beagle-Kanal

Nationalpark Tierra del Fuego

Der 1960 gegründete Parque Nacional Tierra del Fuego erstreckt sich über 630 Quadratkilometer im äußersten Südwesten von Tierra del Fuego (Feuerland). Im Park leben zahlreiche Tier- und Pflanzenarten des südlichen Patagonien, etwa der vom Aussterben bedrohte Pampashase oder Mara *(oben)*. In der windigen Küstenzone des Parks kann man Albatrosse, Austernfische und Magellangänse erspähen, im Hinterland leben Biber und Füchse in Wäldern mit Lenga-, Nire- und Coihue-Bäumen.

Links: Der patagonische *gaucho* hält sich mit einem Poncho in leuchtenden Farben warm

Rechts (von links nach rechts): Blick über den Hafen von Ushuaia in der Abenddämmerung; Lama bei Punta Arenas; der »Tren del Fin del Mundo« keucht durch den Nationalpark Tierra del Fuego; fantastische Eislandschaft am Beagle-Kanal

Schlauchbootfahrten und Wanderungen bieten reichlich Gelegenheit, dieses faszinierende Land und seine Flora und Fauna zu erforschen. Über 60 000 Pinguine tummeln sich auf der winzigen Isla Magdalena. Die kleinen schwarz-weißen Gestalten bieten ein hinreißendes Schauspiel, wenn sie an Land watscheln. Vom Aussichtspunkt am Pia-Fjord reicht der Blick über den ganzen Pia-Gletscher, der sich zwischen den Bergen zum Meer schiebt. Bei der Isla Tucker begleiten verspielte Glattdelfine das Schiff in die Bucht, und Seelöwen rekeln sich auf einer steinigen Landzunge.

Wo sich am Kap Hoorn der Atlantische und der Pazifische Ozean vereinen, verspürt man ein Gefühl der absoluten Abgeschiedenheit. Kleine Flecken Eis sprenkeln das gewaltige Meer, und ständig blasen die scharfen Winde, die einst viele Expeditionen zum Scheitern brachten. Hier liegt das letzte Festland vor der Antarktis, das Ende der Welt. Die Reise an die Südspitze Amerikas offenbart eine außergewöhnliche, unwirtliche und unvergessliche Landschaft.

Patagonien-Tour

Die einzigartige Schiffsreise führt von Punta Arenas in Chile durch die Magellanstraße nach Ushuaia in Argentinien. Sie dauert vier Tage. Erkunden Sie doch einige Tage zuvor Chiles pulsierende Hauptstadt Santiago und genießen Sie das sonnige Januarwetter, bevor Sie in den eisigen Süden aufbrechen.

Eine Woche in den Süden

TAG 1
Erkunden Sie Santiago: Fahren Sie mit der Seilbahn auf den Cerro San Cristóbal und genießen Sie mittags Meeresfrüchte auf dem quirligen Zentralmarkt. Danach bewundern Sie die faszinierenden Artefakte im Museo Chileno de Arte Precolombino.

TAG 2
Fliegen Sie südwärts nach Punta Arenas, wo die Tour beginnt. Das Schiff legt etwa um 18 Uhr ab, Sie müssen jedoch schon nachmittags am Hafen einchecken.

TAG 3–4
Sie gehen am Marinelli-Gletscher in der Ainsworth-Bucht an Land und wandern durch den Wald zum gigantischen Brookes-Gletscher, wo eine Kolonie See-Elefanten lebt. Oder Sie fahren zur Isla Magdalena und bestaunen die Pinguine. Später erspähen Sie vielleicht Delfine, wenn das Schiff die Isla Tucker passiert.

Nach der Fahrt durch den Hauptabschnitt des Beagle-Kanals gehen Sie am Pia-Gletscher an Land. Ein Spaziergang führt zu einem Aussichtspunkt, an dem man den Eisfluss von den Darwin-Bergen zur See verfolgen kann. Danach fährt das Schiff weiter durch den Beagle-Kanal zur spektakulären »Gletscher-Avenue«.

TAG 5
Die Fahrt führt zum wilden Kap Hoorn, wo Atlantik und Pazifik zusammentreffen. Nachmittags besuchen Sie Puerto Williams mit seinen 2000 Einwohnern.

TAG 6
Morgens erreichen Sie Ushuaia. Von dort können Sie mit dem »Tren del Fin del Mundo« durch die Tierra del Fuego fahren. Genießen Sie abends frischen Fisch.

TAG 7
Rückkehr nach Santiago, wo Sie südamerikanische Souvenirs kaufen, bevor Sie wieder heimfliegen.

Dos & Don'ts

- ✓ Kosten Sie das einheimische Bier in Punta Arenas, Austral, aus der südlichsten Brauerei der Welt – das beste in Chile.
- ✗ Unterschätzen Sie nicht die Kälte. Die Temperaturen sind immer niedrig, an Bord kann es sehr kalt werden – ziehen Sie viele Schichten an.
- ✓ Rechnen Sie mit Seekrankheit – der Beagle-Kanal kann sehr rau sein.
- ✓ Kosten Sie in Ushuaia die regionale Spezialität *centolla* (Königskrabbe).

Unten: Leuchtturm von Ushuaia

ANREISE
Costa Rica liegt in Zentralamerika; internationale Flüge landen in der Hauptstadt San José.

VOR ORT UNTERWEGS
Alle Ecken des Landes sind per Bus oder Kleinflugzeug erreichbar; am besten erkundet man Costa Rica jedoch mit einem Geländewagen.

WETTER
Im Januar herrscht Trockenzeit, die Durchschnittstemperaturen steigen in San José auf 14 bis 24 °C. Im Tiefland ist es viel wärmer.

ÜBERNACHTEN
Die Arenal Observatory Lodge im Parque Nacional Volcán Arenal bietet Vulkanblick; Doppelzimmer ab 35 €; www.arenal.net/observatory-lodge

Das Luxushotel Grano de Oro, San José, befindet sich in einer viktorianischen Villa; Doppelzimmer ab 70 €; www.hotelgranodeoro.com

Das Capitán Suizo, Tamarindo, liegt in einem tropischen Garten; Doppelzimmer ab 110 €; www.hotelcapitansuizo.com

ESSEN GEHEN
Gute Gerichte gibt es schon für weniger als 7 €. Das Nationalgericht *gallo pinto* besteht aus Reis und Bohnen und wird oft zum Frühstück mit Rührei und *agua dulce* – Zuckerrohr in heißem Wasser – gereicht.

KOSTEN FÜR ZWEI PERSONEN
100–120 € pro Tag inklusive Unterkunft, Verpflegung, Mietwagen und Inlandsflügen.

INFORMATION
www.visitcostarica.com

Pfeilgiftfrösche

Ihre glänzende, farbenprächtige Haut dient als Warnung: Pfeilgiftfrösche sind leicht zu sehen, wenn sie auf dem Boden der feuchten Regenwälder springen. Doch auch wenn sie kaum größer als ein Daumennagel sind, bergen sie doch eine riesige Gefahr. Ihre Hautdrüsen scheiden tödliche Gifte aus. Die indigenen Ethnien versahen ihre Pfeilspitzen mit dem Gift der Frösche – daher der Name.

Ein Dschungeljuwel

Scharlachrote Aras kreischen in den Bäumen, Brüllaffen spielen im dichten Blätterdach des Waldes, Krokodile wälzen sich im Schlamm: Costa Rica ist eine einzige große Menagerie, in der die Geräusche und Bewegungen der Tiere den Ton angeben. Der ungeheure farbenprächtige Reichtum seiner Fauna zählt zu den größten Attraktionen dieses kleinen zentralamerikanischen Staates. Unglaubliche fünf Prozent aller bekannten Arten sind hier beheimatet. Dutzende Nationalparks und Wildreservate erstrecken sich in Tausenden Grünschattierungen in den unterschiedlichsten Landschaften von zwölf verschiedenen Lebensräumen. Die in feuchten Dunst gehüllten Nebelwälder von Monteverde sind eine völlig andere

Scharlachrote Aras kreischen in den Bäumen, Brüllaffen spielen im dichten Blätterdach, Krokodile wälzen sich im Schlamm.

Welt als die tropischen Trockenwälder des pazifischen Nordwestens, die Mangroven der Terraba-Sierpe oder die Tiefland-Regenwälder von Corcovado.

In der von Kanälen durchzogenen Wasserwelt von Tortuguero lässt sich die Tierwelt fantastisch beobachten. Urwälder erstrecken sich bis zu den langen, einsamen weißen, braunen oder schwarzen Sandstränden, an denen Meeresschildkröten ihre Eier ablegen und Jaguare oder Vertreter der anderen fünf Wildkatzenarten des Landes Tatzenabdrücke hinterlassen.

Doch nicht nur die unberührte Wildnis der Küsten, auch das gebirgige Inland zieht viele Reisende an. Die Gebirgsketten sind gespickt mit Vulkanen. Der Arenal speit fast täglich Lava, von den Gipfeln des Poás oder Irazú sieht man die Kraterseen. Weite Gebiete des Talamanca-Gebirges sind ein noch unerforschtes Reich der Erhabenheit. Costa Ricas höchster Berg, Cerro Chirripó, belohnt Wanderer nach dem Aufstieg durch Nebelwälder und dem mühsamen Gang über das Páramo-Hochplateau mit einem grandiosen Panoramablick. Unterschiedlichste Ökosysteme sind in einem einzigen Urlaub zu entdecken – das kleine Land hat hervorragende Verkehrsverbindungen. Natur lässt sich hier auch auf abenteuerliche Weise erleben: auf Touren mit Quadbikes und Pferden, bei einer rasenden Zipline-Fahrt durch die Baumkronen oder bei einer Wildwassertour auf dem Pacuare oder Reventazón. Costa Rica wird Sie begeistern.

Großes Bild: Ein Grün-Veilchenohrkolibri nascht an einer Bromelienblüte
Oben: Kratersee auf dem Vulkan Poás
Unten (Mitte und rechts): Strand auf der Isla Tortuga; scharlachroter Ara

Tropenwelten

Dank seiner vielen Ökosysteme, Landschaften, Parks und Wildreservate lässt sich in Costa Rica perfekt die Vielfalt der amerikanischen Tropen erleben. Die Hauptstadt San José bietet dagegen beeindruckende Architektur und Museen. Sie kann in einem oder zwei Tagen erkundet werden und als Basisstation dienen.

JAN

Zehn Tage im Regenwald

Lernen Sie in San Josés Präkolumbischem Goldmuseum die alte Geschichte des Landes kennen. Bewundern Sie dann das Nationaltheater, Costa Ricas bedeutendstes Bauwerk.	TAG 1
Buchen Sie einen Ausflug mit Übernachtung und Frühmorgenflug zum Parque Nacional Tortuguero. Auf einer Bootsfahrt mit Führer entdecken Sie die fantastische Tierwelt, etwa Kaimane, Brüllaffen und Große Soldatenaras. Per Boot und Bus geht es zurück nach San José.	TAG 2
Fahren Sie mit dem Mietwagen zum Städtchen La Fortuna am Fuß des Vulkans Arenal. Hier können Sie auch Floß- oder Zipline-Fahrten unternehmen.	TAG 3
Fahren Sie über die Cordillera Central nach Monteverde und zu dessen berühmtem Nebelwaldreservat. Am Nachmittag bewundern Sie in Selvatura die spektakuläre Insektensammlung der Whitten Collection.	TAG 4
Mit einem einheimischen Führer wandern Sie im Nebelwaldreservat, unternehmen einen Ausritt oder besichtigen Schlangen im Serpentarium.	TAG 5
Im Tal besuchen Sie das indigene Töpferdorf Guaitíl. In Tamarindo entspannen Sie mit Reiten oder Fischen.	TAG 6–8
In San José buchen Sie einen Flug zum Parque Nacional Corcovado, um Tiere im Regenwald zu beobachten.	TAG 9–10

Dos & Don'ts

- ✓ Blicken Sie beim Wandern auf den Boden, damit Sie nicht versehentlich auf eine Schlange treten.
- ✗ Verpassen Sie auf keinen Fall die Tierwelt – heuern Sie einen professionellen Führer an oder nehmen Sie an einer Tour teil. Die einheimischen Führer zeigen Ihnen weit mehr Tiere, als Sie selbst entdecken könnten, und wissen zudem über viele Naturphänomene Bescheid.
- ✓ Verwenden Sie Mückenschutz in den Tiefebenen des Südens, in denen Malaria herrscht. Halten Sie sich die Moskitos zudem mit langärmeligen Oberteilen und langen Hosen vom Leib.

Unten: Nationaltheater, San José

FEB
MÄRZ
APR
MAI
JUNI
JULI
AUG
SEP
OKT
NOV
DEZ

ANREISE
Hongkong besteht aus der Insel Hongkong im Süden, der Halbinsel Kowloon und den New Territories im Norden sowie vielen weiteren Inseln. Vom Hong Kong International Airport erreicht man mit dem Airport Express Train in 25 Minuten das Zentrum.

VOR ORT UNTERWEGS
Hongkong entdeckt man am besten zu Fuß und mit dem exzellenten öffentlichen Verkehrssystem, zu dem die U-Bahn (Mass Transit Railway), Busse, Straßenbahnen und Taxis gehören.

WETTER
Im Januar rangieren die Temperaturen zwischen 13 und 18 °C, im Allgemeinen ist es trocken.

ÜBERNACHTEN
Im preiswerten Chungking House kosten Suiten ab 50 €; www.chungkinghouse.com

Ein bezahlbares Luxushotel ist das Harbour Plaza in Kowloon; zwei Doppelzimmer ab 210 €; www.harbour-plaza.com

Spitzenreiter ist das 1928 eröffnete Peninsula Hong Kong; zwei Doppelzimmer ab 600 €; www.peninsula.com

ESSEN GEHEN
Zu den besten kantonesischen Restaurants zählt das One Harbour Road (Grand Hyatt, Wan Chai). Preiswerter sind die zahlreichen köstlichen Dim-Sum-Restaurants und Imbissstände.

KOSTEN FÜR EINE VIERKÖPFIGE FAMILIE
270–320 € pro Tag inklusive Unterkunft, Verpflegung und einem Tagespass für Disneyland.

INFORMATION
www.discoverhongkong.com

Großes Bild: Bei den Feierlichkeiten zum Chinesischen Neujahr schlängelt sich ein Drache durch die Straßen von Hongkong
Oben (von oben nach unten): Lebensmittelmarkt; Blick auf Hongkong vom Peak; das quirlige Kowloon bei Nacht; Dschunke im Hafen

Hong Kong Disneyland

Im 2005 eröffneten Park unterhalten all die berühmten Charaktere kleine und große Kinder. Es ist wie ein Kulturschock, wenn man im chinesischen Kowloon auf der Main Street USA bummelt, eine Zeitreise ins historische Amerika unternimmt, mit dem Raumschiff ins Tomorrowland reist und den Park auf dem Rücken eines großen Plastikelefanten umkreist. Alles ist ebenso bunt wie Hongkong, das man allerdings an den magischen Toren gänzlich hinter sich gelassen hat.

Chinesisches Neujahr

Knallfrösche explodieren auf den Straßen, das Echo wird von den Fassaden der kleinen Läden zurückgeworfen, ihr metallisches Krachen und Knallen wandert in dicken Rauchschwaden an den Fassaden der Hochhäuser in den Himmel hoch. Im fieberhaften Muskelspiel lassen junge Männer Trommeln, Gongs und Becken möglichst laut erklingen. Der Geruch von Räucherstäbchen umweht die überlebensgroßen Löwen und Drachen, die spielerisch durch die Straßen tanzen. Es ist Chinesisches Neujahr, das vielleicht lebensfreudigste und geselligste Fest der Erde. In Hongkong wird es mit abergläubischen Ritualen, Freude und Lust wie seit Jahrhunderten gefeiert. Glänzende gelbe und rote Farben sowie für den Europäer kitschig wirkende Papierlöwen verwandeln die asiatische Glitzermetropole in eine einzige große Karnevalsparty. Wer von den Löwentänzern mit einem Besuch beehrt wird – Geschäfte, Hotels oder Familien –, kann sich glücklich schätzen. Sie verjagen nicht nur das alte Jahr, sondern auch das Unglück und die bösen

Ganz oben: Ein Kind bestaunt die farbenfrohen Windräder, die man als Glücksbringer kauft

Oben: Chinesische Neujahrsornamente hängen in einem Baum

Unten: Tausende beten um Glück und Gesundheit im Wong Tai Sin Temple

Geister des kommenden. Die Löwentänze finden in den Tagen nach Neujahr statt, doch die Vorbereitungen für die Feiern beginnen schon Tage zuvor. Jeder reinigt sein Haus, seinen Laden, sein Büro, um das vergangene Jahr wegzuwischen. Viele bemalen oder dekorieren ihre Fenster und Türen in Rot und mit Scherenschnitten, die Reichtum, Erfolg, ein langes Leben und eine Ehe mit Kinderglück symbolisieren. Am Neujahrsabend feiern die Familien mit einem üppigen Festmahl und öffnen Türen und Fenster, um das Glück und das neue Jahr einzulassen. Um Mitternacht wird der Jahreswechsel mit Feuerwerk und Knallkörpern begrüßt. Hongkong (Xianggang) bietet die spektakulärsten Feuerwerke aller chinesischen Städte. Hunderttausende blicken zum Himmel, wenn das fantastische, funkelnde Schauspiel die Skyline und die Berge erleuchtet.

Am nächsten Tag gehen die Feiern weiter. Spazieren Sie durch die Stadt auf Blumenmärkte, wo die Einheimischen »Glücksblüten« kaufen, mit denen sie ihre Wohnungen schmücken, oder durch Tempelanlagen, wo sie für Glück und Wohlstand beten. Wie immer im chinesischen Leben vereinigen sich Weltliches und Spirituelles – tauchen Sie in dieses besondere Ereignis ein.

Fernost-Erfahrung

Hongkong ist dicht besiedelt. Fähren und Züge verbinden die urbanen Hauptgebiete, Kowloon im Norden und die Insel Hongkong im Süden. Faszinierend sind auch die Randgebiete, etwa die Chinesischen Inseln und die ehemalige portugiesische Kolonie Macao. Termine des Chinesischen Neujahrs stehen auf S. 327.

Zehn farbenfrohe Tage

TAG 1–2

Fahren Sie in die Stadt und verbringen Sie die ersten zwei Tage im chaotischen, farbenfrohen und typisch chinesischen Kowloon. Hier locken die Nathan Road und exquisite Märkte wie der Jade Market an der Kansu Street zum Shoppen. Abends besuchen Sie den Temple Street Night Market und essen dort Dim Sum.

TAG 3

Fahren Sie mit einer Fähre von Star Ferries durch den Hafen in den Central-Bezirk. Dort erwarten Sie historische Gebäude am Statue Square und grandiose moderne Architektur. Dann bummeln Sie auf der Hollywood Road, besuchen den geheimnisvollen Man Mo Temple und fahren mit der Peak Railway auf den Victoria Peak, um den fantastischen Blick zu genießen.

TAG 4–6

Besuchen Sie die nahen Inseln: Zuerst setzen Sie mit der Fähre nach Cheung Chau Island über, zu einem schönen Fischerdorf mit Werften, Häfen und Tempeln. Danach besichtigen Sie auf Lantau Island den Großen Buddha und das Kloster Po Lin. Abends bummeln Sie in Kowloon durch die Stadtteile am Wasser.

TAG 7

In Hong Kong Disneyland vergnügen Sie sich in den beliebten Attraktionen wie Adventureland, Fantasyland und Tomorrowland und ruhen sich vom Trubel bei einem Picknick im hübschen Arboretum aus.

TAG 8–10

Das große Finale Ihrer Hongkong-Reise ist das dreitägige Neujahrsfest mit seinen Bräuchen und Traditionen. Bewundern Sie das Feuerwerk am Hafen, stürzen Sie sich in den Trubel der Straßenparaden und kaufen Sie auf den fantastischen Märkten ein.

Dos & Don'ts

- ✗ Vergessen Sie Mietautos, um die Downtown von Hongkong oder die ländliche Umgebung zu erkunden – öffentliche Verkehrsmittel und Taxis stehen überall zur Verfügung.
- ✓ Viele Reiseführer empfehlen, den Central-Bezirk am Sonntag zu meiden, wenn philippinische Frauen ihren einzigen freien Tag mit Picknicken und Plaudern auf den Gehwegen und an den Bushaltestellen verbringen. Wir raten, sich dieses faszinierende soziale Ereignis nicht entgehen zu lassen.
- ✗ Meiden Sie hingegen den Peak an Wochenenden, besonders an Sonntagen – dann kann man vor lauter Touristen keinen Blick von der fantastischen Aussicht erhaschen.

Unten: Blick von Kowloon auf die Insel Hongkong

FEBRUAR

Traumziele im **Februar**

In der nördlichen Hemisphäre können das nördliche Europa und die Ostküste der USA noch tief verschneit sein, Richtung Äquator herrscht jetzt in der Karibik und in Zentralamerika angenehmes Wetter. Noch weiter südlich ist das Klima im brasilianischen Bundesstaat Bahia so heiß wie der Karneval. Das überschäumende Fest läutet die bis Ostern dauernde Fastenzeit ein. In Nord- und Südafrika lockt vor allem an der Küste sonnige Wärme, und auch in Indien und Thailand scheint die Sonne nun den ganzen Tag. Auf der anderen Seite des Himalaya bietet das Wetter in China Eiseskälte im Norden und Wolken im Süden. Auf dieser Doppelseite finden Sie alle im Februar-Kapitel vorgestellten Reiseziele sowie einige weitere Anregungen.

KULTUR UND FESTE

HAVANNA Musikanten spielen an der Straße

HAVANNA
Kuba, Karibik

Die Stadt lebt Tag und Nacht Rhythmus und Musik

Die besten Zigarren der Welt, erfrischende Mojitos und unwiderstehliche afro-lateinamerikanische Rhythmen – Spaß pur.

Siehe S. 46–47

BINCHE
Belgien, Europa

Wunderschöne Stadt mit dem Flair des 15. Jahrhunderts

Feiern Sie in Belgien Karneval – mit farbenprächtigen Paraden und spektakulären Kostümen, die seit Jahrhunderten unverändert sind.

www.belgien-tourismus.de

ANGKOR
Kambodscha, Asien

Antike Haupt- und Tempelstadt im Dschungel

Mitten im Dschungel erwachen die fantastischen Skulpturen der Tempel von Angkor im Sonnenaufgang scheinbar zum Leben.

Siehe S. 40–41

»Auf dem Weg zum zentralen Heiligtum staunt man über die Details der fein gemeißelten *apsaras*, der himmlischen Tänzerinnen.«

AGRIGENTO
Italien, Europa

Antike Ruinen und einfaches Leben im sonnigen Sizilien

Hier erwarten Sie exzellent erhaltene antike griechische Stätten, eine schöne mittelalterliche Stadt und eine herrliche Landschaft.

www.travelplan.it

SALVADOR
Brasilien, Südamerika

Salvadors »Carnaval« ist ein überschäumendes Fest

Bei diesem Karneval mit fantastischer Musik und Feierlaune sehen Sie nicht nur die Paraden, Sie nehmen daran teil.

Siehe S. 58–59

UNVERGESSLICHE EINDRÜCKE

NILKREUZFAHRT Pyramiden von Giseh

NIL-KREUZFAHRT
Ägypten, Afrika

Kreuzfahrt auf dem Nil in die Zeit vor 5000 Jahren

Fahren Sie mit dem Schiff auf dem Nil von den Minaretten und Pyramiden Kairos zu den Grabmälern und Tempeln von Theben.

Siehe S. 42–43

BLUE TRAIN
Südafrika, Afrika

Im fahrenden Luxushotel durch herrliche Landschaft

Die Fahrt im Fünf-Sterne-Zug von Pretoria nach Kapstadt und Johannesburg ist ein unvergessliches Erlebnis.

www.bluetrain.co.za

CÔTE D'AZUR
Frankreich, Europa

Mit dem Auto an der noch leeren französischen Riviera

Genießen Sie die Fahrt an der traumhaften Küste, mildes Winterwetter, bezaubernde Städte und köstliches Essen.

www.cotedazur-tourisme.com

BARRANCO DEL COBRE
Mexiko, Nordamerika

Zu Fuß, per Rad oder Zug durch den Kupfer-Canyon

Eine faszinierende Reise zu den sechs miteinander verbundenen Schluchten des Kupfer-Canyon – größer als der Grand Canyon!

www.great-adventures.com

TIKAL & ATITLÁN
Guatemala, Zentralamerika

Beeindruckende Ruinen des einst mächtigen Maya-Staats

Erkunden Sie auf Ihrer ganz persönlichen »Ruta Maya« antike Pyramiden und Tempel sowie den spektakulären Lago de Atitlán.

www.larutamayaonline.com

WUNDER DER NATUR

ANTARKTIS Pinguine rasten auf einem Berg aus gepresstem Alteis

»Tagelang kreuzt man durch Gewässer, in denen riesige Eisberge durch das tiefblaue Meer vorbeidriften.«

ANTARKTIS

Eine unvergleichlich schöne, unberührte Wildnis

Umrunden Sie Kap Hoorn und bewundern Sie Wale, Pinguine, Robben und Eisberge, die majestätisch vorbeidriften.

Siehe S. 38–39

KANHA NATIONAL PARK
Indien, Asien

In dem riesigen Naturschutzgebiet leben Tiger ...

... aber auch Stachelschweine, Gaur-Rinder, Nilgau-Antilopen, Mangusten und 175 Vogelarten.

www.kanhanationalpark.com

DEVON
England, Europa

Cottage-Urlaub an der schönen »Riviera« von Süd-Devon

Das Wetter ist milder und die Natur reicher, als man denkt. Hier locken Ponysafaris, Vogelbeobachtung und köstliche Teestunden.

www.discoverdevon.com

MAR DE CORTÉS
Mexiko, Nordamerika

Schwimmen Sie mit Seelöwen und Mantarochen

Erkunden Sie mit dem Kajak die fantastische Natur im Golf von Kalifornien und beobachten Sie Wale, Delfine und Meeresvögel.

www.mardecortez.net

BWINDI NATIONAL PARK
Uganda & Ruanda, Afrika

Aug in Aug mit einem majestätischen Silberrücken

Lassen Sie sich bei einer Wanderung durch den Urwald von Gorillas beeindrucken.

www.uwa.or.ug/bwindi.html

Vorhergehende Doppelseite: Rituelles Bad im Fluss Yamuna nahe dem Taj Mahal

Wetter

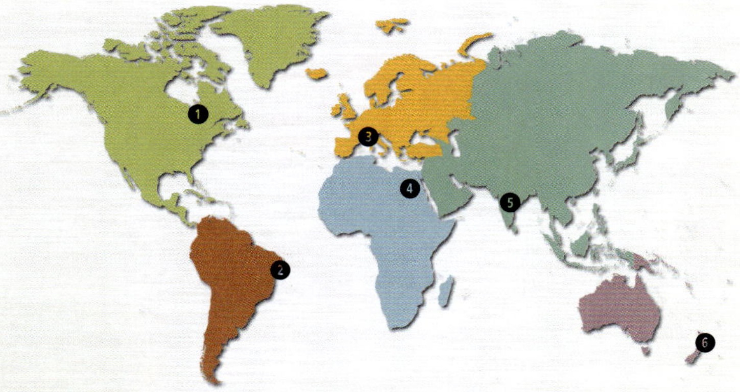

❶ Die Schneehöhe erreicht ihr Maximum in Kanada – gut für Skifahrer und das Winterlude Festival in Ottawa. Eisige Winde von den Großen Seen können sich nun zu Blizzards auswachsen.

❷ In Brasiliens Küstenstädten herrscht feuchtes Tropenklima. In Salvador feiert man ungerührt von der schwülen Hitze den Karneval.

❸ In den Bergen bei Zermatt gibt es bei kaltem Wetter gute Schneebedingungen, viel milder als bei uns zeigt sich dagegen der Winter auf Sizilien.

❹ In Ägypten fällt am Nil ganzjährig fast kein Regen, doch der Februar zählt zu den kühlsten Monaten in der Region – sogar im südlichen Assuan.

❺ Indien und Kambodscha liegen in der Monsunregion *(siehe S. 329)*. Im Februar herrscht gutes Reisewetter, danach wird es heiß und feucht.

❻ In Neuseelands wechselhaftem Klima können zwischen Regen, Schnee und Sonnenschein nur wenige Stunden liegen. Im Februar ist das Meer angenehm warm, und die Sonne scheint reichlich.

LUXUS UND ROMANTIK

AGRA Eine faszinierende Studie vollendeter Symmetrie: das Taj Mahal

AGRA
Indien, Asien

Agra und Jaipur – die romantischsten Orte der Welt?

Am Monument der Liebe, Taj Mahal, bezaubert das Farbenspiel im wechselnden Sonnenlicht. Die »rosa Stadt« Jaipur präsentiert sich elegant.

Siehe S. 52–53

DUBAI
VAE, Naher Osten

Ausgefallener Luxus zu reellen Preisen

Hier kann man fantastisch shoppen. Daneben locken Bootsfahrten und Strände.

www.dubai.com
www.dubaitourism.ae

MOMBASA
Kenia, Afrika

Residieren Sie in einem Luxus-Baumhaus am Strand

Genießen Sie ein romantisch einsames Hotel mit allem erdenklichen Luxus – Wellness, Privatveranda, Meeresblick und vieles mehr.

www.kenya-safari-africa.com

ALENTEJO
Portugal, Europa

Übernachten Sie in einem romantischen Landgasthof

In der vom Tourismus unberührten Region entdecken Sie alte Dörfer und Märkte mit Oliven-, Käse- und Keramikständen.

www.pousadasofportugal.com

ANG THONG NATIONAL MARINE PARK
Thailand, Asien

Abgelegen und unberührt

Die 42 Inseln des Archipels bieten reichlich Platz, um sich beim Konzert exotischer Vögel wie Robinson Crusoe zu fühlen.

Siehe S. 50–51

»Dicht bewachsene Landzungen, versteckte Buchten und traumhafte Sandstrände erscheinen nach und nach im türkisfarbenen Meer.«

AUFREGENDE ZIELE

ZERMATT Elegantes Wedeln auf sanften Pisten

ZERMATT
Schweiz, Europa

Himmlische Ruhe unter dem beeindruckenden Matterhorn

In der autofreien Stadt ist es herrlich ruhig. Zermatt bietet Ski- und andere Wintersportfreuden für alle Alters- und Leistungsgruppen.

Siehe S. 48–49

SEENREGION
Chile, Südamerika

»Schweizer« Landschaft, Sport und Luxus

Wandern Sie um türkisfarbene Seen, durch dichte Wälder, auf schneebedeckte Vulkane und genießen Sie Luxus im Spa-Hotel.

www.visit-chile.org

BAIKALSEE
Russland, Asien

Tauchen Sie wie die Störe unter das dicke Eis

Nichts für Ängstliche – auf dieser Eissafari tauchen Sie mit den Robben in eine faszinierende Unterwasserwelt ein.

www.baikaldiving.ru

KAPVERDISCHE INSELN
Kap Verde, Afrika

Ein Mekka für Surfer, Windsurfer und Kitesurfer

Im Winter gibt es hier erstklassige Wellen zum Surfen – und das ganze Jahr wunderbare Musik.

www.kapverden.de

GOLDENES DREIECK
Thailand, Asien

Wandern Sie in Chiang Rai und führen Sie Elefanten

Auf Dschungeltreks wandern Sie zu den Dörfern der Bergethnien, und auf dem Mekong fahren Sie zu einer Elefantenschule.

fourseasons.com/goldentriangle

FAMILIENURLAUB

OTTAWA Eine glitzernde kunstvolle Eisskulptur

FLORIDA KEYS
USA, Nordamerika

Auf dem Overseas Highway in eine magische Welt

Die durch den einzigartigen Highway verbundenen Inseln bieten Wassersport, schönes Wetter und eine interessante Gegenkultur.

Siehe S. 54–55

»Die einzigartige Straße verbindet die üppig grünen Inseln, die sich wie eine tropische Perlenkette im Bogen reihen.«

OTTAWA
Kanada, Nordamerika

Winterfestival in Schnee und Eis

Der Kanal wird zum Schlittschuh-Superhighway, Bildhauer formen Skulpturen aus Eis, und im Park gibt es Schneerutschen.

Siehe S. 44–45

YORK
England, Europa

Spaß beim traditionellen Wikingerfest im Jorvik Centre

Wikinger-Straßenkünstler, farbenfrohe Prozessionen und klirrende Waffen vertreiben den Winterblues beim Jolablot-Festival.

www.jorvik-viking-centre.co.uk

NORDINSEL
Neuseeland, Australasien

Ein exzellentes Reiseziel für ruhelose kleine Hobbits

Mittelerde bietet reichlich Platz und Strände – zum Wandern, Grillen, für Wassersport – sowie die interessante Kultur der Maori.

Siehe S. 56–57

AGADIR
Marokko, Afrika

Sonne, Meer und eine moderne, aufregende Stadt

Das familienfreundliche Agadir bietet nordafrikanische Kultur, viel Platz und reichlich Möglichkeiten für Wassersportfreunde.

www.agadir-tourisme.com

ANREISE
Der Inselkontinent Antarktika, das südlichste Reiseziel der Welt, wird von Ushuaia an der Südspitze Argentiniens von Schiffen angefahren. Nach Ushuaia fliegen Flugzeuge von Buenos Aires, Argentinien oder von Santiago, Chile.

VOR ORT UNTERWEGS
Die Kreuzfahrtschiffe fahren in die Gletscherbuchten, mit Zodiacs (Schlauchbooten) setzt man zum Eis über. Bei speziellen Kreuzfahrten im Mai werden Kajaks eingesetzt.

WETTER
Im Februar neigt sich der antarktische Sommer dem Ende zu. Die Temperaturen an der Küste rangieren von 5 °C bis –5 °C.

ÜBERNACHTEN
An Land wird nicht übernachtet. Schiffe etwa von Quark (www.quarkexpeditions. com), Lindblad (www.lindbladexpeditions.com) und Clipper (www.clippercruise.com), die in die Antarktis fahren, haben 50 bis 100 Passagiere an Bord. Große Schiffe mit bis zu 400 Passagieren sind u. a. die *Explorer* (www.antarcticabound. com) oder die *Discovery* (www.discovery worldcruises.com). Kleinere Schiffe bieten mehr Landgänge und Aufenthalte am Ufer, große Kreuzfahrtschiffe mehr Luxus an Bord. Sie liegen zudem ruhiger in rauen Gewässern.

ESSEN GEHEN
Mahlzeiten werden an Bord eingenommen.

PREISE FÜR KREUZFAHRTEN
Sieben bis elftägige Reisen zur Antarktischen Halbinsel kosten ab 2500 € pro Person auf größeren, ab 4500 € auf kleineren Schiffen.

INFORMATION
www.iaato.org

Wer regiert die Antarktis?

Der am 1. Dezember 1959 unterzeichnete Antarktisvertrag bietet das legale Gerüst für die Verwaltung der Antarktis, wobei alle Entscheidungen einstimmig getroffen werden. 2005 zählte er 45 Unterzeichner, darunter Argentinien, Australien, Chile, Frankreich, Neuseeland, Norwegen und Großbritannien, die auf Teile der Antarktis Gebietsansprüche erheben. Die USA und Russland haben sich das Recht auf Ansprüche vorbehalten, die USA erkennen die Ansprüche anderer Staaten nicht an.

Oben (von links nach rechts): Die Schwanzflosse eines Buckelwals stößt durch die Oberfläche des eisigen Wassers der Antarktis; ein Kaiserpinguin füttert seinen hungrigen Nachwuchs, Atka Bay, Weddellmeer; Weddellrobbe, King George Island
Großes Bild: Eishöhle in einem Gletscher, Paradise Bay

Eisige Wildnis

Ein Schauplatz unvergleichlicher Schönheit: Die Antarktis zählt zu den wenigen noch unberührten Gebieten der Welt und bietet ein unvergessliches Reiseabenteuer. Tagelang kreuzt man durch Gewässer, in denen sich Wale tummeln und riesige Eisberge im tiefblauen Meer vorbeidriften. Gelegentlich sieht man Ohrenrobben, die sich auf den treibenden Eisbergen rekeln. Da es keine Anlegestellen gibt, fährt man in robusten Schlauchbooten an Land, wandert dort mitten durch Pinguine und genießt die atemberaubende Aussicht auf das Eis. Abends bewundert man von den Schlauchbooten aus nahe gigantische Eisberge, die in der gespenstischen Dämmerung des antarktischen Sommers bedrohlich aufragen.

Wissenschaftler bereichern die Reise an Bord mit Vorträgen über die unerschrockenen frühen Erforscher der Antarktis und deren einzigartige Geologie und Fauna. Um die unverdorbene Natur dieses eisigen Kontinents zu bewahren, darf nur eine begrenzte Anzahl der Passagiere gleichzeitig an Land gehen – die Begegnung mit Landschaft und Tieren wird so zu einer fast intimen Erfahrung.

Am faszinierendsten sind die Tausenden von Pinguinen, von denen sieben Arten nur in der Südpolregion vorkommen. Da die Vögel ihre Eier im Dezember legen, entzücken um diese Zeit dicke flauschige Küken, die in Nestern aus Kieseln versorgt werden. Auf kurzen Kreuzfahrten sieht man zumeist Esels-, Adelie- und Zügelpinguine. Längere Reisen führen auch zu den South Shetland Islands und nach South Georgia, wo große Königspinguine am Strand herumstolzieren. Die Menschen sollen sich von nistenden Pinguinen fernhalten, viele Vögel beachten im Gegenzug dieses Gebot jedoch nicht und watscheln auf die seltsamen Besucher mit den wild klickenden Kameras zu. Reisende werden hier mit unvergesslichen Bildern belohnt.

»Beim Blick über die öden Flächen des Packeises kann man sich manchmal nur schwer vorstellen, dass direkt unter der Oberfläche eine Fülle von Leben existiert.«

Robert F. Scott

Unten (von links nach rechts): Zügel- und Eselspinguine rasten auf einem Berg aus gepresstem Alteis; Schilder vor der Halley Research Station; Paddeltour in Zweierkajaks zwischen Eisbergen
Kleines Bild links: Mawson's Hut am Cape Dennison an der Commonwealth Bay

Antarktis-Expedition

Die Antarktis ist ein unberührtes Paradies, in dem majestätische Berge, gigantische Eisberge und das riesige Polareis einen herrlichen Kontrast zum tiefblauen Ozean bilden. Kreuzfahrten finden im Sommer (November bis März) statt, wenn das Wasser schiffbar ist und die Temperaturen Landgänge erlauben.

Acht Tage im Eis

In Ushuaia checken Sie erst an Bord ein, dann spazieren Sie durch die Stadt und unternehmen einen halbtägigen Ausflug in den Nationalpark Tierra del Fuego.	**TAG 1**
Die Fahrt geht in hoffentlich ruhigem Wasser durch die berüchtigte Drake-Passage. Beobachten Sie Sturmvögel, Möwen und Albatrosse, die dem Boot folgen. Informieren Sie sich bei Vorträgen über die einzigartige Geografie und die Natur der Antarktis.	**TAG 2**
Gehen Sie an Land zu den Pinguinen. Die Anlegestellen sind vom Wetter und den Meeresbedingungen abhängig. Übliche Landestellen sind etwa Deception und Cuverville Island sowie Port Lockroy, wo Eselspinguine leben, und die felsige Vulkaninsel Half Moon Island. Fantastische Fotomotive bieten der enge Lemaire-Kanal, der spektakulär durch steile Klippen führt, sowie die zu Recht »Paradise Bay« genannte, von Eiswänden umgebene Bucht. An der chilenischen Forschungsstation erhalten Sie Informationsblätter.	**TAG 3–6**
Auf dem offenen Meer geht die Fahrt um Kap Hoorn, wo Atlantischer und Pazifischer Ozean zusammentreffen, und weiter durch die Drake-Passage. Lauschen Sie Erzählungen legendärer Antarktis-Pioniere wie Ernest Shackleton.	**TAG 7**
Zurück in Ushuaia besorgen Sie Souvenirs und fliegen dann zurück nach Buenos Aires oder Santiago.	**TAG 8**

Dos & Don'ts

- ✓ Planen Sie Ihre Expedition länger im Voraus – fast jede Kreuzfahrtlinie bietet Preisnachlässe für Frühbucher.
- ✗ Lesen Sie erst die Reiseunterlagen durch, bevor Sie dicke Anoraks einpacken – bei den meisten Schiffslinien werden diese kostenlos an die Passagiere ausgegeben.
- ✓ Wählen Sie Ihre Kleidung nach dem »Zwiebelprinzip« aus. Das wechselhafte Wetter kann ungewöhnlich warm, aber auch windig und kalt sein. In Zwischenstationen wie Buenos Aires oder Santiago herrscht um diese Zeit Hochsommer.
- ✗ Vergessen Sie nicht Medikamente gegen Seekrankheit. Die berüchtigte Drake-Passage kann glatt wie ein Teich sein, aber auch stürmisch mit bis zu zehn Meter hohen Wellen.

JAN FEB MÄRZ APR MAI JUNI JULI AUG SEP OKT NOV DEZ

ANREISE
Angkor liegt in Kambodscha, Inlandsflüge von der Hauptstadt Phnom Penh und internationale Flüge landen im sechs Kilometer entfernten Siem Reap. Von Phnom Penh und der thailändischen Grenze fahren auch Busse und Sammeltaxis nach Siem Reap.

VOR ORT UNTERWEGS
Mieten Sie sich ein Taxi mit einem Führer, ein Fahrrad oder ein *moto*, ein Moped mit Fahrer, der Sie auf einer Rundfahrt für etwa 3,50–7 € pro Tag zu allen Tempeln bringt.

WETTER
Im tropisch-heißen Kambodscha liegt die Durchschnittstemperatur am Tag bei 30 °C.

ÜBERNACHTEN
Angkor Village Hotel mit üppigem Garten; Doppelzimmer ab 55 €; www.angkorvillage.com

Grand Hotel d'Angkor bietet Luxus; Doppelzimmer ab 170 €; www.siemreap.raffles.com

La Résidence d'Angkor, ein Pansea-Orient Express Hotel aus einheimischem Holz mit Pool; Doppelzimmer ab 180 €; www.pansea.com

ESSEN GEHEN
Die köstlichen lokalen Spezialitäten werden in der Regel mit einer Suppe serviert. Kosten Sie *omlar machou banle* (saure Fischsuppe). Elegant und gut: der Foreign Correspondents Club.

KOSTEN FÜR ZWEI PERSONEN
120–140 € pro Tag inklusive Übernachten, Verpflegung, Tempelpass (28 € für drei Tage, 40 € für eine Woche), Fahrten vor Ort.

INFORMATION
www.tourismcambodia.com

Tonlé Sap

Angkor liegt strategisch günstig nahe dem Tonlé-Sap-See in der Mitte Kambodschas. Während des Monsunregens ändert der Fluss Tonlé Sap durch die Wassermassen des Mekong seine Richtung, lässt den See auf das Sechsfache anschwellen und überflutet die Wälder und Reisfelder des Umlands. Die Khmer machten sich das Wasser durch Reservoirs zunutze. Der bis zu 25 000 Quadratkilometer große See ist Lebensraum von 300 Fisch- und 105 Vogelarten. Von diesem natürlichen Reichtum leben 40 000 Fischerfamilien.

Großes Bild: Buddhistische Mönche sitzen in tiefer Kontemplation im Banteay-Srei-Tempel

Tänzerinnen im Dschungel

Wenn der schrille Gesang der Zikaden die Stille des Morgengrauens in Angkor Wat beendet, erscheint das erste Licht hinter der dunklen Silhouette des Tempels, steigt die Sonne langsam über den fünf wie Lotusknospen geformten Türmen auf und bescheint den Damm – dieses magische Bild bietet sich seit dem 12. Jahrhundert beinahe unverändert an diesem mystischen Ort. Die Anlage von Angkor Wat ist mit ihren Türmen, Galerien, Höfen und Gräben nach Sonne und Mond ausgerichtet. Das größte religiöse Monument der Welt wurde für den Khmer-König Suryavarman II. als Mausoleum errichtet.

Das Morgenlicht ist bestens geeignet, um die lebendig wirkenden Skulpturen sowie die Reliefs mit mythischen Szenen und Schlachten aus den Hindu-Epen *Mahabharata* und *Ramayana* zu betrachten. Auf dem Weg zum zentralen Heiligtum staunt man über die Details der fein gemeißelten *apsaras*, der himmlischen Tänzerinnen. Mehr als

Links (von links nach rechts): Luftaufnahme von Angkor Wat, im Vordergrund der künstliche See; Tempel von Pre Rup; Detailaufnahme des Banteay-Srei-Tempels; Seerose in Angkor Wat; Detail der tanzenden Nymphen in Angkor Wat

Unten: Bei der Arbeit in den überfluteten Feldern am Banteay-Srei-Tempel

Kleines Bild unten: Steinrelief am Bayon in Angkor

Die Sonne steigt langsam über den fünf wie Lotusknospen geformten Türmen auf – ein magischer Moment an einem mystischen Ort.

1850 von ihnen erwecken, in Blumendekor gerahmt, den Tempel scheinbar zum Leben – mit sinnlichen Figuren, aufragenden Frisuren, reichem Schmuck und einem geheimnisvollen Lächeln.

Nach dieser Pracht führt der Weg zu den kleineren, vom Dschungel überwucherten Tempeln. Riesige Seidenwollbäume überwachsen Ta Prohms eingestürzte Galerien und brechen seine Steine auf. Man fühlt sich wie bei der Entdeckung einer verschwundenen Stadt – wie muss es erst im 19. Jahrhundert gewesen sein, als die Ruinen von Angkor, die nach dem Niedergang des Khmer-Reiches über 400 Jahre vergessen waren, wieder gesichtet wurden. Weiter im Wald steht der noch ältere Banteay Srei. Vollständig erhaltene Steinmetzarbeiten aus dem 10. Jahrhundert zieren diesen kleinen Märchentempel aus rotem Sandstein. Bei Sonnenuntergang bewundert man vom Tempelberg Phnom Bakheng, wie sich in der Ferne die fünf Türme von Angkor Wat im schwindenden Licht langsam golden färben. Mit etwas Glück sieht man, wie die Fledermäuse aus ihren Schlupfwinkeln hervorkommen, bevor alles langsam in Dunkelheit versinkt.

Tempelfaszination

Vor der Feuchtigkeit und Hitze der Regenzeit ist der Himmel im Februar leuchtend blau und wolkenlos. Jedes Detail der Monumente zeigt sich in brillanter Klarheit. Nun können die Waldpfade um die Tempel bequem begangen werden – der Boden ist trocken und bietet auch zum Radfahren perfekte Bedingungen.

Fünf Tage in der Tempelstadt

TAG 1

Besichtigen Sie die zwölf Kilometer von Siem Reap entfernten ältesten Tempel der Roluos-Gruppe (Preah Ko, Bakong und Lolei) aus dem 9. Jahrhundert.

Später besuchen Sie im Dschungel den Ta-Prohm-Tempel von Jayavarman VII. Angkor ist Welterbe, seine Wälder sind ebenso wie seine Tempel geschützt.

TAG 2

Am Vormittag entdecken Sie die grandiosen Skulpturen und Bauten von Angkor Wat, dessen fünf majestätische Türme den heiligen Berg Meru symbolisieren.

Durchqueren Sie das Südtor. Nach den Götter- und Dämonendarstellungen (*devas* und *asuras*) erreichen Sie die Stadt Angkor Thom mit dem riesigen zentralen Bayon-Tempel. Gemeißelte Elefanten, Pferde und Polospieler zieren die Terrasse der Elefanten, Geisterdarstellungen die Terrasse des Lepra-Königs.

TAG 3

Von Siem Reap aus fahren Sie zum Tonlé-Sap-See und beobachten die Tiere und die einheimischen Fischer. Abends besuchen Sie eine traditionelle Tanzaufführung und kosten die Regionalküche.

TAG 4

Frühmorgens besichtigen Sie Banteay Samre mit seinen schönen Basreliefs und Galerien mit Steingewölben, danach im Dschungel den am üppigsten verzierten Tempel, Banteay Srei aus dem 10. Jahrhundert.

TAG 5

Besuchen Sie den 40 Kilometer östlich des Bayon gelegenen, überwucherten Beng-Melea-Tempel. Zurück in Angkor Wat warten der Sonnenuntergang und eine Tour zum 800 Meter langen Basrelief, das den Schöpfungsmythos mit dem Quirlen des Milchmeers zeigt.

Dos & Don'ts

- ✓ Lächeln Sie und grüßen Sie stets mit *Sok Sabay*.
- ✗ Fotografieren Sie niemanden, ohne vorher zu fragen.
- ✓ Lächeln Sie beim Handeln. Denken Sie daran, dass man so hervorragend mit den Einheimischen in Kontakt kommt.
- ✗ Rund um Beng Melea und in anderen abgelegenen Gebieten liegen noch immer Landminen im Boden. Verlassen Sie dort keinesfalls die markierten Wege!
- ✓ Grüßen Sie mit der traditionellen *Wai*-Geste, eine Verbeugung mit aneinandergelegten Händen. Der bedeutungsvolle Gruß wird heute leider oft durch Händeschütteln ersetzt.

Unten: Der alte Ta-Prohm-Tempel

JAN
FEB
MÄRZ
APR
MAI
JUNI
JULI
AUG
SEP
OKT
NOV
DEZ

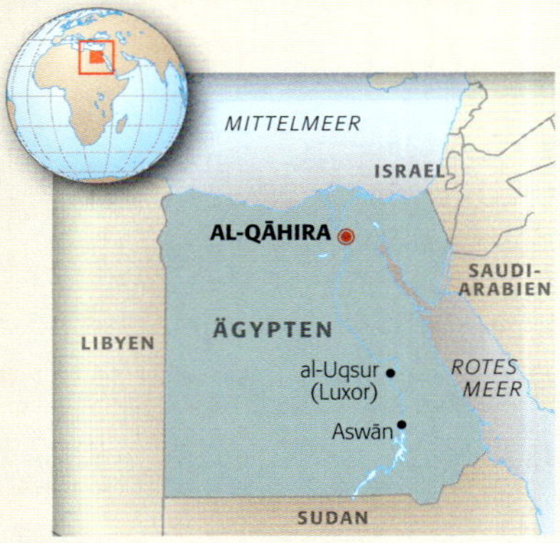

ANREISE
Ägypten liegt in Nordostafrika; internationale Flüge landen in Kairo (al-Qāhira, Hauptstadt) oder Luxor (al-Uqsur). In alle Städte fahren Busse.

VOR ORT UNTERWEGS
In Kairo bewegen Sie sich mit Taxis und der Metro, in Luxor nur mit dem Taxi. Am besten gelangt man zu den Tempeln im Rahmen einer Nilfahrt zwischen Luxor und Assuan (Aswān).

WETTER
Im Februar rangieren die Temperaturen zwischen 12 und 24 °C, die Luftfeuchtigkeit ist gering.

ÜBERNACHTEN
In Kairo kosten im historischen Mena House Oberoi neben den Pyramiden Doppelzimmer ab 170 €; www.oberoimenahouse.com

Nach zweieinhalbjähriger Renovierung eröffnete das Sofitel Old Cataract Hotel in Assuan, das Agatha Christie zu *Tod auf dem Nil* inspirierte, im Januar 2011 wieder unter dem Namen Sofitel Legend; www.sofitel.com

Eine typische, sieben- bis elftägige Kreuzfahrt kostet rund 800 € pro Person inklusive Flug ab Europa.

ESSEN GEHEN
Falls Sie in Kairo Zeit haben, sollten Sie ägyptische Spezialitäten wie *fuul* (Augenbohnen mit Knoblauch und Olivenöl) probieren.

KOSTEN FÜR ZWEI PERSONEN
Wer die Reise selbst organisiert, sollte 180–240 € pro Tag für Übernachten, Verpflegung, Eintrittsgelder und Fahrten veranschlagen.

INFORMATION
www.egypt.travel; www.nilkreuzfahrt-info.de

Im Land der Pharaonen

Zur Feier ihres Sieges im Alexandrinischen Krieg gönnten sich Kleopatra und ihr Geliebter, Julius Caesar, eine zweimonatige Schiffsreise auf dem Nil. Die längsten Nil-Kreuzfahrten dauern heute nicht mehr als zwölf Tage. Doch es ist immer noch eine beeindruckende und bezaubernde Reise, auf der es genauso viel oder sogar mehr zu sehen gibt wie zu den Zeiten der legendären Pharaonin. Die meisten Fahrten gehen von Luxor, das neben Theben am Höhepunkt des antiken Ägypten die mächtige Hauptstadt der Pharaonen war, nach Assuan (Aswān), einen kleinen Marktfleck am ersten Katarakt, wo der Nil über Geröll und zwischen Felseninseln in die Tiefe stürzt. Der Flussverkehr Richtung Süden wird hier unterbrochen. Zwischen Luxor und Assuan führen ruhige Passagen vorbei an Palmenhainen, bewässerten Feldern und zahllosen kleinen Orten, die sich am

Großes Bild: Feluken segeln vor der Insel Elephantine

Oben (von oben nach unten): Terrasse des Old Cataract Hotel in Assuan; Kreuzfahrtschiff vor dem Kom-Ombo-Tempel; Sonnenuntergang, im Vordergrund die SS *Abu*

Unten (von links nach rechts): Bemalte Darstellung des Anubis im Tal der Könige; die vier Kolossalstatuen von Ramses II. in Abu Simbel; Hypostyl (Säulenhalle) im Karnak-Tempel; Horus-Tempel in Edfu

Frühe Nilreisende

Ägypten zählte im 19. Jahrhundert zu den aufregendsten Reisezielen. Die lange Fahrt auf dem Nil nach Assuan dauerte mit dem Dampfer drei Wochen, mit dem Segelboot bis zu zwölf. Die verschlafenen Tage auf Deck wechselten sich mit Märschen zu den neuesten Funden ab. In jener Zeit wurden fast monatlich neue Entdeckungen getätigt. Manchmal »stolperten« sogar die Touristen über antike Grabstätten.

Flussufer um einen antiken Tempel aus der Zeit der Ptolemäer ausbreiten. Der Tempel von Edfu wurde vor über 2000 Jahren für den falkenköpfigen Gott Horus errichtet, er ist der am besten erhaltene Tempel in Ägypten. Der Tempel Kom Ombo ist dem Krokodilgott Sobek gewidmet, in seinem Becken wurden früher Krokodile gehalten. Südlich von Assuan beginnen die Fahrten zu dem gewaltigen Felsentempel von Abu Simbel, vor dem vier Kolossalstatuen des sitzenden Ramses II. stehen. Nähert man sich dem Tempel vom Wasser aus, versteht man, welch Schrecken er bei den von Süden aus anrückenden Feinden Ägyptens auslöste.

Die zeitlose Landschaft hat sich seit jenen Tagen, als die Tempel erbaut wurden, nur wenig verändert: Reis-, Baumwoll- und Zuckerrohrfelder wechseln sich ab, man sieht Häuser aus Lehmziegeln und von Schilf gesäumte Flussufer. Auf dem Sonnendeck des Bootes ruht man in Korbstühlen und wird von Personal in wallenden weißen Gewändern mit eisgekühlten Drinks versorgt. Nur allzu leicht fühlt man sich so in Abenteuerfantasien à la *Tod auf dem Nil* versetzt.

Flussaufwärts

Der Februar ist für eine Nil-Kreuzfahrt ideal, weil der Fluss am meisten Wasser führt. Die Strecke zwischen Luxor und Assuan ist in zwei bis drei Tagen zu schaffen, die meisten Fahrten dauern jedoch mindestens sieben Tage und umfassen einen Tag in Kairo sowie Aufenthalte in Luxor und/oder Assuan.

Eine Woche im alten Ägypten

TAG 1

In Kairo lernen Sie im Ägyptischen Museum ägyptische Geschichte und die Dynastien der Pharaonen kennen und bewundern die Schätze des Tutanchamun.

TAG 2

Mieten Sie ein Auto mit Fahrer und fahren Sie zu den drei großen Pyramiden sowie zu den älteren Pyramiden in der Nekropole Sakkara. Danach besuchen Sie Khan al-Khalili – zwar eine Touristenfalle, aber mit schönen Moscheen, Palästen und Karawansereien.

TAG 3–6

Nach dem einstündigen Flug gehen Sie in Luxor an Bord. Genießen Sie abends einen Drink an Deck.

Noch in Luxor besichtigen Sie frühmorgens die Sehenswürdigkeiten am Westufer des Nils, etwa die schön bemalten Gräber im Tal der Könige und die majestätischen Tempel. Kehren Sie dann zum Boot zurück.

Sie wachen in Edfu auf und besichtigen nach dem Frühstück den Horus-Tempel. Nach dem Mittagessen geht es nach Assuan, wo das Boot für die Nacht anlegt.

Einen Tag erkunden Sie die verschlafene Nilstadt Assuan. Zu den zahlreichen Inseln im breiten malerischen Fluss können Sie mit einer Feluke übersetzen, dem typischen kleinen Boot mit dreieckigem Segel.

Nach dem Ausflug nach Abu Simbel gehen Sie nachmittags an Bord; die Fahrt geht zurück nach Kom Ombo.

Am letzten langen Fahrttag erreichen Sie am späten Nachmittag Luxor, wo Sie bei einem Bummel durch die Straßen einheimischen Schmuck kaufen können.

TAG 7

Am letzten Tag in Luxor besichtigen Sie den gigantischen Karnak-Tempel und fliegen zurück nach Kairo.

Dos & Don'ts

- ✓ Informieren Sie sich vorab ein wenig über ägyptische Geschichte, die Pharaonennamen sind recht verwirrend.
- ✗ Erwarten Sie keine Erholungswoche – das dicht gedrängte Programm bietet meist nur wenig Zeit zum Ausruhen.
- ✓ Versuchen Sie den Karnak- oder Luxor-Tempel nachts zu besichtigen, wenn die antiken Bauwerke im Mondlicht eine mystische Faszination ausstrahlen.
- ✗ Verpassen Sie nicht den Ausflug nach Abu Simbel – für viele ist dies der absolute Höhepunkt der gesamten Fahrt.

Unten: Kamelritt vor den Pyramiden von Giseh

ANREISE
Ottawa liegt in der kanadischen Provinz Ontario etwa 450 Kilometer nordöstlich von Toronto. Die Stadt wird von vielen internationalen Linien angeflogen, der Flughafen ist 20 Minuten vom Zentrum entfernt. Flug-, Bus- und Zuglinien verbinden Ottawa mit anderen Städten Kanadas.

VOR ORT UNTERWEGS
Ottawa ist bequem zu Fuß zu erkunden. Der O-Train ist komfortabel, Busse fahren im Zentrum und in den Außenbezirken.

WETTER
Im Februar liegen die Temperaturen durchschnittlich bei −9 °C, nachts kann es viel kälter werden.

ÜBERNACHTEN
Im Cardinal Suites kosten Zwei-Zimmer-Apartments ab 120 €; www.cardinalsuites.com

Das europäisch anmutende Gasthaus Switzerland Inn bietet zwei Doppelzimmer ab 140 € an; www.gasthausswitzerlandinn.com

Das Fairmont Château Laurier, die »grande dame« der Hotels in Ottawa, hat Familienzimmer ab 140 €; www.fairmont.com/laurier

ESSEN GEHEN
Poutine ist ein Snack aus Pommes frites, Weißkäse und Sauce. Ein anständiges Drei-Gänge-Menü kostet pro Person etwa 20 €. Gehobene Küche serviert die Cordon-Bleu-Kochschule Signatures (50 € für ein Vier-Gänge-Menü).

KOSTEN FÜR EINE VIERKÖPFIGE FAMILIE
Rund 290 € pro Tag inklusive Übernachten, Verpflegung, Museumseintritt und Fahrten vor Ort.

INFORMATION
www.ottawatourism.ca
www.ontariotravel.net

Einheit und Stolz

1841 verbanden sich die Provinzen Lower und Upper Canada zu einer einzigen Provinz mit wechselnder Hauptstadt. 1857 wurde Ottawa zur neuen festen Hauptstadt gewählt, und man errichtete stolz die Parlamentsgebäude. Diese brannten 1916 ab, wurden jedoch sofort im selben neogotischen Stil wiedererrichtet. Ende des Ersten Weltkriegs fügte man zum Gedenken den 92 Meter hohen Peace Tower hinzu. Von dessen Aussichtsdeck hat man einen herrlichen Blick über die Stadt.

Großes Bild: Alle Altersgruppen vergnügen sich beim Schlittschuhlaufen auf dem Rideau Canal

Oben (von links nach rechts): Besucher vor einem hypnotisierenden Gemälde in der National Gallery of Canada; das extravagante Schiff der Notre-Dame Basilica, der ältesten verbliebenen Kirche in Ottawa; das imposante Hotel Fairmont Château Laurier

Winterspielplatz

Vielleicht haben Sie schon seit Jahren nicht mehr auf Schlittschuhen gestanden, aber das Gefühl für die Bewegung kommt schnell wieder. Nachdem die ersten Unsicherheiten und Peinlichkeiten überwunden sind, gleiten Sie schon bald auf dem spiegelglatten Eis des Rideau Canal von Ottawa dahin – unter Brücken und vorbei an eleganten Botschaften. Möglicherweise werden Sie dabei von älteren Herren überholt, die anmutig und elegant vorbeirauschen, oder von jungen Paaren mit dick eingepackten Kleinkindern auf Schlitten.

Unter allen Hauptstädten ist Ottawa mit einem der kältesten Winter gesegnet – oder geschlagen. In einer Stadt, in der oft schon im November der erste Schnee fällt und bis März liegen bleibt, kann man sich entweder im Haus vergraben oder das Beste daraus machen. Viele ignorieren deshalb einfach das Thermometer, treiben Sport, gehen shoppen und besuchen Museen. Während des dreiwöchigen Winterlude-Festivals im Februar schaffen Bildhauer in den Parks mit jaulenden Kettensägen und klopfenden Meißeln schimmernde Fantasien aus Eis und Schnee. Kinder kreischen bei Hundeschlittenfahrten oder malen sich ihre vor Kälte rotbackigen Gesichter an. Schnee und Eis verwandeln die ganze Stadt in einen Winterspielplatz. Doch auch Kindern wird gelegentlich kalt. Zum Aufwärmen kann man alte Dampflokomotiven im Canada Science and Technology Museum oder rekonstruierte Dinosaurierskelette im Canadian Museum of Nature bestaunen.

Bildhauer schaffen schimmernde Fantasien aus Eis und Schnee. Kinder kreischen bei Hundeschlittenfahrten – die ganze Stadt wird zum Winterspielplatz.

In der Abenddämmerung wird es noch kälter. Frischer Schnee knirscht unter den Füßen, und die einladenden Lichter von Cafés und Bars locken Besucher in die Wärme. An den Wochenendabenden während des Winterlude umklammern Musikliebhaber mit ihren Fäustlingen dampfende Tassen heißer Schokolade und lauschen eng zusammengerückt unter dem glitzernden Baldachin der Sterne den Freiluftkonzerten verschiedener Gruppen.

Kleines Bild: Detail des Nuuchahnulth-Totempfahls im Museum of Civilization
Unten (von links nach rechts): Kinder in einer Schneerutsche; Langlaufrennen im Gatineau Park; glitzernde kunstvolle Eisskulptur

Winterlude-Spaß

Offiziell dauert das Winterlude-Festival drei Wochen im Februar, doch fast alle Konzerte, Rennen und anderen Aktivitäten finden an den Wochenenden statt. Am besten kann man die Höhepunkte des Festivals und die Attraktionen der Stadt an einem verlängerten Wochenende von Freitag bis Montag genießen.

Ein Wochenende auf dem Eis

FR

Beginnen Sie mit einem Besuch der National Gallery of Canada. Ein Höhepunkt sind die Gemälde der postimpressionistischen Group of Seven, die anderen kanadischen Künstlern im frühen 20. Jahrhundert den Weg bereitete. Beim Schaufensterbummel auf dem nahen Byward Market essen Sie in einem der vielen Restaurants zu Mittag. Den Nachmittag verbringen Sie mit Leihschlittschuhen auf dem Rideau Canal.

SA

Kinder lieben den Jacques Cartier Park mit den aufregenden Schneerutschen. Dort findet auch der Eisskulpturenwettbewerb statt. Im Canadian Museum of Civilization bestaunen Sie Totempfähle, gehen ins IMAX-Kino und entdecken eine rekonstruierte kanadische Straße aus dem 19. Jahrhundert. Abends gibt es in der Stadt zahlreiche Open-Air-Konzerte – ziehen Sie Ihre wärmsten Sachen an!

SO

Nach dem Brunch in einem Hotel in der City schauen Sie den Eisbildhauern im Confederation Park zu, besichtigen die Notre-Dame Basilica aus dem 19. Jahrhundert oder die neogotischen Parliament Buildings, wo in der Library of Parliament eine Statue von Königin Victoria steht. Abends steht Theater, Ballett oder ein Konzert im National Arts Centre auf dem Programm.

MO

Schnappen Sie morgens frische Luft und erkunden Sie den Gatineau Park auf Schneeschuhen oder Langlaufskiern. Zurück in Ottawa locken schicke Boutiquen und Restaurants im Glebe-Viertel.

Dos & Don'ts

- ✓ Umgangssprachlich heißen die kanadischen 1-Dollar-Münzen mit dem eingravierten Seetaucher *(loon) »loonies«*, die neueren 2-Dollar-Münzen *»toonies«*.
- ✗ Mieten Sie kein Auto. Ottawas Einbahnstraßensystem ist besonders nachts verwirrend, zudem sind im Februar die Straßen oft glatt und gefährlich.
- ✓ Kosten Sie vor einer Vorstellung im National Arts Centre kanadische Spezialitäten in einem Restaurant am Kanal.
- ✗ Meiden Sie bei mildem Wetter am Wochenende den Kanal, die Eisoberfläche taut wegen der Menschenmassen leicht an.
- ✓ Wärmen Sie sich mit der fettgebackenen Spezialität »Beaver Tail« auf. Sie liefert die in der Kälte notwendigen Kalorien.

ANREISE
Havanna liegt an der Nordwestküste Kubas, 150 Kilometer südlich der äußersten Florida Keys. Alle internationalen Fluglinien landen am Hauptflughafen José Martí, der 18 Kilometer vom Zentrum von Havanna entfernt liegt.

VOR ORT UNTERWEGS
In Havanna bewegt man sich am besten mit Taxis, Rikschas und zu Fuß.

WETTER
Der Februar ist der trockenste Monat. Die durchschnittlichen Tagestemperaturen liegen bei angenehmen 22 °C, Kühlung verschaffen nördliche Passatwinde, die über die Insel wehen.

ÜBERNACHTEN
Geschmackvoll, sauber und zentral: Hostal Valencia; Doppelzimmer ab 50 €; Tel. (0053) 7-867 1037.

Hotel Nacional de Cuba, ein Klassiker aus den 1930er Jahren, Garten mit Seeblick; Doppelzimmer ab 110 €; www.hotelnacionaldecuba.com

Im 9. Stock bietet das Hotel Parque Central einen grandiosen Blick auf Havanna; Doppelzimmer ab 135 €; www.hotelparquecentral.com

ESSEN GEHEN
Bäckereien bieten großartige Snacks, etwa mit Fleisch, Käse oder Guaven gefüllte *pastelitos*. Kubanische Küche schmeckt im Los Nardos in der Altstadt, Tel. (0053) 7-863 2985.

KOSTEN FÜR ZWEI PERSONEN
160–200 € pro Tag inklusive Übernachten, Verpflegung und Mietwagen für einen Tag.

INFORMATION
www.cubaweb.cu; www.cubainfo.de

Kubanische Zigarren

Die Zigarre ist auf gewisse Weise der Inbegriff der kubanischen Kultur und Geschichte. Nach der Entdeckungsfahrt des Kolumbus wurde Tabak nach Spanien importiert. Die ersten Raucher wurden jedoch ins Gefängnis gesteckt, weil man glaubte, dass Zigarrenrauch teuflische Wirkung besäße. Trotzdem wurde Tabak immer populärer. Für den Export besaßen staatliche Agenturen das Monopol. Nach der kubanischen Revolution schmälerte das US-Embargo den Verkauf, doch seitdem Zigarrenrauchen wieder »in« ist, steigen die Verkaufszahlen wieder.

Links (von links nach rechts): Gemütliches Treffen auf einer T… stufe in der Altstadt von Havann… Freizeitspaß an der Playa del Est… einem der schönsten Strände K…

Großes Bild: Ein Chrysler aus den 1950er Jahren parkt vor einem verfallenen alten Haus in Havanna

Nächte in Havanna

Havanna (La Habana) ist die Welthauptstadt der afro-lateinamerikanischen Musik und des Tanzes – und das Tropicana ist seit über 50 Jahren ihr Epizentrum. 1939 fing alles in einer Vorstadtvilla mit weitläufigem tropischem Garten an: Man stelle eine Open-Air-Bühne in diese Dschungellandschaft und lasse auf den Gehwegen Hunderte freizügig kostümierte Tänzer auf laute afro-lateinamerikanische Beats so lasziv tanzen, dass die Zuschauer in einen exotischen Traum versetzt werden. Stars wie Nat King Cole sangen vor Hollywood-Schauspielern und US-Gangstern, vor dem internationalen Jetset, Chartertouristen und Batistas politischer Elite. Das Tropicana wurde zum Inbegriff der vorrevolutionären Dekadenz von Batistas Kuba – doch es hat die Revolution überlebt. Am besten schaut man im Februar vorbei, wenn die Regenwahrscheinlichkeit gering ist. Dann genießen Nachtschwärmer eine milde Nacht im Freien und die Show bis in die frühen Morgenstunden.

Tropicana-Feeling

Der trockene sonnige Februar ist perfekt, um Havanna zu besuchen. Tagsüber kann man die Altstadt erkunden und die nahen Sandstrände genießen, abends zieht man sich schick an und lässt sich bis in den Morgen von den hinreißenden Rhythmen und Farben der Tanzshow im berühmten Nachtclub Tropicana mitreißen.

Fünf Tage in Kubas Hauptstadt

TAG 1

Touren Sie in einem US-Oldtimer mit Fahrer und Führer durch Havanna. Trinken Sie einen *mojito* (Rum, Limone, Zucker und Minze) auf der Terrasse des Hotel Inglaterra, dem besten Platz, um Leute zu beobachten.

Nach einem Bummel durch die Altstadt, seit 1982 UNESCO-Welterbe, genießen Sie in Hemingways Lieblingsbar Floridita einen perfekten Daiquiri.

TAG 2

Besuchen Sie das Revolutionsmuseum, das Capitolio und das Oldtimermuseum. Das lange, entspannte Mittagessen nehmen Sie wie die Einheimischen im Los Nardos in der Altstadt ein.

TAG 3

Auf einer Führung durch die Partagas-Zigarrenfabrik lernen Sie die kubanische Tabakindustrie und den kubanischen Sozialismus in der Arbeitswelt kennen. Danach besichtigen Sie das Museum für zeitgenössische Kunst.

Abends genießen Sie eine Ballettaufführung im Nationaltheater – in jedem Stil gehören kubanische Tänzer zu den besten der Welt.

TAG 4

Mit dem Mietwagen erkunden Sie das Umland von Havanna, fahren zu Hemingways faszinierender Finca und zu Havannas bestem Strand, Playa del Este.

Später gönnen Sie sich an Ihrem letzten Abend in Havanna Drinks und die Show im berühmten Tropicana.

TAG 5

Kaufen Sie Souvenirs auf der Feria, dem größten Straßenmarkt von Habana Vieja. Danach fliegen Sie heim oder hängen noch eine Woche Strandurlaub an.

Dos & Don'ts

- ✓ Nehmen Sie Euro in sehr gut erhaltenen Banknoten mit, um sie in kubanische Pesos Convertibles (CUC) umzutauschen. Denken Sie daran, dass bei Kreditkartenzahlung rund elf Prozent mehr abgebucht werden.
- ✗ Kaufen Sie nie Zigarren von Straßenhändlern, sondern nur in staatlichen Läden. Bewahren Sie die Quittung auf – Schwarzmarktzigarren werden bei der Ausreise konfisziert.
- ✓ Vergleichen Sie Ihre Rechnungen mit den Preislisten – sonst werden Sie Opfer zahlloser »Irrtümer«.
- ✓ Kaufen Sie nur chilenische Weine, und zwar die jüngsten erhältlichen Jahrgänge. Alle anderen Weine sind oft oxidiert.

Links (von links nach rechts): Der prächtige »Saal der verlorenen Schritte« im Capitolio; altgediente Musikanten in den Straßen von Havanna

Unten: Ein Barkeeper mixt eine ganze Reihe der berühmten kubanischen *mojitos*

Havanna ist die Welthauptstadt der afrolateinamerikanischen Musik und des Tanzes – und das Tropicana ist seit über 50 Jahren ihr Epizentrum.

Kleines Bild unten: Detailansicht eines farbenfrohen Kachelbildes in Havanna

Wie das Tropicana ist auch Havanna voller rhythmischer Klänge, in der morbide anmutenden Stadt ertönt ab Mittag Musik fast wie in den 1950er Jahren. Zusammengeflickte Oldtimer keuchen und klappern durch nur spärlich beleuchtete Straßen. In der Altstadt Habana Vieja zeugen die großen Barockbauten der Kathedrale San Cristóbal und des Palacio de los Capitanes Generales mit ihren reichen Marmorverzierungen von kultivierten und wohlhabenden Zeiten. Sie stehen in anrührendem Gegensatz zu den arbeitslosen jungen Paaren, die in der Abenddämmerung am Malecón auf der Ufermauer sitzen und sich küssen. Das Wahrzeichen der Stadt, das Capitolio in Centro Habana, ist eine Kopie des Kapitols in Washington. Sein prächtiger Salón de los Pasos Perdidos (»Saal der verlorenen Schritte«) hat seinen Namen von der ungewöhnlichen Akustik.

Erfahren Sie Kubas koloniale Vergangenheit bei einem perfekt gemixten *mojito* in der Dachbar des Hotel Inglaterra und sehen Sie eleganten Kubanern beim Spielen zu. Das allgegenwärtige Gefühl, dass Havannas Entwicklung 1960 stehen blieb, macht es zu einer betörenden Stadt.

Unten: Tanzshow im Tropicana

ANREISE
Zermatt erreicht man mit den berühmt zuverlässigen Schweizer Zügen von den drei internationalen Flughäfen des Landes – Zürich, Genf, Basel – sowie von Mailand in Italien.

VOR ORT UNTERWEGS
In dem autofreien Dorf kann man alles zu Fuß erkunden, aber auch mit solarangetriebenen Bussen, Pferdeschlitten oder mit den Zermatter Taxis – viersitzigen Golfcarts.

WETTER
Der Februar lockt mit Temperaturen von −7 bis +7 °C. Das Dorf im Tal liegt windgeschützt. Die Berge sind zwar den Elementen ausgesetzt, bieten aber auch die schönsten sonnigen Plätze.

ÜBERNACHTEN
Im zentralen Hotel Jägerhof im traditionellen Chalet-Stil kosten Doppelzimmer ab 150 €; www.hoteljaegerhofzermatt.ch

Das Hotel Schweizerhof in der Bahnhofstrasse bietet ein Hallenbad; Doppelzimmer ab 230 €; www.seilerhotels.ch

Riffelberg mit herrlichem Blick, Doppelzimmer ab 190 €; www.matterhorn-group.ch

ESSEN GEHEN
Die Walliserstube serviert Fondue und hat gemäßigte Preise; Le Mazot in einem hübschen alten Bauernhaus ist berühmt für seine Grillspezialitäten vom offenen Feuer, Preise ab 25 €.

KOSTEN FÜR ZWEI PERSONEN
250–320 € pro Tag inklusive Übernachten, Verpflegung und Dreitage-Skipass.

INFORMATION
www.zermatt.ch

Der weltberühmte Berg

Zermatt, zugleich Bergdorf und exklusiver Ferienort, ist von der charakeristischen Silhouette des Matterhorns (4478 m) geprägt. Das Gesicht der weltberühmten markanten Spitze ändert sich ständig im Spiel von Licht und Schatten. Auf seinem Gletscher herrscht ganzjährig Skibetrieb, doch genießt der Berg, der jährlich viele Todesopfer fordert, großen Respekt. Das Matterhorn kann von Bergsteigern bezwungen, aber niemals gezähmt werden.

Oben (von links nach rechts): Gornergrat-Bahnstation in den Alpen; Eiskletterer oberhalb von Zermatt; beim Skifahren auf sanften Pisten
Großes Bild: Vom morgendlichen Dunst umhüllt ragt das Matterhorn über Zermatt auf

Wintersport am Matterhorn

Das typische Schweizer Dorf mit den malerischen Chalets auf den umliegenden Höhen liegt unterhalb des berühmtesten Wahrzeichens der Schweiz, des Matterhorns. Auf der Hauptstraße fahren Pferdeschlitten, Autos sind verboten. Auch die Einwohner müssen ihre Fahrzeuge im Tal im Parkhaus von Täsch stehen lassen und die kurze Zugfahrt nach Zermatt in Kauf nehmen. Tagsüber bevölkern Skifahrer mit ihrer Ausrüstung auf den Schultern und Hausfrauen mit Einkaufstaschen die Hauptstraße. Wenn es dunkel wird, ändert sich die Stimmung: Die Bahnhofstrasse verwandelt sich in einen Straßenmarkt, Menschengruppen schlendern zu den Restaurants und Clubs und bummeln an den Schaufenstern der eleganten Boutiquen vorbei.

Fast die Hälfte von Europas 76 Viertausendern ragen in dem Gebiet rund um Zermatt auf. Auf den Bergen öffnet sich eine umwerfende Aussicht, und beim Skifahren oder Snowboarden begleitet einen der Blick auf die eindrucksvolle, herbe Schönheit des Matterhorns. Auf den sanften, gepflegten Pisten kann man die Skier einfach laufen lassen und die Umgebung bewundern.

In dem typischen Schweizer Dorf mit den Chalets auf den umliegenden Höhen fahren Pferdeschlitten auf der Hauptstraße.

In dieser ausgedehnten Region kann man an einem Tag 12 500 Höhenmeter zurücklegen, ohne eine Piste, einen Lift oder eine Seilbahn zweimal zu benutzen. Skisafaris führen an einem Tag zu drei Bergen der Umgebung – zum Rothorn, auf das eine steile Seilbahn führt, zum Gornergrat, der durch ein rote Zahnradbahn erschlossen ist, und zum kleinen Matterhorn, das man mit einer Gondelbahn erreicht. Betuchte Skifahrer lassen sich mit dem Hubschrauber auf die Gipfel fliegen.

Viele Großfamilien sind hier seit über 300 Jahren ansässig. Ihre Familiennamen findet man immer wieder auf den Namensschildern von Bergführern, Gastwirten und Hoteliers im Ort. Trotz seiner Exklusivität und Berühmtheit ist Zermatt ein kleiner Ort geblieben, der seinen malerischen Charme behalten hat.

Kleines Bild: Hütte auf der Fluhalp bei Zermatt
Unten (von links nach rechts): Die geschäftige Bahnhofstrasse; Zermatt von oben

Bergtour

Im Februar bietet Zermatt unterhalb des Matterhorns perfekte Bedingungen für Wintersportler und im Dorf selbst ein buntes Nachtleben, vielfältige Einkaufsmöglichkeiten sowie zahlreiche Alternativen zum Skifahren. Hängen Sie an Ihren Urlaub doch einen Ausflug nach Luzern an *(siehe S. 200–201)*.

Fünf Tage Gipfelglück

TAG 1 Zermatt wartet mit einem grandiosen Blick auf das Matterhorn und einer breiten Auswahl an Skipisten auf. Über den berühmten Berg und die Geologie der Alpen informiert das Matterhorn-Museum, das den Bergsteigern und Bergführern gewidmet ist, die das Matterhorn bezwangen oder auf dem Berg ihr Leben ließen.

TAG 2 Nehmen Sie an einem Kletterkurs in der Halle oder einem Eiskletterkurs im Freien teil. Unterhalb des Gletschers können Sie im höchsten Gletscherpalast der Welt Eisskulpturen bewundern, Wein verkosten und Gletscherspalten erkunden.

TAG 3 Vormittags fahren Sie mit den Skiern auf der anderen Seite des Matterhorns ab und essen in Italien zu Mittag. Unternehmen Sie diese Tour bei schönem Wetter, um nicht in Cervinia zu stranden, weil die Lifte schließen.

TAG 4 Mit der Gornergrat-Bahn fahren Sie zum Igludorf und verbringen eine Nacht im Schnee. Zur Auswahl stehen romantische Suiten für zwei Personen oder Iglus für bis zu sechsköpfige Gruppen (www.iglu-dorf.com).

TAG 5 Am letzten Tag gleiten Sie auf Schlittschuhen auf Zermatts wunderschöner Eisbahn und genießen das »internationale« Dorfleben.

Dos & Don'ts

- ✓ Engagieren Sie einen Führer, der Sie zu den abgelegensten Gebieten bringen kann, wo unberührte Pisten und unvergessliche Ausblicke auf Sie warten.
- ✗ Verbringen Sie nicht die ganze Zeit an einem Ort. Wechseln Sie zwischen einem Hotel im Dorf und einem höher gelegenen Hotel, in dem Sie schon beim Frühstück den Sonnenaufgang und den Panoramablick erleben können.
- ✓ Stellen Sie sich beim Skifahren darauf ein, plötzlich vor einer Herde Walliser Schwarznasenschafe zu stehen, die von ihrem Schäfer quer über die Piste getrieben werden.

Unten: Panoramawagen des Glacier Express

Smaragd-Archipel

Ob man nun mit Schnellboot, Langboot, Katamaran oder Kajak ankommt, die Anfahrt zu den 42 Inseln des Ang Thong National Marine Park ist stets ein überwältigendes Erlebnis. Dicht bewachsene Landzungen, versteckte Buchten und traumhafte Sandstrände erscheinen nach und nach im türkisfarbenen Meer. In der Nähe der Inseln trägt es einen geheimnisvollen, fast glühend wirkenden Schimmer – dieser Anblick fasziniert auch den abgeklärtesten Reisenden. Der smaragdgrüne Archipel an der südwestlichen Küste Thailands blieb als Nationalpark von den Auswüchsen des Tourismus verschont. Dank ihrer merkwürdigen Formen erhielten seine Inseln entsprechend bizarre, exotische Namen wie »Baumklagen«, »Schlafende Kuh« oder »Nashorn«.

Vor den Inseln Hin Nippon und Koh Wao liegen zwei der Schnorchelparadiese des Parks. Vielleicht gibt es in anderen Gegenden mehr Fische zu sehen, doch hier sind die riesigen, an Gehirne erinnernden Korallen wahrhaft beeindruckend. Den wohl schönsten Strand des Parks finden Sie auf der

Unten (von oben nach unten): Der ruhige Lamai Beach; Thai-Tänzerin auf Koh Samui; Ang Thong National Marine Park

ANREISE
Der Ang Thong Marine Park umfasst 42 Inseln vor der Ostküste Südthailands. Internationale Flüge kommen in Bangkok an, von dort erreicht man mit Inlandsflügen Koh Samui.

VOR ORT UNTERWEGS
Auf Koh Samui ist man mit Taxi, Mietwagen oder Motorrad unterwegs. Zum Nationalpark gelangt man mit organisierten Bootstouren – oder mit einem gemieteten Fischerboot. Nach Koh Tao und Koh Pha Ngan setzen Fähren über.

WETTER
Im Februar ist das Wetter trocken, die Durchschnittstemperaturen liegen bei rund 30 °C.

ÜBERNACHTEN
Das freundliche Laem Set Inn liegt etwas abgelegen an der Südküste; Doppelzimmer ab 25 €; www.laemset.com

Das traditionell eingerichtete Chaba Cabana Beach Resort liegt am Chaweng Beach; Doppelzimmer ab 100 €; www.chabanet.com

Tongsai Bay ist ein rustikal-luxuriöses Resort; Doppelzimmer ab 200 €; www.tongsaibay.co.th

ESSEN GEHEN
Viele Hotels bieten exzellente Thai-Küche. Empfehlenswert sind die vielen kleinen, authentischen Fischrestaurants im nördlichen Fischerort Bophut, wo an der schmalen Strandstraße historische Häuser einen herrlichen Meerblick bieten.

KOSTEN FÜR ZWEI PERSONEN
140–180 € pro Tag inklusive Übernachten, Verpflegung, Transport vor Ort und Ausflüge.

INFORMATION
www.kohsamui.com

Der perfekte Strand

Alex Garland ließ in seinem Buch *Der Strand* Rucksacktouristen auf den Inseln des mystischen Nationalparks einen Albtraum erleben. Das echte »Strandgefühl« erfährt man nur, wenn man auf einer der Inseln zeltet. Besorgen Sie sich eine Genehmigung bei den Park Rangers (Park Office, 26/1 Mu 5 Talad Land Rd, Surat Thani; Tel. 077-283 025) und wählen Sie Ihren perfekten Strand. Die ultimative Strandparty findet auf Koh Pha Ngan bei Vollmond mit Tausenden Besuchern statt.

mit Kokospalmen bedeckten Insel Koh Wua Talab. Wenden Sie sich an die Park Ranger, die Ihnen gern über das vielfältige Leben im Meer erzählen, und genießen Sie – am besten bei Sonnenuntergang – von der 120 Meter hohen Bergspitze den herrlichen Blick über die Inseln.

Der Höhepunkt einer Reise zum Smaragd-Archipel ist der Besuch von Koh Mae Ko, wo eine Bergwanderung zum Aussichtspunkt über dem Thale Noi führt. Die versteckte Lage des türkisfarbenen Salzwassersees zwischen steilen Bergwänden verlieh den Inseln auch ihren Namen – Ang Thong heißt »goldenes Becken«. Der Blick vom Aussichtspunkt reicht über den gesamten Archipel und die zwei größeren Nachbarinseln außerhalb des Nationalparks, Koh Tao und Koh Pha Ngan. Auch vor diesen beiden Inseln erstrecken sich fantastische Schnorchel- und Tauchgründe, die den Unterwassergebieten des Nationalparks in nichts nachstehen. Erkunden Sie die klaren Gewässer um Koh Tao oder um Ao Leuk, die Unterwasserlandschaften hier zählen zu den schönsten Thailands. Oder ziehen Sie sich an einen der vielen Strände zwischen den imposanten Kalksteinklippen zurück, um ungestört die üppige Schönheit der Umgebung genießen zu können.

Großes Bild: Die Statue des Großen Buddha auf Koh Samui

Oben (von oben nach unten): Lotusblüte auf Koh Samui; Strandhütten am Chaweng Beach

Unten: Traditionelles Dekor an einem Fischerboot

Inselidylle

Der Februar ist die ideale Reisezeit zum Ang Thong National Marine Park, das Wetter ist warm, das Meer ruhig. Übernachten ist im Park nur mit Zelten möglich, einfacher mietet man sich auf Koh Samui (gleich neben dem Park) ein und unternimmt von dort Tagesausflüge – auch nach Bangkok *(siehe S. 22–23)*.

Eine Woche Insel-Hopping

TAG 1–3 Entspannen Sie auf Koh Samui, dem Tor zum Ang Thong National Marine Park. Erkunden Sie die Strände: den belebten, aber schönen Chaweng, den hübschen Lamai, Maenam mit dem Traumblick auf Koh Pha Ngan oder einen abgelegeneren Strand an der Süd- oder Westküste. Genießen Sie eine Thai-Massage am Strand und das klare, einladend warme Wasser.

TAG 4 Frühmorgens geht es mit dem Boot in den Marine Park. Unerfahrene Schnorchler sollten besser an einem organisierten Ausflug teilnehmen. Besonders aufregend ist eine Segeltour mit dem Katamaran etwa nach Han Nippon oder Koh Wao. Erfahrene Schnorchler und Taucher lassen sich von einheimischen Fischern in Langbooten zu den Tauchgründen bringen. Nehmen Sie sich unbedingt Zeit für die schönen Strände, etwa auf Koh Wua Talab, und für eine Wanderung durch das üppige Grün der Inseln zu Aussichtspunkten, von denen Sie oft den Archipel überblicken können.

TAG 5 Fahren Sie mit dem Boot nach Koh Tao oder Koh Pha Ngan. Zum Tauchen und Schnorcheln locken die Gewässer bei Ao Leuk auf Koh Tao, zum Entspannen die friedliche Ruhe von Koh Pha Ngan.

TAG 6 Bei Ihrem erneuten Besuch im Marine Park erkunden Sie Koh Mae Ko und wandern zum herrlich zwischen Kalksteinfelsen gelegenen Salzwassersee Thale Noi, der einen atemberaubenden Anblick bietet.

TAG 7 Verbringen Sie den Tag auf Koh Samui. Sie können die Insel auf dem Elefantenrücken erkunden, den Großen Buddha bestaunen oder am Strand faulenzen.

Dos & Don'ts

- ✗ Achten Sie darauf, keine Korallen oder Fische zu berühren oder zu entfernen – Sie zerstören dadurch die Korallen, was wiederum eine katastrophale Auswirkung auf das fragile ökologische Gleichgewicht des Gebiets nach sich zieht.
- ✓ Äußern Sie Beschwerden freundlich, aber bestehen Sie auf Ihren Wünschen. Werden Sie nicht laut – dies gilt für die angesprochene Person, aber auch für Sie als Gesichtsverlust.
- ✗ Schnorcheln und tauchen Sie nicht allein. Die Gewässer sind in der Regel ruhig, doch können Sie durch Strömungen oder Wetterumschwünge überraschend in Gefahr geraten.

Unten: Der fantastisch türkisfarbene Salzsee Thale Noi

ANREISE
Agra ist 200 Kilometer von Delhi entfernt. Von Delhi dauert der Flug 30 Minuten zum knapp zehn Kilometer entfernten Flughafen Kheria, die Autofahrt drei bis vier Stunden.

VOR ORT UNTERWEGS
Nutzen Sie Auto- und Fahrrad-Rikschas, *tongas* (Pferdekutschen) und Taxis.

WETTER
Der Februar ist dank seines äußerst angenehmen Wetters mit durchschnittlich etwa 26 °C Höchsttemperatur die ideale Reisezeit.

ÜBERNACHTEN
Gut und preiswert: Hotel Mansingh Palace, Doppelzimmer ab 60 €; www.mansinghhotels.com

Herrlicher Blick auf das Taj Mahal: Hotel Taj View, Doppelzimmer ab 230 €; www.tajhotels.com

Herrlicher Blick: Oberoi Amarvilas, Doppelzimmer ab 380 €; www.oberoiamarvilas.com

ESSEN GEHEN
Agra ist für seine reichhaltige Moguln-Küche und seine typischen Gerichte aus dem Lehmofen *tandoor* bekannt. Kosten Sie zudem *korma* (langsam geschmortes Fleisch, Joghurt und Gewürze) und *biryani* (mit Safran zubereiteter Basmatireis mit Fleischsauce) sowie nordindische Küche im teuren, aber exzellenten Esphahan im Oberoi Amarvilas – mit Live-Musik.

KOSTEN FÜR ZWEI PERSONEN
160–200 € pro Tag inklusive Übernachten, Verpflegung, Eintrittsgelder und Fahrten vor Ort.

INFORMATION
www.agratourism.org
www.up-tourism.com/destination/agra/agra.htm

Oben (von oben nach unten): Perfekte Symmetrie des Taj Mahal; kunstvolle Bogen im Roten Fort; Blick zum Juwelenhaus, Fatehpur Sikri; Rasenpflege im Garten des Taj Mahal mit einem von Ochsen gezogenen Rasenmäher

Legenden des Taj Mahal

Über das Mausoleum kursieren unzählige Geschichten. Manchen zufolge wurde es von 20 000 Handwerkern mit der Hilfe von 1000 Elefanten in 22 Jahren gebaut und dann mit Kalligrafien und über 20 Halbedelsteinarten verziert. Es heißt auch, dass der Großmogul Shah Jahan sein Grab auf der anderen Seite des Yamuna aus schwarzem Marmor errichten wollte. In einer düsteren Variante ließ er nach Vollendung des Baus den Handwerkern die Hände abschlagen, damit sie kein weiteres ebenso schönes Gebäude errichten konnten.

Architektur der Liebe

Ein Spaziergang durch die Grabstätten, Paläste und Forts der indischen Moguln mutet fast wie eine Zeitreise an. Fatehpur Sikri wurde als elegante Hauptstadt des Kaisers Akbar von 1569 bis 1574 aus rotem Sandstein erbaut und ist so makellos erhalten, als würde es nur auf die Rückkehr des kaiserlichen Hofes warten. Schlendert man durch die Höfe, glaubt man fast, aus dem nahen Schrein Sufi-Musik zu hören, zu der Tänzerinnen auf dem riesigen Schachbrettboden für den Kaiser und sein Gefolge graziös tanzen. Werfen Sie einen Blick durch die Fenster in die schattigen Räume des Palastes, stellen Sie sich das Geplauder und Lachen der Haremsdamen vor, wie sie in feine Seide und Musselin gekleidet durch die Zimmer und Korridore huschen. Fatehpur Sikri war als prunkvolles Vorzeigeprojekt und Residenz geplant, wurde jedoch schon 15 Jahre nach dem Einzug des Kaisers aufgrund von Wassermangel wieder aufgegeben.

Oben: Tür zu einem Minarett des Taj Mahal

Großes Bild: Blick vom Torhaus auf das Taj Mahal bei Sonnenaufgang

Unten: Kalligrafien und Einlegearbeiten an einem Portal zum Taj Mahal

Im Reich der Moguln

Agras Name bedeutet auf Sanskrit »Paradies«, und im Februar scheint das nicht übertrieben. Das herrliche Wetter ist perfekt, um die majestätischen Bauwerke zu entdecken. Das Erbe der Moguln lebt aber nicht nur in den Monumenten, sondern auch in der kraftvollen Kreativität der Menschen und der köstlichen Küche weiter.

Sechstägige Reise nach Agra

Nach der Ankunft in Delhi fahren Sie mit einem vorab bezahlten Taxi zum Hotel. Danach entspannen Sie entweder am Pool oder erkunden die Sehenswürdigkeiten, etwa das India Gate und das Humayun-Mausoleum.	**TAG 1**
Nach dem Frühstück Aufbruch nach Agra und zum Taj Mahal. Nehmen Sie sich Zeit für die Schönheit der Architektur und ein Foto im Liebessessel. Wenn möglich, sollten Sie das Taj auch im Mondlicht oder am nächsten Tag in der Morgendämmerung bewundern.	**TAG 2**
40 Kilometer von Agra entfernt besichtigen Sie in Fatehpur Sikri die beeindruckenden neun Monumente aus rotem Sandstein.	**TAG 3**
Zurück in Agra reißen Sie sich vom Taj Mahal los und besichtigen weitere Moguln-Sehenswürdigkeiten – das mächtige Agra-Fort verbindet hinduistische und muslimische Architektur, sehenswert ist auch die exquisite Steinmetzkunst an Itimad-ud-Daulahs Grabmal.	**TAG 4**
Kaufen Sie lokales Kunsthandwerk ein, etwa Marmor- und Steineinlegearbeiten und Lederwaren. Die besten Möglichkeiten bieten der Taj-Mahal-Komplex, Kinari Bazaar, Raja-ki-Mandi, Sadar Bazaar und Sanjay Place.	**TAG 5**
Am nächsten Tag genießen Sie noch einmal bei einem herzhaften Frühstück den Blick auf das Taj Mahal. Auf der Rückfahrt nach Delhi besichtigen Sie in Sikandra das prächtige Mausoleum des Kaisers Akbar.	**TAG 6**

Dos & Don'ts

- ✓ Nehmen Sie immer Mineralwasser mit. Wenn Sie es in Agra kaufen, achten Sie darauf, dass es ordentlich versiegelt ist.
- ✗ Planen Sie keinen Ausflug zum Taj Mahal an Freitagen – das Mausoleum ist freitags geschlossen.
- ✓ Wenn Sie nächtliches Sightseeing einplanen, denken Sie daran, dass das Taj Mahal nur in Vollmondnächten zu sehen ist.
- ✗ Nehmen Sie keine Handys mit zum Taj Mahal – sie sind auf dem Hauptgelände verboten, und es dauert entsetzlich lang, sie am Sammelschalter abzugeben und wieder abzuholen.
- ✓ Handeln Sie mit Taxifahrern und vereinbaren Sie vorab einen festen Preis – Taxameter sind hier unbekannt.

Ihre Vollendung erreichte die Handwerkskunst der Moguln beim Bau der Grabstätten. Das 1605 in Sikandra vollendete, absolut symmetrische Mausoleum Akbars des Großen kennzeichnet den Übergang zwischen der älteren Architektur aus rotem Sandstein und dem jüngeren, dekorativeren Stil mit weißem Marmor. Das 1628 erbaute Grabmal von Itimad-ud-Daulah, ein Vorläufer des Taj Mahal, zieren feine Gittermuster, Steinintarsien, Mosaiken und vergoldete Nischen.

Schließlich erreichen Sie das Taj Mahal, das Monument der Liebe von Großmogul Shah Jahan zu seiner Frau Mumtaz Mahal. Auch wenn man es von unzähligen Abbildungen kennt, ist der Anblick ein unvergleichliches Erlebnis. Mit wechselndem Licht verändert sich der Marmor vom sanften Rosa in der Morgendämmerung über makelloses Weiß in der Mittagssonne bis hin zum Altrosa in der Abenddämmerung. Fast überirdisch wirkt der Bau im kalten Licht des Vollmonds.

Ein matter Abglanz der Kunstfertigkeit, die diese zeitlosen Bauwerke erschaffen hat, lebt weiter in den mit Intarsien verzierten Marmorgegenständen und den feinen Stickereien aus Goldfäden, die auf den chaotischen und geschäftigen Basaren Indiens zu finden sind.

Unten: Ein Wäscher legt Saris am Ufer des Yamuna zum Trocknen aus

ANREISE
Die Inselkette der Florida Keys erstreckt sich über 180 Kilometer an der Südspitze des US-Bundesstaats Florida. Vom größten internationalen Flughafen der Region in Miami liegen die Upper Keys etwa eine Fahrtstunde entfernt. Mietwagen gibt es am Flughafen.

VOR ORT UNTERWEGS
Am einfachsten erreicht man die Inseln mit dem Auto. Auf Key West kann man herrlich spazieren, doch gibt es nur wenig Parkplätze. In der Stadt fahren Busse und Taxis.

WETTER
Im warmen, sonnigen Februar fällt gelegentlich Regen. Die durchschnittliche Höchsttemperatur liegt tags bei 24 °C, nachts bei 19 °C.

ÜBERNACHTEN
Rock Reef Resort, Key Largo: am Ufer mit Garten und Angelpier, Familienzimmer ab 120 €; www.rockreefresort.com

Eden House Hotel, Key West: hübsch, ruhig, Familienzimmer ab 240 €; www.edenhouse.com

The Gardens Hotel: kleines historisches Hotel mit Garten nahe der Duval Street in Key West, Familienzimmer ab 370 €; www.gardenshotel.com

ESSEN GEHEN
Kosten Sie Fisch und Meeresfrüchte und karibische Küche, zum Nachtisch Key Lime Pie und im beliebten Blue Heaven die legendären Bananenpfannkuchen zum Frühstück (ca. 14 €).

KOSTEN FÜR EINE VIERKÖPFIGE FAMILIE
310–360 € pro Tag inklusive Übernachten, Verpflegung und Mietwagen.

INFORMATION
www.fla-keys.com

Nuestra Señora de Atocha

Am 20. Juli 1985 entdeckte der legendäre Schatzsucher Mel Fisher den Schatz der *Nuestra Señora de Atocha*. Die mit Reichtümern aus der Neuen Welt schwer beladene spanische Galeone sank 1622 in einem Hurrikan vor Key West. Die Fracht des Schiffes umfasste unvorstellbare Schätze aus Peru, Mexiko und Kolumbien, Edelmetalle, Edelsteine und Alltagsgegenstände des 17. Jahrhunderts. Heute sind Hunderte von der *Atocha* stammende Objekte in Key West im Mel Fisher Maritime Museum ausgestellt.

Königreich der Coolness

Ein friedlicher Highway in das sagenhafte Königreich der Coolness – die 180 Kilometer lange Reise auf dem Overseas Highway über die Florida Keys führt in eine völlig eigene Welt, deren Stil und Temperament sich ganz und gar vom Festland unterscheiden. Die einzigartige Straße verbindet die üppig grünen Inseln, die sich wie eine tropische Perlenkette im Bogen reihen. Immer wieder quert man auf der Dammstraße weite Strecken offenen Meeres, wo sich endlose Panoramablicke auf das blaue karibische Meer ergeben. Mit jedem Meilenstein, den man passiert, fallen allmählich Stress und Anspannung ab. Bei angenehmen Pausen findet man Zeit, ein neues Lebensgefühl zu entdecken.

> Die einzigartige Straße verbindet die üppig grünen Inseln, die sich wie eine tropische Perlenkette im Bogen reihen.

Der John Pennekamp State Park auf Key Largo schützt eines der wenigen Korallenriffe der USA, in dessen farbenprächtige Unterwasserwelt Besucher im wahrsten Sinne des Wortes eintauchen. In Key Largo lockt eine Fahrt auf der *African Queen* aus dem gleichnamigen Film von 1951 mit Humphrey Bogart und Katharine Hepburn in den Hauptrollen. Etwas weiter lädt der berühmte feine weiße Sandstrand im Bahia Honda Park dazu ein, an der Küste zu spazieren, im azurblauen Wasser zu waten und sich die tropische Brise über die Haut streichen zu lassen.

Am Ende der Straße ist das Ziel der Reise erreicht, die wundervoll verrückte Welt von Key West, auf die Sie sich nach Belieben einlassen können. Partyfreunde stürzen sich in den Trubel der Duval Street. Wem das weniger liegt, der sollte sich dennoch auf keinen Fall bei Sonnenuntergang die Karnevalsatmosphäre auf dem Mallory Square entgehen lassen.

Auch Familien finden hier viele Attraktionen. Mit den Schatzkisten im Mel Fisher Maritime Museum wird die Seefahrergeschichte der Insel lebendig, und im Hemingway Home and Museum spürt man noch die Atmosphäre von Key West in den 1930er Jahren, als der berühmte Autor hier lebte und *Haben und Nichthaben* schrieb. Heute ist das entspannte Paradies, das ihn und viele andere anzog, noch immer intakt und lebendig … und wartet auf Sie.

Großes Bild: Ein Jongleur führt in Key West seine Kunst vor
Kleines Bild oben: Ein Key-Weißwedelhirsch
Unten (von links nach rechts): Captain Tony's Saloon in Key West; schnurgerade Straßenführung durch Marathon

Inseltour

Der Februar ist die beste Reisezeit auf den Florida Keys. Wenn im restlichen Amerika Winter herrscht, warten sie mit sonniger Wärme und tropischen Brisen auf. In vier Tagen hat man Zeit für alle wichtigen Attraktionen, am fünften kann man den Nationalpark besuchen oder auf der Lieblingsinsel entspannen.

Fünf Tage auf den Keys

TAG 1

Auf Key Largo schnorcheln oder tauchen Sie im John Pennekamp Coral Reef State Park. Im dortigen Korallenriff leben 260 tropische Fischarten.

Später unternehmen Sie eine Fahrt auf der berühmten *African Queen* aus dem Bogart-Film von 1951.

TAG 2–3

Schwimmen und spielen Sie mit Atlantischen Großen Tümmlern im fantastischen Dolphin Encounter des Dolphin Research Centre auf Grassy Key.

Wandern Sie durch tropische Wälder in der Crane Point Hammock Botanical Preserve, besichtigen Sie das Museum of Natural History of the Florida Keys.

Auf einer geführten ökologischen Tour mit dem Kajak beobachten Sie in Lagunen und exotischen Mangrovenwäldern Wildtiere auf Marathon oder Big Pine Key.

TAG 4–5

Besuchen Sie auf Key West berühmte Museen, etwa das Ernest Hemingway Home and Museum, das Mel Fisher Maritime Museum, Audubon House and Garden oder das Key West Shipwreck Historeum.

Stürzen Sie sich in den Trubel am Mallory Square, wo Straßenkünstler Unterhaltung bieten. Genießen Sie dabei den Sonnenuntergang.

Mit dem Wasserflugzeug oder der Fähre setzen Sie für einen faszinierenden Tagesausflug nach Fort Jefferson und dem Dry Tortugas National Park über.

Dos & Don'ts

- ✓ Reservieren Sie früh, die besten Unterkünfte sind schnell ausgebucht. Karten für den Dolphin Encounter gibt es nur nach vorheriger Reservierung.
- ✗ Vergessen Sie nicht, dass die Sonne sehr stark scheint – schützen Sie sich mit Hut, Sonnenbrille und reichlich Sonnencreme mit hohem Lichtschutzfaktor.
- ✓ Lesen Sie die Angel- und Tauchbestimmungen, die man bei der Florida Marine Patrol erhält. In Florida achtet man strikt auf den Schutz des Riffs und der Fischbestände und übt strenge Kontrollen aus.

Unten: Fische im Korallenriff bei Key Largo

ANREISE
Neuseelands Nordinsel liegt zwischen der Tasmansee und dem Südpazifischen Ozean. Die meisten internationalen Flüge landen auf der Nordinsel in Auckland. Die Hauptstadt Wellington ist Drehscheibe vor allem für Inlands- und Australienflüge.

VOR ORT UNTERWEGS
Mietwagen gibt es in allen größeren Städten und an Flughäfen. Das Land ist am besten mit dem Auto zu erkunden, zum exzellenten öffentlichen Verkehrssystem gehören Überlandbusse.

WETTER
Im warmen Februar liegen die Durchschnittstemperaturen bei etwa 24–30 °C, es regnet selten.

ÜBERNACHTEN
Coromandel Colonial Cottages Motel auf der Coromandel Peninsula bietet Familiencottages ab 100 €; www.corocottagesmotel.co.nz

Rotorua Top 10 Holiday Park bietet Zwei-Zimmer-Suiten ab 80 € an; www.rotoruatop10.co.nz

Waiwhenua Farm and Homestay in Napier ist ein Platz für Wohnmobile; ein Cottage für sechs Personen gibt es ab 70 €; www.waiwhenua.co.nz

ESSEN GEHEN
Im ganzen Land erhält man gute Mahlzeiten für unter 20 € pro Kopf. Das schräge Ufercafé Chocolate Fish Café in Wellington war bei der Filmcrew von *Der Herr der Ringe* beliebt.

KOSTEN FÜR EINE VIERKÖPFIGE FAMILIE
250–320 € pro Tag inklusive Übernachten, Verpflegung, Eintrittsgelder und Mietwagen.

INFORMATION
www.newzealand.com/travel

Verträge und Traditionen

Am 6. Februar gedenkt man mit dem Feiertag Waitangi Day der Unterzeichnung des Vertrags von Waitangi, der 1840 von politischen Führern der Maori und der britischen Krone geschlossen wurde. Der Vertrag ist bis heute stark umstritten, doch findet zumindest das kulturelle Erbe der Maori in den letzten Jahren steigende Beachtung. Traditionelle Handwerke der Maori, etwa die Holzschnitzerei *(unten)*, feiern heute eine Renaissance.

Insel des Überflusses

Stellen Sie sich ein Land vor, in dem jeder nicht weit von unberührten Stränden, grünen Wäldern, sanft hügeligem Bauernland und glitzernden Flüssen wohnt. In dem die Berge von Sagen umwoben und die Inseln tier- und pflanzenreiche subtropische Idyllen sind. In dem die besten Nahrungsmittel und die feinsten Weine direkt vor der Haustür gedeihen. Und nun stellen Sie sich vor, dass Neuseelands Nordinsel zu all dem auch noch heitere, sonnige Sommer bietet.

Im vulkanischen Herzen der Insel plätschern große Seen in alten Kratern, hohe Vulkankegel zeugen von der unruhigen Entstehungsgeschichte Neuseelands. In diesem geothermischen Paradies scheint das Land zu leben: Geysire speien mineralreiches, kochendes Wasser in die Luft, unheimliche Dampfschwaden wabern über eine Mondlandschaft, Quarzterrassen schimmern in allen Regenbogenfarben, und in vulkanischen Kesseln schmatzt und blubbert träge der Schlamm. Naturphänomene spielen eine wichtige Rolle in der alten Kultur der Maori, die nun wieder eine Renaissance erlebt.

Unten (von oben nach unten): Art-déco-Architektur in Napier; Thermalsee in Rotorua; Aucklands Skyline bei Nacht

Offen wie die Landschaft sind auch ihre freundlichen Menschen – Neuseelands Nordinsel ist ein großartiges Ziel für Familien. Die ganze Bandbreite erleben Sie, wenn Sie die Insel mit dem Auto oder Wohnmobil erkunden. In den Städten und Küstenorten fesseln Museen, etwa das Te Papa (Maori für »Unser Ort«) in Wellington, Kinder mit interaktiven Exponaten und ungewöhnlichen Objekten. Kehren Sie auf Bauernhöfen ein und lernen Sie so das echte Landleben kennen. Von Freizeitparks bis zu Spielkörben in Cafés und Kinderportionen in Restaurants – für Kinder ist überall gesorgt. Und auf der relativ kleinen Insel werden die Fahrstrecken nie zu lang.

Vor allem aber wird Sie die Schönheit der Natur gefangen nehmen. Wo sonst kann man auf einer einzigen, kurzen Reise im Regenwald wandern, kochenden Schlamm beobachten, am Strand Edelsteine finden, im Sand ein eigenes Thermalwasserbecken graben und frische Fish & Chips im Schatten gigantischer Kauri-Bäume essen? Die Nordinsel wird Sie mit neuen, aufregenden Eindrücken und Erlebnissen zum Staunen bringen und sich in Ihrer Erinnerung als ununterbrochene Kette abwechslungsreicher, unglaublicher Postkartenlandschaften verankern.

Großes Bild: Urupukapuka Island, Bay of Islands

Oben (von oben nach unten): Freiheit mit dem Wohnwagen; Wildwasser-Raften in Rotorua; Skyline Gondola und Sommerrodelbahn in Rotorua

Unten: Waikawau Bay auf der Coromandel Peninsula

Landschaftsvielfalt

Der sommerliche Februar bietet herrliches Reisewetter. In drei Wochen kann man gut die ganze Nordinsel erkunden. Die Entfernungen sind überschaubar, doch die Straßen bisweilen kurvig. Zwischen dem lebhaften Auckland und Wellington liegen Strände, Seen, Wälder, Berge und erloschene Vulkane.

Drei Wochen auf der Nordinsel

TAG 1–3 In Auckland stehen der Waitemata Harbour, Shoppen in Parnell, eine Fährenfahrt nach Devonport, Picknicken auf einer Hauraki-Golf-Insel und Kelly Tarlton's Antarctic Encounter and Underwater World auf dem Programm.

TAG 4–6 Nördlich von Auckland lockt die Bay of Islands mit herrlichen Stränden. Besichtigen Sie die Waitangi Treaty Grounds, an denen Maori und Regierungsführer alljährlich am Waitangi Day (6. Februar) zusammenkommen.

TAG 7–9 Weiter südlich warten die Strände der Coromandel Peninsula, Waiau Kauri Grove, Schnorcheln in der Mercury Bay, Thermalwasserpools am Hot Water Beach.

TAG 10–12 Nun locken die Seen von Rotorua, Maori-Kultur und eine geothermische Besonderheit. Höhepunkte sind die Schafschur-Show im Agrodome, die Rodelbahn der Skyline Gondola und das Ohinemutu Maori Village sowie der Pohutu-Geysier von Te Whakarewarewa.

TAG 13–15 Durch den Urewera National Park geht es nach Gisborne, Neuseelands Chardonnay-Hauptstadt. In Napier bewundern Sie Art-déco-Gebäude, Dinosaurierspuren im Hawke's Bay Museum und Delfine im Marineland.

TAG 16–17 Fahren Sie an der Küste zur Tölpelkolonie auf Cape Kidnappers oder durch die Weingebiete in Hawke's Bay.

TAG 18–21 Durch hügeliges Farmland und kleine Städtchen führt der Weg nach Wellington. Im Pukaha Mt Bruce wandern Sie im Regenwald und beobachten Vögel. Besuchen Sie das aufregende Te Papa Museum und fahren Sie mit der Seilbahn zu den Botanic Gardens.

Dos & Don'ts

- ✓ Ziehen Sie die Schuhe aus, wenn Sie ein Maori-Versammlungshaus betreten, auch in Museen. Fragen Sie um Erlaubnis, bevor Sie einen *marae* (Versammlungsort) besichtigen.
- ✗ Vergessen Sie nie Sonnenschutz, Sonnenbrille und Hut. Dank der geringen Luftverschmutzung ist die UV-Strahlung im Sommer sehr intensiv.
- ✓ Kaufen Sie Maori-Kunsthandwerk, etwa geschnitzte Anhänger mit traditionellen Motiven. Sie sind leichter und einfacher einzupacken als die schönen, schweren Holzschnitzereien.
- ✓ Erleben Sie einen traditionellen Maori-*hangi*, bei dem das Essen auf heißen Steinen im Erdofen gegart wird.

Unten: Bäuerliches Kulturland in den Tukituki Hills von Hawke's Bay

ANREISE
Salvador liegt an der Nordostküste Brasiliens, der internationale Flughafen Deputado Luis Eduardo Magalhães 34 Kilometer nördlich der Innenstadt. Taxis vom Flughafen nach Pelourinho kosten rund 20 €, der Bus 1,60 €.

VOR ORT UNTERWEGS
Nehmen Sie abends aus Sicherheitsgründen ein Taxi, tagsüber kommt man leicht zu Fuß voran.

WETTER
Während des Karnevals ist das Wetter warm und sonnig mit durchschnittlichen Tageshöchsttemperaturen von etwa 30 °C.

ÜBERNACHTEN
Zum Karneval sollten Sie Ihre Unterkunft drei bis sechs Monate vorher buchen. In der Regel ist der Mindestaufenthalt fünf Tage.

Salvador Ibis, Rio Vermelho, ist preiswert; Doppelzimmer ab 28 €; www.accorhotels.com.br

Pousada do Pilar ist ein schön restauriertes historisches Haus in Pelourinho; Doppelzimmer ab 50 €; www.pousadadopilar.com

Monte Pascoal Praia am Barra-Strand; Doppelzimmer ab 80 €; www.montepascoal.com.br

ESSEN GEHEN
Die lokale Küche bietet viel Fisch und Meeresfrüchte, oft als *Moqueca*-Eintopf mit Kokosmilch und Palmöl. Eine volle Mahlzeit kostet rund 13 €.

KOSTEN FÜR ZWEI PERSONEN
130–160 € pro Tag inklusive Übernachten, Verpflegung und Eintrittsgelder.

INFORMATION
www.portaldocarnaval.ba.gov.br

Kammer der Wunder

Salvadors Kirche Nosso Senhor do Bonfim ist für ihre Wunderkraft berühmt. In ihrem Inneren sind in der *Sala dos Milagres* (Kammer der Wunder) unzählige Votivgaben von dankbaren Pilgern aufgehängt, etwa Darstellungen von Köpfen, Gliedern und Organen, die geheilt wurden. Die katholische Kirche wird auch von Anhängern des *Candomblé* besucht. Diese afro-brasilianische Religion verbindet Elemente des Katholizismus mit tradierten afrikanischen Glaubensvorstellungen.

Großes Bild: Beim Karneval tanzen Abertausende Feierwütige in den Straßen
Oben (von oben nach unten): Die historische Oberstadt Pelourinho; Frau in traditioneller Bahia-Tracht; endlose Sandstrände von Bahia

Karneval!

Vergessen Sie Federschmuck, Festwagen und Frauen in knappen Bikinis. Vergessen Sie den Plan, einfach nur zuzuschauen – in Salvador reißt der Karneval jeden mit. Zwei Millionen Menschen strömen in die Hauptstadt von Bahia, um eine Woche lang ein ausschweifendes Fest zu zelebrieren. Hunderte Musiker, darunter die bekanntesten Namen Brasiliens, spielen in Marathonkonzerten, singen und tanzen stundenlang, Tag und Nacht.

Jede Band, *bloco* genannt, spielt auf einem eigenen Lastwagen *(trio elétrico)*, der Bühne und gigawattstarke Riesenmusikanlage in einem ist. Wie Rattenfänger locken die Künstler ihre Fans, die oft die gleichen Kostüme tragen, und eine ekstatische Menge hinter sich her. Im Rausch der Musik folgen sie tanzend dem Wagen durch die engen Straßen. Hinter, vor und neben den *trios* vergnügen sich Hunderttausende – sie trinken, singen, tanzen, küssen Wildfremde, schließen spontan Freundschaften und beginnen am nächsten Tag wieder von vorne.

Oben: Kunstvoll vergoldeter Innenraum der Igreja São Francisco Salvador da Bahia

Unten: Kostümierte Tänzer verkörpern den Gott der Medizin in einem rituellen *Candomblé*-Tanz

Salvador-Taumel

Karneval ist das letzte wilde Fest vor der 40-tägigen Fastenzeit. Das Datum ändert sich jedes Jahr aufgrund des Mondjahrs, liegt jedoch immer Ende Februar oder Anfang März. Die Termine für die kommenden Jahre finden Sie auf Seite 327.

Die größte Party der Welt

FR

Erkunden Sie das Altstadtviertel Pelourinho, das Afrobrasilianische Museum und das Kloster São Francisco.

Am frühen Abend sammeln sich Einheimische und Musiker zu den traditionelleren *blocos*, die von etwa 19 bis 2 Uhr durch die engen Straßen paradieren.

SA

Schonen Sie Ihre Kräfte für den Karnevalsabend und verbringen Sie einen entspannten Tag am Strand, etwa Stella Maris oder Flamengo.

Stärken Sie sich bei einem späten Mittagessen mit *moqueca*. Abends schnappen Sie sich Ihr *abadā* (Eintritts-Shirt für einen *bloco*) und gehen tanzen.

SO

Entdecken Sie einige der traditionellen Sehenswürdigkeiten der Innenstadt, etwa die Bonfim-Kirche, und kaufen Sie Souvenirs auf dem Mercado Modelo.

Besuchen Sie im nahen Solar do Unhão, einer Zuckermühle und Villa aus dem 18. Jahrhundert, Salvadors Museum für moderne Kunst. Bei Sonnenuntergang geht es wieder mit der *abadā* zum Tanzen.

MO

Verbringen Sie den Tag auf dem Wasser bei einer Segeltour zu den Inseln an der Baía de Todos os Santos.

Um etwa 17 Uhr gehen Sie zum Barra-Leuchtturm, um den Sonnenuntergang zu bewundern und sich einen guten Zuschauerplatz für die abendliche Parade der *trios* zu sichern.

DI

Das Konzert beim »Encontro dos Trios« am frühen Morgen des Aschermittwochs auf der Praça Castro Alves sollten Sie auf keinen Fall verpassen.

Dos & Don'ts

- ✓ Tragen Sie bequeme Schuhe, Shorts oder Rock mit Taschen und ein leichtes T-Shirt. Nehmen Sie keine Wertsachen und nur so viel Geld mit, wie Sie für den Tag brauchen.
- ✗ Verbummeln Sie nichts. Zum Karneval von Salvador sollte man Flüge und Hotels mindestens drei Monate im Voraus buchen – sie sind rasend schnell ausgebucht.
- ✓ Hören Sie sich möglichst viele *blocos* an, auch wenn Sie eine *abadā* für einen *bloco* oder einen *trio* gekauft haben. Mischen Sie sich unter die Menge und wechseln Sie.
- ✗ Schlafen Sie nicht zu lang, wenn Sie Sehenswürdigkeiten besuchen möchten. Am besten kommt man zwischen 10 und 14 Uhr voran, bevor sich die Menschenmengen sammeln.

Unten: Papayas, Ananas und Bananen an einem Straßenstand

Nur mit einer *abadā*, einem speziellen T-Shirt, das als Ticket gilt, gelangt man in einen Bereich direkt hinter den Bühnenwagen, der durch ein Seil abgesperrt ist. Dutzende Seilträger stellen sicher, dass die Absperrung erhalten bleibt, wenn sich der Pulk durch die Straßen bewegt. Wer keine *abadā* hat, tanzt als *pipoca* (Popcorn) außerhalb der Absperrung.

Neben brasilianischen Musikstars wie Daniela Mercury, Gilberto Gil und Carlinhos Brown, die regelmäßig beim Karneval auftreten, spielen zahlreiche traditionelle lokale *blocos*. Der afrobrasilianische *bloco* Ilê Aye leitet in der Nacht vor dem Umzug den Karneval mit einer Candomblé-Zeremonie ein. Die Filhos de Ghandy, ein populärer reiner Männer-*bloco*, tanzen in weißen Gandhi-Gewändern zu den Rhythmen der afrikanischen Afoxé-Trommeln.

Wenn am Faschingsdienstag das restliche Brasilien bereits schläft, erreicht Salvadors Karneval in seiner letzten Nacht mit dem »Encontro dos Trios« seinen Höhepunkt. In den frühen Stunden des Aschermittwochs ziehen alle verbliebenen *blocos* Richtung Praça Castro Alves, wo der Karneval mit einem letzten gemeinsamen Konzert bei Sonnenaufgang endet.

ISOMIL

MÄRZ

Traumziele im **März**

Mit dem Beginn des Frühjahrs liegt in der nördlichen Hemisphäre eine Zeit des Neuanfangs in der Luft. Das erste Grün beginnt zu sprießen, die Temperaturen steigen langsam wieder an, und die Menschen feiern das Ende des Winters. In den USA und Kanada strömen Tausende College-Kids während des Spring Break zu den Strandpartys. Wer Ruhe sucht, sollte ihre Lieblingsziele, etwa Florida, Cancún und Acapulco, in dieser Zeit eher meiden. In der südlichen Hemisphäre, etwa in Australien, beginnt der Herbst – allerdings wird in Regionen, die nahe an den Tropen liegen, nur zwischen Regen- und Trockenzeit unterschieden. Auf dieser Doppelseite finden Sie alle im März-Kapitel vorgestellten Reiseziele sowie einige weitere Anregungen.

KULTUR UND FESTE

YUCATÁN Tempel der Krieger in Chichén Itzá

YUCATÁN
Mexiko, Nordamerika

Sehen Sie die Maya-Pyramiden und den Abstieg des Kukulcán

Neben den antiken Pyramiden locken hier großartige Strände, Höhlensysteme mit Süßwasser *(cenotes)* und sogar ein dichter grüner Urwald.

Siehe S. 64–65

ANTIGUA
Guatemala, Zentralamerika

Farbenfrohe Karwoche in einer schönen Kolonialstadt

Bunt gemusterte Teppiche aus gefärbtem Sägemehl bedecken die Straßen für die Prozessionen. Bewundern Sie Kolonialarchitektur.

Siehe S. 84–85

BERLIN
Deutschland, Europa

Ein Kulturwochenende mit aufregendem Nachtleben

Berlin bietet großartige Museen, eine bewegende Geschichte und rast mit schicken Clubs, Restaurants und moderner Architektur in die Zukunft.

Siehe S. 74–75

»Kultur ist allgegenwärtig, zeigt sich in zahllosen jungen Kunstgalerien ebenso wie in Museen mit weltberühmten Meisterwerken.«

BARSANA
Indien, Asien

Beim Holi-Fest wird der Frühling mit Farben begrüßt

Nordindien feiert mit regelrechten Farbenorgien ausgelassen den Beginn des Frühjahrs. Auf dem Rückweg besichtigen Sie Delhi.

Siehe S. 80–81

IZMIR
Türkei, Europa

Geschichtsträchtig mit zahlreichen antiken Stätten

Nahe der wunderschönen Ägäis stehen fantastisch erhaltene antike Relikte – Ephesus, Pergamon und Hierapolis.

www.allaboutturkey.com

UNVERGESSLICHE EINDRÜCKE

HIMALAYA Die majestätischen Gipfel des Makalu

ROUTE 66
USA, Nordamerika

»Go west« auf der berühmtesten Straße der USA

Der Drang nach Westen ist fester Bestandteil des amerikanischen Nationalcharakters – noch heute lebt der Mythos fort.

www.historic66.com

HIMALAYA
Nepal, Asien

Unvergessliches Wandern im höchsten Gebirge der Welt

Die Schönheit (und die dünne Höhenluft) der Berge raubt einem den Atem – vergessen Sie nicht die anderen Sehenswürdigkeiten.

Siehe S. 68–69

KÜSTE VON VICTORIA
Australien, Australasien

Mit dem Wohnmobil zu Koalas und Pinguinen

Bei einer Fahrt an der Südküste sehen Sie Pinguine auf Phillip Island sowie Kängurus und Koalas im Nationalpark Wilson's Promontory.

www.parkweb.vic.gov.au

DOURO-FAHRT
Portugal, Europa

Durch das schöne Douro-Tal bis nach Porto

Auf der Portweinroute nach Porto essen Sie in *pousadas* und besichtigen Klöster, Kathedralen und Gärten aus dem 16. Jahrhundert.

www.visitportugal.com

E & O EXPRESS
Singapur, Asien

Klassische Reise im Eastern & Oriental Express

Reisen Sie mit Komfort von Singapur via Georgetown, Fort Cornwallis und über die berüchtigte River-Kwai-Brücke nach Bangkok.

www.orient-express.com

WUNDER DER NATUR

NINGALOO Farbenprächtiger Seestern

»Tauchen Sie hinab in die blauen Tiefen, wo Sie zwischen Mantarochen, Schildkröten, Clownfischen und Seesternen schweben.«

NINGALOO
Australien, Australasien

Ein unberührtes Riff mit farbenprächtiger Meeresfauna

Schnorcheln oder tauchen Sie mit den 18 Meter langen Walhaien und anderen Meeresbewohnern während der Korallenlaiche.

Siehe S. 78–79

AZOREN
Portugal, Europa

Beobachten Sie Wale vor schönen Vulkaninseln

Auf diesen Inseln im Atlantik lebten einst Walfänger – heute sind sie ideal, um Wale und Delfine zu beobachten.

www.azores.com

SARAWAK
Borneo, Asien

Familientreffen mit den rothaarigen Verwandten

Im Regenwald kann man im Sepilok Rehabilitation Centre beobachten, wie Orang-Utans ausgewildert werden.

www.visitborneo.com

KWAZULU-NATAL
Südafrika, Afrika

Ein perfekter Strand nicht nur für Sonnenanbeter

Der 40 Kilometer lange Strand ist so ruhig, dass Schildkröten hier ihre Eier ablegen. Außerdem kann man schnorcheln, tauchen, reiten.

www.rocktailbay.com

ISLA FERNANDO DE NORONHA
Brasilien, Südamerika

Abgelegene tropische Inseln

Genießen Sie die Vulkaninseln abseits der Touristenströme und beim Tauchen eine einzigartige Unterwasserwelt.

www.noronha.com.br

Vorhergehende Doppelseite: In der Karwoche schwenken in Guatemala Gläubige Weihrauch in den Straßen

Wetter

❶ Das Wetter in den kanadischen Rockies ist wärmer als im Hochwinter, bisweilen scheint die Sonne. Jetzt kann man noch gut Ski fahren.

❷ Auf Yucatán ist es zu dieser Zeit warm, ebenso im größten Teil von Südamerika. Dank der niedrigen Luftfeuchtigkeit herrscht perfektes Strandwetter.

❸ In Berlin lässt zwar die Wärme noch auf sich warten, doch der März ist in der Regel der trockenste Monat des Jahres.

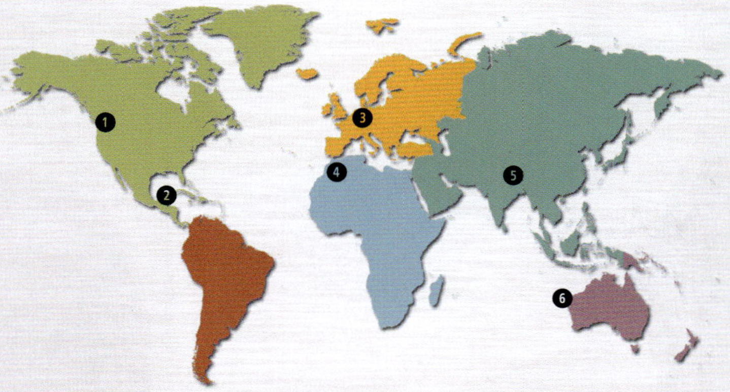

❹ In Marokko hält das Atlas-Gebirge die trockene Hitze der Sahara ab. An der Küste herrschen angenehme mediterrane Temperaturen.

❺ In Nepal hängt das Wetter von der Höhenlage ab. Im Himalaya dominieren Schnee und Eis, im Tiefland ist es dagegen sonnig und warm.

❻ Millionen Korallen des Ningaloo Reef laichen gleichzeitig kurz nach dem Vollmond. Wenn die Wassertemperatur für die Korallen ideal ist, ist sie auch perfekt zum Schnorcheln und Tauchen.

LUXUS UND ROMANTIK

MARRAKECH In einem luxuriösen *riad*

ISLES OF SCILLY
England, Europa

Luxushotels, üppige Gärten und gemächliche Lebensart

Ungewöhnlich und romantisch – fliegen Sie mit dem Hubschrauber auf die Inseln mit dem wunderschönen Meeresblick und gemäßigten Klima.

www.simplyscilly.co.uk

CASTLE LESLIE
Irland, Europa

Geschichte, Pracht und ein Hauch von Exzentrik

Das Schloss hat schon allerlei Berühmtheiten – sogar Geister und UFOs – mit Kochkursen, Reitstunden und Angeln unterhalten.

www.castleleslie.com

MARRAKECH
Marokko, Afrika

Farben, Düfte und Romantik in der rosa Stadt

Die Stadt an einer historischen Handelsroute fasziniert mit Gewürzbasaren, dem Atlas-Gebirge und luxuriösen *riads* (traditionelle Hotels).

Siehe S. 72–73

SEYCHELLEN
Indischer Ozean

Über 100 idyllische Inseln im Indischen Ozean

Auf den fantastischen Inseln finden sich Palmen, perfekte Strände und rundherum herrlich warme blaue Gewässer.

www.seychelles.com

PULAU PERHENTIAN
Malaysia, Asien

Perfekte Erholung an ruhigen, einsamen Stränden

Palmen, weißer Sand und klares Wasser – die Perhentian-Inseln sind ein traumhaftes Reiseziel.

Siehe S. 82–83

»In diesem Paradies können Sie stundenlang das langsame Leben der Schildkröten beobachten und darüber die Probleme der Welt vergessen.«

AUFREGENDE ZIELE

WHISTLER Skifahren auf unberührten Hängen

WHISTLER
Kanada, Nordamerika

Heli-Skiing vom höchsten Gipfel durch Pulverschnee

Whistler bietet auf zwei riesigen Bergen unvergessliches Skifahren und Snowboarden sowie intensives Après-Ski-Vergnügen.

Siehe S. 76–77

SOUTH DOWNS
England, Europa

Anregende Wanderung durch malerische Hügellandschaft

Die von Pendlern zwischen Birmingham und London oft ignorierte idyllische Region hat hübsche Dörfer und Pubs.

www.visitsouthdowns.com

TIGNES
Frankreich, Europa

Der Skiort ist auch für Snowboarder perfekt

Hier gilt: schön und hoch gelegen, schneesicher, riesiges Skigebiet mit hervorragenden Pulverschneepisten, grandioses Nachtleben.

www.tignes.net

BONAIRE
Niederländische Antillen, Karibik

Regelmäßig zum besten Tauchgebiet der Welt erkoren

Die geschützten Korallenriffe im glasklaren Wasser sind ideal zum Fotografieren, weil auch fast nie Regentropfen die Sicht stören.

www.geographia.com/bonaire

BERMUDA
Nordatlantik

Golf spielt auf dieser Insel eine wichtige Rolle

Nirgendwo auf der Welt ist die Golfplatzdichte höher – noch dazu bei schönstem Wetter. Danach geht es an den rosa Sandstrand.

www.bermuda.com

FAMILIENURLAUB

CHICAGO Bunt gekleidete irische Tanzgruppe

»Unter dichtem Schießpulverrauch explodiert das Feuerwerk mit solcher Gewalt, dass der Boden vibriert.«

VALENCIA
Spanien, Europa

Paella, heiße Schokolade, Churros und Feuerwerk

Beim Fallas-Fest werden riesige Pappmaschee-Figuren verbrannt und Feuerwerke gezündet. Das Feiern nimmt kein Ende.

Siehe S. 66–67

CHICAGO
USA, Nordamerika

Paraden und Ströme von Guinness am St. Patrick's Day

Genießen Sie die irischste Stadt der USA, aber nicht zu viel Guinness. Sonst verfärbt sich Ihr Gesicht wie der Fluss – grün.

Siehe S. 70–71

CAMARGUE
Frankreich, Europa

Bezaubernde Region mit Flamingos und Wildpferden

Abenteuer für Kinder mit vielen Wildtieren in den Sümpfen, Festungen, wilden Pferden, »Cowboys« und schwarzen Stieren.

www.camargue.fr

FOSSIL RIM
USA, Nordamerika

Über Nacht im riesigen Safaripark bei Fort Worth, Texas

Der ungewöhnliche Park bringt afrikanische Eindrücke in die USA. In der Nähe gibt es Rodeos und Sportmöglichkeiten.

www.fossilrim.com

NORFOLK
England, Europa

Herrliches Frühjahr im Osten der Insel

Kilometerlange Fußwege führen an historischen Kanälen entlang durch die ruhige Landschaft. Genießen Sie das Landleben!

www.visitnorfolk.co.uk

ANREISE
Die Halbinsel Yucatán liegt in Südost-Mexiko zwischen dem Golf von Mexiko und der Karibik. Am Flughafen Cancún landen die meisten internationalen Flüge, in Mérida meist Inlandsflüge.

VOR ORT UNTERWEGS
Mit Erste-Klasse-Bussen erreicht man gut die Hauptreiseziele in Mexiko, wer sich freier bewegen will, braucht ein Auto.

WETTER
Tropisch-warm, mit durchschnittlichen Tagestemperaturen von 31 °C, nachts kühler bei 19 °C.

ÜBERNACHTEN
Einige der schöneren Hotels sind im wunderbaren spanischen Kolonialstil erbaut.

Chan-Kah Village Palenque mit schönem Pool, Doppelzimmer ab 80 €; www.chan-kah.com.mx

Hacienda Chichén bei Chichén Itzá; Doppelzimmer ab 100 €; www.haciendachichen.com

Hacienda San José Cholul, elegant und luxuriös, Doppelzimmer ab 200 €; www.haciendasmexico.com

ESSEN GEHEN
In allen Restaurants der Hacienda-Hotels kann man raffinierte Lokalküche in schöner Umgebung essen, auch wenn man kein Hotelgast ist. In Mérida gibt es viele hübsche Restaurants, an der Küste immer gute Fischlokale. In Palenque isst man am besten am Stadtplatz. Gute Mahlzeiten gibt es für 14 € und erheblich weniger.

KOSTEN FÜR ZWEI PERSONEN
160–210 € pro Tag inklusive Übernachten, Verpflegung, Mietwagen und Eintrittsgelder.

INFORMATION
www.yucatantoday.com

Das Ballspiel der Maya

Das über 3000 Jahre alte Ballspiel der Maya zählt zu den ältesten bekannten Sportarten. Spielfelder findet man in allen antiken mexikanischen Städten, am größten ist der 160 Meter lange Ballspielplatz von Chichén Itzá. Hier trafen zwei Mannschaften mit je sieben Spielern aufeinander, die den Ball nur mit Hüfte, Schulter, Kopf oder Brust durch die Steinringe an den Seiten zu treiben versuchten. Das Spiel hatte wichtige religiöse Bedeutung, die Verlierer wurden manchmal geopfert.

Oben (von links nach rechts): Windsurfbretter am Strand von Cancún; Mangroven in Celestún; Las Ruinas del Rey, dahinter Hilton Hotel, Cancún
Großes Bild: Tempel der Inschriften in Palenque

Geheimnisse der Maya

Gleißendes Sonnenlicht zeichnet den Schwanz einer riesigen gefiederten Schlange an der großen Nordtreppe von El Castillo, der gewaltigen Maya-Pyramide im Herzen der Ruinenstadt Chichén Itzá. Im Lauf des Nachmittags werfen sieben Lichtdreiecke ein Zickzackmuster auf die Pyramidenstufen und »erwecken« die Schlange zum Leben. Mit dem Lauf der Sonne dehnen sie sich aus und formen immer neue Muster, die langsam die Rampe zum aufgerissenen Maul des monströsen Kopfes am Treppenfuß hinabzugleiten scheinen. Auf dem Grasplatz um die Pyramide beobachten Tausende Zuschauer gebannt den »Abstieg des Kukulcán«, der jedes Frühjahr zur Tagundnachtgleiche stattfindet.

El Castillo wurde um 800 gebaut und ist präzise auf Sonne und Sterne ausgerichtet. Mit ihren 365 Stufen an den vier Seiten, die für jeden Tag des Jahres stehen, ist die Pyramide eine Art Riesenuhr und eine Darstellung des Maya-Kalenders.

»Im Roman der Weltgeschichte beeindruckte mich nichts tiefer als der Anblick dieser einst großen und schönen Stadt.«
John L. Stephens über Palenque

Auf der mexikanischen Halbinsel Yucatán finden sich noch mehr Relikte der komplexen Kultur der alten Maya – von der anmutigen Architektur von Uxmal bis zu den Ruinen von Palenque, wo ein labyrinthischer Palast und Tempel auf Hügeln im dichten Regenwald von Chiapas stehen. Maya leben aber auch im heutigen Yucatán und sind als angenehme und charmante Gastgeber bekannt. Diesen Charme verspürt man auch in den Orten und in der Hauptstadt Mérida, einer spanischen Kolonialstadt mit schattigen Kolonnaden und schönen Innenhöfen.

Am warmen Meer von Yucatán erstrecken sich lange weiße Sandstrände. Es gibt Wälder, in denen vom Kolibri bis zum Flamingo unzählige Vögel leben, und die *cenote*. Diese natürlichen »Senklöcher« im Kalkstein führen zu unterirdischen Flüssen mit kristallklarem Wasser. Für die alten Maya waren sie die Tore zur Unterwelt.

Kleines Bild Ein mit Wasser gefülltes, natürliches Kalksteinloch *(cenote)*
Unten (von links nach rechts): Schlange an der Treppe von El Castillo, Chichén Itzá; Tempel der Krieger, Chichén Itzá

Maya-Tour

Yucatán bietet viel, doch in einer Woche können Sie die Kultur der Maya kennenlernen – Naturliebhaber, Sonnenanbeter oder Taucher brauchen ein paar Tage mehr zum Relaxen in Cozumel. Den »Abstieg des Kukulcán« sieht man von Mitte Februar bis in den April, am besten jedoch am 20. und 21. März.

Acht Tage auf Yucatán

19.–20. MÄRZ In Cancún testen Sie den 23 Kilometer langen Strand und essen in einem Strandlokal zu Mittag. Auch der folgende Vormittag gehört dem Strand, dann geht es mit dem Auto in das 200 Kilometer entfernte Chichén Itzá.

21. MÄRZ Erkunden Sie Chichén Itzá, spätestens um 12 Uhr suchen Sie sich am Hauptplatz eine Stelle, wo Sie den »Abstieg des Kukulcán« gegen 16 Uhr optimal sehen.

22. MÄRZ Fahren Sie westwärts nach Izamal mit den goldbraunen Häusern und dem auf Maya-Pyramiden erbauten spanischen Kolonialkloster. Dann weiter nach Mérida.

23. MÄRZ Bummeln Sie auf Méridas Plaza Mayor, danach fahren Sie mit dem Taxi zum Paseo Montejo und zum exzellenten Maya-Museum. Essen Sie in einem Terrassenlokal.

24. MÄRZ Fahren Sie in das eine Stunde entfernte Uxmal und zu anderen Maya-Stätten – Kabah, Sayil, Xlapak und Labná – in den vogelreichen Wäldern der Puuc-Hügel. Nach den Höhlen von Loltún kehren Sie nach Mérida zurück.

25. MÄRZ Vormittags fahren Sie zur Mangrovenlagune von Celestún, ein »Muss« für Vogelliebhaber, oder Sie entspannen am Strand von Progreso. Dann geben Sie den Mietwagen zurück und fliegen nach Villahermosa, das zwei Fahrstunden von Palenque entfernt ist.

26. MÄRZ Nutzen Sie Ihren letzten Tag, indem Sie die Ruinen, die oft im Dunst verhüllt sind, schon früh besichtigen. Klettern Sie auf so viele Pyramiden wie möglich, bevor Sie erschöpft sind. Erfrischen Sie sich im Hotelpool, bevor Sie nach Cancún zurückkehren und heimfliegen.

Dos & Don'ts

- ✗ Vergessen Sie nicht, lange vor der Tagundnachtgleiche zu buchen – die Hotels sind um diese Zeit immer voll.
- ✓ Trinken Sie frische tropische Obstsäfte an den *juguerías* (Ständen). Sie sind erfrischend und vitaminreich.
- ✗ Planen Sie keine nächtlichen Autofahrten. Die Beleuchtung ist schlecht, Schlaglöcher und Zweiradfahrer sind oft kaum zu sehen.
- ✓ Bitten Sie in Ihrem Hotel um ein Lunchpaket für den »Abstieg des Kukulcán« – die Cafés sind dann heillos überfüllt.

Unten: Mérida, Mercado Municipal (Stadtmarkt)

JAN
FEB
MÄRZ
APR
MAI
JUNI
JULI
AUG
SEP
OKT
NOV
DEZ

ANREISE
Valencia liegt in Ostspanien an der Mittelmeerküste. Sein internationaler Flughafen ist per Bus, Auto oder Taxi 15 Fahrminuten von der Innenstadt entfernt.

VOR ORT UNTERWEGS
Das Stadtzentrum erkundet man am besten zu Fuß, zur Ciudad de las Artes y de las Ciencias und zu den Stränden bestehen bequeme Busverbindungen.

WETTER
Valencia ist im März angenehm sonnig, die durchschnittliche Tagestemperatur liegt bei 18 °C, nachts ist es kühl.

ÜBERNACHTEN
Astoria Palace, ein Luxushotel im Stadtzentrum, zwei Doppelzimmer ab 280 €; www.hotelastoriapalace.com

Das Ad Hoc Monumental hat eine schicke zentrale Lage, zwei Doppelzimmer ab 310 €.

Ad Hoc Parque, ruhiger gelegen, zwei Doppelzimmer ab 310 €; www.adhochoteles.com

ESSEN GEHEN
Eine gute Mahlzeit kostet rund 18 € pro Kopf. Besonders gut isst man im Restaurante Oscar Torrijos, Doctor Sumsi 4 (Dinnermenü ab 28 €) oder im Sterne-Restaurant Ca Sento, Méndez Nuñez 17 (ab 40 €).

KOSTEN FÜR EINE VIERKÖPFIGE FAMILIE
370–410 € pro Tag inklusive Verpflegung, Übernachten und Fahrten vor Ort.

INFORMATION
www.fallas.com
www.turisvalencia.es

Ursprung der Fallas

Die ersten *fallas* waren im 13. oder 14. Jahrhundert einfach hohe Scheiterhaufen aus Sägespänen und Holzresten aus den Schreinerwerkstätten, die zum Winterende angezündet wurden. Aus diesen Gebilden wurden mit der Zeit Kunstwerke, die ein bestimmtes Thema aufgreifen und karikieren. Als *falla* wird die gesamte Holzkonstruktion bezeichnet, ganz oben steht eine *ninot* genannte Figur.

Feuerwerk-Taumel

Unter dichtem Schießpulverrauch explodiert das Feuerwerk mit solcher Gewalt, dass der Boden vibriert und sich ohrenbetäubende Schockwellen ausbreiten. Die Explosionen werden stetig lauter, bis sie verstummen und die Menge – teils aus Erleichterung – spontan applaudiert. Die heutige *mascletà*, ein Feuerwerk am Tag, von dem man mehr hört als sieht, ist vorbei und wird morgen wohl mit noch mehr Dezibel gezündet werden.

Wir sind auf den Fallas in Valencia, einem dreiwöchigen, turbulenten Frühlingsfest zu Ehren des heiligen Joseph, des Schutzheiligen der Zimmerleute. Nach einer Woche mit farbenprächtigen Prozessionen, traditioneller Musik und nächtlichen Feuerwerken beginnt der bekannteste Teil des Festes (15.–19. März). Über 300 große, kunstvolle Pappmaschee-Skulpturen – die *fallas* – werden in den Straßen aufgestellt und auf ihren künstlerischen Gehalt hin beurteilt. Die ausgelassene Feststimmung steigert sich nun langsam zur Hysterie und Anarchie. Traditionell ernähren sich die Besucher von heißer, cremiger Schokolade (aus echter, geschmolzener Schokolade) und köstlichen mit Zucker bestäubten *churros* (frittiertes Gebäck). Der harte Kern der Festbesucher konsumiert rund um die Uhr in den schicken Bars und Restaurants des Barrio del Carmen stärker stimulierende Getränke.

> Die heutige *mascletà*, ein Feuerwerk am Tag, von dem man weniger sieht als hört, ist vorbei und wird morgen voraussichtlich mit noch mehr Dezibel gezündet werden.

In der letzten Nacht werden die Feuerwerkskörper in den Figuren von den Fallas-Königinnen, in Tracht gekleideten Mädchen aus der Stadt, unter den anfeuernden Rufen der Menge angezündet. Die Flammen verschlingen gierig die Kunstwerke, sodass die verzückten Zuschauer vor der Hitze zurückweichen. Feuerwehrmänner bespritzen die Fenster der Häuser in der Nachbarschaft und setzen dabei gelegentlich die Menge unter Wasser. In kürzester Zeit sind die Skulpturen, die in sechsmonatiger Arbeit geschaffen wurden, in einem feurigen Rausch der Zerstörung bis auf den Boden abgebrannt. Am nächsten Morgen künden nur noch verbrannte Stellen und verschossene Raketen vom vergangenen Rausch.

Großes Bild: Eine *Falla*-Figur, *ninot* genannt, verbrennt in der letzten Nacht des Festes auf der Plaza de La Reina
Unten (von links nach rechts): *Falla* vor dem Anzünden; Knallkörper; Paella-Restaurant im schicken Barrio del Carmen
Kleines Bild oben: Detailansicht eines farbenfrohen *ninot* vor dem Abbrennen

Fallas-Programm

Das ganze Fest dauert drei Wochen, der Höhepunkt findet zwischen dem 17. und 19. März statt. Fünf Tage sollten reichen, um das Fest und die kulturellen Angebote der Stadt zu genießen. Der März ist mit warmem Wetter am Tag und seltenen Niederschlägen die ideale Reisezeit und perfekt für den Aufenthalt im Freien.

Fünf feurige Tage

15. MÄRZ

Steigen Sie auf den Turm der gotischen Kathedrale und genießen Sie den schönen Blick über die Altstadt.

Mittags gibt es Paella und dazu *agua de Valencia* (Cava-Sekt, Orangensaft und weitere Alkoholika).

Besichtigen Sie die alte Seidenbörse, das schöne Baudenkmal entstand durch den Handel mit dem Osten.

16. MÄRZ

Bei einem Stadtrundgang bewundern Sie den Witz der kurzlebigen kunstvollen *fallas*. Nach der ersten *mascletà* besichtigen Sie die maurisch beeinflusste Handwerkskunst im Keramikmuseum.

17. MÄRZ

Schnuppern Sie den Duft der Ofrenda-Virgen-Zeremonie, bei der in Tracht gekleidete Kinder Blumengebinde um eine Marienstatue im Blumenkleid verstreuen.

Sinnliche Eindrücke bietet auch der Mercado Central mit seinem üppigen lokalen Produktangebot.

18. MÄRZ

Bewundern Sie Werke spanischer Meister wie Goya, Velázquez und El Greco im Museo de Bellas Artes. Nach dem Mittagessen im Barrio del Carmen findet die *mascletà* auf der Plaza del Ayuntamiento statt.

Alternativ können Sie mit der Straßenbahn zu einem Sandstrand fahren und die Seele baumeln lassen.

19. MÄRZ

In der Ciudad de las Artes y de las Ciencias spazieren Sie in Glastunnels durch die Haibecken im Aquarium oder bestaunen die Sterne im Planetarium.

Halten Sie Siesta, um sich für die letzte Festnacht mit dem spektakulären Abbrennen der *fallas*, für das letzte Feuerwerk und die langen Feiern fit zu machen.

Dos & Don'ts

- ✓ Halten Sie wie die Einheimischen Siesta – nur so kann man die anstrengenden Feiern überstehen.
- ✓ Achten Sie darauf, dass die Paella im Restaurant frisch zubereitet wird – dies sollte 20 Minuten dauern.
- ✓ Stehen Sie früh auf, um sich die *fallas* in möglichst vielen Stadtvierteln ansehen zu können. Ab 11 Uhr wird die Stadt ziemlich voll.
- ✗ Fahren Sie zur Festzeit nicht mit dem Auto in die Stadt, der Verkehr ist mörderisch, Parkplätze sind nicht vorhanden.

Unten: 3-D-Kino L'Hemisferic in der Ciudad de las Artes y de las Ciencias

Reise in die Wolken

Nepal, die Krone des indischen Subkontinents, erstreckt sich vor der atemberaubenden Kulisse des Himalayas, der sich wie ein Rückgrat durch den Norden des Landes zieht – ein »Muss« für alle, die in schwierigem Gelände wandern, bergsteigen oder klettern wollen. Wandern Sie über Blumenwiesen auf einer der vielen gut organisierten Trekkingtouren, die über komfortable Lager auf der Route verfügen, bezwingen Sie aufregende Grate und waten Sie durch Gebirgsflüsse. Abends wärmen Sie Ihren erschöpften, doch angeregten Körper an einem prasselnden Lagerfeuer in einem Dorf, wo Sie die nepalesische Kultur hautnah erleben.

Nepal ist ein wunderbares und faszinierendes Gemenge zweier großer Religionen und Kulturen – Hinduismus und Buddhismus. Tempel, Straßenschreine und *gompas* (Klostertempel) stehen an abgelegenen Stellen, auf Hochebenen, in den Bergen und an hoch gelegenen Bergseen. Die Nepalesen sind ein zähes und gastfreundliches Volk, dessen Kultur durch die herbe Natur der nepalesischen Land-

Großes Bild: Stupa des Bodhnath-Tempels nahe Kathmandu

ANREISE
Nepal ist ein Binnenland zwischen Indien und China. Internationale Flüge landen auf dem sechs Kilometer von der Hauptstadt Kathmandu entfernten Tribhuvan International Airport.

VOR ORT UNTERWEGS
In Kathmandu bewegen Sie sich mit Mietwagen mit Fahrer, Auto-Rikscha oder Fahrrad. Nach Lukla, dem Startpunkt des Treks, gelangen Sie am besten mit einem Inlandsflug.

WETTER
Der März ist mild und trocken in niedrigeren Höhenlagen, die Durchschnittstemperatur liegt bei etwa 11 °C. In der Höhe ist es kälter, nachts friert es oft. Das Wetter kann plötzlich wechseln.

ÜBERNACHTEN
Gut und preiswert: Kathmandu Guest House, Doppelzimmer ab 15 €; www.ktmgh.com

Shanker Hotel im historischen, jahrhundertealten Rana-Palast in Kathmandu, Doppelzimmer ab 55 €; www.shankerhotel.com.np

Hotel Yak and Yeti, Kathmandus Luxushotel; Doppelzimmer ab 110 €; www.yakandyeti.com

ESSEN GEHEN
Grundnahrungsmittel und besonders auf Treks am leichtesten zu bekommen ist *dal bhat tarkari* (Linsen, Reis und Curry-Gemüse). Beliebt sind auch *gundruk*, ein scharfes Gericht aus getrocknetem und fermentiertem Gemüse, und *tama* (Bambussprossen).

KOSTEN FÜR ZWEI PERSONEN
130–160 € pro Tag inklusive Übernachten, Führer, Reisen vor Ort und Inlandsflüge.

INFORMATION
www.welcomenepal.com

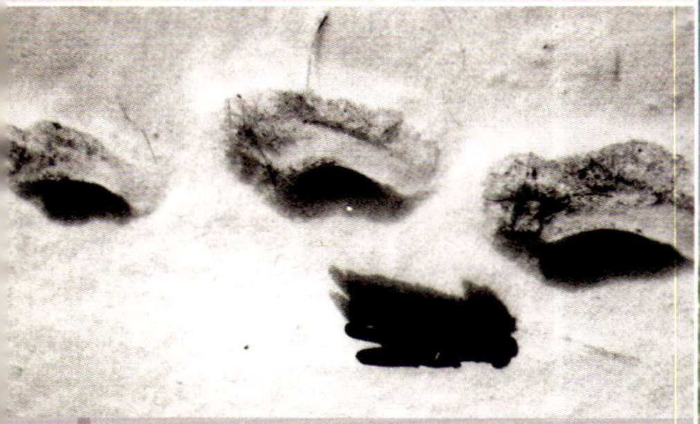

Die Legende vom Yeti

Legenden über das große, affenähnliche Wesen aus der Schneewelt des Himalayas erreichten während der britischen Kolonialherrschaft den Rest der Welt, in den Volkssagen der Sherpas und Tibeter war der Yeti schon seit Jahrhunderten eine zentrale Figur. Im 20. Jahrhundert wurde er angeblich immer häufiger gesichtet, das Interesse war in den 1950er Jahren besonders groß, als der britische Forscher Eric Shipton angebliche Yeti-Spuren fotografierte. Für Skeptiker bleibt der Yeti eine Legende, doch beflügelt er immer noch die Fantasie vieler Menschen.

schaft geprägt wurde. Nach anstrengenden Wander- und Klettertouren trägt ihre herzliche Gastfreundschaft stets zum Berg- und Naturerlebnis des Tages bei.

Eine Reise nach Nepal führt unweigerlich in den Himalaya, dessen schneebedeckte Gipfel bisweilen im Himmel zu verschwinden scheinen. Das Hauptziel unter den acht Riesen des Landes ist der Mount Everest. Der Aufstieg zum Basislager des Everest ist hart und nur für Trainierte geeignet. Doch er bleibt ein unvergessliches Erlebnis, für dessen Mühen man spätestens dann belohnt wird, wenn man die einzigartige Aussicht auf den höchsten Berg der Welt genießen kann. Ohne spezielle Ausrüstung dürfen Sie nur bis zum Basislager gehen, die Tour dauert von Lukla etwa sieben Tage und bietet genügend Zeit, um sich an die Höhe zu gewöhnen. Beim Aufstieg passieren Sie grüne Täler voller Wildblumen und übernachten in Sherpa-Dörfern, in denen die traditionelle Kultur dieses Bergvolkes noch lebendig ist. Lassen Sie sich auf die Wunder und Überraschungen Nepals auf unvergleichlichen Wanderungen ein und erleben Sie die Mystik und Magie des Ostens, die dieses Land in den Bergen auf faszinierende Weise verkörpert.

Oben (von oben nach unten): Trekker auf dem Weg zum Everest Base Camp; Holztür mit Darstellungen von Buddhas Augen in Kathmandu; farbenfroher Markt in Kathmandu

Unten: Heilige Kühe auf einer Straße in Kathmandu

Höhenabenteuer

Der 800 Kilometer lange Himalaya wartet mit acht der zehn höchsten Berge der Welt auf und ist für die meisten Nepal-Reisenden die Hauptattraktion. Der März eignet sich mit mildem Frühlingswetter, blühenden Wildblumen und Rhododendren an den Berghängen der unteren Regionen ausgezeichnet zum Wandern.

Zwei Wochen im Himalaya

TAG 1 Verbringen Sie nach der Ankunft in Kathmandu den Nachmittag in den Gassen und Tempeln der Altstadt. Eine kurze Fahrt bringt Sie zum Bodhnath-Stupa, der von tibetischen Buddhisten errichtet wurde.

TAG 2–3 Flug nach Lukla, wo Sie mit Führer drei Stunden in das Dörfchen Phakding wandern. Dort verbringen Sie die Nacht. Am nächsten Tag wandern Sie fünf Stunden nach Namche Bazaar, das sich in einen Kessel schmiegt. Neben Ausrüstung finden Trekker in dieser Sherpa-»Hauptstadt« alles, was sie brauchen.

TAG 4–6 Akklimatisieren Sie sich einen Tag in Namche Bazaar. Am folgenden Tag führt der Weg fünf Stunden lang nach Tengboche. Die zwischen Wacholderwäldern gelegene Stadt bietet einen fantastischen Blick auf den Ama Dablan und ein schönes Kloster. Danach geht es weitere fünf Stunden weiter nach Dingboche.

TAG 7–9 Akklimatisieren Sie sich einen Tag lang in Dingboche oder im Chukung-Tal mit herrlichem Blick auf den Makalu. Am folgenden Tag folgen Sie dem Weg nordwärts vorbei am Khumbu-Gletscher nach Lobuche, wo Sie übernachten. Am nächsten Tag wandern Sie vier Stunden nach Gorak Shep, wo die letzten Teehäuser stehen. Dann überqueren Sie den Khumbu-Gletscher zum Everest Base Camp auf 5380 Metern Höhe. Genießen Sie die Aussicht und kehren Sie dann nach Gorak Shep zurück, wo Sie abends das Erlebnis feiern.

TAG 10–15 Sie kehren nach Lukla zurück und reisen weiter nach Kathmandu.

Dos & Don'ts

- ✗ Lassen Sie keinerlei Abfall in den Bergen zurück – Müll hat sich inzwischen zu einem Umweltproblem ausgeweitet.
- ✗ Zeigen Sie nie mit einzelnen Fingern, sondern immer mit der ganzen ausgestreckten Hand. Dies gilt besonders, wenn Sie auf heilige Objekte oder Orte deuten.
- ✓ Umkreisen Sie Tempel und *stupas* im Uhrzeigersinn – die andere Richtung gilt als unheilbringend.
- ✓ Verwenden Sie beim Geben und Nehmen von Dingen, auch von Geld, zwei Hände, um Respekt zu zeigen.

Unten: Die majestätischen Gipfel des Makalu im Himalaya

ANREISE
Chicago liegt am Lake Michigan im Mittleren Westen der USA. Die drittgrößte Stadt der USA ist ein Hauptverkehrsknotenpunkt des Landes. Die meisten internationalen Flüge landen am O'Hare Airport 32 Kilometer nordwestlich des Stadtzentrums.

VOR ORT UNTERWEGS
Mit Chicagos Hochbahn (Elevated Railway) ist man in der Stadt preiswert und bequem unterwegs. Während der Feier des St. Patrick's Day kommt man mit dem Auto nur schwer voran.

WETTER
Im März ist es oft bedeckt, die Tageshöchsttemperaturen liegen bei 8 °C, nachts sinken sie auf den Gefrierpunkt. Häufig regnet oder schneit es.

ÜBERNACHTEN
Das moderne Hotel Burnham bietet Familienzimmer ab 165 €; www.burnhamhotel.com

Das Peninsula Chicago gilt als eines der feinsten Hotels des Landes, Familienzimmer ab 330 €; www.peninsula.com

Das Drake Hotel ist seit 1920 ein Klassiker in Chicago, zwei Doppelzimmer ab 470 €; www.thedrakehotel.com

ESSEN GEHEN
Probieren Sie die riesigen Steaks im beliebten Gibsons (45 €) oder die in den USA berühmte progressive Küche des Alinea (12–24 Gänge, 85–125 €).

KOSTEN FÜR EINE VIERKÖPFIGE FAMILIE
380–410 € pro Tag inklusive Übernachten, Verpflegung und einem Fünftagespass Go Chicago.

INFORMATION
www.chicagostpatsparade.com

Der Fluss wird grün

Die Tradition, den Chicago River grün zu färben, begann 1962. Damals erlaubte der Bürgermeister der einheimischen Installateurgewerkschaft, die die Parade seit 1957 unterstützt, 45 Kilogramm grüne Lebensmittelfarbe in den Fluss zu werfen. Heute ist die Farbe eigentlich orange und wird erst nach einigen Sekunden im Wasser grün – deshalb wird auch behauptet, dass dabei ein Kobold seine Hände im Spiel habe. Der Fluss wird um 10.45 Uhr gefärbt, die beste Sicht hat man von den oberen Brücken an Michigan Avenue oder Columbus Drive.

Oben (von oben nach unten): Dudelsackspieler kurz vor der Parade; bunt gekleidete irische Tänzer; Mann im Leprechaun- (Kobold-)Kostüm
Großes Bild: Tausende Zuschauer beobachten, wie der Chicago River für die Feiern zum St. Patrick's Day smaragdgrün gefärbt wird

Irland in Amerika

Hunderte Flaggen in Grün, Weiß, Orange flattern im Wind. Irische Tänzer in Röcken und weißen Strümpfen hämmern mit fliegenden Füßen den Rhythmus auf den Asphalt. Das düster-traurige, brummende Klagen der Dudelsäcke in der Ferne bildet einen interessanten Gegensatz zu den fröhlichen Rufen der Kinder, die mit bemalten Gesichtern und knallgrün gekleidet amerikanische und irische Fähnchen schwenken.

Am Wochenende vor dem 17. März ist Chicago irischer als Irland. Fast eine Million Einwohner der Stadt, die Mitte des 19. Jahrhunderts im wahrsten Sinne des Wortes von irischen Einwanderern aufgebaut wurde, beruft sich stolz auf irische Wurzeln. Das mag erklären, warum der St. Patrick's Day in Chicago so enthusiastisch gefeiert wird. Der Schutzheilige der Grünen Insel wird hier mit zwei Paraden geehrt, die am Samstag beziehungsweise Sonntag vor dem offiziellen Feiertag stattfinden und Hunderttausende Iren (und Ein-Tages-Iren) aus der ganzen

Oben: Kinder singen und winken mit Fähnchen von einem Festwagen der Parade

Unten (von oben nach unten): State of Illinois Building; Bürohochhäuser am Chicago River in der Abenddämmerung

St. Patrick's Parade

Trotz der Kälte strömen Menschenmengen am Wochenende vor dem St. Patrick's Day nach Chicago. Fünf Tage reichen, um einen Eindruck von der Kultur, den Museen, Theatern und dem Nachtleben der Stadt zu erhalten. Außer wenn er auf ein Wochenende fällt, ist der Feiertag selbst in der Regel wenig aufregend.

Fünf Tage in der Windy City

MI Spazieren Sie im berühmten neuen Millennium Park zur Hauptattraktion der grünen Oase, Anish Kapoors *Cloudgate*, eine riesige elliptische Skulptur aus rostfreiem Stahl, oder besuchen Sie die Boeing Galleries.

Genießen Sie den Blick vom Aussichtsdeck des Sears Tower, eines der höchsten Gebäude der Welt, und dann ein Steak bei Gibsons im Viertel Gold Coast.

DO Sehen Sie fantastische Bauwerke des 20. Jahrhunderts auf einer Bustour der Chicago Architecture Foundation.

Lachen Sie sich schlapp in den Comedy-Shows im Second City, bestellen Sie einen Chicago-style Hot Dog beim berüchtigt frechen Personal im Wieners Circle.

FR Verwöhnen Sie sich mit der Chicagoer Spezialität: klebrige, tomatige, dicke Pizza. Bei einem Spaziergang am Seeufer lässt sich die Skyline wunderbar fotografieren. Besuchen Sie den kostenlosen Lincoln Park Zoo, einen der ältesten Zoos der USA.

SA Vergnügen Sie sich in der festlichen, familienfreundlichen Atmosphäre bei der offiziellen Stadtparade. Danach gönnen Sie sich in einem Irish Pub ein Bierchen.

SO Fahren Sie schon lange vor Beginn der Sonntagsparade in die South Side. Danach besuchen Sie den Uptown Poetry Slam im legendären Jazzclub The Green Mill in North Broadway.

Dos & Don'ts

- ✓ Fahren Sie mit öffentlichen Verkehrsmitteln – mit der Hochbahn »The El« lernen Sie die Stadt und ihre Menschen preiswerter und besser als mit dem Taxi kennen.
- ✗ Fahren Sie an den Paradetagen nicht mit dem Auto in die Stadt – der Verkehr bricht dann zusammen.
- ✓ Ziehen Sie sich warm und in Schichten an, besonders bei der Stadtparade peitscht der Wind vom Lake Michigan.
- ✓ Erkunden Sie jenseits der Michigan Avenue von Lincoln Park bis Wicker Park und Lincoln Square die vielen Viertel der Stadt – dort finden Sie das »echte« Leben in Chicago.

Welt anziehen. Die offizielle Parade der Stadt am Samstag ist ein besucherfreundliches Familienfest in der Innenstadt, zu dem Tausende Teilnehmer und der Bürgermeister erscheinen. Dudelsackpfeifer im Kilt, Brauchtumsvereine und die offizielle St. Patrick's Day Queen winken fröhlich von den Festwagen. Am Sonntag folgt die kleinere Parade im Stadtteil Beverly in der South Side. Für manchen Besucher mag es jetzt schon interessanter sein, die zunehmend ausgelassenen Pub-Besucher zu beobachten, als die vorbeiziehenden Bands und Festwagen zu bewundern.

Tatsächlich sind die Paraden nur ein Teil des Events. Schon am frühen Freitagmorgen stehen die Zecher vor den Türen der zahllosen Irish Pubs, die sich mit dem Beginn des Wochenendes mit Guinness-Trinkern füllen. Sobald die erste Parade vorbei ist, wird »richtig« gefeiert, und dazu strömen die Zuschauer in der ganzen Stadt von den kalten Straßen in die Bars. Ab Samstagnacht fließt das irische Bier in Strömen, schwitzen sich Fiedler und Bodhrán-Trommler durch ihr breites musikalisches Repertoire. Bald erreicht die bacchantische Stimmung ihren Höhepunkt – bis sich am nächsten Morgen alle zur South Side bewegen und das Ganze von vorne anfängt.

Unten: Anish Kapoors Skulptur *Cloudgate* im Millennium Park

ANREISE
Marrakech liegt in Zentral-Marokko in Nordafrika. Internationale Flüge landen am Menara International Airport. Er ist 6,5 Kilometer oder zehn Minuten mit dem *petit taxi* (4,5–9 €) vom Stadtzentrum entfernt.

VOR ORT UNTERWEGS
Am besten kommt man zu Fuß, mit dem Fahrrad, dem Taxi oder einer romantischen Pferdekutsche *(calèche)* voran.

WETTER
Ab März wird es in Marrakech warm, die Tagestemperaturen liegen bei rund 23 °C, nachts ist es jedoch erheblich kühler.

ÜBERNACHTEN
Tchaikana, ein schönes, ruhiges *riad*; Doppelzimmer ab 80 €; www.tchaikana.com

Riad El Cadi, zwölf Zimmer, kleiner Pool, Doppelzimmer ab 120 €; www.riyadelcadi.com

Maison Arabe, ein elegantes *riad* mit blumengeschmückten Innenhöfen, Doppelzimmer ab 150 €; www.lamaisonarabe.com

ESSEN GEHEN
Typisch marokkanische Gerichte sind *tagine* (langsam gekochter Eintopf mit Fleisch und Gemüse) und Couscous (gedämpfter Getreide- oder Hirsegrieß, serviert mit Gemüse und Fleisch). Am Markt kann man besonders gut marokkanische Gerichte probieren.

KOSTEN FÜR ZWEI PERSONEN
140–200 € pro Tag inklusive Übernachten, Verpflegung und Fahrten vor Ort.

INFORMATION
www.visitmorocco.com
www.ilovemarrakesh.com

Die rote Stadt

Nach einem Gesetz, das unter der französischen Kolonialherrschaft eingeführt wurde, müssen Häuser in Marrakech rötlich ockerfarben gestrichen werden. Diese Farbe hat auch der Boden, auf dem die Stadt steht, und traditionell wurde die Erde als Baumaterial verwendet. Das Gesetz bestimmt auch, dass neue Häuser in der Medina nicht höher sein dürfen als eine Palme, in den neuen Stadtvierteln nicht höher als fünf Stockwerke. Marrakechs Wahrzeichen, das Minarett der Koutoubia-Moschee, kann so die Stadtsilhouette konkurrenzlos dominieren.

Oben (von links nach rechts): Messinglampen in einem Laden im Souk Addadine; Wasserverkäufer; bunte Gewürzpyramiden und Kräuter

Ein Fest der Sinne

Zu den exotischsten Orten dieser Erde zählt sicher die alte Handelsstadt Marrakech (Marrakush), einst der erste Lagerplatz nach dem Atlas-Gebirge für die Handelskarawanen auf ihrem Weg nach Nordafrika. Hinter den alten Stadtmauern pulsiert das Leben rund um das mittelalterliche Minarett der Koutoubia-Moschee, das alle anderen Gebäude überragt und ein gutes Orientierungszeichen ist. Die wichtigste Sehenswürdigkeit ist jedoch der Hauptplatz Djemaa el Fna: Das Herz der Stadt wird Tag und Nacht von Schlangenbeschwörern, Badern, Geschichtenerzählern, Akrobaten, tanzenden Transvestiten und Musikern bevölkert, die die Menge in ihren Bann ziehen. Am Abend verwandelt sich der Djemaa el Fna in ein riesiges Freiluftrestaurant, wo Hunderte Buden traditionelle Speisen anbieten. Die Palette reicht von einfachen hart gekochten Eiern und über offenem Feuer gegrilltem delikatem Fleisch bis zu *harira* (dicke Suppe aus Linsen und Kichererbsen) und – echt marokkanisch – gekochten Schafsköpfen. Setzen Sie sich einfach auf eine der vielen Bänke und genießen Sie den brutzelnden, heißen, rauchgeschwängerten Trubel.

Doch die alte romantische Handelsstadt hat noch mehr zu bieten. Am alten Souk – einem Gassengewirr mit handtuchbreiten Läden und Buden – locken betörende Düfte in das endlose Labyrinth der Gänge, in dem unzählige Läden frische Minze, in Zitrone und Knoblauch eingelegte Oliven, saftige Medjool-Datteln und Gewürze anbieten, aber auch fein gearbeitete Leder- und Metallwaren, Dosen mit Intarsien, Messinglaternen, Teppiche und Schmuck. In jedem Teil des Souk findet sich ein bestimmtes Warenangebot. In einer Straße werden *babusch* (Pantoffeln) aus kanariengelbem Leder verkauft, in der nächsten glasierte Tonwaren. »Hallo, mein Freund«, rufen die Ladenbesitzer, wenn man vorbeigeht, »ich mache Ihnen einen speziellen Preis.«

Am alten Souk locken betörende Düfte in das endlose Labyrinth der Gänge, in dem unzählige Läden frische Minze, Oliven, saftige Medjool-Datteln und Gewürze anbieten.

Großes Bild: Bunte Wollstränge, im Färber-Souk zum Trocknen aufgehängt
Kleines Bild links: Farbenfrohe *babusch* (Lederpantoffeln)
Unten (von links nach rechts): Djemaa el Fna am Abend; zwei luxuriöse Innenräume in *riads*

Magische Eindrücke

Marrakech hat zwar wenig klassische Sehenswürdigkeiten und Monumente, verströmt jedoch den Zauber einer magischen Stadt. Tauchen Sie ein in die Farben, Klänge und Düfte dieser quirligen exotischen Handels- und Marktstadt, dem Tor zum Afrika südlich der Sahara.

Drei Tage Gewürze und Souks

Lernen Sie die Stadt und ihre Atmosphäre auf einer romantischen Fahrt mit einer *calèche* kennen.

TAG 1

Erkunden Sie den turbulenten Djemaa el Fna, Marrakechs Zentrum. Morgens findet hier ein großer Markt statt, auf dem Heilpflanzen, verschiedenste Nüsse und Zuckergebäck verkauft werden. Danach bewundern Sie die imposante Fassade der Koutoubia-Moschee (kein Zutritt für Nicht-Muslime) oder besichtigen die ruhigen Paläste und Gräber in der Kasbah.

Abends kosten Sie auf dem Djemaa el Fna einheimische Gerichte und lassen sich von den verschiedensten Straßenkünstlern unterhalten.

TAG 2

Für Marrakechs faszinierende Souks sollten Sie mindestens einen Vormittag einplanen. Viele Souks heißen nach den Waren, die dort verkauft werden. Im Färber-Souk hängen farbenfrohe Wollstränge und Seide zum Trocknen in der Sonne aus, im Souk Addadine gibt es kunstvoll verzierte Lampen.

Nachmittags besuchen Sie das Marrakech Museum in einem alten Palast sowie daneben die Ben Youssef Madrasa, eine Islamschule aus dem 16. Jahrhundert mit wunderschönen Kacheln und Holzschnitzereien.

TAG 3

Mit einem Mietwagen unternehmen Sie einen Tagesausflug in das Atlas-Gebirge. In wenigen Stunden erreichen Sie die aus Lehmziegeln errichtete Kasbah Télouet der einstigen Herrscher von Süd-Marokko.

Danach waschen Sie sich den Bergstaub in einem traditionellen *hammam* (türkisches Bad) ab und verwöhnen Ihren erschöpften Körper in duftendem Dampf.

Dos & Don'ts

- ✓ Vergleichen Sie die Läden und akzeptieren Sie in den Souks nicht den ersten Preis – Handeln wird erwartet.
- ✗ Kaufen Sie nicht zu viele Lampen, Teppiche und Messingteller. Sie sehen im Souk fantastisch aus, wirken aber in westlichen Wohnungen nicht so eindrucksvoll.
- ✓ Mieten Sie sich in einem *riad* (traditionelles Wohnhaus) in der Medina (Altstadt) ein.
- ✗ Lassen Sie sich nicht überreden, einen Führer für die Souks anzuheuern – der ist hier eher störend als notwendig.

ANREISE
Berlin ist die Hauptstadt Deutschlands und liegt im Osten des Landes. Internationale Flüge landen in Tegel. Von dort erreicht man die Innenstadt mit dem Taxi in 15 bis 25 Minuten.

VOR ORT UNTERWEGS
Das gut ausgebaute öffentliche Verkehrssystem umfasst U-Bahnen, S-Bahnen, Busse und Trams, Letztere nur im Ostteil der Stadt. Taxis sind erstaunlich preisgünstig.

WETTER
Im März liegen die durchschnittlichen Tageshöchsttemperaturen bei etwa 8 °C, nachts fallen sie bis auf 0 °C. Es gibt wenig Niederschläge.

ÜBERNACHTEN
Pension Dittberner, charmant, in Westberlin, Doppelzimmer ab 97 €; www.hotel-dittberner.de

Hotel Savoy, elegante Kombination von Antiquitäten und modernen Möbeln, Doppelzimmer ab 150 €; www.hotel-savoy.com

Hotel Adlon, luxuriöses Ambiente, Doppelzimmer ab 370 €; www.hotel-adlon.de

ESSEN GEHEN
Ein »Muss« ist natürlich eine Currywurst, doch ganz allgemein ist Berlins kulinarische Szene in den letzten Jahren erheblich anspruchsvoller und multikultureller geworden. Heute finden sich hier neben zahlreichen schicken und guten Lokalen einige hochgelobte Sterne-Restaurants.

KOSTEN FÜR ZWEI PERSONEN
220–290 € pro Tag inklusive Übernachten, Verpflegung, Eintrittsgelder und Fahrten vor Ort

INFORMATION
www.berlin.de

Großes Bild: Die Kuppeln des Berliner Doms, dahinter der Fernsehturm
Oben (von oben nach unten): Siegessäule; Kuppel des Reichstags von Norman Foster; ein Innenraum des Jüdischen Museums

Die wiedervereinte Stadt

Über 40 Jahre lang war Berlin ein Brennpunkt des Kalten Kriegs, eine Stadt, die durch die Mauer geteilt und von der DDR umgeben war. Die alte deutsche Hauptstadt wurde nach dem Fall der Mauer am 9. November 1989 wiedergeboren. Heute stehen nur noch wenige Abschnitte der Mauer in Kreuzberg und an der Spree – als Erinnerung und touristische Attraktion. In Berlins Mitte markiert eine schmale Linie aus Pflastersteinen den ehemaligen Verlauf der Mauer.

Wiedergeburt einer Hauptstadt

Berlin, diese nach neuer, verwegener Architektur, Kunst und Musik gierige Mischung aus preußischer Tradition, stolzer Geschichte und Sonderstatus, ist eine Stadt des ständigen Wandels. Von den wilden 1920er Jahren bis zum Schrecken des Zweiten Weltkriegs, von der Mauer bis zur plötzlichen Wiedervereinigung und Neuerfindung war das Leben in der deutschen Hauptstadt stets von Extremen geprägt. Kultur, Kunst und Festivals waren hier zum Überleben immer genauso wichtig wie schräger Humor und Berliner Schnauze.

Ein Spaziergang durch das Scheunenviertel ist wie eine Achterbahnfahrt durch die europäische Geschichte. Häuser, die seit 1920 keine Farbe mehr gesehen haben und von denen der Putz abbröckelt, stehen in nächster Nähe zu brandneuen Architekturperlen aus Glas und Stahl von Helmut Jahn oder Jean Nouvel. Kultur ist allgegenwärtig, zeigt sich in zahllosen jungen Kunstgalerien ebenso wie in Museen mit weltberühmten Meisterwerken.

Oben: Ballettaufführung in der Staatsoper Unter den Linden

Unten (von oben nach unten): Bunt bemalter Trabbi mit Berliner Nummer; im Nachtclub Felix

Da die Stadt im Kalten Krieg geteilt war, stehen sowohl im ehemaligen Ost- als auch in Westberlin Museumszentren von Weltrang. Zur älteren Museumsinsel gehören erstklassige Museen aus dem 19. Jahrhundert sowie das weltberühmte Pergamonmuseum. Das Westberliner Gegenstück ist das Kulturforum in der Nähe des Tiergartens. Hierzu zählen die im Sonnenlicht golden schimmernde Philharmonie, ein architektonisches Meisterwerk der 1960er Jahre, und die Gemäldegalerie mit ihrer bedeutenden Sammlung Alter Meister. Früher residierten die Hohenzollern-Könige, die die Schätze der Stadt anhäuften, ganz in der Nähe in verspielten Palästen wie Schloss Charlottenburg. Das Schloss erstrahlt heute wieder in alter Pracht und zeugt vom üppigen Prunk einer längst vergangenen Zeit, der im Kontrast zu den grauen Nachkriegsjahren stand.

Doch im Grunde genommen ist Berlin eine junge Stadt. Dies zeigt sich besonders nachts, wenn in den Clubs und Bars die neuesten Hip-Hop-, Techno-, Electro-Pop- und sonstigen computergenerierten Klänge dröhnen. Die Stadt vibriert vor neu gefundener Energie und Leben. Berlin hat seine Geschichte abgeschüttelt und ist im Herzen Europas angekommen.

Berlin-Trip

Berlin zählt aufgrund seiner Geschichte und zahlreichen Herrscher zu den bedeutendsten Museums- und Kunststädten der Welt, bietet aber auch bunte Viertel und ein ausgeprägtes Nachtleben. In drei Tagen gewinnen Sie einen Eindruck vom facettenreichen Charakter der Stadt, von ihrer Geschichte und ihrer Zukunft.

Aufregende Tage in Berlin

TAG 1

Beginnen Sie im westlichen Berlin mit einem Bummel auf dem eleganten Kurfürstendamm und in das Herz des ehemaligen Westberlin. Besichtigen Sie die im Zweiten Weltkrieg zerbombte Kaiser-Wilhelm-Gedächtnis-Kirche, ein Mahnmal für die Schrecken des Krieges.

Besichtigen Sie das grandiose barocke Schloss Charlottenburg und seinen wunderbaren Park.

TAG 2

Spazieren Sie durch die frische Luft im riesigen Tiergarten mit dem Zoologischen Garten, schauen Sie sich auch die Siegessäule an. Berlins wechselhafte Geschichte entdecken Sie im Zentrum des ehemaligen Ostberlin. Dort besichtigen Sie das Reichstagsgebäude, das berühmte Brandenburger Tor und das Denkmal für die ermordeten Juden in Europa sowie den Checkpoint Charlie und das neue Jüdische Museum.

Der Potsdamer Platz, ein wiedererstandenes modernes Stadtviertel zwischen Ost- und Westberlin im ehemaligen Niemandsland an der Mauer, steht heute im Zeichen der Architektur des 20. und 21. Jahrhunderts.

TAG 3

Entdecken Sie einen Tag lang die faszinierenden Museen der Stadt – am Kulturforum Alte Meister in der Gemäldegalerie, großartige Kunst des 20. Jahrhunderts in der Neuen Nationalgalerie (vielleicht ergänzt von einem Konzert in der Philharmonie) oder auf der Museumsinsel den Pergamonaltar und die berühmte Antikensammlung.

Abends genießen Sie das Nachtleben in den vielen Kneipen und Bars rund um den Kurfürstendamm und den Savignyplatz. Oder Sie besuchen eines der spannenden Theater oder eine Oper.

Dos & Don'ts

- ✗ Fallen Sie nicht auf die Trödler auf den vielen Märkten der Stadt herein – höfliches Feilschen gehört zum Handel, auch wenn zuvor ein Festpreis genannt wurde.
- ✓ Bleiben Sie am Wochenende lange auf, um ab etwa 22 oder 23 Uhr in Berlins pulsierendes Nachtleben einzutauchen.
- ✗ Meiden Sie als Fußgänger die roten Radwege, die in der ganzen Stadt verlaufen. Berlins Radfahrer sind bekannt für ihre schnelle, aggressive Fahrweise.

Unten: Löwenmosaik am Ishtar-Tor im Pergamonmuseum

ANREISE
Whistler liegt in Westkanada in British Columbia. Internationale Flüge landen auf dem 120 Kilometer von Whistler entfernten Flughafen von Vancouver. Ein Shuttle-Bus bringt Gäste vom Flughafen und von der Innenstadt Vancouvers nach Whistler. Autos können gemietet werden.

VOR ORT UNTERWEGS
Ein kostenloser Shuttle-Bus fährt tagsüber alle zehn bis zwölf Minuten zwischen den Hotels und Skiliften.

WETTER
Die durchschnittliche Tagestemperatur liegt im März in Whistler bei 2 °C, auf den Bergen ist es kälter.

ÜBERNACHTEN
Glacier's Reach, Apartments mit Küche, mit einem Schlafraum ab 100 €; www.resortquest.com

Executive Inn, schicke Zimmer im Chalet-Stil mit Jacuzzi; Doppelzimmer ab 140 €; www.executiveinnwhistler.com

Fairmont Château Whistler, Luxushotel mit Liftanschluss, Doppelzimmer ab 220 €; www.fairmont.com/whistler

ESSEN GEHEN
Ein durchschnittliches Drei-Gänge-Menü kostet in Whistler unter 20 € pro Person. Gehobenes Speisen bietet das Araxi mit Meeresfrüchten und eleganter Westküstenküche oder das preisgekrönte Bearfoot Bistro.

KOSTEN FÜR ZWEI PERSONEN
280–350 € pro Tag für Übernachten, Verpflegung, Ausrüstung, Skipässe und Unterhaltung. Heli-Skiing kostet zusätzlich 380 € pro Person.

INFORMATION
www.tourismwhistler.com

Olympisches Whistler

Whistler durfte seinen olympischen Traum über 40 Jahre lang nur träumen. Das Gebiet wurde in den 1960er Jahren mit Blick auf die Winterspiele von 1968 touristisch erschlossen. 1968 und 1972 wurde Whistler von dem Rocky-Mountain-Ort Banff ausgestochen, 1976 scheiterte seine Bewerbung, weil die Sommerspiele in Montréal abgehalten wurden. 2010 war Whistler zusammen mit Vancouver Olympiastadt und richtete die Abfahrts-, Langlauf-, Skisprung-, Rodel- und Bobwettbewerbe aus.

Großes Bild: Snowboarder beim tollkühnen Sprung oberhalb einer Seilbahn bei Whistler

Oben (von links nach rechts): Skifahrer und Snowboarder stapfen zur höchsten Bergkante; mit dem Hundeschlitten durch die verschneiten Wälder von Whistler; rasante Abfahrt mit Abheben

Whistler Wonderland

Winter in Whistler – das heißt Sport im Freien. Hier interessiert nur, wo man hinaufklettern oder herunterrasen, Streifzüge unternehmen oder in die Luft abheben kann. Vom Kleinkind bis zum Achtzigjährigen ist hier jeder von Kopf bis Fuß in Gore-Tex gekleidet und trägt Skistöcke oder Schneeschuhe.

Der hübsche Urlaubsort mit etwa 10 000 Einwohnern liegt malerisch an Kanadas Westküste am Fuß der imposanten Whistler und Blackcomb Mountains. Dort laufen über 38 Lifte, man bewegt sich auf über 200 Skipisten in einem 34 Quadratkilometer großen Skigebiet und kann eine der längsten Abfahrten Nordamerikas genießen. Stille Wanderwege durch dichte Wälder mit duftenden Kiefern und Zedern verlocken zu Skilanglauf und Schneeschuh-Wanderungen, die eisige Oberfläche des gefrorenen Green Lake ist zum Schlittschuhlaufen ideal. Whistler ist mit einer großartigen Auswahl an unberührten Tiefschneeabfahrten, die nur per Hubschrauber zugänglich sind, ein Mekka des Heli-Skiing. Wer einmal einen fast senkrechten Abhang im jungfräulichen Pulverschnee hinabgefahren ist oder in großen, weichen Schwüngen das frische Weiß bis zu den Ohren stauben ließ, wird nie wieder »normal« Ski oder Snowboard fahren wollen.

Vom Eisklettern bis Snow-Tubing werden hier fast alle erdenklichen Wintersportarten geboten – und ein bisschen Schnee und Wind hält keinen Draufgänger von Zipline-Fahrten oder Bungee-Jumping ab.

Der weltläufige Ort bietet aber auch jenen viel, die sich nicht kopfüber den Berg hinunterstürzen wollen. Mit dem Bearfoot Bistro, dessen Weinkeller 2100 verschiedene Sorten aufweist, und mit Läden, die kubanische Zigarren oder französische Dessous verkaufen, hat Whistler seine hinterwäldlerische Vergangenheit weit hinter sich gelassen.

Wer einmal einen fast senkrechten Abhang im jungfräulichen Pulverchnee hinabgefahren ist, vird nie wieder »normal« Ski fahren wollen.

Kleines Bild links: Nachtleben in Dusty's Bar and BBQ
Unten (von links nach rechts): Über den Wolken – Gondel bei Whistler; Skilanglauf durch die herrliche Landschaft; Ferienhäuser im Bergwald

Tiefschneezauber

Whistler hat mit die längste Schneesaison in Nordamerika. Im März ist das Wetter mild, die Schneelage hervorragend. Aufgrund dieser exzellenten Bedingungen sind Zimmer Mangelware, buchen Sie also früh. Fanatische Skifahrer können hier leicht zwei Wochen verbringen, anderen reichen wohl fünf Tage.

Fünf Tage auf der Piste

TAG 1 Nach der Ankunft von Vancouver aus essen Sie in einem Bergrestaurant zu Mittag und packen aus. Den Nachmittag verbringen Sie hoch über den Baumwipfeln mit einer Zipline-Fahrt oder auf Skiern auf der Piste. Abends geht es im Flutlicht zum Snowboarden (Anfang März: nur Do–Sa).

TAG 2 Anfänger oder »eingerostete« Skifahrer machen vormittags einen Skikurs bei der Whistler Blackcomb Ski and Snowboard School. Den Rest des Tages verbringen Sie am Berg. Danach gönnen Sie den schmerzenden Muskeln eine Massage in einem Wellnesszentrum und genießen einen Drink (oder zwei) in einer Bar.

TAG 3 Setzen Sie die Skibrille auf und brausen Sie mit dem Schneemobil durch den Bergwald. Oder gehen Sie es gemütlicher an, mit einem Bummel durch das Dorf, wo über 200 Läden mit Kunst, Schmuck und anderen Luxusartikeln locken. Abends unternehmen Sie eine Pferdeschlittenfahrt um den Green Lake und krönen den Tag mit einem üppigen Fondue.

TAG 4 Bei einer unvergesslichen, aufregenden Heli-Skitour ziehen Sie Ihre eigenen Spuren durch den hüfthohen jungfräulichen Pulverschnee in Whistlers spektakulärer Bergwelt. Abends genießen Sie die feine Küche in einem der vielen exzellenten Restaurants.

TAG 5 Entdecken Sie die schöne Landschaft jenseits der Skigebiete auf Langlaufskiern oder lernen Sie, einen Schlitten mit Renn-Huskies aus Alaska auf verschneiten Wegen zu steuern.

Dos & Don'ts

- ✓ Kaufen Sie ein Fresh Tracks Ticket. Damit können Sie vor dem großen Ansturm in unberührtem Pulverschnee wedeln.
- ✓ Lernen Sie beim Langlaufen die Skate-Technik – Kurse werden in Lost Lake gegeben.
- ✓ Sparen Sie Geld und buchen Sie eine Ferienwohnung, in der Sie sich selbst versorgen können.
- ✗ Glauben Sie nicht, dass Sie für Heli-Skiing nicht gut genug Ski fahren. Es reicht, wenn Sie eine blaue Abfahrt meistern können. Ihren unvergesslichen Ausflug in den Tiefschnee können Sie auch filmen und auf DVD brennen lassen.

Begegnungen in der Tiefe

Tauchen Sie hinab in die blauen Tiefen von Ningaloo, wo Sie vor den schneeweißen Sandstränden in fantastischer Stille durch die farbenprächtige Wunderwelt des Korallenriffs zwischen Mantarochen, Schildkröten, Clownfischen und Seesternen schweben. Dort treffen Sie im herrlich warmen Wasser auf einen bemerkenswerten Riesen: den über 15 Meter langen Walhai. Es ist ein unglaubliches Erlebnis, neben dem schier endlosen Körper dieses harmlosen Riesen entlangzugleiten, der ungerührt mit seinem meterbreiten Maul einen Schwall Plankton einsaugt. Die Begegnung mit einem der seltensten und sanftesten Giganten der Natur findet ein Ende, wenn dieser plötzlich beschleunigt und in das dunkle Blau des Meeres verschwindet.

Nur drei Monate im Jahr können Sie vor der Küste Westaustraliens mit dem mächtigen Walhai schwimmen. Jedes Jahr im März lockt die Fülle von Plankton zur Korallenblüte den friedfertigen Riesen zu einem Festschmaus an das Riff von Ningaloo. Doch schon allein das Schauspiel, wenn die

Großes Bild: Farbenprächtiger Fischschwarm am Ningaloo Reef

ANREISE
Der Learmonth Airport wird täglich angeflogen und ist 37 Kilometer von Exmouth, dem Tor zum Ningaloo Marine Park, entfernt. Vom 1270 Kilometer entfernten Perth ist Ningaloo in zwei Tagen mit dem Auto erreichbar. Überlandbusse fahren täglich von Perth und Exmouth ab.

VOR ORT UNTERWEGS
Mit dem Geländewagen kann man alle Pisten des Gebiets erkunden. Zudem steht ein begrenzter Busdienst zur Verfügung.

WETTER
Exmouth ist ganzjährig warm, es gibt keine Regenzeit. Im März liegen die Temperaturen bei etwa 28 °C. Die Wassertemperatur rangiert im Jahresverlauf zwischen 18 und 28 °C.

ÜBERNACHTEN
Ningaloo Lodge, entspannt und freundlich, Doppelzimmer ab 50 €; www.ningaloolodge.com.au

Ningaloo Caravan and Holiday Resort, preiswerte Selbstversorger-Chalets ab 70 €; www.exmouthresort.com

Ningaloo Reef Retreat, Safari-Feeling mit Luxuszelten, für zwei Personen ab 350 €; www.ningalooreefretreat.com

ESSEN GEHEN
Bundegi Beach Shack bietet Gourmet-Lunchpakete ab 30 € an. Empfehlenswert: Fish & Chips für etwa 4 € in Darcy's Café in Exmouth.

KOSTEN FÜR ZWEI PERSONEN
300–350 € pro Tag inklusive Übernachten, Verpflegung und Riff-Tourpaket mit Tauchgängen und Schnorcheln mit Walhaien.

INFORMATION
www.exmouthwa.com.au

Cape Range Peninsula

Vor 20 Millionen Jahren war die Nordwestspitze Australiens von einem warmen, flachen Meer bedeckt. Als sich die Erdkruste hob, entstand die Cape Range Peninsula. Auf Buschwanderungen findet man auf dem Weg zur Mandu Mandu Gorge häufig Fossilien im Kalkgestein. Archäologen entdeckten 34 000 Jahre alte Artefakte von Vorfahren der Aborigines. Das Aborigine-Wort *ningaloo* bedeutet Landspitze. Parallel zur Westküste der Cape Range Peninsula erstreckt sich das 260 Kilometer lange Ningaloo Reef.

Korallen in den Tagen nach dem Vollmond im März und April laichen, lohnt die Fahrt nach Ningaloo. Millionen umhertreibende Koralleneier lassen dann das warme Wasser wie Champagner sprudeln, und ein rosa phosphoreszierender Schimmer kündet von der Wiedergeburt des Riffs.

Der 260 Kilometer lange Ningaloo Marine Park wimmelt vor Leben. An einem Angeltag auf einem Charterboot fangen Sie preisverdächtige Leopard-Forellenbarsche, gefleckte Königsmakrelen und die lokale Delikatesse, den Kaiserschnapper. Vielleicht sehen Sie auch einen Marlin oder Fächerfisch. An einem der besten Tauchgründe der Welt, dem Navy Pier, können Sie mit etwas Glück beobachten, wie die Riffhaie ungestört am Meeresboden schlafen.

Wer nicht immer unter Wasser sein will, kann in der rauen Wildnis des Cape Range National Park wandern und zelten. Auch dabei treffen Sie jede Menge Tiere, etwa in der Schlucht des Yardie Creek Schwarzpfoten-Felskängurus oder Zaunkönige mit ihrem kornblumenblauen Gefieder. Von Juli bis November tauchen vor Ningaloo Buckelwale auf, und von November bis Februar kommen die Schildkröten zur Eiablage. Eines der größten Saumriffe der Welt ist Australiens Garten Eden.

Linke Spalte (von oben nach unten): Walhai im Ningaloo Reef; mit dem Kajak im ruhigen Gewässer über dem Riff; Pelikan am Strand

Oben (von oben nach unten): Fledermausfische schwimmen über einem getarnten Teppichhai; eine Echte Karettschildkröte schwimmt im Riff

Unten: Farbenprächtiger Seestern

Unterwasserwelt

Am besten reist man nach Ningaloo, wenn zur Korallenblüte die Walhaie kommen. Im März können Sie das unglaubliche Schauspiel der Korallenlaiche bestaunen. Buckelwale und Mantarochen erscheinen häufig von Juli bis November. Von Dezember bis Februar legen die Schildkröten ihre Eier am Strand.

Eine Woche am Strand

TAG 1 – Mieten Sie einen Geländewagen in Perth und fahren Sie nach Exmouth beim Ningaloo Reef. Erkunden Sie einen Tag lang die Küste. Oder fahren Sie mit einem Mietauto ab Flughafen Learmonth zur Coral Bay. Bei Fish & Chips beobachten Sie den Sonnenuntergang.

TAG 2 – Mit einer geliehenen Schnorchelausrüstung entdecken Sie das Riff mit seinen Korallengärten und Fischen. Versuchen Sie sich als Petrijünger oder fahren Sie mit einem Charterboot hinaus zum Angeln.

TAG 3 – Morgens fahren Sie über die 150 Kilometer lange Straße oder mit dem Geländewagen über Pisten nach Exmouth, wo Sie für die nächsten Tage Ihr Quartier beziehen. Erkunden Sie nachmittags mit dem Tauchboot die Murion Islands, Lighthouse Bay oder den Navy Pier.

TAG 4 – Auf einer organisierten Tour gehen Sie zum Schnorcheln neben den majestätischen Walhaien.

TAG 5 – Mit dem Meereskajak fahren Sie zum Schnorcheln. Ein Strandspaziergang führt zum Surfer's Beach 17 Kilometer nördlich von Exmouth, wo Sie als erfahrener Surfer wellenreiten oder entspannt die Szene beobachten.

TAG 6 – Unterwegs mit dem Geländewagen auf der Nordspitze von North West Cape sehen Sie Emus und Kängurus. Vlaming Head Lighthouse bietet einen prima Blick.

TAG 7 – Beobachten Sie in der Yardie Creek Gorge 90 Kilometer südlich von Exmouth Wildtiere, wandern Sie um das Kap nach Exmouth. Dann wartet die Rückreise.

Dos & Don'ts

- ⊗ Berühren Sie keine Korallen – Sie würden damit das fragile Ökosystem schädigen.
- ✓ Beachten Sie die lokalen Umweltgesetze und berühren Sie keinesfalls die Walhaie. Die jährliche Rückkehr der Walhaie ist bereits bedroht.
- ⊗ Verwenden Sie keine Taschenlampen, um die Schildkröten bei der Eiablage oder beim Schlüpfen zu beobachten. Gewöhnen Sie Ihre Augen an das Mondlicht.

Unten: Rosakakadus über Cape Range

JAN
FEB
MÄRZ
APR
MAI
JUNI
JULI
AUG
SEP
OKT
NOV
DEZ

ANREISE
Die meisten internationalen Flüge landen in Indiens Hauptstadt Delhi. Barsana liegt rund 100 Kilometer südöstlich von Delhi.

VOR ORT UNTERWEGS
Barsana erreicht man mit einem Mietwagen. In Delhi fahren Taxis und Auto-Rikschas.

WETTER
Im sonnigen März steigen die Temperaturen auf 30 °C und fallen nachts auf etwa 16 °C.

ÜBERNACHTEN
Nahe der Festlichkeiten bietet die Stadt Mathura eine gute Auswahl an Hotels.

Das Hotel Sheetal Regency im Zentrum von Mathura bietet Doppelzimmer ab 30 €; www.hotelsheetalregency.com

Best Western Radha Ashok, moderner Komfort, Doppelzimmer ab 40 €; www.bestwestern.com

In Delhi verwöhnt das Oberoi mit unglaublichem Luxus, Doppelzimmer ab 240 €; www.oberoihotels.com

ESSEN GEHEN
Vegetarische Kost ist in der Regeion weitverbreitet, zu einer typischen Mahlzeit zählen etwa *dal* (gewürzte Linsen), *aloo sabzi* (Curry-Kartoffeln) und Brotsorten wie *poori* und *paratha*. Eine Mahlzeit kostet im Restaurant 4–8 € pro Kopf, in einem Straßenlokal (*dhaba*) unter 1 €.

KOSTEN FÜR ZWEI PERSONEN
100–120 € pro Tag inklusive Übernachten, Verpflegung, Eintrittsgelder und Mietwagen.

INFORMATION
www.incredibleindia.org
www.up-tourism.com

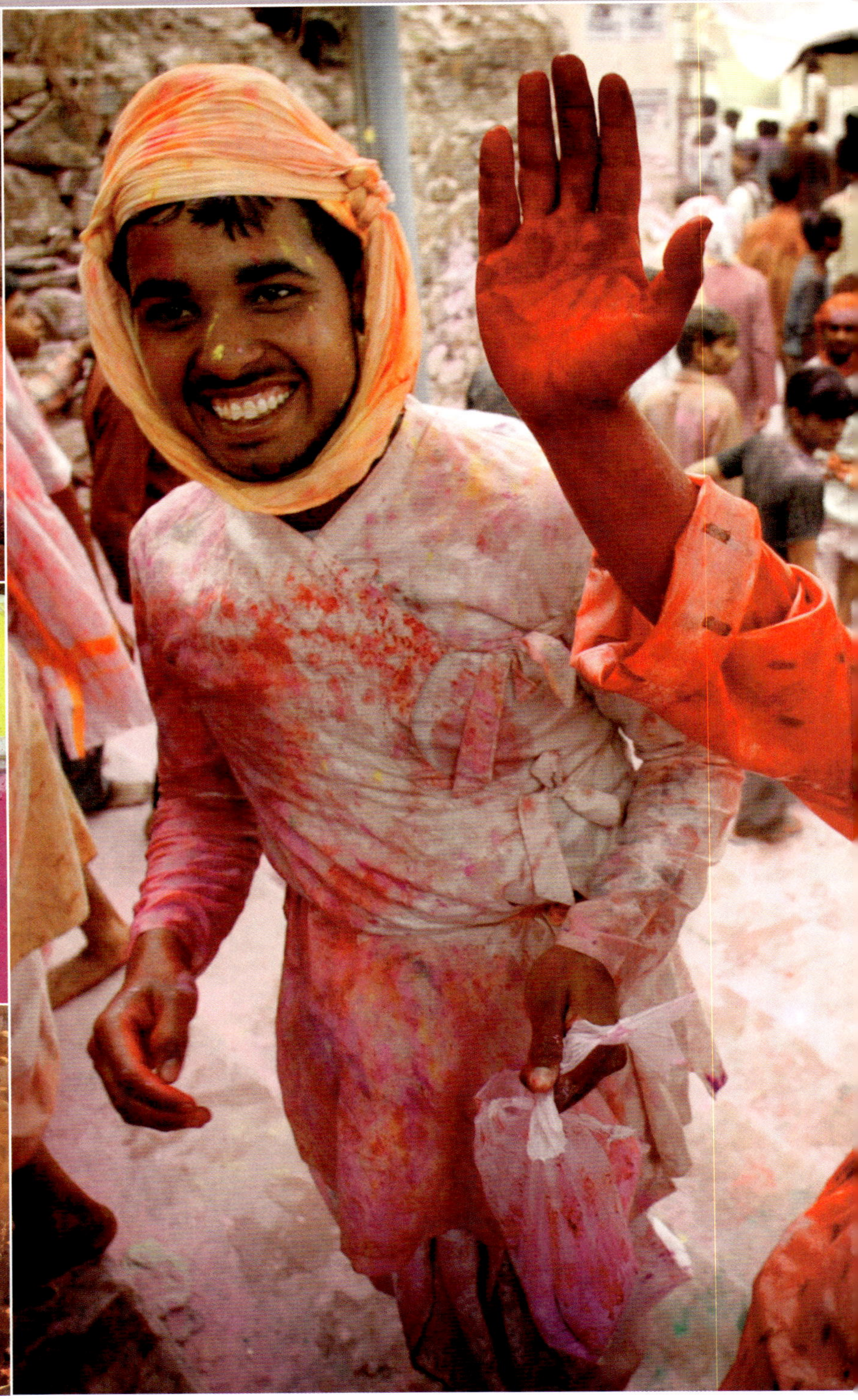

Großes Bild: Mit *gulal* bedeckte Männer feiern das Holi-Fest
Oben (von oben nach unten): Geschmückter Elefant in Brindavan; Säcke mit *gulal*; *Gulal*-Wolken über der Menschenmenge

Krishna-Kult

Krishna ist die achte Inkarnation von Vishnu, dem Erhalter, und die Verkörperung der Liebe. Dieser menschlichste aller Götter ist in der Region um Mathura, wo er geboren wurde, und Brindavan, wo er lebte, immer noch eine sehr reale Person. Die Tempel dieser Städte sind dem Krishna-Kult geweiht, viele Orte erinnern an Episoden aus seinem Leben – etwa an das Spiel mit den Milchmädchen oder an seine Geliebten Radha, die in Barsana geboren wurde. Holi war ein Lieblingsfest Krishnas und wird in Barsana besonders intensiv gefeiert.

Orgien der Farben

Wenn das Holi-Fest im Kalender den Frühling ankündigt, versinkt das Land in ansteckende Festfreude und einen lärmenden Farbenrausch. Alle Menschen sind in den Straßen unterwegs, um mit einer Handvoll *gulal* und unbekümmerter Ausgelassenheit das »Fest der Farben« zu zelebrieren.
Nichts verkörpert den Geist von Holi besser als die freudig verschleuderten Farbmengen, die den Übergang vom trüben Winter zum hellen Frühling symbolisieren. In den Tagen vor dem Fest türmen die Händler an den Straßenecken Pyramiden aus *gulal* auf. Die Menschen bestreichen sich mit dem trockenen Pulver oder verspritzen es mit Wasser vermischt aus Wasserpistolen. Alle nur erdenklichen Rosa- und Orangetöne erzeugen eine regelrechte Farborgie, die es nur in Indien geben kann. In der Nacht vor Holi lodern große *hola* (Freudenfeuer), ein Bildnis der Dämonin Holika wird als Symbol für den Triumph des Guten über das Böse verbrannt. Nun schäumt die Stimmung

Oben: Kunstvoll bestickte Seidenstoffe in Delhi

Unten (von oben nach unten): Belebte Straße in Delhi; eine knatternde Auto-Rikscha in Delhi

schon über, das eigentliche Fest beginnt jedoch erst in der Dämmerung des nächsten Morgens. Menschen aller Altersgruppen schwärmen in die Straßen, sie bespritzen und beschmieren einander mit *gulal*. Durch all das Chaos bahnen sich geschmückte Elefanten zu den fortwährenden Schlägen der *dholaks* (Trommeln) ihren Weg.

Der Zeitpunkt des Festes orientiert sich am Mondkalender und dem Wechsel der Jahreszeiten. Da es im Zeichen des Gottes Krishna steht, der in Uttar Pradesh geboren wurde, wird es im Dorf Barsana mit größter Leidenschaft gefeiert. Dort »bewaffnen« sich die Frauen mit langen Bambusstäben und zwingen die Männer, in Saris gewandet zu tanzen. Währenddessen ertrinkt das Dorf im Farbenmeer und feiert in Liedern Krishnas große Liebe, Radha.

Wolken aus flammendem Rot, kurkumafarbenem Orange und elektrisierendem Gelb hüllen die Straßen in eine farbige Dunstglocke. Nach diesem typisch indischen Fest, das voll Sinnlichkeit und überschäumender Lust zelebriert wird, kehren Männer, Frauen und Kinder in Farben getaucht wieder nach Hause zurück und freuen sich des Lebens.

Holi-Begeisterung

Holi wird in ganz Indien, besonders aber im Norden gefeiert, wo sich die Jahreszeiten deutlicher unterscheiden. Während des Festes drängen sich die Menschen in den Straßen und besprengen sich gegenseitig mit Farbwasser und -pulver. Die Indien-Reise können Sie mit dem Taj Mahal in Agra *(siehe S. 52–53)* kombinieren.

Fünf elektrisierende Tage

TAG 1 Bewundern Sie in Delhi die prächtigen Gebäude auf dem Raisina Hill, besonders die beeindruckende Präsidentenresidenz Rashtrapati Bhavan. Bummeln Sie unter den Arkaden vorbei an den Ständen und Kiosken am Connaught Place oder durch die Museen.

TAG 2 Vormittags fahren Sie in Old Delhi zu Indiens größter Moschee, Jami Masjid. In Chandni Chowks quirligen Gassen können Sie vor allem am Kinari Bazaar *gulal* kaufen. Abends essen Sie traditionelles *thali* (Platte mit einer Vielzahl von Gerichten).

TAG 3 Am Tag vor dem Holi besichtigen Sie in Mathura Krishnas angeblichen Geburtsort und die 25 *ghats* (Stufen) am Flussufer. Jeden Abend werden auf dem Fluss bei Sonnenuntergang schwimmende Öllampen entzündet. Nach diesem heiteren Schauspiel kehren Sie zum Verbrennen von Holika in die Stadt zurück.

TAG 4 Fahren Sie frühmorgens nach Barsana und tauchen Sie in die ausgelassene Feier in den Straßen ein – tragen Sie jedoch keine teure Kleidung. Wenn sich die Stimmung wieder etwas beruhigt hat, genießen Sie eine nordindische vegetarische Mahlzeit und besichtigen dann die schönen Tempel im Dorf Brindavan.

TAG 5 Wieder in Delhi besichtigen Sie frühmorgens das Humayun-Mausoleum oder schauen im Handwerksmuseum einheimischen Handwerkern bei der Arbeit zu. Dann bummeln Sie durch die Antiquitäten- und Juwelierläden am Sundar Nagar oder fahren einige Tage ins nahe Agra, wo das berühmte Taj Mahal steht.

Dos & Don'ts

- ✓ Handeln Sie vor der Fahrt mit Taxifahrern und Auto-Rikschas einen Festpreis aus, Taxameter sind zwar gesetzlich vorgeschrieben, werden aber selten benutzt.
- ✗ Schrecken Sie nicht zurück, wenn Sie jemand mit Farbe bewirft – ziehen Sie zum Fest aber alte Kleidung an.
- ✗ Gesellen Sie sich nicht zu Gruppen, die *bhang ki thandai* herumgehen lassen. *Bhang* ist ein Getränk aus den Blättern und Blüten der Cannabispflanze, Mandeln, Gewürzen und Milch. Es erzeugt häufig Halluzinationen.

Unten: Humayun-Mausoleum in Delhi

ANREISE
Die Perhentian-Inseln liegen vor der Nordostküste Malaysias. Der nächste internationale Flughafen ist Kuala Lumpur. Von dort fliegen Sie nach Kota Bharu oder Kuala Terengganu und fahren mit dem Bus weiter nach Kuala Besut, wo die Schiffe zu den Perhentian-Inseln ablegen.

VOR ORT UNTERWEGS
Auf den Inseln erreicht man die verschiedenen Strände und Inseln mit dem Wassertaxi.

WETTER
Im sonnigen März liegen die durchschnittlichen Tageshöchsttemperaturen bei etwa 31 °C.

ÜBERNACHTEN
Auf Perhentian Kecil liegt das Impiani Beach Resort am schönen Strand von Pasir Petani; Doppelzimmer ab 35 €; www.watercoloursworld.com

Perhentian Island Resort, Perhentian Besars luxuriösestes Hotel, bietet Suiten am Strand ab 50 €; www.perhentianislandresort.com

Bubu Long Beach Resort, Perhentian Kecil, Doppelzimmer ab 50 €; www.buburesort.com.my

ESSEN GEHEN
Regionale Spezialitäten sind etwa *nasi dagang* (Reis mit Kokoscreme und Thunfischcurry) und *otak otak* (Fisch in Kokos-Gewürz-Paste, in einem Bananenblatt über Holzkohle gegart).

KOSTEN FÜR ZWEI PERSONEN
65–80 € pro Tag inklusive Übernachten, Verpflegung und Wassertaxi.

INFORMATION
www.tourism.terengganu.gov.my

Suppenschildkröten

Die Perhentian-Inseln sind ein Hauptgebiet für die Suppenschildkröte *Chelonia mydas*, die sich hier an Land paart und Eier ablegt. Wer das Glück hat, eine Suppenschildkröte im Wasser zu sehen, sollte sich dem langsamen, vorsichtigen Tier, das bis zu 50 Jahre alt werden kann, nicht nähern. *Chelonia mydas* ist eine gefährdete Tierart, die im letzten Jahrhundert wegen ihres Panzers, ihres Fleisches und ihrer Eier fast bis zur Ausrottung gejagt wurde.

Oben (von links nach rechts): Boot am Strand der Perhentian-Inseln; Dschungelpfad zur Flora Bay auf Perhentian Besar

Paradies mit Palmenstrand

Willkommen in den fantastischen Welten der Regenwälder und Korallengärten. Auf den beiden Perhentian-Inseln (Pulau Perhentian) Perhentian Besar und Perhentian Kecil im Südchinesischen Meer erwarten Sie dichte, üppige Regenwälder, scheinbar unendliche Sandstrände, auf denen sich Palmen im Wind wiegen, und ein ruhiges klares Meer. Wer unberührte Natur liebt, ist hier genau richtig.

Entdecken Sie beim Tauchen und Schnorcheln unvergessliche Wasserwelten, einen bunten Teppich aus weichen und harten Korallen, auf dem unzählige faszinierende Rifffische ein lebendiges Muster bilden. Die kleinen Fische locken große Raubfische wie Barrakudas, Stachelmakrelen, Schwarzspitzen- und Ammenhaie an, die zwar nicht unbedingt gefährlich, doch mit Vorsicht zu genießen sind. Zurück auf vertrautem Land finden Sie am Strand vielleicht ein seltenes Nest der riesigen Lederschildkröte.

Schildkröten bewohnten schon vor über einer Million Jahre die Erde, als Methusalem unter den Tierarten überlebten sie sogar die Dinosaurier. Die dickliche, weiche Suppenschildkröte findet sich in Malaysia in Hülle und Fülle, steht aber zu oft auf den Speisekarten. Der schöne, harte Panzer der Echten Karettschildkröte wurde Hunderte Jahre als Schmuck geschätzt. Sie ist nun als gefährdete Art eingestuft, da sie zügellos gejagt wurde – die Perhentian-Inseln gehören zu den wenigen Orten, an denen man noch Nester dieser uralten Arten finden kann.

In diesem Paradies können Sie stundenlang das langsame Leben der Schildkröten beobachten und darüber die Probleme der Welt vergessen. Vor allem unter Wasser wird Sie Ruhe durchströmen angesichts der Regenbogenfarben, der fließenden Bewegungen und der himmlischen Leichtigkeit des Seins.

Ob Sie auf einer Wanderung den Dschungel im Landesinneren erkunden, bis zum Sonnenaufgang über Perhentian Kecil ausgelassene Feste am weißen Sandstrand feiern oder in einer sanft schwingenden Hängematte liegen wollen, bis die Sonne über dem glasklaren Südchinesischen Meer untergeht – auf dieser Insel finden Sie, was Ihr Herz begehrt.

Großes Bild: An den einsamen Sandstränden der Inseln kann man herrlich in den Tag hineinleben
Unten (von links nach rechts): Clownfisch in einer Seeanemone; große plattenförmige Steinkorallenstöcke in einem Tauchgebiet vor den Perhentian-Inseln

Inselträume

Die wunderschönen Perhentian-Inseln locken mit üppigen Regenwäldern, palmenbestandenen weißen Sandstränden und glasklaren türkisfarbenen Gewässern. Rund um die Inseln bieten Korallenriffe Lebensraum für eine artenreiche, farbenprächtige Meeresfauna. Sie sind ideal zum Tauchen und Schnorcheln.

Sechs Tage in der Sonne

TAG 1
Fliegen Sie frühmorgens nach Kota Bharu oder Kuala Terengganu, um die Inseln mittags zu erreichen. Paddeln Sie mit dem Kanu oder verbringen Sie den Nachmittag in einer Hängematte unter den Kasuarinenbäumen am Strand. Außer dem gelegentlichen Tuckern eines Boots stört fast nichts die himmlische Ruhe.

TAG 2
Vormittags schnorcheln Sie in den flacheren Riffen, dann geht es zu einem Tauchgang nach Terumbu Tiga vor Perhentian Besar oder Tokong Laut vor Perhentian Kecil. Bei Terumbu Tiga kann man gelegentlich Schwarzspitzenhaie sichten.

TAG 3
Nach einer Wanderung über die Inseln, wo Sie im dichten Grün über knorrige Wurzeln klettern, ist das Meer umso erfrischender. Nachmittags fahren Sie zum Tauchen nach Teluk Kerma vor Perhentian Kecil. Dort kann man unter Wasser harte Korallengärten und wahrscheinlich sogar Suppenschildkröten sehen.

TAG 4
Nach einem entspannten Vormittag auf den Inseln fahren Sie mit dem Boot nach Kuala Besut und zurück in das interessante, lebensprühende Kuala Lumpur.

TAG 5–6
Vormittags erkunden Sie in der stimmungsvollen Chinatown das vielfältige kulturelle Erbe des Landes an den Tempeln Chan See Shu Yuen und am Sri Mahamariamman. Nach dem Mittagessen bummeln Sie zu den farbenfrohen Kunsthandwerksständen auf dem Markt.

Genießen Sie von der Skybridge der Petronas Towers die fantastische Aussicht. Nachmittags locken die stillen Lake Gardens und das Islamische Kunstmuseum.

Dos & Don'ts

- ✓ Nehmen Sie vom Festland reichlich Bargeld mit. Auf den Inseln kann man nur schwer Geld wechseln, einige Hotels akzeptieren keine Kreditkarten oder Reiseschecks.
- ✗ Berühren Sie keine Korallen oder brechen sie gar ab. Das ist streng verboten, die Inseln gehören zu einem staatlichen Meeresschutzpark.
- ✓ Bringen Sie eine kleine Taschenlampe mit. Der Strom wird auf den Inseln mit Generatoren erzeugt, Stromausfälle sind keine Seltenheit.

Unten: Restaurant an einem Strand im Westen der Perhentian-Inseln

ANREISE
Antigua liegt in Guatemala in Zentralamerika, 26 Kilometer von Guatemala-Stadt (Ciudad de Guatemala) entfernt, wo internationale Flüge auf dem Flughafen La Aurora landen. Nach Antigua fahren Shuttle-Busse und Taxis (45 Minuten).

VOR ORT UNTERWEGS
Die Maschinen von TACA Airlines fliegen häufig von Ciudad de Guatemala nach Flores (55 Minuten), das 60 Kilometer von Tikal entfernt ist. Bei den meisten Touren ist der Transfer inbegriffen oder leicht bei Ankunft zu arrangieren.

WETTER
Im März/April herrschen in Guatemala Trockenzeit und Temperaturen zwischen 15 und 27 °C.

ÜBERNACHTEN
Casa Santo Domingo Hotel in Antigua in einem Kolonialkloster, Doppelzimmer ab 130 €; www.casasantodomingo.com.gt

Central Posada de Don Rodrigo Hotel in Antigua, komfortable Doppelzimmer ab 65 €; www.posadadedonrodrigo.com

Hotel Jungle Lodge in Tikal, mitten im Wald gelegene Bungalows ab 40 €; www.junglelodge.guate.com

ESSEN GEHEN
Bohnen, Tortillas und gegrilltes Fleisch spielen in der Küche von Guatemala eine große Rolle. Die Küche von Casa Santo Domingo in Antigua zählt zu den raffiniertesten in ganz Zentralamerika.

KOSTEN FÜR ZWEI PERSONEN
180–280 € pro Tag inklusive Übernachten, Verpflegung, Inlandsflüge und Eintritt in Tikal.

INFORMATION
www.visitguatemala.com

Bunte Teppiche

Die Tradition der *alfombras*, der leuchtenden Sägemehlteppiche, die den Weg der düsteren Prozessionen bedecken, stammt noch aus der Kolonialzeit. Sie verbindet katholische und Maya-Elemente. Zuerst werden die Straßen mit einem Teppich aus Kiefernnadeln bedeckt, die von Holzrahmen begrenzt werden. Feine, zigmal wiederholte Muster aus Sägemehl bilden den Rand, tropische Vogel- und Maya-Motive erscheinen in der Mitte. Die einst in der spanischen Welt weitverbreitete Tradition wird heute nur noch an wenigen Orten praktiziert.

Großes Bild: In der Karwoche schwenken Kinder Weihrauchkessel in den Straßen
Oben (von links nach rechts): Teilnehmer der Prozession im traditionellen Büßergewand; Junge während der Feiern; Markt in Antigua

Fromme Feiern

Salsa- und Marimbaklänge, das rhythmische Klatschen von Händen, die Tortillas formen, die seidenweichen Stimmen der Maya-Frauen, mit denen sie *huipils* (traditionelle bunte Umhänge) anpreisen, die jeden Marktstand und Platz in ein leuchtendes Kaleidoskop verwandeln – das ist Antigua, die alte koloniale Hauptstadt von Guatemala und eine der schönsten Städte Lateinamerikas. In der Karwoche fällt die Stadt in eine besondere Stimmung. Statt Trubel dominiert nun Besinnlichkeit, und die vorwiegend katholische Bevölkerung bereitet sich auf das wichtigste Fest des Christentums vor. Die gepflasterten Straßen bedecken komplizierte Muster aus gefärbtem Sägemehl. Darauf schleppen Männer im Büßergewand schwere Statuen, gedenken der Leiden Jesu auf seinem Weg durch die Via Dolorosa hoch zum Kalvarienberg und büßen so ihre Sünden des vergangenen Jahres – ein schöner und bewegender Ausdruck tiefsten Glaubens. Am Ostersonntag weicht das Mitgefühl für die Leiden Christi frommer Freude, kündet doch die Auferstehung von der Hoffnung für die Menschheit.

Am anderen Ende von Guatemala erstreckt sich zwischen Mexiko und Belize eine wilde Dschungel- und Sumpflandschaft, in der von Tempeln bekrönte Maya-Pyramiden über dem dichten Blätterdach des Regenwalds aufragen. Sie geben den Archäologen Rätsel auf, seitdem sie erstmals unter dichten Kletterpflanzen entdeckt wurden. Tikal, einst eine blühende, hoch entwickelte Stadt, wurde vor einem Jahrtausend plötzlich verlassen. Lassen Sie die Größe und schaurige Öde dieser geheimnisvollen Stätte auf sich wirken, wenn Sie das Areal auf gewundenen Pfaden erkunden, begleitet vom Rufen tropischer Vögel und dem Gekreisch der Brüllaffen. Den Aufstieg auf eine der schwindelerregend steilen Stufenpyramiden belohnt der Blick zu den anderen Tempeln, die sich wie steinerne Inseln aus dem grünen Blättermeer erheben.

Salsa- und Marimbaklänge, das rhythmische Klatschen von Händen, die Tortillas formen, die seidenweichen Stimmen der Maya-Frauen – das ist Antigua.

Kleines Bild links: Antiguas Plaza Mayor vor der Kulisse des Vulkans Agua
Unten (von links nach rechts): Maya-Ruinen ragen aus dem Dschungel von Tikal auf; Detailansicht einer Männerdarstellung auf einer Maya-Keramik aus Tikal

Osterimpressionen

Die Luft ist erfüllt mit Düften – erdig von gebackenen Maistortillas, scharf vom Fleisch, das über einem Holzgrill brutzelt, süß von Frangipani. Ende März und im April herrscht in Guatemala ideales mildes Reisewetter. Achten Sie bei der Reiseplanung darauf, dass Ostern jedes Jahr auf ein anderes Datum fällt.

Eine Woche der Traditionen

PALMSO – Um 12 Uhr heben 80 *cucuruchos* (Träger) die Statue des Jesus Nazarano an der Kirche La Merced hoch und tragen sie bis nach Mitternacht durch die Straßen.

MO – Besichtigen Sie in der Altstadt von Antigua die Plaza Mayor, die Kathedrale und den Bischofspalast, bewundern Sie aber auch die Jadeschnitzereien in der Casa del Jade und die Weber in der Casa del Traje Antiguc.

DI – Fahren Sie früh zum Flughafen in Guatemala-Stadt und fliegen Sie nach Flores. In der UNESCO-Welterbestätte Tikal besteigen Sie eine Pyramide. Tempel IV bietet einen fantastischen Blick auf den Sonnenuntergang, für den Rückweg brauchen Sie Taschenlampen.

MI – Erkunden Sie früh, wenn die Wildtiere am aktivsten sind, weiter Tikal oder die neu freigelegten Tempel von Yaxha. Nachmittags fliegen Sie nach Antigua zurück.

GRÜNDO – Schauen Sie den Prozessionen zu, die durch Antiguas Straßen wogen, oder machen Sie einen Tagesausflug zu Chichicastenangos quirligem Wochenmarkt.

KARFR – Antiguas düsterste Prozession beginnt um 6 Uhr. Die Kreuzigungsdarstellungen beginnen um 12 Uhr an der Kathedrale, danach dauern die Prozessionen bis 3 Uhr morgens. Besichtigen Sie die Kirche und das Kloster San Francisco mit dem Museum und Ruinen – auf der Mauer sieht man den Garten und den Vulkan Agua.

SA – Nach einer Kutschfahrt durch Antigua fliegen Sie zurück – oder Sie entspannen noch ein paar Tage an den schönen Stränden im benachbarten Belize.

Dos & Don'ts

- ✓ Die besten Souvenirs sind dicke Wolldecken, Holzschnitzereien und farbenfrohe handgewebte Stoffe.
- ✗ Vergessen Sie nicht, viele 1- und 5-Dollar-Scheine oder kleine Quetzal-Beträge einzustecken, die Händler werden froh sein.
- ✓ Kaffee wird überall in bunten Webtaschen verkauft. Am besten kauft man ihn in Antigua gegenüber der Kathedrale. Dort kann man den Kaffee zuvor an der Bar probieren.
- ✗ Zahlen Sie nicht den ersten Preis (außer in Läden), freundliches Handeln auf etwa 60 bis 75 Prozent wird erwartet.

Unten: Halsbandarassari im dichten Dschungel bei Tikal

APRIL

Traumziele im **April**

In Europa und Nordamerika ist es zwar noch nicht richtig warm, doch hüllen im April Blumen und Blüten die nördliche Hemisphäre in einen frühlingshaften Farbenrausch. Nun ist die ideale Reisezeit, um in Paris in Romantik zu schwelgen oder in den Cinque Terre zu wandern. Auf der südlichen Halbkugel ist der Sommer endgültig vorüber *(siehe S. 328–329)*, Wassersportfans sollten also nun ein tropisches Reiseziel mit ganzjährig warmem Wasser ins Auge fassen. Rund um die Osterfeiertage wird viel gereist – denken Sie daran, dass Ostern ein beweglicher Feiertag ist und in den März oder den April fallen kann *(siehe S. 327)*. Auf dieser Doppelseite finden Sie alle im April-Kapitel vorgestellten Reiseziele sowie einige weitere Anregungen.

KULTUR UND FESTE

ISTANBUL Römische Relikte im Yerebatan Saray

STRATFORD
England, Europa

Paraden, Partys, Falken und mittelalterliche Waffen

Am 23. April, St. George's Day, wird Shakespeares Geburtstag gefeiert. In Warwick Castle sehen Sie Falknervorführungen und Belagerungswaffen.
www.shakespeare-country.co.uk

SAVANNAH
USA, Nordamerika

Geschichtsträchtige Stadt im gastfreundlichen Süden

Savannahs Gärten blühen im April sehr malerisch. Besuchen Sie die jährliche Garden Expo und bummeln Sie über elegante Plätze.
www.savannah-visit.com

ISTANBUL
Türkei, Asien

Eine legendäre Endstation an der antiken Seidenstraße

Der Große Basar hat ebenso viel Tradition wie die osmanische Pracht im Topkapı-Palast, in der Süleymaniye-Moschee und der Blauen Moschee.
Siehe S. 106–107

KYOTO
Japan, Asien

Faszinierende Tradition, Natur und Ultramoderne

Entdecken Sie in der alten Hauptstadt zum *Sakura Matsuri* (Kirschblütenfest) Japans besonderen Respekt vor Traditionen.
Siehe S. 102–103

CUMBRIA
England, Europa

Erfreuen Sie sich wie Wordsworth an den Osterglocken

Am Ufer des Ullswater blühen jetzt die Blumen, die der Dichter verewigte. Der Lake District ist im April wunderschön und nicht zu voll.
www.ullswater.co.uk

UNVERGESSLICHE EINDRÜCKE

AMSTERDAM Keizersgracht in der Abenddämmerung

AMSTERDAM
Niederlande, Europa

Erkunden Sie die Grachten in der einzigartigen Hauptstadt

Grachten, Cafés und wunderschöne Architektur sind immer inspirierend, aber besonders schön ist Amsterdam am Koninginnedag.
Siehe S. 112–113

SAMARKAND
Usbekistan, Asien

Eine Woche in den alten Städten an der Seidenstraße

Erkunden Sie Timurs glanzvolle Hauptstadt an der zentralen Seidenstraße sowie die mittelalterlichen Städte Buchara und Chiva.
Siehe S. 98–99

FJORD-KREUZFAHRT
Norwegen, Europa

Mit dem Schiff entlang der Küste Norwegens

Diese Fjorde zählen zu den Naturwundern dieser Erde. Die Hurtigruten-Schiffe bieten keinen Luxus, aber unvergessliche Ausblicke.
Siehe S. 90–91

SHANGHAI
China, Asien

Unvergessliche Eindrücke in der aufregenden Stadt

Spazieren Sie am Bund und in der Altstadt, genießen Sie die Aussicht von der Spitze eines Wolkenkratzers und auf einer Bootsfahrt.
lyw.sh.gov.cn/en

CABOT TRAIL
Kanada, Nordamerika

Eine wilde Fahrt über das schöne Cape Breton

Die Strecke verläuft am Nordufer von Cape Breton und dann auf ein Hochplateau. Hier sehen Sie Fischadler, Elche und Wale.
www.cabottrail.com

WUNDER DER NATUR

IGUAÇU-FÄLLE Donnernde Wassermassen an den Iguaçu-Fällen

»Einige Flussarme fallen in Kaskaden hinab, stürzen über Felsen in wirbelnde Strudel, kreisen einige Zeit und setzen dann flussabwärts ihre Reise fort.«

IGUAÇU-FÄLLE
Brasilien, Südamerika

Staunen Sie über den größten Wasserfall der Welt

Die Wasserfälle zählen zu den größten Naturwundern der Welt. Der Nationalpark ist von Brasilien und Argentinien aus zu erreichen.
Siehe S. 96–97

BANFF NATIONAL PARK
Kanada, Nordamerika

Zur Schneeschmelze tauchen die Tiere wieder auf

Banff ist mit seinen Seen, Bergen und Wäldern ein Tierparadies. Beobachten Sie Weißkopfseeadler, Karibus, Grizzlybären und Vögel.
www.banffnationalpark.com

MADAGASKAR
Afrika

Im April sind die Wälder besonders dicht und üppig

Auf Madagaskar leben sehr viele, oft nur auf dieser Insel heimische Tierarten, darunter 30 verschiedene Lemurenarten.
www.madagascar-travel.net

GALÁPAGOS-INSELN
Ecuador, Südamerika

Vulkanische Inseln mit einer einzigartigen Flora und Fauna

Der April ist die beste Zeit, um die sagenhaften Riesenschildkröten zu sehen, aber auch für Baby-Seelöwen und Blumen.
Siehe S. 104–105

LESBOS
Griechenland, Europa

Die schöne Insel ist ein Paradies für Zugvögel

Mit seinen Bergen und Marschen ist die Insel ein Paradies für Zwergdommeln, Flamingos, Drosselrohrsänger und andere Vögel.
www.greeknet.com

Vorhergehende Doppelseite: Wunderschöne Kacheln an der Innenwand der Blauen Moschee in Istanbul

Wetter

❶ Im April herrschen in Florida Tag und Nacht angenehme Temperaturen, es ist nicht so heiß wie im Sommer und regnet weniger.

❷ Trotz ihrer Lage am Äquator sind die Galápagos-Inseln relativ trocken und kühl. Die Temperaturen werden durch das planktonreiche Meer gemäßigt, das eine reiche Fauna anlockt.

❸ Gegen Ende der Regenzeit ist Madagaskar üppig und grün. Die Temperaturen sind angenehm, aber immer noch sehr warm.

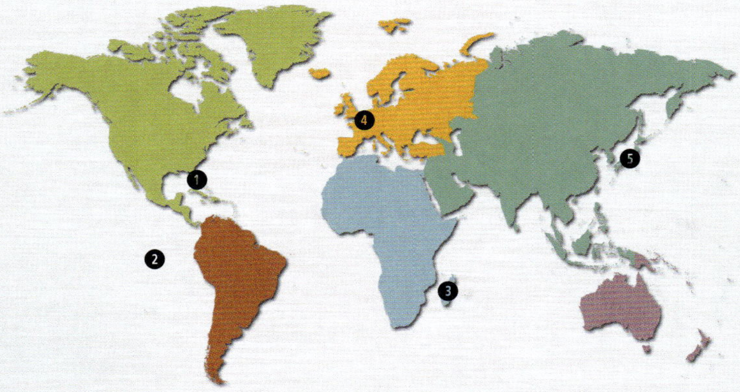

❹ Amsterdam lockt nie durch sein Wetter – die kühle Nordsee sorgt schon dafür. Der milde April ist aber mit wenig Regen und etwas Sonnenschein ein angenehmer Monat.

❺ Kyoto im subtropischen Teil von Japan bietet eine Mischung aus mildem sonnigem Wetter und gelegentlichem Regen – gut für die Kirschblüte.

❻ Tahitis tropisches ozeanisches Klima bringt ganzjährig hohe Temperaturen. Kurze Regengüsse gehen oft nachmittags oder abends nieder und bringen Erholung von der Schwüle.

LUXUS UND ROMANTIK

PARIS Kellner in der Brasserie Flo

PUERTO VALLARTA
Mexiko, Nordamerika

Spielplatz des legendären Paars Liz Taylor und Richard Burton

»PV«, wie es die Einheimischen nennen, verströmt noch Hollywood-Glamour, doch schöne Strände liegen auch jenseits der Lichter.

www.visitpuertovallarta.com

TAHITI
Polynesien

Eine kleine Insel und ein perfektes romantisches Reiseziel

Wer etwas mehr Zeit für sich selbst braucht, dem bietet Tahiti ruhige Resorts, friedliche Dörfer und meilenlange Sandstrände.

www.tahiti-tourisme.com

DJIBOUTI SEATREK
Djibouti, Afrika

Am Horn von Afrika die einsame Küste erkunden

Abenteuerlustige erleben bei einem »Seatrek« an der Küste glasklares Meer, Riffe, einsame Strände und die einheimische Kultur.

www.explore.co.uk

OKAWANGO-DELTA
Botswana, Afrika

Auf dem Rücken eines Elefanten in die Wildnis

Elefanten harmonieren mit afrikanischen Wildtieren viel besser als Jeeps. Im Zeltcamp erleben Sie fantastische Sonnenaufgänge.

www.okavango-delta.net

PARIS
Frankreich, Europa

An einem verlängerten Wochenende in Romantik schwelgen

Der Frühling in Paris ist vielleicht ein Klischee, doch die ideale Reisezeit, um die grandiose Stadt, Kunst, Küche und natürlich Wein zu genießen.

Siehe S. 110–111

»Echte Romantiker schlendern einfach in der Frühlingssonne am linken Seine-Ufer durch Straßen voller blühender Bäume.«

AUFREGENDE ZIELE

CINQUE TERRE Wanderer auf dem Küstenweg bei Riomaggiore

CINQUE TERRE
Italien, Europa

Wandern Sie auf dem malerischen Küstenweg

Dieser Küstenabschnitt ist so gut erhalten, dass er zum Welterbe erklärt wurde. Beim Wandern profitieren Geist und Körper.

Siehe S. 94–95

ANDAMANEN
Indien, Asien

Ein Wassersportparadies in unberührten Gewässern

Die 600 Andamanen-Inseln im glasklaren Golf von Bengalen bieten erstklassige Surf-, Tauch- und Angelmöglichkeiten.

www.diveIndien.com

PETRA
Jordanien, Naher Osten

Auf den Spuren der »Entdecker« in der alten Stadt Petra

Erkunden Sie in der Wüste die antike rosa Felsenstadt Petra und schlafen Sie unterm Sternenzelt im bezaubernden Wadi Rum.

Siehe S. 92–93

BUCKSKIN GULCH
USA, Nordamerika

Eine klassische Wanderung in unterirdischen Höhlen

Die ungewöhnliche Wanderung führt durch die spektakuläre Unterwelt des längsten Slot Canyon des Colorado River.

www.americansouthwest.net

ISCHGL
Österreich, Europa

Skifahren in Ischgl gefällt der ganzen Familie

Im hoch gelegenen Ischgl gibt es auch im April noch Schnee. Die Saison schließt mit einer riesigen Party am Ende des Monats.

www.ischgl.com

PICOS DE EUROPA
Spanien, Europa

Spaß und Abenteuer in einer herrlichen Berglandschaft

Fahren Sie in Spaniens schönstem Naturspielplatz mit der Seilbahn zum Wandern und erkunden Sie den Fluss Deva mit dem Kajak.

www.asturiaspicosdeeuropa.com

FAMILIENURLAUB

FLORIDA Orca Shamu in Sea World

ATHEN
Griechenland, Europa

Kunst und Kultur in der geistigen Wiege Europas

Genießen Sie Monumente und Museen am Tag, Restaurants und Bars am Abend sowie das griechisch-orthodoxe Osterfest.

Siehe S. 100–101

»Ob sie nun mit oder ohne Kinder kommen, die meisten Besucher sind von Athen begeistert.«

ORLANDO
USA, Nordamerika

Spaß für alle im familienfreundlichen Florida

Besuchen Sie Micky und seine Freunde in Disney World und anderen Themenparks und genießen Sie meilenlange Sandstrände.

Siehe S. 108–109

LEVI
Finnland, Europa

Ein Besuch bei Santa Claus nach dem Weihnachtsstress

Das erstklassige finnische Skigebiet wartet mit einem Santa-Claus-Themenpark sowie Rentier- und Hundeschlittenfahrten auf.

www.visitfinland.com

PROTARAS
Zypern, Europa

Auf den Spuren der griechischen Göttin Aphrodite

Zypern bietet antike Ruinen und Kirchenfresken für Erwachsene, Strände und Sportmöglichkeiten für Kinder.

www.visitcyprus.org.cy

KAIRO
Ägypten, Afrika

Pyramiden und Mumien faszinieren alle Altersgruppen

Die aufregende Metropole bietet außer den Pyramiden eine Fülle faszinierender Schätze im Ägyptischen Museum.

www.egypt.travel

ANREISE
Bergen, den Ausgangsort der Hurtigruten-Schiffe, kann man direkt oder via Oslo anfliegen.

VOR ORT UNTERWEGS
Der Flughafen Flesland ist 20 Kilometer von Bergens Stadtzentrum entfernt, das man mit dem Flughafenbus in 25 Minuten erreicht. Bergen hat ein gutes öffentliches Verkehrssystem.

WETTER
Der April kann in Bergen frühlingshafte 6 °C, in Bodø winterliche 3,3 °C und in Tromsø 1,1 °C bringen. Am Polarkreis gibt es Sonne, Regen und Schnee sowie 13 bis 15 Stunden Tageslicht.

ÜBERNACHTEN
Auf den elf modernen Hurtigruten-Schiffen reicht das Kabinenangebot von Standard-Innenkabinen bis zu Suiten mit eigenem Balkon; www.hurtigruten.com

Neptun Hotel, Bergen, komfortables Haus mit moderner Kunst, zwei guten Restaurants und Doppelzimmern ab 110 €; www.neptunhotel.no

Strand Hotel, Bergen, am Hafen mit Aussicht, Doppelzimmer ab 100 €; www.strandhotel.no

ESSEN GEHEN
Auf der klassischen Rundreise sind alle Mahlzeiten an Bord inbegriffen. Eine Mahlzeit in Bergen kostet ab 20 € pro Kopf ohne Wein.

KOSTEN FÜR ZWEI PERSONEN
Die klassische Rundreise kostet ab 2500 € für zwei Personen inklusive elf Übernachtungen in einer Doppelkabine, Vollpension an Bord, eine Hotelübernachtung mit Frühstück in Bergen.

INFORMATION
www.hurtigruten.com

Ein Vogelmärchen

Im April beginnt der norwegische Frühling, wenn Millionen Seevögel an die beeindruckende Küste zum Brüten zurückkehren. Angeblich kommen die Papageitaucher auf der Insel Gjesvaer im hohen Norden immer am 14. April um 5.45 Uhr an. Auf einer Hurtigruten-Reise kann man sogar persönlich überprüfen, ob dieser Mythos stimmt. Während der Fahrt erfährt man in Vorträgen Wissenswertes über die verschiedenen Seevögel und ihre Kolonien und hat reichlich Gelegenheit, 1,5 Millionen Papageitaucherpärchen zu beobachten.

Links: Läden und Häuser mit bunten Holzfassaden am Hafen von Bergen

Rechts (von links nach rechts): Fischerboote im Hafen; Wasserfall nahe Stryn südöstlich von Ålesund; Häuser auf den Lofoten; Hurtigruten-Schiff

Unten rechts (von oben nach unten): Vogelnester an einem typischen Haus; Sonnenuntergang über der Insel Kvaloya westlich von Tromsø

Großes Bild: Geiranger-Fjord, die »Perle der norwegischen Fjorde«

Kreuzfahrt an der Küste

Norwegens atemberaubende Küste zählt zu den Naturwundern dieser Erde. Aus dem Meer ragen mit Wäldern bestandene Berge auf, deren schneebedeckte Gipfel bis zu den Wolken reichen. Wasserfälle stürzen in unberührte Fjorde, Gletscher krönen hohe Bergsättel. Seeadler kreisen in den Lüften, Kormorane stürzen sich von moosigen Felsen in die Tiefe, Möwen gleiten über das dunkle, silbern glitzernde Wasser.

Auf ihrer Zickzackroute zwischen Inseln, Felsen und engen Fjorden bieten die Schiffe von Hurtigruten Passagieren reichlich Gelegenheit, die fesselnden Landschaften und das Leben an Norwegens Küsten zu entdecken. In den Dörfern sind die hübschen Holzhäuser in Senf- und Zimttönen bemalt, auf den Weiden stechen rostrote Scheunen ins Auge. Die Glocken der traditionellen Holzkirchen rufen die Einwohner zum Sonntagsgottesdienst, Fischerboote bringen ihren Fang ein, und in den historischen Städten wird ein moderner Lebensstil gepflegt.

Nordische Rundtour

Die klassische Rundreise zu 34 Häfen startet täglich um 20 Uhr in Bergen. Richtung Norden hat man bis Kirkenes sechs Übernachtungen, nach weiteren fünf Nächten kommt man in Bergen um 14 Uhr wieder an. Der Sommerfahrplan beginnt Mitte April. Die Tage sind lang, Licht und Landschaft spektakulär.

Elf Tage in den Fjorden

TAG 1 Bevor Sie an Bord gehen, erkunden Sie Bergen. Fahren Sie mit der Seilbahn oder der Standseilbahn und genießen Sie die Aussicht, bummeln Sie durch das alte Hanseviertel Bryggen und über den Fischmarkt.

TAG 2 Heutiger Höhepunkt ist Ålesund mit seiner Jugendstilarchitektur. Ein Ausflug am Geiranger-Fjord bietet unvergessliche Ausblicke auf Norwegens schönsten Fjord.

TAG 3 Nach dem zeitigen Frühstück besichtigen Sie Trondheims schöne alte Holzhäuser und Norwegens größte mittelalterliche Kirche. Das Schiff fährt an Bauernhöfen vorbei durch den Trondheim-Fjord ins offene Meer.

TAG 4 Um 7 Uhr morgens sehen Sie an Deck die Markierung des Polarkreises. Die spektakuläre Landschaft umfasst Inseln und die zerklüfteten Berge der Lofoten. Sie können in Bodø Museen besichtigen oder mit dem Boot zum stärksten Gezeitenstrom der Welt fahren.

TAG 5 In Tromsø bewundern Sie die Eismeerkathedrale und das arktische Erlebniszentrum Polaria. Bis Ende April kann man hier mit dem Hundeschlitten fahren.

TAG 6 Honningsvåg bietet das faszinierende Nordkapmuseum und in der Nähe den größten Vogelfelsen der Welt. Auf einem Ausflug sehen Sie das Nordkap, das 307 Meter aus dem Meer aufragt.

TAG 7–11 Nahe der russischen Grenze ist Kirkenes der Wendepunkt der Reise. Bleiben Sie für die Rückreise an Bord oder fliegen Sie von Kirkenes nach Oslo.

Dos & Don'ts

- ✓ Packen Sie für jedes Wetter, notwendig sind wind- und wasserfeste Jacken und gute Wanderschuhe, ideal sind »Zwiebelschichten«. Nehmen Sie ein Fernglas mit.
- ✗ Vergessen Sie nicht, vor oder nach der Fjordreise etwas Zeit für Bergen einzuplanen – die Stadt ist sehr schön.
- ✓ Denken Sie daran, dass Sie die Reise unterbrechen und an einem Ort bleiben können. Planen und buchen Sie vorab.
- ✗ Suchen Sie nicht nach alkoholischen Getränken im Supermarkt, Alkohol wird in den staatlichen *Vinmonopolet* verkauft und ist sehr teuer – nehmen Sie etwas Vorrat mit.

Jeden Tag verlässt ein Hurtigruten-Schiff Bergen in Richtung Kirkenes, das weit oberhalb des Polarkreises nahe der russischen Grenze liegt. Auf der elftägigen Rundfahrt werden 34 Häfen angelaufen, Passagiere und Fracht zu Städten und abgelegenen Inseln gebracht. Orte, die auf der Hinfahrt nachts angelaufen werden, sind auf der Rückfahrt im Tageslicht zu sehen. Die Reise zurück in den Süden bietet auch einen unvergesslichen Blick auf die zerklüfteten Lofoten.

Viele Schiffe der Flotte sind neu, und jedes hat einen eigenen Charakter – doch keines ist ein schickes Kreuzfahrtschiff. Darin liegt zweifellos der Reiz für Reisende, die mehr an Polarlichtern als an leichter Unterhaltung interessiert sind. Die Schiffe sind dennoch sehr komfortabel, haben exzellente Restaurants, in den Aufenthaltsräumen norwegische Kunst und vor allem Panoramafenster, die eine ungestörte Aussicht auf das faszinierende Meer und die herrliche Küstenlandschaft bieten. Bei Landgängen gibt es viel zu erkunden, etwa ungewöhnliche Museen in kleinen Ortschaften. Ausflüge führen in Städte und auf Gletscher, zum Hundeschlittenfahren oder zu den Samen, deren Kultur vom Leben im hohen Norden geprägt ist. Gehen Sie auf Entdeckungsfahrt!

Unten: Auf dem Fischmarkt in Bergen

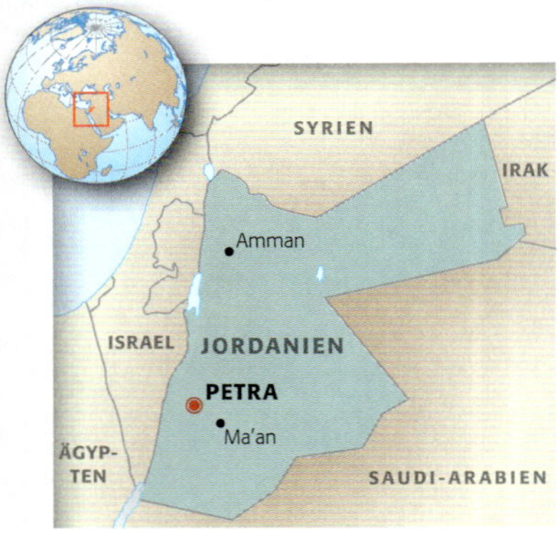

ANREISE
Die archäologische Stätte Petra liegt in Jordanien, 250 Kilometer südlich der Hauptstadt Amman. Dort landen internationale Flüge, Busse fahren von dort nach Petra. Ein Taxi nach Petra kostet für vier Personen rund 45 €.

VOR ORT UNTERWEGS
Erkunden Sie die Stätte zu Fuß, auf Eseln, Kamelen oder in einer *calèche* (Kutsche).

WETTER
Im April klettern die Temperaturen tagsüber auf etwa 20 bis 24 °C, nachts ist es mild.

ÜBERNACHTEN
Das Al-Anbat bietet ein gutes Preis-Leistungs-Verhältnis, kostenlosen Transport zur Stätte, Doppelzimmer ab 20 €; www.alanbat.com

Die meisten Mittelklassehotels in Wadi Musa werden von Reiseveranstaltern für Gruppen gebucht, reservieren Sie also vorab. Das Petra Palace steht nahe beim Haupteingang, Doppelzimmer ab 50 €; www.petrapalace.com.jo

Petras Hotels stehen fast alle in der nahen Stadt Wadi Musa, nur das Mövenpick befindet sich direkt neben dem Eingang zur Stätte, Doppelzimmer ab 100 €; www.movenpick-petra.com

ESSEN GEHEN
In Wadi Musa gibt es wenig Restaurants, empfehlenswert sind das Cleopetra und The Petra Kitchen (ab 15 €) sowie die Restaurants im Mövenpick (ab 30 €).

KOSTEN FÜR ZWEI PERSONEN
110–180 € pro Tag inklusive Übernachten, Verpflegung, Eintrittsgelder und Fahrten vor Ort.

INFORMATION
www.visitjordan.com

Wer waren die Nabatäer?

Die Nabatäer waren ein Nomadenstamm, der im 6. Jahrhundert v. Chr. von Nordwest-Arabien in das Gebiet um Petra einwanderte. Sie nutzten die günstige Lage an den Handelsrouten zwischen Arabien und dem Mittelmeer, sodass Petra im 1. Jahrhundert v. Chr. durch den Handel mit Seide, Duftstoffen und Ölen reich geworden war. Die Römer fühlten sich durch die Nabatäer bedroht und eroberten die Stadt 106 n. Chr. Die Nabatäer wurden als Provinz Arabia Petraea ins Römische Reich eingegliedert.

Oben (von links nach rechts): Beduinenfrau; eine Kamelkarawane zieht durch die unwirtliche Landschaft des Wadi Rum
Großes Bild: Erster Blick auf Petra am Ausgang des Siq

Die verborgene Stadt

Es gibt weltberühmte Sehenswürdigkeiten, die die Erwartungen der Reisenden in gewisser Weise enttäuschen, weil sie genau so aussehen wie auf den bekannten Fotografien. Petra hingegen übertrifft alle Erwartungen. Die antike Stadt »beeindruckend« zu nennen, ist eine Untertreibung. Sie ist so fantastisch wie ein grandioser Hollywood-Traum.

In einer ausgedörrten kahlen Steinlandschaft führt der Weg nach Petra durch eine enge Schlucht zwischen hohen Felswänden, in der man kaum den Himmel sieht. Das ist der Siq, der geheimnisvolle Eingang zu einer Stadt, die in Europa über eine halbes Jahrtausend vergessen war. Erst 1812 wurde sie für die Außenwelt von dem Schweizer Jean Louis Burckhardt wiederentdeckt, der als islamischer Gelehrter verkleidet den Orient bereiste. Wenn man, aus dem Siq kommend, die Stadt betritt, fühlt man sich fast wie dieser frühe Entdecker – wären da nicht die anderen Besucher. Doch nichts kann den ersten magischen Eindruck zerstören, wenn man zum ersten Mal die berühmte, aus dem Fels gehauene rosa Fassade des Schatzhauses sieht. Kein Foto kann diesen Augenblick wirklich festhalten. Die Szenerie ist so dramatisch, als wäre sie direkt einem Abenteuerroman von Edgar Rice Burroughs entsprungen. Wendet man sich der breiter werdenden Schlucht zu, sieht man Fassaden, Säulen, Ziergiebel und reich verzierte Türen, die aus den Felswänden gehauen sind, etwas entfernt am Hang ein Theater. Dahinter verläuft die sandige Hauptstraße.

ie antike Stadt »beein-
lruckend« zu nennen,
;t eine Untertreibung.
e ist so fantastisch wie
in Hollywood-Traum.

Von dort gelangt man über Felstreppen und aus dem Stein geschlagenen Gängen zu weiteren Gräbern und Monumenten sowie zur Ruine einer Kreuzritterburg und zu einem großen Altar und Opferplatz. Hier öffnet sich ein fantastischer Blick über die Berge und die Wüste. Petra ist weit mehr als nur eine archäologische Stätte oder eine antike Stadt: Seine einzigartige Lage macht es zum atemberaubenden Abenteuer.

Kleines Bild: Römisches Theater, um 100 v. Chr. – 200 n. Chr.
Unten (von links nach rechts): Grab des Aaron; Schatzhaus von Petra; Sandstein

Wüstenzauber

Die berühmtesten Stätten im Herzen von Petra kann man in einem Tag besichtigen. Nehmen Sie sich jedoch besser fünf Tage Zeit, um die einzigartige Hauptstadt einer untergegangenen Zivilisation ganz zu erkunden, in der Wildnis zu wandern und eine herrliche Wüstentour zum nahen Wadi Rum zu unternehmen.

Fünf Tage in der rosa Stadt

TAG 1

Besichtigen Sie die Hauptattraktionen sowie den Siq, den Äußeren Siq, das Alte und das Moderne Museum.

Nachmittags führt Sie ein etwas anstrengender Weg hinauf zum »Kloster«, dem kolossalen Felsengrabtempel Ed-Deir.

TAG 2

Starten Sie schon frühmorgens, um noch vor der großen Hitze auf dem zwischen Schatzhaus und Theater beginnenden Weg den »High Place of Sacrifice«, den am besten erhaltenen der vielen Opferplätze von Petra, zu erklimmen. Der Anstieg erfordert einige Kondition.

TAG 3

Wechseln Sie den Blickwinkel und fahren Sie über eine andere Route nach Petra (über Madras, Wadi Muthlim oder Wadi Turkmaniyeh). Trainierte Wanderer gönnen sich den herrlichen Blick vom Grabmal des Aaron auf dem höchsten Gipfel des Gebiets (1050 m).

TAG 4–5

Fahren Sie mit dem Auto oder Taxi zum Wadi Rum, das auf der Strecke nach Aqaba und dem Flughafen liegt. In der Wüstenlandschaft ragen unzählige ockerfarbene Felsnadeln bis zu 600 Meter aus dem sandigen Tal auf – ein unvergesslicher Anblick. Vielleicht bleiben Sie noch einen Tag, unternehmen einen Kamelritt in das Wadi Rum und übernachten im Zeltlager unter dem sternenübersäten Himmel der Wüste.

Dos & Don'ts

- ✗ Verpassen Sie nicht die Gelegenheit, auf einem Kamel zu reiten, auch wenn es sehr touristisch ist. Hoch zu Kamel lässt sich die verlassene Handelsstadt jedoch besonders stimmungsvoll erkunden.
- ✓ Nehmen Sie an einer nächtlichen Führung durch Petra teil, in der Dunkelheit wirkt die Stadt noch magischer als am Tag.
- ✗ Glauben Sie nicht, dass Sie wie Indiana Jones durch den Siq hoch zu Ross galoppieren können – Spielberg hat wohl ein Vermögen gezahlt, damit die Schlucht menschenleer war.
- ✓ Lassen Sie sich im Hotel für tagsüber ein Lunchpaket zubereiten. Das kostet nicht viel, und in Petra selbst gibt es nur wenige Verpflegungsmöglichkeiten.

Wandern an der ligurischen Küste

Die Wanderung auf den alten Maultierpfaden der Cinque Terre führt durch eine Landschaft, die der Mensch in den vergangenen 1000 Jahren aus einer unbewohnbaren Felsenküste geformt hat. An steilen Klippen drängen sich die ocker- und dunkelrosafarbenen Häuser der »Fünf Dörfer« zwischen mittelalterlichen Burgen und kleinen Häfen bis zum Meer hinab. Vor Jahrhunderten wurden die Cinque Terre von der einst mächtigen Genueser Flotte vor Überfällen der Mauren beschützt, später schützte sie ihre Abgeschiedenheit, sodass sie sich bis in die Moderne ihre Ursprünglichkeit bewahren konnten.

Die isolierten Einwohner lebten in jenen Jahrhunderten vom Fischfang und Ackerbau. Dazu trotzten sie dem Gelände Terrassen ab, deren Trockensteinmauern sich kilometerlang an den Hängen in ordentlichen Linien ziehen. Auf den Terrassen wachsen Trauben, aus denen etwa der Likörwein *sciacchetrà* gekeltert wird, sowie Zitronen- und Olivenbäume, deren Blätter in der Sonne glänzen.

ANREISE
Die Cinque Terre liegen zwischen der französischen Riviera und der toskanischen Küste. Am besten fliegt oder fährt man nach Genua (Genova) und fährt mit dem Küstenzug weiter bis nach Riomaggiore (90 Minuten).

VOR ORT UNTERWEGS
Die fünf Dörfer der Cinque Terre sind nicht durch eine Straße verbunden. Zwischen den Dörfern verlaufen Fußwege. Lokalzüge halten in allen fünf Dörfern, je nach Wetter verkehren auch Motorboote.

WETTER
Ab April ist das Wetter ideal zum Wandern, das Meer ist dann aber noch zu kalt zum Baden.

ÜBERNACHTEN
In Vernazza bietet das Barbara einfache saubere Zimmer mit Blick auf den Platz, Doppelzimmer ab 60 €; www.albergobarbara.it

In Manarola ist das Ca' D'Andrean einen Katzensprung vom Meer entfernt. Schattiger Garten, Doppelzimmer ab 80 €; www.cadandrean.it

In Monterosso steht das elegante Porto di Roca spektakulär auf einer Landspitze, Doppelzimmer ab 150 €; www.portoroca.it

ESSEN GEHEN
Regionale Fischspezialitäten kosten ab 28 €. Traditionelle ligurische Küche serviert das Ristorante Belvedere in Monterosso.

KOSTEN FÜR ZWEI PERSONEN
140–200 € pro Tag für Übernachten, Verpflegung und Fahrten vor Ort.

INFORMATION
www.turismoinliguria.it

Unten (von oben nach unten): Boote in Vernazza; Gasse in Corniglia; die Fähre in Corniglia

Regionale Küche

Fisch, Meeresfrüchte und frische Pasta sind die Spezialitäten der Region: Berühmt ist *tegame di acciughealla vernazzese* (frische gebackene Anchovis mit Kartoffeln, Tomaten und Gewürzen), eine ungewöhnlichere Kombinationen sind *trenette ai ricci di mare* (Pasta mit Seeigel), aber auch die klassische *grigliata mista di pesce* (gegrillte Fischplatte) wird serviert. Zum Dessert schmeckt köstliche *monterossina* aus Sahne, Konfitüre und Schokolade. Dazu trinkt man den süßen Dessertwein *sciacchetrà*, der in der Region gekeltert wird.

Bis ins 19. Jahrhundert war das zerklüftete Gebiet nur per Boot oder mit dem Maultier über steile Pfade zu erreichen. Erst mit dem Beginn der Industrialisierung wurde es wirklich zugänglich. Italienische Ingenieure sprengten Tunnel durch den Fels und bauten eine Eisenbahn, die Monterosso al Mare, Vernazza, Corniglia, Manarola und Riomaggiore mit der Riviera di Levante im Nordwesten und La Spezia im Südosten verband.

Damals wurden die Cinque Terre Teil der klassischen Bildungsreisen nach Italien. Ihre zwischen Himmel und Meer schwebende Landschaft, deren sonnentrunkene Macchia nach Thymian und Majoran duftet und in der Eidechsen in den Schatten der Felsen huschen, entdeckten viele Reisende von nun an, wie Eugenio Montale schrieb, »ohne ihren Namen zu kennen ... in kurzen Blicken, Abschnitten, verwirrenden Fragmenten, in den wenigen Öffnungen der Tunnel«. Für den italienischen Dichter war diese Landschaft geheimnisvoll und unergründlich – und bis heute hat sie sich ihren mystischen Charakter bewahrt. Sie spüren diese Magie, wenn Sie an einem sonnigen Tag durch Frühlingsblumen wandern und auf die Weiten der smaragdgrünen See blicken.

Großes Bild: Der winzige Hafen von Riomaggiore, dem südlichsten Dorf der Cinque Terre

Oben (von oben nach unten): Küstenweg bei Riomaggiore; Café auf der ruhigen Piazza

Unten: Das smaragdgrüne Meer am Sandstrand von Monterosso al Mare

Auf Maultierpfaden

Der April ist ideal zum Wandern in den Cinque Terre: Das Wetter ist ruhiger als zu Beginn des Frühjahrs, die Temperaturen sind nicht so heiß wie im Sommer. Fünf Tage reichen, um auf dem Küstenweg von Dorf zu Dorf zu wandern, die Gegend mit Mountainbike und Boot zu erkunden und zu tauchen.

Fünf Tage in fünf Dörfern

TAG 1
Vom Bahnhof in Riomaggiore wandern Sie auf der romantischen Via dell'Amore 30 Minuten nach Manarola. Wer mehr Unterhaltung als die Aussicht von einer schattigen Terrasse sucht, fährt mit dem Bus nach Volastra und besichtigt das romanische Santuario Nostra Signora delle Grazie e di San Bernardino. Auf dem Volastra-Rundweg kann man auch Rad fahren.

TAG 2
Von Manarola steigt der Weg leicht an und folgt dann einem Maultierpfad durch die Weinterrassen bis zum steilen Abstieg nach Corniglia (eine Stunde) und zum Tauchgrund La Franata di Corniglia. Alternativ erkunden Sie Corniglias römische Ursprünge.

TAG 3
Von Corniglia folgen Sie dem Küstenweg und steigen nach Vernazza ab (90 Minuten), das mit dem Castello Doria aus dem 14. Jahrhundert und Stadtmauern aufwartet. Im Santuario della Madonna di Reggio bewundern Sie die bewegenden Votivgaben der Seeleute.

TAG 4
Die längste Wegstrecke verbindet Vernazza und Monterosso al Mare. Der Weg steigt erst 180 Meter an und führt dann steil nach Monterosso hinab (zwei Stunden), wo der mit Zinnen versehene Campanile der gotischen Kirche San Giovanni Battista aufragt.

TAG 5
Im Parco Montale spazieren Sie zu den Orten, die den Dichter inspirierten, und entspannen am Strand, bevor Sie wieder mit dem Zug die Rückreise antreten.

Dos & Don'ts

- ✓ Denken Sie daran, dass Sie sich in einem Nationalpark und an einem Meeresschutzgebiet befinden. Sowohl die Natur als auch die in Jahrhunderten geschaffenen Terrassen und Trockensteinmauern stehen unter strengem Schutz.
- ✗ Glauben Sie nicht, dass Sie vom Auto aus die Landschaft besser sehen. Die *Litoranea*-Straße ist in den Tunneln einspurig, der Verkehr wird hier durch Ampeln reguliert.
- ✓ Steigen Sie in jedem Dorf trotz der steilen Wege zu den Kirchen hinauf, um die mittelalterliche Architektur und die atemberaubende Aussicht zu bewundern.

Unten: Terrassierter Weinberg bei Monterosso al Mare

ANREISE
Die Stadt Foz do Iguaçu liegt in Südwest-Brasilien etwa zwei Flugstunden von Rio de Janeiro und São Paulo entfernt. Über Land kann man von Argentinien und Paraguay aus anreisen.

VOR ORT UNTERWEGS
Mit Bussen, Taxis und Touristenbussen bewegt man sich in Iguaçu und dem Nationalpark am besten. Der Bus von der Stadt zum Park ist preiswert, die schnelleren Taxis kosten rund 14 €. Nur Abenteuerlustige mieten ein Auto.

WETTER
Im April liegt die durchschnittliche Tagestemperatur in Iguaçu bei etwa 18 °C.

ÜBERNACHTEN
Das Hotel das Cataratas ist das einzige Hotel im Park, Doppelzimmer ab 170 €; www.hoteldascataratas.com

San Rafael hat ein gutes Preis-Leistungs-Verhältnis, Doppelzimmer ab 50 €; www.sanrafaelhotelfoz.com.br

Bourbon Cataratas, Stadtnähe, breites Angebot an Aktivitäten, Doppelzimmer ab 120 €; www.bourbon.com.br

ESSEN GEHEN
Eine gute Mahlzeit kostet unter 14 € pro Kopf. Exzellente Steaks serviert Búfalo Branco, hervorragende spanische Küche Zaragoza, gutes Mittagessen das Porto Canoas mit Blick auf die Fälle.

KOSTEN FÜR ZWEI PERSONEN
Rund 230 € pro Tag inklusive Übernachten, Verpflegung, Fahrten vor Ort, Souvenirs und Eintritt für den Park.

INFORMATION
www.cataratasdoiguacu.com.br

Itaipu-Damm

Der Itaipu-Damm wirkt wie die Antwort des Menschen auf die imposanten Iguaçu-Fälle. Das gigantische Bauwerk erzeugt etwa ein Viertel des in Brasilien verbrauchten Stroms. Besucher sehen ein Video über den Bau der Staumauer und des Kraftwerks, sie werden mit dem Bus zu einem zentralen Aussichtspunkt auf dem mächtigen Damm gefahren. Weiterführende Informationen bieten Spezialtouren, für die man reservieren muss. Sie führen in das Kontrollzentrum des Kraftwerks.

Links (von links nach rechts): Der Jaguar, die größte Raubkatze Südamerikas, kann im Iguaçu-Nationalpark leichter gehört als gesehen werden; farbenprächtiger Tukan

Rechts (im Uhrzeigersinn): Auf Plattformen können Besucher über den Fällen stehen; ein Teil der Fälle aus der Vogelperspektive; Jetboot am Fuß der Kaskaden

Kleines Bild: Blick in den Teufelsrachen

Großes Bild: Der gigantische Strom der mächtigen Iguaçu-Fälle

Am Rachen des Teufels

Kein anderer Wasserfall der Erde kommt dem Iguaçu gleich. Mit seiner schwindelerregenden Höhe, seinen schäumenden Fluten und unberührten Regenwäldern ist er schlicht einzigartig. »Armer Niagara …«, lautete der Kommentar von Eleanor Roosevelt, als sie erstmals den gigantischen Wasserfall erblickte, der an der Grenze zwischen Brasilien und Argentinien in einen drei Kilometer breiten Abgrund stürzt. Am Rand der Klippen teilt sich der langsam strömende Fluss Iguaçu in Hunderte Arme, die sich ihre verschiedenen Wege in die Schlucht suchen. Einige fallen die 70 Meter Höhenunterschied in Kaskaden hinab, stürzen über Felsen in wirbelnde Strudel, kreisen einige Zeit und setzen dann ihre Reise flussabwärts fort. Andere ergießen sich in feinen, dünnen Fäden und zerstieben zu Dunstschleiern, bevor sie den Grund erreichen. Der Hauptarm rauscht in einen riesigen hufeisenförmigen Engpass – *Garganta del Diablo* (Teufelsrachen) wird dieser tobende Kessel genannt.

»Armer Niagara …«, lautete der Kommentar von Eleanor Roosevelt, als sie erstmals die gigantischen Iguaçu-Fälle erblickte.

Weder Dunst- noch Nebelschleier behindern die Sicht auf dieses Naturschauspiel. An Sonnentagen erscheinen vollendete Regenbogen über dem schäumenden Wasser. Der üppige subtropische Regenwald ist zu beiden Seiten der Fälle so groß und unberührt, dass dort noch immer Jaguare verstohlen unter dem Blätterdach schleichen. Sie werden zwar kaum eine dieser großen, scheuen Katzen sichten, ziemlich sicher jedoch riesige Schwärme von Rußseglern, die sich in den Aufwinden an den Fälle treiben lassen, und farbenprächtige Tukane, die von Baum zu Baum fliegen. Unzählige Schmetterlinge sind überall, vielleicht erspähen Sie sogar im Wald einen riesigen Blauen Morphofalter, dessen bis zu 15 Zentimeter breite Flügel blau schillern.

In den letzten Jahren haben die Fälle von der starken Rivalität zwischen Brasilien und Argentinien profitiert, da beide Nationen mit verbesserten Einrichtungen »ihre« Seite aufzuwerten versuchen. Als Reisender sollten Sie die Fälle jedoch von allen Seiten erleben und erspüren: vom Wasser, aus der Luft, vom Zug und zu Fuß, von Aussichtspunkten, die weite Panoramaaussichten bieten, und von Plattformen, auf denen Sie von der Gischt durchnässt werden.

Wasserfallerlebnis

Die Wasserfälle sind im April am beeindruckendsten, wenn sie durch den Sommerregen besonders viel Wasser führen. In vier Tagen können Sie die Fälle von allen Seiten sehen und weitere Aktivitäten unternehmen. Nehmen Sie sich zusätzlich Zeit für Rio *(siehe S. 322–323)* oder Buenos Aires *(siehe S. 264–265)*.

Vier Tage an den Wasserfällen

TAG 1

Informieren Sie sich auf der brasilianischen Seite im Besucherzentrum über die Naturgeschichte des Parks. An den Wasserfällen erkunden Sie alle Fußwege, werden auf den Plattformen klatschnass und genießen in aller Ruhe die spektakuläre Aussicht. Unternehmen Sie eine aufregende Fahrt mit dem Jetboot von Macuco Safari zum Fuß der Fälle. Danach lockt ein köstliches Mahl auf der Terrasse des Restaurants Porto Canoas.

TAG 2

Am frühen Morgen fahren Sie auf die argentinische Seite der Fälle und vom dortigen Besucherzentrum mit der Schmalspurbahn zu der Plattform, die direkt zum Rand des Teufelsrachen führt. Wandern Sie dann auf einem der vielen Dschungelpfade oder fahren Sie mit dem Jetboot zum Fuß der Fälle, wenn Sie dieses aufregende (und nasse) Erlebnis am Vortag auf der brasilianischen Seite verpasst haben.

TAG 3

Heute locken weitere Sehenswürdigkeiten: Naturliebhaber können etwa auf interessanten Bootsfahrten auf dem Fluss Iguaçu Kaimane beobachten, die sich am Ufer genüsslich sonnen.

Vogelfreunde zieht es in den Iguaçu-Vogelpark, der vor dem Park auf der brasilianischen Seite gelegen ist. Hier kann man in großen begehbaren Volieren eine erstaunliche Vielfalt an brasilianischen Vogelarten bewundern. Technikinteressierte sollten zum gigantischen Itaipu-Damm fahren.

TAG 4

Am letzten Tag können Sie entspannen, Sehenswürdigkeiten oder noch einmal das spektakuläre Naturwunder der Wasserfälle bestaunen.

Dos & Don'ts

- ✓ Packen Sie einen leichten Regenmantel und eine Plastiktüte für Ihre Kamera ein. Der Park ist ein Regenwald, in dem man selbst an trockenen Tagen sehr nass werden kann.
- ✓ Sehen Sie sich die Wasserfälle auf jeden Fall sowohl von der brasilianischen als auch von der argentinischen Seite an.
- ✓ Wenn Sie ein Auto mieten, müssen Sie dem Verleiher mitteilen, dass Sie über die Grenze fahren und die dazu notwendigen Papiere brauchen.
- ✗ Füttern Sie nicht die niedlichen, aber hartnäckigen kleinen Nasenbären (Coati) an den Wanderwegen.

Unten: Rußsegler nutzen die Aufwinde an den Wasserfällen

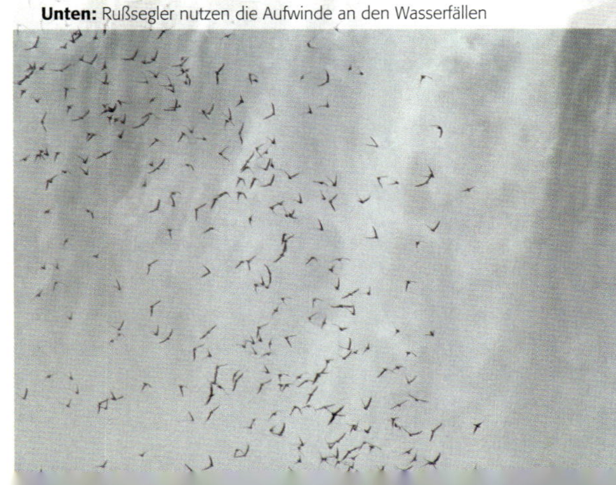

ANREISE
Samarkand (Samarqand) liegt in Usbekistan, 275 Kilometer von der Hauptstadt Taschkent (Taškent) entfernt. Dort landen die internationalen Flüge. Von Taschkent fahren Busse in fünf Stunden nach Samarkand. In Samarkand, Buchara und Chiwa gibt es auch kleine Flughäfen.

VOR ORT UNTERWEGS
Busse sind preiswerter als Züge und fahren auch häufiger. Für Ausflüge auf das Land mietet man Taxis auf Tagesbasis.

WETTER
Im April ist das Wetter sehr angenehm, die durchschnittliche Tagestemperatur liegt bei 22 °C. Manchmal ist es bewölkt, Regen selten.

ÜBERNACHTEN
Amelia, 1 Bozor Hoja Str., Buchara: privates Gästehaus, Doppelzimmer ab 20 €.

Malika Samarkand Hotel (mit Filiale in Chiwa), Doppelzimmer ab 30 €; www.malika-samarkand.com

Neu erbaut: Hotel President Palace, 53 Shokruh Str., Samarkand, Doppelzimmer ab 100 €.

ESSEN GEHEN
Die usbekische Küche ist nicht wirklich ein Höhepunkt der Reise, man isst preiswert, aber wenig abwechslungsreich. Hotels servieren meist russische Küche, die lokalen Restaurants *plov* (Pilaureis), Hammelschaschlik, weiche Brotfladen, grünen Tee und Wassermelonen.

KOSTEN FÜR ZWEI PERSONEN
120–160 € pro Tag inklusive Übernachten, Verpflegung und Fahrten vor Ort.

INFORMATION
www.samarkand.info

Das Erbe des Tamerlan

Timur (oder Tamerlan) wurde 1336 bei Samarkand geboren. Mit seiner Armee aus turksprachigen Mongolen schuf er ein Imperium, das vom Euphrat bis zum Indus reichte. Timur versammelte die besten Kunsthandwerker aus seinem Reich, um Samarkand in eine der schönsten Städte der Welt zu verwandeln. Die oben abgebildeten Kacheln vom Registan zeigen Timur als Löwen – eine einzigartige Darstellung in der islamischen Kunst, die figurale Abbildungen im religiösen Kontext verbietet.

Oben (von links nach rechts): Sher-Dor Madrasa, Registan, Samarkand; usbekischer Händler; alte verzierte Tür, Samarkand
Großes Bild: Die blaue Kuppel der Bibi-Khanum-Moschee, Samarkand

Am Weg der Geschichte

Samarkands Name weckt romantische Vorstellungen aus den Zeiten der Seidenstraße, und noch heute wird die Stadt von jener Architektur geprägt, die sie einst zu einem bemerkenswerten Vorposten mittelalterlicher Kultur machte. Samarkand erstrahlt im Sonnenlicht, das die Mosaiken der Gräber und die azurblauen Ziegel der Kuppeldächer ebenso zum Glänzen bringt wie die Gold- und Silberfäden in den Kopftüchern der Frauen. Der zentrale Registan ist ein weiter Platz, den Medresen (Religionsschulen) aus dem 16. Jahrhundert auf drei Seiten säumen. Die großartigen Gebäude sind mit kompliziertesten Mustern verziert – mit Blumen, Kalligrafien und geometrischen Motiven in leuchtendem Blau, Grün und Gold.

Ebenso faszinierend wie die Bauwerke ist der Alte Markt. Dort verkaufen Frauen mit bunten Kopftüchern Waren zwischen hohen Stapeln grüner und gelber Wassermelonen. Die Luft ist vom Duft der Gewürze und der Schaschlikspieße aus Hammelfleisch erfüllt, die unter der Aufsicht bärtiger Männer über glühenden Holzkohlen brutzeln. Diese Szenen haben sich seit der Zeit der Seidenstraße kaum geändert, auch wenn Pulverkaffee, Plastikspielzeug und manch andere Waren von modernen Bedürfnissen zeugen.

Buchara (Buxoro), das 240 Kilometer westlich an der Seidenstraße liegt, kann leichter zu Fuß erkundet werden. Diese Stadt erscheint mit ihren engen Gassen und den kühlenden Wasserbecken im Schatten grüner Maulbeerbäume wie das Idealbild einer Wüstenoase. Dort können Sie in Teehäusern auf Diwanen grünen Tee genießen und davon träumen, 100 Karawanen mit feiner Seide und Gold zu besitzen. Weitere 320 Kilometer nach Westen ist Chiwa der letzte Vorposten vor der Wüste. Die Stadt gleicht einem Freiluftmuseum, in dem die Zeit seit dem Mittelalter stillgestanden ist.

»Alles, was ich über die
Schönheit Samarkands
rte, war wahr; tatsächlich
t es aber noch schöner, als
ch mir je hätte vorstellen
können.«

Alexander der Große

Kleines Bild: Detail des Kachelmusters in einem Gebäude am Registan
Unten (von links nach rechts): Festung Ark, Buchara; Kaljan-Minarett, Buchara; Innenraum der Juma-Moschee, Chiwa

Seidenstraßentour

Der April ist perfekt für eine Reise nach Usbekistan, da er von der Hitze und den Sandstürmen des Sommers verschont ist. Mindestens eine Woche dauert die Reise auf diesem Teil der alten Handelsroute. Sehenswerte Ziele sind an der Seidenstraße auch Istanbul *(siehe S. 106–107)* sowie der chinesische Abschnitt *(S. 132–133)*.

Eine Woche in Usbekistan

TAG 1

In Taschkent gibt es wenig zu sehen, außer man interessiert sich brennend für das moderne usbekisch-russische Nachtleben. Die meisten Reisenden treten aber so schnell wie möglich die fünfstündige Fahrt nach Samarkand an.

TAG 2–3

Der Registan in Samarkand verdient mehrere Besuche, da er sich wunderschön mit dem wechselnden Licht der Tageszeiten verändert. Besuchen Sie auch gleich den nahen Alten Markt.

Besichtigen Sie die Bibi-Khanum-Moschee, die zwar schon leicht zerfallen, aber immer noch beeindruckend ist. Mieten Sie nachmittags ein Taxi und fahren Sie auf das Land und in Timurs Geburtsort Shaxrisabz.

TAG 4–5

Frühmorgens geht es noch einmal zum Registan und dann weiter nach Buchara. Abends erholen Sie sich von der Fahrt bei Tee oder Stärkerem im Lyab-i-Hauz.

Am nächsten Tag stehen das Kaljan-Minarett, die uneinnehmbar wirkende Festung Ark und das Ismail-Samani-Mausoleum (10. Jh.) auf dem Programm.

TAG 6–7

Brechen Sie früh auf und fahren Sie sechs Stunden mit dem Bus in die alte Stadt Chiwa. Dort spazieren Sie nachmittags im faszinierenden Gassenlabyrinth, das sich rund um die Moscheen erstreckt.

Besichtigen Sie noch die Juma-Moschee und den Emir-Palast und Harem, bevor Sie nach Taschkent zurückfliegen und von dort heim- oder weiterreisen.

Dos & Don'ts

- ✓ Trinken Sie nur Mineralwasser aus Flaschen und überprüfen Sie stets deren Verschluss. Vorsicht bei noch so köstlich aussehenden Früchten – sie müssen immer geschält werden.
- ✗ Lassen Sie nie die Schuhe an, wenn Sie Häuser betreten oder sich in einem *chai-khana* (Teehaus) niedersetzen – lassen Sie aber immer die Socken an.
- ✓ Seien Sie darauf gefasst, dass Sie wirklich um jeden Preis feilschen müssen – Handeln ist hier üblich. Seien Sie aber auch darauf gefasst, dass die Usbeken nach jahrtausendelanger Übung besser handeln als Sie.

ANREISE
Der internationale Flughafen der griechischen Hauptstadt Athen liegt 30 Kilometer (ca. 45 Minuten mit dem Taxi) vom Zentrum entfernt.

VOR ORT UNTERWEGS
Am besten und einfachsten bewegt man sich zu Fuß – im Zentrum sind die Sehenswürdigkeiten dicht gedrängt. Mit Bussen, Trolleybussen und der Metro kommt man überallhin.

WETTER
Im sonnigen April liegen die durchschnittlichen Tageshöchsttemperaturen bei 20 °C.

ÜBERNACHTEN
Airotel Parthenon, zentral, exzellentes Preis-Leistungs-Verhältnis, Familienzimmer ab 90 €; www.airotel.gr

Achilleas, ein kleines, ruhig gelegenes Hotel, Familienzimmer ab 120 €; www.achilleashotel.gr

Electra Palace, einen Katzensprung von der Akropolis entfernt, Familienzimmer ab 160 €; www.electrahotels.gr

ESSEN GEHEN
Essen gehen steht bei Griechen hoch im Kurs, in der Regel erhält man große Portionen aus frischen Zutaten. Mahlzeiten kosten in traditionellen Lokalen 10–15 € pro Person, 45 € in feinen Restaurants. Im Stadtteil Psyrri kann man spätabends beim Essen oft Bouzouki-Musik hören.

KOSTEN FÜR EINE VIERKÖPFIGE FAMILIE
280–320 € pro Tag inklusive Übernachten, Verpflegung, Ausflüge, Fahrten vor Ort und Eintritt.

INFORMATION
www.gnto.gr

Zurück zu altem Glanz

Die Bauprojekte für die Olympischen Spiele 2004 haben das Gesicht der Altstadt verwandelt – sie zählt nun nicht mehr zu den chaotischsten und am meisten verschmutzten Stadtzentren der Welt. Statt Smog und Ruß aus unzähligen Autos und Bussen herrscht hier wieder das berühmte griechische Licht, die Lebensqualität ist gestiegen. Ringstraßen und die Metro halten den Privatverkehr fern, klassizistische Gebäude wurden herausgeputzt. Eine Promenade verbindet Athens antike Stätten und bringt Leben in zuvor vernachlässigte Ecken.

Antikes und mehr

Ob sie nun mit oder ohne Kinder kommen, die meisten Besucher sind von Athen (Athína) begeistert. Wie seit Jahrtausenden thront der Parthenon majestätisch auf der Akropolis über der griechischen Hauptstadt und ihren hübschen Kopfsteinpflasterstraßen in der Plaka, in der die Menschen die lebendige Atmosphäre in den Straßencafés genießen.

Kinder sind fast überall und zu jeder Zeit willkommen, und neugierige Geister werden in dieser alten Stadt vieles entdecken. Das historische Zentrum ist ein einziges Freiluftmuseum, in dem Ruinen und byzantinische Kirchen einträchtig neben Wohnhäusern und Bürogebäuden stehen.

Spazieren Sie durch den Nationalpark, eine schattige Oase der Ruhe im quirligen Athen, und weiter zum marmornen Panathenäen-Stadion, wo 1896 die ersten modernen Olympischen Spiele stattfanden – ein spannender Ort für künftige Athleten. Für Jung und Alt gleichermaßen faszinierend ist auch die Agora, der Geburtsort der Demokratie und das politische Herz der Stadt.

Kindern gefallen neben den antiken Stätten auch die Vergnügungsparks, Abenteuertouren und der weitläufige Zoo in Spata. Oder spazieren Sie – wie viele Athener – an der Promenade des Küstenstädtchens Flisvos und besichtigen Sie den 1911 gebauten Kreuzer *Avérof*.

Wer zu Ostern *(Ágio Páscha)* nach Griechenland reist, erlebt einen Höhepunkt im Jahresverlauf. Die meisten Griechen wahren noch die alten Traditionen und beginnen die Karwoche am Montag vor Ostern mit Fasten. Am Dienstag bekommen die Häuser ihren traditionellen weißen Anstrich. Am Karfreitag läuten die Kirchenglocken den ganzen Tag, ab etwa 20 Uhr beginnen in den Straßen die feierlichen Kerzenprozessionen, denen der *epitáphios* der jeweiligen Kirche vorangetragen wird. Am folgenden Tag versammeln sich die Menschen um Mitternacht vor den Kirchen mit *lambádes* (Kerzen), die von den Priestern mit der heiligen Flamme aus Jerusalem angezündet werden und die Auferstehung Christi verkünden. Dazu lassen Kinder Feuerwerk abbrennen. Die Feierlichkeiten erreichen am Ostersonntag ihren Höhepunkt – dann erklingt in den Straßen und Parks griechische Musik, und der Duft von Lammfleischspießen liegt in der Luft.

Großes Bild: Der Parthenon auf der Akropolis

Oben (von oben nach unten): Detail eines Freskos mit der Darstellung von Boxern, Archäologisches Nationalmuseum; Blick auf Athen von einem Restaurant auf dem Lykavitos

Unten: Wachen am Grab des Unbekannten Soldaten

Athener Tagebuch

Athen ist besonders im Frühjahr schön. Dann herrschen perfekte Temperaturen, um in der Altstadt zu antiken Ruinen und auf die nahen Hügel zu spazieren. Das orthodoxe Osterfest ist Griechenlands wichtigster Feiertag. In der Regel ist es eine Woche nach dem westlichen Osterfest. Termine *siehe S. 327*.

JAN FEB MÄRZ **APR**

Eine Woche im antiken Athen

TAG 1

Bummeln Sie durch die Plaka, das historische Stadtzentrum, und danach zwischen den weißen Häusern von Anafiótika, das einem Inseldorf gleicht. Wie die Einheimischen essen Sie dann spät in Psyrri oder in der Kebab-Straße beim U-Bahnhof Monastiráki zu Abend.

TAG 2

Erkunden Sie die antike Agora und den beeindruckenden Parthenon auf der Akropolis. Auf dem Rückweg besuchen Sie den alten Kerameikos-Friedhof oder bummeln, wenn die Sonne scheint, über den Flohmarkt von Monastiráki. Nach dem Abendessen genießen Sie den warmen Abend in einer der vielen Café-Bars am kinderfreundlichen Platz in Thissio mit Blick auf die beleuchtete Akropolis und den Lykavitos.

TAG 3–5

Planen Sie mindestens drei Stunden für das großartige Archäologische Nationalmuseum ein, um Griechenlands bedeutendste antike Artefakte zu bewundern. Danach schauen Sie sich am Parlament den stündlichen Wachwechsel vor dem Grab des Unbekannten Soldaten an. Zum Shoppen locken preiswerte Läden in der Fußgängerzone Ermoú. Rund um die Athinas-Straße dominiert Nippes, im Kolonaki-Viertel Kunsthandwerk.

Fahren Sie mit dem Bus nach Kap Sounion zum Sonnenuntergang am Poseidontempel. Auf dem Rückweg über Piräus essen Sie am Mikrolímano-Hafen zu Abend.

TAG 6

Ein Tagesausflug führt Sie nach Delphi, das in der griechischen Mythologie als Nabel der Welt galt.

TAG 7

Besuchen Sie auf einer Drei-Insel-Tour die malerischen Häfen von Aegina, Poros und Hydra.

MAI JUNI JULI AUG SEP OKT NOV DEZ

Dos & Don'ts

- ✓ Informieren Sie sich vorab über die Öffnungszeiten der Museen und Stätten, die um Ostern und im Oktober wechseln. An Feiertagen sind viele geschlossen.
- ✗ Vergessen Sie nie, beim Überqueren selbst von Einbahnstraßen nach links und rechts zu schauen.
- ✗ Nehmen Sie am Flughafen kein Taxi, dessen Fahrer für die Fahrt in die Stadt über 28 € verlangt oder keinen Preis nennt.
- ✓ Genießen Sie Athen bei Nacht. Hier isst man erst ab 22 Uhr zu Abend. Das Zentrum ist sicher und voller Menschen.

Unten: Der geschäftige Hafen von Mikrolímano bei Athen

Links: Meditation in einem Zen-Tempel

Rechts (von links nach rechts): Shinto-Schrein, Heian-jingu; »Weg der Philosophie«; einer der Torii-Wege am Shinto-Schrein Fushimi Inari Taisha

Unten rechts: Blick von der Nijo-Burg

Kleines Bild (unten rechts): Zen-Garten am Tofuku-ji-Tempel

Großes Bild: Kirschblüten in Kyoto

ANREISE
Kyoto ist der Verkehrsknotenpunkt der Region Kansai. Vom Kansai International Airport fährt der Haruka Airport Express in 1:15 Stunden in die Innenstadt. Von Tokyo fährt der Hochgeschwindigkeitszug in 2:30 Stunden nach Kyoto.

VOR ORT UNTERWEGS
Zum kleinen U-Bahn-System der Stadt gehört die bequeme Nord-Süd-Verbindung Karasuma.

WETTER
Im sonnigen milden April liegen die durchschnittlichen Höchsttemperaturen bei 17 °C.

ÜBERNACHTEN
Um das authentische Kyoto kennenzulernen, sollten Sie mindestens einmal in einem traditionellen Gästehaus (*ryokan*) übernachten.

Ryokan Yuhara, einfach, freundlich, Doppelzimmer ab 45 €; Tel. (81) 75 371 9583.

Sun Hotel Kyoto, zuverlässiges Mittelklassehaus, viele Geschäftsreisende, Doppelzimmer ab 80 €; Tel. (81) 75 241 3351.

Am elegantesten ist derzeit das Hyatt Regency, Doppelzimmer ab 160 €; www.hyatt.com

ESSEN GEHEN
Kyoto ist bekannt für seine Version der hochzeremoniellen *Kaiseki*-Küche. Eine große Mahlzeit kostet rund 35 €. Wer lieber nicht nach strengem Protokoll isst, findet zahlreiche preiswerte Nudel- und Sushi-Lokale.

KOSTEN FÜR ZWEI PERSONEN
135–200 € pro Tag inklusive Übernachten, Verpflegung, Fahrten vor Ort und Eintrittsgelder.

INFORMATION
www.seejapan.co.uk

Die Welt der Geishas

Mit 16 Jahren beginnen die jungen Frauen ihre fünfjährige Ausbildung, in dieser Zeit werden sie *maiko* (Lehrling) genannt. Nach einer Prüfung wird ihr Haar zeremoniell geschnitten, von nun an dürfen sie die Perücken, Kimonos und *geta* (Holzsandalen) der Geishas tragen. Im frühen 19. Jahrhundert arbeiteten in Kyoto etwa 3000 Geishas in den rund 700 Teehäusern. Heute nimmt ihre Zahl beständig ab: Nur mehr etwa 200 Geishas und rund 50 *maiko* arbeiten in fünf Stadtbezirken von Kyoto. Jährlich kommen zehn weitere Frauen hinzu.

Blühende Tradition

Das alte Kyoto ist das Yin zum Yang des modernen Tokyo. Hier gewinnt man einen tiefen Einblick in das traditionelle Japan. Eleganz und Philosophie durchdringen jeden Winkel der Tempelgärten, jedes Zischen einer aufgleitenden *Shoji*-Tür in einem stillen Teehaus und jedes stakkatohafte Klappern der *geta* (Holzsandalen) einer Geisha, die zur Arbeit eilt. Kyoto ist unbestreitbar eine Bastion des reichen japanischen Kulturerbes: 13 buddhistische Tempel, drei Shinto-Schreine und die Nijo-Burg zählen zum UNESCO-Welterbe. Bleiben Sie dennoch gelassen auf Ihrer Kulturtour, bei einem solchen Angebot ist man schnell überfordert.

Der Frühling wird in ganz Japan, doch nirgendwo mehr als in Kyoto, mit großer Vorfreude erwartet. In der Zeit der Kirschblüte zelebrieren die Menschen seit Jahrhunderten privat und öffentlich mit dem Kirschblütenfest die Schönheit der zarten Blüte. Das Wetteramt überwacht die sogenannte Kirschblüten-Front, damit die Bevölke-

Kyoto ist die Stadt der Geishas – die »Personen der Künste« wohnen im Altstadtbezirk Gion, den enge Sträßchen und alte Schreine prägen.

rung den Zeitpunkt der Feiern verfolgen kann. Während des ganzen Aprils führen Geishas in Kulturhallen besondere Kirschtänze auf. Pilger beschreiten den »Weg der Philosophie«, der unter Kirschbäumen an einem Kanal entlang zum Ginkaku-ji (Silber-Pavillon) führt.

Kyoto ist auch die Stadt der Geishas – die »Personen der Künste« wohnen im Altstadtbezirk Gion, den enge Sträßchen und alte Schreine prägen. Wenn sich in der Abenddämmerung Gions Lichter in den Pfützen spiegeln, leuchten rote Laternen auf, und die kleine enge Pontocho-Straße, in der sich exotische Restaurants reihen, erwacht zum Leben. Mit Kameras bewaffnete Reisegruppen versammeln sich, um vielleicht einen Blick auf eine Geisha in einem Kimono zu erhaschen, die zu einem Teehaus unterwegs ist. Doch auch in Gion ist es nicht leicht, echte Geishas zu erspähen, denn sie sind scheu und gehören einer aussterbenden Zunft an.

Traditionen zählen in Kyoto, auch wenn im Rahmen der Stadtentwicklung rund um den Bahnhof lärmende Baumaschinen den angeblichen Fortschritt bringen. Die Werte aus kultivierteren früheren Zeiten sind hier hinter verschlossenen Türen noch quicklebendig.

Kirschblütenfest

Kyoto erwacht im Frühling zur wunderschönen Kirschblüte zum Leben. Fünf Tage reichen, um Kyotos viele Schreine und Tempel zu besichtigen, in den nahen Bergen zu wandern oder etwas anderes zu unternehmen und zu shoppen. Kombinieren Sie die Reise mit einem Besuch von Tokyo *(siehe S. 286–287)*.

Fünf Tage im alten Japan

TAG 1
Bummeln Sie morgens durch das Stadtzentrum und durch den Park des Kaiserpalastes, besichtigen Sie die Nijo-Burg. Nachmittags besuchen Sie das Kyoto-Museum und bewundern im östlich gelegenen Stadtbezirk Gion die Geishas.

TAG 2
Besichtigen Sie die Tempel und Schreine im Zentrum – vor allem Kiyomizu-dera und Kodai-ji. Danach spazieren Sie im Maruyama-koen-Park und bewundern dort die Kirschblüte. Abends besuchen Sie ein Kabuki-Theater oder eine Geisha-Tanzvorführung.

TAG 3
Beginnen Sie den Tag mit einem Spaziergang auf dem »Weg der Philosophie«, wo Sie unterwegs zum Ginkaku-ji (Silber-Pavillon) den Duft der Blüten schnuppern. Nach dem Mittagessen bewundern Sie im Tofuku-ji-Tempel den klassischen Zen-Garten. Abends essen Sie im alten Kyoto in einem Restaurant an der von Laternen beleuchteten Pontocho-Straße.

TAG 4
Suchen Sie nach antiken Souvenirs am Shinmonzen-dori, rasten Sie in einem traditionellen Café am Kamo-gawa. Abends ziehen Sie in ein *ryokan*, legen Ihren *yukata* (leichter Kimono) an und genießen eine feudale Mahlzeit und eine Nacht auf Futonmatratzen.

TAG 5
Schnappen Sie frische Luft auf dem Land bei Kyoto – etwa im Kurama- und Kibune-Tal. Krönen Sie den Ausflug im Funaoka Onsen, einem fantastischen traditionellen Bad mit heißen Quellen, Badewannen aus Zypressenholz und Tauchbecken im Freien.

Dos & Don'ts

- ✓ Bargeld lacht noch immer laut in Japan – tragen Sie also immer genügend Scheine unterschiedlichen Wertes bei sich.
- ✗ Scheuen Sie sich nicht, Nudeln zu schlürfen – damit zeigen Sie, dass es Ihnen schmeckt.
- ✓ Alle Japaner haben *meishi* (Visitenkarten). Zeigen Sie gute Manieren, reichen und nehmen Sie sie mit beiden Händen.
- ✓ Waschen Sie sich gründlich, bevor Sie in ein öffentliches Bad steigen. Das heiße Becken ist nicht zur Reinigung gedacht.
- ✓ Bringen Sie bei Einladungen ein kleines Geschenk mit, etwa Blumen, grünen Tee oder eine Flasche Sake.

Unten: Geishas in der Ausbildung beim Auftritt im Pontocho-Theater

ANREISE
Die 13 großen und zahllosen kleinen Inseln des Galápagos-Archipels liegen 1000 Kilometer vor der Küste des südamerikanischen Staates Ecuador am Äquator. Internationale Flüge landen in Quito und Guayaquil in Ecuador, Binnenflüge auf dem Flughafen von Santa Cruz.

VOR ORT UNTERWEGS
Organisierte Touren bringen Sie mit Kreuzfahrtschiffen und Charterbooten zu den Inseln.

WETTER
Die Durchschnittstemperaturen liegen bei etwa 27 °C. In den regenreichsten Monaten Februar bis April sind die Inseln am grünsten.

ÜBERNACHTEN
Hotel Galápagos, Santa Cruz, Meeresblick, Doppelzimmer ab 45 €; www.hotelgalapagos.com

Nemo, eleganter Katamaran, zwölf Passagiere, ab 1200 € (pro Person) für acht Tage.

Cachalote I, schöner Schoner, 16 Passagiere, ab 1300 € (pro Person) für acht Tage.

Galápagos Explorer II, Luxusyacht; 100 Passagiere, ab 2000 € (pro Person) für sieben Tage.

ESSEN GEHEN
Fisch und Meeresfrüchte sind die Spezialität, probieren Sie *ceviche* (marinierter Fisch). Verzichten Sie auf Hummer, sie sind bereits überfischt. Auf Charterbooten sind die Mahlzeiten inbegriffen.

KOSTEN FÜR ZWEI PERSONEN
300–480 € pro Tag inklusive Übernachten, Verpflegung, Kreuzfahrt und Gebühr für die Inseln.

INFORMATION
www.galapagos.org

Vom Ursprung der Arten

Als der Naturforscher Charles Darwin 1835 die Galápagos-Inseln besuchte, bemerkte er, dass auf jeder der 13 Inseln eine eigene Finkenart lebte. Darwin vermutete, dass diese alle von einer Finkenart des Festlandes abstammten und sich jeweils den besonderen Anfordernissen ihres isolierten Lebensraums angepasst hatten. Basierend auf seinen Beobachtungen auf Galápagos veröffentlichte Darwin 1859 seine Evolutionstheorie *(Die Entstehung der Arten)* und erschütterte damit das damalige Weltbild.

Oben (von links nach rechts): Galápagos-Riesenschildkröte; farbenprächtige Klippenkrabbe, San Cristóbal; Blaufußtölpel
Großes Bild: Ein Braunpelikan jagt unter Wasser nach Meerbarben

Am Rande der Welt

Die isoliert gelegenen Galápagos-Inseln sind kein Paradies – Darwin nannte sie gar die »Gärten der Hölle«. Während die ältesten, vor rund fünf Millionen Jahren entstandenen Inseln schon glatt abgetragen wurden, sind die jüngeren Inseln zerklüftet. Aufgrund eines unter dem Meeresboden gelegenen »Hotspot« wachsen die jüngsten, am weitesten westlich gelegenen vulkanischen Inseln noch immer in die Höhe. Obgleich hier sogar die für den Pazifik typische Kokospalme fehlt, erzählt doch jeder, der einmal auf den Inseln war, von fantastischen Begegnungen – von den bis zu 275 Kilogramm schweren Riesenschildkröten (das spanische Wort *galápagos* bedeutet »Schildkröte«) am Strand, von Seelöwen, die voller Vertrauen Menschen an ihren Nachwuchs lassen, und von Galápagosbussarden, die auf den Köpfen der Besucher landen.

Die 1959 zum Nationalpark erklärten Inseln verdanken ihre Einzigartigkeit der Abgeschiedenheit. Besuche sind streng reguliert, und lizenzierte Führer begleiten jedes Boot. Sie achten auf die Einhaltung der Parkregeln und machen die Besucher mit der außergewöhnlichen Ökologie, Geologie, Flora und Fauna dieses faszinierenden, empfindlichen Archipels vertraut.

berall flitzen Lavaechsen,
leerechsen liegen so starr
n Ufer, dass sie prähistori-
chem Strandgut gleichen,
d Fregattvogelmännchen
lasen ihre zinnoberroten
Kehlsäcke auf.

Unterwegs sieht man vom Boot aus riesige Mantarochen und Große Tümmler. Auf den Inseln Floreana und Jervis staken Flamingos durch rosa Schlamm, vor Bartolomé kann man mit Hammerhaien tauchen oder auf Fernandina mit den Pinguinen schnorcheln. Überall flitzen Lavaechsen, Meerechsen liegen so starr am Ufer, dass sie prähistorischem Strandgut gleichen, und Fregattvogelmännchen blasen bei der Balz um die Weibchen ihre zinnoberroten Kehlsäcke auf. Nicht nur Evolutionstheoretiker sind von diesen Inseln fasziniert, auf denen 90 Prozent der Reptilien, 80 Prozent der Landvögel und 40 Prozent der Pflanzen endemisch sind.

Kleines Bild: Satellitenaufnahme der Krater auf den Inseln Isabela und Fernandina
Unten (von links nach rechts): Einsame Bucht auf Bartolomé; Taucher in einem Schwarm von Schwarzstreifen-Grunzern; Meerechsen

Naturbegegnungen

Die Galápagos-Inseln bieten einzigartige Naturerlebnisse, weil die meisten Tiere keine Angst vor Menschen haben. Die Inseln erkundet man auf einer organisierten Kreuzfahrt ab Puerto Ayora auf Santa Cruz. Planen Sie auch einige Tage für den Besuch von Quito und der Andenstadt Otavalo ein.

Neun Tage Inselexpedition

In der Charles-Darwin-Forschungsstation in Puerto Ayora besuchen Sie die Riesenschildkröten-Zuchtstation.	**TAG 1**
Bei einem Ausflug ins grüne Hochland von Santa Cruz halten Sie nach Riesenschildkröten Ausschau.	**TAG 2**
Mit dem Boot setzen Sie zur Insel Española über, wo Sie Meerechsen, Seelöwen an Sandstränden, Albatros- und Blaufußtölpelkolonien erwarten. Auf der nahen Insel Floreana sehen Sie Flamingos, schnorcheln mit Meeresschildkröten oder auch Haien bei Devil's Crown und stecken Ihre Post ins »Postfass«.	**TAG 3–4**
Wandern Sie durch das neblige Hochland der Isla Isabela und schwimmen Sie mit den Seelöwen und Galápagos-Pinguinen in der Tagus-Bucht. Halten Sie im Bolívar-Kanal Ausschau nach Delfinen und Walen. Auf Fernandina fotografieren Sie Kormorane und besteigen einen spektakulären Krater. Nach langer Überfahrt nach Genovesa ankern Sie in der malerischen Darwin-Bucht, wo Sie Vögel beobachten und mit Galápagos-Seebären schnorcheln. Auf Bartolomé erklimmen Sie den Pinnacle Rock, auf Plaza Sur bestaunen Sie die Seelöwenkolonie.	**TAG 5–8**
Auf Santa Fe gehen Sie schnorcheln und achten dabei auf Landleguane und Feigenkakteen. Zurück auf Santa Cruz bereiten Sie die Heim- oder Weiterreise vor.	**TAG 9**

Dos & Don'ts

- ✓ Bleiben Sie auf den Wegen. Abseits der Wege können Sie das empfindliche Ökosystem dauerhaft beschädigen.
- ✗ Fassen Sie keine Tiere an – das ist strengstens verboten.
- ✓ Reisen Sie mit einem kleinen Boot (idealerweise unter 20 Passagiere), das Erlebnis ist dann intensiver.
- ✗ Überfordern Sie sich nicht, wenn Sie mit dem Flugzeug in Quito ankommen – wahrscheinlich brauchen Sie etwas Zeit, um sich an die 2850 Meter Höhe zu gewöhnen.

ANREISE
Ankara ist die Hauptstadt, Istanbul die größte Stadt der Türkei. Von Istanbuls Atatürk International Airport fahren Busse zum Taksim-Platz im Zentrum des modernen Istanbul. Die 30-minütige Fahrt kostet nur knapp 3,50 €.

VOR ORT UNTERWEGS
Viele Sehenswürdigkeiten lassen sich zu Fuß erkunden, zudem gibt es ein gutes Straßenbahn- und Metro-Netz sowie unzählige Taxis.

WETTER
Ab April ist das Wetter klar und mild, die Temperaturen liegen zwischen 7 und 15 °C.

ÜBERNACHTEN
Im traditionellen Empress Zoe kosten Doppelzimmer ab 90 €; www.emzoe.com

Osmanische Opulenz in einem renovierten hölzernen Stadthaus: Yeşil Ev, Doppelzimmer ab 160 €; www.hotelyesilev.com

Regelmäßig als eines der Top-Hotels Europas bewertet: Four Seasons, Doppelzimmer ab 330 €; www.fourseasons.com

ESSEN GEHEN
In den Ufervierteln Kumkapi und Ortaköy gibt es zahlreiche Fischlokale. Kosten Sie *balık köftesi* (Fischfrikadellen). Traditionelle *Meyhane*-Lokale finden Sie in der schmalen Gasse Nevizade Sokak.

KOSTEN FÜR ZWEI PERSONEN
200–250 € pro Tag inkl. Übernachten, Verpflegung, Fahrten vor Ort und Bootsfahrt auf dem Bosporus.

INFORMATION
www.istanbul.com

Die Stadt des Konstantin

Im 4. Jahrhundert n. Chr. verlegte der römische Kaiser Konstantin die Hauptstadt von Rom an den Bosporus. Nach der Teilung des römischen Reichs wurde Konstantinopel die Hauptstadt des byzantinischen Reichs, das 1453 von den Osmanen erobert wurde. Danach wurde die Stadt in Istanbul umbenannt. In der byzantinischen Hagia Sophia bilden viele Mosaiken byzantinische Kaiser ab *(unten)*.

Oben (von links nach rechts): Schmuckkachel im Topkapı-Palast; Innenraum der Neuen Moschee
Großes Bild: Die Kuppeln der Blauen Moschee, im Hintergrund der Bosporus

Minarette und Basare

Schlanke Minarette und Zwiebelkuppeln prägen die Skyline Istanbuls, fantastische Paläste bergen Schätze aus zahlreichen Eroberungszügen. Die kaufmännischen Wurzeln der Stadt, die aus einem Umschlagplatz des Fernhandels entstand, sind noch heute im prächtigen Großen Basar gegenwärtig. In diesem riesigen Labyrinth aus überdachten Gängen und Abertausenden Läden kann man sich ewig aufhalten und um prächtig gemusterte Teppiche oder kostbare Saphire, Rubine und Smaragde handeln.

Unterhalb des Basars liegt das Goldene Horn, über das die Galata-Brücke von der alten in die neue Stadt führt – doch »neu« bedeutet in Istanbul einige Jahrhunderte. Erkunden Sie in der Hauptstraße Istiklal Caddesi und dem angrenzenden Gassengewirr Boutiquen, Cafés, Restaurants, Bars und Clubs. Hier gibt es das beste Essen der Stadt – cremige *tarama* aus rotem Fischrogen, mit Reis und Gewürzen gefüllte Muscheln und die üblichen Kebabs. Entdecken Sie auf dem Fischmarkt von Galatasaray nicht nur frischen Fisch, sondern auch Delikatessen aus Fleisch, Käse oder eingelegtem Gemüse. Schwelgen Sie in der Vielfalt der *meze*, deren kleine Portionen von einem schnellen Imbiss mit *pide* (kleine türkische Pizza) bis zu einem Festessen mit mehreren Gängen kombiniert werden können. Die historischen Einflüsse aus Griechenland, dem Balkan, dem Kaukasus und der Levante fließen in das türkische Essen ein, und im Zusammenspiel mit starkem *rakı* (Anisschnaps) und einem Ständchen auf der *saz* kann daraus ein sinnlich-kulturelles Erlebnis werden.

In der ehemaligen Hauptstadt sowohl des byzantinischen als auch des osmanischen Reichs zeugen fantastische Bauwerke von einer langen imperialen Geschichte. Jahrhundertelang ließen Kaiser und Sultane die Halbinsel bebauen, auf der die Altstadtviertel Saray Burnu und Sultanahmet liegen. Hier beschützten die alten Stadtmauern vor langer Zeit Paläste, die heute nicht mehr stehen, und einige der frühesten christlichen Gründungen. Außer vielen archäologischen Schätzen kann man den prächtigen Topkapı-Palast besichtigen, die Blaue Moschee, die Hagia Sophia und die Überreste des großen Hippodroms, in dem Wagenrennen stattfanden.

Unten (von links nach rechts): Dichtes Gedränge im Großen Basar; römische Relikte im Yerebatan Saray

Geschichte erleben

Lernen Sie Istanbul richtig kennen, erkunden Sie auch auf der anderen Seite des Goldenen Horns die lebensprühenden Viertel aus dem 19. Jahrhundert und unternehmen Sie eine Bootsfahrt auf dem Bosporus. Das macht nicht nur Spaß, sondern ermöglicht auch den besten Blick auf die Stadt vom Wasser aus.

Vier Tage am Bosporus

TAG 1

Besuchen Sie den Topkapı-Palast, Sitz der osmanischen Sultane und drei Jahrhunderte lang Machtzentrum des Riesenreichs. Veranschlagen Sie einen Tag für die Besichtigung der vier Höfe, Haremsgemächer und zahlreichen Säle, in denen Schmuck, Waffen, Rüstungen, Keramiken und Silberwaren ausgestellt sind.

TAG 2

Besichtigen Sie die Blaue Moschee und die Hagia Sophia, zwei einzigartige Bauwerke.

Erkunden Sie die nahe unterirdische Zisterne aus byzantinischer Zeit. Sie liegt auf dem Weg zum Großen Basar, auf dem man tage- und wochenlang genüsslich shoppen könnte.

TAG 3

Stöbern Sie auf dem Ägyptischen Basar am Ufer des Goldenen Horns nach Gewürzen und Souvenirs.

Überqueren Sie die Brücke zum Galata-Turm und genießen Sie den schönen Blick auf Saray Burnu und Sultanahmet. Gönnen Sie sich eine Rast in einem der vielen Straßencafés oder einer Bar im alten Pera-Viertel rund um den Turm und entdecken Sie dort schöne Häuser im europäischen Stil des 19. Jahrhunderts.

TAG 4

Fahren Sie mit der Fähre von Eminönü auf dem Bosporus. Die übliche Fahrt dauert sechs Stunden hin und zurück inklusive zweistündigem Aufenthalt in einem kleinen Fischerdorf – ausreichend Zeit für ein Mittagessen und einen kurzen Spaziergang.

Dos & Don'ts

- ✓ Handeln Sie im Basar, das wird erwartet. Ansonsten zahlen Sie Fantasiepreise.
- ✗ Glauben Sie nicht, früh ins Bett gehen zu können – Istanbul ist bis in die frühen Morgenstunden voller Leben.
- ✓ Seien Sie vorsichtig, wenn Sie Essen auf der Straße kaufen. Besonders Fischgerichte können in der Hitze schnell verderben, also nehmen Sie nur frisch Zubereitetes.
- ✓ Kontrollieren Sie beim Taxifahren das Wechselgeld. Istanbuls Taxifahrer sind berühmt dafür, Touristen auszunutzen.
- ✓ Ziehen Sie Ihre Schuhe aus, wenn Sie eine Moschee besuchen. Mit Schuhen werden Sie nicht eingelassen.

Unten: Prächtige Teppiche im Großen Basar

ANREISE
Orlando liegt in Floridas Zentrum, rund 56 Kilometer von den Stränden der Ostküste entfernt.

VOR ORT UNTERWEGS
Orlando International Airport ist rund 30 Fahrtminuten von Lake Buena Vista und Walt Disney World® sowie Orlandos Zentrum entfernt.

WETTER
Warm und angenehm – im April liegen die Durchschnittshöchsttemperaturen bei 29 °C.

ÜBERNACHTEN
Nickelodeon Family Suites bietet kostenlosen Transfer zu anderen Themenparks, Suiten ab 70 €; www.nickhotel.com

Hampton Inn and Suites, gutes Preis-Leistungs-Verhältnis, ab 100 € für vier Personen; www.hamptoninnlbv.com

Gäste der Walt Disney World® Resorts oder Universal Studios® Hotels erhalten Rabatt in den Themenparks; zwei Doppelzimmer ab 110 €; www.disneyworld.disney.go.com www.universalorlando.com

ESSEN GEHEN
Hunderte Auswahlmöglichkeiten für jeden Geldbeutel – vor allem Fast Food. Aber auch Feinschmecker verhungern nicht, betreiben doch berühmte Köche, etwa Emiril oder Wolfgang Puck, hier Restaurants.

KOSTEN FÜR EINE VIERKÖPFIGE FAMILIE
360–425 € pro Tag inklusive Übernachten, Verpflegung und einem fünftägigen Park Hopper Pass für zwei Erwachsene und zwei Kinder.

INFORMATION
www.orlando.com

Kennedy Space Center

Im Kennedy Space Center der NASA zeichnen Ausstellungen die Geschichte der Raumfahrt nach. Die Insel wurde 1949 für Raketentests gewählt, da sie in den freien Atlantik ragt und besonders nah am Äquator liegt – die Raketen profitieren hier von der Erdrotation. Zu den Hauptattraktionen des Centers zählen eine Busfahrt zu den Startrampen, die Besichtigung echter Raketen und das Firing Room Theater, das einen Raketenstart simuliert (weitere Infos unter www.kennedyspacecenter.com).

Oben (von links nach rechts): Rafting auf dem Castaway Creek, Walt Disney World®; Micky Maus; Orca Shamu in SeaWorld®
Großes Bild: Spektakuläres Feuerwerk über dem Magic Kingdom in Walt Disney World®

Spaß für die ganze Familie

Kinder und Erwachsene zappeln in der Warteschlange vor wachsender Ungeduld, und bei der kurzen Umarmung des knapp zwei Meter großen hyperaktiven Nagers schmilzt garantiert auch der abgebrühteste Zyniker dahin – ein Treffen mit Micky Maus und seinen Freunden ist zweifellos der Höhepunkt eines Besuchs in Disney World. Auf dem Weg in den Park oder durch die Drehkreuze muss jemand Feenstaub oder Ähnliches verstreut haben, wird man doch auf einmal wirklich wieder zum Kind, das wie alle anderen glücklich in die Welt strahlt. Auch wenn es zwischendurch erscheint, als ob Disney Worlds Magie eher auf harten Dollars denn auf feinem Feenstaub basiert – Micky und seine Kameraden heitern alle auf.

Bis 1971 Walt Disneys Magic Kingdom eröffnete, war Orlando eine verschlafene Stadt inmitten von Zitronenhainen. Heute lockt das beliebteste Ferienziel der Welt jährlich über 20 Millionen Besucher an, die sich in einem schier endlosen Strom von Attraktionen, auf halsbrecherischen Achterbahnfahrten oder in faszinierenden Tier- und Wasserparks ins Vergnügen stürzen. Magic Kingdom ist nur einer von sechs Parks der riesigen Disney World, die Universal Studios und SeaWorld scheinen jedes Jahr größer zu werden. Vom Kleinkind zum Großvater ist für jeden etwas geboten – fragt sich nur, wie man das alles bei einem Besuch unter einen Hut bekommen soll.

Doch es gibt in Florida nicht nur Themenparks. Fahren Sie zu den ewig langen Sandstränden der Ostküste, auch wenn es windig ist und das Meer kühl. Am Daytona Beach im Norden oder am Cocoa Beach im Süden lässt sich der Feenstaub hervorragend vertreiben. Entspannen Sie in einem echten Naturpark – dem Strand: Stürzen Sie sich in die Wellen, bauen Sie Ihre eigene Sandburg und essen Sie am Garnelenstand bei Sonnenuntergang. Das ist auch ohne Maus ganz zauberhaft.

Auf dem Weg durch die)rehkreuze muss jemand 'eenstaub oder Ähnliches erstreut haben, wird man doch auf einmal wirklich wieder zum Kind.

Kleines Bild links: Achterbahn in den Universal Studios®
Unten (von links nach rechts): Start eines Shuttle vom Kennedy Space Center; Harry P. Leus herrlicher Garten; schier endloser Sandstrand am Daytona Beach

Erlebniswelten

Kein Reiseziel bietet mehr Spaß für die ganze Familie als Orlando. Neben Walt Disney World®, Universal Studios® und SeaWorld® locken Strände und das Kennedy Space Center. Der April, in dem meist die Osterferien fallen, zählt zu den besten Reisezeiten, weil es noch nicht so heiß wie im Sommer ist.

Eine Woche Kinderspaß

Beginnen Sie mit dem Klassiker, Disney's Magic Kingdom®. Selbstverständlich treffen Sie hier Micky Maus und seine berühmten Freunde, aber auch die Space Mountain's Rocket und das Spukschloss erwarten Sie.	**TAG 1**
Nun haben Sie die Qual der Wahl: eine Reise um die Welt in Epcot®, Stars, Stuntshows und aufregende Fahrgeschäfte in den MGM Studios® oder Safari im riesigen African Wildlife Park in Disney's Animal Kingdom®. Atemberaubende Abkühlung verspricht abschließend in Disney's Blizzard Beach Waterpark die 90 Kilometer schnelle Wasserrutsche.	**TAG 2–3**
Die Universal Studios® bieten weiteren Spaß mit Filmthemen und die Möglichkeiten, die Kunst des Filmemachens kennenzulernen. Ultimativ atemberaubenden Fahrspaß findet man in einem weiteren Park, Universal's Islands of Adventure. SeaWorld lockt mit Delfinshows und Orca Shamu, dem Star des Parks.	**TAG 4–5**
Nach fünf Tagen Disney können Sie sicher etwas Abwechslung brauchen. Gartenfreunde besuchen Harry P. Leus Garten-Park im nahen Orlando, Strandfans treibt es mehr nach Osten an den kühlen Atlantik. Dort können Sie an einem wirklich beeindruckenden Strand die Erlebnisse der Vortage sacken lassen.	**TAG 6**
Am letzten Tag heben Sie ab (und planen vielleicht die Ferien der Zukunft) im Kennedy Space Center. Mit viel Glück sieht man dort sogar einen Raketenstart.	**TAG 7**

Dos & Don'ts

- ✓ Planen Sie Ihren Tag sehr sorgfältig – die Parks sind riesig, und ziellloses Umherwandern erweist sich als frustrierend.
- ✗ Fahren Sie mit dem Mietwagen nicht zur Hauptverkehrszeit. Orlandos einzige Hauptverkehrsstrecke, I-4, ist morgens und abends im Berufsverkehr ziemlich verstopft.
- ✓ Fahren Sie schon früh, vor dem großen Ansturm, zu den Parks. So können Sie den Tag am besten nutzen.
- ✓ Geben Sie zusätzlich Geld für den Express Pass bei Universal oder den Disney FastPass aus. Damit ersparen Sie sich lange Wartezeiten (und Gequengel) in der Sonne.

ANREISE
Paris hat zwei Flughäfen – Orly und Charles de Gaulle. Zugfahrten vom Charles de Gaulle zum Gare du Nord dauern 45 Minuten, von Orly zum Quai d'Orsay 30 Minuten.

VOR ORT UNTERWEGS
Mit der Métro und den RER-Vorortzügen kommt man bequem voran, Taxis stehen überall bereit.

WETTER
Im normalerweise sonnigen April klettern die Durchschnittstemperaturen tagsüber auf 12 °C. Abends kann es kühl werden.

ÜBERNACHTEN
Hôtel du Jeu de Paume, ruhig, auf der Île Saint-Louis; Doppelzimmer ab 170 €; www.jeudepaumehotel.com

Murano Urban Resort, das eleganteste Hotel im Marais, mit Spa und Hamam; Doppelzimmer ab 310 €; www.muranoresort.com

Ritz Paris, für fast schon dekadenten Luxus, Doppelzimmer ab 600 €; www.ritzparis.com

ESSEN GEHEN
Paris ist berühmt für sein mächtiges Essen, für seine Butterbrioches, üppige Patisserie, reichhaltigen Saucen und reifen Käse. Mittags schmeckt es im stimmungsvollen Café La Palette, Rue de Seine, am linken Seine-Ufer, abends munden Austern in Le Bar à Huître; www.barhuitre.com

KOSTEN FÜR ZWEI PERSONEN
320–380 € pro Tag, inklusive Übernachten, Verpflegung, Fahrten vor Ort und Eintrittsgelder.

INFORMATION
www.parisinfo.com

Cimetière du Père-Lachaise

Der bekannteste Friedhof von Paris liegt auf einem bewaldeten Hügel oberhalb der Stadt. Das Grundstück wurde 1803 auf Befehl Napoléons gekauft und in einen Friedhof umgewandelt. Dieser war bei der Pariser Bourgeoisie so beliebt, dass er im 19. Jahrhundert sechsmal erweitert werden musste. Spazieren Sie zwischen beeindruckenden Grabstätten zu den letzten Ruhestätten von Berühmtheiten wie Simone Signoret, Yves Montand, Edith Piaf, Jim Morrison und Oscar Wilde.

Großes Bild: Der illuminierte Eiffelturm in der Abenddämmerung

Oben (von links nach rechts): Café in Montmartre; freche Wasserspeierfigur an der Kathedrale Notre-Dame de Paris; in der Brasserie Flo

Frühlingsromanzen

Wenn im April die Kastanien blühen, scheint die Zeit wie geschaffen für Paris. Die Frühlingsluft verheißt hier Romantik pur – spätestens seitdem sich im 12. Jahrhundert der Philosoph Pierre Abélard in seine Schülerin Héloïse Fulbert verliebte. 700 Jahre später beeindruckte die Liebesgeschichte Kaiserin Joséphine noch immer so tief, dass sie die beiden Liebenden auf dem Friedhof Père-Lachaise für immer zusammenbringen ließ. Friedhöfe sind gewöhnlicherweise keine Attraktion, doch dieser zieht alljährlich Tausende Besucher an, die den hier begrabenen romantischen Persönlichkeiten – etwa Bizet, Rossini, Apollinaire, Sarah Bernhardt, Maria Callas, Modigliani, Piaf, Proust, Jim Morrison und Oscar Wilde – ihre Aufwartung machen.

Für Liebespaare gibt es in Paris viel zu unternehmen, vom Ausblick von der Spitze des Eiffelturms bis zu kulinarischen Rundfahrten auf der Seine. Doch echte Romantiker schlendern einfach in der Frühlingssonne am linken Seine-Ufer durch Straßen mit blühenden Bäumen, durch das alte Quartier Marais oder über die Île Saint-Louis, genießen ein stilles Eckchen im Jardin du Luxembourg, die Ruhe am Canal St.-Martin oder einen *café au lait* in einem Straßencafé, tauschen mit einem Kuss Liebesschwüre auf dem Pont Neuf und schlemmen in einem behaglichen Bistro bei Kerzenlicht. Literaten besuchen Shakespeare & Company, den Buchladen von Hemingway und Joyce, Kunstbeflissene das Beaubourg. Wer sich für die Treffpunkte der Pariser Künstler interessiert, wird es mit den Massen am Montmatre aufnehmen, das Moulin Rouge besuchen und sich eine Cabaret-Aufführung ansehen.

Nachtschwärmer gehen schick gekleidet in die Opéra Garnier, die für das *Phantom der Oper* Pate stand, besuchen ein Konzert in einer der stimmungsvollen Kirchen oder ein Jazzkonzert in einem Club – der perfekte Ausklang einer Nacht in der romantischsten Stadt der Welt.

chte Romantiker schlendern einfach in der Frühgssonne am linken Seine-Ufer durch Straßen mit lühenden Bäumen, durch das alte Quartier Marais er über die Île Saint-Louis.

Kleines Bild links: Schaufenster des berühmten Juweliers Cartier
Unten (von links nach rechts): Jugendstil-Métroschild; Pont Alexandre III; Detail von Rodins marmornem Meisterwerk *Der Kuss*

Frühlingserwachen

Im April erstrahlt Paris im Zauber des Frühlings. Die Tische der Lokale werden wieder ins Freie gestellt, und die ersten Freiluftkonzerte ertönen. Unter wolkigblauem Himmel können Sie Architektur und Skulpturen im Freien bewundern, zwischen Malern am Montmartre bummeln und die Blütenpracht genießen.

Fünf Tage in der Stadt der Liebe

TAG 1

Beginnen Sie im Herzen der Stadt, der Île de la Cité, wo Sie von den Höhen von Notre-Dame den Blick über Paris genießen und dann vom Kai am Pont Neuf eine Bootsfahrt unternehmen.

Danach schlendern Sie über die Île Saint-Louis und kaufen bei Bertillon das beste Eis der Stadt. Oder Sie fahren zum Cimetière du Père-Lachaise.

TAG 2

Auf dem linken Seine-Ufer bewundern Sie im Musée National du Moyen Age den Renaissance-Gobelin *Dame mit dem Einhorn*, dann rasten Sie in einem Café und stöbern im Buchladen Shakespeare & Company.

Nach einem Picknick im Jardin du Luxembourg lockt französische Kunst aus dem 19. Jahrhundert im Musée d'Orsay.

TAG 3

Bummeln Sie durch das gemütliche Quartier Marais und besichtigen Sie die Wohnung des Schriftstellers Victor Hugo, eines der wichtigsten Vertreter der Romantik, an der eleganten Place des Vosges.

TAG 4

Starten Sie so früh wie möglich, um ausreichend Zeit für den Louvre zu haben. Danach führt der Weg in die Tuilerien zu Maillols Bronzefiguren und zu den eleganten Läden der Rue de Rivoli. Den Sonnenuntergang genießen Sie auf dem schönen Pont Alexandre III.

TAG 5

Bummeln Sie über den Montmartre und zur schönen Kirche Sacré-Cœur. Die Métro bringt Sie zum Musée Rodin, wo *Der Kuss* und ein Rosengarten Sie erwarten.

Bei Sonnenuntergang werfen Sie vom Eiffelturm einen letzten, weiten, unvergesslichen Blick auf die Stadt.

Dos & Don'ts

- ✓ Informieren Sie sich in dem Wochenmagazin *Pariscope* über die aktuellen Veranstaltungen in der Stadt.
- ✗ Vergessen Sie nicht, dass viele Museen am Montag, manche am Dienstag geschlossen haben.
- ✓ Denken Sie daran, dass das Centre Pompidou in Beaubourg bis 22 Uhr geöffnet hat.

Unten: Bateau Mouche, dahinter die Kathedrale Notre-Dame

ANREISE
Amsterdam, die Hauptstadt der Niederlande, liegt nahe der Nordsee. Internationale Flüge landen auf dem Schipol International Airport.

VOR ORT UNTERWEGS
Die Innenstadt ist 18 Kilometer oder 20 Minuten mit dem Zug vom Flughafen entfernt. In der Altstadt kommt man am besten zu Fuß, mit Bussen und Straßenbahnen voran.

WETTER
Die Tagesdurchschnittstemperaturen liegen im April bei 13 °C, gelegentlich regnet es.

ÜBERNACHTEN
Die Stadt ist ganzjährig ein beliebtes Reiseziel, reservieren Sie also rechtzeitig.

Das typisch holländische Hotel Brouwer ist einfach, aber elegant; Doppelzimmer ab 95 €; www.hotelbrouwer.nl

Im zentral gelegenen Hotel Seven Bridges kosten Doppelzimmer zwischen ab 100 €; www.sevenbridgeshotel.nl

Amsterdams bestes Designerhotel, Seven One Seven, bietet hohen Komfort bei hohen Preisen; Doppelzimmer und Suiten ab 400 €; www.717hotel.nl

ESSEN GEHEN
Amsterdams koloniales Erbe zeigt sich in zahlreichen exotischen Restaurants, vor allem aber in indonesischen Lokalen.

KOSTEN FÜR ZWEI PERSONEN
200–240 € pro Tag inklusive Übernachten, Verpflegung, Fahrten vor Ort und Eintritt.

INFORMATION
www.amsterdamtourist.nl

Die Nachtwache

Rembrandt van Rijns berühmtes Gemälde *Die Nachtwache* markiert den Anfang vom Ende seiner Karriere. Auf dem 1642 entstandenen Bild sind die Hauptfiguren hell beleuchtet, die anderen in Schatten gehüllt. Dies missfiel einigen der mächtigen Männer, die dafür gezahlt hatten, auf dem Bild zu erscheinen. Bald darauf erlosch Rembrandts Stern am Malerhimmel, bis er 1656 bankrott war.

Vergnügungsboote gleiten träge durch die Grachten, auf ihren hölzernen Rümpfen schimmert das Sonnenlicht ebenso wie an den reichen Bürgerhäusern.

Großes Bild: Die Keizersgracht in der Abenddämmerung
Oben: Die Innenräume der »Braunen Cafés« in Amsterdam sind aus dunklem, von jahrelangem Tabakrauch verfärbtem Holz
Kleines Bild ganz oben: Vergoldete Uhr am Hauptbahnhof

Grachten statt Straßen

Dem holländischen Historiker und Journalisten Geert Mak zufolge hat die Armut Amsterdams herrliche Altstadt vor der Zerstörung gerettet und wie »Dornröschen in einen Glassarg« bewahrt. Man kann sich nur schwer vorstellen, dass diese lebendige Stadt jemals kurz vor der Einbalsamierung stand. Vergnügungsboote gleiten träge durch die Grachten, auf ihren hölzernen Rümpfen schimmert das Sonnenlicht ebenso wie an den reichen Bürgerhäusern, die den Stolz der Kolonialkaufleute darstellten. Fahrradfahrer mit Aktenkoffern und duftenden Blumensträußen sausen über das Kopfsteinpflaster und sprengen Besucher zur Seite, die die eleganten Fassaden aus dem 17. Jahrhundert bestaunen. Nicht die Ausmaße, sondern die kleinen Details verleihen diesen hübschen Gebäuden ihren zeitlosen Charme: eine Statuette, ein verspielter Giebelsims, eine verschnörkelte Inschrift eines Steinmetzes. Besonders reich verziert ist die Gouden Bocht (Goldener Bogen) in der Herengracht.

Oben (von oben nach unten): Am Koninginnedag, dem Nationalfeiertag der Niederlande, wird in den Straßen ausgelassen gefeiert; farbenfrohe Tulpenblüte auf den Feldern des Keukenhof

Unten: Typische architektonische Details aus roten Ziegeln und weißer Steinornamentik am Amsterdamer Huis Bartolotti

Kunst und buntes Leben

Ende April ist die beste Zeit, um blühende Tulpen, Gemälde aus dem Goldenen Zeitalter, schöne Grachten und den Koninginnedag bei vielleicht sogar schönem Wetter zu genießen. In fünf Tagen kann man die meisten Sehenswürdigkeiten entdecken und zudem zu den Feldern des Keukenhof fahren.

Fünf Tage an den Grachten

TAG 1

Bewundern Sie früh am Morgen vor dem großen Ansturm der Massen die Alten Meister im Van Gogh, Stedelijk oder Rijksmuseum, wo die *Nachtwache* hängt.

Auf einer Bootstour sehen Sie das Rotlichtviertel und die schönen Häuser am südlichen Grachtengürtel.

TAG 2

Auf dem Bauernmarkt Noordermarkt kaufen Sie Gouda und hausgemachtes Brot, dann bummeln Sie durch die schrillen Boutiquen im Bezirk Negen Straatjes und rasten in einem der vielen Cafés am Ufer.

Später picknicken Sie im Vondelpark und verbrennen die Kalorien wieder beim Tanzen in den Nachtclubs.

TAG 3

Heute locken die fantastischen Tulpenfelder des Keukenhof nahe der nördlich von Amsterdam gelegenen Stadt Haarlem. Vergessen Sie die Kamera nicht!

TAG 4

Im Scheepvaartmuseum lernen Sie das Leben an Bord eines Schoners im 18. Jahrhundert kennen.

Dann genießen Sie das malerische Stadtbild, etwa den Blick auf die sieben Brücken über die Reguliersgracht.

Erkunden Sie das Jordaan-Viertel mit den vielen Cafés oder den Grachtengürtel auf dem Fahrrad.

TAG 5

Feiern Sie mit ausgelassenen Massen auf den riesigen offenen Märkten den Nationalfeiertag *(Koninginnedag)* am Geburtstag der ehemaligen Königin Juliana am 30. April (falls dieser ein Sonntag ist: 29. April).

Dos & Don'ts

- ⊗ Rauchen Sie auf der Straße kein Marihuana, dafür gibt es die Coffee Shops.
- ✓ Ziehen Sie sich leger an, selbst in der Oper. Sparen Sie sich Ihre Gesellschaftskleidung für die Königin auf.
- ⊗ Ziehen Sie auf keinen Fall in Erwägung, in Amsterdam Auto zu fahren. Das Einbahnstraßensystem ist verwirrend, die Parkplatzsuche kann zum Albtraum werden.

Durch die offenen Vorhänge der Fenster erspäht man handgeschnitzte Bücherschränke oder Messingkandelaber. Sie sind wohl die offenste Zurschaustellung persönlichen Wohlstands in einer Stadt, die nach kolonialem Reichum in bittere Armut verfiel und es erneut nach oben schaffte. Hier wissen die Menschen, dass es eine größere Kunst ist, reich zu bleiben als reich zu werden. Für Neulinge bleibt die Einschätzung der Amsterdamer ein faszinierender Zeitvertreib: Ist dieser gelassene Herr in der abgetragenen Jacke Akademiker, reicher Landbesitzer oder vielleicht beides?

Als die Regierungen im liberalen Goldenen Zeitalter (1584–1702) den Zustrom religiöser und politischer Flüchtlinge erlaubten, entstanden nicht nur Vermögen, sondern auch unzählige atemberaubende Kunstwerke. In den Tagen Rembrandts hingen selbst in den Hütten von Handwerkern herrliche Gemälde, die oft gegen Geflügel getauscht wurden. Heute behandelt Amsterdam diese Schätze etwas respektvoller, zeigt seine Meisterwerke aber gern aller Welt im Rijksmuseum und Van Gogh Museum, deren Sammlungen zu den wertvollsten der Welt gehören.

Unten: Schoner *Amsterdam* aus dem 18. Jahrhundert, Scheepvaartmuseum

BolesIav Kvapil - FROM KAFKA'S DIARIES

MAI

Traumziele im **Mai**

Der liebliche Mai ist in der Regel auf der ganzen Welt ein angenehmer Monat. Auf der Südhalbkugel lässt der Winter noch eine Weile auf sich warten, und auf der Nordhalbkugel bringt das Frühjahr nun endlich die ersehnte beständige Wärme. Am Mittelmeer kann man schon ohne akuten Kälteschock baden gehen und sich von einer herrlichen Blütenpracht bezaubern lassen. Sogar im hohen Norden der USA herrschen jetzt bereits relativ angenehme Temperaturen. Traditionell feierte man am ersten Tag des Monats den Beginn der warmen Jahreszeit. Heute ist der 1. Mai in vielen Ländern der Welt als Tag der Arbeit ein beliebter Feiertag. Auf dieser Doppelseite finden Sie alle im Mai-Kapitel vorgestellten Reiseziele sowie einige weitere Anregungen.

KULTUR UND FESTE

PRAG Karlsbrücke im stimmungsvollen Nebel

PRAG
Tschechische Republik, Europa

Stadt der Musik und wunderschönen Architektur

Prag bietet herrlich erhaltene Bauwerke aus Mittelalter, Barock und Renaissance sowie im Mai ein weltberühmtes Musikfestival.

Siehe S. 134–135

BRIGHTON
England, Europa

In »London-on-sea« steht der Mai im Zeichen der Kunst

Die Stadt bietet ein Kunstfestival, aber auch sonst Kunst, Kultur und Nachtleben an vielen interessanten Orten, etwa dem Pavilion.

www.brightonfestival.org

BOSTON
USA, Nordamerika

Eine hübsche Altstadt, gute Pubs und gutes Essen

Die kleine kompakte Altstadt von Boston wartet mit Kolonialgeschichte, schönen Irish Pubs, Kultur und Wissenschaft auf.

Siehe S. 126–127

»Trotz seiner revolutionären Vergangenheit ist Boston im Herzen eine Bastion der Traditionen und des stillen Charmes, den man am besten zu Fuß entdeckt.«

ST. LUCIA
Karibik

Genießen Sie Strand und Jazz gleich nach der Hochsaison

St. Lucia erweitert das übliche Karibik-Angebot – schöne Strände, warmes Wasser, Sonne – um ein äußerst respektables Jazzfestival.

stlucia-guide.info

PARKS IN ENGLAND
Europa

Großartige Herrenhäuser und ihre blühenden Parks

Prächtige Architektur in prächtiger Umgebung. Viele Herrensitze stehen nahe bei London, doch ein Mietwagen macht es einfacher.

Siehe S. 118–119

UNVERGESSLICHE EINDRÜCKE

SEIDENSTRASSE Ein Teppichhändler zeigt seine Ware

SEIDENSTRASSE
China, Asien

Auf der legendären Handelsroute von Ost nach West

Folgen Sie der romantischen Route von Xi'an, der alten Hauptstadt Chinas, durch unwirtliche Wüsten und hohe Berge.

Siehe S. 132–133

WESTKÜSTE
Schottland, Europa

Diese Landschaft inspirierte Dichter und Maler

Die legendäre Schönheit der Westküste und die herzliche Gastfreundschaft der Schotten machen diese Reise unvergesslich.

Siehe S. 128–129

JAKOBSWEG
Spanien, Europa

Pilgerreise auf dem mittelalterlichen Camino de Santiago

Gehen, radeln oder reiten Sie auf dem alten Pilgerweg durch Nordspanien und übernachten Sie in alten Gasthöfen.

www.caminodesantiago.me.uk

RIVER SHANNON
Irland, Europa

Fahrt auf dem längsten schiffbaren Wasserweg Irlands

Auf einer Bootsfahrt kann man die schöne Landschaft, das gemächliche Leben und natürlich die Pubs am besten genießen.

www.shannonregiontourism.ie

KOKODA TRAIL
Papua-Neuguinea, Australasien

Eine anstrengende Wanderung durch den Regenwald

Der Weg führt über Berge, dichten Regenwald und freundliche Dörfer von der Süd- zur Nordküste von Papua-Neuguinea.

www.kokodatrail.com.au

WUNDER DER NATUR

VICTORIA-FÄLLE Sonnenuntergang über den Wassermassen

»Fantastisch geformte Felsspitzen und zarte, vom Wind geformte Felsbogen ragen anmutig mitten in atemberaubenden Wüstenszenerien auf.«

COLORADO PLATEAU
USA, Nordamerika

Fahrt über das grandiose Colorado Plateau

Fahren Sie mit dem Wohnmobil durch die Nationalparks des Südwestens zum Bryce Canyon und zum gigantischen Grand Canyon.

Siehe S. 120–121

RHODOPEN
Bulgarien, Europa

Die wilde, unberührte Region wartet auf Entdeckung

In den Bergen der Rhodopen leben Adler, Geier und Bussarde. Im Frühjahr stehen die Wildblumen in voller Blüte.

www.rodopi-bg.com

VICTORIA-FÄLLE
Sambia & Simbabwe, Afrika

Einer der spektakulärsten Wasserfälle der Welt

Der mächtige Sambesi rauscht mit brüllendem Donner über eine riesige Kante in die Tiefe. Spüren Sie die Naturgewalt beim Rafting.

Siehe S. 130–131

VANCOUVER ISLAND
Kanada, Nordamerika

Bewundern Sie Wale im Pacific Rim National Park

Im Mai kann man vor der Westküste vorbeiziehende Grauwale mit ihren Jungen, Orcas und Zwergwale sehr gut beobachten.

www.pc.gc.ca

NEW FOREST
England, Europa

Nationalpark und Landschaft mit altem Wald und Heide

Hier sieht man Ponys auf der Weide, aber auch viele Wildtiere: Hirsche, Falken und Libellen. Im Frühling blühen die Wildblumen.

www.thenewforest.co.uk

Vorhergehende Doppelseite: Altstädter Ring in Prag

Wetter

❶ New York leidet unter schwülheißen Sommern und bitterkalten Wintern. Wenn man es im touristenarmen Mai besucht, sind die Temperaturen in der Regel angenehm.

❷ La Paz liegt zwar in den Tropen, jedoch so hoch, dass im Herbst gemäßigte Temperaturen bei täglich sonnigem Wetter herrschen.

❸ In England bringt der Mai milde Temperaturen und viele warme Sonnentage – aber natürlich besteht immer die Chance auf Regen.

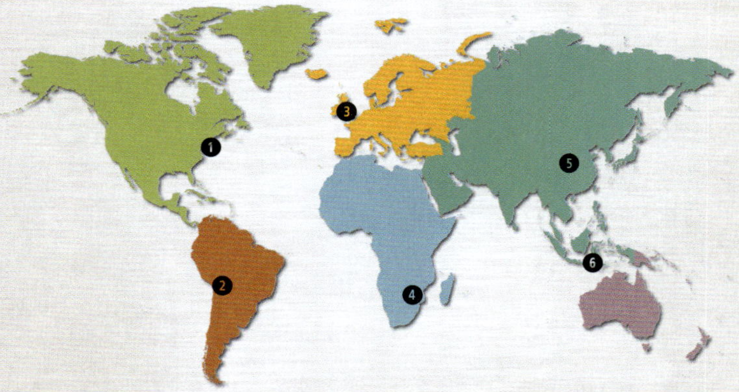

❹ Im Mai können die Temperaturen in Sambia und Simbabwe reichlich hoch sein, doch regnet es nur wenig, und die Luftfeuchtigkeit ist angenehm niedrig – so wird die Hitze weitaus erträglicher.

❺ In Xi'an bringt der Mai angenehme warme Temperaturen und etwas Regen. Weiter westlich führt die Seidenstraße durch sehr trockene, windgepeitschte Regionen mit extremen Temperaturen.

❻ Im tropischen Bali regnet es das ganze Jahr, doch im Mai scheint die Sonne viel, und die kurzen warmen Schauer reinigen angenehm die Luft.

LUXUS UND ROMANTIK

BALI Exotische rosa Blüte

BALI
Indonesien, Asien

Wellness-Urlaub auf der Perle des Indischen Ozeans

Tropische Landschaft, luxuriöse Spas und weiche Sandstrände – kein Wunder, dass dieses Inselparadies bei Hochzeitsreisenden beliebt ist.

Siehe S. 124–125

BUZIOS
Brasilien, Südamerika

Wurde von Brigitte Bardot in den 1960er Jahren »entdeckt«

Auf der wenige Fahrtstunden nördlich von Rio gelegenen Halbinsel Buzios locken zahlreiche herrliche Sandstrände.

www.braziltour.com

KARIBA-SEE
Sambia & Simbabwe, Afrika

Wie Tarzan zwischen Nilpferden und Krokodilen

Im Schutzgebiet leben die wilden Tiere buchstäblich vor der Haustür ihres luxuriösen Hausboots – ein romantisches Buschabenteuer.

www.zambiatourism.com

NEW YORK CITY
USA, Nordamerika

Eine aufregende Stadt für moderne Liebespaare

In der Stadt der Mode, Kultur und Unterhaltung beweisen Sie Ihrem oder Ihrer Liebsten, dass Sie den Finger am Puls der Zeit haben.

Siehe S. 138–139

FUJI-SEEN
Japan, Asien

Fünf friedvolle Seen nördlich des heiligen Berges Fuji

Seenwanderung zu buddhistischen Schreinen in den Wäldern. Danach entspannt man in heißen Quellen mit Blick auf den Fuji.

www.japan-guide.com/e/e6906.html

»New York war so oft Schauplatz in Filmen, dass es einem schon beim ersten Besuch seltsam vertraut vorkommt.«

AUFREGENDE ZIELE

LA PAZ Rastpause auf einer Geländewagentour

LA PAZ
Bolivien, Südamerika

Urlaub im Hochland – wirklich atemberaubend

La Paz, die höchste Hauptstadt der Welt, und der Titicacasee bieten Wandermöglichkeiten, traditionelle Kultur, Märkte und Ruinen.

Siehe S. 136–137

NORDINSEL
Neuseeland, Australasien

Lernen Sie nördlich von Auckland elegant zu surfen

Die Wellen sind beständig, das Klima ist subtropisch, die Strände einsam und unberührt. Außerdem trifft man hier keine Haie.

www.newzealandsurftours.com

UMBRIEN
Italien, Europa

Radtour durch historische Bergorte und Landschaften

Umbrien, das »grüne Herz Italiens«, ist unbekannter und ruhiger als die Toskana, aber ebenso schön. Auch locken hier Wein und Küche.

www.italiantourism.com

ATLAS-GEBIRGE
Marokko, Afrika

Wandern zwischen Wildblumen im Hochgebirge

Die nicht sehr anstrengende Wanderung führt durch herrliche Berglandschaften. Übernachtet wird in Beduinenzelten.

www.visitmorocco.com

PEAK DISTRICT
England, Europa

Herrliche Landschaft, Felsklettern und Höhlenwandern

Der Kalksteinkarst bietet perfekte Möglichkeiten zum Höhlenwandern und Klettern in schönster Naturlandschaft.

www.cressbrook.co.uk

FAMILIENURLAUB

KRETA Venezianische Festung auf Spinalonga

»Auf Kreta wachsen Millionen dunkelgrüne Olivenbäume, Weinstöcke, duftende Orangenhaine und wilder, rosa blühender Oleander.«

KRETA
Griechenland, Europa

Der Mai ist die perfekte Reisezeit für die schöne Insel

Erkunden Sie den labyrinthischen Palast von Knossos, wandern Sie durch die Samaria-Schlucht und erfrischen Sie sich im klaren Meer.

Siehe S. 122–123

BELIZE
Belize, Zentralamerika

Ein erstaunlich erschwingliches Reiseziel für Familien

Mit einem preiswerten Flug ein ideales Reiseziel für Familien, die sich für Maya, Meeresparks, Urwald und Hängematten begeistern.

www.belizenet.com

LANZAROTE
Kanarische Inseln, Europa

Besonders außerhalb der Saison großartig für Familien

Die Vulkaninsel wartet mit Wanderwegen, ganzjährig Sonne, idealen Stränden und umgebauten Haciendas auf.

www.turismolanzarote.com

BODENSEE
Deutschland, Europa

Blühende Obstbäume und jede Menge Freizeitspaß

Zwischen Lindau und Konstanz steht das Ufer in voller Blüte. Hier kann man radeln und mit dem Linienschiff zur Insel Mainau fahren.

www.bodensee-tourismus.com

DORDOGNE
Frankreich, Europa

Großartige Landschaft mit Bergen und Flüssen

Geschichtsinteressierte, Gourmets und Olympioniken lieben hier die prähistorischen Höhlen, exquisite Küche und Sportmöglichkeiten.

www.dordognebreak.com

ANREISE
The Cotswolds, Hampshire, Sussex und Kent liegen in Südengland bis zu 160 Kilometer von London mit seinen zwei internationalen Flughäfen entfernt.

VOR ORT UNTERWEGS
Die meisten Herrenhäuser sind höchstens eine Zugstunde von London entfernt, vom Bahnhof fährt man mit dem Taxi oder Bus. Mit dem Mietwagen können Sie die Tour freier gestalten.

WETTER
Der Mai ist allgemein warm und trocken, die Durchschnittstemperaturen liegen bei rund 12 °C. Gelegentlich regnet es kurz.

ÜBERNACHTEN
Traditionell englisch, Mermaid Inn in Kent; Doppelzimmer ab 110 €; www.mermaidinn.com

Das imposante Amberley Castle in West Sussex bietet elegante Doppelzimmer ab 200 €; www.relaischateaux.com

Im schönen Le Manoir aux Quat'Saisons in Oxfordshire kosten Doppelzimmer ab 450 €; www.manoir.com

ESSEN GEHEN
Man isst gut für etwa 20 € pro Person, in eleganten Restaurants kann es über das Dreifache kosten. Feine Küche bietet Le Manoir aux Quat'Saisons *(siehe Übernachten)*, kreative Gerichte serviert The Fat Duck in Berkshire.

KOSTEN FÜR ZWEI PERSONEN
280–380 € pro Tag inklusive Übernachten, Verpflegung, Mietwagen und Eintrittsgelder.

INFORMATION
www.visitbritain.com
www.nationaltrust.org.uk

Hotels in Herrenhäusern

In den letzten 20 Jahren wurden in ganz Großbritannien zahlreiche Paläste, Burgen, Herrensitze und Gutshäuser in luxuriöse Landhotels umgewandelt. Nun sind viele Anwesen in ihrer ganzen Pracht restauriert. Alles erinnert wieder an alte Zeiten, als die ursprünglichen Besitzer Freunde zum Wochenende oder länger einluden. Die heutigen Gäste zahlen in der Regel viel für das Vergnügen, nostalgisches Flair und die Eleganz vergangener Tage mit vornehmer Würde und allem Komfort genießen zu dürfen.

Oben (von links nach rechts): Der blühende Park von Barnsley House; Long Gallery im Syon House; Heckenlabyrinth in Longleat
Großes Bild: Eine Statuenreihe ziert die Wasserterrasse von Blenheim Palace

Parks und Herrenhaus-Pracht

Englands *stately homes* verkörpern mit Kunstschätzen, dunkel schimmernden Hartholztreppen, offenen Marmorkaminen, Rüstungen und Gemälden noch immer aristokratischen Lebensstil. Mit den großen elisabethanischen Palästen und Herrenhäusern zeigten die Adligen im 18. und 19. Jahrhundert ihren Reichtum – sie waren zudem notwendig, um die reiselustigen britischen Monarchen beherbergen zu können. In den zu Hotels umgebauten Schlössern, etwa dem herrlich an der Themse gelegenen Cliveden, residieren Gäste in Schlafgemächern, in denen einst Könige und Königinnen, Herzöge und Grafen ihr nobles Haupt zur Ruhe betteten. Viele Herrensitze, etwa Petworth und Blenheim, sind architektonische Perlen, und ihre Parks die adäquate Fassung. Die idealisierten arkadischen Landschaften, halb Park, halb sanft gewellte Wiesen, sind nicht mit Blumen, sondern mit Bäumen, Büschen und Wasser gestaltet. Selbst die Kühe hinter trockenen Gräben wirken wie Schmuckobjekte. Stourhead, der schönste Landschaftsgarten des 18. Jahrhunderts, wurde nach den klassischen Gemälden von Nicolas Poussin und Claude Lorrain so angelegt, dass man wortwörtlich ein Bild betritt.

Im 19. Jahrhundert fanden außergewöhnliche Pflanzen aus allen Teilen des wachsenden britischen Empire den Weg nach England, wo sie prächtig gediehen. Rosen beispielsweise lieben den schweren Boden, und die blühenden Wiesen von Great Dixter weisen dank der für diesen kleinen Landstrich bemerkenswerten Vielfalt an Böden und Klimata typisch englische Charakteristika auf. Das milde, ausgeglichene Klima begünstigt eine Pflanzenvielfalt, die man etwa in Sissinghurst bewundern kann. Dieser in den Augen von Enthusiasten perfekte Park inmitten der sanften Hügel von Kent erblüht in einer einzigen Farborgie, die berauschende Mischung von Düften betört selbst bei Regen die Sinne.

Die idealisierten arkadischen Landschaften, halb Park, halb sanft gewellte Wiesen, sind nicht mit Blumen, sondern mit Bäumen, Büschen und Wasser gestaltet.

Kleines Bild: Zarte Wisley-Rose
Unten (von links nach rechts): Stourheads großer Park; Skulptur in Hampton Court; Chartwell in Kent

Stately-home-Tour

Viele der prächtigsten britischen Herrenhäuser und Parks finden sich im Süden Englands, in den Cotswolds, Hampshire, Sussex, Wiltshire und Kent. Die meisten Parks sind am schönsten im Frühjahr, wenn England grünt und blüht. Die folgende Zehn-Tages-Tour führt zu einigen der beeindruckendsten Anwesen.

Zehn Tage englische Pracht

TAG 1–2

In London, Ihrem Standort in den nächsten Tagen, fahren Sie mit dem Flussboot zum Hampton Court mit Britanniens erstem formal angelegten Garten.

Besichtigen Sie Syon House in Brentford und den idyllischen Wassergarten von Cliveden in Berkshire.

TAG 3–5

In den Cotswolds erkunden Sie Oxford und dann Broughton Castle oder den überaus prächtigen Blenheim Palace, dessen riesiger Park vom Landschaftsarchitekten »Capability« Brown gestaltet wurde.

Durch Reetdachdörfer geht es nach Barnsley House und Hidcote Manor mit berühmten alten Rosensorten.

TAG 6–8

In Wiltshire erkunden Sie Longleat House und Stourhead aus dem 18. Jahrhundert mit einem der schönsten Landschaftsgärten Englands.

Besichtigen Sie die Salisbury Cathedral und dann entweder Lord Mountbattens ehemaligen Herrensitz Broadlands in Hampshire oder den New Forest in Exbury, einen riesigen Park mit farbenprächtigen Azaleen, Magnolien und Rhododendren.

TAG 9–10

Fahren Sie nach Südosten zum Petworth House in Sussex aus dem 17. Jahrhundert mit großartigem Landschaftspark. In Kent besuchen Sie das Herrenhaus Great Dixter aus dem 15. Jahrhundert, dessen Naturgarten der Schriftsteller Christopher Lloyd gestaltete.

Oder Sie besichtigen Sissinghurst mit den fantastischen Gärten und auf dem Rückweg nach London Chartwell, den einstigen Landsitz von Winston Churchill.

Dos & Don'ts

- ✓ Nehmen Sie einen Regenschirm mit – in England werden Sie ihn wahrscheinlich häufiger brauchen.
- ✗ Besichtigen Sie wenn möglich die Herrenhäuser nicht am Wochenende, wenn Sie von Reisegruppen und Gartenfreunden regelrecht erstürmt werden.
- ✓ Übernachten Sie zumindest einmal in einem Herrenhaus-Hotel, um sich richtig aristokratisch zu fühlen.
- ✗ Vergessen Sie nicht, sich vorab über die Öffnungszeiten zu informieren. Viele Herrenhäuser sind an mehreren Tagen in der Woche geschlossen.

ANREISE
Der Flughafen Las Vegas wird von internationalen und Inlandslinien häufig angeflogen und ist der perfekte Ausgangspunkt für eine Fahrt zum Colorado Plateau. Der nächste Nationalpark, Zion, ist von dort nur drei Fahrtstunden entfernt.

VOR ORT UNTERWEGS
Am besten und unabhängigsten reist man im Wohnmobil (Recreational Vehicle, RV). Wohnmobile können bei vielen Reiseagenturen in Las Vegas gemietet werden.

WETTER
Ende Mai sind die Tage in der Regel warm, die Nächte kühl; es regnet selten.

ÜBERNACHTEN
Auf den Campingplätzen der Nationalparks kann man mit kleinen Wohnmobilen übernachten, doch sind dort die Plätze in der Zahl und teilweise auch in der Länge beschränkt.

Privatplätze außerhalb der Parks bieten extra Einrichtungen wie etwa Swimmingpools. Rechnen Sie mit mindestens 8 € Gebühren pro Tag in Nationalparks und mindestens 16 € auf Privatplätzen.

ESSEN GEHEN
Alle Wohnmobile sind mit Küchengeräten ausgestattet, sodass Sie in der malerischen Landschaft essen können. Restaurants finden sich in oder gleich neben Nationalparks. Empfehlenswert ist Hell's Backbone Grill in Boulder, Utah.

KOSTEN FÜR ZWEI PERSONEN
130–240 € pro Tag, inklusive Übernachten, Verpflegung, Eintrittsgelder und Miet-RV.

INFORMATION
www.nps.gov

Die Anasazi

Das Colorado Plateau ist ein legendenumwobener Landstrich. Ein besonders großes Rätsel geben die Anasazi oder Ancestral Puebloans auf, die einst einen großen Teil des südöstlichen Plateaus besiedelten. Sie verließen ihre fantastischen Cliff Dwellings in den Felswänden von Mesa Verde und Hovenweep, wo sie in großen Gemeinschaften lebten, plötzlich zwischen 1250 und 1350 n. Chr. Kriege, Dürre, Hungersnöte und Krankheiten gelten als mögliche Gründe für ihr Verschwinden.

Ganz oben (von links nach rechts): Mit dem Wohnwagen im Petrified Forest National Park; Eingangstor von Tombstone; Traumfänger, zum Kauf angeboten an einer Straße im Monument Valley; Kaktus in der Wüste

Im Land der Canyons

Nicht umsonst nennt man diese Strecke den »Grand Circle«. Die tagelange Tour führt rund um das Colorado Plateau durch einzigartige Landschaften. Fantastisch geformte Felsspitzen und zarte, vom Wind geformte Felsbogen ragen anmutig in atemberaubenden Wüstenszenerien auf. Uralte Flüsse winden sich durch meilenlange Canyons, an deren roten Felswänden sich die Erdgeschichte der letzten 50 Millionen Jahre ablesen lässt. Die berühmten *buttes* (Spitzkuppen) und *mesas* des Monument Valley kennt man von unzähligen Fotografien, andere Landschaften, etwa die Canyons des Zion National Park, gleichen ebenso einer persönlichen Neuentdeckung wie der ungewohnte Anblick des Grand Canyon vom North Rim. Die Nordseite der gigantischen Schlucht überragt den berühmteren wüstenartigen South Rim um 600 Meter und ist von grünen Wäldern bedeckt. Den mächtigen Colorado River sieht man in 1500 Metern Tiefe nur noch leicht schimmern.

Fantastisch geformte Felsspitzen und zarte Felsbogen ragen anmutig mitten in atemberaubenden Wüstenszenerien auf.

Großes Bild: Blick vom Mather Point, Grand Canyon National Park
Kleines Bild oben: Newspaper Rock, Canyonlands National Park
Oben: Bizarre Felsformation, Arizona

Die spektakuläre Wildnis des Colorado Plateau lässt sich perfekt zu Fuß oder hoch zu Ross entdecken. Im Zion National Park wandert man im roten Fels zu versteckten Oasen, in denen Wasserfälle in klare grüne Becken stürzen. Im Bryce National Park führen die Wege durch eine erstaunliche Landschaft mit roten Steintürmen, die der Wind formte, und am Grand Canyon schlängelt sich der Rim Trail – nomen est omen – kilometerweit am Abgrund entlang.

Doch Wandern ist nur eine Möglichkeit, sich in Abenteuer zu stürzen. In diesem Mekka der Mountainbiker locken etwa die berühmten Slickrock-Pisten bei Moab, und die tobenden Stromschnellen und ruhigen Gewässer zwischen den rostroten Felsenwänden bieten Bootssportlern unvergessliche Erlebnisse. Am besten lernt man das Land kennen, wenn man in einem Wohnmobil ungebunden seinen eigenen Wegen folgt, den ersten Kaffee am frühen Morgen in der kühlen Wüstenluft genießt oder nur wenige Meter vom Abgrund des Grand Canyon entfernt zeltet. Dort können Sie erleben, wie der malerische Sonnenuntergang die weite Landschaft in warme Pastellfarben taucht und am nächtlichen Himmel ein glitzerndes Sternenmeer erstrahlt.

Western-Feeling

Ende Mai ist es auf dem Colorado Plateau angenehm kühl – perfekt zum Wandern und für lange Wüstenfahrten. Die Parks sind nun grün, und der sommerliche Ansturm lässt noch auf sich warten. In zehn Tagen können Sie die Hauptattraktionen sehen, Ihre Lieblingsparks entdecken und geführte Touren unternehmen.

Zehn Tage auf dem Plateau

In Las Vegas nehmen Sie Ihr Wohnmobil (RV) in Empfang und stürzen sich dann in die Casinos am Strip.	**TAG 1**
Fahren Sie zum Zion National Park, dort vom Besucherzentrum aus weiter mit dem Park Shuttle zum Canyon.	**TAG 2**
Fahren Sie zum Bryce National Park und weiter mit dem Park Shuttle am Canyonrand entlang. Die rosa Felsspitzen im Tal erkunden Sie am besten zu Fuß.	**TAG 3**
Bewundern Sie den spektakulären Sonnenaufgang am Sunset Point. Erkunden Sie den Bryce Canyon und fahren Sie dann auf der Route 12 zum Capital Reef National Park und zu den Fremont Canyon Petroglyphen.	**TAG 4**
Fahren Sie durch den Arches National Park und besuchen Sie den Canyonlands National Park. Sie können aber auch bei Moab mountainbiken oder auf dem Green oder Colorado River im Wildwasser raften. Fahren Sie zur Chapin Mesa mit den beeindruckenden Cliff Dwellings, machen Sie die Tour zum Balcony House.	**TAG 5–6**
Besuchen Sie das Hovenweep National Monument oder erkunden Sie Monument Valley. Auf dem Weg zum Grand Canyon besuchen Sie den Petrified Forest National Park. Zum Grand Canyon führt eine Strecke zum ganzjährig zugänglichen, wüstenartigen South Rim, eine andere zum bewaldeten North Rim, der von Mitte Mai bis November erreichbar ist.	**TAG 7–9**
Vollenden Sie den Grand Circle zurück nach Las Vegas oder fahren Sie nach Süden ins legendäre Tombstone.	**TAG 10**

Dos & Don'ts

- ✓ Bedenken Sie, dass kleinere Wohnmobile leichter zu fahren und zu parken sind.
- ✗ Verlassen Sie die Nationalparks nicht, bevor Sie sich über die Straßenverhältnisse informiert und die Reservierung des nächsten Campingplatzes bestätigt haben.
- ✓ Übernachten Sie die erste Nacht im Wohnmobil nahe der Verleihfirma, damit mögliche Fragen geklärt werden können.
- ✗ Vergessen Sie nicht, sich in Schichten zu kleiden, die Temperaturen wechseln rasch. Tragen Sie feste Wanderschuhe.

Unten: Grand Canyon West Ranch, Arizona

ANREISE
Die griechische Insel Kreta liegt rund 350 Kilometer südlich von Athen. Internationale Flüge landen im zentralen Heraklion (Iráklio) oder im westlichen Chania.

VOR ORT UNTERWEGS
Busse fahren zu allen größeren Orten und Ferienorten, Taxis auf der ganzen Insel. Autos können an beiden Flughäfen gemietet werden.

WETTER
Auf Kreta beginnt der Sommer im Mai, die Tagestemperaturen liegen dann bei etwa 25 °C.

ÜBERNACHTEN
Amphora, eine traditionell eingerichtete Villa am Kai von Chania, Familienzimmer ab 125 €; www.amphora.gr

Santa Marina Plaza am Strand von Agia Marina in Westkreta, Familienzimmer ab 180 €; www.santamarina-plaza.gr

Elounda Beach, Spitzenluxus mit Garten am Meer, bei Agios Nikolaos; Familienzimmer ab 490 €; www.eloundabeach.gr

ESSEN GEHEN
Rechnen Sie mit 15–20 € pro Person für eine Mahlzeit und Wein in den meisten Restaurants und Tavernen. Kretische Spezialitäten sind *choirinó kritikó* (Schweinekotelett), *stifádo* (Schmortopf mit Rind- oder Kalbfleisch) und *loukoumádes* (frittierte Teigbällchen in Honig).

KOSTEN FÜR EINE VIERKÖPFIGE FAMILIE
290–330 € pro Tag für Übernachten, Verpflegung und Fahrten vor Ort.

INFORMATION
www.heraklion-city.gr
www.aghiosnikolaos.gr

Auf den Spuren der Minoer

Von Kreta (Kríti) ist es nach Afrika genauso weit wie nach Athen. Die Insel war seit der Antike ein Schmelztiegel antiker Zivilisationen, von deren verschiedenen kulturellen Einflüssen minoische Fresken ebenso zeugen wie venezianische Festungen. Obwohl auf Kreta der heiße, trockene Sommer schon im Mai beginnt, ist die Insel sehr fruchtbar. Hier wachsen Millionen dunkelgrüne Olivenbäume, Weinstöcke, duftende Orangenhaine und wilder, rosa blühender Oleander.

Die Geschichte Kretas reicht zurück bis in mythische Zeiten, aus denen die Fresken in den Ruinen des 4000 Jahre alten minoischen Palastes von Knossos erzählen. Dem Mythos zufolge wurde im Labyrinth der Minotaurus gefangen gehalten. Die Schätze, die man hier und an anderen Fundstätten ausgrub, sind im großartigen Archäologischen Museum von Heraklion (Iráklio) zu bewundern.

Östlich von Heraklion liegt das Fischerdorf Agios Nikolaos, dessen wunderbarer innerer Hafen voller Leben ist. Noch weiter östlich wird Kreta ursprünglich und ist vom Tourismus noch unberührt.

Unten (von oben nach unten): Lebhafte Tavernen am Hafen von Rethymnon; Samaria-Schlucht

Multikulturelle Geschichte

Kreta blickt auf eine lange, wechselvolle Geschichte zurück. Nach dem Untergang der minoischen Kultur durch ein Erdbeben um etwa 1500 v. Chr. gehörte die Insel dem hellenischen Kulturkreis an, blieb aber unabhängig. Dann wurde sie in Folge von den Römern und Arabern regiert und unterstand 400 Jahre lang Venedig. Im 17. Jahrhundert wurde Kreta von den Osmanen erobert, im 19. Jahrhundert rebellierten Kretas Christen wiederholt gegen die osmanische Herrschaft. Nach dem Rückzug der Osmanen 1898 fiel Kreta 1913 an Griechenland.

Im grüneren Westen finden sich hingegen die besten Strände und elegante befestigte Häfen, die unter venezianischer Herrschaft entstanden. In malerischer Lage am Fuße der schneebedeckten Gipfel der Lefka Ori (Weißen Berge) wartet das reizende Chania, eine der schönsten Hafenstädte des Mittelmeerraums, mit hohen Häusern im italienischen Stil, Bars und Restaurants an seinem U-förmigen Hafenbecken auf.

Halten Sie auf der Fahrt über die Lefká Ori zur ruhigen Südküste und zu Urlaubsorten wie Paleochora nach Adlern und den *Kri-Kri* genannten Wildziegen Ausschau oder gehen Sie zum Wandern. Besonders reizvoll ist der 16 Kilometer lange Weg durch die berühmte Samaria-Schlucht zur Südküste, der hinter den steilen Felswänden der *Sideresportes* (Eiserne Pforte) nahe Agia Roumeli endet. Entschieden weniger anstrengend ist der Weg durch die südlich von Chania gelegene Therisso-Schlucht. Neben der schmalen, wenig befahrenen Straße, die sich durch die enge Klamm windet, wachsen Wildblumen, flattern bunte Schmetterlinge und erklingen von den Höhen der Felsen die Glocken der Ziegen wie aus ferner Vergangenheit.

Großes Bild: Badebucht mit türkisfarbenem Wasser im Golf von Merabello nahe Agios Nikolaos

Oben (von oben nach unten): Verwitterte Tür in der Morgensonne; venezianische Festung in Spinalonga

Unten: Naturschwämme in einer Auslage in Rethymnon

Insel mit Geschichte

Der Sommer beginnt in Kreta mit warmen Tagen im Mai. Dann blühen in den niedrigen Lagen die Wildblumen, das Wetter ist perfekt für Unternehmungen, Schafschurveranstaltungen, Kunstausstellungen und Ende Mai für die Feierlichkeiten zum Jahrestag der Luftlandeschlacht um Kreta von 1941.

Eine Woche auf der Insel

TAG 1 Erkunden Sie Kretas hübscheste Hafenstadt Chania. Bummeln Sie durch die Gassen der Altstadt und über den überdachten Markt. Abends genießen Sie eine gemütliche Mahlzeit in einer Taverne am Kai.

TAG 2 Besichtigen Sie Chanias Uferfestung und das Schifffahrtsmuseum oder fahren Sie über die Weißen Berge zu den schönen ruhigen Stränden von Paleochora.

TAG 3 Starten Sie früh zu einer Wanderung in den Bergen. Die beeindruckende, 16 Kilometer lange Samaria-Schlucht ist ab Mai begehbar, aber bei Regen geschlossen. Weniger anstrengend ist der Weg durch die hübsche Therisso-Schlucht.

TAG 4 Von Chania fahren Sie an der Küste nach Heraklion. Unterwegs warten Sehenswürdigkeiten wie der Soldatenfriedhof der Alliierten in Souda, die Orte Kalives, Almirida und Georgiopoli sowie Rethymnons Festung.

TAG 5 Im malerischen Urlaubsort Elounda nehmen Sie sich Zeit zum Entspannen und bei schönem Wetter zum Sonnenbaden und Schwimmen. Kindern gefällt der Ausflug zur nahen Festungsinsel Spinalonga.

TAG 6 Nach einem Besuch in Heraklions bemerkenswertem Archäologischen Museum essen Sie in der Altstadt zu Mittag und fahren dann nach Knossos oder verbringen einen entspannten Nachmittag in Agios Nikolaos.

TAG 7 Je nachdem, wann Ihr Flug geht, besichtigen Sie noch die 15 Kilometer von Agios Nikolaos entfernte Panagia-Kera-Kirche in den Bergen oder genießen die Sonne.

Dos & Don'ts

- ✓ Machen Sie auf Hauptstraßen Platz zum Überholen, indem Sie auf das Bankett ausweichen – das ist auf Kreta üblich.
- ✗ Vergessen Sie nicht, sich mit Sonnenschutz einzucremen und viel zu trinken – Kreta liegt so weit südlich wie Tunesien.
- ✓ Ziehen Sie sich abseits der Strände und vor allem in Kirchen und an sakralen Stätten dezent und ordentlich an.
- ✗ Nennen Sie die Einheimischen nicht »Griechen«, sondern »Kreter«, den Kaffee aber »griechisch« und nicht »türkisch«!

Unten: Spiegelglattes Wasser im Hafen von Agios Nikolaos

JAN FEB MÄRZ APR MAI JUNI JULI AUG SEP OKT NOV DEZ

ANREISE
Balis Ngurah Rai International Airport (Denpasar) wird von zahlreichen Städten Australiens und Asiens angeflogen. Vom Flughafen fahren Taxis oder Hotelbusse in die Stadt.

VOR ORT UNTERWEGS
Öffentliche Transportmittel reichen von klimatisierten Taxis bis zu überfüllten Bussen. Motorräder und Autos mit und ohne Fahrer sind leicht zu mieten. Autofahren ist nicht ungefährlich.

WETTER
Im Mai beginnt auf Bali die Trockenzeit. Das Wetter ist sonnig, die Temperaturen liegen bei rund 30 °C. In den Bergregionen ist es kühler.

ÜBERNACHTEN
Das stimmungsvolle Hotel Tugu in Canggu schmücken Artefakte und Antiquitäten, Doppelzimmer ab 170 €; www.tuguhotels.com

Luxuriös sind die Four-Seasons-Häuser in Jimbaran und Sayan; Doppelzimmer ab 300 €; www.fourseasons.com

Aman Resorts in Nusa Dua, Ubud und Manggis; Doppelzimmer ab 490 €; www.amanresorts.com

ESSEN GEHEN
Balis endlose Lokalszene reicht von einfachen *warungs* (legere Restaurants, in der Regel draußen, ab etwa 2 €) bis zu Weltklasse-Gourmet-Restaurants (um 20–40 €). Empfehlenswert ist Seminyaks berühmte »Eat Street«.

KOSTEN FÜR ZWEI PERSONEN
380–450 € pro Tag inklusive Luxushotels, Verpflegung und Eintrittsgelder (die Kosten sind mit preiswerteren Unterkünften erheblich niedriger).

INFORMATION
www.balitourismauthority.net

Balinesisches *Boreh*

Boreh ist eine traditionelle Anwendung, mit der auf den balinesischen Dörfern seit vielen Generationen Muskelschmerzen und Kreislaufbeschwerden behandelt werden. Warme Gewürze wie Sandelholz, Nelken, Ingwer, Zimt, Koriandersamen, Kurkuma, Pfeffer und Muskatnuss werden mit Reispulver zu einer duftenden Paste vermischt und auf den Körper aufgetragen. *Boreh* ist eine äußerst luxuriöse Wellness-Erfahrung. Die Behandlung hat entspannende und heilende Wirkung, funktioniert aber auch als Peeling und macht die Haut weich.

Oben (von links nach rechts): Infinity-Pool im Four Seasons Hotel; Dämonenstatue; balinesische Tänzerin im traditionellen Kostüm
Großes Bild: Terrassierte Reisfelder auf Bali

Der Morgen der Welt

Bali zählt zu den romantischsten Reisezielen der Welt. Die Perle des indonesischen Archipels verströmt allumfassende Harmonie und eine geheimnisvolle Aura, lockt mit einer faszinierenden Tanzkultur und herrlicher Natur. Schon beim ersten Schritt auf der Insel umfäng den Besucher eine überwältigende Mischung aus Farben, Formen, Gerüchen, Geräuschen und Aromen. Nur wenige Orte versprühen solch intensive Lebensfreude. Hier ist man *tamu* (Gast) und wird von den freundlichen Balinesen sofort willkommen geheißen.

Die Insel ist exotisch, vielfältig und so malerisch wie ein Gemälde. Vulkane ragen bis in die Wolken auf, Reisterrassen erstrecken sich in endlosen Stufen bis zum Meer hinab. Es überrascht nicht, dass der große indische Staatsmann Jawaharlal Nehru sie den »Morgen der Welt« nannte.

Bali verbindet wunderschöne Natur mit dem Glanz von Weltklassehotels, schicken Cocktail-Bars und Restaurants von internationalem Ruf. Nirgendwo in ganz Südostasien gibt es eine höhere Dichte von Wellness-Einrichtungen, in denen Gäste ihren Körper verwöhnen und ihr inneres Gleichgewicht finden können. Diese Oasen der Entspannung ziehen all diejenigen an, die sich erholen und gleichzeitig ihre Sinne und ihren Geist stimulieren möchten.

Hinter den geschnitzten Türen exklusiver Refugien diktiert Entspannung die Tagesordnung. Butler umsorgen Hochzeitsreisende und Liebende, Romantiker finden hier alles, was das Herz begehrt – vom Frangipani-Blütenkranz bis zu Erdbeeren und Champagner am Indischen Ozean, vom Cocktail bei Sonnenuntergang über Abendessen im Kerzenlicht unter Bougainvilleen bis zum Rosenblätterbad in einer Marmorwanne unter den Sternen. Sie können hier auch heiraten. Dann reiten Sie auf einem geschmückten Elefanten zum Altar oder geben sich das Jawort in einer gläsernen Hochzeitskapelle über dem Meer.

Romantiker finden alles, as das Herz begehrt – vom Frangipani-Blütenkranz ›is zum Rosenblätterbad in einer Marmorwanne unter den Sternen.

Kleines Bild links: Balinesische Ubud-Malerei
Unten (von links nach rechts): Der Vulkan Gunung Batur; Fischerboote im Sonnenuntergang; exotische rosa Blüte

Entspannte Romantik

Der Mai bringt auf Bali einen klaren Himmel und willkommene Erholung von den tropischen Stürmen der Regenzeit. Jetzt herrschen ideale Bedingungen, um die Insel zu erkunden, das Meer und viele Aktivitäten zu genießen. Planen Sie mindestens eine Woche ein, um die Magie dieser Insel zu erfassen.

Eine Woche auf der Götterinsel

TAG 1–2

Auf einer Luxusyacht segeln Sie einen Tag lang nach Lembongan, eine Insel vor Balis Südküste.

Bewundern Sie aus einem Hubschrauber oder Wasserflugzeug Balis Reisfelder, Schluchten, Seen und auch die faszinierenden Krater aktiver Vulkane von oben.

TAG 3

In Ubud, dem kulturellen Zentrum Balis, bummeln Sie über den Markt, durch Kunstgalerien, Museen und Läden mit Kunsthandwerk. Genießen Sie eine Massage in einem Spa am Flussufer und danach eine balinesische Tanzvorführung im königlichen Palast.

TAG 4

Erneuern Sie Ihr Jawort oder bekräftigen Sie Ihre gegenseitige Liebe und Verbundenheit mit einer hinduistischen Reinigungszeremonie am Strand. Später feiern Sie, umtanzt von Glühwürmchen, mit einem sechsgängigen Dschungelmenü unter freiem Himmel.

TAG 5

Erkunden Sie als Beifahrer die Insel auf zwei klassischen Harley-Davidson-Motorrädern, die von erfahrenen Fahrern gesteuert werden. Besuchen Sie die Marktstadt Bedugul und am Bratan-See den beeindruckenden Tempel.

TAG 6–7

Auf Elefanten geht es durch den Taro-Dschungel. Die Elefanten wurden aus Sumatra gerettet.

Genießen Sie die Anwendungen, Wassermassagen und Aqua-Betten des Aquatonic Pool im Ritz Carlton Thalasso & Spa und das ultimative Verwöhnprogramm im traumhaften »Spa on the Rock« vor der Küste.

Dos & Don'ts

- ✓ Zeigen Sie Respekt und tragen Sie in Tempeln und an heiligen Orten einen Sarong mit Schärpe.
- ✗ Nehmen und geben Sie nichts mit der linken Hand. Auf Bali gilt die linke Hand als unrein und kann beleidigend wirken.
- ✓ Schützen Sie sich vor der intensiven Äquatorsonne. Tragen Sie stets einen Hut und wasserfeste Sonnencreme.
- ✗ Fliegen Sie nicht nach Hause, ohne lokales Kunsthandwerk – Silberschmuck, Holzschnitzereien, elegante Heimtextilien, Batikstoffe und vieles mehr – gekauft zu haben.

Die Wiege der Freiheit

ANREISE
Boston ist ein großer Hafen im US-Bundesstaat Massachusetts. Der Flughafen Logan International ist sechs Kilometer vom Zentrum entfernt.

VOR ORT UNTERWEGS
Die kompakte Downtown ist gut zu Fuß zu erkunden, der dreitägige Visitor's Passport bietet unbeschränkte Nutzung der MBTA Subway.

WETTER
Im Mai ist das Wetter warm und angenehm mit Durchschnittstemperaturen um 20 °C.

ÜBERNACHTEN
Boston hat viele feine und nur wenige preiswerte Hotels.

Einfache Unterkunft im Irish South End im Best Western Roundhouse Suites, Doppelzimmer ab 110 €; www.bestwestern.com

The Lenox bietet altmodischen Charme, Doppelzimmer ab 230 €; www.lenoxhotel.com

Das Beste vom Besten: Four Seasons, Doppelzimmer ab 340 €; www.fourseasons.com

ESSEN GEHEN
Rechnen Sie mit 28–40 € pro Person in besseren Restaurants in Boston, doch gibt es viele weniger formale, preiswertere Alternativen. Empfehlenswert: Clam Chowder im Legal Sea Foods. Corned Beef und Cabbage Dinner im Durgin Park.

KOSTEN FÜR ZWEI PERSONEN
310–330 € pro Tag inklusive Übernachten, Verpflegung, Fahrten und Eintrittsgelder; bei preiswerter Unterkunft und Essen nur die Hälfte.

INFORMATION
www.bostonusa.com

Irischer Einfluss

Im 19. Jahrhundert flohen viele Iren vor der Hungersnot in ihrer Heimat nach Boston. Deshalb hat die Stadt die meisen Irish Pubs diesseits der Galway Bay. Die besten bieten Unterhaltung, traditionelle Corned-Beef-Dinner und natürlich ein gepflegtes Guinness, das etwa im Black Rose *(unten)*, Tiernans, Hennessy's, Ned Divine's, Coogans und im irischen Politikertreff The Last Hurrah schmeckt.

Trotz seiner revolutionären Vergangenheit ist Boston im Herzen eine Bastion der Traditionen und des stillen Charmes, den man am besten zu Fuß entdeckt. Die Häuser und Kopfsteinpflasterstraßen von Beacon Hill und dem zentralen Louisburg Square mit den Gaslaternen scheinen seit den 1840er Jahren unverändert, unverfälscht viktorianisch wirken die Häuser an den eleganten Boulevards in Back Bay, und seit 1877 gleiten große Schwanenboote anmutig auf dem See des öffentlichen Parks. Zugleich sprüht Boston vor Aktivitäten: Auf dem Charles River fahren Skull- und Segelboote, Jogger und Skater keuchen auf der Esplanade, im Quincy Market drängen sich die Massen um die leckeren Waren der Lebensmittelstände, und in Filene's Basement sind die Schnäppchenjäger unterwegs. Die Sportfans feuern das Hockeyteam der Stadt und das beliebte, recht erfolgreiche Baseballteam Red Sox an.

Trotz seiner revolutionären Vergangenheit ist Boston im Herzen eine Bastion der Traditionen und des stillen Charmes, den man am besten zu Fuß entdeckt.

Doch Boston ist auch ein Zentrum der Hochkultur. Neben dem weltbekannten Symphonieorchester wartet es mit vielen bedeutenden Museen für Kunst, Wissenschaft und Geschichte auf, darüber hinaus bringen Tausende Studenten der über 100 Colleges und Universitäten frischen Wind in die Stadt und halten sie jung. Überall bevölkern sie die Cafés, Bücherläden und kleinen Modeboutiquen. Einen Besuch lohnt auch der Campus der Harvard University, an der sieben US-Präsidenten studiert haben. Und das Massachusetts Institute of Technology (MIT) ist stolz auf seine über 50 Nobelpreisträger. Auch für Familien gibt es in der Stadt viel zu sehen: das spektakuläre New England Aquarium, das Boston Children's Museum, ein Computermuseum und das Boston Tea Party Ship & Museum. Verlockend gemütlich sind zudem die unzähligen Pubs – nach einigen Nächten traditioneller Gastfreundschaft werden Sie sich bei einer Segel- und Wandertour über die Inseln über die frische Meeresbrise freuen.

Sie können in wenigen Tagen nicht alles sehen, auch wenn in der kompakt gebauten Stadt viele Sehenswürdigkeiten bei einem kurzen Besuch erreichbar sind. Es wäre aber schade, wenn Sie durch Boston wie einst Paul Revere im scharfen Galopp jagen würden.

Großes Bild: Blick vom John Hancock Tower auf viktorianische Brownstone-Häuser in Bostons Viertel Back Bay
Kleines Bild oben: Old South Meeting House im Herzen des Financial District
Unten (von links nach rechts): Grand Staircase im Museum of Fine Arts; Aufführung auf dem Boston Tea Party Ship

Independence-Trip

Im schönen Mai kann man in New Englands größter Stadt viel sehen und unternehmen. Vier Tage reichen nur für die wichtigsten Sehenswürdigkeiten. Bei einem längeren Aufenthalt bieten sich auch Ausflüge in die Umgebung an, etwa nach Lexington und Cape Cod *(siehe S. 188–189)*.

Vier Tage historischer Charme

TAG 1

Auf dem klassischen Freedom Trail spazieren Sie im Zentrum vom Massachusetts State House mit dem goldenen Kuppeldach zum Quincy Market. Nach dem Mittagessen in einem nahen Irish Pub, etwa dem Black Rose, führt der Weg Bootsliebhaber nach Paul Revere's House über die Brücke zum Charlestown Navy Yard. Abends lockt ein Baseballspiel der Boston Red Sox.

TAG 2

Schöne Häuser und Shopping rund um den Copley Square und in Back Bay genießen Sie auf dem Weg vom Prudential Centre die Newbury Street hinunter. Hier findet man Designer Outlets, schicke Indie-Läden, aber auch große öffentliche Gebäude und Kirchen. Bei Delucca's decken Sie sich für ein Picknick im Public Garden and Boston Common ein. Nachmittags stehen das Boston Tea Party Ship, das Children's Museum oder das New England Aquarium auf dem Programm.

TAG 3

Besuchen Sie entweder das Museum of Fine Arts, in dem man sich einen Tag lang aufhalten kann (verpassen Sie nicht den Japanischen Garten hinter dem Museum) oder das kleinere Isabella Gardner Museum in einem Haus im venezianischen Palazzo-Stil. Eine Alternative wäre auch der Campus von Harvard mit seinen vielen Museen und schönen Gebäuden. Abends genießen Musikfreunde in der Symphony Hall das renommierte Boston Symphony Orchestra.

TAG 4

Auch wenn die Stadt noch viel zu bieten hat, nehmen Sie heute eine Fähre von George's Island zu den anderen Boston Harbor Islands, wo Natur, Wanderwege und Strände locken. Oder Sie fahren mit dem Zug nach Salem, der Stadt der berühmten Hexenprozesse und des Seehandels.

Dos & Don'ts

- ✗ Fahren Sie nicht Auto! Viele Straßen in Boston sind eng und kurvig, es gibt viele Sackgassen und Einbahnstraßen. Nutzen Sie das bequeme U-Bahn-Netz »T« oder Taxis.
- ✓ Sparen Sie mit dem Boston City Pass bis zu 50 Prozent Eintritt in sechs Hauptsehenswürdigkeiten und fahren Sie unbeschränkt ein, drei oder fünf Tage lang U-Bahn und Bus mit dem Visitor's Passport.
- ✗ Lassen Sie abends beim Essen in Restaurants nicht Ihr Handy an, in vielen herrscht »Cellphone«-Verbot.

Unten: Longfellow Bridge, Charles River und Bostons nächtliche Skyline

ANREISE
Ayr liegt 66 Kilometer südlich vom Glasgow International Airport und acht Kilometer südlich vom Glasgow Prestwick Airport an der Südwestküste von Schottland.

VOR ORT UNTERWEGS
Züge fahren von Ayr nach Glasgow und von dort die West Highland Line nach Mallaig. Das beste und bisweilen einzige Fortbewegungsmittel ist das Auto.

WETTER
Im feuchten, milden Mai mit sonnigen Tagen liegen die Temperaturen bei rund 14 °C.

ÜBERNACHTEN
Belhaven Hotel in Glasgows lebhaftem West End, Doppelzimmer ab 70 €; www.belhavenhotel.com

Old Racecourse Hotel, Ayr, kleiner Familienbetrieb nahe dem Zentrum; Doppelzimmer ab 110 €; www.oldracecoursehotel.com

Westin Turnberry in Ayrshire, eines der besten Hotels in Schottland, Doppelzimmer ab 230 €; www.turnberry.co.uk

ESSEN GEHEN
Lokale gibt es in Schottland reichlich, die Palette reicht von preiswerten Fish-and-Chips-Buden bis zu Fünf-Sterne-Restaurants. Die Westküste ist berühmt für Seafood. Empfehlenswert ist Glasgows ältestes, hochgelobtes Restaurant, The Buttery, Tel. (0141) 221 8188.

KOSTEN FÜR ZWEI PERSONEN
280–320 € pro Tag inklusive Übernachten, Verpflegung und Mietwagen.

INFORMATION
www.visitscotland.com

Robert Burns

Robert Burns wurde am 25. Januar 1759 geboren. Sein von der Französischen Revolution inspiriertes Lied *A Man's A Man for A' That*, wurde 1999 bei der Eröffnung des schottischen Parlaments gesungen. Seine Abschiedshymne *Auld Lang Syne*, die er zum Scots Musical Museum beitrug, zählt zu den am meisten gesungenen Liedern der Welt.

Großes Bild: Die Landschaft des Glen Coe spiegelt sich im ruhigen Wasser des Lochan

In den schottischen Highlands

Die Sonne versinkt langsam hinter dem Horizont und taucht die kleinen Wellen auf dem Firth of Clyde in rotgoldenes Licht. Wenn sie hinter den Inseln verschwunden ist, überzieht die Glut des Sonnenuntergangs den Himmel über der Westküste. Die Halbinsel Kintyre, die Isle of Arran und die Umrisse der Granitfelsen von Ailsa Craig zeichnen sich vor dem Hintergrund des feuerroten Himmels ab. Die Nacht bricht an und wird plötzlich durch eine Reihe von Explosionen und leuchtenden Farben belebt. Im Low-Green-Park und auf der Promenade am Strand von Ayr drängen sich die Menschen, genießen das Feuerwerk und die Musik zum Ende des zehntägigen Festivals (20. bis 29. Mai) Burns an' a' That! Das Festival feiert das Leben und Wirken von Schottlands berühmtestem Poeten Robert Burns und ist zugleich eine Bühne für die heutige Kultur Schottlands. Eine Besonderheit sind die Aufführungsorte, die in dieser geschichtsträchtigen Region weit verstreut sind.

Oben (von oben nach unten): Musiker im Babbity Bowsters Pub in Glasgow; Highland-Rinder sind auf dem Land ein häufiger Anblick

Unten: Ein Fischer repariert seine Netze im geschäftigen Hafen von Mallaig in den Highlands

Zwischen Girvan im Süden der Grafschaft South Ayrshire und dem äußersten Norden finden Lesungen, Verkostungen, Konferenzen, Konzerte, Wanderungen, Volksfeste und Vorträge statt. Zum Programm zählen Auftritte einiger weniger Musiker im Hinterzimmer eines Dorfpubs und die Verkostung von feinem Malt Whisky bei Rabbie's Dram in Ayr ebenso wie das Volksfest im Low Green und das Konzert mit klassischer Musik im prächtigen Culzean Castle.

Burns liebte Feste. Wenn er heute noch leben würde, wäre er zweifellos unter den Sängern und Musikern im Pub zu finden, würde Geschichten austauschen und sich der Menge im Low Green anschließen, um das Feuerwerk zu bewundern und der Musik zu lauschen.

Sobald das Feuerwerk vorbei ist, können Sie die Westküste hinauffahren und die völlige Stille von Loch Lomond oder die unheimliche Einsamkeit bei den Megalithsteinen von Callanish genießen. Entdecken Sie dabei auf dem Weg durch kleine malerische Fischerdörfer und dramatische Bergschluchten die Ausblicke, die Burns viele Jahre zuvor inspirierten.

Westküstentour

Der Mai ist die Zeit der Festivals in Westschottland. Traditionelle Musik wird beim Girvan und beim Moniaive Festival geboten, Literatur in Wigtown und Natur auf der Isle of Arran. Die Scottish Pipe Band Championships finden in Dumbarton statt, das Festival Burns an' a' That! zelebriert schottische Kultur.

Eine Woche in den Glens

TAG 1

Gehen Sie im Culzean Country Park und dann im Burns National Park spazieren. Verpassen Sie keinesfalls das Finale des Festivals Burns an' a' That! in Ayr, den Höhepunkt der zehn Tage dauernden Feiern.

TAG 2–3

Weiter nördlich besuchen Sie die Dörfer in Ayrshire; in Tarbolton sollten Sie den von Burns gegründeten Bachelors' Club nicht verpassen. Zu Mittag essen Sie in Poosie Nancie's Tavern in Mauchline.

In Glasgow besichtigen Sie das faszinierende, renovierte Kelvingrove Museum. Dann bewundern Sie die Exponate der Burrell Collection, die ein Schiffsmillionär der Stadt gestiftet hat.

TAG 4

Von den »Bonnie Banks« von Loch Lomond besteigen Sie Ben Lomond, danach bewundern Sie in Oban den spektakulären Sonnenuntergang an der Westküste.

TAG 5

Durch das Glencoe-Gebiet führt Ihre Tour nach Fort William. Auf der historischen »Road to the Isles« geht es nach Mallaig. In Glenfinnan hisste Bonnie Prince Charlie 1745 die Standarte. Der »Hogwarts Express« aus den Harry-Potter-Filmen dampfte hier über den Viadukt.

TAG 6

Mit der Fähre weiter nach Skye und dort zum Museum of Island Life sowie zur Whiskybrennerei Talisker. Danach fahren Sie mit der Fähre von Uig nach Harris.

TAG 7

An der Golden Road nach Stornoway und zum Butt of Lewis stehen die Standing Stones von Callanish und das Arnol Black House. Mit der Fähre fahren Sie nach Ullapool, dann über Inverness nach Glasgow.

Dos & Don'ts

- ✓ Besuchen Sie eine traditionelle Musik-Session in einem der vielen Pubs, die es in ganz Schottland gibt.
- ✗ Vergessen Sie nicht: In Schottland ist das Rauchen in öffentlichen Räumen seit 2006 verboten.
- ✓ Verwenden Sie starke Insektenschutzmittel. Ansonsten verderben Ihnen die berüchtigten stechfreudigen schottischen Mücken den Urlaubsspaß.
- ✓ Probieren Sie traditionelle schottische Spezialitäten, etwa *haggis*, *Scotch broth* (Eintopf), *cullen skink* (Räucherfischsuppe) und *cranachan* (ein Dessert aus Sahne, gerösteten Haferflocken und Himbeeren).

Unten: In der sehenswerten Kelvingrove Museum and Art Gallery

ANREISE
Internationale Flüge landen in Victoria Falls und Livingstone, tägliche Flugverbindungen bestehen zu Südafrika und anderen Nachbarländern.

VOR ORT UNTERWEGS
Von beiden Flughäfen fahren Shuttle-Busse und Taxis. Taxis bringen Sie auf beiden Seiten der Fälle zur Grenze, im Niemandsland müssen Sie zu Fuß gehen oder das Taxi wechseln.

WETTER
Die Regenzeit ist im Mai vorüber, das Wetter ist warm und sonnig. Der Wasserstand ist so hoch, dass die Fälle beeindruckend rauschen.

ÜBERNACHTEN
Historisches Victoria Falls Hotel, Simbabwe, Doppelzimmer ab 280 €; www.victoriafallshotel.com

Victoria Falls Safari Lodge, Simbabwe, luxuriös mit Blick auf den Sonnenuntergang, Doppelzimmer ab 280 €; www.vfsl.com

Natural Mystic Lodge am Sambesi in der Nähe der Fälle, Sambia, Doppelzimmer ab 100 €; www.naturalmysticlodge.com.

Luxus: Tongabezi Lodge, Sambia, Doppelzimmer ab 500 € inklusive Mahlzeiten; www.tongabezi.com

ESSEN GEHEN
Restaurants gibt es auf beiden Seiten der Fälle. Einzigartig sind die Dinners im Freien in The Boma, das zur Victoria Falls Safari Lodge gehört.

KOSTEN FÜR ZWEI PERSONEN
320–500 € pro Tag, inklusive Übernachten, Verpflegung und Ausflüge.

INFORMATION
www.zambiatourism.com
www.zimbabwetourism.co.zw

Ein Fall, viele Namen

Als David Livingstone die Wasserfälle »entdeckte« und nach Königin Victoria taufte, hießen sie bei den Makololo, die Mitte des 19. Jahrhunderts aus Südafrika in das Gebiet eingewandert waren, bereits Mosi-oa-Tunya, »donnernder Rauch«. Livingstone war nur der letzte in einer langen Reihe von Namensgebern. Der erste bekannte Name, Shongwe (»Regenbogen«), stammte von den Tokaleya, die später zugewanderten Ndebele nannten sie Amanza Thunquayo (»Wasser, das wie Rauch aufsteigt«).

Oben (von links nach rechts): Wildwasser-Rafting im Sambesi; im Kanu durch die Wildnis am Sambesi; traditionelle Tanzvorstellung
Großes Bild: Victoria-Fälle, der größte Wasservorhang der Welt, von der UNESCO 1989 zum Welterbe erklärt

Spektakuläres im Dunst

Für David Livingstone, der die Victoria-Fälle als erster Europäer sah, gab es nichts, was den Reisenden auf diesen Anblick ungezähmter Naturgewalten vorbereiten könnte. Die Victoria-Fälle donnern auf einer Breite von 1708 Metern über eine 110 Meter abfallende Felswand hinab. Sie rauschen nicht nur auf einer internationalen Grenze, sie sind auch ein Phänomen mit zwei Gesichtern. In Simbabwe sieht man sie von einem üppigen Regenwald aus, der durch den ewigen dichten Sprühnebel der Wassermassen entstanden ist. Auf der sambischen Seite können sich Besucher bis an den Rand der Klippe wagen und sich auf Wegen und Stegen vom Dunst der Wasserfälle durchnässen lassen.

So unterschiedlich wie das Gesicht der Fälle sind auch die beiden Orte an der Grenze. Simbabwe hat zwar in den letzten Jahren durch die politischen Ereignisse gelitten, dennoch floriert der Ort Victoria Falls mit vielen Hotels, Gästehäusern, Steaklokalen, Casinos und Reisebüros. In Sambia, das vor einigen Jahrzehnten am Tiefpunkt angelangt war, entwickelt sich mittlerweile der Tourismus dank politischer Reformen – und Simbabwes Problemen. Bislang gibt es auf der sambischen Seite in der Nähe der Fälle nur ein Fünf-Sterne-Hotel und einen kleinen Nationalpark, im elf Kilometer entfernten Livingstone hingegen eine zunehmende Zahl von Tourismusunternehmen.

Doch von welcher Seite auch immer Sie die Fälle bestaunt haben, danach gibt es noch viel zu tun: Rafting durch das Wildwasser der Schluchten, ein Flug mit dem Ultraleichtflugzeug durch den Nebel, Bungee-Jumping von der Brücke oder eine Sambesifahrt zwischen Flusspferden und Krokodilen. Fotografieren Sie auf einer Safari Elefanten, Löwen und Antilopen vom Pferd aus oder klettern Sie in den Wänden der Schlucht. Bei einem kalten Zambezi Lager stoßen Sie danach als Erstes darauf an, dass Sie das Schicksal nach Afrika geführt hat.

Für David Livingstone, der die Victoria-Fälle als ster Europäer sah, gab es ichts, was den Reisenden uf diesen Anblick ungezähmter Naturgewalten vorbereiten könnte.

Kleines Bild links: Lobby des Victoria Falls Hotel
Unten (von links nach rechts): Ein Dampfzug fährt üder die Victoria Falls Suspension Bridge; Holzschalen auf einem lokalen Handwerksmarkt

Wasserfälle hautnah

Auf der Seite von Simbabwe ist die Auswahl an Unterkünften und Aktivitäten größer als auf der sambischen Seite. Fünf Tage an den Victoria-Fällen reichen, um einige der weiteren angebotenen Unternehmungen, etwa eine Fotosafari, erleben zu können.

Fünf atemberaubende Tage

TAG 1

Spazieren Sie durch Victoria Falls (Simbabwe), wo Sie ein paar preiswerte Souvenirs erstehen, und dann durch den Regenwaldpark an die Schlucht, wo Sie einen weiten Blick auf die Fälle haben. Verpassen Sie nicht den fantastischen Aussichtspunkt Cataract View.

TAG 2

Auf der sambischen Seite genießen Sie heute ein ruhigeres Tempo. Erkunden Sie das gesamte Gebiet der Fälle und kommen Sie den Wassermassen auf in Dunst gehüllten Wegen so nahe wie möglich.

Danach besuchen Sie im etwas entfernt gelegenen Livingstone das National Museum.

TAG 3

Beim Wildwasser-Rafting werden Sie in der Sambesi-Schlucht unterhalb der Fälle durchnässt. Die Fahrt beginnt flussaufwärts auf der sambischen Seite und bietet Gelegenheit zu bester Aussicht auf die Fälle.

Oder Sie fahren mit dem Taxi in das 18 Kilometer von Livingstone entfernte Dorf Makuni, in dem 7000 Leya leben. Dort können Sie deren traditionelle Kultur kennenlernen, die kleine Gebühr kommt Gemeindeprojekten zugute.

TAG 4

Heute locken »Adrenalin«-Aktivitäten – Fliegen mit dem Ultraleichtflugzeug, Abseiling, Bungee-Jumping oder Kanufahren auf dem oberen Sambesi – oder der zahmere »Flight of the Angels« mit dem Hubschrauber und eine Bootsfahrt auf dem oberen Sambesi.

TAG 5

Am letzten Tag gehen Sie hoch zu Ross oder motorisiert im Sambesi National Park in Simbabwe oder im Mosi-oa-Tunya National Park in Sambia auf Safari.

Dos & Don'ts

- ✓ Nutzen Sie die kostenlosen sambischen Visa, die man beim Reservieren von Hotels oder Aktivitäten in Sambia erhält.
- ✗ Nähern Sie sich keinen Tieren an den Waldwegen bei den Fällen. Besonders Paviane können sehr aggressiv sein.
- ✗ Schwimmen Sie auf keinen Fall im Sambesi oberhalb der Fälle, hier gibt es Krokodile.
- ✗ Lassen Sie sich nicht auf Geldwechsler ein, oft endet man dabei mit einem Bündel Zeitungspapier.
- ✓ Denken Sie daran: Nach Dürreperioden können die Fälle im September und Oktober nur ein enttäuschendes Rinnsal sein.

Unten: Blick von Sambia auf den Sonnenaufgang über den Victoria-Fällen

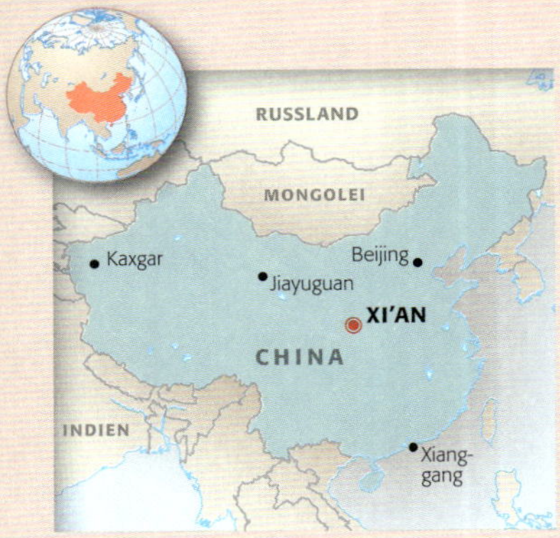

ANREISE
In Xi'an beginnt heute Chinas Teil der Seidenstraße. Xi'an wird aus ganz China angeflogen, die meisten Besucher kommen über Beijing.

VOR ORT UNTERWEGS
Am besten reist man im Bus, doch gibt es auch Flughäfen in Lanzhou (eine Stunde von der Stadt entfernt), Jiayuguan, Dunhuang, Kaxgar.

WETTER
Im Mai liegen die Durchschnittshöchsttemperaturen bei 21 °C. Im Sommer ist es höllisch heiß, im Winter bitterkalt.

ÜBERNACHTEN
Xi'an bietet vielfältige Unterkünfte von Schlafsälen bis zu Luxushotels. In den anderen Orten finden sich sehr einfache bis Mittelklassehotels.

Xi'an Hyatt Regency, Doppelzimmer ab etwa 65 €; xian.regency.hyatt.com

In anderen Orten kosten anständige Doppelzimmer in Hotels ab 35 €.

ESSEN GEHEN
In Xi'an und Lanzhou ist die Küche chinesisch, die Gerichte an den Straßenständen zeigen islamischen Einfluss. Jenseits von Lanzhou ist islamische Küche die Regel – Kebabs, Joghurt, Fladenbrot und Wassermelone. Für wenig Geld kann man gut essen.

KOSTEN FÜR ZWEI PERSONEN
Sparsame Reisende (Schlafsäle, Holzklasse im Zug) sollten mit rund 45 € pro Tag rechnen. Wer Mittelklassehotels bucht und mit dem Flugzeug reist, braucht etwa 100 € pro Tag.

INFORMATION
www.travelchinaguide.com
www.silk-road.com

Marco Polo

Im 13. Jahrhundert erzählte der Kaufmann Marco Polo von seinen Reisen nach China und zum großen Kublai Khan, er beschrieb Papiergeld, Tiger, das mongolische Heer und das chinesische Postsystem. Vielleicht hatte er diese Informationen, die im Westen die Fantasie der Menschen beflügelte, aber auch von Arabern, mit denen er Handel trieb.

Oben (von oben nach unten): Terrakotta-Soldat, Xi'an; Tempel der Großen Wildganspagode, Xi'an

Unten: Festung Jiayuguan, dahinter die Qilian-Berge

Rechte Spalte (von oben nach unten): Eingang zu einer Höhle in Mogao, Dunhuang; beim Teppichhandel; Blick auf den Karakuli-See und den Pamir

Großes Bild: Eine Kamelkarawane zieht über die Sanddünen bei Dunhuang

Reise auf der Seidenstraße

Xi'an war früher der Anfangsort der Seidenstraße und ist auch heute noch ein guter Ausgangspunkt für eine Reise auf der alten Handelsroute zwischen Osten und Westen. Mit dem Flugzeug dauern die einzelnen Etappen nicht lang, mit dem Zug dagegen kann man die Veränderung von Architektur und Landschaft nachvollziehen und sich dabei wie auf Abenteuerfahrt fühlen. Xi'ans einstige Bedeutung für Reisende ist auch heute noch erkennbar. Die Große Wildganspagode wurde für buddhistische Sutras aus Indien gebaut, und die Muslime beten in der Großen Moschee – nur ein Vorgeschmack auf das etwas andere China, das vor Ihnen liegt.

Von Xi'an aus führt der Weg nordwestlich durch den Hexi-Korridor an den Huang He (Gelber Fluss) und in die Industriestadt Lanzhou. Nur wenig erinnert hier an die Vergangenheit, etwa das Fliegende Pferd im Stadtmuseum oder die buddhistischen Höhlen in der Umgebung. Am besten fährt man weiter zu den Oasenorten in der unwirt-

lichen Ebene. In Jiayuguan endete die Große Mauer und für die alten Chinesen auch die Zivilisation. Die imposante Festung der Stadt versperrte früher den Weg von den Bergen in die Wüste.

Der letzte Halt in Gansu führt nach Dunhuang und zu den Mogao-Höhlen, die den größten buddhistischen Kunstschatz in ganz China behergen. Bevor sich hier der Islam ausbreitete, bemalten buddhistische Mönche im Lauf der Jahrhunderte die Wände der Höhlen. Weiter geht es nach Xinjiang, Heimat der chinesischen Muslime und Region der Moscheen, Wüsten, Oasen, des Fladenbrots und der arabischen Handschriften. Die Seidenstraße teilt sich nun und führt in nördlicher und südlicher Route um die Wüste Taklamakan herum. Fahren Sie auf der nördlichen Route nach Turfan, wo Trauben wachsen und Eselskarren auf den staubigen Straßen holpern.

Die beiden Routen treffen wieder in Kaxgar zusammen. Wenn in der staubigen Oasenstadt vor der sagenhaften Kulisse des Pamir der Sonntagsmarkt unter brennender Sonne abgehalten wird, fühlt man sich in die Blütezeit der Seidenstraße zurückversetzt.

Aufbruch nach Westen

Zwei Wochen sind ideal, um auf einer Zugreise den chinesischen Abschnitt der Seidenstraße zu entdecken. Mit dem Flugzeug brauchen Sie mindestens eine Woche. Wer China in Beijing erreicht, möchte wahrscheinlich zumindest einige Tage dort verbringen *(siehe S. 228–229)*.

Zwei Wochen Seidenstraße

TAG 1–3 Nach dem rund einstündigen Flug von Beijing nach Xi'an sehen Sie dort nachmittags die Altstadt mit der imposanten Stadtmauer, die Große Wildganspagode und die Große Moschee. Planen Sie mindestens noch einen Tag für die faszinierende Terrakotta-Armee ein. Mit dem Nachtzug geht es dann weiter nach Lanzhou.

TAG 4 In Lanzhou gibt es nur den Gelben Fluss und das Fliegende Pferd im Provinzmuseum zu sehen. Weiter geht es mit dem Nachtzug nach Jiayuguan.

TAG 5–6 Dort führt Sie ein Ausflug in die Steinwüste zur Festung aus der Ming-Zeit, dem westlichsten Außenposten der Großen Mauer. Übernachten Sie in Jiayuguan.

TAG 7–8 Fliegen Sie nach Dunhuang, wo Sie die Höhlenbilder von Mogao sehen und abends auf eine der nahen Dünen klettern. Die Mogao-Höhlen verdienen einen zweiten Besuch, bevor Sie mit dem Minibus nach Liuyuan und mit dem Zug nach Turfan weiterfahren.

TAG 9–12 In der Oase Turfan gibt es viel zu sehen, besonders den Markt mit seinen glitzernden Stoffstapeln und geschlachteten Schafen. Fahren Sie mit dem Eselskarren herum, aber dösen Sie auch ausreichend im Schatten der Weinreben. Genießen Sie mindestens einen Tag die schöne Landschaft am Himmelssee von Ürümqi, bevor Sie nach Kaxgar fliegen.

TAG 13–14 In Kaxgar ist der berühmte Sonntagsmarkt ein Wirrwarr aus Eseln, Schafen, Teppichen, Melonen und Messern. Doch es gibt auch kleinere Märkte, Moscheen, Gräber und wilde Landschaften zu sehen, bevor man nach Beijing zurückfliegt.

Dos & Don'ts

- ✓ Bitten Sie darum, in den Mogao-Höhlen eine Taschenlampe benutzen zu dürfen, ansonsten sehen Sie nicht viel.
- ✗ Erwarten Sie keine ordentlichen Warteschlangen. Beim Kauf von Zugkarten sind rücksichtslose Ellbogen gefragt. Am besten bitten Sie im Hotel, dass man Ihnen Tickets kauft.
- ✓ Planen Sie großzügige Reisezeiten. Züge und Flugzeuge sind in China in der Regel pünktlich, doch westlich von Lanzhou geht alles gemächlicher voran.
- ✗ Fotografieren Sie nicht an Orten, an denen fotografieren verboten ist, vor allem nicht militärische und sakrale Stätten.

Unten: Teppichangebot auf einem Markt in Kaxgar

ANREISE
Prags Flughafen liegt bei Ruznye, 15 Kilometer westlich des Zentrums. Offizielle Taxis stehen vor der Ankunftshalle, die Fahrt ins Stadtzentrum dauert etwa 20 Minuten.

VOR ORT UNTERWEGS
Prags kompaktes Zentrum ist gut zu Fuß zu erkunden. Ein 24-Stunden-Ticket für die öffentlichen Verkehrsmittel kostet rund 2 € und ist an den Kiosken am Flughafen erhältlich.

WETTER
Im normalerweise warmen Mai liegen die Durchschnittshöchsttemperaturen bei 18 °C. Es regnet selten.

ÜBERNACHTEN
Unter Prags Hotels sticht Sir Toby's mit gutem Service und makelloser Sauberkeit hervor, Doppelzimmer ab 60 €; www.sirtobys.com

Das schräge, witzige Hotel Sax liegt ideal zwischen der Altstadt und der Burg, Doppelzimmer ab 150 €; www.sax.cz

Blick auf die Karlsbrücke und Luxuszimmer bietet das Four Seasons; Doppelzimmer ab 320 €; www.fourseasons.com/prague

ESSEN GEHEN
In Prag gibt es einige exzellente Restaurants. Im eleganten Kampa Park genießt der Jetset internationale Küche. Das gemütlichere Století bietet innovativ zubereitete traditionelle Gerichte.

KOSTEN FÜR ZWEI PERSONEN
Ca. 300 € pro Tag inklusive Übernachten, Verpflegung, Fahrten vor Ort und Eintrittsgelder.

INFORMATION
www.pis.cz
www.dpp.cz

Schwarzlichttheater

Im Rahmen der Dada-Bewegung wurde das Schwarzlichttheater – eine pantomimische Aufführung in absoluter Dunkelheit, in der die Schauspieler in fluoreszierenden Kostümen agieren – im politischen Tauwetter des Prager Frühlings 1968 populär. Die vom kommunistischen Regime als »dekadent« bezeichnete Theaterform erlebt seit 1989 eine Renaissance. Heute gibt es über zehn Schwarzlichttheater in Prag, darunter das Image Black Theatre in der Pařiška 4. Die täglichen Vorstellungen beginnen um 20 Uhr.

Oben (von links nach rechts): Smetanasaal; mittelalterliche astronomische Uhr, Rathaus; Jugendstilfenster von Alfons Mucha am Obecní Dům
Großes Bild: Die Kuppel der St.-Franziskus-Kirche und die Türme der St.-Nikolaus-Kirche ragen über der Prager Altstadt auf

Im Herzen von Europa

Mozart erklärte einst: »Mein Orchester ist in Prag« – und tatsächlich scheinen hier alle großen Orchester der Welt während des Musikfestivals »Prager Frühling« aufzutreten. Bei vielen wecken die Worte »Prager Frühling« Bilder von protestierenden Studenten, die während des Aufstands von 1968 Molotow-Cocktails auf sowjetische Panzer warfen. Doch das internationale Musikfestival »Prager Frühling« gab es schon über zwei Jahrzehnte vor diesen gewalttätigen Ereignissen. Seit 1946 treten bei diesem Festival die besten Künstler, Symphonieorchester und Kammermusik-Ensembles der Welt an den schönsten Spielorten Prags auf.

Den prächtigsten Auftritt bietet das Obecní Dům von 1911. Das Gemeindehaus mit Konzertsaal, Ballsaal, Café und Restaurant ist so überladen gestaltet, dass der nahe altehrwürdige Pulverturm aus dem 15. Jahrhundert dagegen fast schon unscheinbar wirkt. Das Gebäude aus der Hochzeit des Jugendstils ist mit feinen Stuckarbeiten und Unmengen von Statuen verziert. Über dem Haupteingang verkörpern in Karel Spillars gewaltigem Mosaik »Huldigung an Prag« allegorische Figuren Heiterkeit und Beständigkeit. Beständigkeit zeigt auch das Jugendstilcafé im Erdgeschoss, in dem seit rund einem Jahrhundert Bedienungen in gestärkten weißen Schürzen Kaffee und Kuchen unter Kronleuchtern servieren. Die Gäste sind oft Literaten, die davon träumen, den nächsten großen Prager Roman zu schreiben. Das Herz des Obecní Dům ist der Smetanasaal, dessen verschnörkelte Verzierungen von Alfons Mucha stammen. Angesichts des atemberaubenden Dekors drängt sich die Frage auf, ob irgendein Musiker gegen diese Pracht anspielen kann. Tatsächlich inspiriert jedoch die architektonische »Konkurrenz« Dirigenten und Solisten zu Höchstleistungen und trägt somit dazu bei, dass in Prag die großartigste jährliche Konzertreihe Europas stattfindet.

Mozart erklärte einst:
ein Orchester ist in Prag« –
und tatsächlich scheinen
ier alle großen Orchester
r Welt während des Musik-
estivals »Prager Frühling«
aufzutreten.

Kleines Bild links: Stuckornament in der Nerudova ulice (Neruda-Gasse)
Unten (von links nach rechts): Karlsbrücke im stimmungsvollen Nebel; Musiker spielen nahe der Prager Burg auf dem Hradschin

Musik und Atmosphäre

Am Tag genießen Sie die Sehenswürdigkeiten und am Abend die Konzerte des »Prager Frühlings« – nun ist die ideale Reisezeit für Prag. Während des Festivals (von Mitte Mai bis Anfang Juni) finden jeden Abend Vorstellungen statt. Der Höhepunkt ist stets am letzten Abend das Beethoven-Konzert im Obecní Dům.

Vier Tage in der Goldenen Stadt

TAG 1

Auf dem Hradschin (Burgberg) erkunden Sie Prags legendäre Sehenswürdigkeiten: Goldene Gasse, Veitsdom, Lobowicz-Palast und St.-Georgs-Kloster.

Dann bummeln Sie in der Nerudova ulice, genießen Kaffee und Kuchen am Malostranské náměstí (Kleinseiteplatz) und spazieren über die Karlsbrücke.

TAG 2

Im alten jüdischen Viertel besichtigen Sie in der Pařížka und Široka die verzierten Synagogen und jüdischen Friedhöfe, wandeln auf den Spuren Franz Kafkas und besuchen das Museum der dekorativen Künste.

Danach lockt ein Bummel durch die teueren Designer-Boutiquen und Juweliere in der Pařiszka.

TAG 3

Mit der Metro geht es zum Mustek, wo sich der klassische Blick auf den Wenzelsplatz öffnet. Von dort bummeln Sie durch die Kopfsteinpflasterstraßen der Altstadt mit ihren mittelalterlichen Höfen, Galerien, Museen und historischen Kirchen.

Verpassen Sie nicht, wenn die astronomische Uhr am Rathaus zur vollen Stunde in Aktion tritt. Im Rathaus informieren Sie sich über Konzerte des »Prager Frühlings«.

TAG 4

Den besten Blick auf die Stadt bietet der Aussichtsturm aus dem 19. Jahrhundert auf dem Petřín am Westufer der Moldau. Der Park auf dem Hügel hat viele Attraktionen für Kinder, Spazierwege und Picknickplätze. Er ist mit einer Standseilbahn erreichbar.

Dos & Don'ts

- ✓ Kaufen Sie alle Festivalkarten im Voraus, am besten bei der zentralen Kartenverkaufsstelle im Rudolfinum (Nám. Jana Palacha, Praha 1, Tel. 227 059 234).
- ✗ Besuchen Sie Prag nicht am Wochenende, wenn Betrunkene aus ganz Europa hier Junggesellenabschied feiern.
- ✓ Besuchen Sie auf jeden Fall eine Vorstellung mit jüngeren Künstlern. Der »Prager Frühling« zählt weltweit zu den wenigen Klassikfestivals, die jungen Talenten eine Bühne bieten.
- ✗ Gehen Sie nicht am oder nahe dem Altstädter Ring essen, außer ein Lokal wurde Ihnen zuverlässig empfohlen. Fast alle Lokale dort sind Touristenfallen, servieren schlechtes Essen zu hohen Preisen und berechnen unverschämte Zuschläge, etwa für die Bedienung an den Tischen im Freien.

ANREISE
Der El Alto International Airport ist rund zehn Kilometer vom Stadtzentrum entfernt. Die Fahrt ins Zentrum dauert mit dem Taxi etwa 30 Minuten, etwas länger mit dem Minibus.

VOR ORT UNTERWEGS
In La Paz fahren preiswerte Taxis, *trufis* (Sammeltaxis), *colectivos* (Sammel-Minibusse) und *micros* (Busse). Taxis zeigen ihr Fahrtziel deutlich an der Windschutzscheibe an.

WETTER
Im Mai sind im hoch gelegenen La Paz die Tage in der Regel trocken bei milden 12 bis 20 °C, die Abende kühl mit Temperaturen um 5 °C.

ÜBERNACHTEN
In La Paz bietet die stimmungsvolle Residencial Rosario im Kolonialstil Doppelzimmer ab 35 €; www.hotelrosario.com

Das Fünf-Sterne-Hotel Radisson Plaza, La Paz, hat eine zentrale Lage und Doppelzimmer ab 80 €; www.radisson.com/lapazbo

In Copacabana empfiehlt sich das ägyptisch angehauchte La Cupula mit Seeblick und Doppelzimmern ab 15 €; www.hotelcupula.com

ESSEN GEHEN
Die bolivianische Küche ist fleischlastig, kosten Sie *lomo montado* (Schweinefleisch mit Eiern, Reis und Banane). Die besten Lokale von La Paz finden sich im Viertel So Pocachi, am unteren Prado und in der Zona Sur.

KOSTEN FÜR ZWEI PERSONEN
130–160 € pro Tag inklusive Übernachten, Verpflegung und Fahrten vor Ort.

INFORMATION
www.boliviaweb.com

Arme Häuser, bester Blick

In den meisten Städten sind die Viertel der Wohlhabenden hoch gelegen und bieten den schönsten Blick, die ärmeren Viertel drängen sich dagegen in den tieferen Lagen. In La Paz dagegen ist das Pro-Kopf-Einkommen umgekehrt proportional zur Höhenlage. Hier leben die ärmsten *Paceños* (Einwohner von La Paz) hoch über dem Talkessel mit herrlichem Blick, die Reichen in der Zona Sur unterhalb des zentralen Geschäftsviertels.

Über den Wolken

Die Ankunft mit dem Flugzeug in La Paz, dem Regierungssitz Boliviens, ist wortwörtlich atemberaubend. Der internationale Flughafen in der sich immer weiter ausbreitenden Vorstadt El Alto (»Die Anhöhe«) liegt in knapp 4000 Meter Höhe auf dem Altiplano, der windgepeitschten Hochebene, die sich im Südwesten Boliviens erstreckt.

Die dichten Menschenmassen, die Höhe und die Höhenunterschiede sind für den Fußgänger physisch anstrengend, doch kann man auf Schusters Rappen am besten die Ausblicke, Geräusche und Gerüche der Andenmetropole in sich aufnehmen. Über die Hälfte der Einwohner sind Aymara oder Quechua, und die indigenen *cholas* – indianische Frauen mit langen Zöpfen, die mit Melone und viellagigen Gewändern bekleidet sind – beherrschen die geschäftigen Gehwege, Straßenecken und loka-

Großes Bild: La Paz, die höchstgelegene Hauptstadt der Welt, erstreckt sich immer weiter über die Hochebene Altiplano

Links: Einheimische sitzen in der Sonne vor der Iglesia de San Francisco

Rechts (von links nach rechts): Rast bei einer Tour mit dem Geländewagen; einheimische Frau vor ihrem Marktstand; Ufer des Titicacasees; die archäologische Stätte Tiahuanaco nahe dem Titicacasee aus der Zeit vor den Inka

len Märkte. Dort verkaufen sie vom Imbiss über Feldfrüchte und Alltagsgegenstände bis zu magischen Arzneien einfach alles. »Kaufen Sie bei mir«, rufen die Frauen potenziellen Käufern im Labyrinth der Marktstände zu, in der Hoffnung, dass diese sich für ihre Ware interessieren.

Diese für La Paz typische Szene wird von einem unablässigen Hupkonzert begleitet, doch gibt es glücklicherweise auch viele ruhige Cafés, gute Restaurants und verschiedene Museen, in denen man Atem holen kann. Zudem verspricht das spektakuläre Hinterland noch mehr Erholung: Die umliegenden Anden bieten viele Möglichkeiten zum Wandern, ein interessanter Tagesausflug führt zur archäologischen Stätte Tiahuanaco aus der Zeit vor den Inka. Schön sind Ausflüge nach Copacabana am Titicacasee und von dort zu den Ruinen der Isla del Sol, lohnend auch die dreistündige Fahrt nach Coroico. Das wesentlich tiefer als La Paz in tropisch-grüner Umgebung gelegene Dorf empfängt Reisende mit erfrischender, nach Blumen duftender Luft.

Andenerlebnis

Der Mai ist ideal für eine Reise nach La Paz und seine Umgebung. Das Wetter ist nun angenehm und mild. In der extremen Höhe sind Unternehmungen anstrengend, und eine einfache Tour zu den Sehenswürdigkeiten wird schnell zum Aktivurlaub. Die Berge um La Paz und den Titicacasee sind ideal für Aktivitäten.

Acht Tage in der Höhe

Gewöhnen Sie sich am ersten Tag an die Höhe und entspannen Sie im Hotel oder in einem Café.	**TAG 1**
Bummeln Sie auf der Hauptstraße Prado, zum Museum für zeitgenössische Kunst oder zur Iglesia de San Francisco mit ihrer geheimnisvollen Mischung aus einheimischer und kolonialspanischer Architektur. Ein voll besetzter Bus bringt Sie bergauf zu den quirligen Märkten in den oberen Vierteln von La Paz.	**TAG 2**
Erkunden Sie bei einer Führung das Prä-Inka-Zeremonialzentrum Tiahuanaco und entdecken Sie die vielen faszinierenden Steinbauten und -arbeiten der Stätte.	**TAG 3**
Mit dem Bus geht es für ein oder zwei Tage in den Ferienort Copacabana. Dort wandern Sie am Ufer des wunderschönen Titicacasees und genießen abends eine köstliche heimische Forelle.	**TAG 4–5**
Eine Tagestour führt zur Isla del Sol (Sonneninsel), wo Sie wandern und die Ruinen erkunden, die den Geburtsort der Sonne verkörpern.	**TAG 6**
Morgens kehren Sie nach La Paz zurück, wo Sie nachmittags in der Calle Sagárnaga shoppen. Besuchen Sie auch ein bolivianisches Volksmusikkonzert *(peña)*.	**TAG 7**
Eine aufregende Mountainbike-Abfahrt auf der »gefährlichsten Straße der Welt«, der Yungas-Straße, bringt Sie in das tropische Dorf Coroico. Dort können Sie im wahrsten Sinne des Wortes aufatmen.	**TAG 8**

Dos & Don'ts

- ✓ Fragen Sie immer um Erlaubnis, bevor Sie Einheimische fotografieren, besonders die indigenen huttragenden Händler *(chola)*. Sie sind oft sehr kamerascheu.
- ✗ Nehmen Sie weder an Demonstrationen teil noch fotografieren Sie sie. Sie könnten mit unpopulären Anti-Coca-Taktiken des Westens in Verbindung gebracht werden.
- ✓ Unterstützen Sie die einheimische Wirtschaft und kaufen Sie möglichst bei Straßenhändlern ein. Außerdem kosten die meisten Waren an Straßenständen viel weniger als in Läden.
- ✗ Überanstrengen Sie sich nicht an den ersten Tagen. Auf 3600 Meter Höhe kann Ihnen die Höhenkrankeit *soroche* erhebliche Probleme bereiten.

Unten: Die Yungas-Straße verbindet La Paz und das tiefer gelegene Coroico

ANREISE
New York liegt an der Nordostküste der USA und hat drei Flughäfen: La Guardia für Inlandsflüge, JFK und Newark für Inlands- und internationale Flüge. Von den Flughäfen fahren Busse und Taxis ins Stadtzentrum.

VOR ORT UNTERWEGS
New York lässt sich wunderbar zu Fuß erkunden, mit U-Bahn, Bus und Taxi kommt man überall hin, obgleich der Verkehr manchmal mörderisch ist.

WETTER
Der Mai ist in der Regel sonnig, tagsüber liegen die Durchschnittstemperaturen bei etwa 22 °C, abends bei rund 12 °C. Bisweilen gibt es kurzzeitige Kälteeinbrüche.

ÜBERNACHTEN
Preiswerte Unterkunft bieten B&Bs, etwa City Lights Bed and Breakfast; Doppelzimmer ab 50 €; www.citylightsnewyork.com

Comfort Inn Midtown, gut gelegen, Doppelzimmer ab 165 €; www.applecorehotels.com

Sofitel New York, nahe der 5th Avenue; Doppelzimmer ab 250 €; www.sofitel.com

ESSEN GEHEN
Spaghetti für 10 € oder ein Gourmetdinner für 100 € – es gibt nichts, was in New York nicht zu haben ist. Typisch italienisch à la New York isst man hervorragend im Carmine in der Carmine Street, Hauptgerichte ab 10 €.

KOSTEN FÜR ZWEI PERSONEN
230–280 € pro Tag inklusive Übernachten, Verpflegung, Fahrten vor Ort und Eintrittsgelder.

INFORMATION
www.nycvisit.com

New York umsonst

Man kann in New York ein Vermögen ausgeben oder mit etwas Planung viele Sehenswürdigkeiten umsonst genießen. Erleben Sie etwa auf der Staten Island Ferry die perfekte Aussicht auf die Skyline und die Freiheitsstatue, nehmen Sie im Central Park an einer Führung teil (www.centralparknyc.org) oder mittwochs und freitags in der Grand Central Station (beginnt um 12.30 Uhr am Informationsschalter). Im MoMA ist freitags von 16 bis 20 Uhr der Eintritt frei, die Juillard School und die Manhattan School of Music geben kostenlose Konzerte.

Licht, Kamera, Action!

Der Pulsschlag und das Tempo erschrecken zuerst, doch dem schonungslos schnellen Lebensrhythmus der Stadt kann man sich nicht entziehen. Bevor man sich versieht, hetzt man wie die New Yorker, spricht schnell und isst im Gehen. New York gibt Ihnen, was Sie wollen: eleganten Chic oder den letzten Modeschrei, Hochkultur oder Kommerz pur. Zum Glück kann man sich hier ganz einfach orientieren und bewegen. Die Straßen Manhattans bilden ein Schachbrettmuster, die Avenues verlaufen in Nord-Süd-, die Streets in Ost-West-Richtung. Da sie meist Einbahnstraßen sind, weiß man genau, welchen Weg die Busse fahren.

In dieser aufregenden Stadt wird jedes Viertel von einer anderen Stimmung und Architektur geprägt – vom Neonlicht des Broadway über die gusseisernen Wahrzeichen von SoHo bis zu den spiegelnden Wolkenkratzern des Financial District. In der Upper East Side findet man schöne Villen und Dutzende von Museen, etwa das Whitney

Großes Bild: Die Fifth Avenue spiegelt sich im Schaufenster von Saks

Oben (von oben nach unten): Eine legendäre Kombination: Staten Island Ferry und Freiheitsstatue; Straßenkünstler vor dem Metropolitan Museum of Art

Unten: Weltklasse-Unterhaltung im Schoenfeld Theater am Broadway

Museum of American Art, die Frick Collection mit Alten Meistern, Frank Lloyd Wrights Guggenheim und das Jewish Museum, in der Upper West Side Art-déco-Häuser und weitere Museen. New York war so oft Schauplatz in Filmen, dass es einem schon beim ersten Besuch seltsam vertraut vorkommt. Am besten erleben Sie die Faszination New Yorks zu Fuß und auf Führungen.

Um die Atmosphäre der Stadt wirklich zu erspüren, tun Sie es den New Yorkern gleich: Schauen Sie am Wochenende den Straßenkünstlern und der Parade von den Stufen des Metropolitan Museum of Art zu. Naschen Sie an den Ständen der Bauern am Greenmarket, der mittwochs, freitags und samstags am Union Square abgehalten wird. Schlendern Sie die Promenade am East River vom World Financial Center zum Battery Park entlang und genießen Sie den Blick auf die Freiheitsstatue. Gehen Sie in eine Show oder bummeln Sie über den Sonntagsflohmark an der Ecke Columbus Avenue und 77th Street. Joggen Sie wie die New Yorker im Central Park oder radeln Sie am Wochenende auf den Straßen, wenn die Autos verbannt sind. Auf diese Weise werden Sie schnell verstehen, warum so viele Menschen gern im Big Apple leben.

Faszination Big Apple

New York bietet Kunst und Kultur, Weltklasse-Restaurants und fantastische Einkaufsmöglichkeiten. Im späten Frühjahr ist das Wetter tagsüber mild und die Stadt noch nicht von Touristen überlaufen. In fünf Tagen gewinnen Sie einen guten Eindruck vom Big Apple.

Fünf Tage in Manhattan

TAG 1

Die Fifth Avenue bietet sich als Startpunkt an. Von dort erreichen Sie das Rockefeller Center, Tiffany & Co und den legendären Saks Fifth Avenue. In der 34th Street fahren Sie mit dem Lift das Empire State Building hoch und lassen sich von der Aussicht überwältigen. Abends besuchen Sie eine Broadway-Show.

TAG 2

Vormittags steht das Museum of Modern Art (MoMA) auf dem Programm, nachmittags die zahllosen Läden in den Kopfsteinpflasterstraßen von Greenwich Village. Dort essen Sie auch zu Abend und besuchen danach eine Off-Broadway-Show.

TAG 3

An der »Museum Mile« warten das überwältigende Guggenheim Museum of Art, historische Objekte im Jewish Museum, unbezahlbare Kunstwerke in der Frick Collection, amerikanische Kunst im Whitney Museum of American Art oder das exzellente Metropolitan Museum of Modern Art auf Sie. Oder Sie entspannen im Central Park und in den herrlichen Conservatory Gardens.

Abends essen Sie in einer Trattoria in Little Italy oder genießen Oper, Ballett oder Konzert im Lincoln Center.

TAG 4

Mit der Fähre fahren Sie nach Ellis Island und zur Freiheitsstatue, danach bewundern Sie die Gebäude rund um die Wall Street. Abends essen Sie in der bunten Chinatown oder im schicken Meatpacking District.

TAG 5

Qual der Wahl: Avantgarde-Kunstgalerien in Chelsea, Shoppen in SoHo oder (je nach Tag) Bummel über den Greenmarket am Union Square oder den Flohmarkt in der Columbus Avenue. Zum Abschluss genießen Sie einen letzten Blick auf die Lichter der Stadt im Rainbow Room im 65. Stock des Rockefeller Center.

Dos & Don'ts

- ✗ Fürchten Sie sich nicht vor der U-Bahn. Sie ist sicher (außer spätnachts) und das schnellste Transportmittel.
- ✓ Sparen Sie Geld und stehen Sie am TKTS-Stand am Broadway für Tageskarten der Shows an. Sie kosten nur die Hälfte.
- ✓ Besuchen Sie kostenlos eine TV-Show. Darum müssen Sie sich aber vorab kümmern. Infos unter www.nycvisit.com
- ✓ Tragen Sie bequeme Schuhe. Am besten und intensivsten lernt man New York nämlich zu Fuß kennen!

Unten: Guggenheim Museum of Art, erbaut von Frank Lloyd Wright

JUNI

Traumziele im **Juni**

Der Juni bringt auf der nördlichen Halbkugel den ersehnten Sommer, sonniges Wetter und lange Tage – die ideale Zeit, um Europa und die USA mit ihren Naturschönheiten zu erkunden. Auf der Südhalbkugel bringt der Winter auch dem australischen Northern Territory kühlere, weitaus erträglichere Temperaturen. In Peru herrscht ideales Wetter für eine anstrengende, aber lohnende Wanderung nach Machu Picchu. Im Nahen Osten und Nordafrika sowie in vielen Teilen Asiens – vor allem auf dem indischen Subkontinent und im Südosten – ist es nun für Reisen zu heiß, außer man bleibt in den Küstenregionen, wo kühle Meeresbrisen wehen. Auf dieser Doppelseite finden Sie alle im Juni-Kapitel vorgestellten Reiseziele sowie einige weitere Anregungen.

KULTUR UND FESTE

BARCELONA Gaudís Dachskulpturen auf dem Wohnhaus Casa Milà

BARCELONA
Spanien, Europa

Großartiges Kulturangebot, Nachtleben und Strände

Für jeden etwas – Kunst, Architektur (Gaudí, Picasso, Miró), Shoppen, Nachtleben – und zum Ausruhen schöne Strände.

Siehe S. 144–145

MONTRÉAL
Kanada, Nordamerika

Besuchen Sie das größte Jazzfestival der Welt

Genießen Sie den Sommer in dieser multikulturellen Metropole, Jazz aus aller Welt und die schöne Natur, die gleich vor der Haustür liegt.

Siehe S. 164–165

»In dem Gourmet-Paradies gibt es über 5000 Lokale – in ganz Nordamerika kann nur New York mehr Restaurants pro Kopf aufbieten.«

NASHVILLE & MEMPHIS
USA, Nordamerika

Heimat der Country Music und des Blues

Sehen Sie das Grand Old Opry House, das Erbe des »King« in Graceland und die Wiege des Delta Blues.

Siehe S. 160–161

BATH
England, Europa

Britanniens beste georgianische Kurstadt feiert durch

Perfekt in der Sommersonne: römische Bäder, Royal Crescent, Hügellandschaft, das Fringe und das International Music Festival.

visitbath.co.uk

CUSCO
Peru, Südamerika

Das Sonnenfest Inti Raymi zelebriert die Sonnenwende

Feuerwerk und Feiern machen den Aufenthalt in der spanischen Kolonialstadt und Inkastadt Cusco zum Erlebnis.

www.andeantravelweb.com/peru

UNVERGESSLICHE EINDRÜCKE

ULURU Festlich gekleideter Aborigene

GRIECHISCHE INSELN
Griechenland, Europa

Fahren Sie wie einst Odysseus von Insel zu Insel

Ein umfassendes Fährensystem bringt Sie zu den Inseln vor dem griechischen Festland. Hier findet man immer ein ruhiges Plätzchen.

www.greekisland.co.uk

ULURU (AYERS ROCK)
Australien, Australasien

Der riesige rote Berg ist ein unvergesslicher Anblick

Nur mit dem Geländewagen können Sie durch die Naturwunder des Outback zum heiligen Berg der Aborigines fahren.

Siehe S. 148–149

MACHU PICCHU
Peru, Südamerika

Fantastische Stadt über den Wolken

Der anstrengende Aufstieg im Hochgebirge wird durch den Blick auf die magische alte Stadt der Inka tausendfach belohnt.

Siehe S. 152–153

JEFFERSON NATIONAL FOREST
USA, Nordamerika

Auf dem Appalachian Trail

Der Abschnitt im westlichen Zentral-Virginia führt in diesem Monat durch herrlich blühende Azaleen und Rhododendren.

www.appalachiantrail.org

HALONG-BUCHT
Vietnam, Asien

Ein Segeltörn durch 3000 Kalksteininseln

Die Segelfahrt führt durch eine märchenhafte Meereslandschaft mit markanten Inseln, Höhlen, Korallenriffen und Sandstränden.

halong.org.vn

WUNDER DER NATUR

KRUGER NATIONAL PARK Zebras an einer Wasserstelle

»Gletscher, aktive Vulkane, heiße Quellen, Geysire, einsame Berge, wilde Flüsse und Wasserfälle locken Individualreisende an.«

REYKJAVÍK
Island, Europa

Land der Gletscher, Geysire und der Mitternachtssonne

Island, das Paradies der Geologen, bietet eine fantastische Natur mit Gletschern, Lavafeldern, Wasserfällen und heißen Thermalquellen.

Siehe S. 158–159

KRUGER NATIONAL PARK
Südafrika, Afrika

Safari im riesigen Wildpark

Im faszinierenden Kruger National Park treffen Sie auf einer Safari die »großen Fünf« – Löwe, Nashorn, Elefant, Büffel und Leopard.

Siehe S. 154–155

KODIAK ISLAND
USA, Nordamerika

Die Lachswanderung lockt die berühmten großen Bären an

Neben riesigen Bären sehen Sie hier Elche mit ihren Kälbern, Füchse, Robben, vielleicht sogar Orcas und unzählige Vögel.

www.kodiakisland.org

PANTANAL
Brasilien, Südamerika

Wildtiere im größten Süßwasser-Feuchtgebiet der Erde

Hier sieht man die Tiere besser als im Regenwald: Riesenotter, Tapire, Kaimane, Wasserschweine und viele, viele Vögel.

www.braziltourism.org

BÜKK-NATIONALPARK
Ungarn, Europa

Berge und Schmetterlinge

In den gebirgigen Nationalparks Bükk und Aggtelek locken Höhlen, seltene Pflanzen und Tiere sowie leckere ungarische Weine.

www.utikonyv.hu

Vorhergehende Doppelseite: Der Gletscher Vatnajökull, Jökulsarlon-Lagune, Island

Wetter

❶ Südkanada ist die wärmste Region des Landes im Sommer, doch ist die Regenwahrscheinlichkeit hoch. Im Juni ist es noch nicht unangenehm heiß.

❷ In Peru ist das Wetter im Juni sehr gut. In Machu Picchu ist es merklich wärmer und viel feuchter als in Cusco. Nachts kann es kalt sein.

❸ Der Juni bringt in Südafrika angenehm warme Tage und sehr wenig Regen. In diesem Wintermonat sind die Tage jedoch relativ kurz.

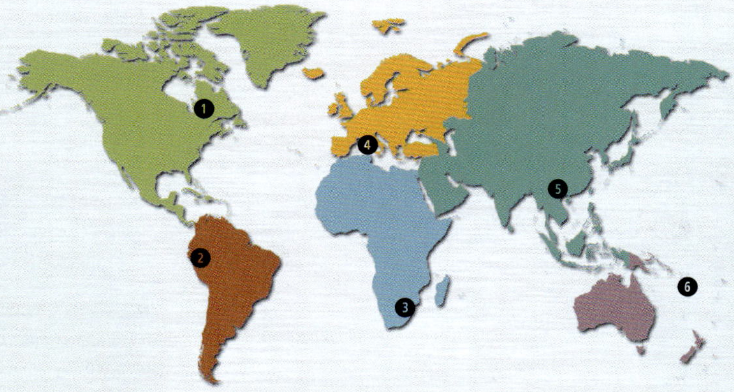

❹ Im sommerlichen Südeuropa scheint die Sonne in Barcelona, Rom und an der dalmatinischen Küste schon sehr warm. Am Meer bringen leichte Brisen Abkühlung, in Rom die herrlichen Kirchen.

❺ In Yunnan herrschen im Juni angenehm milde Temperaturen, doch beginnt zugleich die Regenzeit. Packen Sie also Regensachen ein.

❻ Im Südpazifik ist es fast überall ganzjährig heiß und regnerisch. Auf Vanuatu zählt der Juni zu den kühlsten und trockensten Monaten, zudem gibt es keine Zyklone.

LUXUS UND ROMANTIK

ROM Der Petersdom in der Abenddämmerung

MAURITIUS
Indischer Ozean

Im Luxushotel an der Korallenküste

Luxushotels zu guten Preisen, doch Geld vergisst man schnell, wenn man hier durch das Meer treibt oder am Sandstrand liegt.

www.mauritius.net

LUDLOW
England, Europa

Großartiges Essen in einem der schönsten Dörfer Britanniens

Kopfsteinpflaster, Häuschen mit uralten Holzbalken und ein grandioses kulinarisches Angebot machen aus dem Landurlaub eine Luxusreise.

www.ludlow.org.uk

GRANADA
Spanien, Europa

In einem Parador an der Alhambra

Am Fuß der Sierra Nevada wurde die Alhambra als Paradies auf Erden gebaut – dazu genießt man das Nachtleben in Granada.

www.parador.es

TURKS UND CAICOS
Karibik

Luxus-Wellness und lange Strände mit feinstem Sand

Hier können Sie sich auf gut erschlossenen Inseln verwöhnen lassen oder auf abgelegenen Eilanden das herrlich einfache Leben genießen.

www.turksandcaicostourism.com

ROM
Italien, Europa

Eine der schönsten und romantischsten Städte der Welt

Rom wartet mit Weltgeschichte und unvergleichlichen Kunstwerken, aber auch mit feinem Essen, großartigen Läden, Eleganz und Stil auf.

Siehe S. 162–163

»Was auch immer der Grund für Ihre persönliche Pilgerreise ist, Sie werden auf jeden Fall Außergewöhnliches entdecken.«

AUFREGENDE ZIELE

VANUATU Wracktauchen am Million Dollar Point

VANUATU
Melanesien, Australasien

Der vulkanische Inselarchipel ist ein Paradies für Taucher

Die Riffe sind spektakuläre Tauchgründe, doch kann man hier auch wandern, reiten, Kajak fahren, Höhlen und Vulkane erforschen.

Siehe S. 146–147

YUNNAN
China, Asien

Wanderung durch die steile Tigersprungschlucht

Von Lijiang, einer der schönsten Städte Chinas mit bemerkenswerten Sehenswürdigkeiten, starten Sie zur berühmten Wanderung.

Siehe S. 150–151

KARPATEN
Rumänien, Europa

Machen Sie Wander- und Reiturlaub in den Bergen

Reiten Sie auf einem einheimischen *Hutzul*-Pferd über blühende Wiesen am Fuß der Karpaten und zu Draculas Schloss.

www.riding-holidays.ro

HADRIANSWALL
England, Europa

Römische Wanderung auf dem National Trail

Die klassische 135 Kilometer lange Wanderung führt entlang des alten Römerwalls durch das raue Northumberland.

www.nationaltrail.co.uk

DAYTONA BEACH
USA, Nordamerika

Lernen Sie richtig surfen am Daytona Beach

Florida ist als Surfer-Ziel unterschätzt. Im Sommer sind die Wellen zwar nicht atemberaubend, aber ideal zum Lernen.

www.surfline.com

FAMILIENURLAUB

DALMATINISCHE KÜSTE Feuriger Perlmuttfalter auf einer Lavendelblüte

»Die Inseln sind die Perlen Kroatiens, mit Zypressen bewachsene Eilande im tiefblauen Meer, deren gepflegte Orte fast noch wie im Mittelalter aussehen.«

DALMATINISCHE KÜSTE
Kroatien, Europa

Inseln und glasklares Meer

Dieser Teil der Mittelmeerküste ist noch nicht überlaufen – zögern Sie also nicht zu lange. Für Kinder gibt es hier viele Aktivitäten.

Siehe S. 156–157

ÎLE DE RÉ
Frankreich, Europa

Inseljuwel an der Atlantikküste bei La Rochelle

Die bei reichen Parisern beliebte Insel ist im Juni ruhig, zelten ist preiswert. Hier gibt es Sandstrände, Radwege und viel Atmosphäre.

www.iledere.com

DARWIN
Australien, Australasien

Darwin bietet Natur und eine schöne Hafenlage

Besuchen Sie die Künstler der Tiwi Islands. Im Kakadu National Park sehen Sie Flüsse, Wälder und die Kunst der Aborigines.

www.travelnt.com

BIG ISLAND, HAWAI'I
USA, Nordamerika

In der Nebensaison ist es schön und preiswert

Die Insel bietet aktive Vulkane mit echter heißer Lava und perfekte Schnorchelgründe im klaren fischreichen Wasser.

www.gohawaii.com

NIKKO UND NARA
Japan, Asien

Kinderfreundlich und voller Kultur

Kinder lieben diese ungewöhnlichen Städte, und mit Mangas, Hello Kitty und Affen besuchen sie begeistert Museen und Tempel.

www.japan-guide.com

ANREISE
Barcelona liegt in Nordost-Spanien an der Mittelmeerküste. Der internationale Flughafen El Prat ist 30 Minuten vom Stadtzentrum entfernt und mit Bus, Zug und Taxi erreichbar.

VOR ORT UNTERWEGS
Die Stadt ist leicht zu Fuß zu erkunden, die Bus- und U-Bahn-Verbindungen sind exzellent.

WETTER
Das Wetter ist im Juni zuverlässig sonnig, die durchschnittlichen Tagestemperaturen liegen bei 24 °C, die Nächte sind warm. In der Regel regnet es nicht.

ÜBERNACHTEN
Hotel Banys Orientals, ein elegantes Haus in einem der ältesten Teile der Stadt, Doppelzimmer ab 85 €; www.hotelbanysorientals.com

Hotel Mesón Castilla, ein gemütliches Haus in sehr guter zentraler Lage nahe Las Ramblas, Doppelzimmer ab 110 €; www.mesoncastilla.com

Hotel Arts, ein exzellentes modernes Strandhotel mit jeglichem Luxus und herrlichem Blick, Doppelzimmer ab 300 €; www.ritzcarlton.com

ESSEN GEHEN
Die katalanische Küche ist äußerst vielfältig. Kosten Sie in den Bars die verschiedensten Tapas, etwa köstliche Sardinen, oder katalanische Fleisch- und Wurstspezialitäten.

KOSTEN FÜR ZWEI PERSONEN
160–200 € pro Tag inklusive Übernachten, Fahrten vor Ort, Verpflegung und Eintrittsgelder.

INFORMATION
www.barcelonaturisme.com

Antoni Gaudí

Barcelonas berühmtester Architekt, Antoni Gaudí, war ein Exzentriker. Seine typischen unregelmäßigen Gewölbe, die er als Basis für seine Gebäude wählte, übernahm er von natürlichen Vorbildern. Am besten sieht man sie in seinen Wohnhäusern, etwa der riesigen, felsenartigen Casa Milà, die keine einzige gerade Linie aufweist. Der zutiefst fromme Gaudí widmete seine letzten Lebensjahre dem Bau der Kathedrale Sagrada Família. Als er 1926 von einer Straßenbahn überfahren wurde, wurde er unerkannt in ein Armenhospital gebracht.

Oben (von oben nach unten): In der Bar So-Da im Barri Gòtic; Boote im alten Hafen von Barcelona

Großes Bild: Der prächtige Innenraum des Palau de la Música Catalana

Unten: Fischangebot im quirligen Mercat de la Boqueria

Design, wohin das Auge blickt

Herumschlendern und die Atmosphäre aufnehmen – Barcelona ist dafür wie geschaffen. Die Promenade Las Ramblas im Herzen der Stadt ist über einen Kilometer lang und verläuft vom Zentrum bis zum Meer. Es ist ein Vergnügen, sich dort treiben zu lassen, besonders wenn am Sommeranfang die letzten Frühlingsschauer vorbei sind, die Sonne den Bürgersteig sprenkelt und ihr Licht auf die Rosen in den Blumenkübeln am Straßenrand wirft. Die weiche, warme Luft lädt dazu ein, bis in die Nacht in den Straßencafés zu verweilen.

Barcelona liegt wie ein riesiges Freilufttheater in einem engen Talkessel zwischen dem Mittelmeer und den Flanken der Berge Montjuïc und Tibidabo. Las Ramblas sind wie eine Bühne, auf der jeder mitspielen darf. Besucher gesellen sich zu den menschlichen Statuen, Tänzern und anderen Künstlern des einheimischen Ensembles. Verschlungene Straßen führen in den Barri Gòtic, den mittelalterlichen Stadtkern mit seinen Kirchen, schattigen

Katalanische Nächte

Der Juni bietet in Barcelona bestes Wetter und einen vollen Veranstaltungskalender – die Opern- und Musiksaison hat nun ihren Höhepunkt auf Weltniveau. Besonders attraktiv sind die Feiern zu *Sant Joan* in der Nacht zum 24. Juni. In fünf Tagen können Sie die Sehenswürdigkeiten der Stadt in Ruhe entdecken.

Sich fünf Tage treiben lassen

20. JUNI Bummeln Sie von der Plaça de Catalunya aus Las Ramblas entlang, rasten Sie auf dem berühmten Mercat de la Boqueria, wo Sie die Farben, Gerüche und Geräusche mit allen Sinnen erfahren.

Verlassen Sie Las Ramblas, um die Kathedrale und in der Umgebung die Gassen des Barri Gòtic zu entdecken. Im nahen Museu d'Història de la Ciutat bewundern Sie römische Relikte, im Palau de la Música Catalana die prächtige Innenausstattung.

21. JUNI Im Viertel El Born spazieren Sie in Barcelonas hübschester Altstadtstraße, dem Carrer Montcada, und bummeln durch einige kleine schicke Designerläden. Besuchen Sie dort auch das Museu Picasso und Barcelonas schönste gotische Kirche, die herrliche Basílica de Santa María del Mar.

22. JUNI Heute steht Antoni Gaudí auf dem Programm. Am Passeig de Gràcia, der mit vielen interessanten Läden aufwartet, stehen Gaudís berühmte Wohnhäuser, Casa Batlló und Casa Milà. Mit der Metro fahren Sie zur fantastischen Kathedrale Sagrada Família. Zum Schluss bewundern Sie im Parc Güell die Mosaiken.

23. JUNI Westlich der Innenstadt lockt das glänzend weiße MACBA (Museum für zeitgenössische Kunst) im Stadtviertel El Raval. Abends feiern Sie am Strand die Riesenparty zu *Sant Joan*, bewundern das Feuerwerk und tanzen mit anderen Feierwütigen durch die Nacht.

24. JUNI Entspannen Sie am Strand von den Erlebnissen der letzten Tage. Mittags essen Sie in einem der vielen Restaurants am alten Hafen Fisch und Meeresfrüchte.

Dos & Don'ts

- ✓ Halten Sie sich an den Rhythmus: Mittags isst man um 14 Uhr, abends nach 21 Uhr, das Nachtleben beginnt nach 23 Uhr.
- ✗ Versuchen Sie nicht, in der Stadt Auto zu fahren. Es gibt keine Parkplätze. Öffentliche Verkehrsmittel sind schneller.
- ✓ Sparen Sie Eintrittsgelder für Museen und andere Sehenswürdigkeiten und Fahrtkosten mit dem *Articket* und der *Barcelona Card*.
- ✗ Sprechen Sie den Namen von Gaudí nicht verkehrt aus – man betont ihn auf der zweiten Silbe.

Eingängen, kunstvollen Wasserspeiern und zahllosen faszinierenden Details. Schmale Gassen öffen sich plötzlich zu romantischen Plätzen und von der Sonne beschienenen Höfen. In den alten Palästen im Stadtteil El Born befinden sich nun Kunstmuseen sowie Tapas- und Cava-Bars. Gleich um die Ecke stoßen Sie am alten Hafen auf schöne Plätze und den lang geschwungenen Strand. Die Werke Antoni Gaudís sind über ganz Barcelona verteilt. Ihre Sinnlichkeit und Eigenart entspricht so sehr dem Wesen der Stadt, dass sie zu ihrem Wahrzeichen wurden.

Doch Barcelona verweilt nicht in der Vergangenheit – die Stadt ist eine der modischsten und kulturell innovativsten Städte Europas. In den mittelalterlichen Straßen verstecken sich topaktuelle Designerläden, hippe Clubs und moderne Restaurants. Mitte Juni findet das Festival für elektronische Musik, Sónar, statt. Der Höhepunkt des Monats ist die Nacht vor *Sant Joan* am 24. Juni, dem Johannistag, wenn Barcelona von riesigen Feuerwerken auf dem Montjuïc und dem Tibidabo erleuchtet wird. Dann versammeln sich die Nachtschwärmer um große brennende Scheiterhaufen am Strand und tanzen bis zum Sonnenaufgang.

Unten: Auf der Promenade Las Ramblas ist immer viel los

ANREISE
Air Vanuatu fliegt regelmäßig von Auckland (Neuseeland) und Brisbane oder Sydney (Australien) zum Bauerfield Airport, der drei Kilometer von Port Vilas Stadtzentrum entfernt liegt.

VOR ORT UNTERWEGS
Vanair betreibt die Inlandsflüge, die Port Vila mit den Inseln verbinden.

WETTER
Im tropischen Vanuatu liegen im Juni die Tagestemperaturen bei rund 25 °C, abends fallen sie auf etwa 19 °C.

ÜBERNACHTEN
Evergreen Bungalows, Tanna, bietet authentisches Inselflair, Doppelzimmer ab 50 €; www.evergreen-bungalows.com

Mangoes, Port Vila, kinderfreies Resort an der Erakor Lagoon, Doppelzimmer ab 100 €; www.mangoesresort.com

Bokissa Eco Resort, Espiritu Santo, ein weit abgelegenes Insel-Resort, 30 Bootsminuten von Luganville entfernt, Doppelzimmer ab 250 €; www.bokissa.vu

ESSEN GEHEN
Frischer einheimischer Fisch, Rindfleisch, Obst und Gemüse gibt es im Überfluss. Vanuatus Nationalgericht *laplap* besteht aus Yams oder Taro in Kokosmilch mit Schweinefleisch-, Hühnchen- oder Fischstücken.

KOSTEN FÜR ZWEI PERSONEN
200–230 € pro Tag inklusive Übernachten, Verpflegung, Fahrten vor Ort, Ausflüge und Inselflüge.

INFORMATION
www.vanuatutourism.com

Das Landtauch-Ritual

Bungee-Jumping ist die westliche Version des Landtauchens. Dieser Initiationsritus wird auf der Insel Pentecôte ausgeübt. Jedes Jahr stürzen sich dort von April bis Juni junge Männer kopfüber von einem Turm, der aus Ästen errichtet wurde. Gesichert sind sie nur mit Lianen, die sie an ihren Füßen vertäut haben. Die Springer versuchen, den Boden mit ihren Schultern zu berühren. Damit soll die Fruchtbarkeit des Bodens und somit die Yams-Ernte des folgenden Jahres gesichert werden. Wer den Sprung absolviert hat, gilt als erwachsener Mann.

Der schlafende Riese

Die 83 vulkanischen Inseln des südpazifischen Vanuatu-Archipels sind ein wahrer Abenteuerspielplatz, ein Taucherparadies mit Dschungel, aktiven Vulkanen und schönen Dörfern, in dem die tradierte Kultur der Inseln gelebt und ein sanfter Tourismus betrieben wird.

Vanuatus Verkehrsknotenpunkt Port Vila liegt auf der Hauptinsel Efate. Hier warten liebenswürdige Hotels an der Erakor Lagoon, eine wilde Küste, reißende Flüsse und abgeschiedene Sandstrände auf Besucher. Durch den dichten Regenwald im Inselinneren führen nur wenige Pfade, vor allem die Küstenregion bietet hier außergewöhnliche Erlebnisse.

Die fantastischen Riffe und Wracks des »Schlafenden Riesen« Espiritu Santo sind ein Mekka für Taucher. Vor der Insel, auf der im Zweiten Weltkrieg 100 000 US-Soldaten stationiert waren, sank 1942 die SS *President Coolidge* durch eine Mine und liegt heute in nur 60 Metern Tiefe. Am Ende des Kriegs versenkte man am Million Dollar Point alles mögliche militärische Gerät einfach im Meer.

Großes Bild: Spektakuläre Eruption des vulkanischen Mount Yasur auf Tanna

JAN FEB MÄRZ APR MAI **JUNI** JULI AUG SEP OKT NOV DEZ

Ein Wanderweg führt zu einer abgelegenen Dschungelhöhle im Inselinneren. Über eine 29 Meter hohe Bambusleiter steigt man durch dichte Pflanzen in die Höhle hinab, deren 15 Meter hoher Schlund in einen unheimlichen, 800 Meter langen Tunnel mündet. Die kühle, stille Dunkelheit wird nur durch die ständigen Schreie der herabstoßenden Flughunde durchbrochen.

Nach vorsichtigem Tasten durch den flackernd beleuchteten »Braille Trail« tritt man schließlich aus der Höhle in das gleißende Sonnenlicht hinaus. Zu beiden Seiten des schnell fließenden Flusses Vantar ragen faszinierend geformte Felswände auf, Wasserfälle zerstieben in nebligen Schauern. Den Ausflug beendet eine zweistündige Bootsfahrt im spektulären Süßwasserstrom.

Nirgendwo auf der Welt kann man sich leichter einem aktiven Vulkan nähern als auf der »Feuerinsel« Tanna. Gebannt blickt man dort in das heiße Lavaherz im Krater des Yasur, spürt das mächtige Beben und Zittern aus der Tiefe der Erde. Nachts bietet der Vulkan ein fesselndes Schauspiel aus Feuer, Schall und Rauch. Fasziniert verfolgt man mit den Augen die glühende Asche, die wie ein leuchtender Konfettiregen durch die Dunkelheit stiebt.

Linke Spalte (von oben nach unten): Millennium Cave, Espiritu Santo; Strandausritt bei Louantuiu, Tanna; Kajakfahrt auf dem Fluss Malo, Espiritu Santo

Oben (von oben nach unten): Eine Vulkaninsel von oben, Vanuatu; traditionell gekleidete Tänzer in Port Vila

Unten: Zackenbarsch, von einem Schwarm kleiner Fische umgeben

Aktivurlaub

Im Juni findet das spektakuläre Landtauch-Ritual der jungen Männer statt. Daneben lockt jede Insel des Archipels mit ihrer besonderen Atmosphäre. Die Insulaner (Ni-Vanuatu) sind zwar vorwiegend Melanesier, doch wurden die Inseln auch von polynesischen, britischen und chinesischen Siedlern geprägt.

Eine Woche Insel-Abenteuer

In Port Vila beziehen Sie Ihr Hotelzimmer an der Erakor Lagoon. Dann bummeln Sie über die Hauptstraße der Stadt und den farbenfrohen täglichen Markt.	**TAG 1**
Auf dem Programm stehen eine Fahrt auf der restaurierten Ketsch *Coongoola*, Tauchen, Schnorcheln, Grillen auf Tranquillity Island und die Schildkröten-Station.	**TAG 2**
Fliegen Sie nach Espiritu Santo, erkunden Sie Luganville und setzen Sie mit dem Boot zur Bokissa Island über. Dort fahren Sie im Meer mit dem Auslegerboot oder dem Kajak den Fluss Malo zu einem See hinauf.	**TAG 3**
Tauchen Sie an der SS *President Coolidge*, am Million Dollar Point oder an acht anderen fantastischen, sechs bis 60 Meter tiefen Tauchgründen bei Santo.	**TAG 4**
Auf Pentecôte bestaunen Sie das jährliche Ritual des Landtauchens. Dabei springen junge Männer nur mit Lianen gesichert kopfüber von einem Turm aus Ästen.	**TAG 5**
Fliegen Sie nach Tanna, wo Sie mit Seekühen schwimmen und dann ihre Nerven am Rand des aktiven Vulkans Yasur kitzeln. Übernachten Sie in einer strohgedeckten Unterkunft im traditionellen Stil der Dörfer.	**TAG 6**
Zurück in Port Vila entdecken Sie die Cascade Waterfalls und im Ekasup Cultural Village den Lebensstil der Ni-Vanuatu, inklusive traditioneller Speisenzubereitung, Pflanzenmedizin, Jagen und Tanzen.	**TAG 7**

Dos & Don'ts

- ✓ Machen Sie sich bei den Insulanern beliebt und lernen Sie einige Wörter der einheimischen Sprache Bislama.
- ✗ Verlassen Sie sich nicht auf öffentliche Verkehrsmittel – es gibt keine.
- ✓ Halten Sie Ausschau nach besonderen Briefmarken von Vanuatu und ungewöhnlichen Briefkästen – einer befindet sich sogar unter Wasser im Meer!
- ✓ Informieren Sie sich eingehend bei Fachärzten über Malariaprophylaxe, wenn Sie auch die äußeren Inseln besuchen möchten.

Unten: Taucher am Million Dollar Point

ANREISE
Der Uluru liegt in Zentralaustralien 443 Straßenkilometer von Alice Springs entfernt. Von dort gehen täglich Flüge zum Ayers Rock Airport. Im nahen Ort Yulara werden Ausflüge in den Uluru-Kata Tjuta National Park organisiert.

VOR ORT UNTERWEGS
Ein kostenloser Shuttle-Bus fährt vom Flughafen zu allen Unterkünften in Yulara. Wer in Alice Springs ein Auto mietet, muss am Uluru auf den befestigten Straßen bleiben.

WETTER
Im Juni erreichen die Temperaturen nachts bis zu −5 °C, tags bis zu 20 °C.

ÜBERNACHTEN
Alle Unterkünfte am Uluru gehören Voyages, das Unternehmen betreibt diverse Hotels.

The Lost Camel, sehr angesagt, Doppelzimmer ab 110 €; www.ayersrockresort.com.au

Sails in the Desert, Luxus im Outback, Doppelzimmer ab 140 €; www.ayersrockresort.com.au

Longitude 131, perfekter Uluru-Blick, Doppelzimmer ab 500 €; www.longitude131.com.au

ESSEN GEHEN
Das exzellente Barbecue der Outback Pioneer Lodge kostet nur 13 €. Das Sounds of Silence Dinner (80 €) bietet Sonnenuntergang über dem Uluru, Krokodil- und Emufleisch.

KOSTEN FÜR ZWEI PERSONEN
280–310 € pro Tag inklusive Übernachten, Verpflegung, Mietwagen, Parkeintritt, Führung.

INFORMATION
www.uluru.com

Der Ursprung des Felsen

Im Glauben der Aborigines entstand die Schöpfung durch die Taten mythischer Vorfahren, Pflanzen und Tiere in der »Traumzeit« *Tjukurpa*. Einer Traumzeitmythe der am Uluru ansässigen Anangu zufolge schufen zwei Jungen den Berg, indem sie Schlamm anhäuften. Die Route auf den Berg hat eine große sakrale Bedeutung, denn sie folgt dem heiligen Weg, den die männlichen Mala- (Hasenkänguru-)Ahnen nahmen, um bedeutende Zeremonien auszuführen.

Das rote Herz Australiens

Wenn der ziegelrote Uluru (Ayers Rock) in den Weiten der öden Landschaft auftaucht, wird man unwillkürlich von Ehrfurcht ergriffen. Der Felsen ist eine uralte Kultstätte, ein Wächter der Wüste im absoluten Zentrum des australischen Outback. Lassen Sie sich durch das Wort »Wüste« nicht täuschen: Im Uluru-Kata Tjuta National Park leben zahlreiche Tiere und Pflanzen. Im Schutz einzelner immergrüner Kasuarinen naschen goldene und karmesinrote Vögel von blühenden Pflanzen, und in der Nacht hört man immer wieder das unheimliche Heulen der Dingos über der roten Sandlandschaft.

Auf der vierstündigen Rundwanderung um den Uluru entdecken Sie die Wasserlöcher und alten Felszeichnungen, die von der noch heute gültigen sakralen Bedeutung des Bergs zeugen. Beenden Sie

Großes Bild: Der Uluru leuchtet tiefrot in der Abendsonne

Links: Ein erwachsenes Wallaroo (Wallaby-/Kängurukreuzung) in Habachtstellung

Rechts (von links nach rechts): Die Tjukaruru Road führt zu den Felsformationen Kata Tjuta; Wildblumen nahe Alice Springs; zeremoniell geschmückter Aborigine

JAN FEB MÄRZ APR MAI **JUNI**

Ihre Wanderung kurz vor Sonnenuntergang, damit Sie von einem Aussichtspunkt das Farbenspiel bewundern können, das die verschwindende Sonne auf dem Felsen zeichnet.

Die Kata Tjuta (»viele Köpfe«) sind vom Uluru gut 30 Kilometer entfernt – nicht wenige sind der Ansicht, dass diese Gruppe aus 36 Inselbergen sogar noch ehrfurchtgebietender wirkt. Wie ein unwirklicher Traum ragen sie über der bretterebenen Wüste auf, sogar höher als der Uluru. Der dreistündige Marsch zum Valley of the Winds führt durch Täler und Schluchten, in deren ergreifender Stille die spirituelle Bedeutung des Orts verständlich wird.

Erkunden Sie die endlose Wildnis mit einem Geländewagen. Wandern Sie zwischen hohen Felswänden durch die tiefe Ormiston Gorge, lassen Sie sich im Wasser des Ellery Creek unter ockerfarbenen Klippen treiben und zelten Sie unter Eukalyptusbäumen am uralten Finke River im Palm Valley. Die Tage im roten Herzen des Kontinents werden ihre Vorstellung von Zeit für immer verändern. Vergessen Sie Ihre Uhr – die Äonen der Schöpfung kann man nicht messen.

Outback-Tour

Wer bei Vollmond kommt, kann den Erdtrabanten bei Sonnenuntergang hinter dem Uluru aufgehen sehen – ein unvergessliches Erlebnis. Besuchen Sie auf Ihrer Reise auch lokale Veranstaltungen, etwa das Finke River Dirt Bike Race (zweites Wochenende im Juni) oder das Alice Springs Beanie Festival (Juni – Juli).

Eine Woche in der Wüste

Von Yulara fahren Sie zum Cultural Centre und informieren sich dort über die einheimische Kultur. Abends genießen Sie beim Sounds of Silence Dinner den farbenprächtigen Sonnenuntergang über dem Uluru.	**TAG 1**
Vormittags führt Sie ein Aborigines-Führer am Felsen in die Mythen der Traumzeit ein. Umrunden Sie dann den Uluru oder bewundern Sie die Wasserlöcher und heiligen Stätten auf einer kurzen Wanderung aus der Ferne.	**TAG 2**
Nach dem beeindruckenden Sonnenaufgang über den Kata Tjuta wandern Sie allein oder mit Führer zum Valley of the Winds. Abends gibt es gegrilltes Kängurufilet in der Outback Pioneer Lodge.	**TAG 3**
In Alice Springs besichtigen Sie die Old Telegraph Station und spazieren am Todd River. Die Geschichte von Australiens telegrafischer Lebensader vermittelt einen Einblick in die moderne Geschichte des Landes.	**TAG 4**
Mit dem Geländewagen fahren Sie zu den West Macdonnell Ranges. In Hermannsburg lernen Sie die lokale Kunst kennen, am Finke River wandern und zelten Sie.	**TAG 5**
Unterwegs zur Ormiston Gorge spazieren Sie im heiligen Tnorala am Meteoritenkrater. In der Ormiston Gorge wandern Sie unter Eukalyptusbäumen und zelten.	**TAG 6**
Mit dem Hubschrauber fliegen Sie von der Glen Helen Gorge über die Ormiston Gorge und die Umgebung. Dann fahren Sie zurück nach Alice Springs.	**TAG 7**

Dos & Don'ts

- ✓ Klettern Sie nicht auf den Uluru, fotografieren Sie keine heiligen Stätten. Für die ansässigen Aborigines ist der Berg heilig, ihre tradierte Religion muss respektiert werden.
- ✗ Fahren Sie nicht allein im Gelände, wenn Sie unerfahren sind, sondern schließen Sie sich einer geführten Tour an.
- ✓ Verwenden Sie die Bezeichnungen der Aborigines für Orte, etwa Kata Tjuta statt The Olgas, Uluru statt Ayers Rock.
- ✓ Wenn Sie mit dem Shuttle-Bus zum Uluru und Kata zu einer ungeführten Tour fahren, werden Ihr Name und Aufenthaltsort aufgezeichnet. Halten Sie sich immer an die vereinbarten Rückfahrten, sonst wird ein Suchtrupp losgeschickt.

JULI AUG SEP OKT NOV DEZ

Unten: Ormiston Gorge

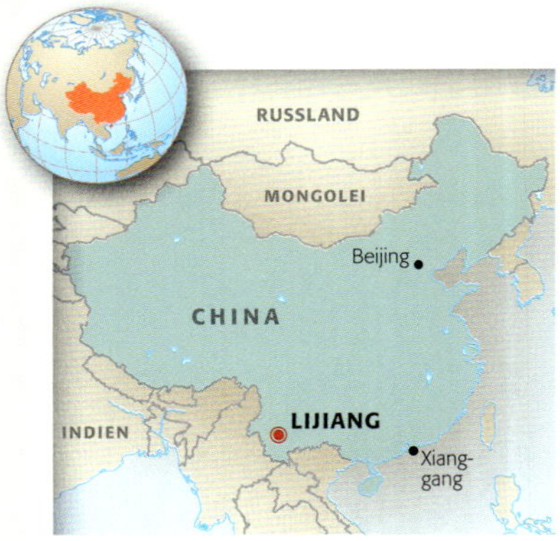

ANREISE
Yunnan liegt in Südwest-China, Flüge landen am Kunming International Airport. Vom Flughafen fahren Taxis ins Stadtzentrum.

VOR ORT UNTERWEGS
Preiswerte Taxis sind reichlich vorhanden, für längere Fahrten mietet man einen Wagen mit Fahrer. Zwischen Kunming und Dali besteht eine Bahnverbindung.

WETTER
Im milden Juni liegen die Durchschnittstemperaturen bei 19 °C, der Himmel ist klar.

ÜBERNACHTEN
Luxuriöses Green Lake Hotel in Kunming mit Panoramablick auf den See, Doppelzimmer ab 100 €; www.greenlakehotel.com

Sanhe Hotel in Lijiang, im Zentrum der Altstadt, Doppelzimmer ab 30 €; Tel. +86 (888) 512 0891.

Sean's Guesthouse, Walnussgarten in der Tigersprungschlucht (Ostseite), anständige heiße Dusche, Doppelzimmer ab 10 €; Tel. +86 (887) 880 6300.

ESSEN GEHEN
Yunnans Spezialität ist *qiguoji*, Huhn mit Kräutern aus einem speziellen Dampfkochtopf. Für China ungewöhnlich ist der hier produzierte milde Käse *rubing*.

KOSTEN FÜR ZWEI PERSONEN
100–130 € pro Tag inklusive Übernachten, Verpflegung und sieben Tage Mietwagen mit Fahrer.

INFORMATION
www.yunnantourism.com

Die Naxi

Die Tigersprungschlucht liegt im Siedlungsgebiet der Naxi, einer ethnischen Minderheit, die wohl von tibetischen Nomaden abstammt. Die Naxi sprechen eine eigene Sprache, ihr »Dongba« genanntes piktografisches Schriftsystem *(unten)* ist noch heute in Verwendung. Ihre polytheistische Religion zeigt unter anderem Einflüsse des Daoismus und des Lamaismus. Die Naxi sind für ihre Gartenkünste, für Musik, Handwerk und Falkenjagd bekannt.

Oben (von links nach rechts): Dächer des Tempels der Gnadengöttin; Naxi-Orchester mit traditionellen Instrumenten; Kanal und Straße in Lijiang
Großes Bild: Pagode am Schwarzer-Drachen-Teich, im Hintergrund der Jadedrachen-Schneeberg

Die tiefste Schlucht der Welt

Die Tigersprungschlucht soll die tiefste Schlucht der Welt sein und teilt zwei schneebedeckte Berge, die Fünftausender Jadedrachen-Schneeberg und Haba-Schneeberg. Das Naturwunder im Reich der Mitte ist so eng, dass die Wände der Schlucht zu beiden Seiten des reißenden Jinsha-Jiang (»Fluss des Goldenen Sands«) fast senkrecht aufragen und – der Sage nach – einst ein Tiger seinen Jägern entkam, indem er die Schlucht einfach übersprang.

Bei der Wanderung auf dem schmalen Pfad über der Schlucht fühlt man sich wie in ein chinesisches Rollbild mit dessen typischer Perspektive versetzt: Weit unten wütet der Fluss, hoch oben ragen die Berge in den Himmel. An jeder Kurve eröffnet sich ein neuer faszinierender Blick – und nach dem 32 Kilometer langen Weg klagen die Wanderer über steife Nacken und müde Beine.

Der Weg windet sich an der Seite des Haba-Schneebergs und ist gekennzeichnet. Auf dieser alten Route der Bergmänner liegen drei ländliche Weiler mit Bauernhöfen, deren Dächer sich nach oben biegen. Vor einigen Jahren eröffnete ein Bauer im Dorf Bendiwan für die müden Wanderer, die immer an seine Tür klopften, das »Halfway Guesthouse«. Mittlerweile können Besucher auf einigen weiteren Höfen rasten, während um sie herum die Familie weiter Chili zum Trocknen ausbreitet oder die Ernte drischt.

Gegen Ende der Wanderung windet sich der Weg in engen Serpentinen zu der Stelle hinab, an der der Tiger der Sage nach über die Schlucht sprang. In dem knapp 30 Meter breiten Felsspalt rauscht der Fluss donnernd an den schroffen Felsen vorbei. Die letzte Etappe der Tour führt durch grüne Reisfelder – jetzt ist man einfach froh, dass es flach und gemütlich dahingeht. »Walnut Grove« nennt sich der kleine Ort, in dem man die müden Beine ausstrecken darf, einen kühlen Drink schlürft und noch einmal an die großartige Schlucht zurückdenkt.

Bei der Wanderung auf
lem schmalen Pfad über
r Schlucht fühlt man sich
e in ein chinesisches Roll-
ild mit dessen typischer
Perspektive versetzt.

Kleines Bild links: Naxi in traditioneller Tracht
Unten (von links nach rechts): In der Tigersprungschlucht; Tigerstatue in der Schlucht

Yunnan-Tour

Yunnan erfreut sich ganzjährig eines milden Klimas, im Juni ist die Tigersprungschlucht besonders eindrucksvoll, weil der Fluss durch Regenwasser angeschwollen ist. Kombinieren Sie Ihre Reise mit einem Besuch von Beijing *(siehe S. 228–229)*, um einen kontrastierenden Eindruck von dem riesigen Land zu erhalten.

Eine Woche in Yunnan

TAG 1

In Yunnans Hauptstadt, Kunming, verbringen Sie den Tag und besichtigen die Sehenswürdigkeiten, etwa die Lotusteiche im Cui Hu Gongyuan und den farbenfrohen Vogel-, Blumen- und Tiermarkt.

TAG 2

Im malerischen Dali bummeln Sie auf Kopfsteinpflasterstraßen zwischen Steinhäusern.

Am Stadtrand besichtigen Sie die berühmten San Ta (Drei Pagoden), danach beobachten Sie die Fischer auf dem Er Hai (Ohrensee), die mit dressierten Kormoranen fischen.

Abends genießen Sie die Atmosphäre der Stadt und die lokale Küche in einem Restaurant.

TAG 3–4

In Lijiang bewundern Sie die hübsche Altstadt und die Wasserräder an deren Eingang. Auf dem Marktplatz treffen sich die Einheimischen zum Plaudern und Kartenspielen, gelegentlich zeigt ein Falkner seine Kunst.

Abends besuchen Sie ein traditionelles Naxi-Konzert in der Naxi-Musikakademie.

TAG 5–7

Weiter nördlich beginnen Sie mit der Wanderung durch die Tigersprungschlucht. Sie zählt zu den tiefsten Schluchten Chinas und wurde der Sage nach an ihrer engsten Stelle von einem Tiger auf der Flucht vor Jägern übersprungen. Drei Tage sind reichlich Zeit für die zum Teil anstrengende Strecke. Auf dem gut markierten Weg haben Sie eine herrliche Aussicht, in den vielen kleinen Weilern entlang der Strecke können Sie einkehren. Von Lijiang fliegen Sie zurück nach Kunming.

Dos & Don'ts

- ✓ Nehmen Sie sich in Lijiang in einem Café oder Restaurant eine Wegkarte von der Tigersprungschlucht mit.
- ✗ Versuchen Sie nicht, die Schlucht bei schlechtem Wetter zu durchwandern, besonders nicht bei Regen. In dem Gebiet gibt es oft Erdrutsche.
- ✓ Kosten Sie die lokalen Gerichte. Yunnans Küche zählt zu den besten in China, und dank des milden Klimas gibt es ganzjährig Gemüse in Hülle und Fülle.

Unten: Gebiet des Jadedrachen-Schneebergs bei Lijiang

ANREISE
Machu Picchu liegt rund 80 Kilometer nordwestlich von Cusco. Der Flug vom Aeropuerto Internacional Jorge Chávez nach Cusco dauert zwei Stunden.

VOR ORT UNTERWEGS
Die Zugfahrt nach Aguas Calientes (dem nächsten Ort bei Machu Picchu) dauert von Cusco rund vier Stunden, der Preis variiert je nach Art des Zuges. Die drei- bis viertägige Wanderung auf dem *Camino Inca* beginnt bei Cusco.

WETTER
Der Juni ist in Cusco trocken und sonnig. In der Höhe klettern die Temperaturen tags auf etwa 13 °C, nachts ist es kälter. Im feucht-schwülen Klima von Machu Picchu und Aguas Calientes liegen die Durchschnittstemperaturen bei 18 °C.

ÜBERNACHTEN
Machu Picchu Inn in Aguas Calientes am Fuß der Inkaruinen, Doppelzimmer ab 90 €; www.peru-hotels.com

Sanctuary Lodge bei den Ruinen, Doppelzimmer ab 500 €; machupicchu.orient-express.com

El Monasterio, ein luxuriös umgebautes Kloster in Cusco, Doppelzimmer ab 250 €; www.monasterio.orient-express.com

ESSEN GEHEN
Typisch peruanische Gerichte bestehen aus Reis, Bohnen und Fleisch. Spezialitäten sind Meerschweinchen *(cui)* und Quinoa-Getreide.

KOSTEN FÜR ZWEI PERSONEN
500–900 € pro Tag inklusive Übernachten, Verpflegung, Transport und Eintritt für Machu Picchu.

INFORMATION
www.machupicchu.org

Inti Raymi

Am Tag der Wintersonnwende ehrten die alten Inka ihren Sonnengott. Sie opferten ihm ein Lama und erbaten so eine reiche Ernte im kommenden Jahr. Das Fest wurde von den spanischen Eroberern als heidnisches Ritual verboten, erlebt jedoch heute eine Renaissance und zählt zu den spektakulärsten Feiern seiner Art in ganz Südamerika. Am 24. Juni feiern Tausende in Cusco das einwöchige Fest der Sonne mit Straßenpartys, Live-Musik, Shows und einer Prozession zu der über der Stadt gelegenen Inkafestung Sacsayhuamán.

Nichts kommt dem überwältigenden Anblick gleich, wenn man im Licht der aufgehenden Sonne Machu Picchu vor sich sieht.

Großes Bild: Die Ruinen von Machu Picchu thronen majestätisch nur knapp unter den Wolken

Stadt in den Wolken

Hoch über dem tosenden Urubamba thront die alte Inkazuflucht auf einem schmalen Bergrücken – nur wenige Orte sind so faszinierend. Die kleine befestigte Stadt liegt inmitten dichter Wälder in den subtropischen Ausläufern der Anden; auf einem Sattel zwischen zwei Gipfeln ist sie oft in feinen Nebel gehüllt. Ihr über 600 Jahre altes Mauerwerk zeugt von der fantastischen Baukunst der Inka: Seine großen grauen Granitblöcke sind so exakt aneinandergefügt, dass nicht einmal eine Messerspitze dazwischenpasst. Machu Picchu, das von unten nicht zu sehen ist und sich selbst versorgte, wurde von den spanischen Konquistadoren, die den Kontinent im 16. Jahrhundert plünderten, nicht entdeckt. Die Ruinen waren vergessen, bis der US-Archäologe Hiram Bingham 1911 über sie stolperte. Hier kann man umherwandern, schwindelerregende Ausblicke bietet der allerdings gefährliche Aufstieg auf den Wayna Picchu, den kleinen Gipfel, der direkt neben der Stadt aufragt.

Kleines Bild ganz links: Lama mit traditionellem Quastenschmuck

Unten links (von links nach rechts): Auf dem farbenfrohen Pisaq-Markt; großartig zusammengefügte Inkamauer in Sacsayhuamán; Cusco bei Nacht; kurvige Zugstrecke durch das fruchtbare Heilige Tal

Rechts: Steile Stufen auf dem *Camino Inca*

Machu Picchu liegt vier Zugstunden von Cusco entfernt. Um sich an die Höhe zu gewöhnen, verweilt man gern einige Tage in der stimmungsvollen Kolonialstadt mit ihren gepflasterten Straßen, geschäftigen Märkten voller bunter Stoffe, Museen und Cafés, beobachtet die Menschen und die an- und abschwellenden Besucherströme. Wer mehr sehen möchte, kann von Cusco aus in Tagesausflügen die kleinen Marktorte der Umgebung erkunden.

Schließlich bringt Sie eine spektakuläre kurvenreiche Zugfahrt zwischen steilen Bergen durch das fruchtbare Heilige Tal. In dieser Kornkammer der Inkakultur gedeihen Mais, Obst und Gemüse. Danach erreichen Sie den kleinen, bescheidenen Ort Aguas Calientes, den Ausgangspunkt für Machu Picchu. Zu den Ruinen fährt ein Bus hinauf. Authentischer erreicht man Machu Picchu auf einer drei bis vier Tage dauernden Wanderung auf dem *Camino Inca*. Der alte Inkapfad führt über Terrassen aus der Inkazeit, durch vielfältige üppige Vegetation und zu atemberaubenden Ausblicken auf die im Morgennebel verhüllten Berge. Nichts kommt dem überwältigenden Anblick gleich, wenn man im Licht der aufgehenden Sonne Machu Picchu vor sich sieht.

Peru-Expedition

Küste, dichter Amazonas-Urwald, Kolonialstädte und die Anden – Peru ist ein vielfältiges Land. Für eine Reise nach Machu Picchu und in die Region von Cusco sollten Sie mindestens eine Woche veranschlagen, um sich an die dünne Luft gewöhnen und die Ruinen in angenehmem Tempo erkunden zu können.

Eine Woche auf Inkapfaden

Wahrscheinlich kommen Sie abends in Lima an, wo Sie sich ausruhen und auf die Reise vorbereiten.	**TAG 1**
Ergattern Sie sich möglichst einen Fensterplatz, um die Sicht auf die Anden auf dem Flug nach Cusco zu genießen. In Cusco gewöhnen Sie sich langsam an die Höhe, bummeln durch die Straßen und über Märkte.	**TAG 2**
Im Heiligen Tal besuchen Sie in Pisaq die großen Ruinenstätten sowie den großartigen Textilmarkt, der dienstags, donnerstags und sonntags stattfindet.	**TAG 3**
Mit dem Vistadome-Zug geht es nach Aguas Calientes. Durch das Glasdach des Zuges sehen Sie steile Felswände und Wasserfälle.	**TAG 4**
Morgens bringt Sie der Bus (fahren Sie früh!) hinauf zur Stätte. Die Ruinen schauen bei Sonnenaufgang magisch aus, der Himmel ist am Morgen oft klarer als am Nachmittag. Wandern Sie umher, bis die Reisegruppen eintreffen. Nachmittags fahren oder wandern Sie zurück nach Cusco.	**TAG 5**
In Cusco verbringen Sie einen entspannten Tag in Cafés, beim Leute-Beobachten oder bei einer der vielen Aktivitäten, die in der Stadt angeboten werden. Buchen Sie etwa einen Ausflug zum Rafting auf dem Urubamba oder zum Mountainbiken.	**TAG 6**
Zurück in Lima kaufen Sie vor der Heim- oder Weiterreise noch einige Souvenirs ein.	**TAG 7**

Dos & Don'ts

- ✓ Buchen Sie auf dem Flug nach Cusco einen Fensterplatz – der Blick auf die Anden ist schier atemberaubend.
- ✗ Übertreiben Sie es am ersten Tag in Cusco nicht. Meiden Sie fettes Essen, Alkohol und anstrengende Tätigkeiten. Trinken Sie viel Cocatee, der auch gegen Übelkeit hilft.
- ✓ Buchen Sie die Wandererlaubnis auf dem *Camino Inca* schon früh. Neue Gesetze beschränken die erlaubte Zahl der Wanderer, und in der Hochsaison kann der Weg schon drei Monate vorab vollkommen ausgebucht sein.
- ✗ Lassen Sie sich die einheimischen Stoffe nicht entgehen. Handgewebte Tücher gibt es auf den Märkten in Pisaq und Cusco.

Unten: Traditioneller Webstoff auf einem lokalen Markt

ANREISE
Der Kruger National Park liegt in der südafrikanischen Provinz Mpumalanga rund 500 Kilometer von Johannesburg entfernt. Johannesburgs internationaler Flughafen wird von vielen europäischen Städten direkt angeflogen.

VOR ORT UNTERWEGS
Vom OR Tambo International Airport in Johannesburg sind es vier bis fünf Fahrtstunden bis zum Park. Am besten mietet man sich einen Wagen oder nimmt einen Inlandsflug.

WETTER
Der Juni ist die ideale Reisezeit, mit trockenen sonnigen, aber kühlen (rund 17 °C) Tagen, doch nachts kann es kalt werden.

ÜBERNACHTEN
Westcliff in Johannesburg, Luxus-Doppelzimmer ab 280 €; www.westcliff.co.za

Am Park gibt es vielerlei Unterkünfte, Zwei-Personen-Bungalows am Berg-en-Dal Restcamp ab 45 €; Zwei-Personen-Cottages am Bateleur Bushveld Camp ab 85 €; www.krugerpark.co.za

ESSEN GEHEN
Kosten Sie die lokale Spezialität *boerewors* (Bauernwurst). In Johannesburg gilt das Gramadoela's als eines der besten Restaurants der Stadt, Hauptgerichte ab 4 €.

KOSTEN FÜR ZWEI PERSONEN
140–200 € pro Tag inklusive Übernachten, Verpflegung und Safari-Kosten.

INFORMATION
www.parks-sa.co.za
www.southafrica.net

Das alte Masorini

Masorini ist ein rekonstruiertes Dorf nahe dem Phalaborwa Gate im Park, das auf einem Hügel an der Stelle einer Siedlung aus der Eisenzeit errichtet wurde. Das Dorf bietet interessante Einblicke in die Lebensformen und Techniken der Jäger und Sammler der späten Eisenzeit. So sieht man etwa die Reste eines echten alten Eisenschmelzofens und sogar Geräte aus der Steinzeit. Strohgedeckte Hütten und Getreidespeicher stammen aus der Zeit, als das Originaldorf von den nordöstlichen Sotho im 19. Jahrhundert bewohnt wurde.

Im Großwildland

Die Region heißt Mpumalanga – »Land des Sonnenaufgangs«. Der Name passt perfekt, wenn der Morgen in der Savanne dämmert und die Tiere anfangen, sich zu regen. Im Grasland um Satara sind die Pflanzenfresser schon schwer beschäftigt. Riesige Zebraherden verleiben sich ihr Frühstück ein und vertreiben mit dem Schwanz die Fliegen von ihren Flanken. Die wachsamen, nervösen Impalas drehen ihren Kopf ruckartig in Richtung eines jeden Geräusches. Ein Giraffenpaar entfernt sich langsam und würdevoll mit gesenktem Hals. Ein Nashorn bahnt sich geräuschvoll seinen Weg durch das Gehölz zwischen dem Olifant und dem Crocodile River. Plötzlich zeigt der Parkführer auf die gespitzten Ohren einer Großkatze. Sie sind nur schwer im Savannengras hinter den Zebras zu erkennen. Der Kruger National Park ist erwacht.

Großes Bild: Morgensonne über Lower Sabie, Kruger National Park

Links: Zebras trinken an einer Wasserstelle

Rechts (von links nach rechts): Löwin, im Gras verborgen; ein Krokodil streckt sich in der Sonne; farbenprächtige Gabelracke; träge Flusspferde kühlen sich im Wasser

Der 1898 eingerichtete Wildpark zählt zu den ältesten, größten und erfolgreichsten der Welt und beherbergt mehr Tierarten als jeder andere Park im südlichen Afrika. Nur an wenigen Orten kann man so gut wie hier die »Großen Fünf« beobachten: Löwe, Leopard, Nashorn, Elefant und Büffel.

Die bemerkenswerte Wildvielfalt des Kruger Park beruht auf seinen vielen verschiedenen Lebensräumen. In den halbdunklen Ufergehölzen lauern kurzsichtige Weiße Nashörner. Nördlich des Olifant River wiegen sich Elefanten im trockenen, staubigen Buschland und fressen von den Mopane-Bäumen. An den Flüssen ist das Schreien und Pfeifen des Vogelchors zu vernehmen, das gelegentlich durch das Plantschen eines Flusspferds oder Krokodils unterbrochen wird. In den grünen Ebenen südlich des Olifant durchstreifen Gnus, Zebras, Giraffen und Antilopen in großen Herden die Savanne. Noch in der Abenddämmerung hängt der Staub, den die Tierhufe aufwirbelten, in der Luft und färbt die letzten Strahlen der untergehenden Sonne dunkelrot.

Naturbegegnungen

Selbst wenn man das riesige Land nicht einmal auf monatelanger Reise richtig kennenlernt, kann man doch in kurzer Zeit einiges sehen: Wildtiere im spektakulären Kruger National Park, das schöne Kapstadt, das hektische Johannesburg und das grandiose Wineland. Dazu verwöhnen Sie sich in Südafrika mit exzellentem Essen.

Zwei Wochen auf Entdeckung

TAG 1–3

Erleben Sie ein oder zwei Tage Johannesburg. In der im steten Wandel begriffenen Stadt fühlen Sie den Pulsschlag des Landes. Einen Besuch lohnt das Apartheid Museum.

Wem der Lärm und die Hektik zu viel wird, fährt ins nette nahe Pretoria.

TAG 4–10

Von Pretoria fahren Sie auf der N4 zum Kruger National Park. Am besten unternehmen Sie eine große Parktour inklusive Safari im offenen Geländewagen und Nachtfahrten, bei denen Sie den fantastischen Sternenhimmel Afrikas erleben. Dabei erklärt Ihnen ein einheimischer Wildführer die Umgebung und die Tiere.

Übernachten Sie in einem Camp im Park, kochen Sie am Lagerfeuer und erleben Sie die wilden Gerüche und Geräusche der Nacht.

TAG 11–12

Fliegen Sie nach Kapstadt (Cape Town). Mit der Seilbahn oder zu Fuß geht es auf den Tafelberg, wo Sie auf den Atlantik und den Indischen Ozean blicken. Mehr über die Geschichte des Landes und die Apartheid erfahren Sie von ehemaligen Gefangenen auf der Gefängnisinsel Robben Island.

Abends genießen Sie in den Bars, Cafés und Restaurants exzellente Küche und Unterhaltung.

TAG 13–14

Erkunden Sie die kleinen Küstenorte auf Cape Peninsula und die faszinierende Pflanzenwelt in der Cape of Good Hope Nature Reserve. Oder Sie verkosten in den schönen Winelands einige der besten und ältesten Jahrgänge, die Südafrika zu bieten hat.

Dos & Don'ts

- ✓ Nehmen Sie an den Eingangstoren zum Park ein Tierbestimmungsbuch (4 €) und eine kostenlose Karte mit.
- ✗ Vergessen Sie nicht, Unterkünfte und Führungen vorab zu buchen, wenn Sie den Park am Wochenende, während der Schulferien oder an einem Feiertag besuchen möchten.
- ✓ Unternehmen Sie eine geführte zweitägige Wanderung durch den Park. Dabei sieht man zwar weniger Tiere als vom Auto, aber man lernt sie, ihre Umwelt, ihre Gerüche und Geräusche hautnah kennen.

Unten: Auf Safari kommt man den Löwen ganz nahe

ANREISE
Die Flughäfen von Dubrovnik und von Split sind die zwei größten kroatischen Flughäfen an der Adria. Sie sind beide 20 Kilometer von den jeweiligen Städten an der schönen süddalmatinischen Küste entfernt.

VOR ORT UNTERWEGS
Sie können an einem Flughafen ein Auto mieten und es am anderen abgeben. Zu den Inseln fahren viele, aber manchmal teure Fähren.

WETTER
Im idealen Reisemonat Juni liegt die Durchschnittstemperatur bei rund 21 °C. Der Juni zählt zu den trockensten Monaten.

ÜBERNACHTEN
Hotel Peristil in Split, klein, komfortabel, Familienzimmer ab 120 €; www.hotelperistil.com

Hotel Pharia, Hvar, modern, in ruhiger Lage, Familienzimmer ab 110 €; www.orvas-hotels.com

ESSEN GEHEN
Attraktive Fischlokale und preiswerte, fröhliche Pizzerien in Hülle und Fülle.

Konoba Menego, Hvar-Stadt, in einem alten, kerzenbeleuchteten Steinhaus, sehr gute authentische kroatische Küche.

Genießen Sie zum Abschied ein Essen im Sumica in Split, unter Pinien mit Meeresblick.

KOSTEN FÜR EINE VIERKÖPFIGE FAMILIE
Rund 360 € pro Tag inklusive Übernachten, Mietwagen, Verpflegung, Ausflüge und Fähren.

INFORMATION
www.croatia.hr

Perlen der Adria

Dalmatien ist die meistbesuchte Region Kroatiens und bietet für jeden Geschmack etwas – befestigte alte Städtchen, römische Ruinen, venezianische Paläste, byzantinische Kirchen, eine unendlich lange Küste mit kristallklarem Wasser und ein warmes, trockenes Klima. Haben wir die Inseln schon erwähnt? Sie sind die Perlen Kroatiens, mit Zypressen bewachsene Eilande im tiefblauen Meer, deren gepflegte Orte fast noch wie im Mittelalter aussehen, als die kleinen Städte unter dem wechselnden Einfluss Roms, Venedigs oder des Osmanischen Reichs um die Kontrolle in der Region stritten. Über die Jahrhunderte hinweg wurden die alten Gebäude in die neu gebauten integriert – auf diese Weise entstanden faszinierende architektonische Kompositionen, die noch zum Wohnen, als Restaurants oder als Hotels dienen. Besonders sehenswert sind der Palast des Diokletian in Split und die Altstädte Dubrovniks, Trogirs und Korčulas, wo Häuser aus römischer und byzantinischer Zeit neben Barock- und Renaissance-Gebäuden stehen. So viel Geschichte macht Appetit. Italien mag keine Ansprüche mehr auf diese Region stellen, doch die italienische Küche hat sie voll und ganz erobert. Genießen Sie also Pizza und Pasta oder frisch gegrillten Fisch, der ihnen mit dem feinen lokalen Wein auf der schattigen Terrasse mit Meerblick serviert wird.

»Am letzten Schöpfungstag wollte Gott sein Werk krönen, und so schuf er die Kornaten aus Tränen, Sternen und aus Atem.«

George Bernard Shaw

Hier gibt es keine langen Sandstrände, jedoch wunderschöne Buchten mit feinen Kieselstränden und Höhlen, und auf den Inseln fantastische Badeplätze. Verlassen Sie die meist vollen Strände bei den Orten, die Anstrengung einer kurzen Wanderung wird mit herrlicher Einsamkeit belohnt. Lassen Sie sich auf den dunklen Felsen nieder, die zwischen aromatisch duftenden Zypressen- und Pinienwäldern das Meer säumen; sie sind perfekte Ausgangspunkte zum Schnorcheln und Tauchen. Und danach gibt es nichts Schöneres, als sich auf dem warmen, flachen Stein wieder aufzuwärmen – auch wenn es anfangs etwas Übung bedarf, einen geeigneten Felsen zu finden. Wird es zu heiß, können Sie im kühlen Schatten der Bäume ein Picknick mit *pršut a paški sir*, geräuchertem Schinken und Käse, genießen.

Großes Bild: Strand neben dem Dominikanerkloster von Bol auf der Insel Brač
Unten (von links nach rechts): Diokletian-Palast am Ufer von Split; Strand und Festung von Dubrovnik; venezianischer geflügelter Löwe auf Korčula **Kleines Bild oben:** Feuriger Perlmuttfalter auf einer Lavendelblüte, Hvar

Ein dalmatinischer Kaiser

Zu römischer Zeit war Dalmatiens Küste wegen der illyrischen Piraten berüchtigt, die römische Schiffe überfielen. 12 n. Chr. eroberten die Römer die Region, Salona bei Split wurde ihr Zentrum. Fleißig bauten sie Amphitheater, Straßen und Städte. Jahrhunderte später wurde der Dalmatiner Diokletian sogar römischer Kaiser. 305 n. Chr. ließ er in Split einen riesigen Palast als seinen Ruhesitz erbauen, heute die schönste römische Stätte im östlichen Europa. Im Mittelalter wurde sein Mausoleum in die wohl älteste Kathedrale der Welt umgebaut.

Küstentour

In zwei Wochen könnte man zwar noch mehr entdecken – aber schließlich soll es ein Urlaub sein. Unsere Tour ist nur ein Vorschlag, veweilen Sie also an Orten, die Ihnen besonders gut gefallen, einfach länger. Oder Sie bleiben in Split und machen Ausflüge zu den Inseln, dann verpassen Sie aber das einzigartige Inselgefühl.

Zwei Wochen Inselurlaub

TAG 1–3 Südlich von Dubrovnik ist Cavtat eine gute Ausgangsbasis – es liegt nahe beim Flughafen, ist weniger von Touristen überrannt, und die Strände sind besser. Von dort fahren Sie mit dem Boot nach Dubrovnik, wo Sie die Festung und die Architektur entdecken.

TAG 4–5 Fahren Sie an der Küste nach Orebić auf der malerischen Halbinsel Peljesac und von dort mit der Fähre nach Korčula und seine mittelalterliche Stadt. Auf der Insel gibt es neben guten Stränden viel zu entdecken.

TAG 6–8 Von Korčula setzen Sie mit der Fähre in das elegante Hvar über, wo im alten Zentrum die Luxusyachten liegen. Wem das zu mondän ist, fährt ins ruhige Sućuraj am anderen Ende der mit Lavendel bedeckten Insel.

TAG 9–10 Mit der Fähre geht es zurück zum Festland und dann an der Küste entlang nach Split. Unterwegs können Sie im Ferienort Makarska halten oder in Omiš im Wildwasser des Cetina raften.

TAG 11–12 In Split erkunden Sie den Diokletian-Palast, die Ruinen von Salona und die Halbinsel Marjan. Ein Tagesausflug führt in die Inselstadt Trogir oder zum berühmten, fast sandigen Strand von Bol auf der Insel Brač.

TAG 13–14 Wer jetzt noch reiselustig ist, fährt weiter nach Primošten sowie nach Šibenik mit seiner Kathedrale, den Kirchen und Festungen. Von dort kann man Ausflüge machen, Kajak fahren, schnorcheln und die faszinierenden karstigen Inseln, das klare Wasser und die Meereswelt im Nationalpark Kornaten entdecken.

Dos & Don'ts

- ✗ Vermeiden Sie besser das Thema Balkankrieg, für viele Kroaten ist dies noch mit starken Emotionen behaftet.
- ✓ Rechnen Sie Staus ein und fahren Sie stets früh zur Fähre, damit Sie sie nicht als Letzter in der Reihe verpassen.
- ✗ Erwarten Sie nicht, überall mit Kreditkarte zahlen zu können. Halten Sie für kleine Läden und Restaurants Bargeld bereit.
- ✓ Nehmen Sie besser lokale Fähren, auch wenn Sie vielleicht weiter fahren müssen. Oft sind sie weitaus preiswerter.
- ✗ Kein Alkohol, wenn Sie fahren! In Kroatien wird die Null-Promille-Regel konsequent durchgesetzt.

Unten: Kajakfahrt im Nationalpark Kornaten

ANREISE
Internationale Flüge landen am Keflavík International Airport. Vom Flughafen fahren Busse ins etwa eine Stunde östlich gelegene Reykjavík.

VOR ORT UNTERWEGS
Mietwagen sind in Island extrem teuer. Im Sommer fahren Busse alle größeren Orte an. Zu abgelegenen Sehenswürdigkeiten werden Bustouren angeboten (nur Transport).

WETTER
Im Juni herrschen auf Island milde Temperaturen. Die Insel hat zwar vorwiegend ein feuchtes Meeresklima, doch gibt es einige regenfreie Tage.

ÜBERNACHTEN
In Reykjavík bietet das komfortable Hotel Vík nahe dem Botanischen Garten Doppelzimmer ab 140 €; www.hotelvik.is

Ebenfalls in Reykjavík hat das luxuriöse Art-déco-Hotel Borg Doppelzimmer ab 300 €; www.hotelborg.is

In Landmannalaugar kostet eine Nacht in der Gemeindehütte ab 18 € pro Person. Gäste müssen eigene Schlafsäcke mitbringen.

ESSEN GEHEN
Isländische Spezialitäten sind unter anderem Papageitaucher, Robbe und Wal. In ländlichen Gebieten gibt es in der Regel nur Selbstversorgung und Selbstbedienungslokale an Tankstellen.

KOSTEN FÜR ZWEI PERSONEN
330–400 € pro Tag inklusive Übernachten, Verpflegung und Fahrten vor Ort.

INFORMATION
www.visiticeland.com

Wild in Reykjavík

Das Wort »wild« hat auf Island mehrere Bedeutungen. In Reykjavík drängeln sich am Wochenende freigeistige Isländer und ebensolche Besucher durch die Bars, Pubs und Clubs, um ungehemmt zu feiern – *»runtur«* wird das hier genannt. Das Nachtleben beginnt ab etwa 23 Uhr mit einigen Drinks, Stunden später endet die anfängliche Begeisterung und Energie mehr und mehr in einer alkoholintensiven Kneipentour, bis die ersten Sonnenstrahlen des Morgens ihr gnadenloses Licht auf die letzten Spuren der nächtlichen Feier werfen.

Großes Bild: Der beeindruckende Wasserfall bei Skogafoss im Süden der Insel
Oben (von links nach rechts): Häuser am Hafen von Reykjavík; traditionelle Fischereiausrüstung; ruhige Gewässer nahe dem Hafen Akureyri

Feuer und Eis

Nirgendwo in Europa ist die Natur so ungezähmt wie auf Island – allerdings ist fraglich, ob der westlichste skandinavische Staat überhaupt zu Europa gehört. Denn Island fühlt sich zwei Kontinenten verbunden, verläuft doch der Mittelatlantische Rücken, die geologische Grenze zwischen Europa und Nordamerika, direkt durch die Mitte der Insel. Und kulturell vereint das Land die *joie de vivre* Europas mit dem Pioniergeist Nordamerikas.

In beinahe allen Veröffentlichungen wird Island das »Land aus Feuer und Eis« genannt. Auch wenn diese Bezeichnung schon etwas abgedroschen ist, so ist sie doch wahr, denn diese Naturkräfte sind Islands bedeutendstes Kapital. Das Land lebt wortwörtlich von seinen geologischen Schätzen, von den vulkanischen Böden und glitzernden Gletscherbächen, die die Schafweiden mit Nährstoffen versorgen, bis zur Erdwärme und Elektrizität, die es aus geothermalen Quellen gewinnt. Ausgedehnte Gletscher, aktive Vulkane, heiße Quellen, Geysire, einsame Berge, wilde Flüsse und Wasserfälle locken Individualreisende an.

Das Land lebt wortwörtlich von seinen geologischen Schätzen, von den vulkanischen Böden bis zur Erdwärme.

Im Sommer wird auch das Tageslicht zur Attraktion. Von Mai bis Juli badet die Insel rund um die Uhr im Licht der subarktischen Sonne – und im nordatlantischen Regen. Reisende trösten sich damit über die hohen isländischen Preise hinweg, dass sie dafür zwei Tage an einem bekommen. Schon die Wikinger wussten vor langer Zeit die Vorzüge Islands doppelt so lange zu genießen. Reiten Sie auf den kleinen Islandpferden durch die Moore, wandern Sie über einsame Schneefelder, pflegen Sie ihre Haut im mineralreichen Wasser der Blauen Lagune, schlürfen Sie ein Glas Sprudel in einer heißen Quelle oder schlagen Sie dem kalten Regen ein Schnippchen und nehmen Sie unter freiem Himmel ein heißes Bad. Und wenn Sie von alldem erschöpft sind, verwöhnen Sie sich in Reykjavík mit gutem Essen und Trinken.

Unten (von links nach rechts): Blaue Lagune bei Reykjavík; typische isländische Kirche mit rostigem Eisendach
Kleines Bild links: Fischerhütte im Westfjords Meeresmuseum, Ísafjörður

24 Stunden Tageslicht

In einer Woche können Sie die Hauptstadt, Reykjavík, und einige weitere abgelegenere Sehenswürdigkeiten Islands erkunden. Die folgende Tour führt in das ewige Eis und zu den heißen geothermalen Wundern der Insel. Der Juni ist ein idealer Reisemonat, da nun rund um die Uhr Tageslicht herrscht.

Eine Woche ungezähmte Natur

Bummeln Sie durch Reykjavík, besuchen Sie das Nationalmuseum und die Nationalgalerie oder wärmen Sie sich kostenlos in den Wannen am »heißen Strand« in Nauthólsvík auf.	**TAG 1**
Folgen Sie der berühmten Golden Circle Tour zum imposanten Gullfoss-Wasserfall und den Geysiren am Großen Geysir. Spazieren Sie durch Þingvellir, wo das erste Parlament der Welt gegründet wurde.	**TAG 2**
Morgens baden Sie genüsslich im warmen Wasser der Blauen Lagune. Auf dem Rückweg nach Reykjavík halten Sie im bezaubernden Hafnarfjörður, wo Sie die isländischen Mythen über das Elfenvolk kennenlernen.	**TAG 3**
Eine Tagestour bringt Sie zum riesigen Gletscher Mýrdalsjökull, den Sie mit dem Schneemobil erkunden.	**TAG 4**
Erkunden Sie das großartige Fjallabak-Schutzgebiet, baden Sie nachmittags in heißen Quellen unter freiem Himmel, übernachten Sie in einer rustikalen Berghütte.	**TAG 5**
Sie wandern durch die grandiose Landschaft von Fjallabak, zwischen Rhyolitbergen und über Lavafelder. Oder Sie bestaunen weiter südlich den beeindruckenden Wasserfall bei Skogafoss. Sie können auch nach Norden in die Hafenstadt Akureyri fahren.	**TAG 6**
Zurück in Reykjavík genießen Sie in einem gemütlichen Fischrestaurant Islands beste Küche und danach ein paar Bierchen in einer Kneipe. Wer Zeit hat, geht in den wilden Westlichen Fjorden zum Reiten in Dyrafjörður und besucht Ísafjörðurs Meeresmuseum.	**TAG 7**

Dos & Don'ts

- ✓ Halten Sie ein Gläschen *brennivín* (Schnaps) bereit, wenn Sie isländische Delikatessen, wie *hákarl* (fermentiertes Haifleisch) oder *súrsaðir hrútspungar* (eingelegte Widderhoden) kosten.
- ✗ Treten Sie nicht auf hellen Grund bei heißen Quellen und Fumarolen. Hier ist die Kruste nur dünn und kann brechen – Sie fallen dann in die Tiefe, aus der Sie nur weich gekocht wieder auftauchen.
- ✓ Stecken Sie doppelt so viel Geld ein, wie Sie zu brauchen glauben, und dann noch etwas für weitere Ausgaben.

Unten: Hoch zu Ross in Dyrafjorður

ANREISE
Nashville und Memphis liegen im US-Bundesstaat Tennessee. Obwohl Nashville die Hauptstadt ist, verzeichnet Memphis mehr internationale Flüge. Beide Flughäfen sind nur 15 Fahrtminuten von den jeweiligen Stadtzentren entfernt.

VOR ORT UNTERWEGS
Autos können an beiden Flughäfen gemietet werden. Die beiden Städte sind rund vier Fahrtstunden voneinander entfernt.

WETTER
Im warmen Juni liegen die Tagestemperaturen bei 27 bis 32 °C, die Luftfeuchtigkeit ist sehr hoch.

ÜBERNACHTEN
Heartbreak Hotel in Memphis, Doppelzimmer ab 70 €; www.elvis.com

Union Station Hotel in Nashville, großartige Atrium-Lobby, Doppelzimmer ab 180 €; www.unionstationhotelnashville.com

Hermitage Hotel, Nashville, Doppelzimmer ab 230 €; www.thehermitagehotel.com

ESSEN GEHEN
In Nashville serviert das vornehme Capitol Grille Südstaatenküche ab etwa 28 € pro Person. In Memphis bekommt man in Barbecues Rippchen und Sandwiches mit *pulled pork* für unter 14 € pro Person.

KOSTEN FÜR ZWEI PERSONEN
290–310 € pro Tag inklusive Übernachten, Verpflegung, CMA Festival und Mietwagen.

INFORMATION
www.tnvacation.com

»The King« von Memphis

An einem Tag im Jahr 1954 marschierte der junge Elvis Presley in die Sun Studios, um eine Platte für seine Mutter aufzunehmen – der Rest ist Musikgeschichte. Elvis, der in Tupelo geboren wurde und in Memphis aufwuchs, saugte die Musik der Beale Street – Blues, Gospel und Soul – mit der Muttermilch ein. Diese Einflüsse prägten seine frühe Karriere, doch er entwickelte einen eigenen Stil – Rock 'n' Roll. »Ich mag nicht wie jemand anders klingen«, war sein Credo. Elvis starb 1977, sein musikalisches Erbe zeigt noch heute große Wirkung.

Großes Bild: Dobro Resonatorgitarren glitzern in einem Schaufenster in Nashville
Oben (von oben nach unten): Straßenmusiker in Memphis; Eddie »The Chief« Clearwater in Memphis; Neonschild von BB King's Blues Club

Tennessee-Rhythmen

Musik, Musik und noch mehr Musik! Wo sonst findet man in der Welt zwei Städte, die so bekannt sind für Musikrichtungen, so pulsierend und unwiderstehlich, und doch so verschieden? Dabei liegen sie nur eine halbe Tagesfahrt auseinander. Nashville ist Zentrum der Country Music. Jeden Juni findet hier mit dem berühmten Country Music Association (CMA) Festival das größte Country-Fest der Welt statt. Dort treten bekannte Sänger und Gruppen wie die Charlie Daniels Band und LeAnn Rimes auf, die heißesten Nachwuchskünstler sind zu hören, und jede Menge Partys und Autogrammstunden finden statt. In den vier Festivaltagen ist die Stadt eine einzige Party – genießen Sie die Konzerte, tanzen Sie zur Musik und singen Sie ihre Lieblingslieder mit. Jede Nacht gibt es mehr Konzerte, Veranstaltungen und Partys, als man in einer Woche besuchen könnte. Tagsüber pilgern Sie zum Ryman Auditorium, der ursprünglichen Heimat der Grand Ole Opry und das Heiligtum

JAN FEB MÄRZ APR MAI JUNI JULI AUG SEP OKT NOV DEZ

Oben (von oben nach unten): Dolly Parton bei einem Auftritt beim CMA Festival in Nashville; ein Fan lauscht der Live-Musik im Wildhorse Saloon

Unten: Die Fassade der Country Music Hall of Fame ist wie ein Klavier gestaltet

der Country Music. Der zweite Pflichtbesuch führt zur Country Music Hall of Fame, in der Sie alle ihre Country-Stars finden und mehr über die Geschichte dieser Musikrichtung erfahren.

Nashville ist die professionelle aufgeputzte Hauptstadt der Country Music – Memphis das bodenständige Zentrum des Rhythm 'n' Blues und Rock 'n' Roll. Das großartige alte Studio von Sun Records ist der Urquell des R 'n' B; Jerry Lee Lewis, Johnny Cash und ein unverwechselbarer Jugendlicher namens Elvis begannen dort ihre Karrieren. Doch erst, wenn man wie jährlich 600 000 andere Besucher in Graceland den grünen Plüschteppich im Jungle Room mit Ehrfurcht bestaunt hat, ist man wirklich in Memphis gewesen.

Zu einer perfekten Reise nach Memphis fehlen Ihnen jetzt noch zwei Dinge: Essen Sie auf jeden Fall irgendwo in der Stadt ein wirklich gutes Barbecue und schlagen Sie sich eine Nacht in den Bars der Beale Street um die Ohren. Hier, wo der Siegeszug des Blues begann, können Sie in Clubs wie dem BB King's Blues Club dampfenden Gumbo und köstliche Spareribs schmausen, eiskaltes Bier trinken und zum besten Blues von Amerika tanzen.

Musiktour

Nashville und Memphis bieten ganzjährig grandiose Live-Musik, an den vier magischen Tagen im Juni kommen Hunderte der besten Country-Music-Stars nach Nashville, um vor ihren Fans aufzutreten. Hängen Sie zwei Tage in Memphis an, wo die Beale Street und historische Blues- und Rock 'n' Roll-Attraktionen locken.

Sechs Tage voller Musik

TAG 1

In Nashville besuchen Sie die Country Music Hall of Fame und hören Live-Musik im Wildhorse Saloon.

Besuchen Sie das Eröffnungskonzert im Coliseum und machen Sie in der Photo Line Fotos von den Stars.

TAG 2

Im Nashville Convention Center besorgen Sie sich morgens eine Autogrammkarte.

Nachmittags gibt es Country Music in den Riverfront Stages, abends in der legendären Grand Ole Opry.

TAG 3

Besuchen Sie Hermitage, Präsident Andrew Jacksons Herrenhaus aus der Zeit vor dem Bürgerkrieg, und das Abendkonzert im Coliseum.

TAG 4

Machen Sie eine Flussfahrt mit dem General Jackson Showboat und besuchen Sie das Ryman Auditorium, den Originalort der Grand Ole Opry. Abends treten die größten Stars beim Finale im Coliseum auf.

TAG 5

In Memphis sehen Sie Elvis Presleys Anwesen Graceland und die Studios von Sun Records. Hier starteten Elvis, Jerry Lee Lewis und Johnny Cash ihre Karrieren.

Machen Sie eine Blues-Tour in der Beale Street, etwa im BB King's Blues Club und im Rum Boogie Café.

TAG 6

Im Memphis Rock 'n' Soul Museum können Sie über 100 Rock-Klassiker hören und zahllose musikalische Schätze entdecken.

Im STAX Museum of American Soul Music tauchen Sie in die Geschichte des Soul ein.

Dos & Don'ts

- ✓ Buchen Sie zum CMA (Country Music Association) Festival Pauschalangebote, in denen Übernachtungen, Karten für das Festival und weitere Sehenswürdigkeiten enthalten sind – dies kommt häufig sehr viel preiswerter.
- ✗ Verpassen Sie nicht, Ihren Lieblingsstar zu treffen. Viele Stars halten Privatpartys für ihre Fan-Club-Mitglieder ab. Informieren Sie sich beim Fan-Club darüber.
- ✓ Bleiben Sie in Nashville in der Downtown, dort finden alle wichtigen Veranstaltungen statt. Die Fan-Club-Veranstaltungen, die spätabends in der ganzen Stadt stattfinden, erreicht man am besten mit dem Auto.

Unten: Downtown Nashville

ANREISE
Internationale Flüge landen in Rom an den Flughäfen Leonardo da Vinci (Fiumicino) oder Ciampino. Vom Fiumicino fährt ein Zug 30 Minuten ins Zentrum, vom Ciampino ein Bus (etwa eine Stunde). Eine Taxifahrt ins Zentrum kostet rund 45 €.

VOR ORT UNTERWEGS
Am besten erkundet man Rom zu Fuß, mit der Metro, mit Bussen und Straßenbahnen.

WETTER
Der Juni ist mit Temperaturen um 25 °C und seltenem Regen einer der angenehmsten Monate in Rom.

ÜBERNACHTEN
Campo de' Fiori, nahe Piazza Navona, Doppelzimmer ab 140 €; www.hotelcampodefiori.com

Santa Maria, zentral, hübsche Doppelzimmer ab 160 €; www.htlsantamaria.com

Casa Howard hat zwei Gästehäuser im Zentrum, Doppelzimmer ab 160 €; www.casahoward.com

ESSEN GEHEN
Ein exzellente Mahlzeit kostet 28–45 €, einfache, aber köstliche Pizzen und Pastagerichte viel weniger. Da Giggetto bietet authentische römische Küche (35 €), Vecchia Locanda großartige Pasta (28 €), Gusto ein kühles modernes Ambiente (45 €).

KOSTEN FÜR ZWEI PERSONEN
230–300 € pro Tag inklusive Übernachten, Verpflegung, Eintrittsgelder, Fahrten vor Ort.

INFORMATION
www.romaturismo.com

Via Appia Antica

Wer etwas länger in der Stadt bleibt, sollte nicht die Via Appia Antica verpassen, die bei der riesigen Porta San Sebastiano, der alten Stadtmauer im Süden der Stadt, beginnt. Die berühmte antike Straße, auf der die Soldaten des römischen Reiches nach Süden marschierten, säumen Katakomben, weil Begräbnisse innerhalb der Stadtmauern verboten waren. Gut erhaltene Fresken zieren die Wände und Decken der Grabkammern. Am besten besucht man die Via Appia Antica sonntags, wenn sie für Autos gesperrt ist.

Großes Bild: Die riesige Kuppel des 125 n. Chr. errichteten Pantheon
Oben (von oben nach unten): Bocca della Verità, Santa Maria in Cosmedin; Neptunbrunnen, Piazza Navona; Petersdom in der Dämmerung

Römische Reise

Die Ewige Stadt zog schon immer die Reisenden an. Im Mittelalter pilgerten sie an die Gräber der Heiligen Petrus und Paulus, Jahrhunderte später suchten hier Dichter und Maler Inspiration für ihre Werke. In den 1960er Jahren lockte wie in Federico Fellinis gleichnamigem Film *La dolce vita*, heute nutzen viele Besucher die günstigen Flüge für eine Stippvisite. Einige interessieren sich für die Zeugnisse der römischen Antike, etwa das großartige Forum, das Kolosseum und den Palatin-Hügel. Andere reisen vor allem nach Rom, um Michelangelos fantastisches Meisterwerk, das Deckengemälde der Sixtinischen Kapelle im Vatikan, zu bestaunen. Nicht wenige freuen sich aber einfach nur auf einen nicht enden wollenden Bummel durch die Designerläden in der Via dei Condotti sowie auf die leckere römische Küche: dünne, knusprige Pizzen aus dem Holzofen, Hunderte Spaghetti-Variationen, leicht gebackene Zucchini-Blüten und nicht zuletzt *gelato*.

Oben (von oben nach unten): Mittags in einem Café auf der Piazza Santa Maria in Trastevere; der allgegenwärtige Motorroller – ein modernes römisches Wahrzeichen

Kleines Bild unten: Nonnen sind in der Hauptstadt der katholischen Kirche ein üblicher Anblick

La dolce vita

Juni ist ein guter Reisemonat für Rom, denn nun beginnt der *Estate Romana* (Römischer Sommer): Drei Monate lang finden in der ganzen Stadt, etwa am Forum Romanum, an Stadtplätzen, in der Villa Borghese und in anderen Parks Konzerte und Theateraufführungen im Freien statt. Fünf Tage reichen, um die Hauptsehenswürdigkeiten Roms zu erkunden.

Fünf Tage in der Ewigen Stadt

TAG 1 Eine Reise in die Antike führt Sie zum Forum Romanum, auf den Palatin und ins Kolosseum. Sonntags ist die Hauptstraße zwischen den antiken Stätten für den Autoverkehr gesperrt.

TAG 2 Im malerischen Trastevere bummeln Sie über die von Cafés gesäumte Piazza Santa Maria, bewundern in der Kirche die Mosaiken, essen eine Pizza im berühmten Dar Poeta's und genießen zusammen mit Garibaldis Statue die Aussicht vom Gianicolo. Danach gibt es Oper an einem spektakulären Veranstaltungsort.

TAG 3 Rechnen Sie für die Vatikanischen Museen einen ganzen Tag. Ein Muss: die Stanzen des Raffael und Michelangelos Deckenfresko in der immer vollen Sixtinischen Kapelle. Auf dem Weg zum Vatikan sehen Sie die Engelsburg, wo sich Puccinis Tosca in den Tod stürzte.

TAG 4 Im Park der Villa Borghese stehen drei schöne Museen: die Galleria Borghese (Botticelli, Caravaggio, Tizian), das Museo Etrusco (Etruskische Kunst) und die Galleria Nazionale d'Arte Moderna (Cézanne, de Chirico, Klimt). Rasten Sie im Caffè delle Arte.

TAG 5 Bummeln Sie über den quirligen Morgenmarkt auf dem Campo de' Fiori und durch die malerischen Gassen des alten jüdischen Viertels. Bestaunen Sie den riesigen Pantheon, in dem viele Berühmtheiten ihre letzte Ruhestätte haben, und bei einem leckeren Eis auf der eleganten Piazza Navona Berninis Brunnen.

Dos & Don'ts

- ✓ Spazieren Sie auf den sehenswerten Palatin, mit der Kombi-Karte umgehen Sie die langen Schlangen am Kolosseum.
- ✗ Fotografieren Sie nicht in der Sixtinischen Kapelle, das ist streng verboten.
- ✓ Informieren Sie sich über die verschiedenen kombinierten Museumskarten, Sie können damit einen größeren Betrag sparen.
- ✗ Rechnen Sie nicht mit Mittagessen nach 15 Uhr, außer in Touristenlokalen.

Was auch immer der Grund für Ihre persönliche Pilgerreise ist, Sie werden auf jeden Fall Außergewöhnliches entdecken, seien es etwa die antiken Tempelruinen der von streunenden Katzen bewohnten Area Sacra, wo Caesar ermordet worden sein soll, oder Berninis pompöse Skulpturen an den Brunnen der Piazza Navona und seinen kitschigen kleinen Elefanten vor der hübschen gotischen Kirche Santa Maria sopra Minerva.

Rom wurde schon oft als Freiluftmuseum bezeichnet, doch es ist eine sehr lebendige Stadt. Schlendern Sie durch das alte jüdische Viertel um den Campo de' Fiori, werfen Sie einen Blick in die *botteghe*, die Werkstätten der Kunsthandwerker, die noch viele Straßen säumen, oder erkunden Sie die engen Gassen von Trastevere. Der Cappuccino im Straßencafé an einem Platz, auf dem Kinder die Tauben scheuchen, der warme Glanz der ockerfarbenen Häuser im Sonnenlicht oder die überbordende Fülle blühender Blumen an kleinen Balkonen – dies alles wird Ihnen wahrscheinlich viel länger im Gedächtnis bleiben als jeder Museumsbesuch.

Unten: Opernaufführung in den Ruinen der Caracalla-Thermen

Im Zeichen des Jazz

ANREISE
Montréal liegt am Sankt-Lorenz-Strom in der ostkanadischen Provinz Québec, 595 Kilometer nördlich von New York. Vom Trudeau International Airport erreicht man das Zentrum in 30 Minuten mit dem Taxi.

VOR ORT UNTERWEGS
In der Stadt kommt man hervorragend mit der Metro und mit Bussen voran.

WETTER
Ende Juni ist es in Montréal sonnig mit häufigen kurzen Schauern, die durchschnittlichen Tagestemperaturen liegen bei rund 20 °C.

ÜBERNACHTEN
Besonders hübsch sind die kleinen Hotels im europäischen Stil in der Altstadt.

Victorian Home, über Downtown B&B Network, Doppelzimmer ab 50 €; www.bbmontreal.qc.ca

Auberge Bonaparte, historisches 30-Zimmer-Haus im Herzen der Altstadt, Doppelzimmer ab 100 €; www.bonaparte.ca

Hotel Gault, ein Designtraum mit eleganten Zimmern im Loftstil, Doppelzimmer ab 130 €; www.hotelgault.com

ESSEN GEHEN
In Montréal kann man in vielfältigen Restaurants hervorragend essen. Gute, reichliche Mahlzeiten kosten 20–40 €. Kosten Sie Montréals berühmtes *smoked meat*.

KOSTEN FÜR ZWEI PERSONEN
160–200 € pro Tag inklusive Übernachten, Verpflegung und Fahrten vor Ort.

INFORMATION
www.tourisme-montreal.org

Montréal will jedem etwas bieten – und schafft dies meist mit gallischem Charme. Die Stadt bezeichnet sich selbst als religiöses Zentrum, doch wird hier auch Vergnügen großgeschrieben: Das hiesige Nachtleben lockt sogar Wochenendbesucher aus den USA an. Die zweisprachige Hafenstadt ist eine Enklave kosmopolitischer Freiheiten im tief katholischen Québec.

»Das ist das erste Mal, dass ich in einer Stadt bin, in der man keinen Stein werfen kann, ohne ein Kirchenfenster zu treffen«, spöttelte Mark Twain bei einem Besuch 1881. Heute könnte man diese bissige Bemerkung auf Restaurants umdichten. In dem Gourmet-Paradies gibt es über 5000 Lokale – in ganz Nordamerika kann nur New York mehr Restaurants pro Kopf aufbieten – und eine unglaubliche Vielfalt an Küchen. Die lebhafte Atmosphäre, die wunderbare Berglandschaft und die schönen viktorianischen Straßen ergeben zusammen ein unschlagbares Ambiente. Keine andere Stadt vereint das Beste Europas und Nordamerikas so perfekt wie Montréal.

Großes Bild: Das Internationale Jazzfestival zieht jährlich Besucherscharen in die Stadt

Oben: Der bunte Palais des Congrès

Unten: Die altehrwürdige Kuppel der Kirche Marie Reine du Monde wird von den modernen Gebäuden der Umgebung überragt

Rechte Spalte (von oben nach unten): An der Place des Arts finden die größten Veranstaltungen des Festivals statt; Straßencafés in Montréal; Musiker beim Jazzfestival

Basilique Notre-Dame

Montréals imposante Basilika wurde ohne störende Bescheidenheit entworfen. Das 1829 vollendete Bauwerk war jahrelang die größte Kirche in Nordamerika. Ihre mächtige Glocke, Gros Bourdon, musste von zwölf Männern geläutet werden. Die Innenausstattung ist einfach bombastisch: vergoldete Sterne an Himmelsgewölben, eine riesige Orgel mit 5772 Pfeifen, üppige Holzschnitzereien und ein farbenprächtiger Altarraum. Der Architekt James O'Donnell konvertierte zum Katholizismus, um in der Kirche begraben werden zu können.

Der kanadische Sommer ist schön, aber schrecklich kurz, doch die Montréaler wissen ihn zu nutzen. Sobald der Schnee schmilzt, beginnt eine endlose Serie von Festivals, Straßenfesten und Feierlichkeiten. Bei jedem noch so kleinen Anlass wird ein Antrag gestellt, eine verschlafene *rue* abgesperrt und ein Fest gefeiert. Die Mutter aller Partys ist das Festival International de Jazz, das von Ende Juni bis Anfang Juli dauert. Von Beginn an war die elftägige opulente Veranstaltung mit 350 Konzerten im Freien, in Hallen und Jazzclubs als Festival für das *peuple* gedacht. Jeder kann hingehen, und fast jeder kommt. Bis zu zwei Millionen Menschen haben hier jährlich gemeinsam Spaß an der Musik, und auf den Bühnen treten einheimische Talente neben weltberühmten Jazzern aus aller Herren Länder auf. Das Festival ist eine der besten Partys des Planeten.

Montréal ist aber auch auf seine anderen kulturellen Angebote stolz, etwa auf das fesselnde archäologische Museum Pointe à Callière. Wen es nach so viel Stadtleben hinaus in die Natur drängt, fährt in die traumhaften Laurentinischen Berge, die nur einen Katzensprung entfernt sind. Planen Sie im Voraus oder auch nicht – die Stadt bietet genug Raum für Spontaneität.

Festivalstimmung

Am sommerlichen Partyhimmel von Montréal ist das Internationale Jazzfestival der unbestrittene Star. Genießen Sie das breite Musikangebot, aber auch die Kultur, die Shopping-Möglichkeiten und das Nachtleben dieser dynamischen Stadt sowie die Natur und Sportmöglichkeiten in den Laurentinischen Bergen.

Fünf Tage am Sankt-Lorenz-Strom

TAG 1

Bummeln Sie durch die Altstadt und lassen Sie sich in der Fußgängerzone Rue Saint-Jacques zeichnen. Fahren Sie mit einer Kutsche *(calèche)* und genießen Sie abends ein französisches Mahl am Alten Hafen.

TAG 2

Besuchen Sie die Einkaufsmeilen der Untergrundstadt und die pompöse Basilique Notre-Dame.

Danach hören Sie ein Jazzkonzert am Hauptveranstaltungsort Place des Arts, bevor Sie sich am Boulevard Saint-Laurent in das Nachtleben stürzen.

TAG 3

Bummeln Sie am Ufer auf der Promenade du Vieux Port und über den Marché Atwater, genießen Sie den Blick vom Olympiaturm, das Stöbern in den schicken Boutiquen an der Avenue du Mont Royal und die Musik des Jazzfestivals in der Rue Saint-Denis.

TAG 4

Schon früh fahren Sie zu den Laurentinischen Bergen, um den Tag mit Wandern und Radfahren am Parc Linéare und durch einige der hübschesten Dörfer Québecs zu verbringen. In Montréal besuchen Sie eine Drag-Show im Mado Cabaret.

TAG 5

Lernen Sie Montréals Geschichte im faszinierenden archäologischen Museum Pointe à Callière kennen, danach lassen Sie sich in einem Jetboot in den Stromschnellen durchrütteln. Zum Schluss packen Sie noch einige Bagels mit *smoked meat* für die Heimfahrt ein.

Dos & Don'ts

- ✓ Bringen Sie Ihr Französisch an, auch wenn es sich nur auf *Parlez-vous anglais?* beschränkt. Bei den Einheimischen machen Sie sich damit sehr beliebt.
- ✗ Rufen Sie Kellner nicht mit *garçon*, sondern mit einem als höflicher geltenden *Monsieur, s'il vous plait.*
- ✓ Grüßen Sie Bekannte mit einem gehauchten Küsschen *(bise)* auf beide Wangen. Männer schütteln sich auch die Hände.
- ✓ Bringen Sie bei privaten Einladungen eine Flasche Wein und einen Blumenstrauß als Gastgeschenk. Erscheinen Sie auf Partys eine Stunde nach offiziellem Beginn.

Unten: Casino auf der Île-Notre-Dame im Sankt-Lorenz-Strom

JULI

Traumziele im **Juli**

Auf der Nordhalbkugel herrscht Hochsommer mit langen Tagen, klarem Himmel und hellem Sonnenschein. Wer den Sommer am Strand genießen möchte, muss sich auf Menschenmassen sogar in weniger bekannten Regionen wie auf den Kanalinseln oder Korsika einstellen – es sind Schulferien. Dafür kann man einige der aufregendsten Feste der Welt besuchen, etwa den Stierlauf im spanischen Pamplona oder die tropische Fiesta de Merengue in der Dominikanischen Republik. In vielen Teilen Asiens ist nun die Zeit des Monsuns, besonders den indischen Subkontinent meidet man besser. Auf der südlichen Halbkugel ist Winter. Auf dieser Doppelseite finden Sie alle im Juli-Kapitel vorgestellten Reiseziele sowie einige weitere Anregungen.

KULTUR UND FESTE

MONGOLEI Mongolische Familie in der weiten Steppe

MONGOLEI
Asien

In der traditionellen mongolischen Jurte in der Steppe

Die Erben von Dschingis Khan lassen beim farbenprächtigen Naadam-Fest Dampf ab – mit Ringen, Bogenschießen und Pferderennen.

Siehe S. 174–175

PAMPLONA
Spanien, Europa

Bei der Fiesta de San Fermín mit den Stieren laufen

Höhepunkt des jährlichen neuntägigen Festes ist der traditionelle Stierlauf durch das mittelalterliche Zentrum – danach wird gefeiert.

www.sanfermin.com

PARIS
Frankreich, Europa

Offizieller Pomp und Party am 14. Juli

Feiern Sie wie *tout Paris* tanzend auf der Place de la Bastille am 13. Juli und dann bei Paraden, Feuerwerk und Partys am 14. Juli.

www.parisinfo.com

»Zwischen Türmen, Zwiebeldächern und alten Häusern, in engen Gassen und auf eleganten Plätzen ertönt überall in der Mozartstadt Musik.«

SALZBURG
Österreich, Europa

Wo Mozarts Musik an jeder Ecke erklingt

Die reizvolle Stadt an der Salzach ist vor allem während der Festspiele ein begehrtes Reiseziel bei Musikliebhabern aus aller Welt.

Siehe S. 172–173

SANTO DOMINGO
Dominikanische Republik, Karibik

Feiern Sie mit bei der Fiesta de Merengue

Bei diesem jährlichen Fest wird an der historischen Uferpromenade zu heißen tropischen Rhythmen bis zum Umfallen getanzt.

www.godominicanrepublic.com

UNVERGESSLICHE EINDRÜCKE

SPITZBERGEN Bunte Häuserzeile in Longyearbyen

SPITZBERGEN
Norwegen, Europa

Ein Reise zu den Eisbären im arktischen Norden

Der arktische Insel-Archipel ist nur im Sommer gut erreichbar. Die tierreiche Wildnis weckt die Abenteuerlust der Reisenden.

Siehe S. 186–187

HUNZA-TAL
Pakistan, Asien

Spektakuläre Berge am Rand des Himalaya

Endloses Wandern und Trekken, fantastische Bergblicke und alte Festungen – nun ist die beste Zeit in den abgelegenen Tälern.

www.hunza.20m.com

SOUTH NAHANNI
Kanada, Nordamerika

Mit Kanu oder Floß durch die Wildwasser-Wildnis

Wasserflugzeuge bringen Sie zu den Seen, wo eine atemberaubende Flussfahrt durch Canyons und über Stromschnellen beginnt.

www.explorenwt.com

SÜDKÜSTE
Wales, Europa

Imposante Burgen an einer eindrucksvollen Küste

Die mächtigen Burgen in den sanften Hügeln und schönen Nationalparks von Südwales faszinieren Erwachsene und Kinder.

Siehe S. 176–177

CANNING STOCK ROUTE
Australien, Australasien

Ultimativer Wüstentrip

Die Geländewagenfahrt führt auf einem alten Viehtreiberweg durch die einsame, aber wunderschöne Wüste Australiens.

www.exploreoz.com

WUNDER DER NATUR

SAN JUAN ISLANDS Farbenfrohe Seesterne

»Über den Nebelschleiern ist die Luft völlig klar, und am Horizont in der Ferne erhebt sich der Gipfel eines Vulkans.«

SAN JUAN ISLANDS
USA, Nordamerika

Großartige Natur bei den Inseln im Puget Sound

Ziehen Sie sich wie die Orcas, die sich hier jeden Sommer versammeln, in die schöne Wildnis der San Juan Islands zurück.

Siehe S. 184–185

LUSHAN-GEBIRGE
China, Asien

Eines der schönsten Naturwunder in China

Das in der Kunst verewigte Gebirge ragt über Seen und Flüssen auf. Wandern Sie auf dem Blumenpfad und zum Großen Himmelssee.

www.china-lushan.com

MALAWI
Malawi, Afrika

Erleben Sie den Charme des »Warmen Herzens Afrikas«

Malawis Landschaft bietet im Juli ideale Bedingungen zum Wandern in den Bergen oder zum Wassersport am Malawisee.

www.malawitourism.com

BOUNDARY WATERS
USA, Nordamerika

Ideal, um sein eigenes Wildnis-Wunderland zu finden

In dem riesigen unberührten Waldgebiet in Minnesota führen Hunderte Kanurouten durch glasklares, fischreiches Wasser.

www.bwcaw.org

NERINGA
Litauen, Europa

Eine Welt aus Meer, Wald und bizarren Sanddünen

Die 100 Kilometer lange Ostsee-Nehrung lockt mit endlosen Stränden, merkwürdigen Dünen, Kiefernwäldern und kleinen Dörfern.

www.visitneringa.com

Vorhergehende Doppelseite: Planwagenrennen bei der Calgary Stampede

Wetter

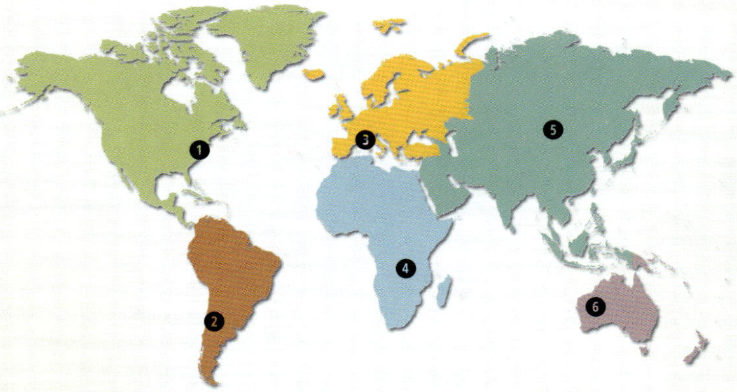

❶ Der Sommer ist im Osten der USA heiß und schwül. In Washington wehen keine kühlen Brisen wie auf Cape Cod, und es kann regnen – aber das stört die Feiern zum 4. Juli nicht.

❷ Mendoza hat ein angenehmes Klima, selbst im Winter ist das Wetter mild und sonnig. In den höheren Anden lockt Pulverschnee die Skifahrer.

❸ Der Mittelmeerraum ist im Juli fast schon zu warm, doch das Meer um Korsika kühlt Badende am Tag und die Luft in der Nacht.

❹ In Malawi herrscht im Juli meist angenehm warmes Wetter ohne Regen, nur in den trop schen Tiefebenen ist es sehr heiß und feucht.

❺ Die Winde in den Steppenebenen der Mongolei sind im Sommer sehr willkommen, da nun die Tagestemperaturen erheblich steigen. Nachts fallen sie jedoch wieder. Wahrscheinlich regnet es etwas.

❻ Australien ist im Winter größtenteils kühl – ideal, um im Outback zu reisen. Die Temperaturen sind noch warm, doch ist es nicht mehr so drückend schwül wie im Sommer.

LUXUS UND ROMANTIK

CAPE COD Ruhiges Gewässer in Nantucket Harbour

TAHITI & BORA BORA
Polynesien

Ein Inselparadies in herrlich türkisfarbenem Meer

Wer sich von den friedvollen Hotels mit Palmenblätterdach losreißen mag, geht Kanu fahren, tauchen oder fährt auf eine einsame Insel.

www.tahiti-tourisme.com

TAORMINA
Italien, Europa

Sonnenvergnügen gepaart mit dem Flair der Antike

Entspannen Sie in einem Villenhotel oberhalb von Siziliens elegantestem Ferienort mit Blick auf antike Ruinen, Ätna und Meer.

www.taormina.it

BURGH ISLAND
England, Europa

Schick abgelegen mit dem Flair der 1930er Jahre

Urlauben Sie wie Noël Coward und Agatha Christie mit Stil auf dieser kleinen Insel vor der Küste Devons.

www.burghisland.com

SAINT-TROPEZ
Frankreich, Europa

Mit Stars und Sternchen die Riviera genießen

Der berühmte Ferienort lockt im Sommer Stars und Sternchen an. Wer in den Bergen über der Stadt wohnt, dem wird es nicht zu heiß.

www.ot-saint-tropez.com

CAPE COD
USA, Nordamerika

Goldene Strände, ruhige Inseln, reizende alte Dörfer

Etwas für jeden – vom schicken Promi-Treff Martha's Vineyard über die Walfängerstadt Nantucket bis zu den weiten Landschaften des Kaps.

Siehe S. 188–189

»Nantucket hat sich seit den Tagen, als es ein bedeutendes Walfangzentrum war, kaum verändert.«

AUFREGENDE ZIELE

MENDOZA Wandern im beeindruckenden Aconcagua-Park

MENDOZA
Argentinien & Chile, Südamerika

Skivergnügen exklusiv im Anden-Skigebiet

Bummeln Sie erst durch die Weinstadt Mendoza, bevor Sie in das exklusive chilenische Skigebiet El Portillo in den Anden hochfahren.

Siehe S. 180–181

GRÖNLAND
Dänemark, Europa

Eine einzigartige Landschaft im allerhöchsten Norden

Fahren Sie mit Zelt und Hundeschlitten in die Wildnis zu Moschusochsen und Eisbären oder mit dem Boot zu den Inuit.

www.greenland.com

MUNROS
Schottland, Europa

Wählen Sie unter zahllosen Gipfeln und Felsen

In Schottland gibt es 284 über 900 Meter hohe »Munros« zu besteigen. Die Auswahl reicht von sanften Hügeln bis zu Felsklippen.

www.munromagic.com

SARDINIEN
Italien, Europa

Porto Pollo ist ein Mekka der Kite- und Windsurfer

Superbeständige Windbedingungen, perfekte Strände und wilde Riffe – hier können Surfer mit Spaß und Leidenschaft loslegen.

www.planetwindsurf.com

GRAND CANYON
USA, Nordamerika

Sehen Sie das Naturwunder vom Wasser aus

Tausende sehen den Canyon von oben, seine Schönheit entdeckt man jedoch noch besser beim Raften und Campen am Fluss.

www.nps.gov/grca

FAMILIENURLAUB

CALGARY Kettenkarussell im Stampede Park in der Abenddämmerung

»In diese Zeit fällt der Unabhängigkeitstag, an dem ein gigantisches Feuerwerk das Washington Monument in glitzernde Farben taucht.«

WASHINGTON, DC
USA, Nordamerika

Feiern Sie den Unabhängigkeitstag in der Hauptstadt

Die elegant angelegte Stadt wartet mit Weltklasse-Museen und historischen Monumenten auf, die am 4. Juli alle im Feuerwerk erstrahlen.

Siehe S. 170–171

CALGARY
Kanada, Nordamerika

Action, Rodeo und das Flair des Wilden Westens

Die Spannung und Kunstfertigkeit der Calgary Stampede erlebt man am besten live und in Farbe – Spaß für die ganze Familie.

Siehe S. 178–179

KANALINSELN
England, Europa

Britische Inseln mit ausgesprochen französischem Flair

Mit Bistros und Baguette liegen die Inseln näher bei Frankreich als England. Hier gibt es zwischen Sandbuchten und Burgen viel zu tun.

www.visitchannelislands.com

KOPENHAGEN
Dänemark, Europa

Eine wirklich zauberhafte Stadt am Wasser

Die Stadt, in der Hans Christian Andersen seine letzte Ruhestätte fand, hat viel für Kinder übrig.

Siehe S. 190–191

KORSIKA
Frankreich, Europa

Auf der wilden schönen Insel lässt sich viel unternehmen

Die Insel war einst das perfekte Versteck für Banditen, heute sind Sandstrände, Berge, Buchten und die köstliche Küche interessanter.

Siehe S. 182–183

ANREISE
Washington, DC liegt nahe der Ostküste der USA. Internationale Flüge landen auf den Flughäfen Dulles und Baltimore-Washington. Zum Zentrum fahren Taxis, Metro und Busse.

VOR ORT UNTERWEGS
Mit den fünf Metro-Linien kommt man in der Innenstadt gut voran, ebenso preiswert und schnell sind die Metrobusse.

WETTER
Washington kann im Sommer heiß (Durchschnittstemperaturen 31 °C) und schwül sein.

ÜBERNACHTEN
Holiday Inn Capitol Hill, familienfreundlich mit Pool und kostenlosen Kindermahlzeiten, Familienzimmer ab 90 €; www.holiday-inn.com

Embassy Suites, ein geräumiges Hotel zwischen dem Weißen Haus und dem Capitol; Familienzimmer ab 130 €; www.embassysuites.com

Hotel Palomar, elegantes Boutique-Hotel; Familienzimmer ab 210 €; www.hotelpalomar-dc.com

ESSEN GEHEN
Die vielfältige Restaurantszene reicht von traditionellen Lokalen mit klassischer amerikanischer Küche bis hin zu zahlreichen internationalen Restaurants. Besonders Kinder lieben die klassischen Diners, die typisch amerikanische Gerichte wie Hamburger, Pommes frites und Malt Shakes servieren.

KOSTEN FÜR EINE VIERKÖPFIGE FAMILIE
240–300 € inklusive Unterkunft, Verpflegung, Eintrittsgelder und Fahrten vor Ort.

INFORMATION
www.washington.org

Feiern mit Feuerwerk

Washington ist eine attraktive Stadt, in der historische Bauwerke zum Maß aller Dinge gemacht werden: Die höchsten Punkte der gesetzlich geschützten Skyline sind und bleiben die glänzende Kuppel des Capitol und der schlanke Obelisk des Washington Monument. Die Bauwerke an den beiden Enden der National Mall waren bereits im Entwurf des französischen Stadtplaners Pierre Charles L'Enfant vorgesehen, der hier, ähnlich wie in Paris, malerische Plätze plante, von denen breite Prachtstraßen mit Skulpturen und Brunnen abgehen sollten.

In Washington haben Besucher die Qual der Wahl. Allein in den Museen könnte man Tage, wenn nicht gar Wochen, verbringen. Besonders interessant sind aber auch die Führungen durch Regierungsgebäude wie Capitol und Supreme Court und durch das Weiße Haus, den Sitz des Präsidenten.

Großes Bild: Ballons in den US-Nationalfarben steigen vor dem Capitol auf

Smithsonian Institution

Obwohl er nie in den USA gewesen war, hinterließ der britische Wissenschaftler James Smithson 1829 sein Vermögen einer Stiftung zur Gründung der Smithsonian Institution in Washington. Daraus entstand die größte Museumsorganisation der Welt, die auf dem Programm aller Besucher in Washington steht. Die Smithsonian Institution leitet 16 Museen, den National Zoo und sechs Forschungszentren, darunter Kunst-, Geschichts-, naturwissenschaftliche Museen sowie das Air and Space Museum. Sie sind alle kostenlos und täglich geöffnet.

Links: Jazzmusiker im Blues Alley

Rechts (von links nach rechts): Traurige Suche nach den Namen von Gefallenen am Vietnam Veterans' Memorial; elegante Fassaden in Georgetown; Besucherströme am Smithsonian Folklife Festival; als Kolonialsoldaten gekleidete Darsteller bei den Feiern zum Unabhängigkeitstag am 4. Juli

Rechte Spalte (von oben nach unten): Innenraum der National Archives; Feuerwerk am 4. Juli, im Vordergrund das Capitol

Im Juli steht Washington im Zeichen zweier großer Feste. Im Mittelpunkt des zweiwöchigen Smithsonian Folklife Festival steht das kulturelle Erbe der USA. Während der kostenlosen Open-Air-Veranstaltungen bevölkert eine bunte Truppe aus Musikern, Darstellern, Künstlern, Geschichtenerzählern, Köchen und Kunsthandwerkern die National Mall. In diese Zeit fällt der leidenschaftlich zelebrierte Unabhängigkeitstag am 4. Juli, an dem ein gigantisches Feuerwerk das Washington Monument in glitzernde Farben taucht.

Doch darüber hinaus gibt es noch viel zu entdecken. Fahren Sie mit einem Boot, das von Maultieren gezogen wird, auf dem C&O Canal, besuchen Sie das Elefantentraining im National Zoo, das National Museum of Natural History mit seinen interaktiven Ausstellungen oder das Puppentheater im Discovery Theater. Washington hat eine ordentliche Stadtanlage, ist jedoch nie langweilig – unter seiner strengen Oberfläche schlägt das Herz einer modernen, lebendigen Stadt.

Oben: International Spy Museum im Penn Quarter

JAN
FEB
MÄRZ
APR
MAI
JUNI
JULI

Geburtstagsfeiern

Das zweiwöchige Smithsonian Folklife Festival findet immer Anfang Juli statt. Über eine Million Besucher strömen zur National Mall, genießen dort Musik, Unterhaltung, Kunsthandwerk und Spezialitäten. Die zeitgleichen Feiern zum Unabhängigkeitstag am 4. Juli versetzen die ganze Stadt in aufgeregte Feststimmung.

Vier Tage in der Hauptstadt

2. JULI

Stürzen Sie sich auf der National Mall in die Festlichkeiten, schauen Sie den Handwerkern bei der Arbeit zu, schmausen Sie die Spezialitäten, tanzen Sie zur Live-Musik und stöbern Sie an den Kunsthandwerkständen. Danach besichtigen Sie besinnlichere Monumente, am Tidal Basin die Denkmäler der berühmten US-Präsidenten Thomas Jefferson, Abraham Lincoln und Franklin D. Roosevelt sowie das Vietnam Veterans' Memorial.

3. JULI

Heute stehen die exzellenten Museen auf dem Programm. Beginnen Sie mit den Dinosauriern, dem Insektenzoo und dem echten Korallenriff im National Museum of Natural History, danach reizen entweder die National Gallery of Art, eines der bedeutendsten Museen der USA, oder das beliebte National Air and Space Museum. Abends besuchen Sie in Georgetown eine Jazz-Session im Blues Alley.

4. JULI

Wer jetzt von Museen noch nicht genug hat, kann im Penn Quarter das International Spy Museum, das Shakespeare Theatre, das Smithsonian American Art Museum und die National Portrait Gallery besuchen. Neben den Museen locken aber auch eine Fahrt mit einem von Maultieren gezogenen Boot auf dem Chesapeake and Ohio Canal (C&O) oder das Marionettentheater im Discovery Theatre. Abends bewundern Sie das Feuerwerk zum Unabhängigkeitstag.

5. JULI

Heute sehen Sie die Pandas im National Zoo, die Fische im National Aquarium oder die berühmten Bonsais im National Arboretum. Machen Sie eine Bootsfahrt auf dem Potomac oder einen Ausflug zum Mount Vernon Estate, dem Anwesen von George Washington.

Dos & Don'ts

✓ Lernen Sie Washington auf einem Stadtrundgang durch die Embassy Row, Georgetown, und andere interessante Viertel kennen (www.washingtonwalks.com). Angeboten wird auch eine geführte Radtour zu den Sehenswürdigkeiten (www.bikethesites.com).

✗ Verpassen Sie nicht die Sporthelden der Stadt – Souvenirs der Washington Redskins sind sehr beliebt.

✓ Denken Sie daran, dass auf die Zimmerpreise der Hotels in der Stadt bei der Schlussabrechnung immer noch 14,5 Prozent Steuer aufgeschlagen werden.

AUG
SEP
OKT
NOV
DEZ

ANREISE
Salzburg ist die Hauptstadt des gleichnamigen österreichischen Bundeslands. Die Stadt liegt nahe der deutschen Grenze und ist hervorragend per Flugzeug, Zug und Auto zu erreichen. Vom W. A. Mozart Airport fahren Busse in 25 Minuten zum Bahnhof und zum Mirabellplatz.

VOR ORT UNTERWEGS
Die Stadt ist gut zu Fuß zu erkunden, aber auch mit Leihrädern oder im Fiaker (Kutsche).

WETTER
Der warme Juli bringt Temperaturen um die 25 bis 30 °C, viel Sonne und Regenschauer.

ÜBERNACHTEN
Das Hotel Wolf-Dietrich bietet traditionellen Komfort im Herzen der Altstadt, Doppelzimmer ab 125 € pro Person; www.salzburg-hotel.at

Im Arthotel Blaue Gans findet man moderne Eleganz in einem historischen Altstadthaus, Doppelzimmer ab 150 €; www.blauegans.at

Der luxuriöse Goldene Hirsch aus dem Jahr 1407 ist bei gekrönten Häuptern beliebt, Doppelzimmer ab 315 €; www.luxurycollection.com

ESSEN GEHEN
Für eine gute Mahlzeit zahlt man in Salzburg rund 20 € pro Person. Traditionelle österreichische Spezialitäten sind Wiener Schnitzel, Tafelspitz und alle Mehlspeisen, etwa Kaiserschmarrn.

KOSTEN FÜR ZWEI PERSONEN
250–350 € pro Tag inklusive Unterkunft, Verpflegung und Fahrten vor Ort.

INFORMATION
www2.salzburg.info
www.salzburgfestival.at

Zwischen Türmen, Zwiebeldächern und pastellfarbenen Häusern, in engen Gassen und auf eleganten Plätzen ertönt überall in der Mozartstadt Musik.

Großes Bild: Blick auf die Altstadt von Salzburg, im Hintergrund thront die Festung Hohensalzburg
Kleines Bild oben: Süße Verlockungen mit Mozart
Oben: Blütenpracht in der Gartenanlage von Schloss Mirabell

Berge und Musik

Zwischen Türmen, Zwiebeldächern und pastellfarbenen alten Häusern, in engen Gassen und auf eleganten Plätzen ertönt überall in der Mozartstadt Musik. Sie klingt vom Glockenspiel, erfüllt den schönen Dom und ist auf den gepflasterten Plätzen zu hören, auf denen junge Straßenmusiker ihre Konzerte geben. Jährlich finden in Salzburg über 4000 kulturelle Veranstaltungen statt, am begehrtesten sind die Karten für die Salzburger Festspiele. Wenn im Sommer fünf Wochen lang in berstend vollen Konzertsälen, Kirchen und der Felsenreitschule die besten Musiker und Sänger der Welt auftreten, geben sich die gekrönten und ungekrönten Häupter Europas hier ein Stelldichein. Elegante Abendgarderobe ist selbstverständlich ein Muss.

Salzburg, umringt von schroffen grauen Felswänden und lieblichen bewaldeten Hügeln, wirkt wie eine eigene kleine Welt. Die prächtige Architektur ist eine Hinterlassenschaft der mächtigen erzbischöflichen Fürsten, die hier

Salzburgs Reichtum

Salz, das »weiße Gold«, verlieh der Stadt ihren Namen und ihren Reichtum. Unter der Herrschaft der erzbischöflichen Fürsten wurde Salzburg zum »Rom des Nordens«. Dieses architektonische Erbe prägt noch heute die Altstadt, die zum UNESCO-Welterbe erklärt wurde. Bei einer spannenden Führung durch das nahe Salzbergwerk fahren Sie im traditionellen Gewand der Salzknappen auf einer kleinen Bahn und danach über glatt polierte Rutschen tief in die uralten Salzstollen im Herzen des Berges ein.

Links (von links nach rechts): Innenansicht der Kuppel des Salzburger Doms; Sonnenuhr am Mozartplatz; schmiedeeiserne Schilder an den Läden im Zentrum von Salzburg

Rechts: Traditionell gefertigte Marionetten vor der Vorstellung im Marionettentheater

Oben: Mozart-Dinnerkonzert im Stiftskeller St. Peter

über tausend Jahre lang herrschten. Seit dem Mittelalter wacht die Festung Hohensalzburg vom Gipfel des Festungsbergs über die Stadt. Von dort hat man einen schönen Panoramablick auf die Alpen und über die Stadt, wo die eisige, grüne Salzach im großen Bogen mitten durch das Zentrum zu den saftigen Weiden des Alpenvorlands fließt.

Die Mozartmania hat die Stadt im Griff: Menschenmassen drängen sich in den engen Altstadtgassen um sein Geburtshaus, sein Bild findet sich auf Schokoladenkugeln ebenso wie auf Parfumflaschen. Viele wichtige Gebäude der Stadt spielten im Leben des genialen Musikers eine Rolle. Im Salzburger Dom wurde er getauft, zudem schrieb er für diesen größten frühbarocken Kirchenbau nördlich der Alpen mit gleich fünf Orgeln als Hoforganist und Konzertmeister zahlreiche unvergessliche Werke. In der wunderschönen Erzabtei St. Peter aus dem Rokoko dirigierte er seine berühmte c-Moll-Messe. Salzburg war schon immer eine Stadt des Geistes, deren herrliche Aussicht auf die nahen Berge Künstler und Denker inspirierte. Der Anblick der Stadt und ihrer Umgebung ist bezaubernd, ihre Seele bildet jedoch die Musik.

Festspielatmosphäre

Während der fünfwöchigen Festspiele gibt sich die Stadt von Ende Juli bis Anfang August abends äußerst elegant. Vier Tage reichen, um Museen zu besuchen, auf Mozarts Spuren zu wandern, die Musik und die Atmosphäre zu genießen sowie einen Ausflug zu den Bergen und Seen der Umgebung zu unternehmen.

Vier Tage in der Mozartstadt

TAG 1

Bummeln Sie durch die Altstadt mit dem herrlichen Dom und den schönen Plätzen. »Sündigen« Sie mit köstlichem Kuchen und Kaffee auf der Terrasse des Kaffeehauses Tomaselli.

Nachmittags bringt Sie die Festungsbahn zur imposanten Festung Hohensalzburg. Beim Abstieg kommen Sie zu Fuß am Stift Nonnberg vorbei, wo die Nonnen um 17 Uhr singen. Krönender Abschluss ist ein Mozart-Dinnerkonzert im Stiftskeller St. Peter.

TAG 2

Besichtigen Sie Mozarts Geburtshaus, die Stiftskirche St. Peter sowie die Franziskanerkirche und gehen Sie elegant shoppen. Oder fahren Sie mit dem Schiff nach Schloss Hellbrunn mit seinen berühmten Wasserspielen. Um 17 Uhr brechen Sie am Mozartplatz zu einer gemütlichen geführten Radtour in die Umgebung auf.

TAG 3

In der Neustadt stärken Sie sich in der Konditorei Fingerlos in der Franz-Josef-Straße, danach besichtigen Sie Schloss Mirabell und seine Gartenanlagen oder Mozarts Wohnhaus.

Noch einmal brauchen Sie Stärkung, diesmal auf der Flussterrasse des Hotels Sacher. Die Kalorien der Sachertorte arbeiten Sie in der steilen Steingasse ab, wo Sie einen herrlichen Blick über die Stadt haben. Oder Sie besichtigen das Große Festspielhaus.

TAG 4

Eine Halbtagestour bringt Sie zu den malerischen Seen und Bergen der Umgebung und nach St. Gilgen. Mit dem Lift fahren Sie auf den Mönchsberg zum Museum der Moderne und zur Panoramaterrasse.

Dos & Don'ts

- ✓ Kaufen Sie eine Salzburg Card. Damit können Sie alle öffentlichen Verkehrsmittel sowie das Flussboot nutzen und haben freien Eintritt in die Museen – eine lohnende Ausgabe.
- ✗ Verpassen Sie nicht die Seen und Berge. Machen Sie eine Radtour oder gehen Sie auf den Mönchsberg. Wenn Sie nachmittags in die Stadt zurückkehren, ist sie weniger überlaufen.
- ✓ Gönnen Sie sich ein Mozart-Dinnerkonzert im Stiftskeller St. Peter – gute Musik und Küche in historischem Ambiente.
- ✗ Halten Sie sich nicht sklavisch an den Audio-Guide auf der Festung Hohensalzburg. Konzentrieren Sie sich auf die prächtigen Fürstenzimmer und rasten Sie auf der Terrasse.

ANREISE
Die Mongolei liegt im nördlichen Asien. Internationale Flüge landen – oft via Beijing oder Moskau – auf Ulan Bators Chinggis Khaan International Airport. Die Transmongolische Eisenbahn von Beijing nach Moskau hält in Ulan Bator.

VOR ORT UNTERWEGS
MIAT bietet Inlandsflüge zu vielen Orten, auch nach Kharkorin. Das Eisenbahnnetz umfasst eine Haupt- und wenige Nebenstrecken, das Schlafwagenangebot ist undurchsichtig. Transfers mit dem Jeep sind möglich.

WETTER
Die Mongolei hat einen kurzen warmen Sommer, im Juli liegen die Durchschnittstemperaturen bei rund 21 °C.

ÜBERNACHTEN
UB Guesthouse in Ulan Bator, preiswert, Doppelzimmer ab etwa 20 €; www.ubguest.com

Chinggis Khaan Hotel, Ulan Bator, luxuriös mit schönem Blick auf die Stadt, Doppelzimmer ab 70 €; www.chinggis-hotel.com

Ger-Übernachtungen ab 28 € pro Person. Buchung über Tourismusbüros in Ulan Bator.

ESSEN GEHEN
Frühstück und Mittagessen bestehen in der Regel aus Schaffleisch, Reis und Joghurt. In *Ger*-Camps bekommt man traditionelles Essen.

KOSTEN FÜR ZWEI PERSONEN
Ab 65–90 € pro Tag inklusive Unterkunft, Verpflegung und Fahrten vor Ort.

INFORMATION
www.mongoliatourism.gov.mn

Im Land des Dschingis Khan

Ulan Bator (Ulaanbaatar) liegt am Fuß einer Gebirgskette und ist vor allem eins: abgelegen. Auch wenn es viele Zeichen einer modernen Stadt aufweist, ist es doch eine seltsame Mischung aus Sowjet-Architektur, Überbleibseln aus vorrevolutionärer Zeit und Vorstädten aus ordentlich gereihten *gers* (Jurten). Ulan Bator besitzt das Flair eines geschäftigen Außenpostens und verkörpert das Spannungsverhältnis zwischen Stadt und Land in der vorwiegend ländlich geprägten Mongolei. Seit den Zeiten vor Dschingis Khan, dem Übervater der mongolischen Nation, führen die Mongolen eine halbnomadische Existenz. Die Winter verbringen sie in Dörfern, die Sommer in *gers* in den Weiten der Steppe. Ein Aufenthalt in der Stadt lohnt, um im Museum die Überreste von Dinosauriern aus der Wüste Gobi und das größte Kloster des Landes, Gandantegcheling, zu besichtigen.

Großes Bild:
Pferderennen beim Naadam-Fest in Ulan Bator

Mongolische Gers

Moderne mongolische *gers* (Jurten) bieten viele Vorteile. Sie sind flexible, preiswerte, aber dauerhafte Unterkünfte, die dem extremen Klima der Mongolei gut widerstehen. Der hölzerne Gitterrahmen kann zusammengefaltet werden. Über das Scherengitter aus Holzlatten werden mehrere Filz- und schließlich eine Baumwolllage gebreitet. Durch ein Loch in der Spitze zieht der Rauch aus dem Ofen ab, bei Regen kann es zugedeckt werden. Mit etwas Erfahrung lässt sich ein *ger* in weniger als einer Stunde aufbauen.

Links (von links nach recht
Bogenschützin beim Naadam
Ringkämpfer beim Naadam-F

Rechts (von links nach rec
Mongolische Familie in der w
Steppe; berittene Schäfer mit
Herden

Die Fahrt auf das Land ist der Höhepunkt einer Mongoleireise, besonders, wenn man sie mit einer Übernachtung in einem *ger* verbindet. Den größten Teil des Landes bilden Wüsten und Steppen, in denen die Mehrheit der Bevölkerung wie seit ewigen Zeiten als nomadische Hirten lebt.

Die traditionelle Lebensweise kann man am besten Mitte Juli erleben, wenn im ganzen Land, vor allem jedoch in Ulan Bator, das farbenprächtige Naadam-Fest stattfindet. An den Festtagen vom 11. bis zum 13. Juli messen sich die besten Athleten des Landes in den drei klassischen mongolischen Disziplinen: Wettreiten, Bogenschießen und Ringen. Die Pferderennen in der mongolischen Steppe führen querfeldein über das weite offene Grasland – abgegrenzte Rennbahnen sucht man hier vergeblich. Die Frauen und Männer, die an den Wettkämpfen teilnehmen, sind wie zu Zeiten von Dschingis Khan gekleidet und zeigen dabei jene Ausdauer und Stärke, mit der ihre kriegerischen Vorfahren vor Jahrhunderten ein riesiges Reich aufbauten.

Oben: Kloster in Kharkorin (Karakorum) in der zentralen Mongolei

Nomadentour

Das Naadam-Fest wird vom 11. bis 13. Juli im ganzen Land gefeiert, die Hauptveranstaltungen finden in Ulan Bator statt. Außerhalb der Hauptstadt können Sie das Fest besuchen und zugleich den traditionellen nomadischen Lebensstil kennenlernen sowie in einem *ger* übernachten.

Sechs Tage in der Steppe

8. JULI In Ulan Bator beziehen Sie Ihr Hotel und erkunden dann die Stadt zu Fuß. Im Museum für Naturgeschichte bestaunen Sie Dinosauriereier aus der Wüste Gobi.

9. JULI Außerhalb der Stadt fahren Sie zum größten Kloster des Landes, Gandantegcheling, der zentralen buddhistischen Lehr- und Kultstätte der Mongolei. Zurück in der Stadt besuchen Sie den Choijin-Lama-Tempel, die Nationale Kunstgalerie oder das auf einem Hügel gelegene Zaisan-Weltkriegsdenkmal.

10. JULI Mit dem Jeep fahren Sie nach Kharkorin (Karakorum). Die 1220 gegründete Stadt an der Kreuzung einer Seidenstraße war bis 1439 das Machtzentrum des mongolischen Reiches. Die Fahrt von Ulan Bator auf der erstaunlich guten Straße dauert einen Tag. Übernachten Sie in einem traditionellen *ger* – die Jurten sind sehr komfortabel, der Ofen in der Mitte hält nachts warm.

11. JULI Besuchen Sie die Eröffnungsfeier des Naadam, die mit der Parade der Mönche, Soldaten und Athleten beginnt. Den Rest des Tages schauen Sie den Bogenschützen und Ringern zu. Die Ringkämpfe sind besonders spannend. Der Verlierer muss bei einem Siegestanz unter dem rechten Arm des Siegers gehen.

12. JULI Heute stehen mit den Pferderennen die aufregendsten Wettkämpfe auf dem Programm. Die Mongolen sind die wohl besten Reiter der Welt. Einige Teilnehmer sind unglaublich jung – die jüngsten erst fünf Jahre alt.

13. JULI Fliegen Sie zurück nach Ulan Bator, wo Sie die Feststimmung des letzten Tages des Naadam genießen.

Dos & Don'ts

- ✓ Essen Sie den köstlichen fermentierten Joghurt, der in der Regel aus Kuh- oder Yakmilch produziert wird.
- ✗ Glauben Sie nicht, dass Sie außerhalb von Ulan Bator vegetarisch essen können. Hier isst man vor allem Fleisch.
- ✓ Bringen Sie unbedingt eine Taschenlampe mit.
- ✗ Fahren Sie mit keinem Bus, dessen Fahrer betrunken wirkt. Alkohol am Steuer ist in der Mongolei ein Problem.
- ✓ Lassen Sie sich vor der Reise gegen Tollwut impfen – viele Hunde der Nomaden können diese Krankheit übertragen.

ANREISE
Wales liegt an der britischen Westküste und hat eine Grenze mit England. Die Hauptstadt Cardiff liegt zwei Zugstunden von London entfernt.

VOR ORT UNTERWEGS
Die schöne Küste und die Burgen von Südwales sind nur wenige Fahrtstunden von Cardiff entfernt. Busse und Züge fahren nur selten, deshalb mietet man am besten ein Auto.

WETTER
Im Juli ist das Wetter in Südwales angenehm, am Tag liegen die Durchschnittstemperaturen bei 20 °C. Rechnen Sie aber immer mit Regen.

ÜBERNACHTEN
Llys Meddyg, Pembrokeshire, hübsche Zimmer und Restaurant, Doppelzimmer ab 120 €; www.llysmeddyg.com

St Brides Hotel and Spa, Pembrokeshire, neu renoviert mit Meerblick, Doppelzimmer ab 170 €; www.stbridesspahotel.com

St Davids Hotel and Spa, Cardiff, beliebt bei Prominenten, Doppelzimmer ab 300 €; www.stdavidshotelcardiff.co.uk

ESSEN GEHEN
Es gibt einige exzellente Restaurants und Gasto-Pubs, häufig servieren sie lokale Produkte wie Welsh Black Beef, Lamm, Meeresfrüchte und Käse. Für rund 25 € kann man gut essen.

KOSTEN FÜR EINE VIERKÖPFIGE FAMILIE
360–380 € pro Tag inklusive Unterkunft, Verpflegung, Transport und Eintrittsgelder.

INFORMATION
www.visitwales.com
www.castlewales.com

Steinerne Geschichte

In Wales gibt es drei verschiedene Arten von Burgen. Die ältesten wurden von Normannen errichtet, die die Waliser nach der Eroberung unterdrücken wollten. Diese stehen meist im Süden und oft auf alten römischen Festungen. Walisische Fürsten, die im 13. Jahrhundert um die Vorherrschaft im Land kämpften, bauten ihre Festungen auf alleinstehenden Bergen und Felsen. Davon stehen nur noch wenige. Im späten 13. Jahrhundert schließlich ließ Edward I viele große Burgen errichten, um den Aufstand im Norden des Landes niederzuschlagen.

Großes Bild: Besucher am beeindruckenden Laugharne Castle
Oben (von links nach rechts): Führung durch das Big Pit Mining Museum; Ritterspiele in Pembroke Castle; Blick über die Cardigan Bay

Oben: Wanderer am schönen River Wye

Burgen und Küste

Mit seinen grünen Tälern und rauen Bergen, dem Sonnenuntergang bei Rhossili auf der Halbinsel Gower sowie dem weichen Sandstrand von Pembrokeshire ist Südwales ein richtiges Naturparadies. Doch es gibt auch Sehenswürdigkeiten, die dem Menschen zu verdanken sind: Burgen aus grauem Stein, die wie ungeschliffene Edelsteine die Landschaft schmücken. Einige sind nur noch Ruinen, die eine malerische Kulisse für ein Picknick abgeben. Andere sehen aus wie zu ihrer Bauzeit, sind wahre historische Fundgruben mit Zinnen, großen Hallen und mächtigen Türmen. Und alle haben eine Geschichte zu erzählen.

Chepstow Castle etwa wurde kurz nach der normannischen Eroberung 1067 hoch über dem River Wye an der Grenze zu England erbaut. Diese erste steinerne Burg in Britannien diente als strategische Basis für Einfälle nach Wales. Von der Burg der Ortschaft Caerphilly aus dem 13. Jahrhundert war der englische Dichter Tennyson so beeindruckt, dass er erklärte: »Das ist keine Burg, das ist eine Ruinenstadt.« Sie ist ein Glanzstück des mittelalterlichen Festungsbaus, mit unüberwindbaren Mauern und einem See als Wassergraben. Cardiff Castle des exzentrischen Marquis of Bute ist dagegen für seine Inneneinrichtung aus dem 19. Jahrhundert bekannt – gotische Fantasien mit vergoldeten Decken, Spiegeln und fein gearbeiteten Schnitzereien.

urgen aus grauem Stein
hmücken wie ungeschlif-
ene Edelsteine die Land-
haft. Einige sind nur noch
Ruinen, andere wahre
istorische Fundgruben.

Menschen mit einer künstlerischen Ader lieben wie der Dichter Dylan Thomas die romantische Ruine von Laugharne Castle. Angehende Historiker bevorzugen Pembroke Castle, das der Cousin Wilhelms des Eroberers erbauen ließ. Hier werden oft historische Ereignisse nachgespielt. Am eindrucksvollsten ist jedoch Carreg Cennen Castle in Carmarthenshire. Es thront auf einer Felsenspitze über dem River Cennen. Der Sage nach soll ein Ritter von König Artus in seinen Tiefen schlafen.

Kleines Bild links: Außenansicht des Wales Millennium Centre in Cardiff Bay
Unten (von links nach rechts): Buntglasfenster in Cardiff Castle; Blick auf Worms Head von Rhossili Beach bei Sonnenuntergang; Great Hall in Caerphilly Castle

Burgentour

Der Juli ist ein schöner Reisemonat in Südwales – die Tage sind lang, alles grünt, und das Meer ist angenehm kühl. Wales ist ein kleines Land, bietet aber viele Aktivitäten für Familien. Deshalb sollten Sie besser zwei Wochen einplanen, auch wenn die Region in nur einer Woche erkundet werden kann.

Eine Woche in Südwales

TAG 1 In der schönen Hauptstadt Cardiff besichtigen Sie das Millennium Stadium, Cardiff Castle oder das interessante Museum of Welsh Life. Abends besuchen Sie eine Aufführung im Wales Millennium Centre.

TAG 2 Von Cardiff aus führt Sie ein Tagesausflug mit Picknick zum Caerphilly Castle, Chepstow Castle oder Carreg Cennen Castle. Oder Sie fahren in die Valleys, wo Sie im Big Pit Mining Museum in die alten Stollen einfahren. Interessant ist auch die alte Eisenhütte Blaenafon, die auf der Liste der UNESCO-Welterbestätten steht.

TAG 3 Im westlich gelegenen Swansea probieren Sie auf dem Markt die berühmten *cockles* (Muscheln) mit Essig und Pfeffer oder Eiscreme bei Mumbles. Dann fahren Sie auf die Halbinsel Gower, wo Sie den Sonnenuntergang bei Rhossili bewundern und übernachten.

TAG 4 Von Gower fahren Sie zum National Wetland Centre bei Llanelli zum Vogelbeobachten und ins romantische Laugharne an der Küste von Carmarthenshire, wo Sie die Burg und Dylan Thomas' Haus besichtigen.

TAG 5 Weiter westlich bieten in Pembrokeshire das Küstenstädtchen Tenby mittelalterliche Gassen, Sandstrände und lebhafte Bars und Pembroke Castle Ritterspiele.

TAG 6 Von Tenby aus unternehmen Sie eine Tageswanderung auf dem Pembrokeshire Coast Path.

TAG 7 Schon frühmorgens fahren Sie zu den schönen Stränden der St Bride's Bay. Dort können Sie kitesurfen oder auf einem Bootsausflug Delfine beobachten.

Dos & Don'ts

✓ Hören Sie hin, wenn die Einheimischen das wohlklingende Walisisch sprechen, und lassen Sie die Klänge auf sich wirken, auch wenn Sie kein Wort verstehen. Diese keltische Sprache ist auch heute noch sehr vital.

✗ Verpassen Sie nicht die einheimischen Spezialitäten, etwa *laver bread*. Es wird aus Algen und Hafermehl bereitet, wie Brot gebacken und meist zum Frühstück mit Speck, Würstchen oder *cockles* gegessen.

✓ Starten Sie immer früh zu den Tagesausflügen, im Juli herrscht auf den Hauptstraßen oft dichter Verkehr.

ANREISE
Calgary liegt in Alberta, Kanada. Der International Airport am nordöstlichen Stadtrand ist 20 Minuten vom Stadtzentrum entfernt.

VOR ORT UNTERWEGS
Calgarys Light Rail Transit System, der C-Train, hält an zwei Stationen am Stampede Park und ist eine bequeme Alternative zum Auto.

WETTER
Nachmittags steigen die Temperaturen im Juli bis auf 30 °C, die durchschnittlichen Höchsttemperaturen liegen bei 24 °C. Nachmittags gibt es häufig Gewitter.

ÜBERNACHTEN
Best Western Suites Downtown, Suiten mit voll eingerichteten Küchen ab 160 €; www.bestwestern.com

Das Kensington Riverside Inn liegt wenige Minuten vom Zentrum entfernt, es gibt kostenlose Parkplätze, Junior-Suiten ab 250 €; www.kensingtonriversideinn.com

Fairmont Palliser Hotel, historisches, restauriertes Hotel von 1914, Familienzimmer ab 280 €; www.fairmont.com

ESSEN GEHEN
Gute Mahlzeiten kosten rund 10 bis 15 € pro Person. Herzhaftes Frühstück serviert das 1886 Buffalo Café im Eau Claire Market. Pubs, Bistros und Restaurants säumen die Stephen Avenue.

KOSTEN FÜR EINE VIERKÖPFIGE FAMILIE
400–550 € pro Tag inklusive Unterkunft, Verpflegung, Fahrten vor Ort und Eintrittsgelder.

INFORMATION
www.tourismcalgary.com

Stampede und Wilder Westen

Es sind die längsten acht Sekunden der Welt – wenn der Cowboy mit Hand, Knie und Herz zupackt, vergeht eine Ewigkeit, in der der Bulle oder das Pferd unter ihm bockt und sich dreht und mit allen Mittel versucht, ihn abzuwerfen. Das ist der Mut, der gefragt ist bei der Calgary Stampede – zehn Tage voller Action, in denen jede Sekunde zählt, sei es bei den acht Sekunden für die Qualifikation im Bullenreiten oder auf dem gesattelten oder ungesattelten Bronco, bei den Rennen gegen die Uhr im *tie-down roping*, *steer wrestling* und *barrel racing* oder bei den Planwagenrennen, bei denen die Gespanne um die Rennbahn donnern, was treffend »eine halbe Meile Hölle« genannt wird.

Die Stampede wird als die größte Freiluftshow der Erde bezeichnet, und das aus gutem Grund. Sie lockt mit den höchsten Preisgeldern im professionellen Rodeo die besten Cowboys und Cowgirls nach Calgary. Stampede bedeutet in dieser typischen Westernstadt, Hüte und Stiefel anzuziehen und die Besucher willkommen zu heißen. Doch es ist mehr als nur Vergnügen – die Stampede feiert den

Großes Bild: Planwagenrennen bei der Calgary Stampede

Oben (von oben nach unten): Rodeo-Wettbewerb bei der Stampede; Kettenkarussell in der Abenddämmerung

Unten: Bar U Ranch National Historic Site

Head-Smashed-In Jump

Die UNESCO-Welterbestätte Head-Smashed-In ist die am besten erhaltene bekannte Bisonklippe. Die einheimischen Blackfoot-Indianer kannten das Verhalten der Bisons genau und konnten die Wanderungen der Herden vorhersagen. In großen Jagden wurden die Bisons über die Klippe getrieben, wo sie zu Tode stürzten. Das Fleisch wurde getrocknet und bot lange Vorräte. Noch heute liegen hier viele Bisonskelette, auch entlang der markierten Wege. Ein exzellentes Informationszentrum bietet einen Überblick über den historischen Kontext.

Pioniergeist und die Geschichte der Viehzüchter, die diesen Teil der Welt besiedelten. Sie ist ein Rückblick auf Zeiten, in denen viele nur mit Viehhüten den Lebensunterhalt verdienen konnten.

Das Fieber packt einen, sobald man den Stampede Park betreten hat. Der in Neonlicht getauchte Messepark breitet sich am Rande der Innenstadt aus und wird durch den Elbow River begrenzt. Das Stampede Casino bietet alles, von der hochwertigen Küche bis zur Bar, in der nach alter Wildwest-Manier gepokert wird. Rinder und Pferde wetteifern um die blauen Bänder in den Landwirtschaftsschauen, im Indian Village wird mit Kunst, Handwerk und Tanz die Kultur der fünf Stämme der First Nations präsentiert. Im Saddledom Stadium, dessen Name mehr als passend ist, und im gesamten Park heizen die besten Musiker die Stimmung an.

Die Hauptveranstaltungen finden im Grandstand statt. Hier ist der Programmablauf beinahe so schnell wie die Fuhrwerke: Rodeo am Nachmittag, Planwagenrennen am frühen Abend und danach eine temperamentvolle Musikshow, die mit einem Feuerwerk endet. Üben Sie schon mal kräftig Ihr bestes »ya-hoo« – Sie werden es auf jeden Fall brauchen.

Oben: Der Calgary Stampede Park von oben

Rodeo-Faszination

Planen Sie zwei volle Tage für die aufregende Stampede ein. Danach erkunden Sie den Rest der interessanten Stadt – ihre historischen alten Sandsteinhäuser, das Erbe des alten Westens, die blühende Kunstszene und die olympischen Anlagen. Calgary ist zudem das Tor zu UNESCO-Welterbestätten.

Eine Woche Pioniergeist

TAG 1–2 Verschaffen Sie sich auf dem Calgary Tower einen Überblick. Im Stampede Park locken dann Casino, Landwirtschaftsschauen, Indian Village – und natürlich Rodeo, Wagenrennen und die Grandstand Show.

TAG 3 Südwestlich des Zentrums sehen Sie im Heritage Park Historical Village am Rand des mit Segelbooten gespickten Glenmore Reservoir Häuser aus der Pionierzeit, eine Dampflok und einen Schaufelraddampfer.

TAG 4 Für Kinder hat die Stadt viel zu bieten, etwa das Glenbow Museum mit seinen Ausstellungen über die Blackfoot und andere Indianer (First Nations) oder den Canada Olympic Park mit aufregendem Mountainbike-Park und Rennrodelbahnen.

TAG 5 Östlich der Zentrums sehen Sie Fort Calgary, eine Zentrale der North West Mounted Police aus dem späten 19. Jahrhundert, und im Calgary Zoo Wildtiere.

TAG 6 Im Südwesten der Stadt besichtigen Sie Spruce Meadows, den besten Turnierreitplatz der Welt. Von dort ist es auf dem Cowboy Trail nur ein kurzer Marsch zur Bar U Ranch National Historic Site.

TAG 7 Um die Landschaft von Alberta zu entdecken, fahren Sie zu den Bergorten Banff und Lake Louise sowie – vorbei an den Gletschern des Columbia Icefield – weiter nach Jasper. Im Nordosten lockt das 90 Minuten entfernte Royal Tyrrell Museum und in Drumheller das Dinosaurierland. Zwei Fahrtstunden entfernt ist die steile alte Bisonjagdstätte Head-Smashed-In Buffalo Jump.

Dos & Don'ts

- ✓ Auch für Erwachsene bietet Calgary reichlich Unterhaltung. Abends kommt die Stadt während der Stampede nicht zur Ruhe – fahren Sie einfach zum Stampede Park.
- ✗ Verpassen Sie nicht, rechtzeitig ein Hotel zu buchen. Für die Zeit der Stampede ist ein Jahr im Voraus nicht zu viel, um eine gute Unterkunft zu bekommen.
- ✓ Tragen Sie wie die Cowboys Hut (und Sonnencreme) zum Schutz gegen die starke Sommersonne. In den Bergen lässt der Wind die Sonne vergessen – mit Sonnenbrandfolgen.

ANREISE
Mendoza liegt in Westargentinien. Internationale Flüge landen im 1060 Kilometer entfernten Buenos Aires, Anschlussflüge nach Mendoza dauern rund zwei Stunden. El Portillo in Chile ist rund 150 Kilometer von Santiago entfernt.

VOR ORT UNTERWEGS
Öffentliche Busse fahren über die Anden und die chilenische Grenze von Mendoza nach El Portillo. Das Hotel in El Portillo betreibt einen Shuttle-Bus nach Santiago.

WETTER
In Mendoza liegen die Temperaturen im Juli bei rund 8 °C. In El Portillo herrschen nun ideale Bedingungen mit Sonnenschein, reichlich Schnee und Temperaturen um –5 °C.

ÜBERNACHTEN
In Mendoza bietet das große moderne Vier-Sterne-Hotel Aconcagua Doppelzimmer ab 65 €; www.hotelaconcagua.com

Im Gran Hotel El Portillo kostet eine Woche inklusive Vollpension und Liftpässen im Doppelzimmer ab 2500 €; www.skiportillo.com.

ESSEN GEHEN
In Mendoza sind die *parilla* (Grillfleisch) im Trevi und das vegetarische Buffet in The Green Apple empfehlenswert; beide ab etwa 10 €.

El Portillo serviert unter anderem hervorragende Meeresfrüchte aus Chile und bestes argentinisches Rindfleisch.

KOSTEN FÜR ZWEI PERSONEN
In Mendoza 120 € pro Tag inklusive Unterkunft, Verpflegung, Ausflüge; in El Portillo ab 360 €.

INFORMATION
www.mendoza.com

Gran Hotel El Portillo

Wie ein Kreuzfahrtschiff liegt das Hotel am Berg. Es ist die einzige Unterkunft im Skiort El Portillo. Alle 123 Zimmer bieten eine grandiose Aussicht entweder auf den Berg oder den Gletschersee – der Blick ist der Trumpf dieses wunderschönen Ortes. El Portillos Attraktion ist jedoch nicht nur die außergewöhnliche Lage, für Skifahrer und Snowboarder sind es auch die leeren Pisten. Hier bekommt man bei der Abfahrt das Gefühl, als hätte man dieses atemberaubende Schneeparadies ganz für sich alleine.

Großes Bild: Skifahren auf den einsamen Pisten von El Portillo in den chilenischen Anden

Oben: Trekking im Aconcagua Park beim höchsten Berg von Südamerika

Unten: Thermalquellen am Puente del Inca, Mendoza

Abenteuer in den Anden

Beim Bummel durch die Alleen und über die hübschen, grünen Plätze fühlt man sich mehr in den Alpen als in den Anden. Doch der Blick auf den Aconcagua, den mit 6962 Metern höchsten Berg des amerikanischen Kontinents, macht einem bewusst, dass man sich in ganz anderen Höhen befindet. In einem fruchtbaren Tal am Fuß der Anden liegt Mendoza, die Hauptstadt der gleichnamigen Provinz. Die entspannte Atmosphäre, gute Restaurants und ein gemäßigtes Klima machen es zum reizvollen Ausgangspunkt, um die Umgebung zu erkunden.

Ganz in der Nähe wölbt sich die breite steinerne Naturbrücke Puente del Inca über den Gletscherfluss Mendoza, dessen auffällige kupfergoldene Färbung durch Mineralien im Wasser bewirkt wird. Etwas flussaufwärts kann man im blubbernden Wasser einer Thermalquelle baden und gleichzeitig die Aussicht auf die steil emporragenden Berge genießen. Mendoza ist ein bekanntes Zentrum des argentinischen Weinanbaus, die Landschaft der Region wird

Oben: Weinkeller eines Produzenten im Valle de Uco, Mendoza

durch die sanften Hügel der Weinberge geprägt. Bei einer Tour durch die Weinkellereien kann man die besten Weine für wenig Geld verkosten.

Von Mendoza ist es eine Tagesreise über die Anden und die chilenische Grenze zum bekanntesten Skigebiet des Kontinents – El Portillo. Es liegt auf fast 3000 Metern über dem Meer inmitten atemberaubender Andengipfel am Ufer des riesigen Gletschersees Laguna del Inca, der in den Wintermonaten vollständig zufriert. In der Region schneit es häufig und heftig, aber immer nur kurz. Der tiefe, frische Pulverschnee und die schmalen, steilen Abfahrten sorgen für ein fantastisches Skierlebnis – der klare, blaue Himmel und das helle Sonnenlicht intensivieren das Erlebnis dieser Landschaft in einer der unzugänglichsten Gebirgsketten der Welt.

Es gibt keinen Ort bei El Portillo, nur ein Hotel mit 123 Zimmern. Daher sind die Abfahrten – anders als in Europa oder Nordamerika – oft völlig leer. Für Skifahrer oder Snowboarder zählt es sicher zu den beglückendsten Gefühlen, vor dem beeindruckenden Andenpanorama völlig allein auf der Piste seine Spuren durch den Pulverschnee zu ziehen.

Im Schnee des Südens

Der Ausgangsort Mendoza ist eine hübsche kleine Stadt, in der man einige Tage vor großartiger Bergkulisse verbringt. Erkunden Sie die Landschaft und die Weinberge der Umgebung, bevor Sie die Grenze nach Chile überqueren (die Fahrt dauert einen Tag) und eine unvergessliche Skiwoche in El Portillo verbringen.

Zwölf Tage in den Bergen

TAG 1

Die Flüge landen in Buenos Aires in der Regel morgens; somit können Sie am selben Tag nach Mendoza weiterfliegen. Nachmittags bummeln Sie über die Plätze und durch die Alleen der Stadt.

TAG 2–4

Von Mendoza fahren Sie zum Puente del Inca und baden in den Thermalquellen. Oder Sie wandern am Fuß des Aconcagua, des höchsten Bergs Südamerikas.

In einem Weinkeller im Valle de Uco können Sie exzellente Weine verkosten und kaufen.

TAG 5

Mit dem Bus fahren Sie durch die Anden und über den Uspallata-Pass nach Chile. Unterwegs haben Sie einen wunderbaren Blick auf die verschneiten Berge. Im Gran Hotel El Portillo beziehen Sie Ihr Zimmer, entspannen im Jacuzzi oder bei einem Drink.

TAG 6–11

Verbringen Sie den ersten Tag in der Skischule – auch wenn Sie gut skifahren. Anfänger lernen dort die Grundbegriffe des Tiefschneefahrens, Experten die besten Pisten kennen.

Genießen Sie die Tage mit fantastischem Skifahren und Mittagessen mit Blick auf den malerischen See. Zeigen Sie dann Ihr Können beim Skirennen »Sol del Portillo«, bei dem alle teilnehmen.

Freitags findet um 20 Uhr ein beeindruckender Fackellauf am Berg statt, danach endet die Woche mit einer langen Feier am Abend.

TAG 12

Vom Hotel führt Sie eine lange kurvenreiche Fahrt durch die Anden nach Santiago.

Dos & Don'ts

- ✓ Hören Sie den Wetterbericht, bevor Sie in Mendoza abfahren. Schneefälle können die Andenstrecke blockieren.
- ✗ Übertreiben Sie es nicht am ersten Tag – El Portillo liegt auf 2855 Meter, an diese Höhe muss man sich gewöhnen.
- ✓ Packen Sie etwas elegantere Kleidung für den Abend ein. Im Restaurant kleidet man sich lässig-elegant, Männer tragen auf jeden Fall Hemden.
- ✓ Halten Sie nach Rennfahrern Ausschau – hier haben schon die Skiteams der USA, Österreichs und Kanadas trainiert.

JAN FEB MÄRZ APR MAI JUNI **JULI** AUG SEP OKT NOV DEZ

ANREISE
Auf der Insel haben Ajaccio, Bastia, Calvi und Figari je einen Flughafen. Die Fahrt mit der Fähre dauert von Nizza knapp drei Stunden, von Livorno in Italien zwei Stunden.

VOR ORT UNTERWEGS
Reiseunternehmen bieten Transporte zu vielen Orten, eine Bahnlinie verläuft über die Insel. Am leichtesten kommt man mit dem Auto voran.

WETTER
Auf der Insel gibt es viele Mikroklimata, doch im Juli ist es generell heiß und trocken. Am Strand liegen die Durchschnittstemperaturen bei rund 30°C, in den Bergen ist es kühler.

ÜBERNACHTEN
Kalliste, im Zentrum von Ajaccio, ein hübsches, freundliches kleines Hotel; Familienzimmer ab 130 €; www.hotel-kalliste-ajaccio.com

Hotel Dominique Colonna, Corte, in schöner Lage auf dem Land, Familienzimmer ab 160 €; www.dominique-colonna.com

L'Alivi, ein Drei-Sterne-Hotel mit Pool am Strand, bei Bastia an der Nordküste, Familienzimmer ab 190 €; www.hotel-alivi.com

ESSEN GEHEN
Die korsische Küche verwendet Produkte des Landes und des Meeres, Olivenöl und Kräuter. Fisch und Meeresfrüchte sind oft gegrillt, eine lokale Spezialität ist *aziminu* (Fischsuppe).

KOSTEN FÜR EINE VIERKÖPFIGE FAMILIE
280–310 € pro Tag inklusive Unterkunft, Verpflegung und Mietwagen.

INFORMATION
www.visit-corsica.com

Essen und Wein

Am besten lernen Sie die korsischen Produkte auf der Landmessen kennen. Im Juli ist Olivenmesse in Montemaggiore in der Balagne, am Wochenende findet die korsische Weinmesse in Luri auf Cap Corse statt. Der einzige AOC-Käse, *brocciu*, wird aus Molke von Schaf- oder Ziegenmilch produziert und auf vielfältigste Weise verzehrt, etwa zur Pasta oder als Dessert. Olivenöl und Honig – besonders Kastanien- und Macchia-Honig – sind exzellent. Wein wird überall, meist als Rosé- oder Weißwein, gekeltert und am besten jung getrunken.

Ein Hochsommertraum

Das sagenumwobene, geheimnisvolle und wunderschöne Korsika ist ein schroffes, wildes Land. Im Inneren der Insel, wo 20 Berggipfel in den Himmel ragen, sollen einst Riesen und Ungeheuer gelebt haben. Die Landschaft ist erstaunlich vielfältig, es überrascht deshalb nicht, dass die viertgrößte Insel des Mittelmeers im Sommer so beliebt ist. Hier gibt es Sonnenschein, charmante kleine Dörfer, grüne Wälder, klare Flüsse und weiße Sandstrände, an denen die Tage wie im Flug vergehen. Korsika hat aber auch prächtige Barockkirchen, genuesische Festungen und eine Küche, die die Produkte des Meeres und der Berge vereint.

Seit dem 18. Jahrhundert gehört Korsika zu Frankreich, obwohl Italien der Insel geografisch und kulturell viel näher steht. Ihre turbulente Geschichte, die man in den Hafenstädten gut nachvollziehen kann, bietet Stoff für viele Erzählungen von heldenhaften Kämpfen, Banditen und langen Vendetten – ideal für spannende Gute-Nacht-Geschichten.

Unten (von oben nach unten): Bummel in den Straßen von Bonifacio; mit dem Boot im Naturschutzgebiet La Scandola

Korsika ist der ideale Tummelplatz im Hochsommer, da seine vielfältige Landschaft eine breite Palette an Aktivitäten ermöglicht. Reiten Sie durch die grünen Hügel von Castagniccia oder an den Sandstränden der Ostküste. Finden Sie auf einer Radtour den perfekten Picknickplatz. Stürzen Sie sich mit Kanu oder Floß in das Wildwasser der Flüsse oder entdecken Sie bei einer Wanderung einige der 2000 Pflanzenarten der Insel. Selbst wenn Sie nur Sonne und Meer wollen, haben Sie die Qual der Wahl. Im Süden warten La Rondinara und andere traumhafte Buchten mit feinem Sand und klarem Wasser auf Sie, im Norden der abgelegene Strand von Saleccia, der nur mit dem Boot zu erreichen ist. Und wenn Sie etwas im Wasser unternehmen möchten, fahren Sie mit dem Boot an der zerklüfteten Küste und zu den kleinen Felseninseln, wo sich schöne Tauchgründe erstrecken. Oder nutzen Sie die frische Brise an der Nordküste und gehen Sie windsurfen.

Den Korsen wird nachgesagt, dass sie Besuchern mit Zurückhaltung begegnen – doch wenn Sie ihrer bezaubernden Insel gebührenden Respekt entgegenbringen, wird dies mit typischer mediterraner Herzlichkeit belohnt.

Großes Bild: Abgelegene Bucht bei Roccapina nahe Bonifacio

Oben (von oben nach unten): Bonifacios Altstadt thront über dem Meer; blühende Margariten

Unten: Beim Tauchen im klaren Meer vor Korsika

Oben: Ein Tauchboot auf Korsika kurz vor der Abfahrt

Korsische Vielfalt

Der Juli zählt auf Korsika zur Hochsaison, doch die Insel ist nicht so überlaufen wie andere Mittelmeerorte und hält für Familien vielfältige Aktivitäten bereit. Mieten Sie sich an einem Ort ein und fahren Sie mit dem Auto zur Küste und ins Landesinnere. Seien Sie dabei nicht ehrgeizig, die Straßen sind eng und kurvenreich.

Eine Woche am Mittelmeer

TAG 1

In Korsikas Hauptstadt Ajaccio besuchen Sie den Markt, auf dem exzellente lokale Produkte, etwa Käse, Öle und Honig, verkauft werden. In einem Straßencafé genießen Sie das Ambiente, danach lernen Sie im Musée d'Histoire die Geschichte der Insel kennen.

TAG 2

Im Norden der Insel locken in Calvi die mittelalterliche Zitadelle und sechs Kilometer lange Sandstrände. Im Naturschutzgebiet La Scandola können Sie vom Boot aus Delfine und Robben beobachten, reizvoll ist auch eine Wanderung in der schönen Region Balange.

TAG 3–4

In Bastia besichtigen Sie das Ethnografische Museum und die genuesischen Verliese. Auf dem nördlich gelegenen Cap Corse stehen viele Wachttürme. Hier kann man viel unternehmen, etwa Rad fahren, tauchen, auf einem Fluss raften oder mit dem Boot zum einsamen Saleccia-Strand fahren.

TAG 5

Corte im Herzen der Insel ist ein idealer Ausgangsort, um die Berge zu erkunden. Wandern Sie in der Tavignano-Schlucht oder reiten Sie über die grünen Hügel. In der Nähe liegen zudem die schönen Bergseen am 2625 Meter hohen Monte Rotondo.

TAG 6–7

Bonifacio, die italienischste korsische Stadt, thront auf einer Kalksteinklippe 200 Meter über dem Meer. Im alten Hafen besuchen Sie das Aquarium und fahren dann zu den spektakulären *grottes marines* (Meereshöhlen) oder zu den Îles Lavezzi. Der unter Naturschutz stehende Archipel ist berühmt für seine seltenen Wildblumen. Mit weichem Sand und klarem Wasser lockt die schöne Rondinara-Bucht.

Dos & Don'ts

- ✓ Fahren Sie unbedingt einmal mit der rumpelnden Schmalspurbahn, die Ajaccio, Bastia und Calvi via Corte verbindet. Auf der Fahrt haben Sie einen herrlichen Blick auf die korsische Landschaft.
- ✗ Zünden Sie kein offenes Feuer an und werfen Sie niemals eine brennende Zigarette weg – die Macchia und die trockenen Wälder brennen im Nu lichterloh.
- ✓ Probieren Sie die einheimische *pietra*. Das nur auf Korsika produzierte dunkle Bier aus der Mikrobrauerei Pietra wird mit zugesetzten Esskastanien (Maronen) gebraut.

ANREISE
Die San Juan Islands liegen im Puget Sound vor der Küste des US-Bundesstaates Washington. Internationale Flüge landen in Seattle, von dort fliegen Wasserflugzeuge in 45 Minuten nach Friday Harbor auf San Juan. Zwischen den Inseln bestehen hervorragende Fährverbindungen.

VOR ORT UNTERWEGS
Motorroller, Mopeds, Fahrräder und Autos können auf San Juan Island gemietet werden.

WETTER
Der Juli ist sonnig und der trockenste Monat, dennoch regnet es wahrscheinlich. Die durchschnittliche Höchsttemperatur liegt bei 21 °C.

ÜBERNACHTEN
Im Juli ist Hochsaison, reservieren Sie früh.

San Juan Central Reservations informieren detailliert über viele kleine Inns und B&Bs; www.sanjuanisland.com

Tucker House Inn, Komfort und Charme, Doppelzimmer ab 110 €; www.tuckerhouse.com

Friday's Historic Inn von 1891, Doppelzimmer ab 110 €; www.friday-harbor.com

ESSEN GEHEN
Auf den Inseln gibt es eine breite Palette an Fisch, Meeresfrüchten, heimischem Obst und Gemüse. Duck Soup Inn (www.ducksoupinn.com) bietet kreative saisonale Menüs mit Pazifik-Seafood ab etwa 20 € pro Person.

KOSTEN FÜR ZWEI PERSONEN
160–210 € pro Tag inklusive Unterkunft, Verpflegung und einem Wal-Ausflug.

INFORMATION
www.guidetosanjuans.com

Orcas (Große Schwertwale)

Mehr als 80 dieser eleganten schwarz-weißen Säugetiere verbringen den Sommer in den Gewässern westlich der San Juan Islands. Orcas sind hochintelligent und jagen in Herden so geschickt Lachse und andere Meerestiere, dass man sie früher auch »Killerwale« nannte. Orcas leben in allen Ozeanen, bevorzugen aber vor allem die kalten Gewässer der Antarktis und des pazifischen Nordwestens.

Oben (von links nach rechts): Boote in Friday Harbor; Seehund am Strand, San Juan Islands; Radtour auf den Inseln
Großes Bild: Kajakfahrer im Sonnenuntergang, in der Ferne sieht man den Mount Baker

Oben: Leuchtturm im Lime Kiln State Park

Orcas und Inseln

Die Kühle des frühen Morgens zaubert silbrige Nebelschwaden über das Wasser, das Paddel taucht ein und der Kajak gleitet sanft über das spiegelglatte Meer. Es ist unheimlich still. Durch den Dunst erkennt man schemenhaft die mit Bäumen bestandenen Inseln. Über den Nebelschleiern ist die Luft völlig klar, und am Horizont in der Ferne erhebt sich der Gipfel eines Vulkans, dessen schneebedeckte Spitze im wärmenden Sonnenlicht glänzt.

Plötzlich hören Sie hinter sich einen tiefen Atemzug. Sie drehen sich um und sehen von der Sonne golden gefärbte Wasserspritzer. Ein zweites Rauschen, dann tauchen eine, zwei, vier, sechs pechschwarze Flossen auf: eine Schule von Orcas. Die Tiere haben es nicht eilig, daher können Sie langsam näher paddeln, während die Wale tauchen und fressen. Die kleinen Strudel, die sie hinterlassen, entsprechen nicht der ungeheuren Größe und Stärke ihrer Körper. Das sind nicht Willy und seine netten Freunde, das sind die größten Fleischfresser der Welt, eine gefräßige Jagdmeute in der Wildnis des Puget Sound.

Über den Nebelschleiern ist die Luft völlig klar, und am Horizont in der Ferne erhebt sich der Gipfel eines Vulkans.

Zwischen den schneebedeckten Ketten der Olympic Mountains und der nördlichen Cascade Range liegen die San Juan Islands vor der Südspitze von Vancouver Island in unberührter aufregender Natur. Kajakfahren ist hier der beliebteste Sport, doch kann man noch mehr unternehmen. So führen etwa Wanderwege im Moran State Park auf Orca Island in das Herz der gebirgigen Insel mit ihren uralten Wäldern und weiten Ausblicken über den Sund. Einige Inseln, etwa Lopez, sind relativ flach, sodass man hier schöne Radtouren machen kann.

Zum gemütlicheren Ausgleich kann man zudem viele kleine Dörfer besuchen, etwa Friday Harbor auf San Juan Island. Dort bummelt man durch die Galerien in den engen Straßen, kehrt in behagliche Gasthäuser ein und genießt mit Blick auf die Boote im Hafen fangfrischen Fisch, den hier praktisch jedes Restaurant serviert.

Kleines Bild links: Seattles Skyline mit Space Needle bei Nacht
Unten (von links nach rechts): Maultierhirsch im Olympic National Park; Seesterne

Pazifik-Erlebnis

Das Wetter ist im Juli am besten, nun regnet es am wenigsten, und die Tage sind am wärmsten. Orcas können oft gesichtet werden, und die Lachse beißen wie wild. Obwohl im Juli Hauptsaison ist, kann man dem größten Ansturm entgehen, wenn man sich im ruhigeren Friday Harbor einmietet.

Sechs Tage im Puget Sound

TAG 1
In Seattle spazieren Sie um den Green Lake im Discovery Park und essen am Pike Place Market zu Mittag. Abends fahren Sie auf die Space Needle, wo Sie einen großartigen Blick auf die erleuchtete Stadt haben.

TAG 2
Beim Flug zu den Inseln haben Sie einen herrlichen Blick. Sie erreichen Friday Harbor am frühen Morgen.

Auf einem Ausflug mit einem Naturwissenschaftler sehen Sie Orcas und die Vogelwelt des Puget Sound. Danach bummeln Sie durch Friday Harbor und seine Läden und essen mit Meeresblick zu Abend.

TAG 3
Auf einer geführten Kajaktour paddeln Sie durch die blauen Gewässer des Puget Sound. Im Whale Museum von Friday Harbor informieren Sie sich weiter über die Orcas der San Juan Islands.

TAG 4
Auf einer Bootstour verbringen Sie den Tag mit Lachsfischen. Vergessen Sie nicht, die Kamera und für die Fische eine Kühltasche mitzubringen.

TAG 5
Mit einem Moped oder einem Zweipersonenroller erkunden Sie das Hügelland. Oder Sie wandern an der Küste am Lime Kiln State Park vorbei zum Olympic National Park. Besuchen Sie den Küstenort Roche Harbor.

TAG 6
Mit der Morgenfähre setzen Sie nach Orcas Island über. Der Shuttle-Bus bringt Sie zum Moran State Park, wo Sie nach kurzem Aufstieg vom Gipfel des Mount Constitution den Blick auf den Puget Sound genießen. Nachmittags nehmen Sie die Fähre nach Lopez Island.

Dos & Don'ts

- ✓ Reisen Sie mit leichtem Gepäck, packen Sie sportliche Kleidung ein, vergessen Sie aber nicht Regenjacken und warme Kleidung – am Wasser ist es kühler.
- ✗ Vergessen Sie nicht die Gepäckbeschränkungen der Wasserflugzeuge, packen Sie dementsprechend. Oder Sie fliegen mit einem normalen Flugzeug nach San Juan Island.
- ✓ Denken Sie daran, dass Autos zwei bis drei Stunden in der Schlange zur Fähre warten müssen. Fußgänger – auch mit Fahrrädern – müssen erst kurz vor Abfahrt erscheinen.
- ✗ Vergessen Sie nicht, früh genug zu buchen – in der Hauptsaison im Juli haben Sie sonst wenig Chancen.

ANREISE
Spitzbergens Zentrum, Longyearbyen, wird vom rund 1000 Kilometer weiter südlich gelegenen Tromsø in Norwegen angeflogen. Auch halten dort einige Arktis-Kreuzfahrtschiffe.

VOR ORT UNTERWEGS
Flüge von Longyearbyen nach Ny Ålesund und zu anderen Zielen sind Teil organisierter Ausflüge und Kreuzfahrten. In Longyearbyen gibt es Taxis, Mietwagen und Leihfahrräder.

WETTER
Im vorwiegend trockenen Juli reichen die Temperaturen von knapp über 0°C bis rund 18°C, sobald Wind weht, wirkt es jedoch viel kälter.

ÜBERNACHTEN
Gjesthuset 102, in Longyearbyen, Doppelzimmer ab 60 €; Tel. (47) 790 256 60.

Radisson SAS Polar Hotel, Longyearbyen, mit 95 Zimmern, Speisesaal, Sauna und Solarium, Doppelzimmer ab 150 €; www.radisson.com

Stimmungsvolles Spitsbergen Basecamp, Longyearbyen, Doppelzimmer ab 140 €; www.basecampexplorer.com

ESSEN GEHEN
Das Restaurant at Huset in Longyearbyen serviert Rentiersteaks, Wal- und Robbenfleisch sowie Fisch, die Lokale im Radisson SAS Polar Hotel und Spitsbergen Hotel internationale Küche.

KOSTEN FÜR ZWEI PERSONEN
370–410 € pro Tag inklusive Unterkunft, Verpflegung und Sechs-Tage-Kreuzfahrt rund um Spitzbergen.

INFORMATION
www.svalbard.net
www.spitsbergentravel.com

Reise zum Pol

Im 20. Jahrhundert war Spitzbergen Ausgangspunkt für Polarexpeditionen. Der norwegische Entdecker Roald Amundsen wollte unbedingt als erster Mensch den Nordpol überfliegen. Am 11. Mai 1926 verließen Amundsen, der US-Finanzier Lincoln Ellsworth, der italienische Luftschiffpionier Umberto Nobile und der norwegische Pilot und Navigator Hjalmar Riiser-Larsen Nord-Spitzbergen mit dem Luftschiff *Norge*. 16 Stunden später warfen sie ihre jeweiligen Nationalflaggen über dem geografischen Nordpol ab.

Großes Bild: Eine Eisbärin tritt vorsichtig auf das schmelzende Eis

Arktische Expedition

Wenn im Hochsommer die Sonne über Spitzbergen (Spitsbergen) nicht untergeht, erhält man auf relativ leichte Weise einen flüchtigen, aber einzigartigen Eindruck von der Arktis. Nun, da das meiste Packeis und der Schnee in den niedrig gelegenen Gebieten verschwunden sind, kehren die Zugvögel zurück, um in den Küstenklippen zu nisten. Und die einsame blaue Tundra erstrahlt in den Farben der winzigen Wildblumen.

Das Abenteuer Spitzbergen beginnt in Longyearbyen. Das alte Zentrum des Kohlebergbaus liegt nahe zwei Gletschern am Eingang zum Adventdalen-Tal, und seine 1900 hartgesottenen Bewohner bilden einen Mikrokosmos der norwegischen Gesellschaft auf dem Festland. In dieser arktischen »Metropole« starten die Fahrten in das eisige Hinterland des Archipels, wenn es zwischen Mitte April und Ende Oktober 24 Stunden am Tag hell ist, der Lebensrhythmus schneller schlägt und Besucher und Einheimische an den Wochenenden in den Bars der Stadt feiern.

Oben: Bunte Holzhäuser in Longyearbyen

Unten (von oben nach unten): Wanderer auf einem felsigen Abschnitt; blühender Steinbrech; nistende Küstenseeschwalben

Oben: Die MS *Europa* in Isfjorden, Spitzbergen

Polarerkundung

Im Juli geht die Sonne über der Inselgruppe Svalbard nicht unter. Der Archipel mit der Hauptinsel Spitzbergen ist der am einfachsten zu erreichende Punkt des polaren Nordens, liegt aber abseits der touristischen Hauptrouten. Rechnen Sie mit mindestens neun Tagen, um auch bei einer Kreuzfahrt die Arktis zu entdecken.

Neun Tage im wilden Norden

TAG 1

Im winzigen, bunten Longyearbyen erkunden Sie die kleine Kunstgalerie, den alten Friedhof, die Burma-Straße und das Stadtmuseum.

TAG 2

Auf einer geführten Wanderung nach Longyeardalen oder Bolterdalen suchen Sie Fossilien, eine weitere Führung bringt Sie in die Kohlegrube Nr. 3, die im Permafrostboden über 7000 Saatgutsorten bewahrt.

TAG 3

Qual der Wahl: Tour mit dem Hundeschlitten (auf Rädern), Kajakfahren im eisigen arktischen Wasser oder Ausritt zum Berg Platåberget, wo Sie das Hochland kennenlernen und einen schönen Blick haben.

TAG 4–9

Unternehmen Sie eine Kreuzfahrt um die Inseln. Die meisten stoppen am ersten Tag in der russischen Bergarbeitersiedlung Barentsburg, wo nur das Zeichen der norwegischen Post an Norwegen erinnert.

Die Fahrt führt nordwärts zum 80. Breitengrad und zur Insel Moffen, wo die Walrösser ihre Jungen aufziehen. Unterwegs landen Sie mit dem Zodiac (Schlauchboot) am Magdalenefjord und an den historischen Stätten auf Amsterdamøya und Virgohamna auf Danskøya.

An der Wissenschaftsstation Ny Ålesund, der nördlichsten Gemeinde der Welt, sehen Sie die nördlichste Lokomotive der Welt und haben einen unvergesslichen Blick auf den imposanten Kronebreen-Gletscher.

Bei der Rückfahrt nach Longyearbyen sehen Sie die kalbende Front des Lillehöökbreen-Gletschers, Ebeltoftbukta und die steilen Klippen des Krossfjorden.

Gleich vor der Stadt beginnt die Wildnis. In den Hügeln und Tälern der Umgebung rauschen Schmelzwasserbäche, die Einsamkeit der Tundra weckt Abenteuerlust und Entdeckerfreude. Auf einer der Kreuzfahrten entlang der Westküste der Insel trägt der beißend kalte Wind die Schreie Tausender Papageitaucher, Lummen, Kormorane, Eissturmvögel, Alke, Möwen und anderer Seevögel heran, die in Nestern in den Klippen ihren Nachwuchs aufziehen. In den mit Eisbergen übersäten Fjorden stürzen wolkenkratzergroße Eisblöcke von turmhohen Gletscherzungen donnernd in das arktische Meer.

An »zahmeren« Küstenabschnitten macht es Freude zu wandern, nach den Wildblumen der Tundra und den rostigen Überresten alter Expeditionen Ausschau zu halten und gelegentlich ein Svalbard-Rentier oder einen Polarfuchs zu beobachten. Doch nichts kommt dem spannenden Nervenkitzel gleich, einen Eisbären durch die Tundra trotten zu sehen oder ihn im knirschenden Packeis bei der Robbenjagd zu beobachten. Da in dem Archipel mehr Eisbären als Menschen leben, ist eine solche Begegnung keinesfalls unwahrscheinlich.

Dos & Don'ts

- ✓ Ziehen Sie Ihre Schuhe aus, wenn Sie in Longyearbyen ein Haus, aber auch Ihr Hotel oder das Museum betreten.
- ✗ Bewegen oder entfernen Sie keine archäologischen Relikte. Sogar die rostigen Fässer an den historischen Lagerstätten stehen unter Denkmalschutz.
- ✓ Packen Sie Kleidung für jedes Wetter ein – von milden Temperaturen bis hin zu Frost.
- ✓ Nehmen Sie außerhalb der erschlossenen Gebiete an geführten Wanderungen teil. Hungrige Eisbären sind gefährlich – Tourgruppen müssen per Gesetz leise sprechen und Gewehre bei sich haben.

JAN FEB MÄRZ APR MAI JUNI **JULI** AUG SEP OKT NOV DEZ

ANREISE
Cape Cod liegt in Massachusetts im Nordosten der USA. Flüge von Boston oder New York landen auf dem Hyannis Airport.

VOR ORT UNTERWEGS
Am besten kommt man mit dem Auto voran, auf die Inseln sollte man den Wagen nicht mitnehmen. Von Hyannis oder Woods Hole setzen Fähren zu den Inseln über, auf denen Taxis und Busse fahren und Fahrräder verliehen werden.

WETTER
Die Durchschnittstemperaturen liegen im Juli bei rund 26 °C – ideales Strandwetter.

ÜBERNACHTEN
Nauset House, ein hübsches Bed and Breakfast in Cape Cod, Doppelzimmer ab 55 €; www.nausethouseinn.com

Nantuckets Cliff Lodge, ein B&B in einem alten Walfängerhaus, Doppelzimmer ab 125 €; www.clifflodgenantucket.com

Auf Cape Cod: Ocean Edge Resort mit Strand, Pool, Tennis und Golf, Doppelzimmer ab 280 €; www.oceanedge.com

ESSEN GEHEN
Probieren Sie einheimische Spezialitäten wie *clam chowder* (Muschelsuppe), Hummer und *scrod* (junger Dorsch oder Schellfisch, oft paniert und gebraten) – alles fangfrisch. Dazu trinkt man ein Bier.

KOSTEN FÜR ZWEI PERSONEN
220–280 € inklusive Unterkunft, Verpflegung und Mietwagen.

INFORMATION
www.capecodchamber.org

Nantucket hat sich seit den Tagen, als es ein bedeutendes Walfangzentrum war, kaum verändert.

Großes Bild: Wood End Lighthouse in Provincetown
Oben (von oben nach unten): Whaling Museum in Nantucket; Hafen von Provincetown
Ganz oben (von links nach rechts): Hafen von Nantucket; Hummerbojen, Rock Harbour; Seerosen; Café in Edgartown

Reise in die Vergangenheit

Kilometerlang erstrecken sich die Sandstrände an den Ufern der wellenumtosten Atlantikküste und der wärmeren, ruhigeren Gewässer des Nantucket Sound. »The Cape«, wie es seine vielen Bewunderer zärtlich nennen, lockt jedoch auch mit anderen Reizen: mit über 350 Jahre alten Dörfern, mit malerischen Landhäusern mit grauen Schindeln, mit Windmühlen und Leuchttürmen, die an vergangene Zeiten erinnern. Antiquitätenläden und Kunstgalerien säumen heute die Route 6A, den früheren King's Highway. Sie führt durch eine der historisch interessantesten Regionen der USA, in der die Geschichte liebevoll gepflegt wird.

In Princeton an der nördlichen Spitze des Kaps landeten 1620 die Pilgerväter. Der Ort hat nicht nur eine faszinierende Vergangenheit zu bieten, sondern auch eine wunderschöne Umgebung, die manchen bedeutenden Schriftsteller und Maler, etwa Edward Hopper, inspiriert hat. Hier kann man vom Hafen mit einem Ausflugsboot

Strände und Marschen

Cape Cod National Seashore wurde 1961 von John F. Kennedy zum National Seashore erklärt und untersteht dem US National Park Service. Cape Cod umfasst nicht nur endlose Strände, sondern auch 110 Quadratkilometer Marschen, Wiesen, Teiche, Hügel, Moosbeerensümpfe und Wege. Im National Seashore findet man Erholung und schöne Landschaften für Schwimmer, Surfer, Wanderer, Radfahrer und alle, die einfach an einem nicht übervölkerten Strand sitzen und den Wellen hinterherträumen wollen.

Oben: Schwanzflosse eines Buckelwals

in die Gründe der Buckelwale vor der Küste fahren oder einen gemütlichen Tag bei einer Wanderung durch die Dünen verbringen, die sich außerhalb des Orts endlos an der Küste entlangziehen.

Gleich vor der Küste liegen die berühmten Inseln des Kaps, am nächsten Martha's Vineyard. Diese Insel verbindet die Idylle einer englischen Landschaft mit allen Strandattraktionen. Selbst die Orte auf der Insel sind unterschiedlich: In Edgartown dominieren weiß verschalte Kapitänshäuser, Oak Bluffs ist sehr viktorianisch, West Tisbury wirkt immer noch wie eine Kolonialstadt, und das Fischerdorf Menemsha hat einen hübschen Hafen. Sie sind alle ideal für einen Bummel, bei dem man zwanglos Hummer essen kann. Die Delikatesse gibt es hier in kleinen Buden.

Das ruhigere Nantucket hat sich seit den Tagen, als es ein bedeutendes Walfangzentrum war, kaum verändert, und seine Pflasterstraßen, Seemannshütten und Kapitänshäuser erinnern an die Kolonialzeit. Die wildromantische Landschaft der Umgebung ist von Mooren mit Heidekraut und breiten Sandstränden geprägt. Hier ist es so schön, dass die Einheimischen zu Recht behaupten: Jeder, der einmal Sand von Cape Cod in den Schuhen hatte, wird immer wieder zurückkehren.

Cape-Tour

Cape Cod, Nantucket und Martha's Vineyard bieten eine faszinierende Mischung aus reizenden alten Dörfern und kilometerlangen herrlichen Stränden. Im Juli ist die Region zum Sonnen, Shoppen, Essengehen und wegen ihrer schönen Unterkünfte heiß begehrt, doch haben sich alle Orte ihre ländliche Atmosphäre bewahrt.

Eine Woche am Wasser

Von Hyannis fahren Sie mit dem Auto auf dem Kap bis zu Ihrem Hotel, von dort geht es zum nächsten Strand. Später bummeln Sie durch die Läden und Galerien an der Route 6A und genießen Hummer zum Abendessen.	**TAG 1**
Beginnen Sie den Tag mit einigen Stunden am Strand. Dann wandern oder radeln Sie auf den Wegen des National Seashore, spielen Golf, machen einen Ausflug in die Dünen oder von Provincetown aus zu den Walen. Sie können aber auch einfach am Strand bleiben.	**TAG 2**
Zurück in Hyannis fahren Sie mit der Fähre nach Nantucket Island. Dort entspannen Sie am Strand und bummeln durch das Städtchen. Keine Stadt der USA kann mit einer größeren Dichte an Häusern aus der Zeit vor 1850 aufwarten als Nantucket.	**TAG 3**
Machen Sie eine Radtour über die Insel. Essen Sie zwischen den bunten Fischerhütten in Siasconset zu Mittag. Dann besuchen Sie Nantuckets Whaling Museum.	**TAG 4**
In 70 Minuten bringt Sie die Hyline Inter-Island Ferry von Nantucket nach Oak Bluffs auf Martha's Vineyard. Bummeln Sie zwischen farbenfrohen Häusern und Läden zum hübschen Flying Horses Carousel. Fahren Sie dann mit dem Inselbus nach Edgartown.	**TAG 5**
In Edgartown stöbern Sie in den Läden oder machen eine Radtour an der malerischen Westküste der Insel.	**TAG 6**
Vormittags geht es an den Strand, danach setzen Sie in 45 Minuten nach Hyannis über, wo Sie mit dem Auto zum Flughafen oder weiter nach Boston fahren.	**TAG 7**

Dos & Don'ts

✓ Auf Cape Cod braucht man ein Auto, auf den Inseln lohnt es sich, Fahrräder zu mieten. Die Fähren sind für Autos teuer und Parkplätze Mangelware. Wer nicht Rad fahren mag, kann sich ein Taxi für eine Inseltour anheuern.

✗ Verpassen Sie nicht die Cape Cod National Seashore Visitor Centers in Eastham und Provincetown. Dort ist die Aussicht auf das Meer und die Strände einfach grandios.

✓ Gehen Sie unbedingt in eine typische Hummerbude. Dort bestellt man am Fenster, der Hummer wird nach Bestellung frisch gekocht. Man isst ihn an Picknicktischen.

ANREISE
Kopenhagen liegt an der dänischen Ostküste auf den Inseln Sjælland (Seeland) und Amager. Es ist hervorragend mit Flugzeug, Zug, Auto und Schiff zu erreichen. Mit den häufig fahrenden Shuttle-Zügen erreicht man vom Kastrup Airport das Stadtzentrum in 14 Minuten.

VOR ORT UNTERWEGS
Das exzellente öffentliche Verkehrssystem umfasst Busse, U-Bahn, Wasserbusse, Züge (zwei Kinder unter zwölf Jahren fahren mit einem Erwachsenen frei) und kostenlose Leihfahrräder.

WETTER
Kopenhagen hat vier Jahreszeiten, der Juli ist der sonnigste Monat mit langen Tagen und einer Durchschnittstemperatur von 22 °C.

ÜBERNACHTEN
The Square, sehr familienfreundliches Design-Hotel am Rathausplatz, Familienzimmer ab 210 €; www.thesquarecopenhagen.com

DGI-Byens Hotel, nahe Bahnhof und Tivoli, moderner Dekor, Eintritt zum Swim Centre; Familienzimmer ab 125 €; www.dgi-byen.dk

Danhostel, zentral, Familienzimmer ab 80 €; www.danhostel.dk

ESSEN GEHEN
Im eleganten Kopenhagen gibt es viele Sterne-Restaurants. Wein ist richtig teuer. Im guten, kinderfreundlichen Restaurant Peder Oxe kostet eine Mahlzeit rund 20 € pro Person.

KOSTEN FÜR EINE VIERKÖPFIGE FAMILIE
290–330 € pro Tag inklusive Unterkunft, Verpflegung und Fahrten vor Ort.

INFORMATION
www.visitcopenhagen.de

Carlsbergs Beiträge

Die Brauerei Carlsberg produziert wohl Dänemarks berühmtestes Bier. In der philanthropischen Vergangenheit des Unternehmens trug die reiche Familie viel zum Kulturleben der Stadt bei, etwa zur berühmten Kunstsammlung der Ny Carlsberg Glyptotek. Die Firma finanzierte die Statue der Kleinen Meerjungfrau, betrieb bis vor ein paar Jahren den Tivoli, bezahlte die Renovierung von Schloss Frederiksborg aus dem 17. Jahrhundert in Hillerød und trug zur Gründung des dortigen Nationalhistorischen Museums bei.

Dänisches Vergnügen

Kopenhagen ist eine sehr familienfreundliche Stadt, bietet es doch den Vergnügungspark Tivoli mitten im Zentrum, Rundfahrten auf Kanalbooten, Stadtstrände, kostenlose Leihfahrräder, Kindermenüs in den Restaurants und in den Museen spezielle Abteilungen für Kinder. Märchenschlösser und die Geschichten von Hans Christian Andersen runden das Programm ab.

Die Strände beim Hafen sind im Sommer voller Leben, das Wasser hat in der Stadt Badequalität. Bei Kajaktouren im Stadtteil Christianshavn können sich Jugendliche verausgaben, und bei Regen macht im Eksperimentarium Wissenschaft nicht nur Kindern Spaß. Das Louisiana Museum of Modern Art hat sogar einen eigenen Flügel für Kinder, und im Nationalmuseet können sich die Kleinen durch die Weltgeschichte spielen. Das Dänische Filmmuseum zeigt Kinderfilme. Alle, die unter vier Jahre alt sind, dürfen in Cafés kostenlos essen. Ein Pflichtbesuch ist das Tycho Brahe Planetarium mit der riesigen 3-D-Leinwand und den faszinierenden Darstellungen des Nachthimmels.

Unten (von oben nach unten): Kinderflügel im Louisiana Museum of Modern Art; im Rosenborg Slot; Wachwechsel am Amalienborg Slot

Im Tivoli finden Sie von einfachen Karussells bis zur magenfeindlichen Achterbahn, dem Fallturm Golden Tower, dem fingernägelfeindlichen Höhenkarussell Star Flyer und anderen Jahrmarktsvergnügungen mehr Fahrgeschäfte, als Sie an einem Tag schaffen können. Dazu locken ein See mit Piratenschiff, Theater, Konzertbühnen, Restaurants, Cafés, ein faszinierendes neues Aquarium und wunderschöne Gärten. Nachts verwandeln 100 000 Lampen mit ihrem weichen Licht den Ort in ein Märchenland. Im Tivoli wird jeder zum Kind.

Die Stadt gefällt mit ihren mittelalterlichen Pflasterstraßen, modernen und alten Stadtvierteln sowie mit vielen grünen, von Cafés gesäumten Plätzen. Sie ist ein Zentrum der Museen und Kunstgalerien. Die über einen Kilometer lange Fußgängerzone im Strøget und ihre Nebenstraßen sind ein Shopping-Paradies und eine Fundgrube für allerlei schön gestaltete Dinge. Historische Gebäude und Paläste stehen in Parks und Blumengärten neben moderner Architektur. Ein perfektes Beispiel, wie Alt und Neu sich gegenseitig ergänzen können, ist der topmoderne Uferanbau »Schwarzer Diamant« der Kongelige Bibliotek aus dem 17. Jahrhundert.

Oben: Die Øresund-Brücke verbindet Dänemark und Schweden

Großes Bild: Buntes Gedränge und Restaurants an der Uferpromenade in Nyhavn

Oben (von oben nach unten): Schön beleuchtete Pagode im Vergnügungspark Tivoli; Statue der Kleinen Meerjungfrau aus Hans Christian Andersens berühmter Erzählung

Unten: Leihfahrräder warten im Zentrum auf Benutzer

Familienspaß

Im Juli ist Hochsaison, dann finden das internationale Jazzfestival – zehn Tage kostenlose Freiluftkonzerte und Paraden in der ganzen Stadt – und das Sand Sculpture Festival im Amager Strandpark statt. Für die wichtigsten Sehenswürdigkeiten brauchen Sie drei Tage, die Atmosphäre schnuppert man besser in fünf Tagen.

Fünf kinderfreundliche Tage

TAG 1 Ab 11 Uhr stürmen Sie den Tivoli – mit Picknick, denn im Park ist das Essen teuer. Beim Herausgehen lassen Sie sich einen Eintrittsstempel geben. Eine Radtour bringt Sie zum »Schwarzen Diamanten« der Kongelige Bibliotek. Abends geht es wieder in den Tivoli.

TAG 2 Wenn die Läden im Strøget ihre Kinder langweilen, so werden ihnen doch die Straßenkünstler gefallen. In der Købmagergade klettern Sie auf den Aussichtsturm Rundtårn, im Café Hovedtelegrafen im Postmuseum gibt es kistenweise Spielzeug. Danach geht es in Nyhavn zu einer Bootsfahrt zur Kleinen Meerjungfrau.

TAG 3 Im märchenhaften Rosenborg Slot liegen die Kronjuwelen. In der nahen Nationalgalerie gibt es eine Galerie für Kinder, im Park mit den vielen Seen hinter dem Schloss einen Spielplatz. *Kongens Have* (Königsgarten) ist mit Spielplatz und Puppentheater nachmittags (außer Mo) toll für Kinder unter fünf Jahren.

TAG 4 Über die elegante Øresund-Brücke fahren Sie mit dem Zug in nur 35 Minuten von Dänemark ins schwedische Malmö. Oder Sie fahren 35 Kilometer nördlich nach Humlebæk zum Louisiana Museum of Modern Art und seiner fantastischen Kinderabteilung.

TAG 5 Heute locken das Nationalmuseum oder das Dänische Schifffahrtsmuseum (großartige Modellschiffe), auf jeden Fall aber am königlichen Amalienborg Slot der Wachwechsel um 12 Uhr. Den Nachmittag verbringen Sie im Zoo, am Strand, in den schicken Pools des Vandkulturhuset oder bei den Sternen im Planetarium.

Dos & Don'ts

- ✓ Beachten Sie, dass viele Museen mittwochs freien Eintritt bieten, die Ny Carlsberg Glyptotek sonntags. Alle Kirchen und Parks sind frei, auch die Sommerkonzerte im Tivoli.
- ✗ Gehen Sie nicht bei Rot über die Straße – in Dänemark wartet man immer auf das grüne Männchen.
- ✓ Lernen Sie einige dänische Worte – etwa *»hej«* (hallo), *»tak«* (danke) und *»øl«* (Bier).
- ✓ Bummeln Sie in den Nebenstraßen und auf den Plätzen beim Strøget – einige der interessantesten Läden liegen ein paar Minuten von der Hauptfußgängerzone entfernt.

AUGUST

Traumziele im **August**

Auf der nördlichen Halbkugel sind die Tage noch sommerlich warm und lang. Willkommene Abkühlung verschaffen hier malerische Wälder und Seen. In Nordafrika und dem Nahen Osten ist es so heiß, dass eine Reise dorthin meist kein Vergnügen bereitet. Einige Regionen auf der südlichen Halbkugel bieten auch im Südwinter ideales warmes Wetter und dazu eine wunderschöne Landschaft – ein aufstrebender Reisefavorit ist etwa Mosambik. Kenia lockt mit einem unglaublichen Schauspiel, wenn riesige Gnuherden durch die Masai Mara ziehen, und Edinburgh mit dem größten Kulturfestival der Welt, dem Edinburgh Festival. Auf dieser Doppelseite finden Sie alle im August-Kapitel vorgestellten Reiseziele sowie einige weitere Anregungen.

KULTUR UND FESTE

KANDY Artist beim Zahnfest

UNVERGESSLICHE EINDRÜCKE

SCHWARZWALD Wasserfall der Gutach

WUNDER DER NATUR

MANU-REGENWALD *Heliodoxa leadbeateri*, eine Kolibriart im Flug

KANDY
Sri Lanka, Asien

Farbenprächtige Prozessionen und Tänze beim Zahnfest

Während des Festes werden Kandys Elefanten prächtig geschmückt, die Lichter der Prozessionen erhellen bei Vollmond die hübsche Stadt.

Siehe S. 214–215

BOROBUDUR
Indonesien, Asien

Imposantes buddhistisches Monument auf Java

Die Steinreliefs des Monuments zeigen Szenen aus dem Leben Buddhas. Am schönsten ist es bei Sonnenauf- und -untergang.

Siehe S. 206–207

SCHWARZWALD
Deutschland, Europa

Im Schwarzwald locken nicht nur dunkle Wälder

Der Schwarzwald ist ideal für Ausflüge mit dem Auto, Wanderungen, Badespaß, Kurvergnügen und köstliche Kuchensünden.

Siehe S. 204–205

AMALFI-KÜSTE
Italien, Europa

Unterwegs auf einer eigentlich unmöglichen Straße

Wilde Kurven an steilen Klippen hoch über dem Mittelmeer – auf dieser Küstenstraße dürfen Sie keine Höhenangst haben.

www.costieraamalfitana.net

»Die Ausmaße und Dichte des Regenwalds sind hier atemberaubend – eine wildere Wildnis kann man sich kaum vorstellen.«

PARQUE NACIONAL DEL MANU
Peru, Südamerika

Artenreicher Regenwald

Der Nationalpark ist eines der wichtigsten Schutzgebiete der Welt. Hier leben Riesenotter, Kaimane und zahllose Aras.

Siehe S. 196–197

LUZERN
Schweiz, Europa

Internationales Musikfestival in herrlicher Landschaft

Die hübsche Stadt liegt in den Alpen am schönen Vierwaldstätter See. Das Lucerne Festival zählt zu den besten Musikfesten der Welt.

Siehe S. 200–201

»… wo der Panoramablick über blühende Almwiesen, Chalets und den Vierwaldstätter See einem den Atem stocken lässt.«

TIEN-SHAN
Kirgisistan, Asien

Gletscher und steile Gipfel auf dem Dach Asiens

Treks führen Sie in eine grandiose Welt aus Bergen und abgelegenen Tälern, wo Sie neben traumhaften Gletscherseen campen.

www.tien-shan.com

YELLOWSTONE NATIONAL PARK
USA, Nordamerika

Wildnis im Herzen der USA

Im Yellowstone National Park kann man Bären, Wölfe, Adler, Elche, Bisonherden und dampfende Geysire bestaunen.

Siehe S. 202–203

BURNING MAN
USA, Nordamerika

Das beste Festival der Alternativszene

Jedes Jahr bilden 25 000 Menschen eine »Stadt« in der Wüste von Nevada, um eine Woche lang Kunst, Tanz und Theater zu feiern.

www.burningman.com

NORDKAP
Norwegen, Europa

Unter der Mitternachtssonne am Rand des Kontinents

Fahren Sie mit dem Schiff an der norwegischen Küste zum nördlichsten Punkt Europas. Umfahren Sie das Kap um Mitternacht.

www.nordkapp.no

GLACIER BAY
USA, Nordamerika

Ein unwirtliches Gebiet, doch reich an Leben

In Alaska, dem Land der imposanten Eisberge, Gletscher und Berge, sieht man Bären und Wapitis, aber auch Sommerblumen.

Siehe S. 212–213

EDINBURGH
Schottland, Europa

Nonstop-Unterhaltung beim größten Kulturfestival der Welt

Drei Wochen lang regieren in Schottlands Hauptstadt Kreativität, Leidenschaft und Spaß, treten berühmte Künstler und junge Talente auf.

www.eif.co.uk; www.edfringe.com

TRANSSIBIRISCHE EISENBAHN
Russland, Europa

Mehr als nur eine Zugfahrt

Die legendäre Zugfahrt dauert zehn Tage und führt 12 880 Kilometer lang durch Russland, die Mongolei und China.

www.trans-siberian.co.uk

DOLOMITEN
Italien, Europa

Im Sommer die spektakulärste Alpenregion

Diese steile, zerklüftete, steinige Bergwelt kann man im Sommer auf aufregenden Klettersteigen erobern.

www.dolomiti.org

MASAI MARA
Kenia, Afrika

Die Wanderung der Gnus zählt zu den großen Naturwundern

Im August erreicht die jährliche Wanderung der Gnus ihren Höhepunkt, wenn über eine halbe Million Tiere durch die Savanne ziehen.

www.masai-mara.com

Vorhergehende Doppelseite: Typischer Schwarzwälder Bauernhof im Morgendunst

Wetter

❶ Im August ist es im Yellowstone tagsüber warm und nachts kalt – und noch kälter in hohen Lagen. Nachmittags gewittert es oft.

❷ Im Manu herrscht von Juni bis September Trockenzeit. Im August ist es im Tiefland warm, angenehmer ist es in höheren Lagen. Ganzjährig kann es kühle, regnerische Tage geben.

❸ An der Costa de la Luz scheint die Sonne im August zwölf Stunden am Tag. Zum Glück lindert der Wind vom Meer etwas die Hitze.

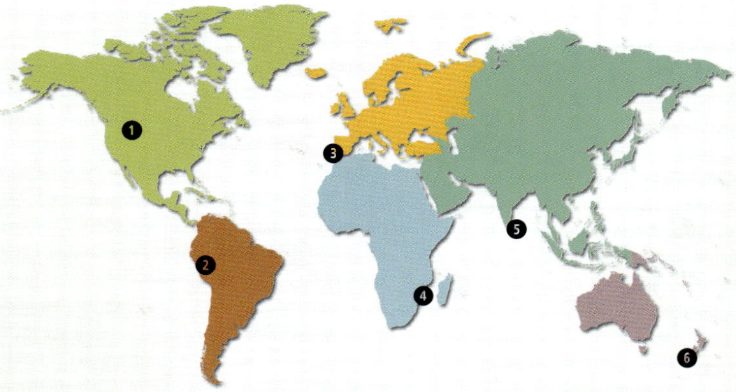

❹ Mosambiks Regenzeit dauert von November bis März. Der August ist warm und angenehm mit kühlen Seebrisen, nachts ist es nicht zu warm.

❺ In Sri Lanka ist es ganzjährig feucht, doch der August zählt in Kandy zu den trockeneren Monaten, da der Monsun schon monatelang vorüber ist.

❻ Im Süd-Winter ist es in Queenstown im Süden von Neuseelands Südinsel im Tiefland kühl und wahrscheinlich feucht, in den Höhenlagen der Neuseeländischen Alpen liegt jedoch reichlich Schnee für Skifahrer und Snowboarder.

LUXUS UND ROMANTIK

MOSAMBIK Türkisfarbenes Meer im Bazaruto-Archipel

SIERRA DE GREDOS
Spanien, Europa

Traumhafte Sommerabende in grünen Bergtälern

Ein spanischer Geheimtipp ist diese steile Berglandschaft mit Burgen, Klöstern, schönen alten Dörfern und hübschen Hotels in Traumlagen.

www.turismocastillayleon.com

VERONA
Italien, Europa

Faszinierende Opern in einem römischen Theater

Unterm Sternenhimmel klassische Opern in einem idealen Ambiente erleben, der römischen Arena in der Stadt von Romeo und Julia.

www.arena.it

THE HAMPTONS
USA, Nordamerika

Auf Long Island Promis gucken und bis zum Umfallen shoppen

Die Ortschaften und Strände von Long Island sind im Sommer der Spielplatz der New Yorker Medienszene – mischen Sie sich drunter.

www.hamptons.com

MENDOCINO
USA, Nordamerika

Ein schöner friedvoller Ort mit altmodischem Charme

Die wunderbar erhaltene kleine Stadt an der kalifornischen Küste bietet reizende Hotels, gutes Essen und ein entspanntes Flair.

www.mendocino.com

KÜSTE VON MOSAMBIK
Mosambik, Afrika

Weiße Sandstrände, romantische Inseln, exotische Kultur

Das touristisch wenig erschlossene Mosambik bietet eine Mischung aus Kolonialgeschichte, afrikanischer Kultur und unberührten Stränden.

Siehe S. 210–211

»… ein hypnotisierendes Farbenspiel aus leuchtendem Türkis und tiefem Blau, Grün- und Jadetönen und dazu weiß schimmernden Sandbänken.«

AUFREGENDE ZIELE

QUEENSTOWN Skifahrer im Cardrona Alpine Resort

QUEENSTOWN
Neuseeland, Australasien

Action und Abenteuer im Schnee der Südinsel

Wer den Adrenalinrausch sucht, kann hier Ski fahren, Wildwasser raften, Jetboot fahren, Bungee jumpen und vieles mehr.

Siehe S. 198–199

COLUMBIA RIVER
USA, Nordamerika

Ein großartiges Binnenrevier für Windsurfer in Oregon

Die Schlucht des Columbia bietet einmalige Bedingungen zum Windsurfen – Geübte und Anfänger kommen aus aller Welt hierher.

www.el.com/to/hoodriver

RÍO SELLA
Spanien, Europa

Ein europäisches Mekka der Wildwasserfans

Jedes Jahr findet auf dem steilen reißenden Fluss in Nordspanien ein rasantes, hochklassiges Kajakrennen statt.

www.descensodelsella.com

KNOYDART
Schottland, Europa

Heide, Berge, tiefe Lochs – der Inbegriff der Highlands

Wandern Sie über die Berge zu Großbritanniens einzigem Dorf ohne Zufahrtsstraße, dafür aber mit Hotels und einem Pub.

www.knoydart-foundation.com

COTOPAXI
Ecuador, Südamerika

Atemberaubende Herausforderung für Mountainbiker

Erkunden Sie die fantastische Landschaft am Vulkan Cotopaxi und fahren Sie in einem Tag auf bis zu 3000 Meter Höhe.

www.ecuadorexplorer.com

FAMILIENURLAUB

SLOWENIEN Sonnenuntergang am Bohinj-See

»Slowenien bietet sanfte Kulturlandschaften, wilde Flüsse, rauschende Wasserfälle und saubere Seen.«

SLOWENIEN
Europa

Großartiger Campingurlaub in traumhafter Natur

Mit gut ausgestatteten Campingplätzen in Wäldern und bäuerlicher Landschaft ist Slowenien ideal für einen naturnahen Urlaub.

Siehe S. 216–217

COSTA DE LA LUZ
Spanien, Europa

Die »Küste des Lichts«, vom Atlantik umspült

Das ideale Ziel für einen Aktivurlaub mit Kindern. Erwachsene lieben den Wein und die Kultur.

Siehe S. 208–209

SENTOSA
Singapur, Asien

Eine Vergnügungsinsel mit Attraktionen und Stränden

Eine Seilbahn fährt auf Singapurs Vergnügungsinsel, wo Attraktionen wie ein Meerwasseraquarium und ein Orchideengarten warten.

www.sentosa.com.sg

HOLY ISLAND
England, Europa

Eine winzige Insel an der Küste von Northumbria

Die auch »Lindisfarne« genannte wildromantische Insel zählt zu den schönsten Orten der Küste. Hier stehen uralte Klosterruinen.

www.lindisfarne.org.uk

BRYCE CANYON
USA, Nordamerika

Diese bizarre schöne Landschaft fasziniert jeden

Der Canyon in Utah ist wegen der bizarren Felsformationen (Hoodoos) bekannt und kann mit dem Auto und zu Fuß erkundet werden.

www.nps.gov/brca

ANREISE
Internationale Flüge landen in Perus Hauptstadt Lima. Von dort gehen häufig 40-minütige Flüge nach Cusco ab. Kleine zweimotorige Flugzeuge fliegen in 40 Minuten von Cusco nach Boca Manu. Von dort bringen motorisierte Kanus Sie in 90 Minuten den Río Madre de Dios hinunter zu Ihrer Lodge.

VOR ORT UNTERWEGS
Cusco kann man gut zu Fuß erkunden. Im Park bewegt man sich nur mit Führer.

WETTER
Luftfeuchtigkeit und Regen nehmen in der Trockenzeit ab, im August liegen die Temperaturen im Allgemeinen bei 18 °C. In Cusco wird es nachts deutlich kühler.

ÜBERNACHTEN
In Cusco: zentrales Picoaga Hotel, Doppelzimmer ab 100 €; www.picoagahotel.com

Das Manu Wildlife Center bietet Unterkünfte in rustikalen Hütten mit Bad. Die Lodge bietet Rundfahrten mit drei Übernachtungen und Vollpension von Cusco aus für pauschal etwa 900 € pro Person an; www.manu-wildlife-center.com

ESSEN GEHEN
Typische peruanische Gerichte sind *arroz con pollo*, würziges Hähnchen mit Reis, und *lomo saltecado*, gebratenes Rindfleisch mit Tomaten, Zwiebeln und Kartoffeln. Während des Aufenthalts im Park werden Sie mit Essen versorgt.

KOSTEN FÜR ZWEI PERSONEN
250–300 € pro Tag inklusive Unterkunft in Cusco und im Parque Nacional del Manu, Verpflegung und Inlandsflüge zum Nationalpark.

INFORMATION
www.peru-explorer.com

Riesenotter

Riesenotter *(Pteronura brasiliensis)* gehören zu den gefährdetsten Tierarten der Welt. Ihre Aggressivität ist nicht zu unterschätzen, können sie doch Jaguare vertreiben und Kaimane töten, die ihren Bauten zu nahe kommen. Riesenotter leben auch im Parque Nacional del Manu, der 1987 zum UNESCC-Welterbe erklärt wurde. Dies hat dazu beigetragen, dass die Zahl der Riesenotter in den letzten Jahren nicht weiter abnahm, da der Park sauberes Wasser und die Fischbestände bietet, die die Tiere zum Überleben brauchen.

Eine wildere Wildnis kann man sich kaum vorstellen.

Großes Bild: Eine Gruppe Grünflügelaras vor einer Lehmwand im Parque Nacional del Manu
Oben (von oben nach unten): Kapuzineräffchen im Baum; Blick über den dunstigen Regenwald
Ganz oben (von links nach rechts): Typische Lodges; *Heliodoxa leadbeateri* im Flug; Palmwurzeln im Parque Nacional del Manu; auf dem Río Madre de Dios

Im Land der Riesenotter

Auf dem Weg nach Boca Manu erfüllt einen der Blick auf den Parque Nacional del Manu mit Demut. Unter dem kleinen zweimotorigen Flugzeug erstrecken sich auf über 8095 Quadratkilometern dichter tropischer Regenwald im Tiefland und Nebelwälder an den Abhängen der Anden sowie die breiten Mäander der Flüsse Manu und Madre de Dios. Der Parque Nacional del Manu ist der größte Nationalpark in den südamerikanischen Tropen und Heimat einer außergewöhnlich vielfältigen Pflanzen- und Tierwelt. Über 1000 Vogelarten, darunter auch der prächtige Felsenhahn, 200 Säugetierarten, darunter Riesenotter, Tapir und Jaguar, leben im Reservat, in dem über 15 000 Pflanzenarten gedeihen. Durch seine Unzugänglichkeit, seine sorgfältige Überwachung und die Kontrolle der Besucherzahlen konnte dieses Gebiet in seiner Ursprünglichkeit erhalten werden. Teile des Parks sind so isoliert, dass dort einige indianische Gruppen leben, die noch nie Kontakt mit Fremden hatten.

Oben: Der Río Manu mäandert durch den Parque Nacional del Manu

Weder touristische noch wirtschaftliche Tätigkeiten sind innerhalb des Reservats erlaubt. Man übernachtet außerhalb des Parks in versteckten rustikalen Hütten mit wenig oder keinem Strom und Terrassen mit Hängematten, von denen man über den Wald blicken kann. Die Lodge stellt auch die obligatorischen Führer, die sehr gut informiert sind und dem Besucher helfen, die scheuen Dschungelbewohner und die sehenswerten Pflanzen zu entdecken.

Es ist ein unvergessliches Abenteuer, auf Waldpfaden auf der Suche nach Tapiren zu schleichen oder den fast unsichtbaren Spuren des Jaguars zu folgen. Auf dem Fluss wird das Boot zur lautlosen Aussichtsplattform: Alle warten mit angehaltenem Atem darauf, dass der Kopf eines seltenen Riesenotters auftaucht oder sich ein Mohrenkaiman am Ufer im Schlamm rekelt. Dringt man mit dem langen, schlanken Kanu tiefer in das Reservat ein, wird das Unterholz dichter und die Feuchtigkeit intensiver. Das Geschrei der Affen und Vögel und das ständige Summen der Insekten steigern sich zu einem ohrenbetäubenden Konzert. Die Ausmaße und Dichte des Regenwalds sind hier atemberaubend – eine wildere Wildnis kann man sich kaum vorstellen.

Urwaldexpedition

Sie brauchen mindestens drei Übernachtungen in Manu, um den Regenwald intensiv zu erleben. Der August ist auch eine gute Reisezeit für die Anden, es lohnt also, die hübsche Kolonialstadt Cusco bei einem Aufenthalt zu erkunden und die Inkastadt Machu Picchu *(siehe S. 152–153)* zu besuchen.

Eine Woche im Regenwald

Internationale Flüge landen in Lima oft abends. Wenn Zeit bleibt, besuchen Sie Limas exzellente Museen.	**TAG 1**
Nach dem Flug über die Anden erkunden Sie Cusco, seine Kirchen und bunten Märkte.	**TAG 2**
40 Minuten dauert der Flug mit dem kleinen zweimotorigen Flugzeug in die Ortschaft Boca Manu am Río Manu. Von dort bringt Sie ein motorisiertes Kanu auf dem Río Madre de Dios tief in den Regenwald und zum Manu Wildlife Center. Nachmittags beobachten Sie im Regenwald die unermüdlichen Affen.	**TAG 3**
Vor Morgengrauen bringt Sie ein Boot in 25 Minuten zu einer Lehmwand, wo Amazonenpapageien und Aras mineralhaltigen Lehm picken. In der Abenddämmerung beobachten Sie von einer 34 Meter hohen Plattform über dem Blätterdach das fantastische Treiben der Tiere. Unternehmen Sie eine geführte Wanderung zu einer Lehmlecke, um Tapire zu beobachten.	**TAG 4**
Am nahen Blanco-Oxbow-See halten Sie Ausschau nach den dort lebenden Riesenottern, nachts folgen Sie mit dem Boot auf dem Río Madre den scheuen Mohrenkaimanen.	**TAG 5**
Mit dem Kanu verlassen Sie den Urwald. Von Boca Manu fliegen Sie in das quirlige Cusco, wo Sie die trockene Luft und entspannte Atmosphäre genießen.	**TAG 6**
Fliegen Sie zurück nach Lima oder setzen Sie Ihre Reise mit einem Besuch der Inkastadt Machu Picchu fort.	**TAG 7**

Dos & Don'ts

- ✓ Nehmen Sie unbedingt ein hochwirksames Insektenschutzmittel und langärmelige Kleidung mit. Die Moskitos sind hier groß und äußerst gefräßig.
- ✗ Erwarten Sie keinen Luxus. In den einfachen Unterkünften fühlen Sie sich jedoch wirklich im Urwald.
- ✓ Bringen Sie ein gutes Fernglas mit – nicht immer kommt man nahe an die Tiere heran. Vor allem, um scheue Vögel zu beobachten ist ein Fernglas unabdingbar.
- ✓ Packen Sie genug Kleidung zum Wechseln ein, im Regenwald trocknet nichts.

JAN FEB MÄRZ APR MAI JUNI JULI **AUG** SEP OKT NOV DEZ

ANREISE
Queenstown liegt in Otago auf Neuseelands Südinsel. Internationale Flüge landen in Christchurch, von dort können Sie nach Queenstown weiterfliegen oder ein Auto mieten.

VOR ORT UNTERWEGS
Am besten kommt man mit dem eigenen Auto voran – idealerweise einem Geländewagen. Städte erkundet man am besten zu Fuß, Shuttle-Busse fahren zwischen den Ortschaften und den Skipisten.

WETTER
Im August ist Hochsaison in den Neuseeländischen Alpen. Die Schneedecke ist zuverlässig, die Temperaturen liegen bei –3 °C bis 15 °C.

ÜBERNACHTEN
Heritage Hotel, Queenstown, preisgekrönt, komfortabel, Doppelzimmer ab 80 €; www.heritagehotels.co.nz

Cardrona Hotel, Wanakai, eines der ältesten Hotels in Neuseeland, Doppelzimmer ab 90 €; www.cardronahotel.co.nz

Nugget Point, Queenstown, am Shotover River gelegen, Doppelzimmer ab 200 €; www.nuggetpoint.co.nz

ESSEN GEHEN
The Bathhouse serviert exzellente Küche am Seeufer, Hauptgerichte ab etwa 35 €; www.bathhouse.co.nz

KOSTEN FÜR ZWEI PERSONEN
230–300 € pro Tag inklusive Unterkunft, Verpflegung, Skipässe und Mietwagen.

INFORMATION
www.queenstown-nz.co.nz

Arrowtown-Goldrausch

20 Fahrtminuten von Queenstown entfernt liegt die alte Goldgräbersiedlung Arrowtown. Dort stehen noch viele historische Häuser aus der Zeit des Goldrauschs der 1860er Jahre. Nachdem 1862 Gold im Arrow River gefunden worden war, zählte die Stadt bald 7000 Einwohner, die alle auf schnellen Reichtum hofften. Als im Shotover River Gold gefunden wurde, fielen 5000 Männer einige Wochen in den Ort ein, einige zogen auf der Suche nach der Hauptader weiter ins Inland. Als die Europäer 1865 weiter an die Westküste zogen, bezogen Chinesen den Ort.

Großes Bild: Bungee-Jumping von »The Ledge« oberhalb von Queenstown
Oben (von links nach rechts): Parasailing am Lake Wakatipu; Radfahren in The Remarkables; Jetboot auf dem Shotover River

Oben: Shotover Street in Queenstown

Adrenalinrausch

Willkommen in Queenstown, der Hauptstadt der Abenteuer! Queenstown und Umgebung sind wie ein riesiger Freiluft-Vergnügungspark für Menschen auf der Suche nach dem ultimativen Kick: Bungee-Jumping, Wildwasser-Rafting, Jetboot-Fahren und zahllose andere Nervenkitzel warten hier, aber auch das beste Skigebiet der südlichen Hemisphäre in einer spektakulären Landschaft. Von dem quirligen Urlaubsort aus erreicht man die Skigebiete der Remarkables und des Coronet Peak, über die kurvenreiche Crown Range Road in einer Stunde das liebenswürdige, weniger überlaufene Wanaka am Ufer eines tiefen Bergsees. Von dort kommt man zu den Skigebieten Snow Park, Snow Farm, Cardrona und Treble Cone.

Die Neuseeländischen Alpen bieten eine Vielzahl von Abfahrten in allen Schwierigkeitsgraden, Heli-Skiing in unberührtem Pulverschnee und aufregend steile Rennstrecken ebenso wie Schussstrecken und Buckelhänge für durchschnittliche Skifahrer und lange gepflegte Pisten für Anfänger. Die Terrains von Cardrona und Snow Park sind mit Super-Pipe, Beginner-Pipe, Ride-Wall und einem Snowskate-Areal die Domänen der Snowboarder. Cardrona bietet zudem Einrichtungen für behinderte Skifahrer. Langläufer finden ihr Glück in Snow Farm.

Alle Aktivitäten finden vor der bildschönen Kulisse der Seen Wakatipu und Wanaka, der Gebirgskette The Remarkables und des Mount Aspiring National Park statt. Schon allein die Landschaft dieser Region lohnt einen Abstecher. Erkunden Sie sie doch hoch zu Ross oder mit dem Mountainbike, mit dem Kajak auf den Flüssen und Seen oder auf einer Fahrt durch das wilde Mackenzie Country zum Aoraki (Mount Cook), den höchsten Berg Neuseelands. Wenn Sie genug haben von den Pisten, die bis 22 Uhr geöffnet sind, fahren Sie einfach nach Queenstown zum Après-Ski – in erstklassigen Restaurants, Bars, Pubs und Discos.

Queenstown und Umgebung sind wie ein riesiger Freiluft-Vergnügungspark für Menschen auf der Suche nach dem ultimativen Kick.

Kleines Bild links: Skifahrer im Cardrona Alpine Resort
Unten: Panorama am Coronet Peak

Abenteuertour

August ist die beste, weil schneesicherste Zeit zum Skifahren und Snowboarden in den Neuseeländischen Alpen. Zehn Tage reichen, um die Skigebiete von Queenstown und Wanaka sowie die spektakuläre Landschaft an der Strecke zu genießen. Lohnend ist danach ein Besuch der Nordinsel *(siehe S. 56–57)*.

Zehn Tage im Schnee

TAG 1–2
Von Christchurch fahren Sie mit dem Geländewagen 91 Kilometer nach Methven, wo Sie am Mount Hutt direkt auf die Piste kommen. Danach entspannen Sie in den gemütlichen Lokalen des Ortes. Den nächsten Tag verbringen Sie mit Skifahren und Snowboarden.

TAG 3–4
Die 284 Kilometer lange Fahrt zum Mount Cook und durch das Mackenzie Country führt Sie durch eine der schönsten Landschaften Neuseelands. Hier können Sie einen Rundflug über die Neuseeländischen Alpen oder Heli-Skiing am Tasman Glacier unternehmen.

TAG 5–6
Eine leichte, 212 Kilometer lange Fahrt bringt Sie nach Wanaka, wo wieder Skifahren und Snowboarden auf Sie warten. Hier wählen Sie zwischen dem äußerst malerischen Treble Cone, dem hoch gelegenen Cardrona mit schwierigem Terrain und trockenem Naturschnee, oder Snow Park und Snow Field. Abwechslung vom Schnee bringen atemberaubende Wanderungen im nahen Mount Aspiring National Park.

TAG 7–9
Die 70 Kilometer lange Fahrt nach Queenstown führt über die Crown Range. Die meisten Adrenalinkicks von Queenstown können Sie auch im Winter erleben, etwa Jetboot-Fahren, Raften und Bungee-Jumping. Wer vom Schnee noch nicht genug hat, fährt zu den seit Langem gut erschlossenen Pisten am Coronet Peak oder zu The Remarkables. Abends genießen Sie einen Drink mit Blick auf den Lake Wakatipu.

TAG 10
Fahren Sie nach Christchurch oder, bei einer längeren Reise, zum Haast Pass und den Westküsten-Gletschern. Im Süden lockt das viktorianische Dunedin.

Dos & Don'ts

- ✓ Bringen Sie Ihre eigene Skikleidung mit, die Skiausrüstung leihen Sie besser vor Ort, um Gepäck zu sparen.
- ✗ Versuchen Sie nicht, ohne Geländewagen und Schneeketten auf hohen Gebirgsstraßen und über Pässe zu fahren. Schneeketten können an Tankstellen ausgeliehen werden.
- ✓ Tragen Sie eine Skibrille und benutzen Sie eine starke Sonnencreme, das reflektierte Sonnenlicht ist äußerst intensiv.
- ✓ Schützen Sie sich vor den kalten Südwinden und denken Sie daran, dass die Nordhänge am meisten Sonne bekommen.

JAN FEB MÄRZ APR MAI JUNI JULI **AUG** SEP OKT NOV DEZ

ANREISE
Luzern liegt in der Zentralschweiz. Internationale Flüge landen am 60 Kilometer entfernten Flughafen Zürich. Von dort fährt man mit dem Auto oder Zug eine Stunde nach Luzern.

VOR ORT UNTERWEGS
Kaufen Sie vorab einen Swiss Pass, der für alle öffentlichen Verkehrsmittel gültig ist und 50 Prozent Rabatt auf viele Bergbahnen gewährt. Die Stadt ist gut zu Fuß zu erkunden, mit Zug und Schiff erreichen Sie die Berge Pilatus und Titlis sowie andere Orte am See.

WETTER
Im August liegt die Tagesdurchschnittstemperatur bei 25 °C, bisweilen ist es bewölkt.

ÜBERNACHTEN
Art-déco-Hotel Montana, Doppelzimmer ab 240 €; www.hotel-montana.ch

Hotel Palace, eines der führenden Hotels der Welt, mit Alpenblick und Doppelzimmern ab 400 €; www.palace-luzern.ch

Grand Hotel National, legendär, erbaut in den 1870er Jahren von César Ritz und Auguste Escoffier, Doppelzimmer ab 500 € pro Person; www.national-luzern.ch

ESSEN GEHEN
Vergessen Sie Fondue, essen Sie lieber Raclette, in einem traditionellen Restaurant. Empfehlenswert für traditionelle Spezialitäten: Restaurant Schiff, Unter der Egg, Tel. +41 (41) 418 52 52.

KOSTEN FÜR ZWEI PERSONEN
Über 400 € pro Tag für Übernachten, Verpflegung, Swiss Pass, Karten und Eintrittsgelder.

INFORMATION
www.luzern.org
www.myswitzerland.com

Der traurige Löwe

Das Löwendenkmal wurde 1819 nach einem Entwurf des Bildhauers Bertel Thorvaldsen aus dem Stein gehauen. Es erinnert an die rund 700 Schweizergardisten, die 1792 während der französischen Revolution beim Tuileriensturm getötet wurden. Das nordöstlich des Löwenplatzes gelegene Denkmal zeigt einen sterbenden Löwen, der auf einem Schild liegt. Ein abgebrochener Speer steckt in seiner Brust. Der traurige Löwe ist eine Besucherattraktion, sehen Sie ihn sich also am besten schon relativ früh am Morgen an.

Musikalischer Zauber

Luzern gehört mit seinen märchenhaften Türmchen und überdachten Holzbrücken zu den schönsten Städten der Welt. Nur wenige Orte können eine so malerische Lage wie diese mittelalterliche Stadt an dem von Bergen umrahmten Vierwaldstätter See vorweisen.

Jedes Jahr richtet die Stadt das Lucerne Festival aus, eines der weltweit besten Festivals für zeitgenössische und klassische Musik. Von Mitte August bis Mitte September stehen über 30 Symphoniekonzerte und bis zu 60 andere Veranstaltungen auf dem Programm, darunter auch Theateraufführungen und Opern im Luzerner Theater. Das beeindruckende Kultur- und Kongresszentrum (KKL) verkörpert den überraschend kosmopolitischen Charakter dieser charmanten alten Stadt. Das moderne Gebäude aus Glas und Stahl steht direkt am Seeufer und bietet dem Besucher ein aufregendes, unvergessliches Konzerterlebnis. Von der Terrasse aus hat man besonders nachts einen schönen Blick auf die Stadt, die während des Festivals vor Leben sprüht.

Unten (von oben nach unten): Zahnradbahn; Malereien an einem Haus in der Altstadt

Neben den vielen Aufführungen des Festivals kann man sich die Zeit mit einem Shopping-Bummel in einigen exquisiten Läden vertreiben. Viele erstklassige Restaurants verwöhnen selbst kritischste Gaumen, die Museen stellen auch Kulturenthusiasten zufrieden. Luzern ist eine überschaubare Stadt, durch die man auch in einer Spätsommernacht gern schlendert.

Die wohl am meisten fotografierten Sehenswürdigkeiten Luzerns sind die Kapellbrücke und der Wasserturm. Sie gehörten ursprünglich zur Stadtbefestigung, im 17. Jahrhundert wurde die Brücke mit Bildtafeln zur Geschichte Luzerns und der Schweiz geschmückt. Die drei Hauptplätze der Altstadt werden von historischen Gebäuden mit bunten Fresken gesäumt. Lassen Sie sich hier auf jeden Fall ein Glas Wein oder einen Kafi Zwetschgen (Kaffee und Schnaps) schmecken.

Vom Festival Erschöpfte können sich zudem bei einer Fahrt in die Berge erholen. Fahren Sie mit der steilsten Zahnradbahn der Welt auf den Gipfel des Pilatus, wo der Panoramablick über blühende Almwiesen, Chalets und den Vierwaldstätter See sowie in der Abenddämmerung auf die funkelnden Lichter der Stadt einem schier den Atem stocken lässt.

Oben: Traditionelles Dampfboot auf dem Vierwaldstätter See

Großes Bild: Kapellbrücke über die Reuss in Luzern

Ganz oben: Renaissance-Hofkirche St. Leodegar

Oben und unten: Das Lucerne Festival Orchestra

Musikgenuss

Rechnen Sie mit mindestens fünf Tagen, um Konzerte des Festivals besuchen, eine Fahrt mit dem Dampfschiff und Ausflüge in die umliegenden Orte sowie in die schneebedeckten Berge unternehmen zu können. Die Hauptveranstaltungen des Festivals beginnen mit einem großen Feuerwerk.

Fünf Festival-Tage

TAG 1
Schlendern Sie über die Kapellbrücke, die im 14. Jahrhundert errichtet und nach einem Brand 1993 originalgetreu wieder aufgebaut wurde. Bummeln Sie durch die Altstadt, trinken Sie ein Bier oder einen Kaffee am Fluss und spazieren Sie an der Stadtmauer oder zum Picasso-Museum. Später stehen eine Sinfonie, Oper oder ein Ballett im KKL auf dem Programm.

TAG 2
Fahren Sie mit dem Bus nach Kriens und von dort mit der Seilbahn auf den Pilatus, um die Aussicht zu genießen. Mit der steilsten Zahnradbahn der Welt geht es hinunter nach Alpnachstad, von dort fahren Sie mit dem Zug oder dem Dampfschiff zurück nach Luzern. Abends besuchen Sie eine weitere Veranstaltung des Festivals oder gehen am See fein essen.

TAG 3
Sehen Sie sich das Löwendenkmal, laut Mark Twain das »traurigste Stück Stein der Welt«, und die geologischen Naturwunder im benachbarten Gletschergarten an. Nach dem Mittagessen gehen Sie an der Reuss shoppen, danach lockt eine Veranstaltung des Festivals oder eine Schifffahrt in den Sonnenuntergang.

TAG 4
Fahren Sie mit dem Zug nach Engelberg, von dort mit der Standseilbahn zur Gerschnialp und weiter mit Seil- und Gondelbahn zum Trübsee und Titlis-Stand. Wer noch weiter will, kann mit einer anderen Bahn über den Gletscher zum Titlis und dem dortigen Panorama-Restaurant fahren.

TAG 5
Entdecken Sie die fahrbaren Schätze im Transportmuseum Verkehrshaus, danach machen Sie eine Bootsfahrt und einen Bar-Bummel in der Altstadt.

Dos & Don'ts

- ✓ Sitzen Sie auf der Fahrt von Zürich nach Luzern im Zug auf der linken Seite mit Blick auf das Panorama des Zürichsees.
- ✗ Verspäten Sie sich nicht – in der Schweiz werden Effizienz und Service ernst genommen, seien Sie also pünktlich.
- ✓ Kosten Sie die wirklich guten Schweizer Weine, empfehlenswert sind etwa Lizard und Fendant.
- ✓ Achten Sie auf die kostenlosen öffentlichen Proben und Konzerte der Lucerne Festival Academy.

ANREISE
Der Yellowstone National Park liegt in den USA in der Rocky Mountain Range größtenteils im Bundesstaat Wyoming. Der nächste internationale Flughafen ist in Salt Lake City, Utah.

VOR ORT UNTERWEGS
Autos für die 515 Kilometer lange Fahrt zum Yellowstone werden am Flughafen vermietet. Ein bis zwei Fahrtstunden vom Park entfernt sind Regionalflughäfen in Cody und Jackson, Wyoming, Bozeman und Billings, Montana, Idaho Falls, Idaho. Der Flughafen West Yellowstone, Montana, ist von Juni bis September geöffnet.

WETTER
Im August steigen die Tagestemperaturen auf 30 °C, nachts kann es frieren, häufige Gewitter.

ÜBERNACHTEN
Alle Unterkünfte im Park – historische Lodges, Motels und Cottages – werden von Xanterra Parks and Resorts betrieben. Beliebt sind Old Faithful Inn, Mammoth Hot Springs Hotel und Yellowstone Lake Hotel, Doppelzimmer ab 90 €; www.xanterra.com

Preiswerte Unterkünfte ab 45 € pro Nacht haben oft Gemeinschaftsbäder.

ESSEN GEHEN
Die Palette der Restaurants reicht von eleganten Restaurants in den Lodges zum Old West Cookout. Die vielen Cafeterias und Grills bieten auch Lunchpakete an.

KOSTEN FÜR ZWEI PERSONEN
150–200 € pro Tag inklusive Unterkunft, Verpflegung, Mietwagen und Eintritt in den Park.

INFORMATION
www.nps.gov/yell/home.htm

Großes Bild: Die Grand Prismatic Spring im Yellowstone hat einen Durchmesser von rund 120 Metern

Wunder des Yellowstone

Die von den Minnetaree-Indianern »Mi tsi a da zi« (»Rock Yellow River«) genannte Region wurde von den frühen Pelztierjägern zu »Yellowstone« abgekürzt. Die Naturwunder des Parks konnten erst nach einer großen Expedition, einem Vorläufer des US Geological Survey, 1871 der Welt gezeigt werden. Mitglieder dieser Expedition waren auch der Fotograf William H. Jackson und der Maler Thomas Moran. Ihre Bilder trugen dazu bei, dass US-Präsident Grant das Gebiet 1872 zum ersten Nationalpark der Welt erklärte.

Im Reich der Bisons

Unter trampelnden Hufen wirbelt Staub auf, die Stiere behalten die Umgebung im Auge, die jungen Kälber bleiben an der Seite ihrer Mütter. Die Zeit scheint stehen zu bleiben, wenn Sie zehn, dann 20, dann Hunderte Büffel zählen und Zeuge eines urzeitlichen Phänomens werden, das für immer der Vergangenheit anzugehören schien und heute langsam wiederkehrt – die Wanderung der nordamerikanischen Bisons. Nachdem die Herde unten im Tal verschwunden ist, setzen Sie Ihre Fahrt durch den Yellowstone National Park fort.

Vor über einer halben Million Jahre bedeckte eine gewaltige Vulkanexplosion das westliche Nordamerika mit Asche und ließ nördlich der Grand Teton Mountains eine 80 Kilometer lange und 50 Kilometer breite Caldera entstehen. Heute ist diese Caldera dicht bewachsen und bildet ein auf der Welt einzigartiges Ökosystem. Grüne Bergwiesen, wilde Flüsse, azurblaue Seen und schneebedeckte Gipfel bilden die malerische Kulisse für eine außerirdisch

Links (von links nach rechts): Majestätischer Wapiti-Bulle; Bisons beim Grasen im Park; Kleiner Chipmunk (Streifenhörnchen); ein Schild verweist auf den Continental Divide – die Kontinentale Wasserscheide ist ein Gebirgskamm, der von Alaska im Norden bis Mexiko im Süden verläuft

Linke Spalte (von oben nach unten): Ausritt durch den Park; der Geysir Old Faithful

Oben: Die Canary Spring heißt nach den gelben Algen, die am Rand wachsen

schöne Landschaft mit 10 000 dampfenden Fumarolen, Geysiren, brodelnden Schlammtöpfen und heißen Quellen, deren leuchtende Farben durch pigmentierte Bakterien entstehen, die im kühleren Wasser am Rande der Becken wachsen.

Der riesige Nationalpark schützt eines der intaktesten Ökosysteme der USA und ist besonders im August eine Reise wert. Die meisten der zahlreichen Besucher konzentrieren sich auf wenige beliebte Gebiete. Wer jedoch die unverfälschte wilde Schönheit des Yellowstone entdecken will, verlässt einfach die ausgetretenen Pfade. Bei einer Wanderung vom geschäftigen Artist Point auf dem South Rim Trail nach Osten hat man nach einem kurzen, steilen Anstieg die Menschenmassen weit hinter sich gelassen und taucht in eine unberührte Welt abseits der Zivilisation ein. Der Weg führt durch das sanfte Gelände am Rand des Canyons, wo sich ein wunderbarer Blick auf den Yellowstone River und die Kaskaden der Stromschnellen öffnet. Eine kurze Wende auf dem Lily Pad Lake Trail bringt den Wanderer weiter in die Wildnis und zu einem unberührten, mit Seerosen bedeckten See, an dem man mit etwas Glück Elche, Bären und Wapitis beobachten kann.

Naturbeobachtungen

Im August kann man an den langen warmen Tagen an den von Rangern geführten Ausflügen und Aktivitäten teilnehmen. Für die Highlights des Parks reichen vier Tage, erkunden Sie aber auch die Wildnis jenseits der Massen, nehmen Sie an Angel-, Boots- und Naturtouren, Fotosafaris und Nachtwanderungen teil.

Vier Tage im Park

TAG 1

Bestaunen Sie den spektakulären Ausbruch des bekanntesten Geysirs im Yellowstone, Old Faithful, schon frühmorgens vor dem großen Ansturm.

Spazieren Sie am Upper Geyser Basin, um die Geysire, Schlammtöpfe und heißen Quellen und auf jeden Fall den farbenprächtigen Morning Glory Pool zu sehen.

TAG 2

Fahren oder wandern Sie am 32 Kilometer langen Grand Canyon of the Yellowstone, wo Sie einen herrlichen Blick auf die Wasserfälle und den grandiosen kupfer-orangefarbenen Canyon haben.

TAG 3

Im hübschen, sumpfigen Hayden Valley beobachten Sie am frühen Morgen Bisonherden. Von der Straße aus kann man mit etwas Glück auch Elche, Grizzlybären, Wölfe, Weißkopfseeadler und Wildgänse sehen.

Nachmittags nehmen Sie an Natur- oder historischen Führungen der Ranger teil, abends werden an vielen Orten im Park Dia- und andere Vorträge angeboten.

TAG 4

Fahren Sie bei Sonnenaufgang durch das Lamar Valley, wo Sie mit Glück und Geduld Bisons, Gabelböcke, Bären und Wölfe im Tal und an den Hängen der sanften Hügel erspähen können.

Dos & Don'ts

- ✓ Decken Sie sich in den Besucherzentren mit Karten, Broschüren und Informationen über die besten Stellen zum Tierebeobachten ein und besuchen Sie die Ausstellungen.
- ✗ Versuchen Sie nicht zu viel auf einmal zu sehen, erkunden Sie täglich einen Teil des Parks. Nehmen Sie Lunchpakete mit oder gehen Sie in der Nähe essen.
- ✓ Starten Sie schon in der Dämmerung vor allen anderen, verlassen Sie oft das Auto, gehen Sie wandern, auf Ausflüge und nehmen Sie an den Touren der Ranger teil.
- ✗ Lassen Sie sich nicht durch das wechselhafte Wetter stören. Es ist ratsam, sich in Schichten anzuziehen: Nachts kann es Minusgrade haben, mittags über 30 °C heiß werden und nachmittags gewittern.
- ✓ Fahren Sie langsam, seien Sie geduldig und halten Sie die Augen stets weit offen: Nicht selten stehen Tiere ganz nahe der Straße, ohne dass man sie auf den ersten Blick entdecken kann.

ANREISE
Baden-Baden ist das Tor zum Schwarzwald. Internationale Flüge landen im 170 Kilometer entfernten Frankfurt am Main, von dort gibt es Zug- und Busverbindungen.

VOR ORT UNTERWEGS
Die Region kann gut mit Zug und Bus erkundet werden, flexibler ist man jedoch mit dem Auto unterwegs. Mietwagen stehen zum Beispiel am Frankfurter Flughafen zur Verfügung.

WETTER
Die Temperaturen liegen zwischen den Bergen und den Tälern weit auseinander, im Durchschnitt jedoch bei 15 bis 20 °C. Der August ist tagsüber sonnig und warm.

ÜBERNACHTEN
In Baden-Baden ist Brenner's Park Hotel & Spa eines der großen, alten europäischen Kurhotels, Doppelzimmer mit Extrabett ab 450 €; www.brenners-park.de

Hotel Zum Hirschen in Staufen, ein kleines, traditionelles Hotel, Familienapartment ab 140 €; www.hirschen-staufen.de

Hotel Brugger am See, in schöner Lage am Ufer des Titisee; Doppelzimmer ab 170 €; www.hotel-brugger.de

ESSEN GEHEN
Probieren Sie unbedingt die lokalen Spezialitäten, etwa echten Schwarzwälder Schinken, den Sie am besten bei den Metzgern in den kleinen Dörfern kaufen.

KOSTEN FÜR EINE VIERKÖPFIGE FAMILIE
300–350 € pro Tag inklusive Unterkunft, Verpflegung und Mietwagen.

INFORMATION
www.schwarzwald-tourismus.info

Kuckucksuhren

Wer die erste Schwarzwälder Kuckucksuhr konstruierte, ist umstritten. Wahrscheinlich war es Franz Anton Ketterer aus Schönwald zu Beginn der 1730er Jahre. Die Uhren wurden im Winter von Bauern, die meist auch Holzschnitzer waren, handgefertigt – daraus entwickelte sich im 19. Jahrhundert in der Umgebung von Triberg eine große Industrie. Uhrenträger, traditionelle Händler, die die im Winter geschnitzten Uhren vom Schwarzwald in die Städte brachten, gibt es auch heute noch. Die alten Uhrenträgerwege sind beliebte Wanderwege geworden.

Durch den Märchenwald

Wenn Sie ursprüngliche dunkle Wälder wie aus dem Märchen sehen möchten, dann fahren Sie in den Schwarzwald. Dort gibt es einsame, geheimnisvolle und doch anheimelnde Ecken, eine verträumte Landschaft mit sanften Hügeln, Bergrücken und tiefen Schluchten, kristallklare Seen, freundliche Dörfer und malerische Bauernhöfe. Der Schwarzwald ist ein Paradies für alle, die es hinaus in die freie Natur zieht – und ideal für Familien. Suchen Sie jenseits der Hauptstraßen mit dem Auto verträumte Winkel und gehen Sie dort wandern. Denn die Landschaft wird sich Ihnen erst wirklich erschließen, wenn Sie sich zu Fuß aufmachen.

Das geht besonders einfach, weil es in Deutschland insgesamt über 20 000 Kilometer gut erschlossene und ausgeschilderte Wanderwege gibt – für kurze Spaziergänge, aber auch für mehrstündige, tage- oder gar wochenlange Wanderungen. Zahllose Hütten, Pensionen und Hotels halten an den Strecken Essen und Unterkunft bereit. Wer will, muss nicht einmal das Gepäck selbst tragen –

Großes Bild: Hochsommer ist die Zeit der blühenden Wildblumen

mit dem Angebot »Wandern ohne Gepäck« wird es an den nächsten Übernachtungsort transportiert. Viele Schwarzwälder Wanderwege folgen jahrhundertealten Pfaden, besonders bekannt sind die Rundwege, die etwa von Triberg über Titisee-Neustadt nach Villingen-Schwenningen und wieder zurück führen. Schöne Wege verlaufen im Naturschutzgebiet um den Feldberg oder in den waldigen Tälern bei Baiersbronn. Unterwegs können Sie Wildtiere beobachten, Museen besuchen, die traditionelle Glasbläserei in Wolfach oder verträumte alte Dörfer besichtigen. Und die vielen schönen Seen, besonders die malerisch von Bergen umgebenen Gletscherseen Titisee und Schluchsee, bieten zudem reichlich Sportmöglichkeiten.

Die bergige Region ist auch berühmt für ihre heißen Quellen und Heilwasser. Hochklassig und zum Teil international bekannt sind neben Baden-Baden Kurorte wie Bad Dürrheim, Bad Herrenalb und Bad Liebenzell. Dort können Sie Ihren müden Gliedern eine belebende Massage gönnen, im Dampfbad entspannen oder sich einfach in heißen Becken treiben lassen und dabei in ihre eigene Märchenwelt entschweben.

Oben (von oben nach unten): Wie in der Operette: Frauen in Schwarzwälder Tracht; Restaurant mit Tischen im Freien in Freiburgs Altstadt

Unten: Fachwerkhäuser

Linke Spalte (von oben nach unten): Wandergruppe bei Waldau; Gleitschirmflieger im Schwarzwald; Spaß im Alpenexpress Enzian im Europa-Park

Oben: Wasserfall der Gutach im Schwarzwald

Wanderlust

Der August ist ideal für eine Reise in den Schwarzwald. Jetzt blühen die Blumen, und das Wetter ist sonnig – gute Bedingungen, um die Wälder und Berge zu erkunden. Wem so viel Aktivität zu viel wird, fährt in einen der Kurorte und versteht dort, warum die Region früher »Sommerhauptstadt Europas« hieß.

Eine Woche Walderlebnis

TAG 1

Im eleganten Kurort Baden-Baden, einer der ältesten Städte in Deutschland, spazieren Sie durch die wunderschöne Altstadt. Lassen Sie sich in einem Kurbad verwöhnen, bewundern Sie das Kurhaus und die anderen Kurbauten aus dem 19. Jahrhundert. Abends lockt Nervenkitzel im Casino, dem Schauplatz von Dostojevskis Roman *Der Spieler*.

TAG 2–5

Eine gemütliche Fahrt durch den Schwarzwald führt nach Südwesten durch hübsche, verträumte Orte wie Baiersbronn, Freudenstadt, Gutach, Staufen, Todtnau und Todtmoos mit seiner schönen Barockkirche. Halten Sie nach Lust und Laune – und gehen Sie spazieren, etwa zu Deutschlands höchstem Naturwasserfall, den Todtnauer Wasserfällen bei Todtnauberg.

Abseits der Hauptstraßen gehen Sie zum Wandern, etwa auf dem Rundweg von Triberg über Titisee-Neustadt und Villingen-Schwenningen. Wem das zu ruhig ist, der geht zum Gleitschirmfliegen am Feldberg. Einblicke in das bäuerliche Leben vergangener Zeiten bietet das Freilichtmuseum Vogtsbauernhof in Gutach.

TAG 6–7

Gehen Sie am Titisee oder am Schluchsee im glasklaren Wasser zum Schwimmen oder nutzen Sie dort weitere Sportmöglichkeiten.

Verbringen Sie einen ganzen Tag im riesigen Europa-Park, probieren Sie dort so viele Bahnen und Karussells wie möglich aus. Dann besuchen Sie die quirlige, romantische Universitätsstadt Freiburg mit ihren gemütlichen Lokalen, Restaurants und dem Flair des *savoir vivre*. Oder Sie entspannen an Leib und Seele in Bad Dürrheim, Bad Herrenalb oder Bad Liebenzell.

Dos & Don'ts

- ✓ Essen Sie unbedingt eine echte Schwarzwälder Kirschtorte in einer guten Konditorei oder einem Café. Sie muss hausgemacht sein und sollte nicht zu süß schmecken.
- ✗ Verpassen Sie nicht, zumindest einmal Kirschwasser aus einer einheimischen Brennerei zu probieren, die ihre Produkte etwa auf Märkten anbieten. Dazu passt Schwarzwälder Schinken, der über Fichtenholz geräuchert wird.
- ✓ Wenn Sie sich wirklich zum Kauf einer Kuckucksuhr verleiten lassen, bedenken Sie: Echte Handarbeit hat auch hier ihren Preis. Billig sind nur Fälschungen »Made in China«.

ANREISE
Borobudur liegt auf der indonesischen Insel Java. Internationale Flüge landen in Jakarta, von dort gehen Flüge zu den Inlandsflughäfen Yogyakarta und Solo, die beide etwa 40 Minuten mit dem Auto von Borobudur entfernt sind.

VOR ORT UNTERWEGS
In der Region fahren häufig und regelmäßig Lokalbusse sowie Taxis mit Taxameter. Die Stätte selbst erkundet man am besten zu Fuß, ein Shuttle-Zug fährt vom Eingang um den Tempel.

WETTER
Die Temperaturen ändern sich auf Java wenig und liegen im Durchschnitt bei rund 27 °C.

ÜBERNACHTEN
Duta Guest House, Yogyakarta, in einem tropischen Garten, traditionelles Dekor, Doppelzimmer ab 10 €; www.dutagardenhotel.com

Grande Mercure Yogyakarta, Hotel im Kolonialstil mit großen hellen Zimmern, Doppelzimmer ab 35 €; www.mercure.com

Amanjiwo, Superluxus-Resort mit schönem Blick auf Borobudur, Doppelzimmer ab 420 €; www.amanresorts.com

ESSEN GEHEN
Reis ist ein fester Bestandteil der indonesischen Küche. An *warung* (Ständen) erhält man – in der Regel für etwa 1 € – lokale Gerichte, wie *sate* (gegrilltes Fleisch) und *mie goreng*.

KOSTEN FÜR ZWEI PERSONEN
50–80 € pro Tag inklusive Unterkunft, Verpflegung und Eintrittsgelder. Allerdings kann man auch leicht deutlich mehr Geld ausgeben.

INFORMATION
www.tourismindonesia.com.

Großes Bild: Der Tempel von Borobudur, im Hintergrund der Vulkan Merapi
Oben (von oben nach unten): Details von Steinskulpturen in Borobudur; große Buddha-Statue, im Hintergrund Stupas; Mönche im Heiligtum; verziertes Tor in Borobudur

Merapi

Der Name des beeindruckenden Vulkans, den man von Borobudur aus sieht, bedeutet »Feuerberg«. Der 2914 Meter hohe, oft in Rauch gehüllte Merapi gilt als heilig. Im Mai 2006 zeigte der Berg so viel vulkanische Aktivität, dass Tausende Dorfbewohner aus der Region flohen. Er kam jedoch wieder einigermaßen zur Ruhe, nachdem eine Lavakuppel, die seine Spitze gebildet hatte, zusammenbrach. Der Merapi brach wohl im 9. Jahrhundert aus und bedeckte Borobudur mit einer solch dicken Ascheschicht, dass es 1000 Jahre unentdeckt blieb.

Abenteuer Borobudur

Auf der Fahrt durch die Plantagen und Reisfeldterrassen Zentraljavas sieht man Borobudur erst, wenn an seinem Tor hinter Flammenbäumen und Palmenhainen die kolossale Gestalt des Heiligtums auftaucht. Dann muss man die ersten neun Ebenen des riesigen Bauwerks erklimmen, um all die Türme, Nischen und Reliefs zu überblicken, die von 72 kleinen Stupas und einem gewaltigen Stupa im Zentrum überragt werden.

Borobudur ist eines der größten religiösen Bauwerke der Welt. Es wurde im 8. Jahrhundert aus etwa 1,5 Millionen vulkanischen Andesitblöcken errichtet und stellt den Berg Meru dar, der in der kosmologischen Vorstellung der Buddhisten und der Hindus das Zentrum des Universums bildet. Wer das Bauwerk wie ein Pilger auf den verschiedenen Ebenen umkreist, beginnt bei den fünf unteren quadratischen Terrassen, umrundet dann die drei oberen runden Terrassen und schließlich am Ende den großen Stupa, wo sich der Blick über die Landschaft öffnet.

Oben: Lebensmittelangebot auf dem Markt von Borobudur

Javanische Eindrücke

Im August ist es oft schwül, doch bleibt der Himmel meist klar, da die Regenzeit lang vorbei ist. Yogyakarta bietet sich als Ausgangsort für Ausflüge in die Umgebung und nach Borobudur an, da es nur 40 Minuten von der Stätte entfernt ist. Danach reizt eine Weiterreise in das leicht erreichbare Bali *(siehe S. 124–125)*.

Vier Tage bei den Ruinen

TAG 1

Fahren Sie vor 6 Uhr morgens nach Borobudur, um die magische Stimmung bei Sonnenaufgang zu erleben. Am Tag folgen Sie dem fünf Kilometer langen Rundweg – in Uhrzeigerrichtung – um die Ebenen und bewundern die Reliefs mit den Alltagsszenen auf der untersten Ebene. Auf die Spitze klettern Sie am besten mittags, wenn die Reisegruppen zum Essen gehen. So können Sie den leeren Stupa fast allein erleben.

Danach erkunden Sie die Region, vielleicht sogar auf einem Elefanten. Kehren Sie vor 18 Uhr zum Tempel zurück, um den Sonnenuntergang nicht zu verpassen.

TAG 2

Heute steht Yogyakarta auf dem Programm, wo Sie die Altstadt und den eleganten Palast Kraton erkunden. Nach dem Mittagessen an einem *warung* (Essensstand) bummeln Sie durch die Läden. Die Stadt ist ein Hauptzentrum für javanisches Kunsthandwerk, hier gibt es hervorragende Batiken. Abends besuchen Sie ein traditionelles Puppentheater, Theater oder Konzert.

TAG 3

Zurück auf dem Land besichtigen Sie den kleinen Tempel Mendut, der wohl mit Borobudur in Verbindung stand. Von dort fahren Sie zum Hindu-Tempel Prambanan. Von Mai bis Oktober werden in dem Tempel bei Vollmond von 19.30 bis 21.30 Uhr Szenen aus dem *Ramayana* aufgeführt. Wenn Sie zu dieser Zeit auf Java sind, sollten Sie die Tänze und die Atmosphäre auf keinen Fall verpassen.

TAG 4

Zurück in Borobudur erkunden Sie weiter die Ruinen oder sehen in der ruhigen Stadt Surakarta die beiden Königspaläste und den größten Batikmarkt der Insel.

Dos & Don'ts

- ✓ Buchen Sie eine Sonnenaufgangstour, nur so kommen Sie schon vor sechs Uhr morgens auf das Gelände.
- ✗ Vergessen Sie nicht, dass dies ein heiliges buddhistisches Monument ist, auch wenn Java heute muslimisch ist.
- ✓ Entwischen Sie den Reisegruppen, indem Sie mittags nicht zum Essen gehen, sondern nur einen Snack essen und an der Stätte bleiben.
- ✓ Bezahlen Sie einen einheimischen Führer, der Ihnen die Skulpturen erklärt und Ihnen ein besseres Verständnis für das Monument vermittelt.

Nach einem jahrhundertelangen Dornröschenschlaf unter Vulkanasche und Dschungel wurde Borobudur 1814 von Thomas Stamford Raffles wiederentdeckt. Die Faszination des Monuments beruht auf seinen fünf Ebenen mit ihren feinen Reliefs. Fünf Kilometer lang erstreckt sich der Rundgang auf den Ebenen, auf deren unteren Galerien das Alltagsleben im 8. Jahrhundert – Dorfszenen, Fischer, Tiere, Menschen beim Waschen und Kochen – dargestellt wird. Die oberen Reliefs widmen sich dem Leben Buddhas, zeigen ihn mit Ohrringen und Halskette, wie er von Pilgern beschenkt wird und Musiker dazu aufspielen. Auf den kleinen Stupas sind meditierende Buddhas abgebildet. Der große Stupa an der Spitze ist jedoch leer, denn er symbolisiert das *nirvana*, die Aufhebung der ichbezogenen Existenz. Wer hier oben steht, über sich nur noch den Himmel und vor sich in der Ferne den Merapi sieht, fühlt sich plötzlich befreit.

Für Indonesier ist der Ort ein beliebter Treffpunkt, um Musik zu machen oder mit Freunden spazieren zu gehen – aber kein Heiligtum mehr. Dennoch bleibt dem Besucher auf der Rückfahrt durch die tropische Landschaft das Gefühl, eine göttliche Erscheinung gehabt zu haben.

ANREISE
Die Costa de la Luz liegt rund 130 Kilometer von Sevilla entfernt an der Südspitze Spaniens am Atlantik. Internationale Flüge landen auf den Flughäfen von Sevilla und Jerez de la Frontera.

VOR ORT UNTERWEGS
Gute Zugverbindungen bestehen zwischen Madrid, Sevilla, Jerez de la Frontera und Cádiz, darüber hinaus braucht man jedoch ein Auto.

WETTER
Der August zählt zu den heißesten Monaten, die Durchschnittstemperatur liegt bei 29 °C. Dank der starken Atlantikwinde kühlt es nachts auf rund 18 °C ab. Gelegentlich gibt es Stürme.

ÜBERNACHTEN
Hotel Sindhura in den Hügeln über Cádiz, schöner Blick auf die Umgebung; Familienzimmer ab 100 €; www.hotelsindhura.com

Hotel Casa Grande, ein reizendes Haus in der Altstadt von Jerez; Familienzimmer ab 125 €; www.casagrande.com.es

Hotel Porfirio, nur einen Katzensprung vom Zahara Beach entfernt, mit exzellentem traditionellem Restaurant; Familienzimmer ab 150 €; www.hotelporfirio.com

ESSEN GEHEN
Zu den Höhepunkten der einheimischen Küche zählen die frischen Fischgerichte und Meeresfrüchte, besonders der absolut fangfrische, puristisch am Grill zubereitete Thunfisch.

KOSTEN FÜR EINE VIERKÖPFIGE FAMILIE
280–310 € pro Tag inklusive Unterkunft, Verpflegung, Eintrittsgelder und Mietwagen.

INFORMATION
www.andalucia.com

Großes Bild: Kitesurfen an der Costa de la Luz
Oben (von oben nach unten): Arcos de la Frontera auf einer Klippe; steile Treppengasse in Arcos de la Frontera; Pferde im Sumpf des Parque Nacional de Doñana

Im Land des Sherrys

Die rechteckigen Häuser und hohen Kirchen, die sich auf den einsamen Hügeln und Felsen des südlichen Andalusiens drängen, sehen von der Ferne wie Spielzeugsteine aus. Blendend weiß mit roten Ziegeldächern heben sich die *pueblos blancos*, die nach alter maurischer Tradition einheitlich getünchten »weißen Dörfer«, in der glühenden Hitze vom leuchtend blauen Himmel ab. Der Beiname *de la Frontera* zeugt von den Zeiten, als hier tatsächlich die Grenze zwischen den Christen und Muslimen auf der Iberischen Halbinsel verlief. Damals wurden die Dörfer als halbe Festungen an Stellen angelegt, die scheinbar jeder Logik spotten. Jedes Dorf besteht aus einem Labyrinth enger Gassen. Rote Blumen bilden einen starken Kontrast zum Weiß der Häuser. Weit unten am Meer liegt die Costa de la Luz, die ihren Namen ihrem fantastisch klaren Licht verdankt. An den breiten Stränden donnert die Brandung des stets windumtosten Atlantischen Ozeans.

Die Geschichte des Sherry

Der typische Geschmack des Sherrys wird in der Regel auf die seltenen weißen *Albariza*-Böden an der Mündung des Guadalquivir zurückgeführt. Echter Sherry wird nur in Jerez und den nahen Ortschaften Sanlúcar de Barrameda, Chipiona und Puerto de Santa María produziert. Die Großproduktion stand immer mit englischen Handelshäusern in Verbindung, daher die englischen Namen von vielen Sherrybaronen. Kräftige Sherrys wie *olorosos* und *amontillados* gehen vor allem in den Export, in der Region bevorzugt man die leichteren *finos*.

Oben: Kinder spielen am klaren Meer bei Cádiz

Andalusische Vielfalt

Die Region bietet eine einzigartige Kombination aus weiten Stränden, Surfplätzen, wilder Landschaft, weißen Bergdörfern, vielfältiger andalusischer Kultur und köstlicher Küche. Sie ist im Sommer gut besucht, in der Regel aber nicht überlaufen. Eine Woche reicht, um die wichtigsten Attraktionen kennenzulernen.

Eine Woche Sonne und Strand

TAG 1

In Jerez nehmen Sie um 11 Uhr an einer Führung durch die Königlich-Andalusische Reitschule teil, mittags bewundern Sie die Hohe Schule der Reitkunst.

Nach dem Mittagessen und einem kleinen Sherry *fino* besichtigen Sie die Kathedrale und die maurische Festung, abends gehen Sie auf den *paseo* (Bummel).

TAG 2–3

Von Sanlúcar de Barrameda fahren Sie um 10 Uhr mit dem Boot in den Parque Nacional de Doñana, den Sie auf geführten Wanderungen erkunden können. Danach fahren Sie weiter in den Hafenort Chipiona.

Nachmittags erkunden Sie einige der *pueblos blancos*, die sich auf Hügeln und an steilen Klippen befinden: Fahren Sie nach Osten nach Arcos de la Frontera und wandern Sie durch die Eichenwälder bei El Bosque nach Ubrique hinauf. Oder Sie lassen an einem Strand die Seele baumeln und bauen eine Sandburg.

TAG 4–5

Heute geht es nach Süden durch Medina Sidonia nach Vejer de la Frontera mit seinen alten maurischen Stadttoren und weiter zum endlosen Strand von Zahara de los Atunes, wo Sie den Nachmittag verbringen.

Von Tarifa unternehmen Sie einen Bootsausflug zum Walebeobachten in der Straße von Gibraltar. Danach gehen Sie zum Windsurfen oder reiten in den Dünen.

TAG 6

Heute steht die reine Entspannung am Strand auf dem Programm. Abends gibt es frischen Fisch am Meer.

TAG 7

Auf der Fahrt zum Flughafen essen Sie in Cádiz mit Blick auf den Hafen und das blaue Meer zu Mittag.

Dos & Don'ts

- ✓ Gewöhnen Sie sich an den spanischen Rhythmus – Mittagessen ab 14 Uhr, Abendessen in Restaurants nach 21 Uhr.
- ✓ Verwenden Sie Sonnencreme mit hohem Lichtschutzfaktor. Die Kombination aus Sonne und Wind ist sehr intensiv.
- ✓ Besuchen Sie die Hofreitschule in Jerez de la Frontera dienstags, donnerstags oder freitags, an diesen Tagen finden Vorführungen statt.
- ✗ Lassen Sie sich von den Windsurf-Profis in Tarifa nicht entmutigen – stellen Sie sich trotzdem aufs Brett.

Die Costa de la Luz ist weit weniger touristisch als die spanische Mittelmeerküste, weist jedoch eine größere landschaftliche Vielfalt auf. Einen starken Kontrast bieten auch die beiden größten Städte der Region: In der einstigen maurischen Festung Jerez de la Frontera, der Hauptstadt des Sherrys, verströmen viele elegante *bodegas* das Flair kultivierten Luxus. Im Seehafen Cádiz, der ältesten Stadt Westeuropas, beschwört die salzige Luft die Zeit der Entdeckungsreisen herauf. Im Norden leben auf der anderen Seite des Guadalquivir in dem weiten Feuchtgebiet Coto de Doñana Luchse, Flamingos und viele andere seltene Tiere. Im Süden ziehen sich lange Strände bis zur alten Maurenzitadelle von Tarifa. Die Meerenge, wo Atlantik und Mittelmeer aufeinandertreffen, ist ein beliebter Platz von Walen und Delfinen. Eine Bootsfahrt von Tarifa zum Tummelplatz der Meeressäuger bietet vor der Kulisse der marokkanischen Berge ein unvergessliches Erlebnis.

Die Costa de la Luz bietet jedoch nicht nur viele Sehenswürdigkeiten, sondern ist auch ideal zum Entspannen. Küstenorte wie Zahara de los Atunes sind bis heute Fischerdörfer geblieben, in denen Sie lokale Delikatessen und eine unverkrampfte Freundlichkeit genießen können.

ANREISE
Mosambik liegt an der Küste von Südost-Afrika. Der nächste internationale Flughafen ist im südafrikanischen Johannesburg. Häufige Flugverbindungen bestehen zwischen Johannesburg und Mosambiks Hauptstadt Maputo.

VOR ORT UNTERWEGS
Von Maputo gehen Inlandsflüge zum Bazaruto Archipelago und ins nördlich gelegene Pemba. Von dort erreicht man die Quirimbas-Inseln mit dem Charterboot oder einem kleinen Flugzeug.

WETTER
Der August ist in Mosambik sonnig und trocken, mit Tagesdurchschnittstemperaturen von 24 °C.

ÜBERNACHTEN
Hotel Polana in Maputo, gepflegter Luxus im Kolonialstil, Doppelzimmer ab 110 €; www.serenahotels.com

Benguerra Lodge im Bazaruto-Archipel, behaglich-luxuriöse Insel-Chalets, Doppelzimmer ab 550 € mit Vollpension; www.benguerra.co.za

O Escondidinho, auf Ilha de Moçambique, einfach, Doppelzimmer ab 35 €; www.ilhatur.co.mz

Vamizi Island Lodge im Quirimbas-Archipel, romantisch und abgelegen, Doppelzimmer ab 370 € mit Vollpension; www.vamizi.com

ESSEN GEHEN
Köstlichen gegrillten Fisch und Meeresfrüchte gibt es ab 7 €. Auf den Inseln isst man am besten in den Lodges.

KOSTEN FÜR ZWEI PERSONEN
200–380 € pro Tag inklusive Übernachten, Verpflegung und Unterhaltung.

INFORMATION
www.mozambiquetourism.co.za

Ilha de Moçambique

Die Ilha de Moçambique ist ein Schmelztiegel der Kulturen: Hier stehen Kolonialgebäude aus dem 17. Jahrhundert neben bescheidenen Schilfhütten. Der Muezzin ruft in Moscheen neben Hindu-Tempeln zum Gebet, Daus segeln auf alten Seerouten. Der Wohlstand der Insel hielt bis Ende des 19. Jahrhunderts, als der Gold- und der Diamantenboom in Südafrika neue Häfen entstehen ließen und die Ilha de Moçambique mehr und mehr verarmte. Die Insel verfiel langsam, bis sie 1991 zum UNESCO-Welterbe erklärt wurde.

Afrikanische Schatzinseln

Mosambik lag lange vollkommen abseits der bekannten Reisepfade – mittlerweile gilt es zunehmend als eines der anspruchsvollsten und schönsten Ziele in Afrika. Das Land lockt mit einer herrlichen Küste, unberührten Inseln mit weißen Sandstränden und Palmen und den Relikten einer jahrhundertealten Handelsgeschichte mit weit entfernten Zentren wie Goa, Macao und Maskat.

Die am einfachsten zu erreichende Inselgruppe ist der Bazaruto-Archipel. Aus der Luft gesehen bietet er ein hypnotisierendes Farbenspiel aus leuchtendem Türkis und tiefem Blau, Grün- und Jadetönen und dazu im schönen Kontrast weiß schimmernden Sandbänken und Stränden. Etwa 1400 Kilometer weiter im Norden erstreckt sich der Quirimbas-Archipel. In früheren Zeiten waren die Inseln bekannte Handelszentren für Elfenbein und Walrat, heute locken hier eine Handvoll exklusiver und romantischer Luxushotels Taucher und Urlauber an.

Großes Bild: Fischernetze liegen zum Trocknen vor einer Kirche auf der Ilha de Moçambique

Das Alltagsleben verläuft auf den Inseln noch weitgehend wie vor Jahrhunderten. Mit bunten, zu Röcken und Kopftüchern gewickelten *capulanas* bekleidete Frauen sammeln im flachen Wasser Muscheln, Handwerker bauen mit uralten Techniken Daus, Fischer holen ihren Fang in den handgeknüpften Netzen ans Ufer. Die Tage beginnen hier mit zarten Rosatönen, in die der Sonnenaufgang den Himmel über dem Indischen Ozean taucht.

Zwischen dem Bazaruto- und dem Quirimbas-Archipel liegt die kleine Ilha de Moçambique, einst ein wohlhabender Hafen an der Handelsroute entlang der afrikanischen Ostküste. Heute sind die leeren Straßen der alten Stone Town nur noch ein Schatten einstiger Größe, und die mit Spinnweben überzogenen Kirchen wachen über ruhige *praças* (Plätze). Mosambiks Hauptstadt Maputo ist von diesen Inselidyllen geografisch und kulturell weit entfernt. An seinen Alleen stehen blühende Bäume, zwischen modernen Wohnblöcken vereinzelt Bauten aus der Kolonialzeit. Die treibenden Rhythmen latino-afrikanischer Musik prägen das Nachtleben. Noch ist Mosambik ein verborgener Schatz auf dem afrikanischen Kontinent, der auf Entdeckung wartet.

Oben: Türkisfarbenes Wasser im Bazaruto-Archipel

Oben (von oben nach unten): Zentralmarkt in Maputo; Makua-Frau mit weiß bemaltem Gesicht

Unten (von oben nach unten): Taucher mit Geflecktem Riesenbarsch und Feuerfisch vor der Küste von Mosambik; junge Impalas

Inselparadiese

Mosambik zählt zu Afrikas aufregendsten Reisezielen und ist reizvollerweise vom Tourismus noch relativ unberührt. Sie brauchen mindestens sieben bis acht Tage, um einen kleinen Eindruck vom Land zu erhalten und auf den Inseln zu entspannen. Der August bietet schönes Wetter und ideale Tauchbedingungen.

Acht Tage Entspannung in Afrika

TAG 1

In Maputo ruhen Sie erst im Hotel aus, dann mieten Sie sich eine *laranjinha*, eine knallgelbe oder -rote Motor-Rikscha, für eine Rundfahrt durch die Stadt. In Maputo gibt es schönes Kunsthandwerk, etwa auf dem Markt vor dem Hotel Polana – vergessen Sie nicht zu handeln. Später genießen Sie die Atmosphäre der Stadt in einem Straßencafé.

TAG 2

Besuchen Sie das Nationale Kunstmuseum, den Núcleo de Arte oder das Atelier des Künstlers Malangatana in der Vorstadt. Mieten Sie einen Oldtimer für eine Tour durch Maputos Nachtleben.

TAG 3

Frühmorgens bringt Sie ein Flug zum Bazaruto-Archipel, wo Sie mit etwas Glück Dugongs (Seekühe) beobachten können. Oder Sie fliegen Richtung Norden nach Pemba und von dort auf eine der 32 traumhaften Koralleninseln des Quirimbas-Archipels. Preiswerter bleiben Sie jedoch in Pemba und machen nur Tagesausflüge auf die Inseln.

TAG 4–5

Perfekte Insel-Entspannung mit Tauchen, Strandwandern, Sonnenbaden und Faulenzen in der Hängematte. Abends genießen Sie beim Candle-Light-Dinner am Strand Meeresfrüchte und die fantastische Ruhe.

TAG 6–8

Ein Charterflug bringt Sie auf die Ilha de Moçambique. Dort bewundern Sie an der Nordostspitze den Sonnenuntergang über der massiven Festung São Sebastião und dem restaurierten Gouverneurspalast. Bei Sonnenaufgang schauen Sie im Südwesten zu, wie die Fischer am Strand ihre Netze reparieren. Bevor Sie zum Festland zurückkehren, besuchen Sie die alte Stadt Makuti.

Dos & Don'ts

- ✓ In den meisten Lodges hängen Moskitonetze über den Betten – achten Sie darauf, dass Sie unter dem Netz schlafen.
- ✓ Nehmen Sie möglichst eine Visa Card mit, sie wird von Geldautomaten am häufigsten akzeptiert.
- ✓ Viele Hotelangestellte sprechen Englisch, lernen Sie aber trotzdem ein paar Brocken Portugiesisch.
- ✗ Tragen Sie Strandkleidung auf keinen Fall in den Straßen.
- ✓ Wer wenig Zeit hat, sollte sich auf den Süden oder auf den äußersten Norden Mosambiks beschränken.

ANREISE
Den 16 Kilometer vom Bartlett Cove Park entfernten Gustavus Airport erreicht man vom 95 Kilometer entfernten Juneau International Airport. Fährverbindungen bestehen zwischen Juneau, Gustavus und Bartlett Cove, viele Besucher reisen auf Kreuzfahrtschiffen an.

VOR ORT UNTERWEGS
Shuttle-Busse fahren von Gustavus zum Bartlett Cove Park. Tiere sieht man besten von Kreuzfahrtschiffen, Ausflugsbooten und Kajaks.

WETTER
Im August ist die Glacier Bay kühl und oft regnerisch, mit gelegentlichen sonnigen Abschnitten.

ÜBERNACHTEN
Im nahen Gustavus gibt es B&Bs, Gästehäuser und Lodges, etwa Annie Mae Lodge, Doppelzimmer ab 90 €; www.anniemae.com

Im Park kann man zelten oder in der Glacier Bay Lodge, Bartlett Cove, übernachten, ab 280 € pro Person mit Vollpension und Tageskreuzfahrt in die Glacier Bay; www.visitglacierbay.com

In Juneau: hervorragendes Alaska Wolf House B&B, ab 85 €; www.alaskawolfhouse.com

ESSEN GEHEN
Mahlzeiten gibt es in der Glacier Bay Lodge, auf Kreuzfahrtschiffen und Tagesausflügen sowie in zahlreichen Lokalen und Läden in Gustavus.

KOSTEN FÜR KREUZFAHRTEN
Kreuzfahrten kosten zwischen 160 und 320 € pro Tag. Individualreisende brauchen ab etwa 200 € pro Person und Tag (ohne 100–160 € für Fähren oder Flüge).

INFORMATION
www.nps.gov/glba

Tsunami in der Lituya Bay

Nach einem Erdbeben der Stärke 8,3 am 9. Juli 1958 sahen die Besatzungen von drei Fischerbooten, wie eine riesiger Teil der Felswand des Gilbert Inlet abbrach und in der Lituya Bay den höchsten jemals aufgezeichneten Tsunami auslöste. Die bis zu 500 Meter hohe und 320 Stundenkilometer schnelle Welle zermalmte die Schiffe *Badger* und *Dunmore,* nur die Crew der *Badger* überlebte. Die *Edrie* sah die Gefahr noch rechtzeitig kommen, fuhr in die Welle und darüber hinweg – und konnte sich wie durch ein Wunder retten.

Großes Bild: Kreuzfahrtschiff in der Glacier Bay

Oben (von links nach rechts): Mit dem Kajak auf dem Alsek Lake; Wanderer nahe Fern Harbor, Glacier Bay National Park

Oben: Buckelwale beim Synchronspringen, Reid Inlet

Zurück in die Eiszeit

Kapitän George Vancouver, der die Gewässer der Icy Strait 1794 kartografierte, hätte in etwa einer Stunde die ganze Glacier Bay erkunden können. Zu seiner Zeit war die Einbuchtung des 160 Kilometer langen, 32 Kilometer breiten und 1350 Meter dicken Grand Pacific Glacier gerade einmal acht Kilometer lang. In den folgenden 200 Jahren wurde sie immer größer. Als John Muir 1879 die Bucht erreichte, war sie schon 50 Kilometer tief. Heute, da der Gletscher weiter geschmolzen ist, erstreckt sich die Glacier Bay über 115 Kilometer.

Auf den Gebieten, die durch das Abschmelzen des Gletschers von der Eisdecke befreit wurden, entwickelte sich ein dynamisches Ökosystem: Pflanzen und Tiere erobern die Ödnis langsam zurück. Die Fahrt in die Glacier Bay wird so zu einer Zeitreise in die letzte Eiszeit. Am Eingang der Bucht stehen in der Bartlett Cove ausgewachsene Fichten und Hemlocktannen auf einer Schicht fruchtbarer Erde. Tiefer in der Bucht werden die Pionierpflanzen jünger und spärlicher. Der Fels tritt immer stärker hervor, bis man mit dem Boot die Gletscherzunge des Grand Pacific Glacier erreicht, die auf Land hinter einer unfruchtbaren Endmoräne liegt.

In der sich ständig verändernden Wildnis lebt eine vielfältige Tierwelt. An einem guten Tag sehen Bootspassagiere die Atemfontänen von Walen, beobachten verspielte Seeotter und Weißkopfseeadler, die ihre Kreise ziehen, und entdecken vielleicht sogar einen Braunbären, der am Ufer auf der Suche nach Leckerbissen dahintrottet. Wenn das Boot den Margerie Glacier erreicht, wird es wirklich spannend: Ab und zu löst sich ein riesiger Eisblock von der Gletscherzunge und rutscht scheinbar lautlos ins Meer. Sekunden später kommt dann das Donnern des abbrechenden Eises an, und man kann warten, bis sich kurz danach das Boot wie ein Korken auf dem Wasser zu heben und senken beginnt. Eine aufregendere Lehrstunde in Wellenphysik ist wohl kaum vorstellbar.

Pflanzen und Tiere erobern die Ödnis langsam zurück. Die Fahrt in die Glacier Bay wird so zu einer Zeitreise in die letzte Eiszeit.

Unten (von links nach rechts): Braunbär auf Nahrungssuche an der Küste, Glacier Bay; Blumen in der Glacier Bay **Kleines Bild links:** Kalbender Gletscher

Gletschertour

Die Glacier Bay bietet Naturforschern einen faszinierenden Einblick über die Verhältnisse kurz nach der Eiszeit. Reisende finden es am spannendsten, wenn hausgroße Eisblöcke ins Wasser krachen oder springende Buckelwale scheinbar die Schwerkraft überwinden. Der August ist mit seinen langen kühlen Tagen eine ideale Reisezeit für die Bay.

Fünf Tage in der Eisbucht

TAG 1

In Alaskas Hauptstadt Juneau besuchen Sie das Alaska State Museum und das Last Chance Mining Museum.

Später genießen Sie bei einer Fahrt mit der Mount Roberts Tramway den Blick auf Juneaus Umgebung.

TAG 2

Ein aufregender Hubschrauberflug bringt Sie morgens zum Juneau Icefield, danach fahren Sie nach Norden zum Mendenhall Glacier. Unterwegs besuchen Sie die Alaska Brewing Company und die Glacier Gardens.

TAG 3

Fliegen Sie nach Gustavus oder fahren Sie mit der Fähre nach Bartlett Cove. Dort erkunden Sie den Regenwald, halten nach Wildtieren Ausschau und sichten am Meer vielleicht Buckelwale, Zwergwale oder Orcas.

TAG 4

Ein Tagesausflug in die Glacier Bay bringt Sie an turmhohen Klippen und vereisten Gipfeln vorbei zum Margerie Glacier, wo Sie beeindruckt beobachten können, wie der Gletscher gigantische Eisblöcke kalbt.

TAG 5

Bei einer geführten Kajaktour zu den Beardslee Islands entdecken Sie kleine abgeschiedene Buchten, sehen Bären, Robben und farbenprächtige Gezeitentümpel. Mit einem kleinen Boot auf dem Meer spüren Sie die Natur wirklich hautnah.

Dos & Don'ts

- ✓ Informieren Sie sich vorab über das Verhalten von Eis und Gletschern. Wenn ein Gletscher kalbt, ist es ihm egal, ob er dabei von unten bewundert wird. Boote, vor allem Kajaks, sollten mindestens 500 Meter Abstand halten.
- ✗ Sprühen Sie sich nicht mit Pfefferspray ein in der Hoffnung, so Bären abzuschrecken. Spray ist nur ein allerletztes Mittel, das man angreifenden Bären in die Augen sprüht.
- ✓ Bringen Sie ein gutes, wirksames Insektenschutzmittel mit, das Sie vor den Schwärmen an der Küste rettet.
- ✓ Informieren Sie die Park Ranger über Ihre Route, wenn Sie im Hinterland zum Wandern oder Kajakfahren gehen. Unternehmen Sie längere Ausflüge nie allein.

ANREISE
Kandy liegt im zentralen Sri Lanka. Internationale Flüge landen in der 116 Kilometer entfernten Hauptstadt Colombo. Vom Flughafen fahren Busse, Züge und Taxis nach Kandy.

VOR ORT UNTERWEGS
Kandy ist leicht zu Fuß zu erkunden, ansonsten gibt es Tuk-Tuks (Motor-Rikschas) und Taxis.

WETTER
In August liegen die Temperaturen zwischen 21 und 28 °C. In Kandy ist es kühler und regnerischer als an der Küste.

ÜBERNACHTEN
Spica Holiday Home, ein kleines behagliches Guesthouse mit schönem Panoramablick, Doppelzimmer ab 18 €; www.spica.go2lk.com

Hotel Tree of Life, ökologisch bewusstes Resort mit ungewöhnlicher Architektur, Doppelzimmer ab 60 €; www.hoteltreeoflife.com

Mahaweli Reach, nahe dem Tempel des Zahns, hübsche Zimmer mit Fluss- oder Gartenblick, Doppelzimmer ab 100 €; www.mahaweli.com

ESSEN GEHEN
Zur typischen Küche Sri Lankas gehören scharfe Currys, Reis und Gerichte mit Hühnchen und Fisch. Dazu wird oft *sambol* (eine Mischung aus Kokosnuss, Chilis und Gewürzen) gereicht. Eine typische Mahlzeit kostet rund 3 €.

KOSTEN FÜR ZWEI PERSONEN
80–140 € pro Tag inklusive Unterkunft, Verpflegung, Fahrten vor Ort und Eintrittsgelder.

INFORMATION
www.kandycity.org

Die Legende des Zahns

Der Tempel der heiligen Zahnreliquie (Sri Dålada Måligåwa) ist Kandys Hauptattraktion. Er beherbergt eine heilige buddhistische Reliquie – den oberen linken Eckzahn Buddhas. Der Legende zufolge wurde der Zahn nach der Verbrennung des Leichnams vom Scheiterhaufen gerettet. 313 n. Chr. verbarg der König von Kalinga den Zahn, um ihn vor Feinden zu schützen, im Haar seiner Tochter. Die brachte ihn so unbeschadet nach Sri Lanka.

Oben: Panoramablick auf eine Teeplantage in den Bergen von Matale bei Kandy

Buddhas heiliger Zahn

Der berühmte Zahntempel in Kandy, der alten Hauptstadt des letzten singhalesischen Königreichs, bewahrt als Heiligtum einen Eckzahn von Buddha auf. Der Tempel ist das ganze Jahr über Ziel von Pilgern, die mit weißen Blüten geschmückt und in weiße Tücher gehüllt sind. Letztere müssen unbefleckt sein, d. h. sie dürfen auch keine Nähte haben.

Der hölzerne Originaltempel unterstand 1687–1707 den Königen von Kandy und wurde in den Kolonialkriegen des 18. Jahrhunderts zerstört. Später errichtete man in idyllischer Lage am Kandy Lake ein zurückhaltendes Gebäude-Ensemble aus Stein, in dem die Innenräume mit kunstvollen Lackmalereien, Elfenbein- und Holzintarsien das nüchterne Äußere Lügen strafen. Vier Elefantenstoßzähne bewachen den Schrein, in dem der in eine goldene Lotusblüte gebettete Zahn in einem mit Juwelen besetzten Kästchen aufbewahrt wird. Auf dem Gelände steht auch der frühere Königspalast.

Während des Vollmonds im späten Juli oder frühen August wurde der Zahn früher bei einer feierlichen Prozession auf einem geschmückten Elefanten für alle sichtbar präsentiert. Heute verlässt er den Tempel nicht mehr, stattdessen führt eine Prozession mit Fackelträgern, Feuertänzern, Jongleuren, Musikern, Elefanten, Akrobaten und Adligen in traditionellen Gewändern zum Tempel, um die Reliquie zu verehren. In der zehnten und letzten Nacht der Feierlichkeiten umkreisen Abertausende Gläubige mit einer brennenden Kerze in der Hand den Schrein.

Diese »Esala Perahera« genannten Feierlichkeiten sind das größte buddhistische Fest der Welt und ziehen jedes Jahr fast eine Million Menschen in ihren Bann. Da auch tamilische Hindus und Christen mitfeiern, ist das Fest mit der Zeit zu einem Teil der gemeinsamen Kultur geworden. In einer eigenen Zeremonie verpflichten sich die politischen Führer, den Menschen zu dienen und das Heiligtum zu beschützen. Der Tempel ist sowohl für den Mahayana- als auch für den Theravada-Buddhismus von Bedeutung und wurde 1988 von der UNESCO in das Welterbe aufgenommen.

Großes Bild: Festlich geschmückte Elefanten kurz vor der Esala-Perahera-Prozession
Unten (von links nach rechts): Elefantentränke im Pinnewala Elephant Orphanage außerhalb von Kandy; traditionelle Kandyan-Tänzer mit *Geta-Bera*-Trommel; Zahntempel am Kandy Lake

Oben: Tänzer mit wirbelnder Fackel bei Esala Perahera

JAN FEB MÄRZ APR MAI JUNI JULI **AUG**

Fest mit Elefanten

Der August ist in Kandy angenehm, da es weniger regnet und die Stadt wegen Esala Perahera vor Festfreude vibriert. Ein Höhepunkt ist die Prozession, an der Elefanten, Tänzer und Trommler teilnehmen. Obwohl das Fest zehn Tage dauert, reichen sechs Tage, um zu feiern und die Sehenswürdigkeiten zu besichtigen.

Sechs Tage in den Bergen

TAG 1 Von Colombo fahren Sie mit dem Taxi oder Überlandbus nach Kandy. Bewundern Sie die schöne Lage der Stadt und wandern Sie um den friedvollen See.

TAG 2 Heute erkunden Sie die gemächliche alte Stadt Kandy, entdecken die typische Architektur und bummeln über die Märkte und durch die alten Läden des Zentrums. Nach dem Mittagessen schauen Sie sich die Zeremonien im Zahntempel an.

TAG 3 Mit dem Mietwagen fahren Sie zum 40 Kilometer westlich von Kandy gelegenen Pinnewala Elephant Orphanage, in dem die weltgrößte Gruppe von Elefanten in Gefangenschaft lebt. Das Orphanage zieht nicht nur Elefantenwaisen auf, sondern ist auch Zuchtzentrum. Zurück in Kandy schauen Sie die Abendfestivitäten an.

TAG 4 Beginnen Sie den Tag mit einem Besuch der Peradenia Botanical Gardens, Sri Lankas größtem Park. Dort wachsen 4000 verschiedene Baumarten. Danach suchen Sie sich einen guten Platz, von dem Sie die Prozession zum Tempel gut sehen können.

TAG 5 Heute stehen die Teeplantagen der Umgebung auf dem Programm. Besonders beeindruckend sind die Pflanzungen bei Ella und Nuwara Eliya.

TAG 6 Besuchen Sie einige andere Tempel in Kandy, etwa den wunderschön gelegenen Hindagala Vihara oder Kandys ältesten Schrein, den Natha Devale. Nachmittags gehen Sie Souvenirs einkaufen, abends genießen Sie ein traditionelles Abendessen.

SEP OKT NOV DEZ

Dos & Don'ts

- ✓ Kaufen Sie je nach Saison Avocados an den einheimischen Marktständen – sie sind preiswert und köstlich.
- ✗ Fahren Sie nie mit einem Tuk-Tuk los, bevor Sie den Preis ausgehandelt haben, die Motor-Rikschas haben keine Taxameter.
- ✓ Kaufen Sie Pachyderm-Papier als Souvenir, es wird in der Region produziert und aus Elefantendung hergestellt.
- ✗ Posieren Sie weder vor noch neben einer Buddha-Statue – das gilt als Zeichen der Respektlosigkeit.

ANREISE
Slowenien liegt zwischen Italien, Österreich, Kroatien und dem Adriatischen Meer. Internationale Flüge landen in der Hauptstadt Ljubljana.

VOR ORT UNTERWEGS
Gute Busverbindungen bestehen zwischen fast allen Orten und Ljubljana. Die Busfahrt von Ljubljana nach Bled dauert 1:25 Stunden, nach Bohinj 1:45 Stunden und nach Bovec 3:45 Stunden. Zugverbindungen sind begrenzt.

WETTER
Im August steigen die Temperaturen regelmäßig auf etwa 25 °C, nachts liegen sie bei angenehmen 12 °C. In den Bergen kann es kälter sein.

ÜBERNACHTEN
Camping Bled, familienfreundlich, nahe Bled; ab 8 € pro Erwachsenem; www.camping-bled.com

Kamp Danica am Fluss mit Familienunterhaltung, ab 10 € pro Erwachsenem; www.bohinj.si/camping-danica

Kamp Polovnik nahe Bovec im Soča-Tal; ab 6 € pro Erwachsenem; www.kamp-polovnik.com

ESSEN GEHEN
Eine gute Mahlzeit kostet in Slowenien rund 18 € pro Person. Süßwasserfische sind die Spezialität an den Flüssen und Seen. Besonders empfehlenswert ist das preisgekrönte Restaurant Topli Val in Kobarid bei Bovec (35 €).

KOSTEN FÜR EINE VIERKÖPFIGE FAMILIE
130–200 € pro Tag inklusive Unterkunft, Verpflegung, Fahrten vor Ort, Eintrittsgelder und zwei organisierte Aktivitäten.

INFORMATION
www.slovenia.info

Die Soča-Front

Es ist schwer vorstellbar, dass einige der blutigsten Schlachten des Ersten Weltkriegs im friedvollen Soča-Tal tobten – und dass junge italienische und österreich-ungarische Soldaten den Winter in dieser gnadenlosen Winterlandschaft überlebten. Die im Mai 1915 errichtete Isonzo- (Soča)-Front verlief von der slowenischen Adriaküste bis zum Berg Rombon. Hier fanden erbitterte Schlachten statt, bis die italienische Linie im Oktober 1917 durch eine grausame Offensive fiel, bei der der deutsche Offizier Erwin Rommel mit Giftgas angreifen ließ.

Freundliche Wildnis

Slowenien ist ein Land mit hohen, schneebedeckten Berggipfeln und Gletschertälern – ideal für Familien, die gern in herrlicher Natur zelten. Am schönsten ist die beeindruckende Gebirgslandschaft jedoch im Triglav, dem einzigen Nationalpark des Landes. Die Besteigung des 2864 Meter hohen Triglav ist mittlerweile für junge Slowenen eine Art Initiationsritus geworden. Doch in Slowenien kann man weitaus mehr als nur klettern, bietet das Land doch auch sanfte Kulturlandschaften, wilde Flüsse, rauschende Wasserfälle und saubere Seen.

In einer der schönsten Gegenden des Landes liegt am Fuß des Pokljuka-Hochplateaus der Bleder See, den der slowenische Dichter France Prešeren als »das zweite Paradies, voller Charme und Liebreiz« pries. Wenn man die Marienkirche auf der kleinen Insel Blejski otok besucht, lässt sich dem kaum widersprechen. Hier, im Schutz der Burg Bled und der Berggipfel der Julischen Alpen, kann man mit Ruderbooten fahren oder auf malerischen Wegen wandern.

Großes Bild: Wassersport auf der Soča

Die örtlichen Reisebüros bieten Ausflüge in den Nationalpark an, bei denen Wanderungen, Trekkingtouren, Mountainbiken, Höhlenwanderungen und Canyoning auf dem Programm stehen. Weiter südlich liegt im unberührten Tal von Bohinj der größte See Sloweniens, der dem Tal seinen Namen gab. Er ist wie der Bleder See ein Gletschersee und wird von den schroffen Bergen des Triglav eingerahmt. Dort warten an den langen Sommertagen Bootsfahrten und Aktivitäten wie Gleitschirmfliegen, Kajakfahren und Reiten auf Sportler.

Südlich der Julischen Alpen erstreckt sich im Soča-Tal eine herrliche Wasserlandschaft zwischen zerklüfteten Berggipfeln und Laubwäldern. Dort ist die smaragdgrüne Soča das Traumziel aller Wildwasserfahrer in Europa. Wer diesen Nervenkitzel lieber auf ein andermal verschiebt, kann mit der Familie Kanu fahren oder Touren mit dem Mountainbike unternehmen.

Sloweniens Campingplätze sind in der Regel gut ausgestattet, verfügen immer über heiße Duschen und Waschmaschinen, oft auch über Sportplätze. Viele bieten für Kinder und Familien Programme an. Und intensiver als beim Zelten lässt sich diese alpine Landschaft nicht erleben.

Oben: Restauranttische in der Stari-Straße in Ljubljana

Oben (von oben nach unten): Pokljuka in den Julischen Alpen; Wandern im Triglav-Nationalpark

Unten: Sonnenuntergang am Bohinj-See

Linke Spalte (von oben nach unten): Blick auf Burg Bled am Bleder See; Schwanengondeln am Bleder See; Weg durch die Tolminska-Klamm

Alpines Camping

Im August herrscht in Slowenien perfektes Campingwetter. An schönen Sommertagen kann man die Alpenlandschaft auf verschiedene Weise erobern – beim Wandern, Mountainbiken, Bootsfahren oder auf Wildwasserfahrten. Nehmen Sie sich mindestens eine Woche Zeit, um sich hier gründlich auszutoben.

Sieben Tage Abenteuer

TAG 1 In Ljubljana bummeln Sie durch die Pflasterstraßen der Altstadt und bewundern die außergewöhnliche Architektur von Jože Plečnik, der die Stadt mit verzierten Brücken, mit dem Zentralmarkt mit Kolonnaden und mit Uferbauten verschönte.

TAG 2 Am Bleder See machen Sie eine Rundwanderung und genießen den Blick auf die Julischen Alpen. Dann picknicken Sie am See, fahren mit dem Touristenzug zur Burg oder setzen zur Marienkirche über.

TAG 3 Heute stehen Wandern oder Mountainbiken im Triglav-Nationalpark auf dem Programm. Außerdem locken die beeindruckende Tolminska-Klamm und das malerische Dorf Pokljuka.

TAG 4 Weiter südlich reizen Bohinj und eine Bootsfahrt auf dem Bohinj-See. Wer dem großen Ansturm entkommen möchte, wandert hinauf zum 78 Meter hohen Savica-Wasserfall oder fährt mit der Seilbahn auf den Berg Vogel, wo sich ein Blick über die Region eröffnet.

TAG 5 Heute geht es in die slowenische Abenteuerhauptstadt Bovec im Soča-Tal. Dort lockt der Nervenkitzel einer Rafting-Tour auf den reißenden Stromschnellen des smaragdgrünen Flusses – atemberaubend.

TAG 6–7 Auf den Spuren der Geschichte des Ersten Weltkriegs informieren Sie sich in Kobarid (Karfreit) im Kriegsmuseum über die Isonzo- (Soča-)Front und folgen dann der Frontlinie außerhalb von Bovec. Schließlich geht es zurück nach Ljubljana und zur Heimreise.

Dos & Don'ts

- ✓ Geben Sie in Restaurants mindestens zehn Prozent Trinkgeld auf die Gesamtrechnung.
- ✗ Fahren Sie nicht unvorbereitet in die hohen Berge. Nehmen Sie Kompass, warme Kleidung, Proviant und Wasser mit.
- ✓ Denken Sie daran, dass man sich in Slowenien beim Händeschütteln oder beim Zuprosten in die Augen blickt.
- ✗ Raften Sie nicht auf der Soča, außer im Rahmen einer organisierten Tour mit einem einheimischen Führer. Der Fluss ist besonders nach Regenfällen gefährlich, und kein vernünftiger Slowene wird Sie dann aufs Wasser lassen.

SEPTEMBER

Traumziele im **September**

Der September ist ideal für eine Reise zu Europas beliebtesten Zielen, denn die Sommerferien sind vorbei und die Sonnenuntergänge in Griechenland und der Türkei unvergesslich. Ein sommerliches Nachspiel kann man auch in der Provence mit seiner wunderbaren Küche erleben oder mit der prächtigen Färbung der Blätter in Vermont. In Indien und Südostasien verlieren die Regenfluten des Monsuns im September an Kraft, sind aber noch nicht ganz vorüber. Auf der Südhalbkugel fängt nun das Frühjahr an. Besonders im südlichen Afrika kann man um diese Jahreszeit ausgezeichnet Tiere beobachten. Auf dieser Doppelseite finden Sie alle im September-Kapitel vorgestellten Reiseziele sowie einige weitere Anregungen.

KULTUR UND FESTE

BEIJING Sängerin in der Chinesischen Oper

GALWAY
Irland, Europa

Internationale Party mit Austern und Guinness

Das Galway Oyster Festival lockt Besucher aus aller Welt an. Nach dem Weltrekord im Austernknacken wird mit Essen, Trinken und Tanz gefeiert.

Siehe S. 222–223

MÜNCHEN
Deutschland, Europa

Das wahrscheinlich schönste Volksfest der Welt

Das Oktoberfest findet Ende September statt, weil dann das Wetter schöner ist – als ob das im Bierzelt eine Rolle spielt.

Siehe S. 224–225

LONDON
England, Europa

Ein Schmelztiegel der Kulturen mit Museen, Märkten, Musicals

London bietet nicht nur großartige Museen und herrlichen Pomp, sondern auch erstklassige Restaurants, Pubs und Unterhaltung.

Siehe S. 232–233

»Der milde September ist ideal, um durch Londons Straßen zu streifen und das Leben der Pubs und Cafés im Freien zu erleben.«

BEIJING
China, Asien

Eine in Tradition verwurzelte Kultur rast in die Zukunft

Chinas Hauptstadt bietet Altes – Verbotene Stadt, Sommerpalast, Chinesische Mauer – und Modernes, etwa die Olympiastätten.

Siehe S. 228–229

SEATTLE
USA, Nordamerika

Amerikas größtes Fest der Popkultur

Der Sommer ist vorbei, jetzt strömen internationale Künstler nach Seattle zum größten Festival der USA für neue Musik und Kunst.

www.bumbershoot.org

UNVERGESSLICHE EINDRÜCKE

SÜDTÜRKEI Eine hölzerne *gulet* liegt in Fethiye vor Anker

NORDOST-VERMONT
USA, Nordamerika

Traumhafter Herbst im Nordosten der USA

In dieser Ecke von New England kann man die leuchtenden Herbstfarben von Ahorn, Birke und Esche besonders intensiv erleben.

Siehe S. 230–231

BHUTAN
Bhutan, Asien

Nur wenige kommen in das Königreich im Himalaya

Nur 18 000 Touristen lässt Bhutan pro Jahr einreisen. Diese Glückspilze erleben alte Tempel, fantastische Feste und Trekkingtouren.

www.kingdomofbhutan.com

LYKISCHE KÜSTE
Türkei, Europa

Auf einer *gulet* die lykische Küste entdecken

Frischer gegrillter Fisch, einsame Badeplätze, klares Meer, historische Stätten, Gastfreundschaft – eine unschlagbare Kombination.

Siehe S. 226–227

RHEIN
Deutschland, Europa

Eine Bootsfahrt auf Europas größtem Fluss

Die Flussfahrten führen von der Schweiz durch Deutschland nach Holland vorbei an alten Städten, Weindörfern und der Lorelei.

www.deutschland-tourismus.de

NAZCA
Peru, Südamerika

Ein Flug über das größte Rätsel des alten Amerika

Nur aus der Luft sind die Nazca-Linien ganz zu sehen. Die rätselhaften Figuren und Muster sind über 1000 Jahre alt.

www.peru.info

WUNDER DER NATUR

NAMIBIA Silhouetten von Köcherbäumen im Sonnenuntergang

»Wenn kein Wind durch die Namib weht, wird die Stille fast greifbar und nur gelegentlich vom Geheul einer entfernten Hyäne durchbrochen.«

NAMIB-NAUKLUFT-NATIONALPARK
Namibia, Afrika

Hier fühlt man sich wie auf einem anderen Stern

In den riesigen ockerroten Sanddünen leben erstaunlich viele ungewöhnliche Wildtiere.

Siehe S. 240–241

LAKE DISTRICT
England, Europa

Glitzernde Seen zwischen tiefgrünen Hügeln

Bei einer Wanderung auf die Berge können Sie die Lieblingslandschaft von Wordsworth und Beatrix Potter am besten erleben.

www.lake-district.gov.uk

BAY OF FUNDY
Kanada, Nordamerika

Das mächtige Meer in einer einzigartigen Landschaft

In dieser riesigen Bucht schafft der höchste Tidenhub der Welt Strudel und eine bizarre Felslandschaft, in der Wildtiere leben.

www.bayoffundytourism.com

HOHE TATRA
Slowakei, Europa

Klare Luft in unberührten Bergen schnuppern

In der außerhalb der Slowakei nur wenig bekannten Tatra leben Gemsen und Adler, man kann wandern, reiten und schwimmen.

www.tanap.sk

HERMANUS
Südafrika, Afrika

Im Mekka der Walfreunde Wale beobachten

Jedes Jahr kommen unglaublich viele Wale in die Walker Bay zum Kalben. An den Klippen stehen Tausende, um sie zu begrüßen.

www.whalefestival.co.za

Vorhergehende Doppelseite: Die Halle der höchsten Harmonie in der Verbotenen Stadt, Beijing

Wetter

❶ Das Herbstwetter in Vermont ist kühl und trocken, aber es kann auch regnen. Nur sehr selten wehen starke Winde die farbenprächtigen Blätter von den Bäumen.

❷ Der September läutet in Südamerika das Frühjahr mit angenehmen Temperaturen ein. In Perus Küstenwüste Nazca ist es etwas heißer.

❸ Im Inneren der Kalahari im südlichen Afrika ist es heiß und trocken, aber nachts sehr kalt. An der Küste ist es im Allgemeinen kühler.

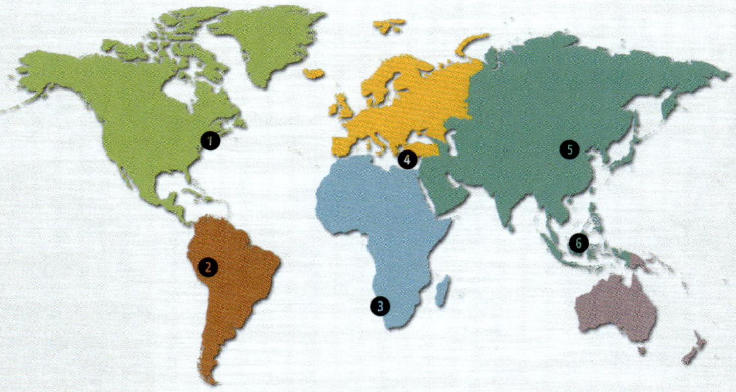

❹ Der September ist der ideale Reisemonat für das südöstliche Europa. Das Meer ist nun am wärmsten, die Temperaturen sind nicht mehr so hoch wie im Sommer, reichen aber noch für einen Sonnenbrand.

❺ In China herrscht nun schönes warmes Wetter mit sehr seltenen Regenfällen. Der Herbsthimmel ist klar, und der Wind verbläst Staub und Gestank. Ohne Wind kann sich jedoch Smog aufbauen.

❻ In den stets heißen und feuchten Tropen scheint nun zwischen warmen Schauern reichlich Sonne. Auf Borneo ist es im September mit am trockensten.

LUXUS UND ROMANTIK

SANTORIN Fira bei Nacht

DEAUVILLE
Frankreich, Europa

Der Inbegriff von Luxus und französischer Eleganz

Nach einem Strandspaziergang verwöhnen Sie sich in dem klassischen Ferienort im Schönheitssalon, mit Gourmetküche und im Casino.

www.deauville.org

SANTORIN
Griechenland, Europa

Romantische Sonnenuntergänge über der Vulkaninsel

Die leuchtenden Farben des blauen Meeres, der roten Sonne und der weißen Häuser verleihen der Insel ein überirdisches Flair.

Siehe S. 242–243

TAOS
USA, Nordamerika

Diese Stadt bietet eine ganz besondere kulturelle Mischung

Spazieren Sie durch den historischen Pueblo mit seinen Kunstgalerien und Esoterikzentren, entspannen Sie in heißen Quellen und hübschen B&Bs.

www.taosvacationguide.com

MAILAND
Italien, Europa

Shoppen und Stadtleben in Italiens Modehauptstadt

Nach dem langen Sommer reizt nun wieder das Stadtleben. In Mailand locken Designer-Läden, Kunst und gutes Essen.

www.turismo.comune.milano.it

MADEIRA
Portugal, Europa

Die schöne Insel ist ein Gartenparadies

Das Mekka der Gärtner bietet Blumen, Küste, Vulkanhöhlen, Berge und Weinberge.

Siehe S. 236–237

»Ein Paradies voller Blumen, immergrüner Wälder, Wasserfälle und sicherer Naturhäfen.«

AUFREGENDE ZIELE

BORNEO Geöffnete Samenkapseln eines Stinkbaums

TABARKA
Tunesien, Nordafrika

Großartiges Tauchen und altes arabisches Flair

Vor der kleinen Stadt liegen mit die schönsten Tauchgründe des Mittelmeers. Im September findet das Coralis-Tauchfest statt.

www.tourismtunisia.com

COLORADO
USA, Nordamerika

Spielen Sie Cowboy auf einer Ferienranch

Bei diesem Abenteuer lernen Sie auf einer Ranch richtig reiten und können zum Wandern, Angeln, Klettern und Raften gehen.

www.coloradoranch.com

BORNEO
Südostasien

Nichts ist aufregender als einen Orang-Utan zu sehen

Borneos erstaunliche Lebensräume bieten unterschiedliche, aufregende Ziele mit einer artenreichen Tier- und Pflanzenwelt.

Siehe S. 234–235

PYRENÄEN
Frankreich/Spanien, Europa

Zu Fuß vom Atlantik zum Mittelmeer

Auf kurvigen Wegen können Sie auf der französischen oder spanischen Seite des Gebirges von Meer zu Meer wandern.

www.pyreneesguide.com

RADELN IN WALES
Wales, Europa

Bergauf und bergab durch das grüne Wales

In ganz Wales verlaufen einige der besten Mountainbike-Routen der Welt. Die Strecken führen über Berge mit endloser Aussicht.

www.mbwales.com

FAMILIENURLAUB

PROVENCE Radtour durch die bäuerliche Landschaft

»Die Sommerhitze ist vorbei, der Himmel klar, das Mittelmeer noch warm, die Felder sind golden und die Weintrauben reif.«

PROVENCE
Frankreich, Europa

Inspiration für Künstler, Historiker und Bonvivants

Entdecken Sie römische Monumente und Renaissance-Architektur, danach gönnen Sie sich ein Picknick mit allem Drum und Dran.

Siehe S. 238–239

PARC ASTÉRIX
Frankreich, Europa

Ein typisch französischer Themenpark

Dieser Themenpark basiert auf den Figuren der Comicreihe *Asterix und Obelix*. Ein großer Spaß nicht nur für kleine Gallier.

www.parcasterix.fr

MALLORCA
Spanien, Europa

Ein heiterer Monat auf der beliebten Ferieninsel

Die Hauptsaison ist vorbei, nun ist es besonders schön, im warmen Meer zu schwimmen, in Cafés zu sitzen und Ausflüge zu machen.

www.illesbalears.es

COUNTY CORK
Irland, Europa

Schöne Strände, hohe Klippen und hübsche Fischerdörfer

Im friedvollen County Cork locken leere Strände, eine schöne Landschaft und Fungie, der Delfin in der Dingle Bay.

www.county-cork.com

LAKE GEORGE
USA, Nordamerika

Ein idealer Feriensee im Bundesstaat New York

Im Herzen der Adirondacks finden sich Campingplätze, elegante Hotels, Badeplätze, Wanderwege, Segelboote und vieles mehr.

www.visitlakegeorge.com

ANREISE
Galway liegt an der Westküste von Irland 215 Kilometer von Dublin entfernt. Von dort gehen Inlandsflüge zum Flughafen Galway. Das sechs Kilometer entfernte Zentrum ist mit Zug und Bus zu erreichen.

VOR ORT UNTERWEGS
Die Stadt ist leicht zu Fuß, mit Taxis und Bussen zu erkunden. Für Ausflüge bieten sich Mietwagen an.

WETTER
Der September ist in der Regel mild, die Durchschnittstemperatur liegt bei 13 °C. Es ist oft sonnig, aber mit Regen ist zu rechnen.

ÜBERNACHTEN
Sea Breeze Lodge, ein gemütliches Guesthouse an der schönen Galway Bay, Doppelzimmer ab 90 €; www.seabreezelodge.org

Jurys Inn, in zentraler Lage nahe dem Spanish Arch, Doppelzimmer ab 115 €; www.jurysdoyle.com

The g Hotel, neues, schickes Fünf-Sterne-Haus, Doppelzimmer ab 170 €; www.theghotel.ie

ESSEN GEHEN
Fisch und Meeresfrüchte sind die Spezialität. Empfehlenswert sind McDonaghs in der Quay Street (Hauptgerichte ab 20 €) oder außerhalb der Stadt St Cleran's in Craughwell.

KOSTEN FÜR ZWEI PERSONEN
240–300 € pro Tag inklusive Übernachten, Verpflegung, Fahrten vor Ort, Festivalkarten.

INFORMATION
www.galwayoysterfest.com

Claddagh-Ring

Der Dekor des Claddagh-Rings zeigt typischerweise zwei Hände, die ein Herz halten. Der Ring ist ein Symbol der Liebe und Freundschaft. Man trägt ihn so, wie es dem eigenen Liebesleben entspricht. Ein Ring an der rechten Hand, bei dem das Herz mit der Spitze zum Fingernagel zeigt, bedeutet, dass man noch frei ist. Zeigt das Herz zum Träger des Rings, bedeutet es, dass man vergeben ist.

Austern und schwarzer Stoff

Austern und Guinness sind die Grundnahrungsmittel der Gäste des viertägigen Galway Oyster Festival, das in der charmanten irischen Stadt jährlich Ende September stattfindet. Höhepunkt des Festes, das 2011 zum 57. Mal stattfindet, sind die Weltmeisterschaften im Austernöffnen – die Guinness World Oyster Opening Championships. Der Schwerpunkt liegt auf Spaß, Essen und selbstverständlich dem Trinken des Nationalgetränks Guinness. Nach Monaten mit Sommerfesten und *fleadhs* (Musikfestivals) gibt es noch mehr als genug Bedarf nach *craic* (Spaß), um auch das letzte Fest der Saison nicht zu versäumen. Das Festival gilt als eines der besten der Welt, es zieht jedes Jahr viele Besucher aus Übersee an. Die offiziellen Veranstaltungen sind immer ausverkauft.

Im Mittelpunkt stehen die einheimischen Austern, die noch immer wild in der Galway Bay wachsen. Nachdem die Austern in den Händen derjenigen leiden mussten, die am Samstagnachmittag hektisch versuchen, den Weltrekord im Austernöffnen zu brechen, werden sie danach mit gebüh-

Großes Bild: Festbesucher feiern im Festzelt beim Galway Oyster Festival

render Achtung im Festzelt an der Mündung des Claddagh serviert. Hier liegt auch der älteste Teil der Stadt, die Heimat des berühmten Claddagh-Rings. Da bei dem ganzen Ereignis der Glamour eine wichtige Rolle spielt, sind High Heels und *haute couture* zwischen dem Torbogen Spanish Arch und dem Festzelt am Nimmo's Pier ein häufiger Anblick.

Galway ist günstig im Herzen von Westirland gelegen. Die meisten der 12 000 oder mehr Festbesucher genießen ihre Reise in vollen Zügen und strömen fröhlich in das Festzelt auf der Suche nach dem wahren irischen Lebensgefühl.

Vor den Toren Galways harren die Aran Islands, Connemara und The Burren ihrer Entdeckung. Nehmen Sie die Fähre zum Archipel der drei kleinen Aran-Inseln, auf denen vorzugsweise noch Gälisch gesprochen wird und das Leben mehr der traditionellen Gangart folgt. Bei einem Spaziergang über die Felder an der beeindruckenden Felsenküste werden ihre vielleicht vom Guinness getrübten Sinne ganz sicher wieder zum Leben erweckt. Danach kehren Sie in einer gemütlichen Bar ein und wärmen sich auf. Der *craic* kann wieder von vorne losgehen.

Oben: Während des Oyster Festival sprüht Galway vor Leben

Oben (von oben nach unten): Blick auf den Claddagh Quay; der Bergzug Twelve Ben in Connemara; das Festessen: Austern und Guinness

Unten: Teilnehmer an den World Oyster Opening Championship beim Austernöffnen

Austernzeit

Das Galway Oyster Festival gilt als das älteste Festival in Irland und wird bei Feierwütigen auch weiterhin als letztes Fest des Sommers beliebt bleiben. Das Festival selbst dauert vier Tage, doch sollten Sie eine Woche in Galway einplanen, um die Stadt und ihre schöne Umgebung richtig genießen zu können.

Eine Woche in Galway

MO Bummeln Sie durch die Stadt, durch die autofreie Shop Street und Quay Street, unter den Spanish Arch und in zehn Minuten nach Salthill, um die würzige Seeluft zu schnuppern.

DI Heute sehen Sie die Kathedrale, die Universität und Irlands größte mittelalterliche Kirche, die noch in Betrieb ist, die St Nicholas's Collegiate Church.

MI Ein Ausflug führt Sie nach Westen ins Herz von Connemara, wo Sie die Twelve-Ben-Berge und die unberührte Schönheit von Letterfrack und Leenane bewundern.

DO Eine Fahrt auf die Aran Islands bringt Sie zu Europas westlichstem Punkt. Kehren Sie pünktlich zurück, um ab 20 Uhr in The Quays Bar den irischen Austernspezialisten bei der Ausscheidung um die Plätze in den World Oyster Opening Championships zuzusehen.

FR Bummeln Sie durch die vielen Kunstgalerien, Museen und Kunsthandwerksläden der Stadt. Abends genießen Sie im Festzelt Jazz und Meeresfrüchte.

SA Zuerst geht es auf den Galway Market, der samstags vor der St Nicholas's Church stattfindet, dann zur offiziellen Eröffnung des Festivals am Eyre Square und weiter zum Festzelt mit Guinness World Oyster Opening Championship und Oyster Festival Gala Ball.

SO Die Party geht sonntags im Festzelt weiter, wer jedoch eine Guinness-Pause braucht, kann in der Rusheen Bay einen Windsurf-Kurs machen.

Dos & Don'ts

- ✓ Feiern Sie mit den Einheimischen. In der Regel sind sie sehr freundlich und Fremden gegenüber aufgeschlossen.
- ✗ Erwarten Sie nicht, dass alles pünktlich beginnt – in Irland gehen die Uhren manchmal etwas langsamer.
- ✓ Reservieren Sie Karten und Unterkunft im Voraus. Gerade weil Galway eine so kleine Stadt ist, kann schnell alles ausgebucht sein.
- ✗ Parken Sie nicht, wenn Sie nicht sicher sind, ob die ausgesuchte Stelle legal ist – in der ganzen Stadt sind Polizisten mit Radkrallen unterwegs.

ANREISE
München ist die Hauptstadt Bayerns. Vom 40 Kilometer nordwestlich gelegenen internationalen Flughafen München Franz Josef Strauß fährt die S-Bahn in 40 Minuten ins Zentrum.

VOR ORT UNTERWEGS
Mit öffentlichen Verkehrsmitteln kommt man schnell überallhin. Taxis sind reichlich vorhanden, das Zentrum erkundet man zu Fuß.

WETTER
Der September ist in München warm und meist trocken, die durchschnittlichen Höchsttemperaturen liegen bei 18 °C.

ÜBERNACHTEN
In München gibt es viele Pensionen und Boutique-Hotels. Für die Zeit des Oktoberfests sollten Sie allerdings früh reservieren.

Gemütlich: Hotel Leopold, Doppelzimmer ab 120 €; www.hotel-leopold.de

Familienbetrieb: Alphenhotel München, Doppelzimmer ab 145 €; www.alpenhotel-muenchen.de

Luxuriös: Bayerischer Hof, Doppelzimmer ab 400 €; www.bayerischerhof.de

ESSEN GEHEN
Die bayerische Küche ist herzhaft und fleischlastig. Berühmt sind Schweinebraten, Leberkäs, Weißwürste und Bier. Im Hofbräuhaus kosten Mahlzeiten ab 10 €; www.hofbraeuhaus.de

KOSTEN FÜR ZWEI PERSONEN
320–380 € pro Tag für Übernachten, Verpflegung sowie Opern- oder Theaterkarten.

INFORMATION
www.oktoberfest.de
www.muenchen.de

Großes Bild: Bierzelt beim Oktoberfest

Bayerisches Bier

München nennt sich gern die Welthauptstadt des Bieres – und die traditionellen Brauereien in der Stadt garantieren, dass hier der Gerstensaft immer und überall frisch vom Fass zu genießen ist. Alle Biersorten, vom hellgoldenen Weißbier bis zum dunklen Bock, sind nach dem Reinheitsgebot aus dem Jahr 1519 gebraut, das nur Wasser, Hopfen und Malz erlaubt. Ein Muss ist in München der Besuch eines Biergartens bzw. des Hofbräuhauses, des Paulaner- oder Augustiner-Kellers – zur Wiesnzeit werden Sie die Gemütlichkeit dort schätzen.

Deutschlands Megaparty

Der lange, farbenfrohe Trachten- und Schützenzug zieht die elegante Maximilianstraße hinunter in die Residenzstraße. Vorne reitet das Münchner Kindl, die offizielle Wappenfigur Münchens, etwa 8000 Teilnehmer in Trachten, Blaskapellen, Volkstanzgruppen und Schützenvereine aus aller Welt folgen ihm. Auch die Münchner Brauereien sind mit prachtvollen Gespannen vertreten – über 40 Festwagen und Kutschen machen diesen Zug zum Oktoberfest einzigartig. Der Einzug der Wiesn-Wirte fand bereits am Tag zuvor statt. Die Gastgeber der riesigen Bierzelte fahren in blumengeschmückten Sechser-Gespannen mit Bierkrüge schwenkenden Kellnerinnen hinter der Festkutsche des Oberbürgermeisters zur Theresienwiese. Der schlägt dort im Schottenhamel, dem ältesten Festzelt, unter dem lauten Gejohle von 6000 Gästen mit einigen Hammerhieben den ersten Zapfhahn in ein traditionelles Bierfass, ruft »O'zapft is« – und das größte Volksfest der Welt ist eröffnet.

Links (von links nach rechts): Blaskapelle beim Einzug; Kellnerin im Dirndl; Kettenkarussell

Rechts (im Uhrzeigersinn von links): Nationaltheater, das Haus der Bayerischen Staatsoper; Alte Pinakothek, eines der größten Museen Münchens; Antiquarium in der Münchner Residenz

Kleines Bild rechts unten: Münchner Wappen

Oben: Blick vom Alten Peter auf die Frauenkirche

Das Oktoberfest ist nichts für Furchtsame, Vegetarier oder Menschen, die kein Bier mögen.

JAN FEB MÄRZ APR MAI JUNI JULI AUG **SEP** OKT NOV DEZ

Weiß-blaue Eindrücke

Das Münchner Oktoberfest (Mitte September bis Anfang Oktober) ist das größte Volksfest der Welt, eine ausgelassene, aber charmante, 16 Tage dauernde Party mit deutscher Gemütlichkeit, Bier und Brezn. Schauen Sie sich wenn möglich den wirklich beeindruckenden Trachtenzug am ersten Sonntag des Festes an.

Drei Tage auf dem Oktoberfest

TAG 1

Verbringen Sie gleich den ersten Tag auf der Wiesn, wie das Oktoberfest in Bayern genannt wird, und feiern Sie wie die Einheimischen: Schlendern Sie gemütlich von Attraktion zu Attraktion und Zelt zu Zelt, genießen Sie die Atmosphäre, das Bier und die bayerischen Spezialitäten.

TAG 2

Gönnen Sie Ihrer Leber eine Pause und spazieren Sie durch die Altstadt rund um das Neorenaissance-Rathaus am Marienplatz und zum Wahrzeichen der Stadt, der Frauenkirche.

Nachmittags bummeln Sie durch die Maximilianstraße, eine der teuersten Einkaufsstraßen Europas.

Abends besuchen Sie ein Ballett in der Bayerischen Staatsoper – ein gesellschaftliches Ereignis.

TAG 3

Besuchen Sie Münchens großartige Museen, etwa die Alte und Neue Pinakothek sowie die Pinakothek der Moderne. In diesem weltberühmten Museums-Ensemble finden Sie Kunst von Rembrandt über Tizian und Dürer bis zu Manet und Warhol. Unbedingt sehenswert ist auch das Antiquarium, ein 66 Meter langer Renaissancesaal in der Münchner Residenz.

Oder besuchen Sie das Deutsche Museum, das größte und faszinierendste Museum für Technik, Wissenschaft und Transport der Welt.

Dos & Don'ts

- ✓ Schauen Sie sich am Marienplatz um 11 Uhr oder 17 Uhr das Glockenspiel am Neuen Rathaus an. Zur Musik tanzen Figuren den traditionellen Schäfflertanz.
- ✗ Halten Sie sich nicht an die alte Regel, dass man Weißwürste vor dem Mittagsläuten um 12 Uhr essen muss – im Zeitalter des Kühlschranks ist diese obsolet. Besser schmecken sie aber trotzdem vormittags.
- ✓ Bummeln Sie auf jeden Fall einmal, am besten am frühen Vormittag, über den Viktualienmarkt und kosten Sie an den Ständen die köstlichen Spezialitäten.
- ✗ »Auf geht's beim Schichtl« ist das älteste Varieté-Theater auf dem Oktoberfest. Seit 1869 findet dort mehrmals in der Stunde »die Enthauptung einer lebenden Person auf offener, hell erleuchteter Bühne mittels Guillotine« statt. Lassen Sie sich diese Gaudi nicht entgehen, aber passen Sie auf, dass Sie nicht unfreiwillig das Opfer werden.

Das Oktoberfest ist nichts für Furchtsame, Vegetarier oder Menschen, die kein Bier mögen. Die rund sechs Millionen Besucher trinken etwa 60 000 Hektoliter Bier, verputzen eine halbe Million Hähnchen und fast 400 000 Würstchen – es ist die gigantische Version eines Volksfestes.

Doch kommen Sie nicht zu spät, denn das »Oktoberfest« beginnt bereits in der zweiten Septemberhälfte und hört am ersten Oktoberwochenende auf. Das erste Fest fand 1810 anlässlich der Hochzeit des bayerischen Kronprinzen Ludwig statt. Damals begann es am 12. Oktober und dauerte fünf Tage. Erst viel später wurde es auf den wärmeren September vorverlegt.

Das Oktoberfest zählt zu den bekanntesten und größten Festen in Deutschland, auf dem alle, auch die Reichen und Schönen, Politiker und Geschäftsleute, sehen und gesehen werden wollen. Oft sind die Zelte so voll, dass man auf einer Gästeliste stehen muss, um eingelassen zu werden. Wenn Sie sich satt gegessen und das Bier genossen, die zahlreichen Fahrgeschäfte ausprobiert oder einfach nur die Menschen beobachtet haben, ist es Zeit, München weiter zu erkunden.

ANREISE
Die zwischen Griechenland und dem Nahen Osten gelegene Türkei ist die Brücke zwischen Ost und West. Internationale Flüge landen in Antalya, Bodrum, Dalaman und Izmir.

VOR ORT UNTERWEGS
Gute Busverbindungen bestehen zwischen Städten, Autos kann man an Flughäfen mieten. Auf *Gulet*-Fahrten (traditionelle Boote) werden Landgänge individuell vereinbart.

WETTER
Im warmen sonnigen September liegen die durchschnittlichen Tageshöchsttemperaturen bei rund 24 °C.

ÜBERNACHTEN
Für kleinere Gruppen und Individualreisende bietet Yacht Doğan Charterfahrten an, ab 70 € pro Tag; www.yachtdogan.com

Vira bietet eine große Auswahl an Luxus-*gulets*, die man am besten als Gruppe bucht; ab 140 € pro Tag und Person; www.virayachting.com

ESSEN GEHEN
Auf *gulets* isst man exzellent Meeresfrüchte, Obst und Gemüse. Für Vollpension an Bord werden meist nicht mehr als 22–30 € pro Tag fällig. An Land serviert etwa das Korsan Restaurant in Kalkan alte osmanische Gerichte ab etwa 14 €.

KOSTEN FÜR ZWEI PERSONEN
Je nach Fahrt und Bootsgröße variieren die Preise (siehe Übernachten).

INFORMATION
www.reiseland-türkei-info.de

Lykische Felsgräber

Das antike Lykien, ein Bund von 19 unabhängigen Städten, lag in den Bergen zwischen Dalaman und Antalya. Begräbnisse spielten eine wichtige Rolle im Glauben der Lyker: Sie hinterließen Hunderte Grabstätten, die in die Klippen und Felsen geschlagen sind. Sie sind wie Häuser gestaltet und sollten wohl als Behausungen der Toten dienen. Die meisten Felsgräber haben aus dem Fels gemeißelte Eingänge, Giebeldächer und hervorstehende Türstürze.

Oben (links und rechts): Hölzerne *gulets* ankern in der Fethiye-Bucht; Sonnenbadende an der Blauen Lagune von Ölü Deniz

Lykische Küste

Angeblich stehen im Südwesten der Türkei mehr antike Ruinen als in jedem anderen Gebiet auf der Welt. Seit undenkbaren Zeiten haben sich Eroberer, Händler und Reisende einen Weg zu diesen mächtigen Monumenten gebahnt, die auch den modernen Besucher zutiefst beeindrucken. Wenn man durch die ruhigen Gewässer an diesen Wundern der Antike vorbeigleitet, die Sonne auf dem Meer glitzert und der frisch gebratene Fisch an Bord der *gulet* köstlich mundet, dann ist das Urlaubsglück vollkommen.

Die malerische Umgebung bietet eine perfekte Kulisse für die majestätischen Ruinen, die unbeeindruckt vom Lärm der Menschenmengen auf Hügeln, Landzungen und in fruchtbaren Tälern über dem Treiben thronen. Nur Wildblumen und Schmetterlinge wagen es, sich hier niederzulassen – und der Storch, der auf dem korinthischen Kapitell einer mächtigen Säule sein Nest gebaut hat. Wenn die Sonne langsam versinkt, sind die Reisebusse verschwunden. Friedvolle Stille breitet sich nun über den Ruinen aus. Von den letzten Sonnenstrahlen in purpurrotes Licht getaucht, wirken sie vor dem dunklen Himmel so beeindruckend zeitlos und für die Ewigkeit gebaut wie wohl schon vor Jahrtausenden.

Das Boot setzt seine Fahrt durch das türkisblaue Wasser fort, vorbei an Pinienwäldern und Klippen. Gelegentlich hält es bei einem hübschen Dorf, wo man an Land gehen und an einem malerischen Platz einen Tee trinken kann. Ein Schäfer treibt seine wolligen Schützlinge durch die engen Straßen, ein Bauer mit schwarzem Bart verkauft kleine Gläser mit bernsteinfarbenem Honig am Straßenrand, und Frauen in dicken Röcken und mit gemusterten Kopftüchern sammeln Wildkräuter auf den Wiesen.

Wieder auf dem Meer lockt hinter dem nächsten Kap eine versteckte Bucht oder ein schöner, vom Land unzugänglicher Strand am Fuß der Klippen. Irgendwo wirft man die Anker aus, damit die Gäste schwimmen und schnorcheln gehen können. Vor den ausgebleichten Steinwänden der Klippen leuchtet das Mittelmeer in den verschiedenen Blautönen, weitere *gulets* gleiten wie glänzende, leicht verschwommene Traumbilder in der flirrenden Hitze des Nachmittags vorbei.

Großes Bild: Hölzerne *gulets* liegen in einer ruhigen Bucht vor Anker
Unten (von links nach rechts): Bunte Pantoffeln auf dem Fethiye Bazaar; Golf von Kekova mit den versunkenen Ruinen

Oben: Abendliche Ladenstraße in Kaş

Küstentour

Der warme, nicht zu heiße September bietet ideale Bedingungen für eine *Gulet*-Kreuzfahrt in der Türkei. Die Fahrten verlaufen entsprechend den Wünschen der Reisenden. Eine Woche reicht, um die Highlights der Südwest-Türkei zu sehen. Wer sich zehn Tage Zeit nimmt, kann auch wandern, tauchen und schnorcheln.

Eine Woche auf einer *gulet*

Von Dalaman fahren Sie 50 Kilometer nach Fethiye. Dort besuchen Sie das Museum, spazieren über den Markt zu den Klippen mit den lykischen Felsgräbern. Dann beziehen Sie Ihre *gulet*, und die Kreuzfahrt nach Süden kann beginnen.	**TAG 1**
In Ölü Deniz lockt das türkisfarbene Meer der Blauen Lagune. Im nahen Kelebek Vadisi (Schmetterlingstal) bestaunen Sie die Kolonie der Russischen Bären – Tausende dieser Bärenspinnerfalter flattern hier umher.	**TAG 2**
In Patara bieten der endlose weiße Sandstrand und die sanfte Brandung perfekte Bedingungen für einen herrlichen Badetag.	**TAG 3**
In der Nähe von Kalkan lockt der schöne Kaputas-Strand. Von dort kann man zur Blauen Grotte (Mavi Mağara), der größten Meereshöhle der Türkei, schwimmen. Später entspannen Sie in Kaş auf dem Hauptplatz bei einem Glas Tee und dem Sonnenuntergang.	**TAG 4**
Heute geht die Fahrt über die versunkene Stadt Kekova zu den Buchten und Ruinen von Üçağiz und Simena.	**TAG 5**
In der Marktstadt Finike bestaunen Sie die fruchtbaren Orangen- und Zitronenhaine und bei Olympos den Yanartaş (brennender Stein), eine Erdgasquelle, die ständig brennt.	**TAG 6**
Am letzten Tag bummeln Sie auf den Alleen und in der Altstadt von Antalya, das mit zahlreichen hervorragenden Läden, Stränden und Restaurants aufwartet.	**TAG 7**

Dos & Don'ts

- ✓ Fahren Sie äußerst vorsichtig Auto. Die halsbrecherischen Zustände auf den Straßen haben mittlerweile die Polizei zu vermehrtem Eingreifen gezwungen. Fahren Sie also langsam, um Unfälle und Bußgelder wegen Geschwindigkeitsüberschreitung zu vermeiden!
- ✗ Vergessen Sie nicht, Ihre Kreuzfahrt so früh wie möglich zu buchen, für Frühbucher gibt es erhebliche Rabatte.
- ✓ Achten Sie in den Städten stets gut auf Ihre Taschen und Wertgegenstände – vor allem wenn Sie sich am Markt unter vielen Menschen bewegen.

ANREISE
Beijing ist die Hauptstadt von China, dem mit 1,3 Milliarden Einwohnern bevölkerungsreichsten Land der Welt. Internationale Flüge landen auf dem Beijing Capital Airport.

VOR ORT UNTERWEGS
Vom Capital Airport ins Zentrum gibt es keine guten öffentlichen Verkehrsverbindungen. Je nach Verkehr dauert die Fahrt mit dem Taxi 40 bis 60 Minuten.

WETTER
Im September ist es nicht mehr so extrem heiß wie im Sommer, die Temperaturen liegen bei rund 20 °C, zeitweise regnet es.

ÜBERNACHTEN
Mit Flair: Lusong Yuan Binguan, Doppelzimmer ab 90 €; www.the-silk-road.com

Zentrales modernes Hotel mit vernünftigen Preisen: Novotel Peace Beijing, Doppelzimmer ab 75 €; www.accorhotels-asia.com

Neue Luxushotels werden ständig eröffnet, zu den besten zählt das Grand Hyatt Beijing, Doppelzimmer ab 190 €; www.beijing.grand.hyatt.com

ESSEN GEHEN
Essen ist in Beijing ein Genuss und dazu preiswert – eine Mahlzeit kostet nicht mehr als 10 € pro Kopf. Empfehlenswert sind Peking-Ente, Hakka-Fischgerichte und Fleischspieße nach Xinjiang-Art auf Straßenmärkten.

KOSTEN FÜR ZWEI PERSONEN
150–180 € pro Tag inklusive Übernachten, Verpflegung und Fahrten vor Ort.

INFORMATION
www.cnto.org

Die Macht der Zahlen

Die Bedeutung der Zahlen in der chinesischen Architektur basiert auf den Prinzipien von Yin und Yang. Yang wird durch ungerade Zahlen symbolisiert, die auch das männliche Element verkörpern, das mit dem Kaiser assoziiert wird. Deshalb taucht die höchste ungerade Zahl, 9, häufig in Bauwerken auf. So soll die Verbotene Stadt 9999 Zimmer haben, und Türen, die der Kaiser nutzte, sind oft mit Messingknöpfen in Neunerformationen verziert.

Hutongs und Hochhäuser

Beijing ist ein lohnendes, aber anstrengendes Ziel. In der nicht erst seit den Olympischen Spielen 2008 gewaltig gewachsenen Metropole drängen sich die Menschen in den Innenstadtvierteln, Restaurants, Cafés und Parks. Autos verstopfen Straßen und Brücken. Der enormen Bevölkerungszahl (2007 waren es mehr als 15,5 Millionen) entspricht die enorme Größe der Verbotenen Stadt – der alte kaiserliche Palast- und Tempelbezirk bildet innerhalb seiner vier hohen Festungsmauern eine Welt für sich. Durch reich verzierte Gänge gelangt man auf weite Höfe und zu opulenten Gebäuden, von deren Dächern eine vergoldete Fabelwelt aus Drachen, Phönixen und anderen mythischen Wesen grüßt. Vor den Palasttoren erstreckt sich der endlose Beton des Tian'anmen-Platzes, des größten Platzes der Welt, mit strenger Nüchternheit.

Großes Bild: Das Tian'anmen (Tor des himmlischen Friedens) in Beijing

Rechts (von links nach rechts): Langer Korridor im Sommerpalast; Fenster zur Verbotenen Stadt; Darstellerin in der Peking-Oper; die geschäftige Wangfujing-Straße

Nicht weit vom brodelnden Leben in den geschäftigen Straßen entfernt liegt die ruhigere Welt der *hutongs*. Diese verwinkelten Gässchen sind so alt wie die Verbotene Stadt und meist nur zu Fuß zugänglich. Die kunterbunten, jetzt oft restaurierten Wege mit ihren Hinterhöfen bilden eine Art öffentliches Wohnzimmer, in dem die Bewohner vor den Häusern sitzen, mit Nachbarn tratschen und Schach, Mahjongg oder Karten spielen. Leider wurden viele *Hutong*-Viertel anlässlich der Olympischen Spiele abgerissen.

Die Stadt entwickelt sich in ungebremstem Tempo. Schon vor gut 50 Jahren wurden die Stadtmauern durch breite, vielspurige Ringstraßen ersetzt, für die Olympischen Spiele krempelte sich die Stadt komplett um. Beijings alte exzessive Bautradition setzten internationale Star-Architekten fort, die der Stadt mit Gebäuden der Superlative ein neues Gesicht gaben und weiter geben, wie das Beispiel der neuen China Central Television Headquarters zeigt.

Oben: Sängerin der Chinesischen Oper

Chinas Hauptstadt

Beijing ist eine riesige Stadt mit einer Unzahl an Sehenswürdigkeiten, die man nicht verpassen sollte. Dazu führen Tagesausflüge zu den weltberühmten Ming-Gräbern und zur Chinesischen Mauer. Eine Woche reicht gerade, um nur die absoluten Höhepunkte der chinesischen Hauptstadt zu sehen.

Eine Woche in der Kaiserstadt

Schon frühmorgens besuchen Sie am Tian'anmen-Platz Maos Mausoleum, danach verbringen Sie den Tag in der Verbotenen Stadt.	**TAG 1**
Heute geht es zum Sommerpalast. Die riesige Parkanlage im Nordwesten der Stadt ist ein Meisterwerk chinesischer Gartenkunst und voller Monumente.	**TAG 2**
Vormittags spazieren Sie um den Himmelstempel. Er zählt zu den größten Tempelanlagen in ganz China. Später bummeln Sie durch die Hauptgeschäftsstraße Wanfujing und über den berühmten »Nachtmarkt«, dessen Essensstände bei Sonnenuntergang öffnen.	**TAG 3**
Ein Ausflug nach Simatai bringt Sie zum spektakulärsten Zugang zur Chinesischen Mauer bei Beijing.	**TAG 4**
Der Ausflug zu den Ming-Gräbern kann mit einer Fahrt zur Chinesischen Mauer kombiniert werden, ist jedoch lohnender, wenn man sich dafür einen Tag Zeit nimmt.	**TAG 5**
Der Beihai- (Nordmeer-)Park steht auf dem Programm, eine kleine, aber genauso schöne Version des Sommerpalasts. Er liegt beim Vergnügungsviertel Houhai, dessen See von typischen *hutongs* umgeben ist.	**TAG 6**
Der tibetische Lama- (Yonghe-)Tempel hat so viele Säle und Höfe, dass man dafür einen halben Tag braucht. Danach lockt der Seidenmarkt. Alternativ können Sie sich auch das »Vogelnest«, die berühmteste olympische Sportstätte ansehen.	**TAG 7**

Dos & Don'ts

- ✓ Seien Sie beim Essen tollkühn – auf offener Flamme gegrillte Raupen schmecken zum Beispiel richtig gut.
- ✗ Glauben Sie ja nicht, dass Sie mit einer Gucci-Tasche, die Sie für wenige Euros gekauft haben, irgendjemanden beeindrucken können – man sieht die Fälschung.
- ✓ Rechnen Sie mit viel Zeit, die Sie in Staus verbringen.
- ✗ Lassen Sie sich nicht von den vielen »Kunststudenten« im Zentrum von Beijing übers Ohr hauen, indem Sie Ihnen »chinesische Kunst« für Fantasiepreise abkaufen.
- ✓ Tragen Sie immer viel Kleingeld bei sich – Taxifahrer haben grundsätzlich nie Wechselgeld.

ANREISE
Vermont liegt in New England im äußersten Nordosten der USA. Der größte Flughafen befindet sich 124 Kilometer von St. Johnsbury entfernt in Burlington. Mehr internationale Flüge landen im 240 Kilometer entfernten Boston.

VOR ORT UNTERWEGS
Am besten kommt man im Nordosten von Vermont mit dem Mietwagen voran. Öffentliche Verkehrsmittel sind eher selten, eine Fahrt damit oft sehr zeitraubend.

WETTER
Der September ist mild, aber wechselhaft, die Temperaturen liegen bei 10 bis 20 °C.

ÜBERNACHTEN
Willough Vale Inn am Lake Willoughby, Doppelzimmer ab 90 €; www.willoughvale.com

Inn at Mountain View Farm in East Burke, schöner Bergblick, Doppelzimmer ab 110 €; www.innmtnview.com

Wildflower Inn, Lyndonville, schöner Blick, fröhlich eingerichtete Zimmer, Doppelzimmer ab 120 €; www.wildflowerinn.com

ESSEN GEHEN
Im Vermont sorgen 1500 Milchbauern für Cheddar-Käse und üppige Eiscreme. Ahornsirup gehört fast überall zum Frühstück.

KOSTEN FÜR ZWEI PERSONEN
210–280 € inklusive Übernachten, Verpflegung und Mietwagen.

INFORMATION
www.travel-vermont.com

Herbstliches Farbenspiel

Pflanzenblätter sind in der Wachstumsperiode grün, weil sie viel Chlorophyll enthalten. Wenn der Herbst naht, nimmt das Chlorophyll ab und andere Farben kommen zum Vorschein. Für die Gelb-, Rot- und Brauntöne sind die Carotinoide genannten Farbstoffe verantwortlich. Dunkle, rote, violette, blaue oder blauschwarze Färbungen werden im Spätsommer durch Anthocyane erzeugt.

Malerischer Herbst

Mit seinen Wiesen und sanften Hügeln ist Vermont eine besonders malerische Region der USA. Unzählige Zuckerahornbäume sorgen hier nicht nur für den berühmten leckeren Ahornsirup, sondern auch für einen traumhaften Herbst, wenn ihre Blätter das ganze Land in leuchtende, warme Rottöne tauchen.

Im idyllischen bäuerlichen »Northeast Kingdom« im Nordosten von Vermont richten sieben Ortschaften von Ende September bis Anfang Oktober das einwöchige Northeast Kingdom Foliage Festival aus. Jeder Ort ist an einem Tag der Gastgeber. Die Einnahmen, die hier mit Schulbus-Touren, Kirchenfesten und Konzerten erzielt werden, kommen wohltätigen Projekten zugute. An Ständen werden schöne handgenähte Quilts, Handgestricktes sowie selbst gefertigtes Spielzeug und Puzzles aus Holz verkauft.

Von der Bergkuppe reicht der weite Blick von den White Mountains in New Hampshire bis zu den Green Mountains in Vermont.

Das 1776 gegründete, sehr fotogene Peacham sticht mit seinen ehrwürdigen weiß verschalten Gebäuden und dem Kirchturm aus den herbstlich gefärbten Wäldern heraus. Hier lernt man beim geführten »Ghost Walk« über den Friedhof die Geschichte der Gründerväter kennen. Von der Bergkuppe reicht der weite Blick von den White Mountains in New Hampshire bis zu den Green Mountains in Vermont. Bei einem Spaziergang durch den Ort kann man sogar dem Schmied in der Schmiede zuschauen.

In Cabot gibt es eine Käsefabrik zu besichtigen, und in der United Church and Masonic Hall spielen einheimische Musiker zum Truthahnessen auf. In Walden sind auf einer Festival-Karte alle Sehenswürdigkeiten verzeichnet, darunter eine Alpaka-Farm, eine alte Bäckerei und ein Privatmuseum mit alten Maschinen und Werkzeugen. In der Kirche von Walden kann man nach den Hymnen auch Schinken essen. Groton zieht mit einer Parade und dem berühmten »Chicken Pie Supper« an seinem Festtag immer große Besuchermengen an. In Orten wie diesen kann man sich weit abseits der Touristenpfade unter die Einwohner mischen und an altmodischen Vergnügungen mit Familie und Freunden teilnehmen.

Großes Bild: Herbstlich verfärbte Wälder am Burke Mountain
Kleines Bild oben: Der weiße Kirchturm von Peacham ragt über den Bäumen auf
Unten (von links nach rechts): Lake Champlain, Burlington; Herbst in East Topsham; Athenaeum Art Gallery, St. Johnsbury

Oben: Maple Grove Farms, St. Johnsbury

Im Farbenrausch

Das Farbspektakel der flammend roten und goldenen Blätter der Ahorn- und anderen Hartholzbäume in Kombination mit dem Grün der Nadelbäume lockt jeden Herbst Besucher aus der ganzen Welt nach Vermont. Im »Northeast Kingdom« ist die Farbenpracht jenseits ausgetretener Touristenpfade zu bewundern.

Drei Tage Blätterpracht

TAG 1

Beginnen Sie in St. Johnsbury, der inoffiziellen Hauptstadt des »Northeast Kingdom«, am Zusammenfluss von Moose, Sleeper und Passumpsic. Hier lohnen die elegante Athenaeum Art Gallery und die Maple Grove Farms, die weltweit größte Süßwarenfabrik mit Ahornprodukten, einen Besuch.

Nachmittags geht es nordwärts Richtung Lydonville, unterwegs nehmen Sie sich Zeit zum Schauen und Fotografieren. Abends mieten Sie sich in einem Inn ein und genießen ein behagliches Abendessen.

TAG 2

Mit dem Auto fahren Sie gemütlich durch Vermont, das besonders im Herbst wunderschön ist. Halten Sie auf jeden Fall am Darling Hill und am Burke Mountain – von dort ist die Aussicht fantastisch.

Weiter geht es Richtung Norden zum Lake Willoughby. Den schmalen Gletschersee umgeben steile Felswände – der Anblick erinnert an die Schweiz. Wanderwege führen um die Vorberge und zu Stellen, wo man bei warmem Wetter traumhaft schwimmen kann.

TAG 3

Vom Lake Willoughby fahren Sie Richtung Südwesten nach Craftsbury Common, an dessen für New England typischem Dorfanger schöne holzverschalte Häuser stehen. Weiter südlich erreichen Sie malerische Ortschaften, etwa Walden, Cabot, Peacham oder Barnet, wo Sie beim Foliage Festival die vergnügte Atmosphäre und die schöne Umgebung genießen.

Auf dem Weg zurück Richtung Burlington pausieren Sie am Lake Champlain oder Sie fahren weiter nach Süden, in idyllische Städtchen wie East Topsham.

Dos & Don'ts

- ✓ Besuchen Sie die staatlichen Country Stores. Diese für New England typischen Läden verkaufen einheimische Produkte, Kunsthandwerk und hausgemachte Speisen.
- ✗ Hetzen Sie nicht. Diese gemächliche Reise bietet Fahrten über Land, Bummel in Städtchen und Spaß auf Festen.
- ✓ Informieren Sie sich vor der Reise mit einem Veranstaltungskalender über die Ereignisse, damit Sie nichts verpassen.
- ✓ Reservieren Sie Unterkünfte so früh wie möglich. Die Inns und Hotels sind oft schon Monate vor den entscheidenden Wochenenden im Herbst ausgebucht.

ANREISE
Die meisten internationalen Flüge landen auf den Flughäfen Heathrow und Gatwick. Von beiden erreicht man die Stadtmitte mit öffentlichen Verkehrsmitteln. Die Eurostar-Züge am Bahnhof St Pancras International sind mit dem europäischen Hochgeschwindigkeits-Zugnetz verbunden.

VOR ORT UNTERWEGS
Das U-Bahn-Netz ist umfassend, Busse sind preiswerter und fahren häufig. Taxis bekommt man überall auf den Straßen.

WETTER
Der September ist im Allgemeinen mild und angenehm mit Temperaturen um 14 °C und gelegentlichen Regenschauern.

ÜBERNACHTEN
Travel Inn at County Hall, am London Eye, Doppelzimmer ab 120 €; www.premiertravelinn.com

Covent Garden Hotel, behaglicher Luxus, Doppelzimmer ab 300 €; www.firmdale.com/covent

Claridges, glamourös und elegant, Doppelzimmer ab 500 €; www.claridges.co.uk

ESSEN GEHEN
In London kann man vorzüglich essen, nicht zuletzt dank der internationalen Küche im Einwanderungsland Großbritannien. Eine Mahlzeit für zwei Personen kann inklusive Wein ab 50 € kosten, viele Restaurants bieten preiswertere »Pre-theatre Menus«. Die meisten Pubs servieren Essen, Hauptgerichte kosten dort ab 10 €.

KOSTEN FÜR ZWEI PERSONEN
300–380 € pro Tag inklusive Übernachten, Verpflegung, Fahrten vor Ort und Eintrittsgelder.

INFORMATION
www.visitlondon.com

Shakespeare's Globe

1997 wurde Shakespeare's Globe in London eröffnet, eine detailgenaue Rekonstruktion des originalen Globe Theatre, das William Shakespeare 1599 mitbegründete. Es wurde aus eigens gefertigten Tudor-Backsteinen und Eichenstiften (anstelle von Nägeln) erbaut. Das Material für das Reetdach stammt aus Norfolk, der Verputz ist aus Ziegenhaar, Sand und Kalk. Den zentralen Innenhof schützt kein Dach. Besucher drängen sich auf den Rängen sowie als *groundlings* auf den 500 Stehplätzen unter freiem Himmel – ganz wie zu Shakespeares Zeiten.

Großes Bild: Der Innenhof des British Museum, eine gelungene Kombination aus Alt und Modern
Oben (von oben nach unten): Blumenhändler auf dem Columbia Road Market; Brunnen am Trafalgar Square; Blick vom London Eye auf die Houses of Parliament

Londoner Streifzüge

Der Kunstkritiker John Berger beschrieb London als »einen Teenager, eine Rotzgöre, die sich seit den Tagen von Dickens nicht geändert hat«. Diese Beschreibung hat einen durchaus wahren Kern, denn das Herz der Kulturstadt schlug lange Zeit in ihren rauen, schmutzigen Straßen. In den derben Häusern von Southwark gediehen die Theater, in denen Shakespeare Erfolge feierte, der Schmutz der Straßen und des Flusses findet sich in den Gemälden Hogarths und den Erzählungen Dickens' wieder. Im 20. Jahrhundert inspirierte das schäbige Soho Francis Bacon und Lucien Freud. Während der Punk in Chelseas Straßen tobte, wurde Vivienne Westwood zur Modekönigin, und in den unordentlichen Straßen des East End wuchsen die Künstler der BritArt heran. Rotzgören kümmern sich nicht um Regeln – bei Rot über die Straße zu gehen ist nicht illegal, jeder ist willkommen, die Gedanken sind frei und Veränderungen immer gut. Der Beliebtheit von Londons pompöser Seite – dem Wach-

Oben (von oben nach unten): Wachen in Habachtstellung beim Changing of the Guard am Buckingham Palace; gemütliche Rast vor dem typischen Londoner Pub The Sherlock Holmes

Unten: Blick von der Themse auf die Bürotürme von Canary Wharf

Oben: Leidenschaftlicher Dirigent bei den Proms

wechsel, der Livree der Gilden, der Schlüsselzeremonie im Tower of London – tut dies keinen Abbruch. Ihrer ursprünglichen Bedeutung entleert, werden die jahrhundertealten Zeremonien nun als Inbegriff Londoner Exzentrik und Unkonventionalität verehrt.

Der milde September ist ideal, um durch Londons Straßen zu streifen, in den Bussen ohne Dach sowie auf der Themse Besichtigungsfahrten zu machen und das Leben der Pubs und Cafés im Freien zu erleben. In Shakespeare's Globe finden die letzten Freiluftaufführungen und im Hyde Park das Finale von »Proms in the Park« statt, dem größten Festival klassischer Musik.

Zu den besten Seiten Londons zählt, dass viele der großen Museen und Galerien freien Eintritt bieten. Im September kann man an den »Open House Weekends« architektonisch bedeutende Gebäude besichtigen, die normalerweise der Öffentlichkeit nicht zugänglich sind, etwa das Royal Opera House, die Courts of Justice oder andere moderne Wahrzeichen in der City. Und wen kümmert es schon, wenn es ein bisschen regnet? Rotzgören sicher nicht! Im Gegenteil: Bei Nieselregen kommt Londons vielfältiger architektonischer Charme erst richtig zur Geltung.

Großstadttrubel

Streifen Sie durch die Museen und Straßen von »The Big Smoke«, wie London auch genannt wird. Besichtigen Sie weltberühmte Sehenswürdigkeiten, aber verpassen Sie am Wochenende nicht die großartigen Märkte – etwa den Columbia Road Market im East End und den Borough Market in Southwark.

Fünf Tage Sightseeing

TAG 1

Beginnen Sie mit den Hauptattraktionen: Houses of Parliament und Westminster Abbey. Spazieren Sie nach Whitehall, vorbei an Churchills Cabinet War Rooms und Horse Guards zum Trafalgar Square und zur National Gallery. Nach diesem Kunstgenuss gönnen Sie sich abends ein Bier in einem Pub.

TAG 2

Das Changing of the Guard, die Wachablösung, findet um 11.30 Uhr am Buckingham Palace statt. Danach gibt es in der Piccadilly Street Kaffee oder Mittagessen im Delikatessenparadies Fortnum & Mason's. Dann geht es weiter in der Bond Street zur Oxford Street, oder bei schönem Wetter in den nahen Hyde Park, wo Sie einen geruhsamen Nachmittag verbringen.

TAG 3

Vormittags bummeln Sie in Covent Garden über Märkte und durch Läden. Besuchen Sie den bunten Neal Street Yard oder setzen Sie sich auf die Terrasse des Amphitheatre Restaurant am Royal Opera House. Der Nachmittag gehört dem unerschöpflichen British Museum im nahen Bloomsbury.

TAG 4

Nach einer Fahrt mit dem British Airways London Eye sehen Sie bei einem Spaziergang an der South Bank die Royal Festival Hall, das National Theatre, die Tate Modern und Shakespeare's Globe. Kaufen Sie möglichst Karten für die Abendvorstellung im Globe.

TAG 5

Ziehen Sie früh los, um Schlangen am Tower of London zu vermeiden. Danach fahren Sie mit dem Boot vom Tower Pier nach Greenwich, wo Sie am Fluss mittagessen. Im UNESCO-Welterbe locken das Royal Observatory, das Maritime Museum und voraussichtlich ab 2011 wieder der frisch restaurierte Klipper *Cutty Sark*.

Dos & Don'ts

- ✓ Kaufen Sie Karten für Sehenswürdigkeiten, etwa den Tower of London, vorab – so müssen Sie nicht so lange anstehen.
- ✗ Mieten Sie kein Auto. Autofahren macht in London überhaupt keinen Spaß, und das öffentliche Verkehrsnetz ist hervorragend und leicht zu benutzen.
- ✓ Besuchen Sie kostenlose Mittagskonzerte in den Kirchen in der City und im West End.
- ✗ Rauchen Sie nicht in geschlossenen öffentlichen Räumen – das ist in England seit 2007 verboten.

ANREISE
Die Insel Borneo liegt in Südostasien. Politisch ist sie zwischen Indonesien, Malaysia und Brunei aufgeteilt. Am größten Flughafen des Landes, Kota Kinabalu, landen regelmäßig Flüge aus Kuala Lumpur und Singapur.

VOR ORT UNTERWEGS
Zu den wichtigsten touristischen Zielen fahren Busse, in den Städten gibt es zahlreiche Minibusse und Taxis.

WETTER
Borneo hat heißes tropisches Klima, die Temperaturen liegen bei 27 bis 32 °C.

ÜBERNACHTEN
Beliebt: Kinabalu Daya, Kota Kinabalu, Doppelzimmer ab 25 €; www.kkdayahotel.com

Luxuriös: Shangri-La Tanjung Aru Resort außerhalb von Kota Kinabalu am Meer, Doppelzimmer ab 110 €; www.shangri-la.com

Sutera Sanctuary Lodges betreiben alle Unterkünfte im Kinabalu Park, Doppelzimmer ab 30 €; www.suterasanctuarylodges.com

ESSEN GEHEN
Die malaysische Küche kombiniert indische, chinesische und einheimische Elemente. Empfehlenswert sind *roti canai* (Fladenbrot mit Curry) und *mee goreng* (gebratene Nudeln mit Curry). Essen Sie auf den Nachtmärkten, dort kosten Gerichte oft unter 1 €.

KOSTEN FÜR ZWEI PERSONEN
80–110 € pro Tag inklusive Übernachten, Verpflegung und Fahrten vor Ort.

INFORMATION
www.sabahtourism.com

Abenteuer im Regenwald

Borneo ist ein Paradies mit felsigen Gipfeln, nebligen Regenwäldern, tosenden Flüssen, Küsten mit Mangrovenwäldern und Korallenriffen. Auf der drittgrößten Insel der Erde gedeiht eine sagenhafte Artenvielfalt: Hier wachsen etwa 15 000 Blütenpflanzen, darunter viele seltene Orchideen und die riesigen Rafflesien, deren Blüten bis zu einem Meter im Durchmesser erreichen und einen fauligen Aasgeruch verströmen. Auf der »Insel in den Wolken« entwickelten sich viele endemische Arten, die an das Leben im Wald angepasst sind, etwa der Borneo-Zwergelefant, das Sumatra-Nashorn und der Nebelparder. In den Regenwäldern, wo die Bäume bis zu 75 Meter hoch werden, lebt der vom Aussterben bedrohte Borneo-Orang-Utan, und vor der Küste erstreckt sich im Meer ein Ökosystem, zu dessen artenreicher Unterwasserwelt auch farbenprächtige Korallen, Karett- und Suppenschildkröten zählen.

Stellen Sie sich wuchernde Landschaften vor, sumpfige Wälder und traditionelle Dörfer, in denen Langhäuser aus Bambus auf Pfählen stehen.

So ist es denn auch kein Wunder, dass Borneo Abenteuerlustige anlockt, die auf Fotosafaris wilden Tieren begegnen, zum Bergsteigen gehen, im Regenwald wandern, auf den Flüssen raften oder vor allem vor den Inseln im Norden des malaysischen Sabah zum Tauchen gehen. Wer die Insel länger besucht, kann viel erleben und entdecken. In Sabah erfordert die Besteigung des Gunung Kinabalu zwei Tage, doch mit etwas Glück lohnt bei klarem Morgenhimmel die fantastische Aussicht auf dem Gipfel des Viertausenders alle Mühen. In Brunei ist der Ulu Temburong National Park sehenswert, das »Grüne Juwel« des kleinen Sultanats. Und der indonesische Teil Borneos, Kalimantan, besteht vor allem aus Dschungel und ist in Teilen bis heute noch völlig unerforscht. Stellen Sie sich dort wuchernde Landschaften vor, sumpfige Wälder und traditionelle Dörfer, in denen Langhäuser aus Bambus auf Pfählen stehen – oder eine Begegnung mit den Dayak, die schon vor Jahrhunderten auf den Hochebenen im tiefsten Inneren Kalimantans lebten und zu deren Religion früher die rituelle »Kopfjagd« gehörte. Der Kult, die Schädel getöteter Feinde aufzubewahren, gehört der Vergangenheit an – dennoch wird eine Reise nach Borneo immer ein spannendes Abenteuer bleiben.

Sumatra-Nashorn

Das Sumatra-Nashorn lebte einst fast auf ganz Borneo. Heute steht es auf der Roten Liste der vom Aussterben bedrohten Tierarten, und wenig deutet darauf hin, dass sich sein Bestand von derzeit unter 300 Tieren in freier Wildbahn festigt. Die Tiere werden wegen ihres Horns gewildert, das als Trophäe und aus medizinischem Aberglauben begehrt ist. Typische Merkmale des Sumatra-Nashorns sind die Körperbehaarung und die rotbraune Haut.

Großes Bild: Orang-Utan-Mutter mit Jungem im Dschungel
Kleines Bild oben: Geöffnete Samenkapseln des Stinkbaums
Unten (von links nach rechts): Bambusbrücke in Sarawak; Suppenschildkröte, Pulau Sipadan; am Gunung Kinabalu

Oben: Gunung Mulu National Park in Sarawak im Morgennebel

Entdeckungsreise

Borneo gehört zu Brunei, Malaysia und Indonesien. Um die Zeit optimal zu nutzen, reisen Sie am besten nur in einen Landesteil. Das malaysische Borneo, vor allem der Bundesstaat Sabah im Norden, ist wohl am leichtesten zu erreichen. Wer mehr Zeit hat, sollte jedoch die Insel auf jeden Fall weiter erkunden.

Zehn Tage in Sabah

In Kota Kinabalu spazieren Sie auf den Signal Hill mit Blick über die Bucht, kaufen Souvenirs am Philippinenmarkt und besuchen das Sabah Museum. Ein Boot bringt Sie zu den Inseln des nahen Tunku Abdul Rahman Park, ein Bus zum Kinabalu National Park.	**TAG 1–2**
Frühmorgens beginnt die zweitägige Besteigung des Gunung Kinabalu, übernachtet wird in Laban Rata. Oder Sie wandern durch den Regenwald und genießen ein heißes Bad in den Poring Hot Springs.	**TAG 3–4**
Fahren Sie nach Sandakan, von dort erreichen Sie nahe Sehenswürdigkeiten, etwa das berühmte Sepilok Orang-Utan Rehabilitation Centre. Unternehmen Sie eine Safari auf Sabahs längstem Fluss, Sungai Kinabatangan, oder gehen Sie in der Schlucht des Padas zum Wildwasser-Raften. Im Turtle Islands National Park sehen Sie Schildkröten im Meer oder am Strand.	**TAG 5–7**
Weiter südlich fahren Sie von Semporna aus mit dem Boot zur schönen Pulau Sipadan. Die kleine Insel kann in einer Stunde umwandert werden und bietet herrliche Tauchgründe. Wer Tauchen lernen will, kann dort einen Tauchkurs machen.	**TAG 8–9**
Fahren Sie entweder zurück nach Kota Kinabalu oder nach Süden in den malaysischen Bundesstaat Sarawak, wenn Sie mehr Zeit haben. Dort besuchen Sie die quirlige Stadt Kuching und den schönen Gunung Mulu National Park. Oder Sie fahren in das kleine Sultanat Brunei und das »Grüne Juwel«, den Ulu Temburong National Park, oder ins indonesische Kalimantan zu den traditionellen Dörfern der Dayak im Hochland.	**TAG 10**

Dos & Don'ts

- ✓ Schauen Sie im Dschungel immer in Ihre Schuhe, bevor Sie sie anziehen – es könnten Tiere hineingekrochen sein.
- ✗ Füttern und berühren Sie die Orang-Utans nicht – sie werden dadurch für das Überleben in der Wildnis verdorben. Außerdem können sich die Tiere dadurch mit menschlichen Krankheiten anstecken, für die sie sehr anfällig sind.
- ✓ Seien Sie vorsichtig beim Tauchen und Schnorcheln. Achten Sie darauf, dass Sie keine Korallen berühren, auch nicht mit Ihrer Ausrüstung. Korallen sind extrem empfindlich und können dadurch zerstört werden.

ANREISE
Der Madeira International Airport ist etwa 30 Minuten von der Hauptstadt Funchal entfernt. Madeira ist auch ein beliebter Anlaufplatz für Kreuzfahrtschiffe.

VOR ORT UNTERWEGS
Mit preiswerten Bussen kommt man fast überallhin, mit dem Mietwagen ist es einfacher. Taxis können für Tagesausflüge gemietet werden.

WETTER
Im September liegt die Durchschnittstemperatur auf Madeira bei 22 °C, es regnet wenig.

ÜBERNACHTEN
Quinta da Penha de Franca mit tropischem Garten, nahe dem Zentrum von Funchal, Doppelzimmer ab 70 €; www.penhafranca.com

Suite Hotel Eden Mar am Meer in Funchal, alle Zimmer mit Küche, Doppelzimmer ab 100 €; www.portobay.pt

Reid's Palace, weltbekanntes Luxushotel an der Bucht von Funchal, Doppelzimmer ab 325 €; www.reidspalace.com

ESSEN GEHEN
Fangfrischer gegrillter Fisch wird fast überall angeboten, häufig werden auch *espetadas* (Rindfleischspieße) serviert, das Gericht der Feste auf Madeira. Eine gute Mahlzeit kostet unter 20 € pro Person.

KOSTEN FÜR ZWEI PERSONEN
220–280 € pro Tag inklusive Übernachten, Verpflegung, Eintrittsgelder und Mietwagen.

INFORMATION
www.madeiratourism.org

Madeira-Wein

Mit seinem feinen Bouquet und reichen Aromen zählt der Madeira zu den großen Likörweinen, die mit Alkohol angereichert werden. Madeira ist ein teiloxidierter Wein. Früher glaubte man, dass sein typischer Geschmack durch das Rütteln in den Frachträumen der Schiffe entstehe. Dafür ist aber die Hitze verantwortlich, weshalb Madeira heute an Land unter Blechdächern gelagert wird, die sich aufheizen. Echter Madeira wird aus halbtrockenen Sercial- und Verdelho- oder süßeren Bual- und Malmsey-Reben gekeltert.

Im September wird Madeira wieder zu einem geheimen Garten, der darauf wartet, erforscht zu werden.

Großes Bild: Penha de Águia nahe Faial an Madeiras Nordküste
Oben (von oben nach unten): Der Madeira-Storchschnabel, hier im Botanischen Garten von Funchal, wird bis zu eineinhalb Meter hoch; frisches Obst und Gemüse auf dem Mercado dos Lavradores, Funchal

Garten im Meer

Wie das legendäre Atlantis ragt 1000 Kilometer von Portugals Hauptstadt Lissabon Madeira aus dem Atlantischen Ozean auf. 1419 stachen portugiesische Abenteurer in Lissabon in See, um die afrikanische Küste zu erkunden. In seinem Logbuch beschrieb Kapitän João Gonçalves Zarco die Angst der Seeleute, die dachten, sie würden an den von Ungeheuern bewohnten Rand des Ozeans fahren. Was sie stattdessen fanden, war ein Paradies voller Blumen, immergrüner Wälder, Wasserfälle und sicherer Naturhäfen.

Von Stürmen abgetriebene Segler waren schon zuvor auf Madeira gewesen, doch die Insel wurde nicht besiedelt. Später erwies sich die fruchtbare Erde als ideal für den Anbau von Wein und Zuckerrohr. Luxuriöse Landvillen und elegante Stadthäuser zeugen ebenso vom früheren Reichtum Madeiras wie die sakralen Gemälde in den reich ausgeschmückten Kirchen der Insel. Die Landschaft Madeiras ist so eindrucksvoll wie seine Kunst und Architektur.

Oben: Weinfässer stehen für das Weinfest bereit

Oben (von oben nach unten): Weinverkostung auf dem Weinfest von Funchal; feine Stickerei aus Madeira

Unten: Ponta de São Lourenço

Kleine Terrassen liegen an fast senkrecht abfallenden Hängen und werden durch das 2150 Kilometer lange Netzwerk der *levadas* (Bewässerungskanäle) mit Wasser versorgt.

Feuchte Luft steigt vom Atlantik durch die Nebelwälder Madeiras hoch bis in das Gebirge im Zentrum der Insel, wo sie dann abregnet. Das Wasser versickert im porösen vulkanischen Boden und tritt in zahllosen Quellen wieder an den Tag. Über große Entfernungen wird das lebenspendende Nass durch viele Tunnel und aus dem Fels gehauene Kanälchen zu den sonnigen Weinbergen, Feldern, Orchideen- und Bananenplantagen geleitet. Auf den Pfaden, die entlang den *levadas* verlaufen, gelangt man zu Wasserfällen, Teichen, bewaldeten Schluchten, Aussichtspunkten, stark erodierten Tälern und steilen Meeresklippen.

Im subtropischen Klima der Insel gedeiht eine vielfältige Flora aus einheimischen und eingeführten Pflanzen, ein wahres Paradies für Gärtner. Selbst die trockene, steinige Küste ist mit einem exotischen Blumenteppich überzogen. Wenn im September die Urlauber die Insel langsam verlassen, wird Madeira wieder zu einem geheimen Garten, der darauf wartet, erforscht zu werden.

Blütenzauber

Der September ist ein idealer Reisemonat für Madeira. Das Wetter ist noch herrlich, die meisten Urlauber haben die Insel verlassen, und die Landschaft zeigt sich von ihrer besten Seite. Im September finden die Weinfeste in Funchal und Estreito de Câmara de Lobos statt. Gerade Letzteres zeigt den für Madeira typischen Charme.

Eine botanische Woche

TAG 1 Vormittags bummeln Sie durch das hübsche Funchal. Auf dem Mercado dos Lavradores (»Arbeitermarkt«) bewundern Sie die Stände mit Obst, Gemüse und Blumen, danach geht es weiter zur Kathedrale aus dem 15. Jahrhundert und zum Museum für sakrale Kunst.

TAG 2 Nach einem Besuch des Botanischen Gartens geht es mit der Seilbahn nach Monte und in die tropischen Jardins do Monte Palace. Bergab fahren Sie mit traditionellen Korbschlitten, die hier 1850 eingeführt wurden.

TAG 3 Besuchen Sie Câmara de Lobos und seine Nachbardörfer in den Weinbergen. Von dort geht es zehn Kilometer weiter zum Cabo Girão, mit 589 Metern die zweithöchste Steilklippe Europas.

TAG 4 Weiter westlich beginnen in Rabaçal zwei herrliche *Levada*-Wanderungen. Die etwas anstrengendere zwei- bis dreistündige Wanderung führt zu den landschaftlich reizvollen Vinte e Cinco Fontes (25 Quellen).

TAG 5 Auf dem kurvigen Fußweg von Ponta de São Lourenço wandern Sie auf den Steilklippen vorbei an Wildblumen, die in geschützten Mulden wachsen.

TAG 6 Eine Fahrt auf der spektakulären Küstenstraße bringt Sie von Faial über das schöne Penha de Águia nach Porto Moniz, wo Sie mittags Meeresfrüchte essen. Zurück geht es über die wilde Heide von Paúl da Serra.

TAG 7 Bei der Fahrt auf den Pico Ruivo, den dritthöchsten Berg der Insel, sehen und riechen Sie an den Hängen duftende Eukalyptus- und Lorbeerbäume.

Dos & Don'ts

- ✓ Setzen Sie zur kleineren Nachbarinsel Porto Santo über. Dort erstreckt sich neun Kilometer lang einer der schönsten Sandstrände Europas, Campo de Baixo – ganz anders als auf der Hauptinsel kann man hier wunderbar baden.
- ✗ Bleiben Sie nicht nur am Pool, sondern erkunden Sie die schöne Landschaft und die faszinierende Natur auf Wanderungen.
- ✓ Besuchen Sie eine Stickereifabrik, wo Sie die Techniken dieses traditionellen Handwerks kennenlernen sowie exquisite Stickereien bewundern und auch erwerben können.

ANREISE
Die Hauptflughäfen sind Marseille Marignane und Nice Côte d'Azur, daneben gibt es Flughäfen in Aix-en-Provence, Avignon, Grenoble, Nîmes und Toulon. Der TGV fährt in 2:40 Stunden von Paris nach Avignon.

VOR ORT UNTERWEGS
An der Küste gibt es zuverlässige Bus- und Zugverbindungen, mit dem Auto kann man die Region jedoch besser erkunden.

WETTER
Die Tagesdurchschnittstemperaturen liegen bei rund 24 °C, abends ist es kühl.

ÜBERNACHTEN
Hôtel d'Arlatan, eine elegante Villa im Zentrum von Arles, Familienzimmer ab 80 €; www.hotel-arlatan.fr

Hotel Danieli, Avignon, ein traditionelles Hotel im Stadtzentrum, Familienzimmer ab 100 €; www.hoteldanieli-avignon.com

Hotel Durante, Nizza, klein und günstig gelegen, Familienzimmer ab 130 €; www.hotel-durante.cote.azur.fr

ESSEN GEHEN
Die Küche der Provence wird vom Obst und Gemüse der Region sowie von Fisch und Meeresfrüchten geprägt. Ein Spitzenrestaurant der Region ist Hiély-Lucullus in Avignon.

KOSTEN FÜR EINE VIERKÖPFIGE FAMILIE
240–290 € pro Tag inklusive Übernachten, Verpflegung und Mietwagen.

INFORMATION
www.provenceweb.fr

Frédéric Mistral

Provenzalisch war keine Literatursprache, bis sich 1854 bei Avignon Schriftsteller zusammenfanden, die die Vereinigung Félibrige gründeten. Treibende Kraft war der Literatur-Nobelpreisträger Frédéric Mistral, der ein Wörterbuch der provenzalischen Sprache zusammenstellte. Mistral verwendete sein Preisgeld für die Eröffnung des Museon Arlaten in Arles, das sich der Kultur der Provence widmet.

Großes Bild: Von der Sonne gebleichte, verwitterte Tür und Fenster in einem Dorf in der Provence
Oben (von links nach rechts): Kräuterstand in Nizza; Pont du Gard; Fassadendetail des Pavillon de Vendôme, Aix-en-Provence

Oben: Das Dorf Les Baux in der Abendsonne

Provenzalische Lebensart

Es ist kein Wunder, dass Vincent van Gogh gerade in den Septembermonaten der Jahre 1887 und 1888 seine berühmten Sonnenblumenbilder in Arles vollendete, denn diese Zeit ist im Süden Frankreichs besonders schön. Die Sommerhitze ist vorbei, der Himmel klar, das nunmehr wenig bevölkerte Mittelmeer noch warm genug zum Baden, die Felder sind golden und die Weintrauben reif. Auf den Wiesen sieht man Bienenfresser und Racken, Flamingos versammeln sich in der Camargue, in Nîmes und Arles finden die letzten Stierkämpfe der Saison statt.

Römische Ruinen in Arles, Nîmes und Orange, der Palast der Päpste in Avignon, die Altersresidenz von König René dem Guten in Aix-en-Provence – die Provence wartet mit zahllosen Sehenswürdigkeiten auf. Einige Orte sind eng mit Schriftstellern und Künstlern verbunden: Juan-les-Pins mit F. Scott Fitzgerald, Antibes mit Picasso, Nizza mit Matisse. Das Haus von Cézanne steht in der Nähe des Mont Saint-Victoire, das von Renoir in Cagnes. Liebhaber der Kunst des 20. Jahrhunderts werden in der Fondation Maeght im mittelalterlichen Dörfchen Saint-Paul de Vence fündig.

Die Sommerhitze ist vorbei, der Himmel klar, das Mittelmeer noch warm, die Felder sind golden und die Weintrauben reif.

Hinzu kommt, dass man in der Provence ausgezeichnet isst. Zu *pistou*, *ratatouille* und *bouillabaisse* oder frischem Fisch schmecken klassischer Côtes du Rhone und der leichtere und erfrischende provenzalische Rosé. Auf den Märkten findet sich eine reiche Auswahl an frischem Gemüse, Käse aus der Region und spätsommerlichen Früchten für ein Picknick in den Hügeln oder am Meer.

Bummeln Sie durch die *villages perchés*, die hoch über dem Meer gelegenen Dörfer, in deren Gassen sich nun weniger Menschen drängeln. Les Baux-de-Provence etwa gleicht mehr einer Festung als einem Dorf, dessen Troubadoure für ihren Minnesang berühmt wurden. Als bleibende Erinnerung an den sonnigen Süden können Sie dort ein Gemälde, provenzalische Troubadourmusik oder bunt gemusterte Stoffe aus Arles kaufen.

Kleines Bild links: Landstraße bei St-Rémy-de-Provence
Unten (von links nach rechts): Radausflug durch die ländliche Provence; Carlton Hotel am Strand von Cannes

Südfrankreich-Tour

Im September finden viele Feste und Veranstaltungen statt. Besonders lohnen das Weinfest in Nîmes und die Féria du Riz in Arles, bei der Sangria getrunken und Stierkämpfe abgehalten werden. Den besten Eindruck von der Provence gewinnen Sie, wenn Sie die schöne Region mit dem Auto erkunden.

Eine Woche Herbstsonne

TAG 1
In Marseille, Frankreichs ältester Großstadt und wichtigstem Hafen, bummeln Sie durch die Altstadt zum schönen Vieille Charité und zum beeindruckenden Palais Longchamps. Mittags essen Sie eine *bouillabaisse*, danach lockt Aix-en-Provence mit seinen Boulevards, Museen und dem internationalen Flair.

TAG 2
In Arles erkunden Sie das riesige römische Amphitheater und weitere antike Stätten. Nach einem Kaffee im Café Van Gogh fahren Sie nach Nîmes. Die alte Römerstadt feiert am dritten Wochenende die *vendange* (Traubenernte) mit Stierkämpfen in der Arena. Oder Sie fahren nach Les Baux, wo man von der imposanten Festung bis zur Camargue blicken kann.

TAG 3–4
Nun steht Entspannung in der schönen Vaucluse auf dem Programm. Die Region lockt mit Weinbergen, Lavendelfeldern, Trüffeln, Melonen und sehenswerten historischen Städten wie Avignon und Orange.

TAG 5–6
Durch die relativ unbekannte, noch sehr bäuerliche Region Alpes-de-Haute-Provence fahren Sie zur Küste. Unterwegs machen Sie an einem schönen Platz ein Picknick. In Cannes spazieren Sie auf dem berühmten Boulevard de la Croisette und trinken Tee im Carlton Hotel. Danach entspannen Sie sich am Strand oder besichtigen die Parfümerien in Grasse.

TAG 7
Vormittags bummeln Sie in Nizza über den Markt im Cours Saleya. Von dort fahren Sie nach Saint-Paul-de-Vence zur Fondation Maeght, nach Cagnes-sur-Mer zum Musée Renoir oder weiter an der Küste nach Menton und Monte Carlo.

Dos & Don'ts

- ✓ Fahren Sie mit der Schmalspurbahn Train des Pignes von Nizza in die Alpen – die Aussicht ist fantastisch.
- ✗ Vergessen Sie nicht, Sonnencreme einzupacken. Zu dieser Zeit des Jahres ist die Sonne noch sehr intensiv.
- ✓ Besorgen Sie sich unbedingt einen Veranstaltungskalender vom Französischen Tourismusbüro, um sich über die Termine der vielen Feste in der Region zu informieren. Auch im Internet können Sie sich verschiedene Broschüren und Infomaterial leicht herunterladen: http://de.franceguide.com

ANREISE
Namibia liegt an der südwestafrikanischen Küste. Der internationale Flughafen Hosea Kutako ist 42 Kilometer von der Hauptstadt Windhoek entfernt.

VOR ORT UNTERWEGS
Windhoek, Swakopmund und Sesriem sind miteinander durch teils geteerte, teils ungeteerte, jedoch immer befahrbare Straßen sowie durch tägliche Flüge verbunden.

WETTER
Namibia hat ein typisches Wüstenklima. Im Frühlingsmonat September ist es in der Regel nicht extrem heiß, nachts friert es nicht.

ÜBERNACHTEN
In Windhoek: Olive Grove Guesthouse, luxuriös und ruhig, Doppelzimmer ab 100 €; www.olivegrove-namibia.com

Sam's Giardino, in Swakopmund, freundlich und komfortabel, Doppelzimmer ab 80 €; www.giardino.com.na

Kulala Lodge bei Sesriem, exklusiv, Doppelzimmer ab 240 € inklusive Abendessen und Frühstück; www.namibweb.com/kulala.htm

ESSEN GEHEN
An der Küste gibt es vor allem frischen Fisch und Meeresfrüchte, im Landesinneren Rindfleisch und Lamm. Probieren Sie den südafrikanischen Maisporridge *mieliepap*.

KOSTEN FÜR ZWEI PERSONEN
200–300 € inklusive Übernachten, Verpflegung und Mietwagen.

INFORMATION
www.namibiatourism.com.na

Felsbilder in Namibia

Namibia ist eine bedeutende Schatzkammer der schönen gemalten und geritzten Felsbilder von Jäger-Sammlern. Kulturen mit dieser Wirtschaftsform besiedelten einst den größten Teil des Kontinents. Die Felsbilder sind mit ihren mythologischen Bezügen und ihrer rituellen Bedeutung die einzig verbliebenen Zeugnisse einer komplexen Jäger-Sammler-Kultur, die von den europäischen Siedlern missachtet und zerstört wurde.

Großes Bild: Sanddüne im Licht der letzten Sonnenstrahlen in Sossusvlei im Herzen der Namib

Oben (von oben nach unten): Khoisan-Frauen in Namibia; verdorrte Welwitschie am Welwitschia Drive im Namib-Naukluft-Nationalpark; ein Erdmännchen sondiert die Umgebung im Namib-Naukluft-Nationalpark

Im Land der Dünen

Namibia zählt sicher zu den am dünnsten bevölkerten Ländern der Erde, besteht es doch zu einem großen Teil aus der Wüste Namib, deren ausgetrocknete Sandböden von weniger als 2,5 Zentimeter Regen im Jahr befeuchtet werden. Die endlosen ausgedörrten Weiten verströmen eine wilde Erhabenheit, die zugleich demütig macht, atemberaubend und befreiend ist.

An der östlichen Grenze des mit 50 000 Quadratkilometern größten afrikanischen Nationalparks, Namib-Naukluft, erheben sich im faszinierenden Sossusvlei die höchsten Dünen der Welt: gerippte, aprikosenfarbene Berge, deren kurvenreiche »Skorpionschwänze« über der Salz-Ton-Pfanne aufragen, die sich nur ein oder zwei Mal in zehn Jahren mit Wasser füllt. Im Deadvlei steht auf dem aufgesprungenen, ausgetrockneten Schlammboden ein Wald abgestorbener Bäume. Es ist ein Relikt jener Tage, als es hier noch einen See gab, der ständig Wasser führte.

Oben (von oben nach unten): Kolonialgebäude im malerischen Swakopmund; Zeltzimmer mit Blick auf die namibischen Dünen; Flamingos in Walvis Bay

Unten: Südafrikanische Seebären auf Cape Cross

Oben: Die unverwechselbaren Silhouetten von Köcherbäumen

Bei Einbruch der Dämmerung kann man eine Herde Oryxantilopen entdecken oder eine Erdmännchenfamilie, die in den letzten Sonnenstrahlen Wache hält. Die Silhouette eines stacheligen Köcherbaums zeichnet sich vor der untergehenden Sonne ab. Der Nachthimmel in der Namib ist dank der klaren Wüstenluft und des Fehlens jeglicher Lichtquellen von eindrucksvoller Schönheit. Wenn kein Wind durch die Namib weht, wird die Stille fast greifbar und nur gelegentlich vom Rascheln eines Geckos oder dem Geheul einer entfernten Hyäne oder eines Schakals durchbrochen.

Einen bizarren, fast surrealen Kontrast zu den Weiten der Wüste mit ihren konzentrierten, intensiven Eindrücken bietet die von Deutschen erbaute Hafenstadt Swakopmund. Sie ist an drei Seiten von Dünen umgeben und liegt an einem Strand, der die Ausmaße eines kleinen europäischen Staates aufweist. Mit ihrer charakteristischen Kolonialarchitektur ist diese überraschend lebhafte Stadt der ideale Ausgangsort, um von hier aus die Namib zu erforschen oder zu abgelegenen Stellen an der Küste zu fahren, etwa zum Flamingo-Refugium Sandwich Harbour im Süden oder zu der riesigen Robbenkolonie von Cape Cross im Norden.

Wüsteneindrücke

Die Fahrt durch das südliche Namibia dauert vier bis fünf Tage und verlängert sich mit einem Abstecher zum Fish River Canyon nahe der südafrikanischen Grenze. Wer mindestens noch eine Woche Zeit hat, kann nach Nordwest-Namibia weiterreisen, wo es faszinierende Felsbilder und Elefanten zu entdecken gibt.

Fünf Tage in den Dünen

TAG 1

Von Windhoek fahren Sie nach Swakopmund, wo Sie in einem Strandlokal zu Mittag essen.

Nachmittags entdecken Sie im Stadtzentrum deutsche Kolonialarchitektur, das Museum, das Aquarium, den Schlangenpark und Straßencafés.

TAG 2

Vormittags fahren Sie Richtung Norden zum Cape Cross, das nach einem 1485 von Diego Cão errichteten Kreuz heißt. Hier lebt die größte ständige Seebärenkolonie der Welt, die rund 100 000 Tiere umfasst.

Nachmittags gehen Sie shoppen, beobachten Vögel und Delfine in der nahen Walvis Bay Lagoon oder fahren mit dem Quadbike durch die nahen Dünen.

TAG 3

Auf der schönen Strecke durch den Namib-Naukluft-Nationalpark fahren Sie nach Sesriem. Unterwegs sehen Sie am Welwitschia Drive die größten und ältesten Exemplare dieser bizarren, halb unterirdischen Wüstenpflanzen. Danach erreichen Sie die unglaublich einsame Siedlung Solitaire, wo Sie tanken und bei einem Snack und kühlen Getränken rasten.

TAG 4

In Sesriem erkunden Sie vor allem das Sossusvlei und das Deadvlei, die im sanften Morgen- und Abendlicht am meisten beeindrucken. Nachmittags halten sich dort weniger Besucher auf.

TAG 5

Nach einem halben Tag Fahrt erreichen Sie Windhoek, wo Sie Zeit für einen Ausritt in oder einen Flug über die Dünen haben. Oder Sie besichtigen die Museen und Kunstgalerien der namibischen Hauptstadt.

Dos & Don'ts

- ⊗ Fahren Sie auf ungeteerten Straßen nicht schneller als 80 Stundenkilometer – der Straßenzustand kann sich urplötzlich rapide verschlechtern.
- ✓ Nehmen Sie immer reichlich Wasser mit – bei einer Panne müssen Sie lange in der Hitze ausharren können.
- ✓ Tanken Sie bei jeder Gelegenheit und füllen Sie auch die Benzinkanister auf. Tankstellen liegen oft Hunderte Kilometer auseinander.
- ✓ Halten Sie immer wieder an, so entdecken Sie auch Tiere, die Sie beim Vorbeifahren übersehen würden.

ANREISE
Santorin (Santoríni) ist die südlichste der Kykladen-Inseln in der griechischen Ägäis. Inlandsflüge erreichen die Insel von Athen, Thessaloniki, Kreta, Rhodos und Mykonos. Fährverbindungen bestehen mit Athen (sechs bis zwölf Stunden), Thessaloniki und anderen griechischen Inseln.

VOR ORT UNTERWEGS
Die 96 Quadratkilometer große Insel ist mit Bussen, Taxis und Motorrollern leicht zu erkunden.

WETTER
Im trockenen und sonnigen September liegen die Durchschnittstemperaturen bei 24 °C.

ÜBERNACHTEN
Armenia Hotel am beliebten Kamari-Strand, Doppelzimmer ab 50 €; www.kamaritours.gr

Panorama Hotel auf der Klippe in Fira, Doppelzimmer ab 150 €; www.panorama-suites.com

Museum Spa Hotel in einer umgebauten Villa/Museum in Oia, Studios ab 150 €; www.hotelmuseum.net

ESSEN GEHEN
Spezialitäten sind *apoxti* (Schinken), Kapern, gefüllte Zucchini, Fisch und Meeresfrüchte sowie der lokale Dessertwein Vin Santo.

KOSTEN FÜR ZWEI PERSONEN
240 – 320 € pro Tag inklusive Übernachten, Verpflegung, Sonnenuntergang-Bootsfahrt, Bootsausflug, Mietwagen und Eintrittsgelder.

INFORMATION
www.santorini.com

Vulkaninsel Santorin

Santorin hat seine Form in den letzten 400 000 Jahren zwölf Mal verändert: Aus einer einzigen Landmasse wurden kleine Inseln, die wieder zusammenwuchsen und erneut zersplitterten. Um 1630 v. Chr. spuckte die katastrophale Minoische Eruption 90 Milliarden Tonnen Magma innerhalb weniger Tage aus. Geologisch gehört Santorin zu einem Bogen, der die Vulkaninseln Milos und Nisyros in der östlichen Ägäis, die Halbinsel Methana nahe Athen und den Ätna in Italien umfasst.

Oben: Ruderboote im Hafen von Oia

Großes Bild: Kirchenglocken im Licht des Sonnenuntergangs auf Santorin
Oben (von links nach rechts): Pool mit Blick auf das Meer bei Fira; Blumen in Santorins Vulkanlandschaft; Kirchenkuppeln in Oia

Ein vulkanisches Paradies

Wie das antike Theater von Delphi oder die Felsen von Meteora muss man die griechische Insel Santorin mit eigenen Augen gesehen haben, denn die raue, urweltliche Schönheit dieser Vulkanlandschaft und ihrer Dörfer lässt sich nicht in Worte fassen. Santorin ist in der Ägäis eine einzigartige Insel. Man kann sich ihre einstige Gestalt leicht vorstellen: rund und mit einem zentralen Vulkan, dessen Kegel bei einem gigantischen Ausbruch in sich zusammenstürzte und einen Krater hinterließ, der sich mit Wasser füllte. An drei Seiten dieser Caldera erstreckt sich das heutige Santorin, das eigentlich aus dem Außenrand der ursprünglichen Insel besteht. Ein Teil der vierten Seite der alten Insel bildet heute das Inselchen Thirasia. In der einstigen Inselmitte ragt ein kleiner, rauchender Kegel aus der tiefblauen Ägäis auf. Eine steile Felswand aus schwarzem und rotem Stein bildet den inneren Rand, an dem die berühmten weißen Dörfer scheinbar allen Gesetzen der Schwerkraft trotzen. Von seiner Höhe öffnet sich ein faszinierender Blick über die Caldera, deren friedliche ehrfurchtgebietende Stimmung schon viele vergeblich zu beschreiben oder zu malen versuchten.

Hoch über dem Abgrund liegen die Dörfer Oia und Fira, deren enge, von Kunstgalerien und Bars gesäumte Gassen vor Leben pulsieren. Neben den offensichtlichen Touristenfallen hat hier auch Traditionelles seinen Platz: weiß getünchte Häuser in halsbrecherischen Lagen, klingende Glocken an Kirchen mit blauen Kuppeln, Dorfbewohner, die auf Eseln durch die steilen Gassen traben.

Zweifellos ist Santorin eine romantische Insel. Wer sich diesem Zauber ganz hingeben will, sollte eine Fahrt auf einem Schoner in den Sonnenuntergang buchen, das berühmte Farbenspiel der langsam untergehenden Sonne vom Wasser aus genießen und nach dem Abendessen an Bord auf die funkelnden Lichter von Oia blicken, wenn sich die Dunkelheit langsam herabsenkt.

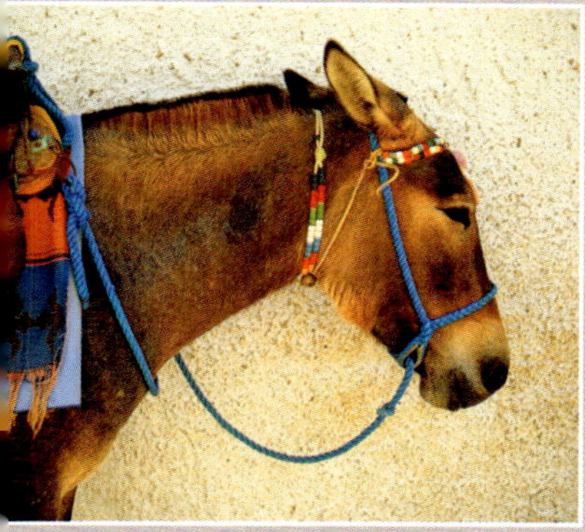

. weiß getünchte Häuser
halsbrecherischen Lagen,
Glocken an Kirchen mit
blauen Kuppeln, Dorfbe-
ohner, die auf Eseln durch
ie steilen Gassen traben.

Kleines Bild links: Ein Esel ruht sich vor einer weiß getünchten Mauer aus
Unten (von links nach rechts): In einer traditionellen Taverne; Fira bei Nacht

Kykladen-Idylle

Im September nehmen die Besucherzahlen ab, die Tage sind immer noch sonnig und die Abende mild. Fira ist touristisch und lebhaft, das traditionellere Oia die perfekte Ergänzung zur rauen Schönheit der Insel. Wer Zeit hat, kann einige Tage in Athen anhängen *(siehe S. 100–101)*.

Vier Tage mit Ausblick

In Ihrem Hotel genießen Sie erst einmal den Panoramablick und die Sonne auf der Terrasse. Wenn Sie dann zu Unternehmungen bereit sind, bummeln Sie in Fira oder Oia durch die Gassen und bewundern die traditionellen Häuser und schönen Kirchen. Sichern Sie sich dann einen guten Platz in einer Taverne, um beim Abendessen den Sonnenuntergang zu erleben. **TAG 1**

Wie die Einheimischen erkunden Sie die Insel mit einem Motorroller. In Firas Museen sehen Sie Fundstücke von antiken Siedlungen auf der Insel. Thira (der alte Name für Santorin) bestand im 3. Jahrhundert v. Chr., Akrotiri, das Pompeji der Ägäis, 1700 Jahre vor dem Ausbruch des Vesuvs 79 n. Chr. Besichtigen Sie auch die Fundstätten, bevor Sie sich zu einer Fahrt bei Sonnenuntergang um die Caldera aufmachen. **TAG 2**

Auf einer halbtägigen Bootstour klettern Sie an dem wüsten Vulkan, schwimmen in heißen Quellen und essen in einem Dorf hoch oben auf der Klippe auf Thirasia zu Mittag. Oder Sie gehen zum Weinverkosten, Tauchen, Kajakfahren im Meer oder Reiten. Nachmittags ruhen Sie aus. Wenn es etwas kühler ist, bummeln Sie durch die Gassen und Läden der Ortschaften. Später genießen Sie auf einer Restaurantterrasse den warmen Abend und die fröhliche Atmosphäre. **TAG 3**

Heute steht ein Tag an einem der roten oder schwarzen vulkanischen Sandstrände auf dem Programm. Der Morgen bietet sich an, um in der Nähe der Strände eine der antiken Stätten zu besichtigen. Abends genießen Sie noch einmal den Blick vom Hotel, von einem Restaurant oder einer Bar. **TAG 4**

Dos & Don'ts

- ✓ Mieten Sie einen Motorroller für Fahrten über die Insel, aber tanken Sie in Fira – in Oia gibt es keine Tankstelle. Fahren Sie vorsichtig, Unfälle passieren hier häufig.
- ✗ Besichtigen Sie das antike Thira nicht, wenn Sie sich körperlich unfit fühlen. Der Aufstieg ist sehr steil und kann für kleine Kinder oder Senioren problematisch sein.
- ✓ Informieren Sie sich vorab, ob die antike Stätte Akrotiri noch geöffnet hat, bevor Sie sich dorthin auf den Weg machen.
- ✗ Mieten Sie sich nicht in Oia ein, wenn Ihnen lange, steile Treppen Probleme bereiten.

JAN FEB MÄRZ APR MAI JUNI JULI AUG **SEP** OKT NOV DEZ

OKTOBER

Traumziele im **Oktober**

Auf der nördlichen Halbkugel hat im Oktober der Herbst Einzug gehalten. Die Tage werden kürzer, und es wird kälter. Auf dem Land sind die Ernten zum großen Teil eingebracht, und in vielen Regionen Europas feiert man die Lese der Trauben mit Weinfesten – etwa im Loire-Tal oder an der berühmten Chianti-Route durch die Toskana. In Nordamerika und Japan gibt sich der Oktober noch bunt mit herrlichen Laubfärbungen. Auf der Südhalbkugel hingegen bringt der Frühling wärmere Temperaturen. Jetzt herrschen ideale Bedingungen, um in Buenos Aires Tango zu tanzen oder am Great Barrier Reef zu tauchen. Auf dieser Doppelseite finden Sie alle im Oktober-Kapitel vorgestellten Reiseziele sowie einige weitere Anregungen.

KULTUR UND FESTE

LHASA Mann mit traditionellem Kopfschmuck in Tibet

UNVERGESSLICHE EINDRÜCKE

ROCKY MOUNTAINS Maligne Lake und Spirit Island, Kanada

WUNDER DER NATUR

KAUA'I Exotische rosa Frangipani-Blüten

TIBET
China, Asien

Ein altes buddhistisches Reich auf dem Dach der Welt

Tibets Hauptstadt Lhasa war lange Zeit aufgrund seiner Höhenlage im Himalaya vom Rest der Welt abgeschnitten.

Siehe S. 258–259

PAPUA-NEUGUINEA
Australasien

Segeltörn zu abgelegenen Inseln und alten Dörfern

Machen Sie auf einem Katamaran eine aufregende Kreuzfahrt zu den Inseln vor Neuguinea, wo Sie tauchen und wandern.

www.theimajicaexperience.com

WAHIBA-WÜSTE
Oman, Naher Osten

Naturerlebnis in der einsamen Wüste Arabiens

Fahren Sie mit dem Geländewagen zu riesigen Dünen und in felsige Wadis, schlafen Sie unter dem Sternenhimmel.

www.omantourism.gov.om

»Kaua'i ist ein faszinierender Ort, der durch immense Naturkräfte geschaffen wurde und noch immer geschaffen wird.«

KAUA'I
USA, Nordamerika

Herrliche Natur auf der schönsten Insel von Hawai'i

Hier gibt es nicht nur große Wellen und Blumengirlanden: Auf der »Garteninsel« wartet auf Sie eine fantastisch vielfältige Natur.

Siehe S. 248–249

BUENOS AIRES
Argentinien, Südamerika

Hier trifft europäischer Stil auf südamerikanischen Hedonismus

Buenos Aires bietet Kultur und Stil, pulsierende Lebenslust und die Melancholie des Tangos, hervorragende Küche und exzellenten Wein.

Siehe S. 264–265

»In seiner Vielfalt verkörpert Buenos Aires perfekt den unwiderstehlichen Esprit Argentiniens.«

KALIFORNISCHE KÜSTE
USA, Nordamerika

Wilde Küste zwischen San Francisco und Los Angeles

Entlang der wind- und wellenumtosten Küste, vorbei an Big Sur zu vielen Sehenswürdigkeiten.

Siehe S. 254–255

EDEN PROJECT
England, Europa

Die ganze Welt der Natur an einem Ort

In riesigen »Biomen« (Kuppelbauten) werden hier die verschiedensten Naturregionen der Welt nachgeformt.

www.edenproject.com

TAKACHIHOKYO-SCHLUCHT
Japan, Asien

Wasserfälle und bunte Felsen

Japans Wälder verfallen in einen regelrechten Farbrausch, wenn sich der japanische Ahorn *momeji* leuchtend rot verfärbt.

www.jnto.go.jp

TIMBUKTU
Mali, Afrika

Die alte Stadt weckt Fantasien von einer großen Vergangenheit

Timbuktus einstige Architekturschätze sind Opfer der Wüste geworden, doch der alte Zauber der geschichtsträchtigen Stadt ist geblieben.

Siehe S. 262–263

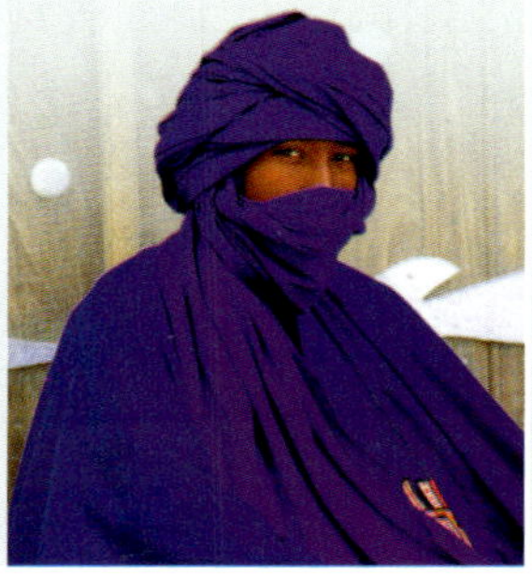

BUDAPEST
Ungarn, Europa

Ungarns Hauptstadt feiert im Herbst die schönen Künste

Großartige Architektur, feine Restaurants, eine bunte Kunstszene – das elegante Budapest zählt zu den Kulturgrößen Europas.

Siehe S. 266–267

KAIKOURA
Neuseeland, Australasien

Kulinarische Freuden am Meer beim jährlichen Seafest

Die Küstenstadt liegt im Zentrum der Weinregion. Jedes Jahr wird beim Seafest groß mit Wein, gutem Essen und Musik gefeiert.

www.kaikoura.co.nz

VON KÜSTE ZU KÜSTE
Kanada, Nordamerika

Eine legendäre Zugfahrt quer über den Kontinent

Auf der Fahrt durch Kanada schweift der Blick in scheinbar unendliche Ferne. Am schönsten ist die Strecke über die Berge.

Siehe S. 252–253

KHYBER-PASS
Pakistan, Asien

Mit dem Zug in eine der wildesten Regionen der Welt

Die »Khyber Steam Safari« bringt Sie mit einem alten Dampfzug und Armee-Eskorte auf den Khayber-Pass zur afghanischen Grenze.

www.khybersteamsafari.com

CHURCHILL
Kanada, Nordamerika

Die unangefochtene Eisbärenhauptstadt der Welt

In der Zeit zwischen Sommer und Winter wandern Hunderte Eisbären an der arktischen Stadt vorbei – oder mittendurch.

www.townofchurchill.ca

PIEMONT
Italien, Europa

Herbstliche Landschaft und kulinarische Genüsse

In Norditalien wird nun zu einer besonderen Jagd geblasen – auf Trüffeln. Erfreuen Sie Ihren Gaumen mit den seltenen Knollen.

www.enit.it

Vorhergehende Doppelseite: Die rollende Brandung an der Küste von Kaua'i, Hawai'i

Wetter

❶ Der Winter steht in Kanada vor der Tür, nachts ist es kalt, am Tag klar – ideal für eine Zugfahrt. In Kalifornien ist es angenehm, je weiter man nach Süden kommt, desto wärmer wird es.

❷ Argentinien, vor allem Buenos Aires, hat ein angenehmes Klima. Das sehr schöne Frühjahr bietet Sonne und Wärme ohne Sommerschwüle.

❸ In Mali ist es immer heiß, doch kurz nach Ende der Regenzeit im September hat man zumindest ein leichtes Gefühl von Frische.

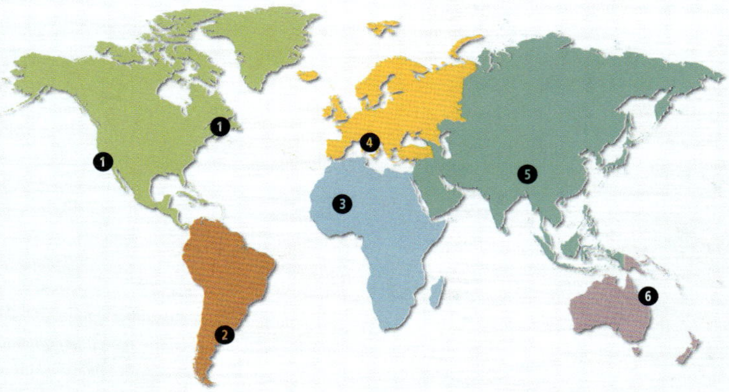

❹ In Europa wird es kälter, im Süden ist es noch angenehm. Die Sonne scheint zwar häufig, doch die Niederschläge nehmen zu.

❺ Tibet hat ein raues Klima mit Staub-, Sand- und Schneestürmen. Im Oktober ist es unterhalb von 3900 Metern tagsüber mild und nachts kalt. In höheren Lagen ist es immer kalt.

❻ In der tropischen Region rund um das Great Barrier Reef ist es ganzjährig heiß und sonnig. Die Monsunregen kommen erst in einem Monat, die Luftfeuchtigkeit ist niedrig, das Wasser klar.

LUXUS UND ROMANTIK

TOSKANA Weinkeller des Castello Banfi

MAFIA
Tansania, Afrika

Romantisches Eiland für individuelle Träumer

Die winzige Insel bietet herrliche Strände, großartige Tauchgründe, Wanderwege und das Gefühl, ganz weit weg von allem zu sein.

www.africatravelresource.com

LA RIOJA
Spanien, Europa

Feine Weine und großartige Architektur

Von mittelalterlichen Anwesen bis zu Designer-Hotels – die Weinregion bietet eine Menge stimmungsvoller Unterkünfte.

www.spain.info

SAN FRANCISCO
USA, Nordamerika

Auf Genusstour in einer der schönsten Städte der USA

Genießen Sie die Aussicht, die Atmosphäre und die hervorragende Küche der Stadt sowie den exzellenten Wein im Napa Valley.

www.onlyinsanfrancisco.com

LOIRE-TAL
Frankreich, Europa

Fahrt entlang der Loire zu den Königsschlössern

Eine perfekte Kombination: großartige mittelalterliche und Renaissance-Architektur und eine schöne Landschaft.

Siehe S. 260–261

TOSKANA
Italien, Europa

Ein Fest der Sinne mit großer Kunst und feiner Küche

Romantische Landschaften, herrliche Bauwerke, große Geschichte – die Toskana ist und bleibt ein Lieblingsziel für alle, die Kunst und Stil lieben.

Siehe S. 250–251

»Feiern Sie ein Fest der Sinne, baden Sie in Geschichte, genießen Sie große Kunst und nicht zuletzt feinstes Essen mit grandiosem Wein.«

AUFREGENDE ZIELE

QUEENSLAND Segeltörn zu den Whitsunday Islands

SOOMAA-NATIONALPARK
Estland, Europa

Zwischen Land und Wasser

In Estland erstrecken sich riesige Moore und Auen. Entdecken Sie auf Wanderungen eine Landschaft, die es nur noch selten gibt.

www.soomaa.com

SAMBESI
Sambia, Afrika

Mutprobe auf dem wildesten Wildwasserfluss der Welt

Auf den Stromschnellen des Sambesi wird das Boot fast zum Surfbrett – aber auch sanftere Fahrten sind hier möglich.

whitewater.safpar.com

QUEENSLAND
Australien, Australasien

Taucherparadies am Great Barrier Reef

Das Riff zählt zu den berühmtesten und schönsten Tauchgründen der Welt. Dort kann man auch segeln und Kajak fahren.

Siehe S. 256–257

YASAWA-INSELN
Fidschi, Südpazifik

Auf Entdeckungstour in der Südsee

Die idyllischen tropischen Inseln liegen so nahe beieinander, dass man mit dem Kajak von einer zur anderen fahren kann.

www.south-seas-aventures.com

WADI RUM
Jordanien, Naher Osten

Im tiefroten Herzen der arabischen Wüste

Riesige Täler in unwirklicher Wüstenlandschaft: Am besten erlebt man die Wüste auf einer Kameltour mit einem Beduinenführer.

www.rumguides.com

FAMILIENURLAUB

OAXACA Farbenfrohes Sandbild zum Tag der Toten

»Wenn in dieser Nacht des Wiedersehens Kerzen brennen, Musik und Tanz erklingen, wird der Día de los Muertos zu einem magischen Erlebnis.«

OAXACA
Mexiko, Nordamerika

Kinder lieben den fröhlich-makabren Tag der Toten

Feiern Sie mit, wenn mexikanische Familien mit Schoko-Totenschädeln und anderen Leckereien der Toten gedenken.

Siehe S. 268–269

ALBUQUERQUE
USA, Nordamerika

Leuchtend bunte Ballons schweben über New Mexico

Ballonfreunde feiern in Albuquerque das größte Fest ihrer Zunft in den USA – eine Ballonfahrt ist ein Muss für die rund 100 000 Gäste.

www.balloonfiesta.com

RHODOS
Griechenland, Europa

In der Nachsaison ist das Meer noch schön warm

Antike Ruinen, mittelalterliche venezianische Festungen, schöne Ortschaften, Strände – und nur noch wenige Urlauber.

www.rhodesguide.com

EUREKA! HALIFAX
England, Europa

Kinder lieben es, die echte Welt zu entdecken

Das Museum für Kinder ist ganz und gar interaktiv und faszinierend. Danach macht eine Wanderung durch die Yorkshire Dales Spaß.

www.eureka.org.uk

BLUE MOUNTAINS
Australien, Australasien

In und über den Bergen von New South Wales

Blicken Sie durch den Glasboden des Skyway auf Schluchten und Wasserfälle oder wandern Sie durch Eukalyptuswälder.

www.scenicworld.com.au

ANREISE
Kaua'i ist die nördlichste Insel des Hawai'i-Archipels und liegt 3827 Kilometer westlich von Kalifornien. Vom Festland der USA dauert der Flug fünf Stunden nach Līhu'e, der größten Stadt auf Kaua'i. Von Honolulu fliegen Shuttle-Flugzeuge nach Kaua'i.

VOR ORT UNTERWEGS
Auf der Insel gibt es keine öffentlichen Verkehrsmittel, mieten Sie ein Auto am Flughafen. Für Ausflüge stehen Leihräder zur Verfügung, viele Routen führen aber über steile Bergstrecken.

WETTER
Im warmen Oktober liegen auf Kaua'i die Durchschnittstemperaturen bei 26 °C. Häufig gibt es kurze Regenschauer.

ÜBERNACHTEN
Sheraton Kauai nahe Po'ipū Beach, Doppelzimmer ab 240 €; www.sheraton-kauai.com

Hyatt Regency Kauai Resort & Spa, eines der besten Luxus-Resorts der Insel, Doppelzimmer ab 300 €; www.kauai.hyatt.com

Princeville Resort Kauai, Traumlage an der Hanalei Bay, Doppelzimmer ab 340 €; www.princevillehotelhawaii.com

ESSEN GEHEN
Bei Einheimischen und Gästen beliebt ist das schrille Brennecke's Beach Broiler, Po'ipū – ein legeres Restaurant am Strand. Probieren Sie *kālua*, in Blättern gegartes Schweinefleisch.

KOSTEN FÜR ZWEI PERSONEN
300–360 € pro Tag inklusive Übernachten, Verpflegung und sportliche Aktivitäten.

INFORMATION
www.kauai-hawaii.com
www.kauaidiscovery.com

Surfen auf Hawai'i

Missionare sorgten dafür, dass hawaiianische Traditionen und die Sprache verboten und vergessen wurden. Erst Anfang des 20. Jahrhunderts führte der Olympiasieger im Schwimmen, Duke Kahanamoku (1890–1968), das Surfen wieder ein und entwickelte es als modernen Sport weiter. Surfen wurde in der Folge auf den Inseln, in Kalifornien und Australien populär. Auf Hawai'i gibt es mit die besten Wellen der Welt. Die »Jaws« genannten Riesenbrecher vor Maui bieten erfahrenen Surfern ein aufregendes, aber hochgefährliches Surf-Erlebnis.

Oben (von links nach rechts): Riesige rosa Frangipani-Blüten auf Kaua'i; die Hanalei Bay aus der Luft
Großes Bild: Die fantastisch zerklüftete Nā Pali Coast

Oben: Hanakapi'ai Falls oberhalb des Kalalau Trail

Hawaiianische Träume

Kaua'i entspricht allen Vorstellungen eines Tropenparadieses. Auf der »Garteninsel« gedeihen üppige grüne Wälder und zahllose Blumen, zwitschern exotische Vögel und schlagen die Wellen in hypnotisierendem Rhythmus an goldfarbene Strände. Für viele *haoles* (Fremde), die Hawai'i jedes Jahr besuchen, ist Kaua'i die schönste Insel des Archipels. Sie war früher ein Vulkan und ist mit einem Alter von sechs Millionen Jahren vermutlich die Älteste der Inseln. Ganz sicher aber bietet sie die größte landschaftliche Vielfalt von allen, wartet mit Regenwäldern und Wüsten, Ebenen und Bergen auf. Der Waimea Canyon ist der größte Canyon im Pazifikgebiet, und an der weltberühmten Nā Pali Coast ragen mit Urwald bedeckte Klippen steil aus dem dunkelblauen Meer. Kaua'i ist ein faszinierender Ort, der durch immense Naturkräfte geschaffen wurde und noch immer geschaffen wird. Die urzeitliche Landschaft diente auch schon in vielen Hollywood-Filmen als Kulisse, etwa in *Blaues Hawaii*, *King Kong* und *Jurassic Park*.

Kaua'i ist ein faszinierender Ort, der durch immense Naturkräfte geschaffen wurde und noch immer geschaffen wird.

Die Berge, Canyons und Strände sind besonders an der Nā Pali Coast so beeindruckend, dass man sie sich sowohl vom Meer als auch vom Land aus ansehen sollte. Ein unvergessliches Erlebnis für geübte Wanderer ist der Kalalau Trail entlang der Nā Pali Coast. Der 17 Kilometer lange Weg führt vom Ke'e Beach bis ins paradiesische Kalalau Valley, teils über hohe Klippen, teils durch Flusstäler. Man kann auch die Flüsse hinaufwandern und z. B. an den Hanakapi'ai Falls in klarem, kaltem Wasser schwimmen. Im State Park gibt es drei Campingplätze, für mehrtägige Wanderungen braucht man eine Genehmigung der Division of State Parks auf Līhu'e.

Für den besten Blick vom Meer paddeln Sie mit dem Kajak zu den himmelhohen Klippen von Nā Pali. Bei dieser atemberaubenden Entdeckungsfahrt erleben Sie den gleichen überwältigenden Anblick wie die ersten Polynesier, die dieses Paradies als Erste entdeckten.

Kleines Bild links: Suppenschildkröte mit einer Schule von Doktorfischen
Unten (von links nach rechts): Spouting Horn; Ficus-Bäume; Hula-Tänzerin

Naturerlebnisse

Mit dem Auto braucht man fast einen Tag, um die Insel zu umrunden. Planen Sie also Ausflüge gut und fahren Sie nicht zu spät los. In diesen Breiten wird es früh dunkel, und im Dunkeln ist es schwierig zu fahren. Darüber hinaus ist es leicht, in Kaua'is tropischer Natur und an seinen herrlichen Küsten zu entspannen.

Fünf Tage auf Kaua'i

TAG 1–2

Schon morgens starten Sie mit einem Katamaran, etwa von HoloHolo Charters, auf einen Törn vor der Nā Pali Coast. Selbst wenn Wolken und starke Winde keinen perfekten Blick ermöglichen, werden Sie durch den Anblick der Buckelwale dafür mehr als entschädigt.

Am Waimea Canyon genießen Sie einfach die Aussicht. Wer zu mehr Taten bereit ist, unternimmt eine geführte Wanderung oder einen Ausritt durch den tiefen Waimea Canyon, den mit 16 Kilometern längsten Canyon im pazifischen Raum.

TAG 3–4

Am südlich gelegenen Po'ipū Beach versuchen Sie sich auf dem Surf- oder Body-Board. Danach genießen Sie ein Sonnenbad am tropischen Sandstrand.

An der Südküste fahren Sie westwärts zum Spouting Horn, einem natürlichen Meerwassergeysir. Abends lockt ein *lū'au* (hawaiianisches Festmahl), das viele Hotels veranstalten.

TAG 5

Bei Sonnenaufgang fahren Sie zum Kalalau Trail. Von dem schmalen, mehrere Hundert Meter über dem Meer gelegenen Weg durch die grünen Berge haben Sie einen ganz anderen Blick auf die vom Regenwald bedeckten, 915 Meter hohen Klippen am Meer.

Wer nur wenige Kilometer des Wegs wandern will, kann zu den Hanakapi'ai Falls gehen und den Nachmittag mit Baden verbringen. Der traumhafte Tunnel's Beach bietet auch fantastische Möglichkeiten zum Schnorcheln.

Dos & Don'ts

✓ Wandern Sie auf dem Kalalau Trail – er zählt zu den beeindruckendsten Wanderwegen der Welt.

✗ Nehmen Sie keine Korallen, Pflanzen oder Tiere aus dem Meer mit und berühren Sie im Wasser nichts, was Sie nicht eindeutig identifizieren können.

✓ Schwimmen, surfen, schnorcheln und tauchen Sie immer in Begleitung. In der Regel ist das Meer an der Küste sicher, doch können Unterwasserströmungen, manchmal Haie oder gefährliche Wellen auftreten.

✗ Springen Sie nie von großer Höhe ins Wasser – die Wassertiefe lässt sich oft nur schwer einschätzen.

ANREISE
Die Toskana ist eine große Region in Mittelitalien. Der Flughafen der regionalen Hauptstadt Florenz liegt vier Kilometer vom Stadtzentrum entfernt. Von dort fährt ein Bus zum Hauptbahnhof. Der größte Flughafen der Region liegt bei Pisa, eine Stunde westlich von Florenz.

VOR ORT UNTERWEGS
Die Städte erkundet man zu Fuß und mit öffentlichen Verkehrsmitteln, auf dem Land ist man mit dem Auto unterwegs.

WETTER
Im Oktober liegen die Temperaturen bei rund 20 °C, bisweilen gibt es Regen und Herbstnebel.

ÜBERNACHTEN
Viele charmante Hotels sind in umgebauten historischen Gebäuden zu finden.

La Cisterna in San Gimignano, in einem Palazzo aus dem 18. Jahrhundert, Doppelzimmer ab 110 €; www.hotelcisterna.it

Villa Vignamaggio in Greve in Chianti, luxuriöses *agriturismo*, Doppelzimmer ab 160 €; www.vignamaggio.it

Certosa di Maggiano in Siena, elegant, Doppelzimmer ab 380 €; www.relaischateaux.com/certosa

ESSEN GEHEN
Feinste toskanische Küche in romantischer Lage serviert Badia a Coltibuono in Gaiole in Chianti, Hauptgerichte ab 14 €; www.coltibuono.com

KOSTEN FÜR ZWEI PERSONEN
280–300 € pro Tag inklusive Übernachten, Verpflegung, Mietwagen und Eintrittsgelder.

INFORMATION
www.turismo.toscana.it

Kultureller Vorreiter

In Kunst und Architektur spielte die Toskana eine Vorreiterrolle. In der Region wirkten Michelangelo und Leonardo da Vinci, Künstler wie Giotto, der als Erster seinen gemalten Figuren Natürlichkeit verlieh, und Donatello, der in der Bildhauerei der Perspektive den Weg ebnete. In der Toskana entstanden Europas erste öffentliche Bibliothek, erste Banken und die erste Oper. Chianti war das erste anerkannte Weinbaugebiet der Welt, das Logo der Gallo-Nero-Weine stammt aus dem 14. Jahrhundert – es ist somit das älteste »Markenzeichen« der Welt.

Edle Schätze

Romantische Landschaften, große Kunst und Architektur, hervorragender Rotwein aus den heimischen Weinbergen und feine Küche aus den edelsten Produkten des Landes – die Toskana bietet ein wahres Fest der Sinne. Den Reisenden erwarten hier das von der Renaissance geprägte Florenz (Firenze) und das gotisch geprägte Siena, ockerfarbene Dörfer, Festungen und Fresken. In geschichtsträchtigen Orten stößt man hinter jeder Biegung der engen Gassen auf Schönes und Überraschendes. Im etruskischen Cortona faszinieren der Blick auf das Umland und die vielen Gebäude aus Mittelalter und Renaissance, südlich von Siena erstreckt sich die klassische Landschaft der Toskana mit Zypressen und alten Bauernhöfen. Hier locken Weine wie der Brunello aus Montalcino oder der Vino Nobile aus Montepulciano.

In der Toskana liebt man Kunst, Musik, Essen und Wein. Im Sommer bieten die langen heißen Tage und warmen Nächte willkommene Gelegenheit für zahllose Feste, im Herbst die *vendemmia*

Unten (von oben nach unten): Weinkeller des Castello Banfi in Montalcino; Kopie von Michelangelos *David* auf der Piazza della Signoria, Florenz; Ponte Vecchio, Florenz

(Weinlese) und die Olivenernte nicht minder gute Gelegenheiten zum Feiern. Nun ist die Saison der Steinpilze und *tartufi* (Trüffeln) angebrochen, mit denen köstliche Risotti und delikate Wildgerichte – bei kleiner Hitze geschmorter Wildschwein- oder Hasenbraten in Rotwein und Kräutern – veredelt werden. Dazu isst man *pappardelle*, die typischen breiten Nudeln der Toskana.

Jede Gegend und jeder Ort hat seine eigenen Spezialitäten. Die weißen Chianina-Rinder liefern die dicken Steaks für die *bistecche alla fiorentina*, die mit feinstem Olivenöl beträufelt über der Glut eines Kastanienholzfeuers gebraten werden. Aus Prato stammen *cantucci* (Kekse), die in süßen Vin Santo getunkt werden. In den Bergdörfern bei Siena fertigt man *pici* (Spaghetti) mit der Hand, und in Siena mundet der *panforte* (Gewürzkuchen) mit Nüssen und kandierten Früchten.

Viele schöne Renaissance-Villen und mittelalterliche Burgen bieten heute romantische Übernachtungsmöglichkeiten, nicht wenige Weingüter luxuriösen *agriturismo* (Urlaub auf dem Bauernhof). Feiern Sie ein Fest der Sinne, beginnen Sie den Tag mit einem herrlichen Ausblick, baden Sie in Geschichte, genießen Sie große Kunst und nicht zuletzt feinstes Essen mit grandiosem Wein.

Oben: Die Türme von San Gimignano in der Abenddämmerung

Großes Bild: Die Villa Il Belvedere in der Toskana

Oben (von oben nach unten): Blick über Sienas Dächer auf die Piazza del Campo aus dem 12. Jahrhundert; der markante gotische Duomo in Siena

Unten: Abends auf der Piazza del Campo in Siena

Fest der Sinne

Im Oktober werden Trauben und Oliven geerntet, Wildschweine gejagt und Trüffeln gesucht. Das sonnenverbrannte Land hüllt sich in romantische Nebel. Die Chianti-Route auf der S222 von Florenz nach Siena ist in einem Tag machbar, doch harren hier wirklich zahllose Schätze ihrer Entdeckung – nehmen Sie sich also Zeit.

Sechs Tage auf der Chianti-Route

In Florenz erkunden Sie das kompakte Zentrum zu Fuß, bummeln zum Dom mit Brunelleschis genialer Kuppel und zu den Juwelieren auf dem Ponte Vecchio. **TAG 1**

Von Florenz fahren Sie nach Greve in Chianti. Dort locken Schinken und Salami in der Macelleria Falorni an der Piazza Matteotti und in der Umgebung exzellente Weingüter und hübsche Dörfer, etwa das winzige Montefioralle aus dem 14. Jahrhundert, sowie der herrliche Blick in Panzano. **TAG 2**

Der Weg führt bergauf nach Radda in Chianti und weiter zur alten Abtei in Badia a Coltibuono. Abends genießen Sie die Atmosphäre auf Sienas Piazza del Campo. **TAG 3**

Siena bezaubert mit Bauwerken aus dem 13. und 14. Jahrhundert, dem eleganten Palazzo Pubblico, dem opulenten Museo Civico, dem majestätischen Duomo und großer Kunst im Museo Metropolitana. **TAG 4**

In Siena genießen Sie den Blick auf die Stadt vom Museo dell'Opera, besuchen die Casa di Santa Caterina und bewundern Gemälde in der Pinacoteca Nazionale. Oder Sie fahren zur Ruine der Abtei von San Galgano, die malerisch im dichten Wald gelegen ist. **TAG 5**

Auf dem Rückweg nach Florenz bewundern Sie die mittelalterlichen Türme von San Gimignano und die Fresken in der Collegiata und Sant'Agostino. Oder Sie fahren weiter nach Süden in die klassische toskanische Landschaft bei den Weinstädten Montalcino und Montepulciano, oder in die faszinierende Stadt Cortona, die vor Jahrtausenden von Etruskern gegründet wurde. **TAG 6**

Dos & Don'ts

- ✓ Informieren Sie sich in Fremdenverkehrsbüros über die Öffnungszeiten von Läden, Kirchen, Museen und Restaurants.
- ✗ Fahren Sie keinesfalls mit dem Auto ins Zentrum von Florenz – fast überall ist dort der Autoverkehr beschränkt zugelassen.
- ✓ Nehmen Sie eine genaue Karte der Region mit. In der bewaldeten Region Chianti kann man sich leicht verfahren.
- ✓ Informieren Sie sich vor dem Besuch von Weingütern und Kellereien, wann Führungen und Verkostungen stattfinden.
- ✓ Nehmen Sie sich reichlich Zeit. Auf den kurvigen Straßen braucht man in der Toskana doppelt so lange wie geplant.

ANREISE
Halifax ist eine kleine Stadt an Kanadas Ostküste. Internationale Flüge landen auf dem 22 Kilometer vom Stadtzentrum entfernten Flughafen sowie in Vancouver, Toronto, Montréal, Edmonton und anderen Großstädten.

VOR ORT UNTERWEGS
Sie können die Reise von Halifax Richtung Westen oder von Vancouver Richtung Osten antreten oder nur eine Teilstrecke fahren.

WETTER
Die Durchschnittstemperaturen untertags liegen im Oktober in Vancouver bei 18 °C, in Toronto bei 20 °C.

ÜBERNACHTEN
Am preiswertesten reist man in der Comfort-Klasse von Via Rail mit verstellbaren Sitzen und Gemeinschaftstoilette; www.viarail.ca

Auf der Rocky-Mountaineer-Route gibt es RedLeaf- (zweite Klasse) und GoldLeaf- (erste Klasse) Übernachtungen; www.rockymountaineer.com

Die Züge von Royal Canadian Pacific in den Rockies bieten puren Luxus in Oldtimer-Waggons mit privaten Abteilen; www.cpr.ca

ESSEN GEHEN
In den Zügen werden lokale Gerichte, etwa Lachs und Rindfleisch, sowie Wein serviert.

KOSTEN FÜR ZWEI PERSONEN
Ein Via-Rail-Ticket kostet für die Strecke Toronto–Vancouver ca. 550 € pro Person für die dreitägige Fahrt. Das 17-tägige Pauschalpaket (Halifax–Vancouver) kostet für zwei Personen ab 430 € pro Tag, inklusive Zugkarte, Übernachten, Ausflüge, Mahlzeiten und Steuern.

INFORMATION
www.canadatourism.ca

Spiraltunnel

Nahe der Bergstadt Field in British Columbia kostete im späten 19. Jahrhundert der »Big Hill« mit seiner gefährlichen Steigung (4,5 Prozent) reichlich Mut – und einige außer Kontrolle geratene Lokomotiven. Deshalb begann man ab 1907 mit dem Bau der Spiraltunnel, die noch heute auf den Strecken des Rocky Mountaineer und des Royal Canadian Pacific genutzt werden. Die Tunnel im Mount Ogden und Cathedral Mountain vollziehen im Berg eine Richtungsänderung von 360 Grad. Diese Streckenverlängerung bewirkt eine geringere Steigung.

Auf endlosen Schienen

Könnte der Schienenstrang, der sich Tausende Kilometer durch Kanada zieht, reden, so könnte er Geschichten von Reisenden erzählen, die Geschichte gemacht haben, von Mounties und Soldaten, Königen und Knechten, Pionieren und Poeten. Vor mehr als einem Jahrhundert vereinte die Strecke die noch junge Nation, verband Landschaften, die so unterschiedlich waren wie die Menschen, die in ihnen lebten. Auch heute noch ist es eine abwechslungsreiche Reise, die entlang dem St Lawrence River über den kanadischen Schild durch die weite Prärie, die Nadelwälder der Rockies bis zu den Thujen-Regenwäldern an der pazifischen Küste führt.

Auf der Fahrt von Küste zu Küste erhascht man im rhythmischen Schaukeln des Zugs einen flüchtigen Blick auf die alten Geschichten. Auf den Kais im Osten stapeln sich Hummerkörbe, an den Großen Seen steigen Kanuten aus, in den Feldern der Prärie steht die Getreideernte vor der Tür – dann taucht die Silhouette der Rockies auf.

Oben: Maligne Lake und Spirit Island bei Sonnenaufgang, Jasper National Park

Großes Bild: Der Rocky Mountaineer fährt am Bow River entlang durch Alberta

Oben (von links nach rechts): Altes Plakat des Canadian Pacific; Luxuskabine des Canadian Pacific; Speisewagen von Via Rail; Union Station in Toronto; der Rocky Mountaineer fährt über die schwindelerregende Stoney Creek Bridge; Peggy's Cove Lighthouse in Nova Scotia

Unten: Einfahrt in einen Spiraltunnel im Yoho National Park in British Colombia

Überland-Reisen

Der Zug braucht für die Strecke von Küste zu Küste nur fünf Tage, doch verdient das riesige, abwechslungsreiche Kanada mehr Zeit. Hier locken die Kunstschätze von Toronto, die beeindruckenden Rocky Mountains oder die wilden Küstenlandschaften am Pazifischen und Atlantischen Ozean.

Zwei Wochen im Zug

TAG 1 Einen Tag vor der Zugfahrt erkunden Sie in Halifax die alten Kais im Hafen, an denen oft große Schiffe anlegen, die felsige Küste und den malerischen Leuchtturm des nahen Fischerdorfs Peggy's Cove.

TAG 2–4 Mit dem »Ocean«-Nachtzug von Via Rail fahren Sie von Halifax entlang der windigen kanadischen Küste zum St Lawrence River und nach Montréal. Im französischsprachigen Montréal bummeln Sie abends durch Bars.

TAG 5–6 Weiter geht es mit dem Zug nach Toronto, wo Sie durch das Uferviertel spazieren, Museen besuchen oder sich im Theaterviertel eine Show ansehen. Mit dem »Canadian« von Via Rail fahren Sie nordwärts zum Lake Superior in die Landschaft des Kanadischen Schilds.

TAG 7–9 Der »Canadian« rollt durch die Prärien von Manitoba und Saskatchewan nach Alberta, wo die schneebedeckten Gipfel der Rocky Mountains aufragen. Mit dem Auto oder einem Ausflugsbus fahren Sie zwischen Jasper und Banff auf dem Icefields Parkway vorbei an Gletschern und durch Nationalparks, oder mit einem Zug nach Calgary und von dort mit dem luxuriösen Royal Canadian Pacific nach Banff in den Rocky Mountains.

TAG 10–12 Von Banff fährt der Rocky Mountaineer zwei Tage auf historischer Strecke durch die Rockies, das Zentrum von British Columbia in das grüne Vancouver.

TAG 13–14 In Vancouver erkunden Sie die Küste im Stanley Park, den VanDusen Botanical Garden oder bummeln durch Gastown und Chinatown.

Hier, am Fuß der hohen, unbezwingbaren Gipfel, erreichen die Geschichten ihren Höhepunkt. Sie erzählen von Kundschaftern, die die ersten Routen über die gefährlichen Bergpässe fanden, von Ingenieuren, die das Land für den Schienenbau vermaßen, von Tausenden Arbeitern, die die Schienen verlegten, Brücken bauten, lange Tunnel durch den unerbittlichen Fels schlugen und nicht selten ihr Leben verloren. Nach den Bergen erzählen die Geschichten vom Abbau der Eisen- und Kupferlager, die die Felsen im semiariden Zentrum des südlichen British Columbia rostrot oder blaugrün färben, und schließlich finden sie ein Ende im nebligen Hafen von Vancouver, in dem die Schiffe zur Fahrt über den Pazifik ablegen.

Viele Reisende fahren nur einen kleinen Teil dieser Route, beschränken sich zum Beispiel auf die Ostküste oder eine große Rocky-Mountains-Rundreise. Doch wer will, kann mit dem Zug von Halifax bis Vancouver quer durch das ganze Land fahren. Lehnen Sie sich also auf Ihrem Sitz zurück, entspannen Sie sich und lassen Sie die Szenen draußen vor dem Fenster vorbeiziehen.

Dos & Don'ts

- ✓ Nutzen Sie die entspannte Atmosphäre: Lesen Sie nicht nur, sondern unterhalten Sie sich mit anderen Reisenden – solche Begegnungen gehören zu dieser einmaligen Reise unbedingt dazu.
- ✗ Unterschätzen Sie die Entfernungen nicht. Insgesamt ist der Schienenstrang von Halifax in Nova Scotia bis Vancouver in British Columbia rund 6300 Kilometer lang (mit dem Auto wären es 6119 Kilometer).
- ✓ Halten Sie die Augen offen: Hirsche und Elche sind fast auf der ganzen Strecke häufig zu erspähen, Wapitis und Bären mit etwas Glück in den Rocky Mountains.

ANREISE
San Francisco liegt in Kalifornien an der Westküste der USA. Vom 20 Kilometer südlich der Stadt gelegenen internationalen Flughafen fahren Züge, Busse und Taxis ins Zentrum.

VOR ORT UNTERWEGS
Am besten kommt man mit dem Auto voran, zwischen Los Angeles und San Francisco fahren Busse und Züge von Amtrak Coast Starlight.

WETTER
Sonnig und warm, die Temperaturen liegen bei 20 bis 30 °C, im Landesinneren höher.

ÜBERNACHTEN
Post Ranch Inn, romantisch an der Küste beim Highway 1, Doppelzimmer ab 360 €; www.postranchinn.com

Inn at Depot Hill in Capitola, hübsche, individuell möblierte Zimmer, Doppelzimmer ab 200 €; www.innatdepothill.com

Inn at Morro Bay, in der Mitte zwischen San Francisco und Los Angeles, Doppelzimmer ab 100 €; www.innatmorrobay.com

ESSEN GEHEN
Fisch und Meeresfrüchte sind hier die Spezialität, viele Restaurants bieten Aussicht auf die Küste. Die Preise reichen von 3 € fürs Frühstück bis 65 € pro Kopf für Abendessen. Empfehlenswert sind Dorn's Original Breakers Café in Morro Bay und Nepenthe am Highway 1.

KOSTEN FÜR ZWEI PERSONEN
Rund 300 € pro Tag inklusive Übernachten, Verpflegung und Standard-Mietwagen – 130 € mehr pro Tag kostet ein Mustang-Cabrio.

INFORMATION
www.visitcalifornia.com

California Dreaming

Highway 1 – offiziell Cabrillo Highway genannt – verläuft dicht am Meer an der Küste des Golden State von den lieblichen Weinbergen Mendocinos bis südlich der Mega-Metropole Los Angeles. Mieten Sie sich in San Francisco ein Auto und fahren Sie die 200 Kilometer nach Monterey, wo der berühmteste Abschnitt der Straße beginnt – die klassische, 400 Kilometer lange Strecke bis in die Surferstadt Santa Barbara. Unterwegs passieren Sie malerische Küstenorte, Wälder mit Mammutbäumen, die hier »Redwoods« heißen, spanische Missionen, die noch aus der Zeit vor der Gründung des Staats stammen, einladende Gasthäuser am rauschenden Pazifik – und den unvergleichlich schönen Küstenstrich Big Sur. Goldene Strände mit sanfter Brandung wechseln sich abrupt mit 300 Meter hohen Klippen ab, wo in der Tiefe unermüdlich Brecher gegen die Felsen donnern. Gelegentlich scheint die Straße in der Luft zu schweben, bevor sie steil zum blauen Meer und zu Buchten abfällt, in denen sich massige See-Elefanten in der Sonne aalen.

Unten (von oben nach unten): Riesenbecken im Monterey Bay Aquarium; Klettern an einem Riesenmammutbaum nahe der Küste

Gelegentlich scheint die Straße in der Luft zu schweben.

Hearst Castle

Der reiche Zeitungskönig William Randolph Hearst (1863–1951) kaufte bei San Simeon ein riesiges Anwesen. 1919 begann er mit dem Bau von Enchanted Hill, einer Villa mit 130 Zimmern, nach Plänen der Architektin Julia Morgan. Der riesige Komplex brauchte 30 Jahre zur Vollendung, behergt unbezahlbare Kunstschätze und Antiquitäten und den gräkorömischen Neptune Pool. Hearsts Gästelisten lesen sich wie ein Who's Who der internationalen Stars – von Rudolph Valentino bis zum Herzog von Windsor.

JAN FEB MÄRZ APR MAI JUNI JULI AUG SEP **OKT** NOV DEZ

Viele Reisende bleiben in Monterey, bummeln zwischen seinen gut erhaltenen Adobe-Bauten und besuchen in der Cannery Row, John Steinbecks »Straße der Ölsardinen«, die Quallen, Haie und verspielten Seeotter im faszinierenden Monterey Bay Aquarium. Der aufregendste Teil der Strecke beginnt jedoch erst südlich von Carmel am spektakulären Big Sur, wo sich knorrige Monterey-Zypressen an windumtoste Klippen klammern, turmhohe Mammutbäume aufragen und in der Tiefe die Wogen am Fuß steiler Berge zu Gischt zerstieben.

Bei San Simeon setzt Hearst Castle einen extravaganten Kontrapunkt zu den schlichten alten Walfangorten, in denen heute Kunstgalerien und Antiquitätenläden Kunden fangen. Machen Sie ein Picknick mit Meerblick oder fahren Sie in das Landesinnere zu den Weingütern, die mit namhaften Weinen locken. Weiter im Süden wird die Landschaft sanfter, lässt die zurückweichende Coast Range Raum für eine weite Ebene, werden Mammutbäume und Zypressen von Bougainvilleen und Palmen abgelöst. Hier wartet das mediterrane Santa Barbara mit Häusern im maurisch-spanischen Stil und Surfer-Chic. Vielleicht mieten Sie sich ja doch ein Cabrio?

Großes Bild: Fahrt bei Dämmerung auf dem Highway 1 am Abschnitt Big Sur

Oben (von oben nach unten): Die spanische Santa Barbara Mission; ein See-Elefant verkündet lauthals seine Anwesenheit

Unten: Weinberg in einem der vielen erfolgreichen Weingüter Kaliforniens

Oben: Surfer an der Küste bei Santa Barbara

Highway-1-Tour

Der Highway 1 bietet puren Fahrspaß, am schönsten und aufregendsten ist der 400 Kilometer lange Abschnitt zwischen Monterey und Santa Barbara. Nehmen Sie sich für die Tour sechs Tage Zeit, um unterwegs in aller Ruhe die beeindruckende Landschaft, Weingüter, kleine Fischerdörfer und Hearst Castle bei San Simeon erkunden zu können.

Sechs Tage mit Big Sur

TAG 1 Frühmorgens starten Sie von San Francisco auf der Route 101 Richtung Süden zur langen, kurvigen Fahrt nach Monterey. Unterwegs machen Sie halt im Ana Nuevo State Park, um die See-Elefanten zu sehen.

TAG 2 Den Vormittag verbringen Sie in Monterey, danach kurven Sie auf dem 17-Mile Drive durch nebelverhangene Pinienwälder an den Villen der Reichen und Schönen vorbei. Im nahen Carmel bummeln Sie durch hübsche Straßen und Galerien und gehen fein zum Essen.

TAG 3 Morgens besichtigen Sie die Carmel Mission (1783), in der der Missionar- und Stadtgründer von San Francisco, Junípero Serra, begraben ist. Nach einer Halbtageswanderung durch die Redwoods des Pfeiffer Big Sur State Park übernachten Sie in einem Inn.

TAG 4 Für ein leckeres Picknick ausgerüstet fahren Sie am Big Sur bis zur einsamen Bucht des Julia Pfeiffer Burn State Park, wo Sie bei rauschender Brandung Ihren Proviant verzehren. Danach fahren Sie weiter bis San Simeon.

TAG 5 Nach dem Rundgang durch Hearst Castle essen Sie in der Morro Bay und besuchen die Mission San Luis Obispo (1772). Danach lockt La Purisima Mission State Historic Park und das dänische Dorf Solvang.

TAG 6 Vormittags geht es in die Weingüter des Santa Ynez Valley (mit Verkostung). Nachmittags sehen Sie bei Santa Barbara den Künsten der Surfer zu oder besichtigen die Santa Barbara Mission (1786).

Dos & Don'ts

- ✓ Halten Sie sich von den Robben und See-Elefanten fern – sie können beißen.
- ✓ Rüsten Sie sich in den Redwoods mit Wanderschuhen oder festen Turnschuhen, Sonnenhut und reichlich Wasser aus.
- ✓ Reservieren Sie die Eintrittskarten für Hearst Castle vorab. Andernfalls können Sie es möglicherweise nicht besichtigen.
- ✗ Unterschätzen Sie nicht die Gefahren auf der Straße. Halten Sie nur an ausgewiesenen Parkbuchten. Hindernisse wie Schlammlawinen, Autos, die in der Straße stehen, sowie viele Kurven verlangen vom Fahrer absolute Konzentration.

ANREISE
Internationale Flüge landen in Brisbane. Vom Flughafen gelangt man mit Zügen und Bussen in das neun Kilometer entfernte Stadtzentrum. Der internationale Flughafen von Cairns ist sieben Kilometer vom Stadtzentrum entfernt.

VOR ORT UNTERWEGS
Am besten kommt man mit dem Auto oder Geländewagen voran. Öffentliche Busse fahren zwischen den größeren Orten, die Züge halten an weniger Orten.

WETTER
Im Oktober sind die Tage in Queensland warm, die Nächte kühl, die Temperaturen liegen bei 20 bis 30 °C.

ÜBERNACHTEN
The Inchcolm, historisches Hotel in Brisbane, Suiten ab 110 €; www.inchcolmhotel.com.au

Hayman Island, Luxushotel auf einer Privatinsel in den Whitsundays, Doppelzimmer ab 320 €; www.hayman.com.au

Cairns Reef & Rainforest ist ein charmantes B&B in Familienbesitz in der Nähe von Cairns, Doppelzimmer ab 90 €; www.cairnsreefbnb.com.au

ESSEN GEHEN
Viele exzellente Restaurants servieren moderne australische Küche aus heimischen Produkten oder köstliche Thai- und indonesische Küche. Eine gute Mahlzeit kostet rund 15 € pro Kopf.

KOSTEN FÜR ZWEI PERSONEN
210–330 € pro Tag inklusive Übernachten, Verpflegung, Fahrten vor Ort und Ausflüge.

INFORMATION
www.queenslandholidays.com.au

Great Barrier Reef

Das Great Barrier Reef zählt zu den großen Naturwundern der Erde. Es erstreckt sich 2000 Kilometer lang vor der Küste von Queensland und besteht aus einer Kette von über 2500 Korallenriffen, die zum Teil über 18 Millionen Jahre alt sind. Die farbenprächtigen Riffe wimmeln von Leben – hier finden sich über 400 verschiedene Korallen- und rund 1500 Fischarten. Dazwischen tummeln sich auch größere Meerestiere wie Wale, Schildkröten und Haie. Letztere halten sich übrigens in der Regel von Menschen fern.

Großes Bild: Bunte Diagonal-Süßlippen am Great Barrier Reef
Oben (von links nach rechts): Segelboot bei den Whitsunday Islands; schlafender Koala in Eukalyptusbaum; Strand von Fraser Island

Oben: Blick über das bewaldete Landesinnere von Queensland

Riff und Regenwald

Queensland ist ein Naturparadies, das Reisende, Wissenschaftler, Botaniker und Abenteuerhungrige aus aller Welt anzieht. Der sonnenverwöhnte Bundesstaat erstreckt sich an der Ostküste Australiens vom südlichen Umland der energiegeladenen Hauptstadt Brisbane bis zu den wilden Regenwäldern des Cape York an der nördlichen Spitze des Kontinents.

Queensland ist perfekt für einen Sonnenurlaub am weißen Sandstrand oder auf einer einsamen Insel. Wer jedoch den Nervenkitzel sucht, wird das natürlich für reine Zeitverschwendung halten angesichts der unzähligen Möglichkeiten, den Adrenalinspiegel in die Höhe zu treiben. An der Küste steht das Meer an erster Stelle aller Aktivitäten: Hier können Sie auf einer Yacht bei einem Tagesausflug zu den geschützten Gewässern des Great Barrier Reef hinausfahren oder am Riff die fantastischen Tauchgründe erkunden. Fast jeder, der aus der Unterwasserwelt wieder auftaucht, ist schlicht begeistert. Doch neben Tauchen und Schnorcheln locken in Queensland noch andere Sportarten, etwa Kajakfahren, Windsurfen und Parasailing.

Im Landesinneren erwarten Sie im dichten Laub der uralten Bäume exotische Tiere, die den Regenwald mit ihrem Kreischen erfüllen. Auch dort haben Sie wieder die Qual der Wahl, in welches Abenteuer Sie sich zuerst stürzen sollen: Mit dem Schlauchboot auf reißenden Flüssen fahren, mit dem Kajak auf Stromschnellen tanzen oder sich an einem Gummiseil hängend in die Tiefe stürzen?

Und als sei das alles noch nicht genug, lockt die größte Sandinsel der Welt, Fraser Island, mit einsamen Stränden und unglaublich klaren Seen. Sonne, Meer und Sand – mehr braucht es nicht, um Spaß zu haben. Dem jugendlichen Geist Australiens entspricht diese einfache Kombination voll und ganz. Deshalb ist Queensland auch das beliebteste Urlaubsziel in Downunder.

it dem Schlauchboot auf
eißenden Flüssen fahren,
it dem Kajak auf Strom-
hnellen tanzen oder sich
n einem Gummiseil hän-
end in die Tiefe stürzen?

Kleines Bild links: Brisbanes Skyline und Hafen
Unten (von links nach rechts): Farbenprächtiger Federwurm; Taucher am Riff hinter einer fächerförmigen Gorgonie (Hornkoralle)

Im Holiday State

Angesichts der riesigen Entfernungen, die man in Queensland zurücklegen muss, sollten Sie mindestens zwei Wochen einplanen, um die Landschaft zu entdecken und etwas zu unternehmen. Fahren Sie von Brisbane aus nach Norden. Um Zeit zu sparen, können Sie von Cairns nach Brisbane zurückfliegen.

Zwei Wochen an der Küste

In Brisbane entdecken Sie die Botanic Gardens, das Cultural Centre und das Lone Pine Koala Sanctuary.	**TAG 1**
Von Brisbane aus geht es Richtung Norden an der Gold Coast nach Urangan, wo eine Fähre nach Fraser Island übersetzt. Dort brauchen Sie einen Geländewagen oder sollten eine Ausflugstour buchen. Auf der Insel fahren Sie am 75-Mile Beach und durch das Innere mit seinen 200 Seen, die zum Baden einladen.	**TAG 2–3**
Zurück auf dem Festland fahren Sie nordwärts nach Airlie Beach. Dort machen Sie einen Segeltrip zu den schönen Whitsunday Islands und auf jeden Fall zum Whitehaven Beach, einem der schönsten Strände der Welt. Am Great Barrier Reef schnorcheln Sie.	**TAG 4–6**
Weiter geht es nach Cairns, unterwegs locken Magnetic Island und Mission Beach. Cairns ist das Sportzentrum der Region und ein idealer Ausgangsort, um das Riff zu erkunden. Gehen Sie segeln, schnorcheln, tauchen oder erkunden Sie Green und Fitzroy Island. Im Hinterland werden zudem Bungee-Jumping, Fallschirmspringen und Wildwasser-Kajakfahrten angeboten.	**TAG 7–10**
Noch mehr Abenteuer bieten die Atherton Tablelands, etwa Wildwasser-Raften auf dem Tully River. Wer es etwas ruhiger mag, fährt mit der Kuranda Skyrail auf die Tablelands und genießt den fantastischen Blick.	**TAG 11–12**
Von Port Douglas aus gleiten Sie mit einem großen Quicksilver-Katamaran zum Outer Reef. Danach fahren Sie wieder nach Cairns und fliegen von dort an der Küste nach Brisbane zurück.	**TAG 13–14**

Dos & Don'ts

- ✓ Vergleichen Sie die Preise der verschiedenen Agenturen, die Abenteuer-Aktivitäten anbieten. Besonders in Cairns und Airlie Beach ist das Angebot riesig.
- ✗ Gehen Sie nie ungeschützt in die Sonne. Tragen Sie wie die Australier unbedingt T-Shirt und Sonnenhut und benutzen Sie reichlich Sonnencreme.
- ✓ Bevor Sie irgendwo zum Schwimmen gehen, sollten Sie immer Einheimische um Rat fragen. Ab Oktober tauchen tödliche Würfelquallen auf. Salzwasserkrokodile können sich im Meer und in Flüssen aufhalten.

ANREISE
Lhasa liegt auf einem Hochplateau des Himalaya in Westchina. Internationale Flugverbindungen bestehen vor allem mit Chengdu in China und Kathmandu in Nepal. Die 2006 fertiggestellte Tibet-Bahn fährt von Qinghai nach Lhasa.

VOR ORT UNTERWEGS
Auf den extrem schlechten Straßen kommt man am besten mit Geländewagen voran.

WETTER
Im meist wolkenlosen Oktober herrschen Temperaturen zwischen 1 und 17 °C. Nachts ist es kalt.

ÜBERNACHTEN
In den einheimischen Gästehäusern der Altstadt sind die Einrichtungen sehr einfach, Lage und Atmosphäre hingegen großartig.

Pentoc Hotel, sauber und stimmungsvoll, Doppelzimmer ab 15 €; Tel.: (891) 632 6686.

Yak Hotel, günstige Lage, Doppelzimmer ab 30 €; Tel.: (891) 632 3496.

Kyichu Hotel, freundlicher Familienbetrieb, Doppelzimmer ab 40 €; www.kyichuhotel.com

ESSEN GEHEN
Die tibetische Küche ist einfach und preiswert, empfehlenswert sind Dunya in der Beijing Dong Lu und Makye Ama hinter dem Jokhang. Serviert werden Yakfleisch, aber auch *momos* (Klöße) und Yakbutter-Tee.

KOSTEN FÜR ZWEI PERSONEN
Rund 130 € pro Tag für Visa, Übernachten, Geländewagen und Fahrer, Trinkgeld, Verpflegung.

INFORMATION
www.tibet.com

Tibetischer Buddhismus

Mitgefühl ist eine wichtige Grundlage des Mahayana-Buddhismus, der im 7. Jahrhundert von Indien nach Tibet kam und dort viele Elemente der tibetischen Bön-Religion, etwa Götter und Rituale, übernahm. Mahayana beinhaltet auch den Glauben an die Reinkarnation, wobei das folgende Leben je nach Karma oder den Verdiensten des gegenwärtigen Lebens besser oder schlechter wird. Verdienste erlangt man etwa durch Beten (Drehen der Gebetsmühlen) sowie durch Pilgerreisen zu heiligen Stätten *(kora)*.

Großes Bild: Ein Mönchsnovize kümmert sich um die Kerzen aus Yakbutter

Im Land der Mönche

Eng ist der Blick in der Stadt, wo man zwischen den duftenden Rauchfahnen schwelender Wacholderhölzer kaum die Pilger sehen kann, die sich zu Boden geworfen haben. Im dämmrigen Licht der Yakbutter-Lampen singen Mönche rhythmisch zum Klicken der Rosenkranzperlen, in schmalen Gassen drängen sich die Menschen zum leisen Quietschen der Gebetsmühlen. Doch draußen schweift der Blick hoch zu den Gebetsfahnen, die bunt vor dem strahlend blauen Himmel flattern, und weit über die Ebenen bis zu den Bergen, deren verschneite Gipfel in der dünnen Luft weiß zu glühen scheinen. Das ist Tibet, das Land des Schnees, ein altes, geheimnisvolles Reich, dessen Frömmigkeit und Abgeschiedenheit schon immer die Fantasie des Westens beflügelte.

In Lhasa strömen Pilger zu den bedeutendsten sakralen Bauwerken Tibets, Jokhang und Potala. Durch den Jokhang, der heute noch ein echter Tempel ist, schieben sich ehrfurchtsvoll die Gläubigen, der Potala-Palast ist

Oben: Der riesige 13-stöckige Potala-Palast in Lhasa

Obere Reihe (von links nach rechts): Gebetsfahnen am Nam-Co-See; Mandala (symbolische Darstellung des Kosmos) aus buntem Sand; *Mani*-Steine mit eingeritzten Mantras; Mann mit traditionellem Haarschmuck; Pilger vollziehen kriechend die Wallfahrt *(kora)* um den Jokhang, Lhasa

Unten (von oben nach unten): Mönche bei Debattier-Übungen im Sêra-Kloster; Beten vor Buddha-Bild

zum prächtigen Museum geworden. Für viele tibetische Nomaden und Bauern ist die Stadt fast genauso exotisch wie für Besucher aus dem Westen. Hier kann man etwa Männer der Khampa aus dem Osten sehen. Sie tragen ein rotes Tuch, in das auffallender Schmuck eingedreht ist, um den Kopf, haben mit Edelsteinen verzierte Dolche und marschieren breitbeinig wie Cowboys. Mädchen aus dem nördlichen Amdo haben ihr Haar mit Korallen geschmückt und zu 108 Zöpfen geflochten. Sie alle betreiben ihre Pilgerreise mit Intensität, sie beten, chanten, drehen Gebetsmühlen oder umkreisen stundenlang die Heiligtümer. Die Frömmsten werfen sich auf der acht Kilometer langen *kora* um Lhasa immer wieder zu Boden.

Tibet ist ein Land mit beeindruckenden Naturwundern und einer einzigartigen Kultur, die immer mehr bedroht ist. Deshalb gehört zu einer Reise in das Land des Schnees auch eine anstrengende, aufregende Tour mit dem Geländewagen zu den historischen Klöstern. Auf der Fahrt durch das dünn besiedelte Umland erhält man eine vage Vorstellung vom harten Leben der tibetischen Nomaden und kann die grandiose Erhabenheit des Himalaya erleben.

Pilgerreise

Lhasa und das Hochland von Tibet bieten grandiose Sehenswürdigkeiten und spektakuläre Landschaften. Nach der Sperre von 2008 steht die Autonome Region Tibet wieder für Gruppenreisen (zwei bis vier Personen) mit Sondergenehmigung offen. Örtliche Sperren sind jedoch jederzeit möglich; www.auswaertiges-amt.de

Acht Tage im Hochland

TAG 1 Nehmen Sie sich am ersten Tag Zeit, um sich an die Höhe zu gewöhnen. Spazieren Sie einfach nur durch die Straßen bei Ihrem Hotel und lassen Sie die Atmosphäre auf sich wirken.

TAG 2 Im Jokhang bewundern Sie die Hallen und folgen den Pilgern auf ihrem rituellen Rundweg *kora* um den Tempel. Am heiligen Pilgerpfad Barkhor schauen Sie in die Stände und Läden.

TAG 3 Besichtigen Sie den festungsartigen Potala-Palast. Die einstige Residenz des Dalai Lama ist heute ein riesiges staubiges Depot mit buddhistischen Sakralobjekten.

TAG 4 Am Stadtrand besichtigen Sie Drepung, eines der größten Klöster der Welt. In dessen riesigen Statuenhallen hallt der hypnotische Gesang der Mönche wider.

TAG 5–7 Mit einem geländegängigen Fahrzeug geht es drei Tage auf das Tibetische Plateau. Ein erstes Ziel ist das Sêra-Kloster, wo die Mönche lebhafte Debatten führen. Zum Gandain-Kloster lockt der herrliche Blick, zum Samye-Kloster die grandiose Lage im Tal.

Auf der rumpeligen Fahrt zum Nam-Co-See übernachten Sie im Tsurphu-Kloster. Am Nam Co bestaunen Sie das überirdische Blau des Wassers und die grandiose Landschaft. Danach geht es zurück nach Lhasa.

TAG 8 Am letzten Tag spazieren Sie im Norbulingka. Der einstige Sommerpalast des Dalai Lama ist heute ein schöner Park. Schauen Sie den Tibetern beim Singen und Tanzen zu und genießen Sie die fröhliche Atmosphäre.

Dos & Don'ts

- ✗ Ziemlich sicher sind Sie am Anfang etwas höhenkrank – übernehmen Sie sich in den ersten beiden Tagen nicht.
- ✓ Gehen Sie immer im Uhrzeigersinn um Sakralbauten und auf Pilgerrundwegen – gegen den Uhrzeigersinn zu gehen bringt Pech.
- ✓ In dieser Höhe ist die Sonne extrem intensiv. Nehmen Sie also Sonnencreme mit hohem Lichtschutzfaktor, Hut und Sonnenbrille mit – und Pullover für die kalten Nächte.
- ✗ Trinken Sie nicht das einheimische selbst gebraute *chang*, es wird aus ungereinigtem Wasser hergestellt.

ANREISE
Das Loire-Tal erreicht man über die Flughäfen Nantes-Atlantique und Tours Val de Loire oder mit dem TGV, der von Paris in nur 75 Minuten nach Tours und in 130 Minuten nach Nantes fährt. Von Paris dauert die Anfahrt mit dem Auto rund zwei Stunden über die Autobahn A10.

VOR ORT UNTERWEGS
Am besten ist man mit dem Auto unterwegs. Öffentliche Verkehrsmittel sind begrenzt, in größeren Ortschaften werden Busfahrten zu den bedeutenden Schlössern angeboten.

WETTER
Das Loire-Tal hat ein mildes Klima, im Oktober liegt die Durchschnittstemperatur bei rund 16 °C. Gelegentlich regnet es.

ÜBERNACHTEN
Hôtel St-Pierre in Saumur, reizend, Doppelzimmer ab 80 €; www.saintpierresaumur.com

Château de Pray, Amboise, an der Loire, Doppelzimmer ab 120 €; www.praycastel.online.fr

Château des Briottières, bei Angers, elegante Zimmer im Stil der Zeit, Doppelzimmer ab 150 €; www.briottieres.com

ESSEN GEHEN
Die Wälder an der Loire liefern lokale Spezialitäten wie Trüffel und andere Pilze sowie Wild. Empfehlenswert sind in La Petite Marmite in Orléans die *menus du terroir* ab 20 €.

KOSTEN FÜR ZWEI PERSONEN
200–260 € pro Tag inklusive Übernachten, Verpflegung, Eintrittsgelder und Mietwagen.

INFORMATION
www.loirevalleytourism.com

Französische Renaissance

In Frankreich erreichte die Renaissance ihren Höhepunkt während der 32-jährigen Herrschaft von François I (1515–47), der im Château d'Amboise aufgewachsen war. Er ließ sein Jagdschloss zum Château de Chambord umbauen, wo sein Hof regelmäßig Bälle, Konzerte und gigantische Festessen abhielt. Der Kunstliebhaber überredete Leonardo da Vinci, ins Château du Clos-Lucé zu ziehen, wo dieser die letzten Jahre seines Lebens verbrachte. Da Vinci soll in der Chapelle St-Hubert des Château d'Amboise bestattet sein, Clos-Lucé ist heute ein Museum.

Oben (von links nach rechts): Gartenanlage von Villandry; Detail einer Statue in der Cathédrale St-Pierre-et-St-Paul, Nantes; Blick auf die Loire

Oben: Weinanbau im fruchtbaren Loire-Tal

Der Garten Frankreichs

Die über 50 Schlösser des Loire-Tals, steinerne Renaissance-Schönheiten aus dem 15. und 16. Jahrhundert, stellen einen Höhepunkt der europäischen Architektur dar. Die größten sind das Château de Chambord mit 440 Räumen, das François I wohl unter Mitwirkung von Leonardo da Vinci erbauen ließ, und das Château de Chenonceau. Die Geschichte dieses Schlosses, das gleichsam auf dem Wasser zu schweben scheint, wurde fast immer von Aristokratinnen bestimmt. Für den französischen Schriftsteller Gustave Flaubert war es viel aufregender, »im Bett von Diane de Poitiers zu schlafen, selbst wenn es leer ist ... als mit greifbareren Tatsachen in einem Bett zu nächtigen«. Heute warten die Schlossanlagen zwar nicht mehr mit gekrönten Häuptern auf, aber der Glanz der Vergangenheit ist noch allgegenwärtig.

Doch das Loire-Tal lockt nicht nur mit einmaliger Kunst und Architektur. Die französische Aristokratie zog es in die Region, weil ihre lieblichen Landschaften fruchtbar und nicht weit von Paris entfernt sind. Den »Garten Frankreichs« prägen kleine Bauernhöfe, bunte Blumen und Maisfelder, Obst- und Gemüseanbau. Hier gedeihen delikate Äpfel und Birnen, aus den Loire-Trauben werden großartige Weißweine, etwa Muscadet, Pouilly Fumé und Sancerre, gekeltert. Bei Vouvray und am 42 Kilometer langen Uferabschnitt zwischen Saumur und Angers werden in Tuffhöhlen die berühmten Saumur-Zuchtchampignons gezogen, die hier überall auf den Märkten zu finden sind.

Die Loire ist der längste Fluss Frankreichs und bildet mit ihren Seen und Nebenflüssen eine Wasserlandschaft, die sich mit Kanus und auf Booten gemächlich erkunden lässt. Allerdings kann zu dieser Jahreszeit der Wasserstand ziemlich niedrig sein. Da das Tal relativ eben ist, ist es auch ein beliebtes Ziel für Wanderer und Radfahrer, die auf leichten Touren die Schönheit der Region erkunden.

Die französische Aristokratie zog es in die Region, weil ihre lieblichen Landschaften fruchtbar und nicht weit von Paris entfernt sind.

Großes Bild: Das Château de Chenonceau spiegelt sich in der Loire
Unten (von links nach rechts): Speisen in den Caves de Marson; Pilze am Markt
Kleines Bild links: Buntglasfenster in der Cathédrale Sainte-Croix, Orléans

Im Vallée des Rois

Diese sechstägige Reise am rechten Loire-Ufer von Orléans nach Nantes führt zu so vielen Sehenswürdigkeiten, dass sie zwei- oder dreimal länger dauern könnte. Im Oktober lässt sich die Region gut bereisen, weil nicht mehr so viele Reisebusse unterwegs sind und es noch warm genug ist, um sich im Freien aufzuhalten.

Sechs Tage im Loire-Tal

TAG 1 Vormittags bummeln Sie durch Orléans, das im Mittelalter die Hauptstadt Frankreichs war. Besichtigen Sie die grandiose Cathédrale Sainte-Croix, deren Buntglasfenster die Geschichte der Jeanne d'Arc darstellen, und das Musée des Beaux-Arts. Nachmittags steht das riesige Château de Chambord auf dem Programm.

TAG 2 Nach einer Kutschfahrt durch Blois, der schönsten Stadt an der Loire, sehen Sie die Maison de la Magie, ein Museum über den Magier Robert Houdin, und den Escalier Denis-Papin. Nachmittags wandern Sie in der Sologne durch bewaldete Auen am Südufer der Loire oder besichtigen das nahe Château de Chaumont.

TAG 3 In Tours spazieren Sie durch das mittelalterliche Zentrum rund um die Place Plumereau oder besuchen das Weinmuseum der Touraine. Danach führt der Weg zum Château de Villandry oder zum Château de Chenonceau.

TAG 4 Vormittags besichtigen Sie Saumur und das dortige Schloss. Danach locken in dem alten Höhlendorf Rochemenier, das heute ein Museum ist, die in den Fels geschlagenen Höhlenwohnungen. Oder Sie machen eine Rundfahrt durch die Weinregion bei Chinon.

TAG 5 Das lebhafte Angers ist für seine Festivals, Blumen und seine massive Festung aus dem 13. Jahrhundert bekannt. Ein Stadtrundgang führt zum Schloss mit dem berühmten Wandteppichzyklus *Apokalypse*.

TAG 6 In der ehemaligen Seehafenstadt Nantes bummeln Sie durch das elegante Quartier Graslin und zur opulenten gotischen Cathédrale St-Pierre-et-St-Paul.

Dos & Don'ts

- ✓ Besorgen Sie sich in den lokalen Fremdenverkehrsbüros Prospekte, Karten und Audio-Guides. So verpassen Sie keine noch so versteckte Sehenswürdigkeit.
- ✗ Geben Sie sich nicht mit dem Besuch von einem einzigen Schloss zufrieden. Jedes Château ist anders und auf seine Art ein einmaliges Baudenkmal.
- ✓ Nutzen Sie das frische Lebensmittelangebot der Märkte, um sich mit leckerem Obst, Gemüse, Brot, Käse, Schinken und geräuchertem Fisch einzudecken. Am Flussufer findet man häufig Plätze für idyllische Picknicks.

Zwischen Niger und Wüste

Jeder hat schon davon gehört, wenige finden den Ort auf der Landkarte und einige bezweifeln, dass er wirklich existiert. Die sandigen Gassen und Straßen der alten Stadt, die niedrigen Lehmhäuser – einige tragen die Namen der Forscher, die in ihnen wohnten – und der durchdringende Ruf des Muezzin, der bis in die Wüste reicht, erzeugen eine jenseitige Stimmung. Doch Timbuktu ist kein Eldorado und kein Atlantis: Die drückende Hitze, der staubige Wind und das Brot, das zwischen den Zähnen knirrscht, verweisen auf das Diesseits.

Nur Spuren und schwache Erinnerungen blieben von Timbuktus einstiger Größe. Die Djingerber-Moschee mit ihren kegelförmigen Türmen stammt noch aus der Zeit, als Timbuktu das intellektuelle Zentrum des Islams in Westafrika war. Der schwunghafte Goldhandel, der einst die Träume der

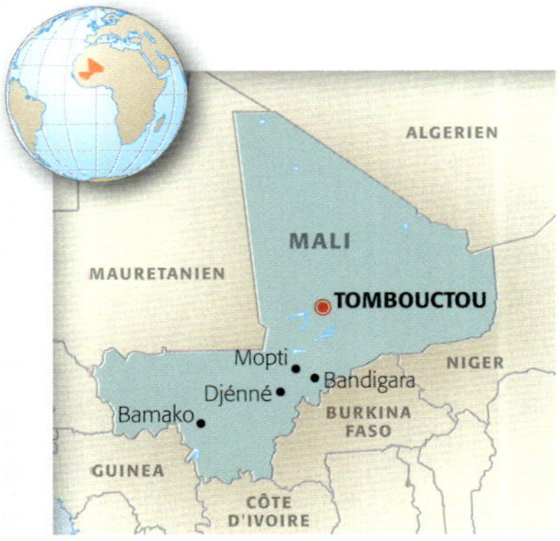

ANREISE
Timbuktu (Tombouctou) liegt in Mali in Westafrika. Internationale Flüge landen in der Hauptstadt Bamako. Von dort erreicht man mit Inlandsflügen und Flussschiffen das rund 640 Kilometer entfernte Timbuktu.

VOR ORT UNTERWEGS
Vor Ort nutzt man vor allem Passagierschiffe auf dem Niger, Busse und Buschtaxis. Fahrten mit gemieteten Geländewagen in die Wüste können schwierig und zeitaufwendig sein.

WETTER
Im Oktober endet die Regenzeit. Die Wüstentemperaturen klettern in der Regel in Timbuktu auf heiße 38 °C, nachts liegen sie bei 20 °C.

ÜBERNACHTEN
Hotel La Colombe in Timbuktu, zentrale Lage, Doppelzimmer ab 35 €; Tel: (223) 292 1434.

Auberge Le Maafir in Djenné, mit Klimaanlage, Doppelzimmer ab 40 €; Tel: (223) 242 0611.

Hotel Sofitel l'Amitié in Bamako, renoviertes Hochhaus, Doppelzimmer ab 110 €; www.sofitel.com

ESSEN GEHEN
Einfache Restaurants servieren in der Regel Reis, Couscous, Hühnchen und *sauce d'arachide* (Erdnusssauce). In Timbuktu bekommt man auch Kamelfleisch, in den Dogon-Dörfern Eintopf und *tô* (Okra mit Hirsebrei).

KOSTEN FÜR ZWEI PERSONEN
60–90 € pro Tag inklusive Übernachten, Verpflegung und Fahrten vor Ort.

INFORMATION
www.officetourisme-mali.com

Straßen voller Gold

Im 18. und 19. Jahrhundert träumten europäische Entdecker von einer Stadt, deren Straßen mit Gold gepflastert sein sollten. Timbuktu erwarb seinen Ruf im 15. Jahrhundert, als es zum wichtigsten Handelsplatz an der Fernhandelsroute zwischen den Goldgebieten der Akan im heutigen Ghana und Nordafrika aufstieg. Auch Salz, das Kamelkarawanen aus der Sahara heranschafften, wurde hier gehandelt. Der Salzhandel spielt noch heute eine Rolle, die Salzbarren werden wie viele andere Güter auch auf Pirogen, einfachen Einbaumschiffen, transportiert.

Großes Bild: Die imposante Große Moschee in Djenné, das größte Bauwerk der Welt in Lehmbauweise

Rechts (von links nach rechts): Tuareg-Frau in traditioneller Tracht; eine Salzkarawane in der Sahara, Mali; Palmyrapalmen-Stämme in der Mauer einer Lehmbau-Moschee in Timbuktu; Dogon-Getreidespeicher in Mali; alte muslimische Handschrift in der CEDRAB-Bibliothek, Timbuktu

Abenteurer nährte, ist vorbei, und statt Gold wird nun Gemüse im *Grand Marché* (Großer Markt) gehandelt. Vor den Hotels warten Tuareg auf Kunden für Kamelausritte und schlürfen dabei süßen Tee. Wer nach Timbuktu kommt, folgt einem Traum, der seit Langem vom Sand begraben ist.

Auch Djenné, das südwestlich von Timbuktu auf einer Insel im Binnendelta des Nigers liegt, war einst ein bedeutendes Zentrum des Islams und des Transsahara-Handels. Doch anders als Timbuktu hat es seine architektonischen Schätze bewahrt. Am Hauptplatz wacht die mächtige Große Moschee, der größte Lehmbau der Welt. Mit den Holzbalken, die seine Mauern durchbohren, wirkt der breite, niedrige Bau wie ein Riese, der von Tausenden Pfeilen niedergestreckt wurde. Ebenso unwirklich ist der Anblick der Dogon-Dörfer westlich von Djenné. Sie kleben an den Felswänden des Steilabbruchs von Bandiagara. In den dunklen Höhlen oberhalb der Dörfer ruhen Skelette, und die uralten Figuren, die hier gefunden wurden, geben immer noch Rätsel auf.

Oben: Auf dem quirligen Dogon-Markt in Mali

Westafrikanische Rätsel

Mali zählt zu den interessantesten Reisezielen in Westafrika, aber auch zu den räumlich größten. Rechnen Sie für Timbuktu, Djenné und das Dogon-Land mindestens zehn Tage, besonders wenn Sie nicht mit dem Flugzeug nach Timbuktu reisen. Auf den Straßen kommt man nur sehr langsam voran.

Zehn magische Tage

Akklimatisieren Sie sich in Malis staubiger Hauptstadt Bamako. Dort erblicken Sie auch zum ersten Mal den legendären Niger. **TAG 1**

Fliegen Sie nach Timbuktu. Dort können Sie vom Dach der Djinger-ber-Moschee über die ganze Stadt blicken und im Centre de Recherches Historiques Ahmed Baba (CEDRAB) die großartige Sammlung alter Bücher und Handschriften bewundern. **TAG 2**

In Timbuktu müssen Sie sich auf viel Sonne einstellen, da die meisten Gebäude Privathäuser sind und nur von außen betrachtet werden können. Abends reiten Sie mit dem Kamel in die Wüste. **TAG 3**

Fliegen Sie in die lebensprühende Stadt Mopti, wo im Hafen traditionelle Pirogen (Einbaum) mit Salz und anderen wertvollen westafrikanischen Waren anlegen. **TAG 4**

Mit dem Bus geht es nach Bandiagara, wo Sie einen Ausflug in das Land der Dogon buchen. Nehmen Sie sich drei Tage Zeit, um die Kultur und die berühmten Bergdörfer der Dogon kennenzulernen. **TAG 5–7**

Mit dem Bus fahren Sie nach Djenné, wo einer der buntesten Märkte in ganz Mali stattfindet. **TAG 8**

Djenné kann in einem Tag zu Fuß erkundet werden. Bewundern Sie die berühmte Große Moschee, aber auch die anderen herrlichen Bauwerke. **TAG 9**

Nach achtstündiger Busfahrt entspannen Sie in Bamako, bevor Sie wieder nach Hause fliegen. **TAG 10**

Dos & Don'ts

- ✓ Erklimmen Sie die einsam gelegenen Sanddünen am West- und Nordrand von Timbuktu.
- ✓ Fotografieren Sie Djenné gegen Ende des Tages, wenn die Lehmbauten in geheimnisvolles Licht getaucht sind.
- ✓ Nehmen Sie die Dienste eines einheimischen Führers in Anspruch. Am besten nehmen Sie einen Dogon-Führer, der weiß, wie Sie sich in den Dogon-Dörfern verhalten sollten.
- ✗ Geben Sie Kindern keine Geschenke, sondern spenden Sie lieber Geld an ein Entwicklungshilfeprojekt, eine Schule oder ein Krankenhaus.

ANREISE
Buenos Aires ist die Hauptstadt von Argentinien in Südamerika. Internationale Flüge landen am Aeropuerto de Ezeiza. In das 35 Kilometer entfernte Stadtzentrum fahren Shuttle-Busse und Taxis.

VOR ORT UNTERWEGS
Schnell und preiswert kommt man mit der *subte* (U-Bahn) und Bussen voran. Nachts sind Taxis eine sichere, erschwingliche Alternative.

WETTER
Im sonnigen Frühlingsmonat Oktober liegen die Tagesdurchschnittstemperaturen bei 20 °C.

ÜBERNACHTEN
La Otra Orilla, reizendes behagliches B&B, Doppelzimmer ab 30 €; www.otraorilla.com.ar

1555 Malabia House, Boutique-B&B, zwei Blöcke von der Plaza Cortázar in Palermo Viejo entfernt, Doppelzimmer ab 90 €; www.malabiahouse.com.ar

Faena Hotel+Universe, modernes Luxushotel in Puerto Madero nahe dem Fluss, Doppelzimmer ab 250 €; www.faenahotelanduniverse.com

ESSEN GEHEN
Buenos Aires bietet Kulinarisches und Preise für jeden Geschmack und Geldbeutel. In *parrillas* serviert man von den Innereien bis zu zarten Filets die berühmten Fleischspezialitäten des Landes. Sie sind mindestens einen Besuch wert.

KOSTEN FÜR ZWEI PERSONEN
120–150 € pro Tag inklusive Übernachten, Verpflegung, Fahrten vor Ort und Eintrittsgelder.

INFORMATION
www.bue.gov.ar

Eine Stadt mit Esprit

Reiseführern zufolge ist Buenos Aires eine Stadt mit großartigen Restaurants und Läden, sehenswerten Museen, prächtigen Parks, bemerkenswertem Nachtleben und, nach der Abwertung von 2002, äußerst günstig. Doch Buenos Aires ist mehr: Es hat das gewisse Extra. Sie spüren es in den Straßen des *barrio* (Stadtviertel) San Telmo, wenn sich die Tänzer dem sinnlichen Rhythmus des Tangos hingeben, oder im leidenschaftlichen Geschrei der Fans auf den Tribünen der vielen Fußballstadien. Es liegt im Rauch, der vom Fleisch auf den Grills einer *parrilla* (Steak-Haus) aufsteigt, und im argentinischen Rotwein, der im Glas seine Blume entfaltet. Fast greifbar wird es im altehrwürdigen Café Tortoni in der Avenida de Mayo, wo die Ober Fliege tragen und vor verspiegelten Wänden einst Literaten wie Jorge Luis Borges bedienten. Es überschattet quälend die stillen wöchent-

Ursprung des Tangos

Der Überlieferung zufolge entstand der Tango im späten 19. Jahrhundert in den Bordellen von Buenos Aires. Aufgrund der anzüglichen Texte und/oder des damals schockierend engen Körperkontakts beim Tanzen war der Tango lange Zeit nicht salonfähig. Anfang des 20. Jahrhunderts gab es in Buenos Aires auch durch die vielen männlichen Immigranten aus Europa viel mehr Männer als Frauen. Damals sah man in der Stadt häufig Männer, die miteinander die Tanzschritte des Tangos übten.

Großes Bild: Tangotänzer in San Telmo

Links (von oben nach unten): Denkmal des Generals Juan Lavalle; Buntglasfenster im beliebten Café Tortoni; Sodasyphons auf dem Antiquitätenmarkt in San Telmo

Rechts (von links nach rechts): Schaufenster in San Telmo; bunte Häuser im Viertel La Boca; kurz vor Anpfiff im Stadion La Bombonera

lichen Demonstrationen der Madres de Plaza de Mayo. Die »Mütter der Plaza de Mayo« schlossen sich vor über 30 Jahren zusammen, um gegen die Gräuel der Militärdiktatur zu protestieren. In den 1940er und 1950er Jahren verkörperte es Eva Perón, deren schwarzes Grab auf dem Friedhof La Recoleta von Katzen bewacht wird. Und die *Porteños* (Einwohner von Buenos Aires), die in den Restaurants am Flussufer im *barrio* Puerto Madero und in den Bars von Palermo Viejo Stammgäste sind, geben diesem Extra den zeitgemäßen Dreh.

Buenos Aires kombiniert europäischen Stil mit der südamerikanischen Gabe, das Leben zu genießen. Der Hedonismus ist hier verhaltener als in Rio und mit Liebe zu Kunst und Kultur angereichert. Die Villen an der Avenida Alvear im *barrio* Recoleta passen auch nach Paris – die wöchentliche Feria de Mataderos mit ihrem Tiermarkt und den *gauchos* (Cowboys) sicher nicht. In seiner Vielfalt verkörpert Buenos Aires perfekt den unwiderstehlichen Esprit Argentiniens.

Oben: Mittagessen im Jardin d'Hiver im Alvear Palace Hotel

Tango Argentino

Buenos Aires kann einen wochenlang in Anspruch nehmen, doch reichen vier Tage, um die wichtigsten Sehenswürdigkeiten zu sehen und einen Eindruck von der Stadt zu erhalten. Planen Sie einen Sonntag ein, um die besondere Stimmung auf Antiquitätenmärkten, Tanz- und anderen Veranstaltungen zu erleben.

Vier Tage in den Barrios

DO

Nach einem Bummel rund um die geschichtsträchtige und schöne Plaza de Mayo trinken Sie in der Avenida de Mayo im Café Tortoni Kaffee.

Nachmittags locken die Calle Florida mit ihren berühmten Ledergeschäften und die Buchläden in der Avenida Corrientes.

Bei Sonnenuntergang gönnen Sie sich argentinisches Rindfleisch vom Feinsten in einem Restaurant mit Flussblick im nahen *barrio* Puerto Madero.

FR

Bei der Öffnung um 7 Uhr morgens ist der Friedhof La Recoleta am schönsten und friedvollsten. Dort sehen Sie kunstvolle Grabstätten, darunter die von Eva Perón.

In der Mittagshitze finden Sie willkommene Kühle in den großartigen Sammlungen des Museo Nacional de Bellas Artes beim Friedhof und des Museo de Arte Hispanoamericano Isaac Fernández Blanco nahe den edlen Villen der Avenida Alvear. Danach gönnen Sie sich eine klassische Teestunde im Alvear Palace Hotel.

SA

Im *barrio* Palermo beobachten Sie entspannt das bunte Treiben bei einem Glas Wein an der Plaza Cortázar in Palermo Viejo oder von einem schattigen Platz in einem Park. In vielen hervorragenden Restaurants, etwa dem Club del Vino, wird abends Tango aufgeführt.

SO

Vormittags bummeln Sie im *barrio* San Telmo über den Antiquitätenmarkt, schauen in den Straßen den Tangotänzern zu. Dann spazieren Sie nach Süden in das nahe La Boca, um die bunten Häuser und – vielleicht sogar bei einem Spiel – das Fußballstadion La Bombonera zu sehen.

Dos & Don'ts

- ✓ Flüchten Sie wie die Einheimischen vor der Mittagshitze in einen schönen Park und machen Sie ein Picknick.
- ✗ Halten Sie sich in den *parrillas* nicht zu nahe am Grill auf, der Geruch hängt sich in der Kleidung fest.
- ✓ Essen Sie nachmittags einen Happen, der Restaurantbetrieb fängt erst ab 22 Uhr richtig an.
- ✓ Informieren Sie sich in kostenlosen Magazinen wie *Buenos Aires Tango* und *El Tangauta* über Tangoshows, Tangoschulen und Ähnliches.

ANREISE
Internationale Flüge landen am Flughafen Ferihegy. Von dort fahren Taxis und Busse in das 18 Kilometer entfernte Stadtzentrum.

VOR ORT UNTERWEGS
Die Stadt lässt sich leicht und bequem zu Fuß, mit der U-Bahn, mit Bussen und Straßenbahnen erkunden. Taxis sind nicht teuer, meiden Sie jedoch Privattaxis ohne Lizenz.

WETTER
In der Regel ist der Oktober trocken und sonnig, die Temperaturen liegen zwischen 7 und 16 °C. Abends kann es kalt werden.

ÜBERNACHTEN
Leo Panzió, eine kleine Pension in Familienbesitz nahe dem Zentrum, Doppelzimmer ab 90 €; www.leopanzio.hu

Das außergewöhnliche Hotel Gellért und sein Bad sind echte Zeugen der Stadtgeschichte. Doppelzimmer ab 150 €, inklusive Eintritt für die Bäder; www.gellerthotel.hu

Four Seasons Hotel Gresham Palace, luxuriös und exklusiv, in einem Palais, Doppelzimmer ab 290 €; www.fourseasons.com

ESSEN GEHEN
Ungarn hat eine reiche kulinarische Tradition. Spezialitäten sind Wild und *gulyásleves*, Gulaschsuppe. Eine hervorragende Mahlzeit kostet in Budapest rund 14 €.

KOSTEN FÜR ZWEI PERSONEN
Rund 240 € pro Tag inklusive Übernachten, Verpflegung, Fahrten vor Ort und Eintrittsgelder.

INFORMATION
www.budapestinfo.hu

Bánk Bán

Ungarns Nationaloper, *Bánk Bán*, wurde von Ferenc Erkel geschrieben und 1861 uraufgeführt. Die klassische Geschichte handelt von Lust und Rache und erzählt von dem ungarischen Vizekönig Bánk Bán, dessen Frau von Otto verführt wird, dem Bruder von König András II. Bánk Bán führt aus Rache einen Aufstand gegen den König an. Die Oper wird heutzutage nur selten in der Staatsoper aufgeführt, von Zeit zu Zeit jedoch im Operettentheater in der Nagymezo utca.

Großes Bild: Reinster, prächtiger Jugendstil im Gellért-Bad

JAN
FEB
MÄRZ
APR
MAI
JUNI
JULI
AUG
SEP
OKT
NOV
DEZ

Oben (von links nach rechts): Kettenbrücke und Parlamentsgebäude bei Nacht; Detail einer Statue am Burgpalast; Altstadt von Buda

Oben: Jugendstildekor an der Postsparkasse

Ein sauberer Spaß

Die ungarische Staatsoper ist ein kunstvoller, mit Statuen verzierter Bau, der von außen einer riesigen Hochzeitstorte gleicht. Auch bei der Innenausstattung ließ man sich nicht lumpen, verlegte tiefrote Samtläufer, spannte edle Seidentapeten, montierte glänzende Kronleuchter und baute üppig vergoldete Logen. Das Ganze wirkt so unverändert, dass es einen nicht erstaunte, käme auf einmal der Habsburger Kaiser Franz Joseph I. die Treppe herunter. Wahrscheinlich wäre es ein reichlich grantiger Auftritt, schließlich ärgerte es den Monarchen sicherlich, dass dieses neue Opernhaus der Wiener Oper Konkurrenz machte.

Nach fast 150 Jahren Herrschaft über Ungarn musste das Kaiserreich Österreich 1867 den Ungarn eine eigene monarchische Verfassung zugestehen – die Doppelmonarchie Österreich-Ungarn entstand, und Ungarn bekam ein eigenes Parlament. Das neue Selbstbewusstsein entlud sich in einer Welle nationalen Überschwangs und in reich verzierten, pompösen, gar protzigen Gebäuden. Die Künste wurden zum Mittel der nationalen Selbstdarstellung. In Budapest entstanden zuckersüße Bauwerke und Anlagen, die den Glanz Wiens übertreffen sollten: die Staatsoper, das majestätische Parlamentsgebäude über der Donau, das Millenniums-Denkmal, die St.-Stephans-Basilika und der Stadtpark.

Vor den Habsburgern regierten hier die Osmanen, die eine öffentliche Badekultur hinterließen. Im prächtigen Jugendstil-Ambiente des Gellért-Bads kann man ein Sprudelbad genießen oder sich von den warmen, künstlichen Wellen im Freibad wiegen lassen. Vielleicht bevorzugen Sie auch das »demokratischere« Széchenyi-Bad auf der Pester Seite der Stadt, in dem sich die Bewohner der Umgebung bei einem heißen Bad, einer Partie Schach und einer Flasche Bier tummeln. Auch hier ist der Badebesuch erst komplett mit einer kräftigen Massage, mit der Budapest wirklich unter die Haut geht.

Das neue Selbstbewusstsein entlud sich in reich verzierten, pompösen, gar protzigen Gebäuden.

Kleines Bild links: Wie eh und je wird im Széchenyi-Bad Schach gespielt
Unten (von links nach rechts): Bahn zum Burgviertel; elegantes Kaffeehaus

Ungarische Rhapsodie

Im Herbst ist Budapest wunderschön. Die Besucherzahlen nehmen ab, das kulturelle Leben gewinnt nach der Sommerpause wieder an Schwung, und die Kino-, Konzert-, Opern- und Ballett-Saison beginnt. In vier Tagen sehen Sie die besten Museen der Stadt und haben Zeit für kulturelle Veranstaltungen.

Vier Tage Kultur

TAG 1

Fahren Sie mit der *siklós* (Standseilbahn) auf den Burgberg und genießen Sie die schöne Aussicht. Ein Spaziergang führt Sie zum Burgpalast, zur Nationalgalerie und zur Fischerbastei.

Abends besuchen Sie ein Orgelkonzert in der neogotischen Matthiaskirche.

TAG 2

Im schönen Stadtpark *Városliget* fahren Sie mit dem Boot auf dem See. Sie besuchen den Zirkus, den Zoo oder Jahrmarkt. Danach gönnen Sie sich ein Bad und eine Massage im Széchenyi- oder im Gellért-Bad.

Abends dinieren Sie in Ungarns feinstem Restaurant, Gundel, danach spazieren Sie auf der eleganten Andrássy utca und besuchen eine Opernvorstellung in der grandiosen Staatsoper.

TAG 3

Bevor Sie das Parlamentsgebäude besichtigen, betrachten Sie seine bemerkenswerte Fassade vom anderen Ufer der Donau. Danach spazieren Sie über die Kettenbrücke und nehmen an einer Führung durch das Gebäude teil. Wenn Sie Glück haben, findet gerade ein Konzert in der Kuppelhalle statt. Danach bummeln Sie durch die Altstadt in Buda und rasten in einem der schönen alten Kaffeehäuser.

TAG 4

Bei einem Bummel durch das alte jüdische Viertel rund um die Király utca sehen Sie Buch- und Antiquitätenläden, altmodische und schicke Cafés, koschere Lokale und teure Wohnhäuser. Besuchen Sie Europas größte Synagoge und ein Konzert in der 1906 erbauten Franz-Liszt-Akademie, die in Ausstattung und Akustik nur von der Staatsoper übertroffen wird.

Dos & Don'ts

✓ Kaufen Sie Eintrittskarten immer im Voraus. Die zentrale Vorverkaufsstelle (Andrássy utca 15, Tel. 01–267 12 67) verkauft Karten für alle Kulturveranstaltungen in der Stadt.

✗ Lassen Sie sich nicht auf die freundlichen jungen Damen in der Váci utca ein. Hier trügt der Schein, und ein gemeinsamer Drink kann zu einem sündteuren »Date« geraten.

✓ Besichtigen Sie das neue Holocaust Museum in der Pava utca zur tragischen Geschichte der Budapester Juden.

✗ Fahren Sie mit keinem Taxi, an dem kein Schild das dazugehörige Taxiunternehmen anzeigt.

ANREISE
Oaxaca liegt in Mexiko 400 Kilometer südöstlich der Hauptstadt Mexico City (Ciudad de México). Auf Oaxacas Flughafen landen internationale Flüge aus den USA, in der Regel kommen Reisende mit Inlandsflügen von Mexico City an. Vom Flughafen fahren Taxis und Minibusse in das sieben Kilometer entfernte Stadtzentrum.

VOR ORT UNTERWEGS
Taxis, *colectivos* (Sammeltaxis) und Busse fahren zu den Dörfern und archäologischen Stätten.

WETTER
Ab Ende Oktober sind die Sommerregen ziemlich vorbei. Die Temperaturen liegen am Tag bei angenehmen 25 °C, nachts bei 13 bis 15 °C.

ÜBERNACHTEN
Hotel Las Golondrinas, hübsch, klein, zwei Doppelzimmer ab 80 €; Tel. 951 514 3298.

Hostal de la Noria, eine umgebaute Kolonialvilla im Herzen von Oaxaca; Junior-Suiten ab 70 €; www.hostaldelanoria.com

Misión de los Angeles, geräumig, Familiensuiten ab 80 €; www.hotel-mision-oaxaca.com

ESSEN GEHEN
Spezialitäten sind die berühmten sieben *moles* (Saucen), Grashüpfer und sogar der Maispilz *huitlacoche*. Empfehlenswert ist das Restaurante Los Danzantes, in dem man interessante Gerichte ab 7 € bekommt.

KOSTEN FÜR EINE VIERKÖPFIGE FAMILIE
200–280 € pro Tag inklusive Übernachten, Verpflegung, Fahrten vor Ort und Eintrittsgelder.

INFORMATION
www.visitmexico.com

Tag der Toten

Ein besonders wichtiger Feiertag in Mexiko ist ein wahrlich übernatürliches Ereignis: Die Toten kommen aus dem Jenseits zu Besuch und feiern mit den Lebenden – besonders intensiv wird dies in Oaxaca zelebriert, einer Stadt mit vielen schönen Kirchen und Kolonialbauten sowie Indianerdörfern in der Umgebung.

Für gläubige Mexikaner geht das Leben im Tod weiter, es wechselt nur in eine andere Sphäre. Und glücklicherweise besuchen die Toten jedes Jahr wieder ihre Nächsten und Liebsten, und zwar an Allerseelen (2. November), das hier *Día de los Muertos* (»Tag der Toten«) heißt. In Oaxaca glaubt man, dass die Seelen der Verstorbenen am 1. November um genau 15 Uhr für

Für gläubige Mexikaner geht das Leben im Tod weiter, es wechselt nur in eine andere Sphäre. Glücklicherweise besuchen die Toten jedes Jahr wieder ihre Nächsten und Liebsten.

24 Stunden zurückkehren. Tags zuvor kehren die verstorbenen Kinder, die *angelitos* (»Engelchen«) für 24 Stunden aus dem Jenseits zurück.

Das Treffen der Lebenden und Toten bedeutet Trauer, aber mindestens ebenso viel Freude. Die Stimmung in den Häusern und auf den Friedhöfen ist aufgeregt und fröhlich. Zur Begrüßung bauen die Familien zu Hause Altäre für die Toten auf: Auf einem Tisch unter einem Bogen aus Palmwedeln, Blumen und Früchten drapiert man Bilder der Toten und von Heiligen, Kerzen und Blumen, sogar Essen, Getränke und Zigaretten für die Verstorbenen. Damit die Rückkehrer auch wissen, dass sie im richtigen Haus sind, stellt man Totenköpfe aus Schokolade oder Zucker auf, in die ihr Name eingeritzt ist, oder Miniaturskelette, die gerade das machen, was die Toten besonders mochten: tanzen, Fußball spielen, Fahrrad fahren.

Die Familien schmücken die Gräber mit Blumen und Kerzen, stellen dort Fotos, Getränke, Miniaturschädel und -skelette auf. Sie verbringen den Nachmittag und Abend des 1. Novembers im Gedenken an die Toten auf dem Friedhof. Manche halten die ganze Nacht Wache, teilen Essen und Trinken mit Freunden und Verwandten. Wenn in dieser Nacht des Wiedersehens Kerzen brennen, aufgeregte und vergnügte Stimmen durch die Luft schwirren, Musik und Tanz erklingen, wird der Día de los Muertos für jeden zu einem magischen Erlebnis.

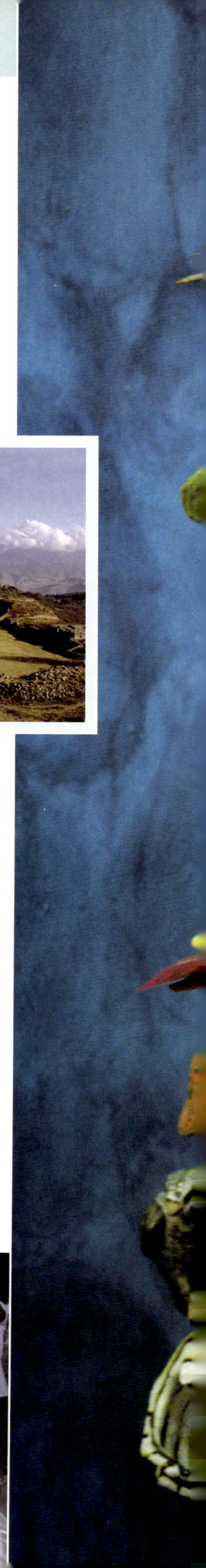

Großes Bild: Traditionelles Skelett aus Pappmaschee, das mit Tieren und Pflanzen geschmückt ist
Kleines Bild oben: Zapotekische Bauwerke am Monte Albán bei Oaxaca
Unten (von links nach rechts): Farbenprächtiges Sandbild; Kostümparade auf dem Zócalo

Totenkulte

Viele präkolumbische Kulturen Mexikos – Azteken, Maya, Zapoteken, Mixteken und andere – glaubten an ein Dasein nach dem Tod und zelebrierten Rituale zu Ehren der Toten, die häufig Feste und Opfer an die Verstorbenen beinhalteten. Die spanischen Kolonialmissionare inkorporierten diese Rituale in die christlichen Allerheiligen- und Allerseelen-Feiern vom 31. Oktober bis 2. November. Dennoch finden sich bis heute in der Art, wie der Día de los Muertos gefeiert wird, viele Elemente aus vorspanischen Religionen.

Oben: Mutter mit Kind auf einem Markt in Oaxaca

Mexikanische Tradition

In Oaxaca wird der Día de los Muertos besonders intensiv zelebriert, die Feiern dauern vom 31. Oktober bis zum 2. November. Nehmen Sie sich sechs Tage Zeit, um das Totenfest, die Stadt und ihr Umland zu erleben. Verlängern Sie Ihre Reise mit einer Fahrt nach Yucatán *(siehe S. 64–65)*.

Sechs Tage in Oaxaca

29. OKT

Bummeln Sie über den stimmungsvollen Zócalo, den schattigen Hauptplatz, in der Calle Alcalá zur opulenten Kirche Santo Domingo sowie zum Markt der Toten, auf dem Blumen, Essen, Skelette aus Pappmaschee, Schädel aus Schokolade und Zucker verkauft werden.

30. OKT

Außerhalb von Oaxaca fahren Sie in den Dörfern der Umgebung auf die Märkte des Totentags. Die größten finden in Zaachila, Ocotlán und Tlacolula statt, informieren Sie sich aber vorab über die jeweiligen Markttage, die von Ort zu Ort wechseln.

Wieder in der Stadt lohnen der Besuch des Museo de las Culturas de Oaxaca sowie am Abend Tänze und Theater zum Tag der Toten.

31. OKT

Im Hotel und in Restaurants schauen Sie sich die Totenaltäre an, nach Einbruch der Dunkelheit die Friedhöfe Santa Cruz Xoxocatlán und Santa María Atzompa, die von Kerzen erleuchtet und voller Menschen sind.

1. NOV

Auf dem größten Friedhof, Panteón General, sehen Sie, wie die Menschen die Gräber dekorieren und feiern. Danach findet die Kostümparade auf dem Zócalo statt.

2. NOV

Auf den Spuren der Geschichte wandeln Sie zwischen den spektakulären Ruinen von Monte Albán, der schön auf einem Berg gelegenen alten Zapotekenhauptstadt (etwa 200 v. Chr.–700 n. Chr.). Abends können Sie den Friedhof San Felipe del Agua besuchen.

3. NOV

In Oaxaca ist das indianische Kunsthandwerk sehr lebendig, kaufen Sie am letzten Tag Souvenirs ein.

Dos & Don'ts

- ✓ Auch wenn die Atmosphäre an den Gräbern und vor den Altären fröhlich ist, denken Sie daran, dass dies ein ernster Feiertag ist. Wahren Sie immer den gebührenden Respekt.
- ✗ Fotografieren Sie nie, ohne zuvor zu fragen – außer wenn eine Respektsperson bzw. der Fremdenführer es gutheißt.
- ✓ Machen Sie einen Kurs in Altardekoration oder einen Kochkurs für den Tag der Toten.
- ✓ Reiseveranstalter vor Ort bieten Touren zu Friedhöfen und Märkten an. Mit einem guten Fremdenführer werden Sie mehr von den Feiern und Hintergründen mitbekommen.

POTENZA

NOVEMBER

Traumziele im **November**

Auf der nördlichen Halbkugel nähert sich der Winter mit Riesenschritten. Reisende können sich dem kalten Wetter auf den Skipisten Europas stellen oder sich ihm entziehen und sich in einem luxuriösen Bad verwöhnen lassen. Der November ist eine gute Reisezeit in die USA, um Thanksgiving zu erleben. Am Mississippi ist es nicht mehr so heiß und schwül, sodass man bei einer Reise bequem die historischen Orte am Fluss erkunden kann. Auf der südlichen Halbkugel können Sie sich am Strand aalen, die Mangrovenwälder der Isla de Margarita erkunden oder das geschichtsträchtige Ghana an der afrikanischen Goldküste besuchen. Auf dieser Doppelseite finden Sie alle im November-Kapitel vorgestellten Reiseziele sowie einige weitere Anregungen.

KULTUR UND FESTE

GHANA Fischer an den Felsen von Labadi Beach bei Accra

BRÜSSEL
Belgien, Europa

Machen Sie Pause in der eleganten Hauptstadt der EU

In der Heimatstadt von Magritte, mit über 80 Museen und einer bunt gemischten Bevölkerung, ist auch die Küche köstlich.

www.bruxelles.irisnet.be

MELBOURNE
Australien, Australasien

Wetten Sie auf den Gewinner im Melbourne Cup

Am ersten Dienstag im November hält Australien beim Pferderennen des Melbourne Cup den Atem an, dann beginnt der Karneval.

www.melbournecup.com

ATLANTIKKÜSTE
Ghana, Afrika

Auf den Spuren der Sklaverei an der Goldküste

Lernen Sie die dunkle Geschichte der Region kennen, aber auch die Kultur der Asante sowie den Regenwald in einem Nationalpark.

Siehe S. 292–293

»Besonders für Reisende, die zum ersten Mal nach Afrika kommen, ist Ghana mit seiner Kultur und Natur ein ideales Ziel.«

VIETNAM
Asien

Eine faszinierende Vielfalt fremder Kulturen

Erleben Sie das Chaos von Ho Chi Minh City, die Ruhe am Mekong, Spaß an Stränden und alte Traditionen.

Siehe S. 274–275

TOKYO
Japan, Asien

Eine traditionsverhaftete und futuristische Megastadt

Die dicht bevölkerte Stadtlandschaft wirkt an der Oberfläche bahnbrechend modern, doch Traditionen sind noch immer wichtig.

Siehe S. 286–287

UNVERGESSLICHE EINDRÜCKE

BURGUND Flaschen der Domaine Laroche in einem Weinkeller

NARIZ DEL DIABLO
Ecuador, Südamerika

Eine atemberaubende, unglaubliche Eisenbahnstrecke

Keine Zugstrecke der Welt war schwieriger zu bauen als die steile Nariz del Diablo (»Teufelsnase«) zwischen Bergen und Regenwald.

www.ecuadorexplorer.com

BURGUND
Frankreich, Europa

Eine Kanalfahrt mit herbstlichen Genüssen

Reisen Sie gemächlich durch das ländliche Herz Frankreichs – gutes Essen und Wein sollte man nicht in Eile genießen.

Siehe S. 276–277

SÜDLICHER MISSISSIPPI
USA, Nordamerika

Mit dem Schaufelraddampfer in die Geschichte der USA

Reisen Sie auf dem großen Strom von New Orleans zu Plantagen und historischen Stätten.

Siehe S. 284–285

DRAA-TAL
Marokko, Afrika

Hohe Berge, Sandwüste und Lehmarchitektur

Fahren Sie von Marrakech über den Hohen Atlas zu den Dattelhainen, Oasen und endlosen Sandflächen am Rand der Sahara.

www.visitmarocco.org

SIZILIEN
Italien, Europa

Das wilde Herz einer ganz besonderen Insel

Fahren Sie auf Nebenstraßen über die Insel – von Palermo durch Enna, das hoch auf einem Felsen liegt, nach Siracusa.

www.regione.sicilia.it

WUNDER DER NATUR

AITUTAKI Fähnchen-Falterfische in den tropischen Gewässern von Aitutaki

»Psychedelischen Charakter bekommt das Ganze unter Wasser, wo zwischen leuchtenden Korallen Fische ihre Schatten werfen.«

AITUTAKI
Cook Islands, Australasien

Die blaueste aller blauen Lagunen dieser Erde

Die farbenprächtige Insel lockt mit herrlicher Natur. Auf diesem perfekten Eiland sind vor allem Tanzen, Singen und Fischen wichtig.

Siehe S. 290–291

LOW COUNTRY
USA, Nordamerika

Entdecken Sie stille Bäche, zahllose Vögel und Natur pur

Fahren Sie mit dem Kajak durch die Marschen von Low Country in South Carolina und übernachten Sie in alten Inselstädtchen.

www.southcarolinalowcountry.com

YUCATÁN-CENOTEN
Mexiko, Nordamerika

Eine einmalige unterirdische Unterwasserwelt

Es ist ein unvergessliches Erlebnis, in den weltweit größten, kathedralenartigen Unterwasserhöhlen zu tauchen.

www.visitmexico.com

ISLA DE MARGARITA
Venezuela, Südamerika

Perfekt für Wassersport- und Naturfreunde

Die Insel bietet Sandstrände, ein grünes bergiges Hinterland und viele Wildtiere im Mangrovendickicht des Nationalparks.

Siehe S. 294–295

TYSFJORD
Norwegen, Europa

Fahren Sie in einem verschneiten Fjord zu den Orcas

Kurz vor dem arktischen Winter versammeln sich Hunderte Orcas in diesem Fjord im nördlichen Norwegen – spektakulär.

www.tysfjord-turistsenter.no

Vorhergehende Doppelseite: Blick von der Lagune bei Sonnenuntergang auf die Kirche Santa Maria delle Salute, Venedig

Wetter

❶ In diesem Monat ist es (wie in den meisten Monaten) auf den Bahamas warm und sonnig. Es regnet wenig, nachts kann es kühl werden.

❷ Die Isla de Margarita ist fast eine Wüsteninsel, die Temperaturen sind immer, Tag und Nacht, hoch. Ende November regnet es ein bisschen.

❸ In Ghana ist es ganzjährig heiß und feucht, am besten besucht man es in der Trockenzeit (November bis März). An der Küste ist es kühler und trockener als im Landesinneren.

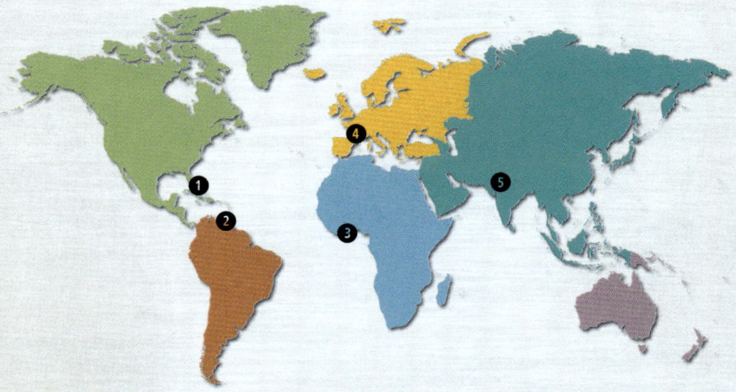

❹ In Burgund ist es kühl, je weiter der November fortschreitet, desto kälter werden die Abende. Doch gibt es noch viele schöne Sonnentage.

❺ Im trockensten Monat von Rajasthan ist die Luftfeuchtigkeit niedrig, die Tage sind sonnig und warm, aber dank des abklingenden Monsuns nicht zu heiß.

❻ Am Tag ist es auf den Cook Islands immer warm, doch weht ein kühler Wind vom Meer. Regen ist immer möglich, kommt jedoch in kurzen Schauern, die den Himmel reinwaschen und die Luftfeuchtigkeit eher mildern.

LUXUS UND ROMANTIK

VENEDIG Plüschige Ausstattung einer Gondel

BARBADOS
Karibik

Strahlender Sonnenschein und gemütlicher Charme

Cricket, Golf, auf der linken Seite Autofahren – es ist wie England, aber mit karibischen Stränden und ebensolchem Nachtleben.

www.visitbarbados.org

MAR DEL PLATA
Argentinien, Südamerika

Urlaub im elegantesten Ferienort des Südens

Argentiniens Urlaubssaison beginnt in dieser eleganten Stadt mit einem mitreißenden Nachtleben und langen, schönen Stränden.

www.argentinaturistica.com

RAJASTHAN
Indien, Asien

Zugfahrt mit dem opulenten Palace on Wheels

Sehen Sie die Festungen und Paläste der einst mächtigen Moguln, Tigerschutzgebiete und das beeindruckende Taj Mahal.

Siehe S. 288–289

MONART
Irland, Europa

Vertreiben Sie die Tristesse des Novembers

Das prächtige Bad auf dem irischen Land verwöhnt Sie nach Strich und Faden – nach Wunsch selbst mit Gourmetküche.

www.monart.ie

VENEDIG
Italien, Europa

Diese Traumstadt muss man mit eigenen Augen sehen

In die Lagunenstadt locken romantische Gondelfahrten, großartige Cafés, fantastische Kirchen, bunte Märkte und herrliche Kunst.

Siehe S. 282–283

»Venedig ist wunderschön, legendenumwoben und geheimnisvoll, es inspirierte über Jahrhunderte Maler, Dichter und Filmemacher.«

AUFREGENDE ZIELE

TASMANIEN Rafting im Wildwasser des Wild Rivers National Park

MILFORD TRACK
Neuseeland, Australasien

Wanderung zu herrlichen Seen und Bergen

Besorgen Sie sich schon früh die Erlaubnis, auf diesem berühmten Weg zu wandern – die Besucherzahlen werden streng kontrolliert.

www.milfordtrack.net

SALAR DE UYUNI
Bolivien, Südamerika

Erleben Sie eine Mondlandschaft in den Anden

Bei einer Fahrt durch die hoch in den Anden gelegene größte Salzwüste der Welt verliert man leicht die Orientierung.

www.andeansummits.com

TASMANIEN
Australien, Australasien

Inselabenteuer am Rand der Welt

Radeln Sie Berge hinunter, fahren Sie mit dem Kajak zu einsamen Sandstränden und wandern Sie in den Bergen durch die Wildnis.

Siehe S. 280–281

LA RÉUNION
Indischer Ozean

Von Berggipfeln und Wasserfällen bis zu Korallenriffen

Auf der zu Frankreich gehörenden Insel kann man an einem Tag Gipfel erklimmen und danach im tropischen Wasser baden.

www.la-reunion-tourisme.com

LE CROTOY
Frankreich, Europa

Lassen Sie sich beim Strandsegeln kräftig durchpusten

Dank ihrer riesigen Sandebenen ist die Somme-Bucht ein Mekka der Strandsegler geworden. Im November sind die Winde besonders gut.

www.noshoesclub.com

FAMILIENURLAUB

BAHAMAS Farbenfrohe Souvenirs

»Bei einer Fahrt von Insel zu Insel erlebt man hautnah, dass auch die winzigsten dieser Eilande mit einem Zauber gesegnet sind.«

BAHAMAS
Nordatlantik

Schwimmen mit Delfinen und herrliche, sichere Strände

Exzellente Einrichtungen, Gastfreundschaft und idyllische Strände machen die Inseln zum perfekten Familienreiseziel.

Siehe S. 278–279

PLYMOUTH
USA, Nordamerika

Hier landeten vor langer Zeit die Pilgerväter

Kommen Sie an Thanksgiving zu dem Ort, wo alles begann. Sehen Sie die Parade, das Pilgrim Village und die nachgebaute *Mayflower*.

www.plimoth.org

COSTA RICA
Zentralamerika

Eines der schönsten tropischen Länder

Costa Rica bietet eine großartige Mischung aus Landschaft, Wildtieren, Stränden und entspannter, freundlicher Atmosphäre.

www.visitcostarica.com

KURANDA
Australien, Australasien

Die volle Schönheit des Regenwalds

Fahren Sie mit dem Auto zur Stadt in den Wäldern von Queensland und erleben Sie eine faszinierende Landschaft.

www.kuranda.org

GAMBIA
Westafrika

Perfekte, unberührte Strände und faszinierende Kultur

Tropischer Sonnenschein ist garantiert – außerdem bietet Gambia eine reiche sehenswerte Natur und großartige Märkte.

www.visitthegambia.gm

ANREISE
Vietnam liegt in Südasien. Der Noi Bai International Airport ist 45 Kilometer vom Zentrum der Hauptstadt Hanoi entfernt, der Tan Son Nhat Airport sieben Kilometer vom Zentrum von Ho Chi Minh City (Thành Phô Hô Chi Minh). Zu beiden Flughäfen fahren Busse und Taxis.

VOR ORT UNTERWEGS
In Städten kommt man mit Cyclos, *xe om* (Motorrad-Taxis) und Taxis voran, über Land bewegt man sich mit Bussen und Flugzeugen.

WETTER
Der November ist ein kühlerer Monat (25 bis 30 °C) mit wenig Regen, hoher Luftfeuchtigkeit.

ÜBERNACHTEN
Perfume Grass Inn, Nha Trang, ist freundlich, ruhig, Doppelzimmer ab 20 €; www.perfume-grass.com

Ha An Hotel, Hoi An, schönes Boutique-Hotel mit üppigem Garten, Doppelzimmer ab 28 €; www.haanhotel.com

Majestic Hotel, Ho Chi Minh City, elegant, am Ufer, spektakulärer Blick, Doppelzimmer ab 115 €; www.majesticsaigon.com

ESSEN GEHEN
Die vietnamesische Küche ist schlicht köstlich. Exzellente Gerichte serviert Huong Lai, Ho Chi Minh City, in schönem Ambiente, Tagesmenüs für rund 5 €. Hong Phuc Restaurant, Hoi An, ist für seinen Fisch in Bananenblättern berühmt. Gerichte ab 2 €.

KOSTEN FÜR ZWEI PERSONEN
50–80 € pro Tag inklusive Übernachten, Verpflegung, Fahrten vor Ort und Eintrittsgelder.

INFORMATION
www.vietnamtourism.com

Die Tunnels von Cu Chi

Das 120 Kilometer lange Tunnelnetz von Cu Chi aus dem Vietnamkrieg wurde von der vietnamesischen Regierung als Kriegsdenkmal erhalten und ist heute eine große Touristenattraktion. Besucher können sich in den sicheren Abschnitten des Tunnelsystems bewegen, teils wurden hier Lampen installiert. Unterirdische Konferenzräume, in denen etwa die Tet-Offensive geplant wurde, wurden restauriert. Wer einmal durch diese engen Tunnels gekrochen ist, kann sich nicht vorstellen, wie Menschen jahrelang darin leben konnten.

Großes Bild: Eine Frau rudert im ruhigen Wasser bei Hanoi
Oben (von oben nach unten): Cao-Dai-Tempel in Tay Ninh; Familienfahrt auf einem Cyclo; Präsidentenpalast in Hanoi; Obstverkäuferin am Strand von Nha Trang

Vietnamesische Impressionen

Eine hypnotisierende Mischung von Bildern, Geräuschen, Gerüchen und Aromen – Vietnam überwältigt alle Sinne. Das Land erscheint wie eine einzige Postkartenansicht: kegelförmige Strohhüte tanzen über smaragdgrüne Reisfelder, anmutige Mädchen sausen in ihren eleganten weißen *ao dai* (traditionelles Kleid) auf Mopeds durch die Stadt, überall stehen schöne Pagoden und farbenprächtige Cao-Dai-Tempel.

Das Land, in dessen langer turbulenter Geschichte eine faszinierende kulturelle Vielfalt entstanden ist, rast nun mit seinen tief verwurzelten Traditionen in die Zukunft. Doch die Vergangenheit ist nicht vergessen, die alten Tempel sind noch immer gut besucht und die Schrecken des Vietnamkriegs nicht verdrängt. Ho Chi Minh City ist laut, lebhaft, chaotisch und bunt. Im Distrikt 1 des alten Saigon stehen französische Kolonialbauten neben modernen Gebäuden, zu denen Wolkenkratzer ebenso gehören wie der Palast der Wiedervereinigung. Das Kriegsopfer-

Oben: Die Cham-Ruinen bei Hoi An

museum zeigt unverhüllt die Gräuel des Vietnamkriegs, von den dort gesehenen Schrecken lenkt man sich gerne in den bunten Seiden- und Schneiderläden ab, auf Märkten mit ihrem reichen Warenangebot und in den weihrauchgeschwängerten Tempeln von Cholon (Chinatown). Kleine Cafés säumen die vom Verkehr verstopften Straßen, der Geruch von Gewürzen weht aus Lokalen und Straßenständen. Und bevor man sich in das wilde Nachtleben stürzt, beobachtet man bei einem Drink auf der Dachterrasse eines Hotels, wie die Stadt im Neonlicht erstrahlt.

Eine völlig andere Welt eröffnet sich im Mekong-Delta. Ein gemächlicher Lebensrhythmus bestimmt diese fruchtbare Wasserwelt aus Reisfeldern, Fischzuchten und schwimmenden Märkten, aus einem Labyrinth von Kanälen und kleinen Inseln, auf denen tropische Früchte gedeihen.

Einen weiteren Kontrast bietet die lange Küste mit ihren wunderschönen und teilweise einsamen Sandstränden, wo Kasuarienbäume und Kokospalmen willkommenen Schatten werfen und dschungelbewachsene Berge in stillen Buchten aufragen. Zu den bekanntesten Stränden zählt der über 30 Kilometer lange China Beach nördlich der alten Hafenstadt Hoi An.

Land der Gegensätze

Im November beginnt die trockenste Zeit in Vietnam. In zwei Wochen können Sie viel erleben und einen Eindruck vom Land gewinnen. Starten Sie im kosmopolitischen Hanoi, fahren Sie dann nach Hoi An und zu den schönen Stränden an der Küste, bevor Sie das Mekong-Delta und Ho Chi Minh City erkunden.

Zwei Wochen durch Vietnam

In Vietnams Hauptstadt Hanoi entdecken Sie Sehenswürdigkeiten, etwa die Kolonialarchitektur im Französischen Viertel, den schönen Literaturtempel und den Hoan-Kiem-See.	**TAG 1–2**
Hoi An wartet mit alten Holzhäusern, der japanischen überdachten Brücke und einer ruhigen Umgebung am Wasser auf. Bummeln Sie durch die Altstadt, schauen Sie den Handwerkern zu und nehmen Sie an einem halbtägigen vietnamesischen Kochkurs teil.	**TAG 3–5**
In Danang bewundern Sie die Skulpturen im Cham-Museum, entspannen am China Beach (My Khe) oder besichtigen die Höhlen und Heiligtümer von Thuy Son.	**TAG 6**
In der »Strandhauptstadt« Nha Trang essen Sie Meeresfrüchte, sehen die Long-Son-Pagode, die Cham-Türme in Po Nagar und fahren mit dem Boot zu den Inseln.	**TAG 7–8**
Mit dem Minibus (preiswert und leicht zu organisieren) geht es in das Mekong-Delta und dessen Hauptort Can. Dort ist eine Bootsfahrt auf den Kanälen und zu einem schwimmenden Markt am Morgen ein Muss.	**TAG 9–10**
Ein Tagesausflug führt zu den Tunnels von Cu Chi, die zu dem berühmten riesigen Tunnelsystem des Vietkong gehörten. Die meisten Touren umfassen auch einen Besuch des Cao-Dai-Tempels in Tay Ninh.	**TAG 11–12**
In Ho Chi Minh City, dem ehemaligen Saigon, besichtigen Sie Museen, Pagoden und Denkmäler, Märkte und Parks. Essen Sie *pho* (Nudelsuppe), shoppen Sie in der Dong-Khoi-Straße, erkunden Sie die Bars in Pham Ngu Lau und die chinesischen Tempel und Kräuterläden in Cholon.	**TAG 13–14**

Dos & Don'ts

- ✓ Achten Sie auf Ihr Eigentum. Diebe und Betrüger werden vor allem in Großstädten und Ferienorten immer mehr.
- ✗ Legen Sie nie die Essstäbchen wie ein »V« in der Schüssel ab – das symbolisiert den Tod.
- ✓ Packen Sie Ohrstöpsel ein, in Vietnam kann es auch nachts sehr laut sein.
- ✓ Tragen Sie im Meer Badeschuhe. Im seichten Wasser lauern Steinfische, Stechrochen und Skorpionfische.

ANREISE
Dijons Flughafen liegt sechs Kilometer südlich der Stadt, über Paris hat man internationale Verbindungen. Der TGV von Paris hält in Montbard.

VOR ORT UNTERWEGS
Außer über den Kanal sind die Hauptorte der Region mit Bussen erreichbar. Autos können in größeren Orten für Tagestouren gemietet werden. Pauschalangebote umfassen oft Ausflüge.

WETTER
Im November ist es durchschnittlich 9 °C kühl und abends teilweise empfindlich kalt.

ÜBERNACHTEN
B&B- und Gîtes-Boote mit Crew kosten rund 850 € pro Person und Woche.

Kleinere Kanalboote, die man selbst ohne Sportbootführerschein steuern darf, kosten ab rund 1200 € für ein Vierpersonenboot pro Woche.

Luxuriösere Kreuzfahrten kosten inklusive Essen und (meist enthaltenen) Ausflügen ab 2200 bis 4200 € pro Person und Woche.

»Hotel Canal Barges«, bis zu 20 Passagiere, kostet rund 1500 € pro Person für sechs Nächte.

ESSEN GEHEN
Dijon konkurriert mit Lyon um den Titel der gastronomischen Hauptstadt Frankreichs. Empfehlenswert: Le Pré aux Clercs in Dijon, rund 70 €.

KOSTEN FÜR ZWEI PERSONEN
Auf Pauschalfahrten braucht man nur das Geld für Snacks an Land, ansonsten 90 € pro Tag. Wer ohne Crew fährt und an Bord isst, braucht für Ausflüge und Extras rund 45 € am Tag.

INFORMATION
www.bourgone-tourisme.com

Die Kanäle von Burgund

Der 1832 vollendete Canal de Bourgogne ist 242 Kilometer lang, seine 209 Schleusen liegen im Durchschnitt 1,3 Kilometer auseinander. Von Schleuse Nr. 1 in Escommes am südlichen Ende an der Saône überwindet der Kanal 299 Höhenmeter bis Pouilly-en-Auxois hinter Dijon. Danach führt er weiter Richtung Migennes und zur Yonne. Da die Yonne in die Seine mündet, die durch Paris bis zum Ärmelkanal fließt, bildet der Kanal eine direkte Verbindung zwischen den Wasserstraßen im Süden und Norden des Landes.

Herbstliche Flussfahrt

Wer hervorragend essen und edlen Wein trinken will, sollte nach Frankreich und dort nach Burgund fahren. Am besten besuchen Sie Burgund im Herbst, wenn die Jagd- und Pilzsaison im vollen Gange ist und an den berühmten Weinbergen der Côte d'Or die Trauben gelesen werden. Besonders schön wird diese Reise auf einem Flussboot, mit dem man gemächlich auf dem 242 Kilometer langen Canal de Bourgogne mitten durch das Herz der Region tuckert. Unterwegs hat man reichlich Gelegenheit, die köstlichen Spezialitäten des Landes zu genießen.

Ob Sie die Tour nun auf einem traditionellen Flussboot mit Besatzung und Gourmet-Verpflegung oder allein auf einem kleinen Boot unternehmen – Sie bestimmen die Geschwindigkeit. Die sanfte Fahrt führt vorbei an malerischen Dörfern, an Schleusenwärter- und Kanalarbeiterhäusern sowie an anderen sehenswerten Überresten des Kanalbetriebs. Zu dieser Jahreszeit schimmern die Eichen- und Ahornwälder wie pures Gold, und die Weinblätter haben sich bereits herbstlich rot gefärbt.

An Land bummeln Sie durch Dörfer, lassen in Cafés die Seele baumeln, vertreten sich in herbstlicher Landschaft die Beine oder mieten sich für einen halben Tag ein Rad. Wenn Sie angeln wollen, müssen Sie sich eine Genehmigung besorgen. Am Kanal zeugen noch einige Schlösser vom einstigen Reichtum der Region, als Burgunds Machtbereich von den Niederlanden bis zur Provence reichte und sein schwerer Rotwein an den königlichen Höfen Europas getrunken wurde. Sehenswert sind auch die Kirchen und Klöster, die die Zisterzienser hier gründeten.

Am südlichen Ende des Kanals liegt Burgunds Hauptstadt Dijon, deren berühmter Senf aus dem Saft unreifer Trauben hergestellt wird. Feine kulinarische Genüsse sind zudem das herzhafte *bœuf bourguignon* vom Charolais-Rind, *coq au vin* vom Bresse-Hühnchen, das mit Mais und Molke gefüttert wurde, *escargots à la bourguignonne* (Burgunderschnecken) und frisch gesammelte Wildpilze. Unter den Weinen stechen der Chablis, der Côtes de Nuits und der Côtes de Beaune hervor. Die jährliche Versteigerung von Weinen zu wohltätigen Zwecken im mittelalterlichen Hôtel-Dieu in Beaune ist eine gute Gelegenheit, Ihren Weinkeller mit einem edlen Tropfen aufzustocken.

Oben: Bieter im Weinkeller bei der karitativen Beaune-Weinaktion

Großes Bild: Weingut Latricières-Chambertin

Linke Spalte (von oben nach unten): Dijon und die Kirche Notre-Dame; Kapitelsaal in der Abbaye de Fontenay; Hôtel Dieu in Beaune

Oben (von oben nach unten): Canal de Bourgogne; Flaschen der Domaine Laroche; Moutarde Maille, Dijon

Unten: Olivenstand auf dem Markt in Beaune

Auf Wasserstraßen

Besuchen Sie die lokalen Erntefeste. Im November wird in Dijon die jährliche Foire internationale et gastronomique im Palais des Expositions und in Beaune die karitative Weinauktion abgehalten. Einige kleinere Museen und Schlösser können schon geschlossen haben, in Dijon sind die Museen dienstags geschlossen.

Eine Woche auf dem Kanal

TAG 1

In Dijon erkunden Sie die Altstadt rund um St-Étienne, die älteste der großen französischen Kathedralen. Ihr Domschatz, einer der größten des Landes, ist im Kunstmuseum zu sehen. Von Dijon fahren Sie nach Sens, wo Ihre Flussreise beginnt.

TAG 2

Die Fahrt beginnt sanft, ein erster Halt in Tonnerre führt zu guten Läden, Cafés und Restaurants. Eine Sehenswürdigkeit ist die geheimnisvolle Quelle Fosse Dionne. Tonnerres Hôtel-Dieu wurde 1293 gegründet. Hier ist einer der wenigen Streckenabschnitte, an denen Weinberge neben dem Kanal zu sehen sind.

TAG 3

Montbard in der Mitte der Strecke ist ein guter Ausgangspunkt für Sehenswürdigkeiten in der Umgebung: das Renaissance-Schloss Ancy-le-Franc (schließt Mitte November), die romanische Basilique Ste-Madeleine Vézelay und Abbaye de Fontenay, die älteste verbliebene Zisterziensergründung in Frankreich. Mit einem Mietwagen können Sie alles an einem Tag besichtigen.

TAG 4

In der burgundischen Weinhauptstadt Beaune besuchen Sie das Weinmuseum im Hôtel des Ducs de Bourgogne aus dem 16. Jahrhundert und die jährliche karitative Weinauktion im schönen Hôtel-Dieu.

TAG 5–7

Dijon ist ein Höhepunkt der Reise. Nehmen Sie sich dafür Zeit. Vom mittelalterlichen Turm Philippe le Bon verschaffen Sie sich einen Überblick, dann bummeln Sie durch Gustave Eiffels überdachten Markt und essen im Bistrot des Halles zu Mittag. In der Rue de la Liberté locken der Senfladen Moutarde Maille im Haus Nr. 32, hinter Notre-Dame das Antiquitätenviertel.

Dos & Don’ts

- ✓ Mieten Sie sich im Haupt-Fremdenverkehrsbüro in Dijon einen zweirädrigen Segway, es macht Riesenspaß, mit diesem Gefährt die Stadt zu erkunden.
- ✗ Fahren Sie niemals, wenn Sie Alkohol getrunken haben. Bei Weinverkostungen sollten Sie immer vorher ausmachen, wer später mit dem Auto weiterfahren soll und deshalb nüchtern bleibt.
- ✓ Kaufen Sie in Dijon den berühmten Dijon-Senf oder eine seiner Varianten, etwa Estragonsenf. Beide Sorten schmecken lecker und sind wunderbare Mitbringsel.

ANREISE
Die 700 Inseln der Bahamas erstrecken sich in einem über 259 000 Quadratkilometer großen Gebiet südöstlich von Florida im Westatlantik. Internationale Flüge landen meist in Nassau. Von dort fahren eine Fähre nach Eleuthera und Postboote zu den anderen Inseln.

VOR ORT UNTERWEGS
Auf den Inseln kommt man mit dem Auto, Boot und Fahrrad sowie mit Taxis voran.

WETTER
Im sonnigen November wehen frische Passatwinde, die Temperaturen liegen bei rund 26 °C.

ÜBERNACHTEN
Dillet's Guest House in einem traditionellen Haus, zwei Doppelzimmer ab 170 €; www.islandeaze.com

Bunte Strandhütten in Compass Point, New Providence, Hütte mit zwei Schlafzimmern ab 300 €; www.compasspointbahamas.com

Pinks Sands, neben dem berühmten gleichnamigen Strand auf Harbour Island, Zwei-Zimmer-Hütte 800 €; www.islandoutpost.com

ESSEN GEHEN
Spezialitäten sind Fisch und Meeresfrüchte, etwa Schwertfisch, Zackenbarsch und Meeresschnecken *(conch)*, die gegrillt und mit Tomatensauce serviert werden. Üblich sind auch tropische Früchte wie Guaven und Papayas.

KOSTEN FÜR EINE VIERKÖPFIGE FAMILIE
350–420 € pro Tag inklusive Übernachten, Verpflegung und Postbootfahrten zu den Inseln.

INFORMATION
www.bahamas.com
www.atlantis.com

Delfine (Große Tümmler)

In den warmen Gewässern der Bahamas sind Große Tümmler weitverbreitet. Die verspielten stromlinienförmigen Meeressäuger können sechs Meter hoch aus dem Wasser springen, und der Kontakt mit Menschen scheint ihnen Spaß zu machen. Vor New Providence kann man in der Blue Lagoon und auf Grand Bahama bei UNEXSO mit Delfinen in abgeschlossenen Lagunen schwimmen. Reiseveranstalter bieten auch Fahrten zu frei lebenden Delfinen vor Bimini und Grand Bahama an.

Großes Bild: Segelyacht zwischen den Exuma Cays
Oben (von oben nach unten): Typisches Haus auf den Bahamas; Taucher und Barrakuda; Atlantis Beach Resort auf Paradise Island

Spaß in der Sonne

Die Bahamas sind beileibe nicht nur eine Inselgruppe, sondern eine ganze Kette aus über 700 unterschiedlich großen Inseln, die sich über ein weites Gebiet im blaugrünen Westatlantik erstrecken. Jede Inselgruppe hat ihren eigenen Charakter und ist so einmalig wie ein Fingerabdruck. Bei einer Fahrt von Insel zu Insel erlebt man hautnah, dass auch die winzigsten dieser Eilande mit einem Zauber gesegnet sind.

In der Hauptstadt Nassau, die mit einer Unzahl von Hotels und Restaurants aufwartet, ist das Leben vom Meer geprägt. Hier lockt die unschlagbare Kombination aus schönen Stränden und aufregendem Wassersport junge und jung gebliebene Gäste an, die sich in die verschiedensten Aktivitäten von Aquabiking bis Sunfish-Segeln am Cable Beach stürzen. Per Boot gelangt man in die Blue Lagoon, um dort mit zahmen Delfinen zu schwimmen, oder zur Stingray City, wo Schnorchler mit harmlosen Rochen auf Tuchfühlung gehen. Auf einem Rundflug können

Nassau und Paradise Island von oben betrachtet werden, im Atlantis Marine Habitat sieht man sich Aug in Aug mit 50 000 Meeresbewohnern. In diesem größten künstlichen Meereshabitat der Welt reisen Besucher durch das sagenhafte Atlantis, rasen auf riesigen Wasserrutschen, sehen Lehrfilme und könnten sich problemlos eine Woche vergnügen. Im unterhaltsamen, spannenden Museum Pirates of Nassau lernen Kinder alles über die Piraten der Karibik, und im Museum Junkanoo Expo begeistern die kunstvollen Kostüme, Musik und Tanz des Junkanoo-Festes.

Jede Insel hat traumhafte Strände, der schönste – vielleicht sogar der ganzen Welt – ist jedoch der berühmte rosa Strand am tiefblauen Meer von Harbour Island in der Inselgruppe Eleuthera. In typischen karibischen Pastellfarben gestrichen und liebevoll verziert sind die Holzhütten von Briland – die Insel der Family Islands sieht aus, als wäre sie direkt von einer Ansichtskarte ins Meer gefallen. Auf zahlreichen kleineren Inseln können Besucher kleine Kirchen besichtigen, in traditionellen Lokalen essen, mit einem gemieteten Golfwagen die Umgebung erkunden oder einfach im klaren Wasser baden und sich dann in der Sonne trocknen lassen – herrlich.

Oben: Bunte Souvenirs an einem Strandkiosk

Insel-Hopping

Mit ihren weichen Sandstränden und perfekt blauen Gewässern bieten die Bahamas im November ideale Bedingungen für einen Strandurlaub. Um alle Inseln zu erkunden, braucht man Wochen, doch vier oder fünf Tage reichen für Nassau, Paradise Island und eine Fahrt zu den Family Islands (äußere Inseln).

Vier Tage Sand und See

TAG 1

Nach eine Kutschfahrt durch Nassau besuchen Sie das interaktive Museum Pirates of Nassau.

Im Pompey Museum informieren Sie sich über die Zeiten der Sklaverei, dann spazieren Sie zum nahen Straw Market und suchen nach Souvenirs.

TAG 2

Im riesigen Wasserpark Atlantis auf Paradise Island schauen Sie durch Plexiglasscheiben den Haien in die Augen – hier können Sie den ganzen Tag verbringen.

Rasen Sie auf der Wasserrutsche Leap of Faith in die Tiefe oder machen Sie einen gemütlichen Lazy River Ride. Kinder lieben die Videospiele, und Teenager können abends ihren eigenen Nachtclub besuchen.

TAG 3

Fahren Sie mit dem Boot zur Blue Lagoon, wo Sie mit Delfinen schwimmen und mit dem Wasserflugzeug über die Bucht fliegen. Kleinere Kinder können im seichten Wasser Delfine streicheln.

Später locken Schnorcheln, Wassersport oder eine Hängematte, während die Kleinen Sandburgen bauen.

TAG 4

Mit der Hochgeschwindigkeitsfähre geht es nach Harbour Island, wo Sie durch hübsche Dörfer bummeln, tauchen oder auch einfach am rosa Strand entspannen können.

Mit der Nachmittagsfähre fahren Sie zurück nach Nassau – oder Sie hängen noch einen Tag Entspannung dran und übernachten in einem der Luxushotels auf Harbour Island.

Dos & Don'ts

- ✓ Halten Sie sich beim Schwimmen mit Delfinen unbedingt an die Regeln, die Ihnen der Veranstalter ans Herz legt. Delfine sind und bleiben Wildtiere mit unberechenbarem Verhalten. Achten Sie auch auf Ihre Kinder, damit sie die Tiere nicht mit abrupten Bewegungen erschrecken.
- ✗ Verpassen Sie auf keinen Fall die bunte Unterwasserwelt. Ihre Geheimnisse lassen sich nicht nur beim Tauchen, sondern fast ebenso gut beim ganz entspannten (und einfachen) Schnorcheln entdecken.
- ✓ Vorsicht ist bei den ebenso legendären wie verlockenden Cocktails geboten. Sie haben nicht ohne Grund Namen wie beispielsweise Jack Hammer oder Goombay Smash.

ANREISE
Tasmanien ist an der Nordküste durch die 250 Kilometer breite Bass Strait vom Festland Australiens getrennt. In Hobart landen Flüge aus Melbourne, Adelaide, Sydney und Canberra. Regelmäßige Nachtfähren fahren von Melbourne nach Devonport an der Nordküste.

VOR ORT UNTERWEGS
Zu den wichtigsten Sehenswürdigkeiten fahren Überlandbusse, am besten ist man jedoch mit dem Auto unterwegs.

WETTER
Im Frühjahrsmonat November liegen die Tagesdurchschnittstemperaturen in Tasmanien bei 20°C.

ÜBERNACHTEN
Diamond Island Apartments, mit Seeblick in Bicheno an der Ostküste, Doppelzimmer ab 120 €; www.diamondisland.com.au

Cradle Mountain Lodge, mitten in der Natur gelegen, Doppelzimmer ab 90 €; www.cradlemountainlodge.com.au

Islington, luxuriös und nur wenige Minuten vom Zentrum von Hobart entfernt, Doppelzimmer ab 330 €; www.islingtonhotel.com

ESSEN GEHEN
Empfehlenswert sind lokale Produkte: knackige Äpfel vom Straßenstand, Käse vom Bauernhof und Fisch und Meeresfrüchte vom Fischer.

KOSTEN FÜR ZWEI PERSONEN
280–320 € pro Tag inklusive Übernachten, Verpflegung, geführte Ausflüge und Fahrten vor Ort.

INFORMATION
www.discovertasmania.com

Die Strafkolonien

Die Briten besiedelten Tasmanien (damals Van-Diemens-Land) ab 1803, doch für diese Kolonie hatten sie Besonderes vor. Da die britischen Gefängnisse überfüllt waren, galt die Insel als idealer Verwahrungsort für Kriminelle. Ab 1822 verschiffte man die Verurteilten zur einsamen Strafkolonie Sarah Island. Der »Erfolg« der Insel führte dazu, dass weitere Strafkolonien auf Tasmanien gegründet wurden, darunter das berüchtigte Port Arthur *(oben)*. Insgesamt wurden 74 000 Verurteilte nach Tasmanien verbannt bis die Praxis 1853 aufgegeben wurde.

Ursprüngliche Wildnis

Man fühlt sich klein in der Einsamkeit des Südwestens von Tasmanien und wie am Rand der Welt angelangt. Nach Süden liegt nur der stürmische Südliche Ozean zwischen dieser beeindruckend schönen Wildnis und der Antarktis. Südamerika, die nächste Landmasse im Westen, ist etwa 20 000 Kilometer entfernt. Dank dieser isolierten Lage konnte die einheimische Flora und Fauna ungestört überleben – zur Freude der Naturfreunde, die hier viele Tausend Quadratkilometer wilde, unberührte Landschaften vorfinden.

Der kleinste Staat des Commonwealth of Australia ist auch der grünste. Rund 20 Prozent der Fläche Tasmaniens (13 800 Quadratkilometer) sind als Weltnaturerbe geschützt. In diesem Gebiet von hoher kultureller und ökologischer Bedeutung stehen einige der letzten gemäßigten Regenwälder.

Großes Bild: Sonnenuntergang über den ungewöhnlichen Felsen der Wineglass Bay

Links: Die Painted Cliffs, Maria Island National Park

Rechts (von links nach rechts): Mühsamer Weg durch das bewaldete Innere der Insel; Camping in der Wildnis; Rafting im Wild Rivers National Park; Kanuten in den türkisfarbenen Gewässern vor Freycinet

Tasmanien kann auf zahlreichen Wanderwegen erkundet werden. Berühmt ist etwa der 65 Kilometer lange Overland Track, auf dem man in sechs Tagen das alpine Herz der Insel durchquert. Ein sehr viel kürzerer, doch reizvoller Weg führt auf der Halbinsel Freycinet in 45 Minuten zu einem Aussichtspunkt über der Wineglass Bay mit einem fantastischen Blick über die Bucht.

Auf der Westseite der Insel liegt der Franklin-Gordon Wild Rivers National Park mit Gletscherseen und -flüssen. Die dortigen primitiven Krebstiere und Farne weisen eine direkte Entwicklungslinie seit der Permzeit vor über 250 Millionen Jahren auf. Der Franklin River, einer der drei großen Flüsse im Park, ist bei den Tasmaniern wegen seiner ökologischen, kulturellen und historischen Bedeutung sehr beliebt und ideal zum Wildwasser-Rafting.

Tasmanien liegt abseits der üblichen Touristenpfade und zählt zu Australiens am besten gehüteten Geheimtipps für alle, die Abenteuer in einer uralten Wildnis erleben wollen.

Oben: Aussichtspunkt über der Wineglass Bay im Freycinet National Park

Inselerkundung

Der November ist mit langen milden Tagen eine ideale Reisezeit für Tasmanien. Die Insel misst von Ost nach West nur 315, von Süd nach Nord nur 286 Kilometer und kann deshalb mit dem Auto hervorragend erkundet werden. Zwei Wochen reichen, um zu den schönsten Sehenswürdigkeiten der Insel zu fahren.

Zwei Wochen Abenteuer

TAG 1–3

In der Hauptstadt Hobart steigt der Adrenalinspiegel zum ersten Mal bei einer rasenden Abfahrt mit dem Fahrrad vom Stadtberg Mt Wellington. Doch reizen hier auch die maritime Atmosphäre im schönen Uferviertel und die exzellenten Museen zur Geschichte der Insel.

Südlich von Hobart lassen sich die Wildtiere von Bruny Island am besten auf einer Bootsfahrt entdecken. Mit hoher Wahrscheinlichkeit sehen Sie zahllose Meerestiere, etwa Große Tümmler und Seebären sowie vorbeiziehende Buckel- und Südliche Glattwale.

TAG 4–6

Nach einem Besuch des östlich gelegenen schönen Maria Island National Park fahren Sie südwärts zur Tasman Peninsula, einst der Verbannungsort für Britanniens schlimmste Kriminelle, politische Revolutionäre und kleine Taschendiebe. Port Arthur bietet interessante Einblicke in die Geschichte der Insel als Strafkolonie.

TAG 7–8

An der wunderschönen Ostküste locken zahllose Buchten mit einsamen Sandstränden und unberührten Gewässern. Die herrliche Küste der Freycinet Peninsula erkundet man am besten mit dem Kajak.

TAG 9–12

Im westlichen Inland wartet der Cradle Mountain, Tasmaniens Wahrzeichen und nördliches Tor zum Overland Track. Nach einigen Tagen fahren Sie westwärts zum Franklin-Gordon Wild Rivers National Park.

TAG 13–14

Richtung Südwesten fahren Sie tief in die Wildnis Tasmaniens, passieren Schwarzwasserflüsse und erreichen die Westküste. Vom Mount Rugby genießen Sie den Blick auf Bathurst Harbour, dann locken Bootsfahrten und Wanderungen in dieser uralten Wildnis.

Dos & Don'ts

- ✓ Packen Sie Pullover und Regenkleidung ein. Im Frühjahr kann das Wetter ziemliche Kapriolen schlagen.
- ✓ Trinken Sie ohne Bedenken Leitungswasser. Dank der sauberen Umwelt und der Bergwasserquellen zählt Tasmaniens Trinkwasser zum saubersten der Welt.
- ✓ Fragen Sie Einheimische. Sie sind in der Regel freundlich und können nützliche Tipps und Wegbeschreibungen geben.
- ✗ Gehen Sie nicht auf Buschwanderung, ohne den Wetterbericht überprüft zu haben. Rüsten Sie sich entsprechend aus.

ANREISE
Der Aeroporto di Venezia Marco Polo ist 14 Kilometer von der Stadt entfernt. Einige Flüge landen im 30 Kilometer vom Zentrum entfernten Treviso. Vom Flughafen fährt ein Bus zum Piazzale Roma, etwas teurer, aber lohnend ist das Wassertaxi vom Flughafen ins Zentrum.

VOR ORT UNTERWEGS
In Venedig fährt die wichtigste *Vaporetto*-Linie 1 auf dem Canal Grande. Das kleine Stadtzentrum ist leicht zu Fuß erkundbar.

WETTER
Im November kann es feucht und neblig sein, doch scheint an vielen Tagen die blasse Sonne. Die Durchschnittstemperatur liegt bei 13 °C.

ÜBERNACHTEN
La Calcina, schöner Blick auf den Canale della Giudecca, Doppelzimmer ab 140 €; www.lacalcina.com

Hotel Flora, hübsche Doppelzimmer ab 150 €; www.hotelflora.it

Hotel Gritti Palace, feinster Luxus mit Blick auf den Canal Grande, Doppelzimmer ab 450 €; www.hotelgrittivenice.com

ESSEN GEHEN
Venedigs Küche bietet Fisch und Meeresfrüchte, einige ungewöhnliche Zutaten wie Granatapfel, Pinienkerne und Rosinen spiegeln die Handelsgeschichte der Stadt wieder. Grandios, aber teuer isst man in La Caravella.

KOSTEN FÜR ZWEI PERSONEN
300–380 € inklusive Übernachten, Verpflegung, Fahrten vor Ort und Eintrittsgelder.

INFORMATION
www.turismovenezia.it

Venezianisches Glas

Im 13. Jahrhundert wurde Venedigs Glasindustrie auf die nahe Insel Murano verlegt, weil man die Feuergefahr fürchtete. Bis in das 17. Jahrhundert lebten die Glasbläser wie Gefangene auf der Insel, damit das Geheimnis der Glasherstellung gewahrt wurde. Venezianisches Glas ist wegen seiner Reinheit, seiner kunstvollen Formen und seiner leuchtenden Farben weltberühmt. Bei einem Bummel durch die Hauptstraße von Murano können Sie die vielfältige Pracht ausgiebig in vielen Schaufenstern bewundern.

Venedig ist wunderschön, legendenumwoben und geheimnisvoll, es zieht jeden in seinen Bann.

Großes Bild: Abenddämmerung über dem Canal Grande
Oben (von oben nach unten): Detailansicht vom Dach der Basilica di San Marco; Wendeltreppe des Palazzo Contarini del Bovolo

Spiegel der Geschichte

Venedig ist auf Wasser gebaut, in das es nun wieder langsam versinkt, es ist einmalig und zweifellos eine der romantischsten Städte der Welt. Es spielt keine Rolle, wie viele Gemälde oder Fotografien Sie jemals von dieser Stadt gesehen haben – beim ersten Anblick wird Ihnen der Atem stocken. Scheinbar zu perfekt, um real zu sein, spiegeln sich die Palazzi aus Gotik und Renaissance im Wasser des Canal Grande. Der Markusplatz, den Napoléon »das beste Atelier Europas« nannte, wirkt in seiner eleganten Symmetrie fast wie eine Filmkulisse.

Venedig ist wunderschön, legendenumwoben und geheimnisvoll, es inspirierte über Jahrhunderte Maler, Dichter und Filmemacher und zieht jeden, der es gesehen hat, in seinen Bann. Die Stadt weckt die unterschiedlichsten Assoziationen, steht für die wilde Ausgelassenheit des farbenprächtigen Karnevals ebenso wie für die düstere Stimmung von *Tod in Venedig*, der von Visconti verfilmten, berühmten Novelle von Thomas Mann. Venedig verkörpert

Links (von links nach rechts): Leicht kitschige Innenausstattung einer Gondel; Markusplatz bei *acqua alta* (Hochwasser); Deckengemälde der Sala Capitolare in der Scuola Grande dei Carmini; farbenfrohes Haus auf Burano; Obst und Gemüse am Rialto-Markt am Canal Grande

Oben: Das berühmte Caffè Florian an der Piazza San Marco

die Kultiviertheit der Fin-de-Siècle-Gesellschaft, die sich in den Kaffeehäusern an der Piazza San Marco traf. Hier glaubt man den Geist von Proust, George Sand und anderen bedeutenden Literaten des 19. Jahrhunderts noch zu spüren. Bei einer Gondelfahrt wird Venedig selbst für hartgesottene Zyniker zum Inbegriff der Romantik, besonders im November, wenn das Licht mild ist und sich so manche Touristenfalle im spätherbstlichen Schleier verhüllt.

Selbst bei einem Kurzbesuch muss man die Pracht der Basilica di San Marco oder des Dogenpalasts, von San Giorgio Maggiore oder La Salute einfach gesehen haben. Über die Rialto-Brücke geht man so oder so. Entdecken Sie aber auch das »unentdeckte« Venedig: Spazieren Sie am frühen Morgen über die Brücken und durch die ruhigen Gassen, wenn fast nur Venezianer unterwegs sind, Arbeitsgondeln ihre Fracht vom Festland abladen, Frauen mit vollbeladenen Körben vom Markt kommen. Schlendern Sie wie die Venezianer an den Kais von Zattere im Stadtteil Dorsoduro und trinken Sie eine heiße Schokolade, wenn der Wind allzu kalt bläst. In solchen Augenblicken ist La Serenissima, wie die venezianische Republik genannt wurde, in der Tat heiter.

Gondelromantik

Im November ist Venedig nicht überlaufen, die Hotelpreise sind niedriger, und die blasse Herbstsonne verleiht der Stadt eine unwirkliche Atmosphäre. Bei *acqua alta* (Hochwasser) müssen Sie die Piazza San Marco auf Stegen überqueren. Fünf Tage reichen, um die meisten Sehenswürdigkeiten zu entdecken.

Fünf Tage in der Lagunenstadt

TAG 1 Kaufen Sie eine Tageskarte, um die Fahrt mit dem *vaporetto* auf dem Canal Grande unterbrechen zu können und etwa die Museen in der gotischen Ca' d'Oro und der barocken Ca' Rezzonico zu besuchen. Bewundern Sie die schöne Architektur der Stadt, besonders auf der kleinen Insel San Giorgio Maggiore.

TAG 2 Nach einem Kaffee im prächtigen Caffè Florian an der Piazza San Marco steht der Dogenpalast auf dem Programm. Nach dem Mittagessen bewundern Sie die schöne Basilica di San Marco oder im Museo Correr Bellinis *Pietà* und andere Renaissance-Meisterwerke. Etwas schwer zu finden, aber lohnend ist der Palazzo Contarini del Bovolo mit seiner Außentreppe.

TAG 3 Neben der Rialto-Brücke bummeln Sie über den bunten Rialto-Markt und dann zur Frari-Kirche, in der Tizians *Assunta* prangt. In der nahen Scuola Grande di San Rocco locken die Gemälde von Tintoretto und abends ein romantisches Barockkonzert.

TAG 4 Mit dem *vaporetto* fahren Sie zu den Gallerie dell'Accademia. Dort sehen Sie venezianische Malerei, nach dem Mittagessen moderne Kunst in der Collezione Peggy Guggenheim im Palazzo Venier, die Kirche La Salute oder die Decke der Scuola Grande dei Carmini. Danach lockt heiße Schokolade an den Zattere.

TAG 5 Mit der Fähre fahren Sie zur berühmten Glasbläserinsel Murano oder nach Burano mit seinen bunten Häusern. Abends erleben Sie auf einer Gondelfahrt Venedig ein letztes Mal vor der Heimfahrt auf ganz einmalige Weise.

Dos & Don'ts

- ✓ Trinken Sie in Harry's Bar einen Bellini (Prosecco und pürierter Pfirsich).
- ✗ Vergessen Sie nicht das Mückenschutzmittel. Die Biester stechen im November weniger, sind aber trotzdem lästig.
- ✓ Kaufen Sie eine VeniceCard. Damit können Sie einen, drei oder sieben Tage öffentliche Transportmittel nutzen, haben kostenlosen Eintritt in das städtische Museum, zahlen weniger für andere Museen und bei Veranstaltungen.
- ✗ Besuchen Sie San Marco nicht morgens, sondern erst am späten Nachmittag. Dann sind die Warteschlangen kürzer.

ANREISE
Der Mississippi fließt vom Lake Itasca in Minnesota zum Golf von Mexiko. In New Orleans, einem guten Ausgangsort für eine Kreuzfahrt, landen Flüge auf dem 15 Kilometer vom Zentrum entfernten Louis Armstrong International Airport.

VOR ORT UNTERWEGS
In New Orleans kommt man am besten mit Taxis und Straßenbahnen voran. Ausflüge sind meist Teil der gebuchten Kreuzfahrt.

WETTER
Im meist klaren, ab und an wolkigen November liegt die Durchschnittstemperatur bei 16 °C.

ÜBERNACHTEN
Das Windsor Court Hotel in New Orleans gehört zu Orient-Express Hotels, Doppelzimmer ab 240 €; www.windsorcourthotel.com

Mississippi River Cruises bietet diverse Kreuzfahrten und Schiffe, Doppelkabine ab 2850 € für sieben Tage; www.mississippirivercruises.com

Majestic America Line bietet Kreuzfahrten auf Luxusschiffen, Doppelkabine ab 3600 € für fünf Tage; www.majesticamericaline.com

ESSEN GEHEN
Auf den Schiffen wird exzellente Küche serviert, ein Muss sind dennoch ein Po' boy Sandwich zum Mittagessen in Mother's Restaurant in New Orleans – etwa 10 € für ein Sandwich mit gebratenen Shrimps und traditionellem Jambalaya.

KOSTEN FÜR ZWEI PERSONEN
430–470 € pro Tag inklusive Übernachten, Verpflegung und All-inclusive-Kreuzfahrt.

INFORMATION
www.neworleansonline.com

Großes Bild: Schaufelraddampfer auf dem Mississippi
Oben (von oben nach unten): Zimmer in der Oak Alley Plantation; Morgennebel über dem Fluss; Antebellum-Villa in Natchez; Jazzer in New Orleans

Bürgerkrieg am Mississippi

Der Mississippi spielte eine entscheidende Rolle beim Sieg der Union Army des Nordens im Amerikanischen Bürgerkrieg. Der Fluss war die Lebensader für die Armee: Auf ihm wurden notwendige Ressourcen transportiert, die Dampfer wurden zu Marineschiffen umgebaut und neben reinen Kanonenbooten im Krieg eingesetzt. Die Belagerung von Vicksburg 1863 zählte zu den größten Schlachten am Mississippi. Nach der Einnahme von Vicksburg kontrollierte das Unions-Heer den gesamten Fluss.

Leben am großen Fluss

Der mächtige Mississippi ist der größte Fluss der USA. Er inspirierte Künstler zu großer Literatur und Musik, doch auch die amerikanische Alltagskultur ist am Unterlauf des Stroms tief verwurzelt. Eine Fahrt auf dem Ol' Man River von New Orleans ins Landesinnere ist immer auch eine Fahrt in die Geschichte der Südstaaten der USA.

Heute fährt der elegante Schaufelraddampfer *Mississippi Queen* zwischen New Orleans und der Oak Alley Plantation – Sie kennen die prächtige Plantage aus der Eröffnungsszene des Südstaatenklassikers *Vom Winde verweht*. Von hier geht es weiter nach Natchez. In der ältesten Siedlung am Mississippi stehen mehr Antebellum-Gebäude aus der Zeit vor dem Amerikanischen Bürgerkrieg als in jeder anderen Stadt des Landes. Die historischen Häuser, urigen Lokale am Fluss und typischen Läden im Zentrum zeichnen ein Bild von Amerika im 19. Jahrhundert.

Oben: Blick vom Mississippi auf New Orleans

JAN
FEB
MÄRZ
APR
MAI
JUNI
JULI
AUG
SEP
OKT
NOV

Dampferfahrt

Der milde November ist ideal für eine Dampferfahrt auf dem Mississippi. Die schwüle Hitze des Sommers ist vorbei, Unternehmungen an Land sind nun weitaus angenehmer. Vom Mississippi können Sie zu anderen Zielen in den USA weiterreisen, etwa nach Nashville und Memphis *(siehe S. 160–161)*.

Eine Woche am Mississippi

TAG 1

In New Orleans stürzen Sie sich in das turbulente French Quarter. Mittags essen Sie kreolische Küche in einem der vielen Restaurants, die die Straßen säumen, abends runden Sie den Tag in der Geburtsstadt des Jazz mit einem Bourbon in einer Bar ab.

TAG 2

Heute beginnt die Dampferfahrt. Der erste Halt liegt bei der historischen Plantage Oak Alley. Dort führt eine berühmte Allee zum herrschaftlichen Plantagenhaus, das für viele Filme als Kulisse diente.

TAG 3

In St. Francisville warten zahlreiche malerische Plantagen mit herrlichen Parks auf Ihren Besuch – oder die Myrtles Plantation, in deren Herrenhaus es ordentlich spuken soll. Abends genießen Sie auf dem Schiff das Unterhaltungsangebot und den großartigen Blick auf den Strom.

TAG 4–6

In den folgenden drei Tagen hält der Dampfer in Natchez, Vicksburg und Baton Rouge. In Natchez, der ältesten Stadt am Fluss, reihen sich im Zentrum historische Häuser und Antiquitätenläden. In Vicksburg wandeln Sie auf den Spuren der Geschichte des Amerikanischen Bürgerkriegs, fahren mit der Kutsche in der Hauptstraße und genießen die lebhafte Atmosphäre der Stadt. Baton Rouge bezaubert mit seiner typischen Mischung aus kreolischen, Cajun- und karibischen Elementen. Gönnen Sie sich die köstlichen Spezialitäten, besuchen Sie den Botanischen Garten und bewundern Sie die Architektur der Magnolia Mound Plantation.

TAG 7

Am letzten Tag dampfen Sie auf dem Fluss zurück nach New Orleans, wo Sie heim- oder weiterreisen.

DEZ

Dos & Don'ts

- ✓ Fragen Sie die Einheimischen nach Tipps oder nach dem Weg – das ist hier nicht ungewöhnlich. In der Regel ist man im Süden sehr auskunftsfreudig.
- ✗ Vermeiden Sie – vor allem bei Dunkelheit – die unbelebten Seitenstraßen im Zentrum und im French Quarter von New Orleans. Wie in allen anderen Großstädten gibt es auch in New Orleans Kriminalität.
- ✓ Gehen Sie in New Orleans viel spazieren. Die Innenstadt ist kompakt, und die Sehenswürdigkeiten liegen fast alle so nahe beieinander, dass man sie gut zu Fuß erreicht.

Auf den Spuren der US-Geschichte landet man im nächsten Schritt in Vicksburg im Bundesstaat Mississippi. Die Stadt war 1863 eine Schlüsselstellung am Mississippi, und ihr Fall läutete das Ende des Bürgerkriegs und den Sieg des Nordens ein. Auf dem alten Schlachtfeld im National Military Park erinnern 1300 Gedenksteine, Befestigungsanlagen, ein restauriertes Kanonenboot der Union und die Friedhofsanlagen des National Cemetery an die damaligen Ereignisse.

Die Fahrt geht weiter nach St. Francisville. Dort kann man sechs alte Plantagen besichtigen und die charmante Innenstadt zu Fuß erkunden. Die Rosedown-Plantage besitzt nicht nur ein erlesen eingerichtetes Haupthaus, sondern auch schöne Gärten.

Flussaufwärts ist es nun nicht mehr weit nach Baton Rouge. Zu den vielen Sehenswürdigkeiten der Hauptstadt von Louisiana zählen ein preisgekrönter Zoo, ein botanischer Garten, Museen und Plantagen. Die Küche mit offenen Feuerstellen sowie die Gemüsegärten der Magnolia Mound Plantation sind fast in dem Zustand, wie sie vor 200 Jahren waren. Danach wird es Zeit, in das 21. Jahrhundert zurückzukehren und mit dem Boot wieder nach New Orleans zu dampfen.

ANREISE
In Japans Hauptstadt Tokyo leben 8,5 Millionen Menschen, im Ballungsgebiet 35 Millionen. Vom 66 Kilometer entfernten Narita International Airport fährt der Airport Limousine Bus am schnellsten (90 Minuten) in das Zentrum.

VOR ORT UNTERWEGS
Mit der preiswerten, effizienten U-Bahn kommt man fast überallhin, zum Sightseeing ist besonders die Rundlinie Yamanote nützlich.

WETTER
Im November liegt die durchschnittliche Höchsttemperatur bei 16 °C, die herbstliche Laubfärbung ist sensationell.

ÜBERNACHTEN
Empfehlenswert sind die traditionellen familiären *ryokan* (Gasthäuser).

Taito Ryokan, einfache Zimmer im B&B-Stil, Doppelzimmer ab 40 €; www.libertyhouse.gr.jp

Keio Plaza Hotel, ein beliebtes Mittelklassehotel, Doppelzimmer ab 130 €; www.keioplaza.com

Mandarin Oriental, das neueste Hotel der Spitzenklasse, Doppelzimmer ab 320 €; www.mandarinoriental.com

ESSEN GEHEN
Preiswerte Nudelbars und Running Sushis bieten Gerichte ab 1,50 €. Eine Mahlzeit in einem legeren *izakaya* (japanisches Lokal), etwa Tonerian in Ikebukuro, kostet rund 15 € pro Kopf.

KOSTEN FÜR ZWEI PERSONEN
280–300 € pro Tag inklusive Übernachten, Verpflegung, Fahrten vor Ort und Eintrittsgelder.

INFORMATION
www.tourism.metro.tokyo.jp
www.yes-tokyo.de

Gekochter Oktopus

In ganz Japan gibt es über 2000 *onsen* (heiße Mineralquellen). Auf dem Land entspannten traditionell die Reisbauern darin ihre schmerzenden Muskeln dreimal täglich bei einem heißen Bad. Heute ist ein *onsen* ein festes Element der japanischen Kultur. In Tokyos vielen alten *onsen* versammeln sich Familien abends zum Bad in den öffentlichen städtischen Badehäusern. Wer den strengen *Onsen*-Regeln folgt und sich lange einweichen lässt, erreicht den erstrebenswerten Zustand eines *yude-dako*, eines »gekochten Oktopus«.

Links (von links nach rechts): Panoramablick auf Tokyo von Roppongi Hills; frisch gefangene Thunfische auf dem Tsukiji-Fischmarkt

Rechts (von links nach rechts): Eine *miko* (Schreinhelferin) geht an Sakefässern im Tosho-gu-Schrein vorbei; der Hochgeschwindigkeitszug Shinkansen; Ginza-Kabuki-za-Theater

Shopping, essen gehen und die Neonlichter des Vergnügungsviertels sind nur die oberflächlichen Attraktionen dieser Megastadt.

Großes Bild: Die Shibuya-Kreuzung im Zentrum von Tokyo
Oben (von oben nach unten): Auffallend geschminkte und gekleidete Teenager in Harajuku; Mori Art Museum

Im Hightech-Himmel

Nirgendwo auf der Welt gehen Vergangenheit und Zukunft eine ähnliche Verbindung ein wie in Tokyo. Auf der einen Seite frönt die futuristische, hektische, laute Metropole einem hyperdynamischen Lebensstil. Dessen Inbegriff ist etwa die Shibuya-Kreuzung, die täglich unzählige Menschen auf dem Weg in die Büros wie Schwärme von Arbeitsbienen passieren, dabei in Hightech-Handys plappern und von Reklametafeln mit animierten Werbespots im Stroboskoptempo bombardiert werden. Von den Neonlichtern Welten entfernt führen stille Seitenstraßen zu versteckten Shinto-Schreinen, wo sich die Tokyoter in innere Ruhe versenken, alte Gesänge rezitieren und die Tempelglocke läuten, bevor sie wieder in ihren geschäftigen Alltag zurückkehren.

Von Tokyos unbändiger Lust, sich fortwährend neu zu erfinden und zu wachsen, zeugen die Roppongi Hills im Herzen der Metropole. Der riesige supermoderne Gebäudekomplex mit Läden, Galerien und Restaurants ist ein

Oben: Landschaft bei Tokyo, im Hintergrund der Fuji

städteplanerischer (Alb-)Traum, in dem extravagante moderne Skulpturen die zügellose Herrschaft des Konsums beschönigen. Einen völlig anderen Blick auf Tokyo bietet dort der Tokyo City View in der 52. Etage, während das Mori Art Museum moderne Popkultur sammelt.

Shopping, essen gehen und die Neonlichter des Vergnügungsviertels sind nur die oberflächlichen Attraktionen dieser Megastadt. Doch ihre lohnendsten Erfahrungen sind wesentlich einfacherer Natur: Man erlebt sie, wenn man den Duft der Chrysanthemen an einem Weg im Ostgarten der kaiserlichen Palastes erschnuppert, eine Schüssel Nudeln an einem Straßenimbiss verspeist oder einfach in einem Schrein den Kindern beim Spielen im Herbstlaub zuschaut. Solche Anblicke erinnern einen daran, dass Tokyo zwar als ultimative Stadt des 21. Jahrhunderts mit Überschallgeschwindigkeit in die Zukunft drängt, hinter der grellen Fassade des Betondschungels jedoch immer noch die traditionellen Werte der japanischen Gesellschaft – Natur, Familie und Philosophie – intensiv gelebt werden.

Metropolenerlebnis

Der November bringt in Tokyo angenehmes Wetter und blauen Himmel. Nehmen Sie sich eine Woche Zeit, um auch die Tempel und Schreine von Nikko zu besuchen und in Hakone den spektakulären Fuji sehen zu können. Die ruhige Seite Japans können Sie zudem in Kyoto *(siehe S. 102–103)* entdecken.

Eine Woche in der Megastadt

TAG 1 Schon im Morgengrauen besuchen Sie den quirligen Tsukiji-Fischmarkt, danach frühstücken Sie feudal rohen Fisch in einem Lokal in der Umgebung. Nachmittags spazieren Sie im Yoyogi-koen-Park, in dem Musiker im Freien spielen.

TAG 2 Tokyos traditionelle Seite erleben Sie morgens im Meiji-jingu-Schrein – vielleicht sehen Sie dabei auch eine spontane Modenschau von Teenagern im Distrikt Harajuku. Danach erkunden Sie Tokyos historisches Geisha-Viertel hinter dem Asakusa-Tempel.

TAG 3 Vormittags besuchen Sie die »Electric Town«, die Elektronikmeile Akihabara. Danach fahren Sie zu den Roppongi Hills, wo Sie den Panoramablick vom Tokyo City View bewundern und das Mori Art Museum besuchen.

TAG 4 Ein Halbtagesausflug führt Sie zum Studio Ghibli, Japans führendem Manga-Animationsstudio, und in das dazugehörige Museum. Danach besuchen Sie das Ginza-Kabuki-za-Theater.

TAG 5 Ein Tagesausflug führt nach Nikko, wo neben vielen anderen der unverwechselbare Tosho-gu-Schrein steht.

TAG 6 Westlich von Tokyo ist Hakone sehr touristisch, doch lohnt der Besuch, um den wolkenverhangenen Fuji zu sehen und das Freiluft-Kunstmuseum zu besuchen.

TAG 7 Nach dem Besuch des Ostparks des Kaiserpalastes kaufen Sie in Shinjuku und in Ginza Souvenirs und preiswerte Kimonos bei einem Tempel-Flohmarkt.

Dos & Don'ts

- ✓ Tragen Sie Bargeld bei sich, Kreditkarten werden nur in großen Hotels und Kaufhäusern akzeptiert.
- ✗ Füllen Sie Ihr Glas nicht auf, wenn Sie es leer getrunken haben. Nach japanischer Etikette schenkt man sich nicht selbst, sondern gegenseitig ein. Hat jeder ein volles Glas, stößt man mit *»kampai«* an.
- ✓ Die meisten Japaner verbeugen sich, wenn Sie ihnen vorgestellt werden, doch genügt auch ein kurzes Kopfnicken, um ihren Gruß zu erwidern.
- ✓ Schlürfen Sie Ihre Nudeln, damit zeigen Sie, dass es Ihnen schmeckt. Trinken Sie auch die Brühe aus der Schüssel.

ANREISE
Rajasthan erstreckt sich im Westen Indiens an der Grenze zu Pakistan. Das wichtigste Tor nach Indien ist Delhi, dessen internationaler Flughafen nur fünf Kilometer vom Stadtzentrum entfernt liegt.

VOR ORT UNTERWEGS
Der Palace on Wheels fährt von Oktober bis März zwischen Delhi und Agra. In Ortschaften und Städten kommt man mit Taxis und mit Motorrad-Rikschas voran.

WETTER
Im November liegen die Höchsttemperaturen bei rund 33 °C, in der Wüste kann es sehr viel heißer sein.

ÜBERNACHTEN
Im Zug gibt es 52 Kabinen, jeder Waggon besteht aus vier Kabinen, einer kleinen Vorratskammer und einer Lounge, in der sich die Gäste bei heißen und kalten Getränken unterhalten können. Die traditionell dekorierten Kabinen sind mit Warmwasser und Duschen ausgestattet; www.thepalaceonwheels.com

ESSEN GEHEN
Im Zug wird internationale, indische und *Rajasthani*-Küche in den beiden Speisewagen – Maharaja und Maharani – sowie in den Waggons serviert. Das Mittagessen (im Preis enthalten) wird oft in umgebauten Palästen eingenommen.

KOSTEN FÜR ZWEI PERSONEN
Die Reise mit sieben Übernachtungen im Palace on Wheels kostet ca. 4000 € für zwei Personen. Im Preis enthalten sind alle Fahrten, Mahlzeiten, Eintrittsgelder und Unterhaltung.

INFORMATION
www.rajasthantourism.gov.in

Jantar Mantar

Jantar Mantar in Jaipur ist das größte und am besten erhaltene der fünf Observatorien, die Sawai Jai Singh II erbauen ließ. Jai Singh, selbst ein begeisterter Astronom, war auf der Höhe der Wissenschaft und wurde von den Arbeiten von Mirza Ulugh Beg inspiriert, dem Astronomenkönig von Samarkand. Die von 1728 bis 1734 errichteten 16 Instrumente von Jantar Mantar gleichen einer riesigen skulpturalen Komposition. Einige der Instrumente werden noch heute genutzt, um die Temperaturen der Sommermonate vorauszusagen.

Großes Bild: Mann in einem Fenster des Mehrangarh Fort in Jodhpur
Oben (von links nach rechts): Mehrangarh Fort in Jodhpur; Salon im Palace on Wheels; Bengalischer Tiger im Ranthambhore National Park

Von Palast zu Palast

Mit seinen Märchenpalästen und lebensprühenden Städten erfüllt Rajasthan alle klassischen Erwartungen, die man als Reisender an Indien hat. Am besten bereist man die Region zwischen Delhi und Agra mit dem Luxuszug Palace on Wheels und genießt in entspannter Muße die prächtige Landschaft. Wenn am Fenster grüne Felder, tropische Wälder, felsige Regionen und die endlosen Weiten der Wüste Thar vorbeiziehen, beginnt man die Vielfalt und einmalige Kultur dieses indischen Bundesstaats zu erahnen.

Rajasthan ist auch heute noch das Land der Rajas und Maharajas. Die herrschaftlichen Familien bringen ihre Geschichte und Kultur gern jenen nahe, die die Vergangenheit und die Gegenwart des Landes kennenlernen möchten. In diesem Wüstenreich thronen Festungen auf den Bergen, in den Ebenen umgeben Lustgärten und künstlich angelegte Seen heitere Palastanlagen. In den königlichen Residenzen öffnet sich ein beeindruckender Blick über weite, offene Landschaften. Die ehemaligen Herrscher laden wissbegierige Reisende ein, ihre Paläste zu betreten und sich in die Vergangenheit entführen zu lassen.

In diesem Wüstenreich thronen Festungen auf en Bergen, in den Ebenen mgeben Lustgärten und ünstlich angelegte Seen heitere Palastanlagen.

Die Schätze in den Palästen können Geschichten über die Menschen erzählen, die diese rundherum luxuriösen Residenzen viele Generationen lang bewohnten. Heute führen Bedienstete die Reisenden durch kühle Marmorkorridore in die traditionell mit Antiquitäten eingerichteten Speisesäle, wo man – nicht selten gemeinsam mit dem Raja und dessen *rani* (Ehefrau) – feinste Küche in einem unvergleichlichen Ambiente genießt.

Während der Zugreise hat man ausreichend Zeit, die vielen Paläste des Staates zu erkunden, etwa den Lake Palace im Pichola-See bei Udaipur oder Hawa Mahel, den »Palast der Winde«, in Jaipur. Wer durch ihre Tore schreitet, tritt ein in die Vergangenheit, in der Volkstraditionen und Legenden bis heute lebendig geblieben sind.

Kleines Bild links: Raum im Jag-Mandir-Palast, Udaipur
Unten (von links nach rechts): Hawa Mahal in Jaipur; verzierter Balkon in Jaisalmer; Sadar Bazaar in Jodhpur

Oben: Jag-Mandir-Palast im Pichola-See in Udaipur

Luxus im Wüstenreich

Der November ist in Rajasthan ideal zum Reisen, die Sommerhitze ist vorüber und das Wetter in der Regel angenehm. Im Palace on Wheels werden Sie königlich bedient, nicht umsonst zählt die Fahrt zu den zehn luxuriösesten Zugreisen der Welt. Verlängern Sie möglicherweise Ihren Aufenthalt in Agra *(siehe S. 52–53)*.

Acht Tage im Zug

Der Zug verlässt die Safdarjung Railway Station in Delhi, die Gäste werden mit Musik und Girlanden begrüßt.	**TAG 1**
In der »Rosa Stadt« Jaipur erkunden Sie Festungen und Paläste, etwa Hawa Mahal (Palast der Winde) und Fort Amber, dann stöbern Sie nach Kunsthandwerk. Nach dem Mittagessen im Rambagh-Palast besuchen Sie den Stadtpalast und das Jantar-Mantar-Observatorium.	**TAG 2**
Sie erkunden Jaisalmer und seine imposante Festung aus dem 12. Jahrhundert. Abends führt eine Kamelsafari in die Wüste Thar zum Dinner unter Sternen.	**TAG 3**
In Jodhpur besichtigen Sie das majestätische Mehrangarh Fort und den Umaid-Bhavan-Palast, angeblich die größte Art-déco-Residenz der Welt. Auf dem Sadar Bazaar kaufen Sie Gewürze, Schmuck und Stoffe.	**TAG 4**
Der Zug erreicht Sawai Madhopur und den Ranthambhore National Park, wo Sie frühmorgens Tiger sehen können. Während des Mittagessens im Zug rollen Sie durch schöne Landschaften.	**TAG 5**
Besichtigen Sie die Seestadt Udaipur, wo Sie im Lake Palace Hotel im Pichola-See zu Mittag essen. Genießen Sie den Blick auf den Stadtpalast am See oder fahren Sie mit dem Boot zum Jag-Mandir-Palast.	**TAG 6**
In Bharatpur besuchen Sie das Vogelschutzgebiet im Keoladeo Ghana National Park. Nachmittags stehen das Taj Mahal und Shopping in Agra auf dem Programm.	**TAG 7**
Über Nacht fahren Sie zur Endstation Delhi.	**TAG 8**

Dos & Don'ts

- ✓ Nehmen Sie Ihr Schwimmzeug mit, bei einem Halt locken die Pools in den Luxushotels.
- ✗ Vergessen Sie nicht, Ihre Wertsachen wegzuschließen, bevor Sie den Zug an Haltestellen verlassen.
- ✓ Jaipur ist berühmt für seinen schönen traditionellen Schmuck – nehmen Sie sich Zeit zum Bummeln auf den Märkten und in den Läden.
- ✗ Nehmen Sie keine Geschenke oder Essen von Fremden oder Passagieren an, die Sie nicht gut kennen.

ANREISE
Air Rarotonga bietet täglich Flüge vom internationalen Flughafen Rarotonga nach Aitutaki. Die Hauptfluglinie zu den Cook Islands ist Air New Zealand. Nach Aitutaki kann man auch als Passagier auf einem Frachtschiff fahren.

VOR ORT UNTERWEGS
Die kleine Insel kann zu Fuß, aber auch mit dem Auto, Motorroller, Motorrad und Mountainbike erkundet werden.

WETTER
In Aitutaki ist es ganzjährig warm, die Temperaturen rangieren zwischen 20 und 27 °C. Regenzeit ist von Januar bis Mai.

ÜBERNACHTEN
Josie's Beach Lodge, fantastischer Strand, einfache Doppelzimmer ab 15 €; Tel. 682 31 111.

Maina Sunset Motel, kleines Anwesen mit Studios ab 80 €; www.soltel.co.ck

Aitutaki Lagoon Resort & Spa, luxuriös auf einer Privatinsel, Doppelzimmer ab 200 €; www.aitutakilagoonresort.com

ESSEN GEHEN
Fangfrischer Fisch ist die absolute Spezialität auf der Insel. Die Hotelrestaurants, etwa Flying Boat Beach Bar & Grill im Aitutaki Lagoon Resort und das exzellente Island Night Buffet im Pacific Resort, servieren zuverlässig gute Küche. Im Samade on the Beach (O'otu Beach) kostet fangfrischer Fisch mit Pommes frites ab 7 €.

KOSTEN FÜR ZWEI PERSONEN
130–220 € inklusive Übernachten, Verpflegung, ein Tagesausflug und Abendunterhaltung.

INFORMATION
www.aitutaki.com

Die Kunst des Tivaevae

Tivaevae ist die typische Textilkunst der Cook Islands. Die hoch geschätzten Stoffe sind oft Familienerbstücke, neue werden gern als wertvolles Geschenk überreicht. Die Technik stammt von europäischen Missionaren, die Anfang des 19. Jahrhunderts auf die Inseln kamen, die Muster sind jedoch Eigenentwicklungen. Sie zeigen meist einheimische Blumen oder Tiere. Als Gemeinschaftsarbeit spielt das Fertigen von *tivaevae* eine große Rolle im Sozialleben vieler Frauen auf den Cook Islands.

Oben (von links nach rechts): Fähnchen-Falterfische; voll erblühte Frangipani-Blüte; Boote im türkisfarbenen Wasser der Lagune

Oben: Tanzvorführung am O'otu Beach

Paradies in Technicolor

Es heißt, dass die Cook Islands und vor allem Aitutaki so sind, wie Tahiti vor 50 Jahren war – ein Ort, der mit seiner Schönheit und Naturverbundenheit Besucher schlicht verzaubert. Die Insulaner gehen, sagt man, wie zuvor ihre Eltern, Großeltern und Urgroßeltern ihrem Alltag nach, ohne sich nach den Spielereien der Außenwelt zu sehnen. Die Leidenschaft der Menschen entzündet sich an den wirklich wichtigen Dingen des Lebens: an der Freude am Tanzen und Singen, am Fischertrag in der Lagune, an den sonntäglichen Lobgesängen mit komplizierten Harmonien in den weißen Sandsteinkirchen.

Aitutaki liegt an der Spitze einer großen Lagune, deren Gewässer von vielen Inselchen umgeben sind. Sie reihen sich wie die Perlen einer Kette aneinander und heißen *motus*. Das Wasser der Lagune als »blau« zu bezeichnen ist mehr als unzureichend, ist es doch ein wahrer Flickenteppich aus unzähligen Schattierungen von Smaragdgrün über Aquamarin-, Kobalt-, Preußisch- und Königsblau bis zu Lavendel. Psychedelischen Charakter bekommt das Ganze unter Wasser, wo zwischen leuchtenden Korallen Fische erscheinen, die selbst aussehen, als seien sie gerade in einen Farbtopf getaucht worden: Rot, Orange, Königsblau, Kanariengelb, Türkis – manchmal prunken die Tiere in allen Farben zugleich.

An Land geht die Pracht weiter, zeigt sich im dunklen Rot der Korallenbäume und in den leuchtenden Farben der duftenden *leis* (Blumengirlanden), die den Besuchern umgehängt werden. Schon beim ersten Anblick von Aitutaki versteht man, warum Paul Gauguin die Landschaften der Südsee in solch kräftigen Farben malte. Hätte der arme Claude Monet seinen Zeitgenossen Gauguin in den Südpazifik begleitet, hätte er vielleicht gefunden, wonach er suchte – einen Ort, an dem »die Landschaft noch verrückter ist als meine Malerei«.

Psychedelischen Charakter bekommt das Ganze unter Wasser, wo Fische erscheinen, die aussehen, als seien sie gerade in einen Farbtopf getaucht worden.

Großes Bild: Schnorcheln mit Fischen in der Aitutaki Lagoon
Kleines Bild links: Luftbild der Aitutaki Lagoon, deutlich sichtbar die Korallenriffe
Unten (von links nach rechts): Fischerboot im ruhigen Gewässer bei Sonnenuntergang; ein Einheimischer spielt in Aitutaki auf der Ukulele auf

Lagunenidylle

Im November herrscht auf Aitutaki wie im ganzen restlichen Jahr warmes Wetter. Der »Winter« ist zu Ende, die Regenzeit hat noch nicht begonnen, und Zyklone treten, wenn überhaupt, erst ab Dezember auf. Kombinieren Sie Ihren Besuch mit einer Reise nach Neuseeland *(siehe S. 56–57 und S. 198–199).*

Eine Woche im Südpazifik

Auf einer Bootsfahrt in der Lagune lernen Sie die Insel und ihre Umgebung kennen – solche Fahrten können auf der Insel gebucht werden. Schnorcheln Sie in der Lagune, besuchen Sie die unbewohnte One-Foot Island und essen Sie am Strand frischen gegrillten Fisch.	**TAG 1**
Wählen Sie im Wassersportparadies zwischen Tauchen oder Schnorcheln an den Sandbänken und Korallenriffen der Lagune, Kajakfahren oder Hochseeangeln. Beenden Sie den Tag mit einem Bier im freundlichlegeren Aitutaki Game Fishing Club.	**TAG 2**
Erkunden Sie Aitutaki auf einer Rundfahrt – wählen Sie eine Fahrt, bei der Sie bei Aufenthalten in den Dörfern etwas mehr von Land und Leuten sehen. Abends essen Sie im Pacific Resort und schauen der hervorragenden Tanzvorstellung zu – die Tänzer von Aitutaki gelten als die besten aller südpazifischen Inseln.	**TAG 3**
Mit reichlich Wasser und einer Kamera ausgerüstet, steigen Sie auf den Maungapu, den höchsten Punkt der Insel, und belohnen sich mit der herrlichen Aussicht. Gehen Sie mit einem Insulaner nachts mit Taschenlampan auf Krabbenjagd – ein echtes polynesisches und dazu leckeres Vergnügen.	**TAG 4**
Am O'otu Beach entspannen und schnorcheln Sie, mittags essen Sie am Strand – sonntags gibt es traditionelles *umukai* (polynesisches Essen aus dem Erdofen). Oder Sie besuchen eine Sonntagsmesse und hören dem wunderschönen A-cappella-Gesang zu. Wer noch mehr Zeit hat, fährt zu anderen Inseln der Cook Islands oder weiter nach Süden nach Neuseeland.	**TAG 5–7**

Dos & Don'ts

- ✓ Lächeln Sie – auf Aitutaki gilt Unhöflichkeit als grobe Unverschämtheit. Respekt und Freundlichkeit sind auf den Cook Islands hoch geschätzte Werte.
- ✗ Spazieren Sie abseits des Strandes nicht in kurzen Hosen oder im Bikini umher, auf Aitutaki ist man diesbezüglich sehr zurückhaltend.
- ✓ Seien Sie besonders zu älteren Menschen und Kindern höflich, sie werden auf den Inseln schlicht vergöttert.
- ✗ Bringen Sie keine Hunde mit – sie sind auf der Insel verboten.

ANREISE
Ghana liegt am Golf von Guinea in Westafrika. Internationale Flüge landen an der Küste in der Hauptstadt Accra.

VOR ORT UNTERWEGS
Hauptanziehungspunkt ist der Zwillingshafen Cape Coast und Elmina. Von Accra kann man dorthin mit Überlandbussen, Minibussen oder Mietwagen in drei Stunden fahren.

WETTER
Heiß und feucht mit einer durchschnittlichen Höchsttemperatur von 34 °C. Der November liegt zwischen der Regenzeit und der Saison der staubigen Harmattan-Winde aus der Sahara.

ÜBERNACHTEN
In Accra: Labadi Beach Hotel, geräumige Zimmer, nahe am Strand, Doppelzimmer ab 160 €; www.labadibeach.com

In Elmina: Coconut Grove Beach Resort, ruhige Lage, Doppelzimmer ab 70 €; www.coconutgrovehotels.com.gh

In Kumasi: Four Villages Inn, beliebtes Guesthouse im Familienbesitz, Doppelzimmer ab 50 €; www.fourvillages.com

ESSEN GEHEN
Probieren Sie in den *chop shops* einheimische Gerichte wie *kenkey* (fermentierter Mais) und *fufu* (Yams), zu denen man in der Regel eine leichte Suppe oder Erdnusssauce isst.

KOSTEN FÜR ZWEI PERSONEN
120–160 € pro Tag inklusive Übernachten, Verpflegung und Mietwagen.

INFORMATION
www.ghanaweb.com

An der Goldküste

Cape Coast Castle ist ein eindrucksvoller Koloss. Das 1653 an Ghanas Felsküste gegründete einstige britische Verwaltungszentrum verleiht mit seiner weißen Fassade und monolithischen Unerbittlichkeit dem Hafen von Cape Coast sein besonderes Gesicht. Ursprünglich sollte es den prosperierenden Goldhandel schützen, dem die Goldküste ihren Namen verdankt. Doch im frühen 18. Jahrhundert wurde Cape Coast Castle zum Zentrum eines unvergleichlich gnadenloseren »Geschäfts«: dem transatlantischen Sklavenhandel von Westafrika nach Amerika.

Heute verweisen nur noch einige verzweifelte Kratzspuren auf die schrecklichen Verbrechen, die hinter diesen Steinmauern stattfanden. Dennoch liegt eine seltsame Stimmung in der schwülen Luft der Festung, durch deren Kerker Millionen Menschen geschleust wurden. Nach wenigen nachdenk-

Land der Ersten

Historisch ist Ghana ein Land der Ersten. 1482 war in Elmina die erste europäische Siedlung in Afrika südlich der Sahara. Drei Jahrhunderte später läutete die Gründung der britischen Kolonie Gold Coast (wie die Region damals genannt wurde) die endgültige koloniale Eroberung Afrikas ein. 1957 spielte Ghana eine Vorreiterrolle als erstes afrikanisches Land, das von der Kolonialmacht unabhängig wurde. Die vier Staatsstreiche zwischen 1966 und 1981 boten eine Vorahnung der politischen Umwälzungen, die in Nachbarländern noch im Gange sind.

Großes Bild: Auf das Meer gerichtete Kanonen im Cape Coast Castle

Links: Elmina Castle, auch Castle of St George genannt

Rechts (von links nach rechts): Fischerpiroge; Ghanaer am Markt von Kumasi; Canopy Walkway im Kakum National Park; quirliger Makola Market im Zentrum von Accra

lichen Minuten wird der Drang zur Flucht überwältigend. Wer ihm nachgibt, gelangt in der Regel auf einem alten uneinsehbaren Weg durch den Hof zu einem Durchgang, wo der blaue Atlantik zu sehen ist. Der harmlos, gar malerisch aussehende Steinrahmen ist das »Tor ohne Wiederkehr«, durch das die Gefangenen zu den Sklavenschiffen getrieben wurden. Dort wurden sie unter so unsagbaren Bedingungen verfrachtet, dass die Hälfte von ihnen auf der Überfahrt starb.

Ghana war dank seiner Goldvorkommen erst spät vom transatlantischen Sklavenhandel betroffen. Es ist nicht ungewöhnlich, dass hier Gefangene in die Sklaverei verkauft wurden, sondern dass diese Bauwerke noch existieren. Cape Coast Castle und sein Gegenstück in Elmina sind heute Mahnmale der größten erzwungenen Diaspora der Geschichte. Doch sie sind auch Ausgangsorte für weitere Reisen in dieses dynamische, moderne Land. Besonders für Reisende, die zum ersten Mal nach Afrika kommen, ist Ghana mit seiner Kultur und Natur ein ideales Ziel.

Oben: Fischer an den Felsen am Labadi Beach bei Accra

Eine ehemalige Kolonie

Die leicht atemlose Neun-Tage-Tour kann mit ein paar Abstechern leicht auf 14 Tage ausgeweitet werden, um das günstige Novemberwetter optimal zu nutzen. Wer noch mehr Zeit hat, sollte eine dritte Woche am Volta-Stausee und östlich davon in den grünen, mit Wasserfällen übersäten Bergen verbringen.

Neun Tage Ghanas Geschichte

Erkunden Sie im Zentrum von Accra die koloniale Architektur und die bunten Märkte oder entspannen Sie sich am Labadi Beach östlich des Stadtzentrums.	**TAG 1**
Fahren Sie an Cape Coast vorbei nach Elmina und verbringen Sie den Nachmittag in der stimmungsvollen kleinen, altmodischen Stadt, wo die bunt bemalten Pirogen des lebhaften Fischerhafens einen scharfen Kontrast zu den schrecklichen Sklavenkerkern des 500 Jahre alten Elmina Castle darstellen.	**TAG 2**
Schon früh starten Sie zum schönen Kakum National Park, den Sie einen Tag lang (auch auf dem berühmten schwankenden Canopy Walkway) erkunden. Zurück in Cape Coast erkunden Sie im Hafenviertel die verwinkelten Gassen und die Sklavenfestung.	**TAG 3–4**
Im Inland besuchen Sie in der lebensprühenden Hauptstadt des Asante-Reichs Kumasi die reichen Museen und andere kulturelle Stätten.	**TAG 5**
Im Mole National Park verbringen Sie einen Vormittag Aug in Aug mit Elefanten, Pavianen, Antilopen und vielen bunten Vögeln. Nachmittags bestaunen Sie die Larabanga-Moschee, die im 15. Jahrhundert ganz aus Lehm und Holzstäben erbaut wurde.	**TAG 6–7**
Auf der Rückreise Richtung Süden und Accra machen Sie einen Abstecher nach Boabeng-Fiema. Das offene Naturschutzgebiet der Gemeinde ist dicht bevölkert von Meerkatzen und Stummelaffen, die bei den einheimischen Dorfbewohnern als heilig gelten.	**TAG 8–9**

Dos & Don'ts

- ✓ Versuchen Sie, eine Beerdigung zu sehen – sie sind überraschend lebhaft, farbenfroh und einladend und werden oft erst Monate nach dem Tod einer Person abgehalten.
- ✗ Schwimmen Sie nirgends, ohne vorher nachgefragt zu haben – in diesem Gebiet sind gefährliche Kabbelungen und Soge ein häufiges Phänomen.
- ✓ Entspannen Sie und genießen Sie ein kühles Bier und einen scharfen, köstlichen Fleischspieß in einer Bar *(spot)*.
- ✗ Ziehen Sie sich nicht zu dürftig an, damit verärgern Sie die meisten muslimischen und viele christliche Ghanaer.

Eine Kette der Antillen

Fliegt man von Venezuelas Festland aus über das Karibische Meer, erblickt man eine Kette von Inseln mit üppig grünem Zentrum und weißlich-gelben Stränden, an die sich ein türkisfarbener Ring anschließt: Hier sieht man im flachen Meer noch den Boden. Die Isla de Margarita ist die größte der Inseln unter dem Winde, obwohl sie nur gut 62 Kilometer lang ist. Sie ist geschäftig, vielfältig und ein wunderschöner Platz zum Urlauben.

Die gebirgige, subtropische Insel hat zwei völlig verschiedene Hälften: Der Osten ist erschlossen und dicht bevölkert. Im boomenden Geschäftszentrum Porlamar zieht der zollfreie Hafen Touristen aus Venezuela an, die hier das Nachtleben, Casinos, Restaurants und preiswerte Einkaufsmöglichkeiten genießen. Der Westen ist ruhig und unberührt. Auf der ausgedehnten, trockenen Halbinsel Macanao wachsen nur Büsche und Kakteen, auf dem Weg vor Ihrem Jeep hoppeln wilde Hasen. Im Zentrum ragt eine grüne Bergkette auf, an der Küste erstrecken sich breite einsame Strände mit Dünen, Bilderbuchpalmen und starker Brandung. Meist bekommt man hier nur einheimische Fischer zu Gesicht, die an ihren Haken arbeiten und mit ihren Booten hinausfahren, um Thunfische und Schnapper zu fangen, die später gegrillt in den kleinen Lokalen der Orte serviert werden.

> An der Küste erstrecken sich breite einsame Strände mit Dünen, Bilderbuchpalmen und starker Brandung. Meist bekommt man hier nur einheimische Fischer zu Gesicht.

Eine schmale, sandige Landbrücke verbindet die beiden Regionen. Hier erstreckt sich der Restinga-Nationalpark mit seiner artenreichen Tierwelt. An Bord eines kleinen hölzernen *peñero*, eines traditionellen Fischerboots, können Sie die Mangrovensümpfe in einem Labyrinth aus Kanälen im Gewirr der Wurzeln erkunden. Die Mangroven bilden einen dichten Baldachin, der Sie vor der Sonne schützt. Im kristallklaren Wasser tummeln sich viele Meerestiere, etwa Suppen- und Lederschildkröten oder riesige Austern, die sich unter Wasser an die Mangrovenwurzeln klammern. Noch mehr völlig unberührte Meeresnatur ist an den Korallenriffen der Inselgruppe Los Roques zu entdecken. In diesem unglaublichen Nationalpark wimmeln unzählige bunte Fische in Riffen, die zu den schönsten der Welt gehören.

Großes Bild: Luftaufnahme der Korallenriffe von Los Roques, Venezuela
Kleines Bild oben: Papageifische leben in großer Zahl in den Gewässern rund um die Isla de Margarita
Unten (von links nach rechts): Nueva Esparta; Playa el Agua; Baby-Suppenschildkröten

ANREISE
Die Isla de Margarita liegt 23 Kilometer nördlich der Küste von Venezuela. Flüge von Venezuelas internationalem Flughafen bei Caracas dauern 45 Minuten.

VOR ORT UNTERWEGS
Dank der guten Straßen ist die Insel mit dem Auto zu erkunden. Bootsfahrten zu Sehenswürdigkeiten vor der Küste und zu Inseln werden an Stränden und Häfen angeboten.

WETTER
Die Insel bietet eine Durchschnittstemperatur von rund 27 °C und eine sanfte Brise.

ÜBERNACHTEN
An Strandhotels herrscht kein Mangel.

Hesperia Playa El Agua, luxuriöser moderner Komplex am Strand, Doppelzimmer ab 160 €; www.hesperiaislamargarita.com

Hotel Costa Linda Beach nahe dem Strand von El Agua, Kolonialstil, Doppelzimmer ab 35 €; www.hotelcostalinda.com

The Hilton Margarita, großer Pool, Doppelzimmer ab 165 €; www1.hilton.com

ESSEN GEHEN
Thunfisch, Schnapper, Hummer und tropische Früchte sind das typische Essen. Probieren Sie das Nationalgericht *pabellón criollo* – Rindfleisch mit Bohnen und Kochbananen.

KOSTEN FÜR ZWEI PERSONEN
125–280 € pro Tag (je nach Unterkunft) inklusive Übernachten, Verpflegung, Mietwagen und Ausflüge.

INFORMATION
www.islamargarita.com

Historisches Margarita

Auf der Insel fanden einige bemerkenswerte historische Ereignisse der südamerikanischen Geschichte statt. Christoph Kolumbus stolperte 1498 über das Inselparadies, danach wurden seine Bewohner von den spanischen Eroberern versklavt. 1814 war die Insel das erste Territorium Venezuelas, das sich von der spanischen Herrschaft loslöste. Hier wurde auch der berühmte Befreier Südamerikas, Simón Bolívar, als Oberbefehlshaber der neuen Republik bestätigt. Spuren des spanischen Einflusses sieht man auf der ganzen Insel in der typisch spanisch geprägten Architektur der Städte und Kirchen.

Oben: Scharlachsichler in einem Baum

Südkaribische Träume

Der November bringt in der Regel klaren Himmel, warme Temperaturen und eine erfrischende Brise vom Meer. Eine Woche reicht, um auf der Insel zu entspannen, Wildtiere zu beobachten und das Nachtleben zu genießen. Wer Zeit hat, kann auch den fantastischen Wasserfall Salto Angel am Festland sehen.

Eine Woche Naturwunder

Flüge von Caracas landen an der Stadtgrenze von Porlamar, wo Sie den Freihafen besuchen. Nachmittags entspannen Sie am Strand El Agua und schlürfen einen Cocktail an der Strandbar.	**TAG 1**
Erkunden Sie Macanao und die unberührten Strände im Osten. Fahren Sie dann nach Manzanillo an der Nordostspitze der Halbinsel, wo die einheimischen Fischer ihre Fänge abladen.	**TAG 2**
Treiben Sie etwas Wassersport: Der Strand von El Yaque ist exzellent zum Windsurfen, die Wellen von Parguito sind gut zum Surfen.	**TAG 3**
Machen Sie einen Tagesausflug mit dem Boot von der Isla de Margarita zu den Inseln Coche und Cubague. In Coche erwarten Sie ein ruhiges Fischerdorf und weiße Sandstrände, vor Cobague kann man gut tauchen.	**TAG 4**
Heute steht der Archipiélago de Los Roques mit 42 Korallenriffen und Sandstränden auf dem Programm. Staunen Sie über die artenreiche Natur und versuchen Sie, mit den Einheimischen Grätenfische zu fangen.	**TAG 5**
Erkunden Sie auf einem *peñero* die Mangroven des Restinga-Nationalparks. Mit seiner schönen Landschaft, bunten Meerestieren und Vögeln zählt ein Besuch zu den Höhepunkten einer Reise auf die Isla de Margarita.	**TAG 6**
Mit dem Flugzeug geht es in kurzer Zeit zurück nach Caracas und zu weiteren Anschlussflügen.	**TAG 7**

Dos & Don'ts

- ✓ Hüten Sie sich vor starken Strömungen und Tiden. Einige Strände sind selbst für hervorragende Schwimmer gefährlich. Informieren Sie sich, bevor Sie irgendwo ins Wasser gehen.
- ✗ Unterschätzen Sie nicht die Sonne. Sie brennt nicht so, weil stets eine leichte Brise weht, aber sie ist sehr intensiv.
- ✓ Verlassen Sie die ausgetretenen Pfade und entdecken Sie die vielen ruhigen Ecken und einsamen Strände der Insel. Gehen Sie mit dem Mietwagen auf Erkundungsfahrt.
- ✗ Verpassen Sie nicht die steuerfreien Schnäppchen in Porlamar.

DEZEMBER

Traumziele im **Dezember**

Im kalten Europa feiert man den Advent und Weihnachten, zum Beispiel in Wien stilvoll mit schönen Weihnachtsmärkten und Musik. Im verschneiten Lappland können Kinder ihre Wunschzettel direkt beim Weihnachtsmann abgeben. Viele Menschen lieben die Stimmung der dunklen Tage, andere zieht es zur Flucht in den Süden, etwa an die romantischen Strände der Karibik oder zum Tauchen mit Mantarochen bei Yap. In den meisten Teilen der Welt beschließen Ende Dezember große Silvesterfeiern das vergangene Jahr, etwa mit einem fantastischen Feuerwerk über der Sydney Harbour Bridge oder am Strand von Rios Copacabana. Auf dieser Doppelseite finden Sie alle im Dezember-Kapitel vorgestellten Reiseziele sowie einige weitere Anregungen.

KULTUR UND FESTE

RIO DE JANEIRO Sambamusiker in den Straßen von Rio

RIO DE JANEIRO
Brasilien, Südamerika

Der Strand ist an Silvester das Zentrum der Feste

Millionen weiß gekleidete Menschen feiern am Strand, bewundern das Feuerwerk und erbitten mit Opfern ein gutes neues Jahr.

Siehe S. 322–323

WIEN
Österreich, Europa

Weihnachtszauber in der österreichischen Hauptstadt

In der Weihnachtszeit locken Märkte mit Kunsthandwerk, Glühwein und Lebkuchen, danach beginnt im Januar die Ballsaison.

Siehe S. 318–319

»Seit Jahrhunderten verwandelt sich Wien in der Weihnachtszeit in ein Wintermärchen, wenn sich die Stadt festlich mit Lichtern schmückt.«

LAS VEGAS
USA, Nordamerika

Glitzernde Fata Morgana in der Wüste Nevadas

Nach den Neonlichtern am Strip, den fantastischen Hotels, dem Nervenkitzel im Casino finden Sie in der Wüste zur Erde zurück.

Siehe S. 320–321

SYDNEY
Australien, Australasien

Nach Feuerwerk und Party vertreibt man mit Surfen den Kater

Sydney Harbour ist immer großartig, doch das Silvesterfeuerwerk gilt als das schönste der Welt. Am Tag danach locken die schönen Strände.

Siehe S. 310–311

LILLE
Frankreich, Europa

Festliche Vorfreude in weihnachtlicher Atmosphäre

In Lille findet Nordfrankreichs größter Weihnachtsmarkt mit Volksfest, Lichtern, Unterhaltung und köstlichem Essen statt.

www.lilletourism.com

UNVERGESSLICHE EINDRÜCKE

LAOS Mit dem Boot auf den ruhigen Wassern des Mekong

MEKONG
Laos, Asien

Bei einer Bootsfahrt auf dem Mekong Südostasien sehen

Hier eröffnet sich eine faszinierende Welt: Holztempel, Kolonialarchitektur, mit Dschungel bedeckte Berge und bunte Märkte.

Siehe S. 302–303

MALEALEA
Lesotho, Afrika

Entdecken Sie das »Königreich im Himmel«

Mit Geländewagen, hoch zu Ross und zu Fuß erkunden Sie die Berge des südlichen Afrika, das Land der Basotho.

www.malealea.co.ls

AMAZONAS
Brasilien, Südamerika

Eine große und großartige Flussfahrt

Fahren Sie auf dem riesigen Strom mit dem Boot vom schwülheißen Belem nach Manaus oder weiter bis Iquitos in Peru.

www.amazoncruise.net

EISIGES ALASKA
USA, Nordamerika

Ziel ist der arktische Winter – wenn er am strengsten ist

Fahren Sie mit dem Geländewagen von Anchorage nach Fairbanks und zurück – dazu scheint das unglaubliche Nordlicht.

www.alaskatours.com

GLACIER EXPRESS
Schweiz, Europa

Die Hochalpen ganz bequem bereisen

Der berühmte Zug fährt von Zermatt nach St. Moritz unterhalb des Matterhorns – luxuriös und ein bisschen aufregend.

www.glacierexpress.ch

WUNDER DER NATUR

YAP Tänzer in traditionellen Kostümen

»Yap ist nur ein winziger Fleck im Ozean, doch seine sanften, anmutigen, riesigen Mantas gehören zu den größten Attraktionen im Meer.«

YAP
Mikronesien

In den Gewässern der kleinen Insel trifft man Mantarochen

Hier kann man mit beeindruckenden Mantarochen schwimmen, an Riffen tauchen, Tigerhaie und Schildkröten sichten.

Siehe S. 316–317

CHRISTMAS ISLAND
Australien, Australasien

Nomen est omen: im Dezember auf die Weihnachtsinsel

Auf der abgelegenen Insel gedeihen endemische Vogelarten, riesige Krabben und Wald – ein Mekka für Vogel- und Naturfreunde.

www.christmasisland.net.au

KUNA YALA (SAN BLAS)
Panama, Zentralamerika

Die Inseln locken mit Natur und indianischer Kultur

Auf den abgelegenen Inseln erklären die einheimischen Kuna Besuchern mit großem Wissen die reiche Natur und Tierwelt.

www.explorepanama.com

FALKLAND-INSELN
Südamerika

Hier gibt es sehr viel mehr Pinguine als Menschen

Albatrosse, Riesensturmvögel, See-Elefanten und fünf Pinguinarten ziehen jetzt ihren Nachwuchs in großen Kolonien auf.

www.visitorfalklands.com

KOMODO NATIONAL PARK
Indonesien, Asien

Hier leben echte Drachen

Nur auf diesen drei kleinen Inseln leben die größten Echsen der Welt. Diese Komodowarane gleichen wirklich Drachen.

www.komodonationalpark.org

Vorhergehende Doppelseite: Sydney Harbour Bridge und die Skyline von Sydney in der Abenddämmerung

Wetter

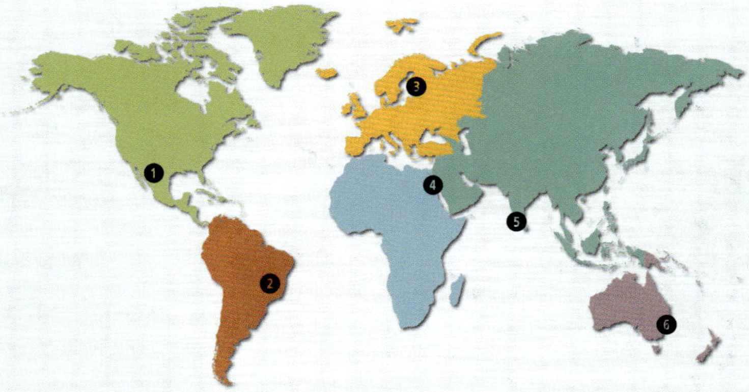

❶ Der Dezember ist in Santa Fe erstaunlich kalt, die Temperaturen sind vor allem in den Bergen nachts sehr niedrig. Die Tage sind jedoch klar und sonnig, und es fällt nur selten Regen.

❷ In weiten Teilen Südamerikas ist es heiß und feucht, nachmittags regnet es. Weiter südlich wird es kühler und nasser.

❸ In Nordeuropa sind die Tage kurz, und es ist kalt. In Finnland werden der Weihnachtsmann und die Elfen mit reichlich Schnee empfangen.

❹ Im Dezember ist es am Roten Meer für Ägypten relativ kühl, doch immer noch schön und warm. Die Sonne scheint jeden Tag, im Inland ist es warm.

❺ Nach Ende des Nordost-Monsuns herrschen in Kerala angenehmere, kühlere Temperaturen, die Luftfeuchtigkeit ist weniger hoch. Gleiches gilt für ganz Südostasien, wo die Regenzeit zu Ende ist.

❻ Sydneys Wetter ist immer angenehm, jedoch besonders gut im Dezember. Das Wasser ist warm genug zum Schwimmen, und schwere Regenfälle sind im Dezember eher unwahrscheinlich.

LUXUS UND ROMANTIK

TORTOLA Hängemattenluxus an einem Strand der British Virgin Islands

TORTOLA
British Virgin Islands, Karibik

Vergessen Sie alle Sorgen in diesem Inselparadies

Genießen Sie die feinen, weichen Sandstrände, das Schwimmen im glasklaren Meer, fangfrische Meeresfrüchte und starke Cocktails.

Siehe S. 300–301

KOH SAMUI
Thailand, Asien

Hier finden Sie Sonne und ein tropisches Idyll

Die schöne Insel lockt mit langen, weißen Sandstränden und Hütten, wo Sie unter Palmendächern das Rauschen des Meeres hören.

www.kohsamui.org

HERRENHÄUSER
England, Europa

Lassen Sie es sich in der Weihnachtszeit gut gehen

Feiern Sie Weihnachten oder Silvester mit Stil: Mieten Sie in einer schönen Gegend ein Herrenhaus mit Personal für eine große Feier.

www.uniquehomestays.com

TELLURIDE
USA, Nordamerika

Wintersport in äußerst eleganter Atmosphäre

Im schicksten Urlaubsort der Rocky Mountains kann man alle Wintersportarten betreiben – oder einfach nur Luxus und Aussicht genießen.

www.telluride.com

KERALA
Indien, Asien

Faszinierendes Indien in einzigartiger Landschaft

Befahren Sie mit einem Hausboot die zahllosen Kanäle, verwöhnen Sie sich mit Ayurveda-Behandlungen, entspannen Sie am Strand.

Siehe S. 308–309

»Wenn die Sonne über den Backwaters untergeht, wird die friedliche Stille nur durch gelegentliches Affengeschrei unterbrochen.«

AUFREGENDE ZIELE

DOMINICA Seilbahn im Morne Trois Pitons National Park

DOMINICA
Karibik

Unberührter Regenwald mitten im Ozean

Entdecken Sie aktiv die herrliche unberührte Wildnis der Insel auf Wanderungen, beim Tauchen und auf Ausritten.

Siehe S. 312–313

TORRES DEL PAINE
Chile, Südamerika

Granitsäulen, Steilwände, Gletscher – eine Wildnis

Im einsamen Patagonien kann man die eindrucksvolle Berglandschaft auf mehrere Tage dauernden Trekkingtouren entdecken.

www.torresdelpaine.com

ROTES MEER
Ägypten, Afrika

Hier finden Sie faszinierende Tauchgründe

Vor der Küste locken Riffe und Wracks zum Tauchen, an Land Kamelsafaris in die Wüste und der heilige Berg Sinai.

Siehe S. 306–307

GEILO
Norwegen, Europa

Verschneites Mekka für Skilangläufer

In Norwegen bedeutet Skifahren vor allem Skilanglauf. In vielen Skiorten sind die Loipen durch die Winterlandschaft schier unendlich.

www.geilo.no

MARLBOROUGH
Neuseeland, Australasien

Die Küste bietet zahllose baumgesäumte Buchten

Fahren Sie mit dem Boot von Wellington zur Südinsel und erkunden Sie die Marlborough Sounds zu Fuß oder im Kajak.

www.marlboroughsounds.co.nz

FAMILIENURLAUB

LAPPLAND Eiliger Weihnachtsmann auf einem Motorschlitten

»Kinder quietschen aufgeregt, wenn sie kurz den Weihnachtsmann erspähen, Würstchen und Heringe brutzeln über glühenden Kohlen.«

HELSINKI & LAPPLAND
Finnland, Europa

Besuch in der Heimat des Weihnachtsmanns

Kinder lieben die Werkstatt des Weihnachtsmanns und die Rentiere – und nach Ski- und Schlittschuhfahren sind sie dann hoffentlich müde.

Siehe S. 314–315

SANTA FE
USA, Nordamerika

Santa Fe leuchtet zu Weihnachten wunderschön

Nach einem schönen Skitag erleben Sie die fantastische Atmosphäre der *farolitos* (Laternen).

Siehe S. 304–305

WAIHEKE ISLAND
Neuseeland, Australasien

Eine subtropische Insel mit abwechslungsreicher Küste

Das mit der Fähre leicht erreichbare Auckland scheint Welten entfernt. Hier locken Weingüter, Strände, Kajakfahren, Schwimmen und Wandern.

www.tourismwaiheke.co.nz

CAYMAN ISLANDS
Karibik

Die Inseln bieten vor allem pure Erholung

In den ruhigen Gewässern der Cayman Islands kann man herrlich schnorcheln oder einfach in den sanften Wellen schwimmen.

www.caymanislands.ky

VIEQUES
Puerto Rico, Karibik

Spaß und Sport an herrlich unberührten Stränden

Auch wenn die kleine Insel langsam bekannter wird, kann man hier immer noch wunderschöne einsame Stellen finden.

www.vieques-island.com

ANREISE
Tortola ist die größte der 60 karibischen Inseln der British Virgin Islands. Von Tortola gehen Flüge nach San Juan und zu anderen Inseln.

VOR ORT UNTERWEGS
Auf Tortola fahren viele Taxis, zudem kann man Autos oder Jeeps mieten. Zu den anderen Inseln gelangt man mit Wassertaxis oder in kleinen Charterflugzeugen.

WETTER
Im milden Dezember liegen die Temperaturen auf Tortola bei rund 29 °C, es wehen sanfte, erfrischende Passatwinde.

ÜBERNACHTEN
Heritage Inn, am Hügel gelegen mit Blick auf die Carrot Bay, Doppelzimmer ab 90 €; www.heritageinnbvi.com

Long Bay Beach Resort & Villas bietet Cabanas am Strand und Hütten am Hang mit schönem Blick, Doppelzimmer ab 110 €; www.longbay.com

Sugar Mill Hotel & Restaurant, gemütliches Strandhotel, Doppelzimmer ab 190 €; www.sugarmillhotel.com

ESSEN GEHEN
Spezialitäten sind scharfe karibische Gerichte wie Ziegencurry, gegrillter Fisch und Meeresfrüchte. Eine gute Mahlzeit ist in Strandlokalen, etwa Coco Plums Bar & Grill in Apple Bay, für rund 7 € erhältlich.

KOSTEN FÜR ZWEI PERSONEN
180–240 € pro Tag inklusive Übernachten, Verpflegung und Fahrten vor Ort.

INFORMATION
www.bvitourism.com

British Virgin Islands

Der Überlieferung nach nannte Christoph Kolumbus die Inseln, als er sie 1493 zum ersten Mal sichtete, »Santa Ursula y las Once Mil Vírgenes«, weil sie ihn an die heilige Ursula und ihre 11 000 jungfräulichen Gefährtinnen erinnerte. Später wurde der Name zu »Las Vírgenes« verkürzt. Ab 1648 besiedelten die Niederlande die Inseln, 1672 annektierte England das Gebiet und übernahm nach heftigen Kämpfen die Herrschaft über die 60 Inseln. 1917 wurde die Inselgruppe in British Virgin Islands (Britische Jungferninseln) umbenannt.

Großes Bild: Sonnenuntergang über der Carrot Bay

Ein abgelegenes Paradies

Das Meer schwappt sanft über das Korallenriff, das die großen Wellen des Atlantiks abhält. Das ruhige, türkisfarbene Wasser, in dem es von bunten Fischen wimmelt, verlockt zum Schwimmen und Schnorcheln. Tortola bietet Erholung an traumhaften, einsamen Stränden, die zu den schönsten der Welt gehören. An der ganzen Küste finden sich abgelegene Buchten mit mehlfeinem Sand, besonders schön sind im Norden die endlosen champagnerfarbenen Strände Brewers Bay, Cane Garden Bay, Elizabeth Beach und Long Bay.

Auf Tortola gibt es weder ein aufregendes Nachtleben noch große Ferienanlagen – aber viele gute Restaurants und Bars, die das perfekte Ambiente für ein ungezwungenes Mittagessen oder ein romantisches Candle-Light-Dinner unter freiem Himmel bieten. Genießen Sie samtige Krabben-Callaloos und würzige Johnny-Cakes (Okra-Eintopf mit Maisbrot), lauschen Sie dabei dem Geplätscher der Wellen. Danach gönnen Sie sich in einer der vielen

Oben (von oben nach unten): Auf Segeltörn in den ruhigen Gewässern rund um Tortola; einsame Bucht mit türkisfarbenem Wasser

Unten: Vollkommene Entspannung: in einer Hängematte das Paradies genießen

Oben: Bunte Holzhäuser am Ufer von Tortola

Strandbars der Bucht einen starken Rum-Cocktail und tanzen die ganze Nacht am Strand zum Rhythmus der Calypso-Musik, die über der mondbeschienen Bucht ertönt.

Vom Strandleben erfrischt unternehmen Sie einen Ausflug nach Road Town. Tortolas »Metropole« wartet zwar mit modernen Banken und Läden auf, verströmt mit seinen eleganten Holzhäusern aus der Kolonialzeit jedoch ein ausgesprochen altmodisches Flair. Im scharfen Kontrast zu diesem jahrhundertealten Charme stehen die Kreuzfahrtschiffe, die hier im Hafen anlegen und für den kleinen Ort eine beeindruckende Kulisse abgeben. Bummeln Sie auf der schmalen Main Street, auf der Haupteinkaufsstraße können Sie Gold, Smaragde und Muscheln kaufen, für die Tortola berühmt ist. Danach erholen Sie sich bei einem Mittagessen in einem der vielen Restaurants und spazieren zum beliebten Kreuzfahrthafen, der auch von vielen Yachten angelaufen wird. An den Landungsbrücken schaukeln schnittige Slups und Rennboote, einige davon kann man mieten, etwa für Fahrten zu den benachbarten Inseln, die wie eine paradiesische Versuchung am Horizont zu schweben scheinen.

Karibikzauber

Tortola bietet alle Elemente für einen romantischen Karibikurlaub – nicht zuletzt herrliche Strände und Gewässer. Fünf Tage reichen, um an wunderschönen Stränden zu entspannen, zu wandern, zu schnorcheln, Bootsfahrten zu unternehmen und die historischen und kulturellen Sehenswürdigkeiten zu erkunden.

Fünf romantische Inseltage

TAG 1

Ihr erster Weg führt zum Strand, wo Sie viel Sonnenschutz auftragen und den Tag mit Sonnenbaden und Schwimmen verbringen. Bei einem Drink bewundern Sie den Sonnenuntergang, danach genießen Sie ein gemütliches Abendessen in einem Strandrestaurant.

TAG 2

Bei einer Rundfahrt über die Insel besuchen Sie auch den Mount Healthy National Park, in dem eine Windmühle aus der Zeit der Zuckerplantagen steht. Danach verkosten Sie Rum in der Callwood's Rum Distillery.

In Road Town essen Sie zu Mittag, anschließend erkunden Sie Sehenswürdigkeiten wie Fort Burt, das Old Government House und das Folk Museum.

TAG 3

Schon frühmorgens wandern Sie im schönen Sage Mountain National Park, danach belohnen Sie sich mit einer wohlverdienten Massage am Strand.

Den Nachmittag verbringen Sie gemütlich am Strand. Bei Sonnenuntergang gönnen Sie sich einen typischen karibischen Cocktail in einer Strandbar und lassen den Abend langsam beginnen.

TAG 4

Mit einem Lunchpaket vom Hotel ausgerüstet, unternehmen Sie einen Bootsausflug. Die Fahrt führt zuerst zu den Caves, wo Sie fantastisch schnorcheln können.

Entspannen Sie an einem einsamen Strand, bevor Sie auf dem umgebauten Schoner *Willie T* einkehren.

TAG 5

Vormittags geht es zum Schnorcheln, Windsurfen oder Kajakfahren, nach dem Mittagessen kaufen Sie Souvenirs in der Main Street, wo hübsche Stoffe mit Siebdruck-Design und handgefertigter Schmuck locken.

Dos & Don'ts

- ✓ Tragen Sie häufig und reichlich Sonnenschutzmittel auf, die Passatbrisen täuschen über die Intensität der Sonne hinweg.
- ✗ Auch wenn Schildkrötenfleisch oder -suppe auf der Speisekarte steht, sollten Sie keines essen. Es sind gefährdete Tierarten, die unter Schutz stehen.
- ✓ Stellen Sie vor einem Ausflug mit dem Mietwagen sicher, dass er aufgetankt ist – sonst stranden Sie womöglich.
- ✗ Vergessen Sie nicht, Gespräche mit einem freundlichen Gruß zu beginnen. Die Einheimischen legen auf solche Höflichkeiten großen Wert.

ANREISE
Internationale Flüge erreichen Luang Prabang via Bangkok. Die Bootsfahrten auf dem Mekong nach Luang Prabang beginnen in Ban Houei Xai an der thailändischen Grenze.

VOR ORT UNTERWEGS
Die Städte erreicht man mit Überlandbussen, die Mekong-Boote legen in Orten zwischen Thailands und Kambodschas Grenze an. Die Orte sind zu Fuß oder mit Fahrrädern zu erkunden.

WETTER
Im trockenen Dezember liegen die Tagesdurchschnittstemperaturen bei 30 °C.

ÜBERNACHTEN
Apsara in Luang Prabang, große Zimmer mit schönen laotischen Textilien, Doppelzimmer ab 45 €; www.theapsara.com

La Résidence Phou Vao in Luang Prabang, luxuriös in herrlicher Hügellage, Doppelzimmer ab 160 €; www.orient-express.com

Thongbay Guesthouse in Vientiane, schöne ruhige Lage, nur zehn Zimmer, Doppelzimmer ab 15 €; www.thongbay-guesthouses.com

ESSEN GEHEN
Das Nationalgericht von Laos ist *laap* oder *larb*, eine würzige Mischung aus mariniertem Fleisch oder Fisch. Auf den Nachtmärkten kostet eine Mahlzeit unter 1,50 €.

KOSTEN FÜR ZWEI PERSONEN
110–130 € pro Tag inklusive Unterkunft, Verpflegung und Fahrten vor Ort. Je nach Unterkunft können die Kosten erheblich geringer sein.

INFORMATION
www.visit-laos.com

Seidenweberei

Seidenstoffe sind in Laos außergewöhnlich schön, die jahrhundertealte Tradition der Seidenweberei erlebt dort derzeit eine Renaissance. Die Stoffe sind nicht nur eine Kunstform, sondern auch ein Zeichen kultureller Identität. Das Handwerk wird innerhalb der Familien gelehrt, die komplizierten Muster und Motive sind je nach Region und ethnischer Gruppe unterschiedlich. Jede der 68 ethnischen Gruppen in Laos hat ihre eigenen Muster.

Bootsfahrt auf dem Mekong

Auf seiner Suche nach einer Route nach China kam der französische Forscher Henri Mouhot 1861 nach Luang Prabang, das ihm schier paradiesisch erschien. Über 150 Jahre später spürt man in der Stadt der buddhistischen Tempel und der Mönche in safranfarbenen Gewändern noch immer eine entrückte Atmosphäre.

Luang Prabang liegt in der Bergregion des nördlichen Laos auf einer Landzunge im breiten Mekong. In der einstigen königlichen Hauptstadt stehen 33 mit goldenen Mustern und glänzenden Mosaiken reich verzierte Holztempel, deren gestufte Dächer fast bis zum Boden reichen. Der schönste Tempel, Wat Xieng Thong, wurde 1559 unter König Setthathirat erbaut und ist von Schreinen, Stupas und roten Bougainvilleen umgeben. Die Tempel sind so fantastisch, dass die UNESCO die ganze Stadt samt den französischen Kolonialvillen und Verwaltungsgebäuden zum Welterbe erklärte.

Großes Bild: Der opulent verzierte buddhistische Tempel Wat Xieng Thong

Links (von links nach rechts): Liegender Buddha in Vientiane; eine Frau bietet kunstvoll hergestellte Textilien auf einem Markt an

Rechts: Sonnenuntergang über dem Mekong

Wer im Zentrum die 328 Stufen zum Gipfel zum Phousi-Berg erklimmt, erblickt ein Panorama, das sich seit 1861 kaum verändert hat: Drei fast verkehrsfreie Straßen werden von glitzernden Tempeln, einem weißen Palast mit goldener Spitze und hölzernen Pfahlhäusern gesäumt.

Die schönste Reise nach Luang Prabang führt mit dem Boot auf dem braunen Mekong von der thailändischen Grenze zur Stadt. Steile Kalksteinklippen und mit Dschungel bedeckte Berge gleiten vorbei, unberührte Landschaften und malerische Dörfer, wo die Bergbewohner in traditionellen Trachten ihre Produkte verkaufen. Beeindruckend sind auch die heiligen Höhlen, etwa Pak Ou, in die Pilger zahllose Buddha-Statuen stellen.

Von Luang Prabang kann man auf dem Fluss weiter in die moderne Hauptstadt Vientiane fahren, wo die Tempel zwischen Büro- und Wohngebäuden ihren Platz behaupten. Die Ruhe wird nur durchbrochen vom Knattern der Tuk-Tuks auf ihrem Weg zum Morgenmarkt, wo Sie Rohseide und Silberschmuck erstehen können. Nach dem Sonnenuntergang über dem Mekong gönnen Sie sich am Nam-Phu-Platz delikate laotische Küche und dazu französischen Rotwein.

Oben: Der Mekong bei Luang Prabang

Tempelfaszination

Im Dezember ist das klare Wetter ideal für eine Reise auf dem Mekong. Luang Prabang ist auf dem Luftweg erreichbar, besser sieht man das Land auf einer Flussfahrt ab der thailändischen Grenze. Wer kann, reist weiter nach Vietnam *(siehe S. 274–275)*, Thailand *(siehe S. 22–23)* oder Kambodscha *(siehe S. 40–41)*.

Eine Woche am Fluss

TAG 1–2

In Ban Houei Xai an der thailändischen Grenze beginnt die Reise auf einem umgebauten Reiskahn auf dem Mekong in das 320 Kilometer entfernte Luang Prabang. Die Fahrt dauert zwei Tage (auf einem Longtail-Boot sechs Stunden) und führt an riesigen Kalkfelsen, Bambuswäldern und winzigen Fischerdörfern vorbei.

TAG 3–5

In Luang Prabang spazieren Sie durch die Straßen. Abends probieren Sie kulinarische Spezialitäten.

Am nächsten Tag besichtigen Sie einige *wats* (Tempel). Zweifellos am schönsten ist der Wat Xieng Thong, in dem die königlichen Zeremonien abgehalten wurden. Sehenswert sind auch der mit roten und goldenen Fresken reich verzierte Wat Mai sowie der Wat Visoun mit seinen antiken Buddha-Statuen. Oder Sie machen einen Tagesausflug zu den heiligen Höhlen Pak Ou.

Mit einem Leihrad fahren Sie zu den verschiedenen Märkten. Nach dem Mittagessen erklimmen Sie den Berg Phousi, wo Sie den Blick auf die Stadt und das Umland sowie den Sonnenuntergang genießen.

TAG 6

Die Fahrt führt flussabwärts in das 400 Kilometer entfernte Vientiane, das Sie mit einem Longtail-Schnellboot in acht Stunden erreichen. Am Abend lockt am Nam-Phu-Platz die köstliche einheimische Küche.

TAG 7

Am Morgenmarkt erhandeln Sie sich ein typisches Schmuckstück der Bergethnien. Danach erfreuen Sie sich an Vientianes größtem Tempel, Pha That Luang, der seit seiner Errichtung 1566 oft umgebaut wurde, am Lao National History Museum und am Sonnenuntergang, den Sie sich am Fluss ansehen.

Dos & Don'ts

✓ Ziehen Sie die Schuhe aus, bevor Sie einen *wat* (Tempel) oder ein Haus betreten.

✗ Schütteln Sie Mönchen nicht die Hand, Frauen sollten Mönche überhaupt nicht berühren.

✓ Fahren Sie defensiv. Nur wenige Fahrer haben einen Führerschein, häufig wird ohne Blinken abgebogen. Auch Tiere auf der Straße sind keine Seltenheit.

✗ Vermeiden Sie es, Ihre Füße auf eine Buddha-Darstellung zu richten – dies gilt als respektlos.

ANREISE
Santa Fe liegt in New Mexico im Südwesten der USA. Internationale Flüge landen im 105 Kilometer entfernten Albuquerque. Die Fahrt vom Flughafen nach Santa Fe dauert eine Stunde.

VOR ORT UNTERWEGS
Für Ausflüge und zum Skifahren braucht man einen Mietwagen, die Stadt selbst erkundet man am besten zu Fuß.

WETTER
Im sonnigen Dezember liegen die Tagesdurchschnittstemperaturen bei 7 °C, nachts fallen sie auf – 7 °C.

ÜBERNACHTEN
El Rey Inn, freundliche Unterkunft, Familienzimmer ab 80 €; www.elreyinnsantafe.com

La Posada de Santa Fe Resort & Spa, luxuriös nahe der Plaza, Familienzimmer ab 200 €; www.aposada.rockresorts.com

Am Stadtrand: Bishops Lodge Resort & Spa, luxuriöses Hotel nahe Ski Santa Fe, Familienzimmer ab 240 €; www.bishopslodge.com

ESSEN GEHEN
Santa Fe ist bekannt für seine Südwest-Küche, die traditionelle mexikanische und indianische Gerichte mit nichttraditionellen Gewürzen, Bio-Produkten, frischem Fisch und Fleisch kombiniert. Empfehlenswert sind das Café Pasqual und The Shed, beide im Zentrum.

KOSTEN FÜR EINE VIERKÖPFIGE FAMILIE
320–370 € pro Tag inklusive Übernachten, Verpflegung, Fahrten vor Ort und Eintrittsgelder.

INFORMATION
www.santafe.org

Vorreiter Santa Fe

Das 1607 von Spaniern gegründete Santa Fe ist die älteste Hauptstadt in den USA. Hier verläuft auch die älteste spanische Kolonialstraße des Landes, El Camino Real. Sie führt von Santa Fe nach Chihuahua in Mexiko und wurde schon 1581 bereist. Das älteste öffentliche Gebäude der USA ist der Palace of the Governors aus dem frühen 17. Jahrhundert.

Großes Bild: *Farolitos* am Hotel Loretto in Santa Fe
Oben (von links nach rechts): Holzskulpturen in der Kirche San Miguel; Navajos verkaufen Kunsthandwerk; Chilischoten an einem Kuhschädel

Laternennacht in Santa Fe

Man nehme eine Kerze, stecke sie in einen mit Sand gefüllten Papierbehälter und zünde sie an, sobald die Nacht hereinbricht. Nun stelle man sich Hunderte, Tausende, Zehntausende dieser kleinen, *farolitos* genannten Laternen vor, deren warmes Licht am alten Stadtplatz und an den Simsen der umliegenden Adobe-Gebäude erstrahlt.

Weihnachten in Santa Fe basiert auf Traditionen, die Jahrhunderte zurückreichen, einer Mischung aus indianischer, spanischer und englischer Kultur. An Weihnachten genießt man die kalten, klaren Nächte mit ihrem märchenhaft glitzernden Sternenhimmel, die Freudenfeuer auf den Plätzen, den Geruch von *Piñon*-Rauch, der in der schneidenden Winterluft hängt, und die Sternsinger in der lichterglänzenden Canyon Road. Dort empfangen Galerien von Weltrang durchfrorene Besucher mit heißem, gewürztem Apfelwein und hervorragender nordamerikanischer Kunst. Für Kinder gibt es einen extra Weihnachtszug und für alle aufregende Skirennen. Die langen Abende verbringt man hier mit einem Drink vor dem Feuer im offenen Kamin.

Weihnachten hat in Santa Fe einen besonderen Charakter, schließlich nennt sich die Stadt nicht umsonst »The City Different«. Vielleicht liegt es daran, dass hier seit Jahrhunderten so unterschiedliche Menschen leben, lieben und ihre Götter verehren. Santa Fe wurde zwar erst 1607 gegründet, das Land war jedoch schon in den Jahrtausenden zuvor besiedelt. Auch in den indianischen *pueblos* der Umgebung ist Weihnachten eine besondere Zeit und wird mit Zeremonien gefeiert, die christliche Riten mit traditionellen Tänzen und Gesängen verbinden. Ihr Klang erscheint wie ein uralter Hymnus auf dieses aufsehenerregende Land, das sich auf den Hochebenen zwischen den mit Schnee bedeckten Bergen und der endlosen Wüste des Westens erstreckt.

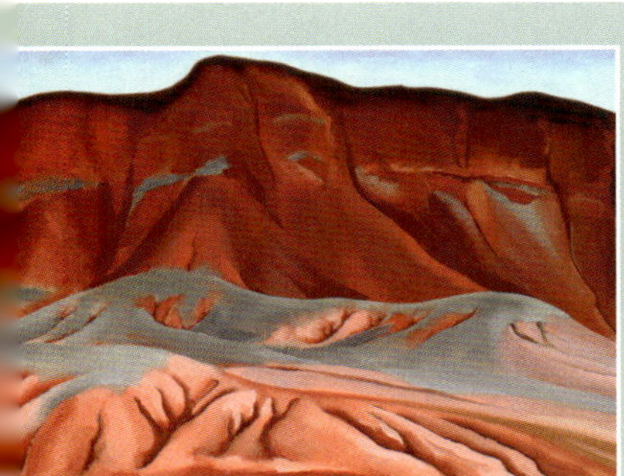

Weihnachten in Santa Fe basiert auf Traditionen, die Jahrhunderte zurückreichen, einer Mischung aus indianischer, spanischer und englischer Kultur.

Kleines Bild links: Georgia O'Keeffes Gemälde *Purple Hills*
Unten (von links nach rechts): Glitzernde Lichter auf der Santa Fe Plaza; Haus in Santa Fe mit traditionellem Weihnachtsschmuck

Oben: Skifahrer auf einer steilen Piste in Ski Santa Fe

Weihnachtsstimmung

Der ganze Dezember erstrahlt im Glanz weihnachtlicher Aktivitäten, am schönsten ist die Weihnachtsstimmung in Santa Fe jedoch vom 23. bis 26. Dezember. Vier Tage reichen, um einige schöne Museen, Galerien und Läden zu besuchen und dazu einen Ausflug mit dem Zug zu unternehmen oder einen Tag Ski zu fahren.

Vier Tage in »The City Different«

23. DEZ

Bewundern Sie die Arbeiten von einigen der besten Künstler Amerikas in den Läden und Galerien an der Plaza und in der Canyon Road.

Fahren Sie am frühen Abend mit den Kindern im »Polar Express« der Santa Fe Southern Railroad. Auf der Fahrt gibt es heiße Schokolade und Plätzchen, dazu werden Weihnachtsgeschichten vorgelesen.

24. DEZ

Heute stehen die Pisten von Ski Santa Fe oder eine Wanderung auf dem Dale Ball Trail auf dem Programm. Danach lockt ein heißes Bad in der legendären japanischen Wellness-Oase Ten Thousand Waves.

Nach der schönen barocken Weihnachtsaufführung in der hübschen Loretto Chapel bewundern Sie die traditionellen *farolitos* in der Canyon Road. Zu dieser Zeit leuchten in der Straße keine Straßenlampen, fahren keine Autos, singen Sternsinger und bewirten die Galerien Gäste mit heißem Apfelwein und Häppchen.

Danach besuchen Sie die mitternächtliche Christmette in der St Francis Cathedral.

25. DEZ

In einigen indianischen *pueblos* können Besucher die heiligen Tänze sehen, die vom 24. bis 29. Dezember stattfinden. Der erste Weihnachtsfeiertag bietet sich an, diese traditionellen Zeremonien zu erleben.

26. DEZ

Nach dem Frühstück besuchen Sie die hervorragenden Museen, etwa den Palace of the Governors, das Georgia O'Keeffe Museum und Museum Hill. Oder Sie bummeln durch die reizende Altstadt und bewundern die Holzschnitzereien in der Kirche San Miguel.

Dos & Don'ts

- ✗ Vergessen Sie nicht, dass in Santa Fe Hauptsaison ist. Buchen Sie Hotelzimmer, Aktivitäten und Vorführungen schon so früh wie möglich.
- ✓ Buchen Sie, wenn möglich, ein Hotelzimmer mit einem Kiva-Kamin. Diese Eckkamine gehören zur traditionellen Ausstattung in den Häusern des Südwestens.
- ✓ Kommen Sie in guten Lokalen wie dem Café Pasqual und The Shed früh zum Essen, sonst müssen Sie lange warten.
- ✓ Wenn Sie mit dem Auto nach Santa Fe reisen, parken Sie am besten hinter der St Francis Cathedral.

ANREISE
Das Rote Meer grenzt an die Ostküste von Ägypten und die Südküste der Sinai-Halbinsel. Internationale Flüge landen in Hurghada und Sharm el-Sheikh. Von den Flughäfen fahren Taxis in die nahen Hotelanlagen.

VOR ORT UNTERWEGS
Taxis sind preiswert und reichlich vorhanden. Für längere Fahrten mietet man sich am besten zusammen mit anderen Reisenden einen Wagen mit Fahrer.

WETTER
Im Dezember liegen die Temperaturen bei angenehmen 20 °C.

ÜBERNACHTEN
The Hilton, Dahab, mit Tauchschule, Doppelzimmer ab 85 €; www.hiltonworldresorts.com

Sonesta Beach Resort, im Stil eines Beduinendorfes gestaltet, Doppelzimmer ab 110 €; www.sonesta.com

Four Seasons Resort Sharm el-Sheikh, mit eigenem Strand, Doppelzimmer ab 250 €; www.fourseasons.com/sharmelsheikh

ESSEN GEHEN
In den Hotels in den ägyptischen Ferienorten am Roten Meer gibt es unzählige Restaurants. Viele sind auf Fisch und Meeresfrüchte spezialisiert, häufig haben sie eine Strandterrasse, wo das Essen auf Holzkohlengrills zubereitet wird.

KOSTEN FÜR ZWEI PERSONEN
170–200 € pro Tag inklusive Übernachten, Verpflegung und einem Tauchausflug.

INFORMATION
www.touregypt.travel

Berg Sinai

Auf dem Gipfel des Berges Sinai steht das weltberühmte Katharinenkloster. Das ursprüngliche Gebäude wurde im 4. Jahrhundert von einer byzantinischen Kaiserin an der Stelle erbaut, wo Moses den brennenden Busch gesehen haben soll. Die Klosteranlage wurde später befestigt und konnte deshalb die Wirren der Jahrhunderte überstehen. Im Inneren beherbergt sie eine fantastische Sammlung von Ikonen.

Links: Typisches luftiges Hotel in Sharm el-Sheikh

Rechts (von links nach rechts): Sonnenuntergang über der Naama-Bucht; Meerbarben-Schule; Delfin mit Kalb im Roten Meer; Riffbarsch-Schule im klaren Wasser

Kleines Bild unten: Ein Clownfisch schwimmt durch die Tentakel einer rosa Seeanemone

Großes Bild: Wracktauchen in der Gesellschaft von Fahnenbarschen im Roten Meer

Geheimnisvolle Tiefe

Früher lockten die Pyramiden, die Gräber und Paläste der Pharaonen Reisende in das Land am Nil, heute ist die Unterwasserwelt des Roten Meers für viele Besucher die Hauptattraktion. Korallenriffe ziehen sich über 800 Kilometer entlang Ägyptens Küste rund um die Sinai-Halbinsel und bis zur Grenze zum Sudan im Süden. Das Rote Meer füllt einen bis zu 2000 Meter tiefen Kontinentalgraben, in dem die Landmassen Afrikas und Asiens aufeinanderstoßen – in den Untiefen zwischen den unterseeischen Steilabhängen und dem Strand liegen die Riffe. In diesen überaus reichen Ökosystemen tummeln sich zwischen den Korallenbänken über tausend Meerestierarten, von denen viele nur hier zu finden sind. Wer in die Unterwasserwelt eintaucht, fühlt sich wie in einem riesigen, gut bestückten Aquarium. Hier flitzen gestreifte Kaiserfische, türkisfarbene Papageifische und farbenprächtige Clownfische umher. Bis zu sechs Meter große Mantarochen gleiten mit langsam wallenden Flügeln

Oben: Rast in der schroffen Wüstenlandschaft

Wer in die Unterwasserwelt eintaucht, fühlt sich wie in einem riesigen, gut bestückten Aquarium.

dahin. Meeresschildkröten ziehen unbeirrt knapp unter der Wasseroberfläche dahin, ganze Delfinschulen schwimmen in Formation vorbei.

Natürlich erlebt man diese aufregende Welt am unmittelbarsten beim Tauchen und Schnorcheln, aber es geht auch anders: Im Roten Meer gibt es wegen des hohen Salzgehalts wenig Plankton, und damit ist das Wasser so klar, dass man selbst von einem Boot mit Glasboden die Farbenexplosion in der Tiefe betrachten kann. An der Küste entstanden neue Ferienorte, etwa Sharm el-Sheikh, Naama Bay oder Hurghada. Zahlreiche Fünf-Sterne-Hotelanlagen stehen mit eigenen Tauchclubs und Tauchschulen direkt am Meer. Hinter den Hotels erstrecken sich entweder die kahlen Berge der Sinai-Halbinsel oder die trockenen Weiten der Arabischen Wüste, die man auf Ausflügen erkunden kann. Und immer noch locken die alten Stätten: Tagesausflüge entführen nach Luxor zu den Pharaonen oder zum urchristlichen Katharinenkloster.

Unterwasserwelten

Das Rote Meer ist ideal, um im Winter Sonne zu tanken. Die von der Sonne ausgedörrte felsige Landschaft wartet unter dem blauen Himmel mit glitzernden Gewässern auf, in denen man bei den Korallenriffen in eine überbordende Unterwasserwelt eintauchen kann. Doch auch an Land gibt es hier einiges zu entdecken.

Acht Tage am Roten Meer

TAG 1–2 Schon beim ersten Schnorcheln erleben Sie die Wunderwelt des Riffs – zahllose Fische können an den Stränden von Sharm el-Sheikh, Naama Bay und Dahab bewundert werden. Darüber hinaus finden sich in den meisten Hotels Tauchzentren. Viele hervorragende Tauchgründe sind mit dem Boot schnell erreichbar.

TAG 3–4 30 Kilometer südlich von Sharm el-Sheikh leben im Ras Muhammad National Park gefährdete Tierarten der Region, etwa Gazellen und Sandfüchse. In der schönen Landschaft liegen zwischen Felsen und Sand Mangrovenhaine und Süßwasserstellen. Ras Muhammad zählt zudem mit seinem nahezu unberührten Korallenriff zu den besten Tauchgründen der Welt.

TAG 5–6 Unternehmen Sie einen Ausflug auf Kamelen in das Landesinnere oder fahren Sie mit einem Mietwagen in den zentralen Sinai zum alten festungsartigen Katharinenkloster am biblischen Berg Sinai, wo Moses die Tafeln mit den zehn Geboten erhielt.

TAG 7–8 Die letzten Tage verbringen Sie gemächlich. Tanken Sie Sonne unter wolkenlosem Himmel, bevor Sie wieder zurückfliegen.

Dos & Don'ts

- ✓ Befolgen Sie die einfache und wichtige Regel, die sowohl beim Tauchen als auch beim Wandern und bei jedem Aufenthalt in freier Natur gilt: Nichts mitnehmen, nichts hinterlassen.
- ✗ Für Taucher gilt: Bewundern Sie die Unterwasserwelt, aber fassen Sie nichts an. Sie schaden damit den Lebewesen (besonders den empfindlichen Korallen) und begeben sich selbst in Gefahr. Nicht wenige Tiere und Pflanzen sind giftig.
- ✗ Gehen Sie keine Risiken ein. Tauchen Sie nur mit seriösen Tauchunternehmen – die Unterwasserwelt ist wunderschön, aber auch gefährlich.
- ✓ Falls Sie wirklich im Winter am Roten Meer Urlaub machen, nutzen Sie die angenehmen Temperaturen und fahren Sie in das Hinterland des Sinai. Der Aufwand wird durch eine beeindruckende Wüstenlandschaft und durch geologische Sehenswürdigkeiten wie etwa den »Coloured Canyon« mehr als belohnt. Achtung: Nach Sonnenuntergang wird es in der Wüste schlagartig bitterkalt. Nehmen Sie winddichte, warme Kleidung zum Überziehen mit.

ANREISE
Kerala ist ein Bundesstaat an der Südwestküste Indiens. Internationale Flüge landen in Kochi (früher Cochin) und in Keralas Hauptstadt Thiruvananthapuram (früher Trivandrum).

VOR ORT UNTERWEGS
Busse und Züge sind preiswert und sicher, Autos werden mit Fahrer gemietet. Handeln Sie bei Taxis ohne Taxameter den Preis vorab aus. In die Backwaters kommt man nur per Boot.

WETTER
Im milden Dezember liegen die Temperaturen im Durchschnitt bei rund 30 °C. Der Nordost-Monsun endet in Kerala Anfang Dezember.

ÜBERNACHTEN
Old Harbour Hotel, Kochi, schön restauriertes historisches Haus mit großen Zimmern, Doppelzimmer ab 100 €; www.oldharbourhotel.com

Isola Di Cocco, bei Thiruvananthapuram, schöne Strandlage, organisiert Backwaters-Touren, Doppelzimmer ab 50 €; www.isoladicocco.com

Die Unterkunft auf einem *kettuvallam* (Lastenkahn) kostet ab 45 € für zwei Personen pro Nacht, inklusive Backwaters-Tour.

ESSEN GEHEN
Fisch, Reis und Kokosnüsse sind die wichtigsten Zutaten der Küche in Kerala, gewürzt wird mit Tamarinden und Curryblättern. Traditionelle Gerichte werden auf Bananenblättern gereicht und mit der Hand gegessen.

KOSTEN FÜR ZWEI PERSONEN
90–120 € pro Tag inklusive Übernachten, Verpflegung und Fahrten vor Ort.

INFORMATION
www.keralatourism.org

Kerala-Ayurveda-Massage

Der klassische heilkundliche Text *Ashtangahridaya* bildete in Kerala die Grundlage des Ayurveda. Sein Autor, Vagbhata, war Schüler eines buddhistischen Arztes. Heute wird die ganzheitliche Heilmethode in ganz Indien praktiziert. Die berühmte Kerala-Methode, *panchakarma*, basiert auf fünf Elementen – hier kommen bei der Behandlung verschiedenster Leiden medizinische Öle, Kräuter, Milch, Massagen und eine spezielle Diät zu Anwendung.

Bootsfahrt in den Backwaters

Stille grüne Wasserläufe durchziehen Reisfelder und dichte Kokoshaine, Palmen werfen ihre Schatten auf das Wasser. Gelegentlich fährt langsam ein *kettuvallam* (Lastkahn) vorbei: Wir sind in den Backwaters von Kerala, einem 900 Kilometer langen Netzwerk aus Kanälen, Flüssen und Seen, einem Flickenteppich aus Wasser und Land, in dem das Leben von der Landwirtschaft geprägt wird. Oft nur wenige Schritte breit sind die dem Wasser abgetrotzten Landstreifen, auf denen die Dörfer stehen. Von den steilen Hausdächern tropft der Monsunregen auf die Erde. Auf den kleinen Parzellen werden Enten, Hühner und sogar Kühe gehalten und kleine Gemüsefelder angelegt.

Die beste und fast einzige Art, sich hier zu bewegen, ist der *kettuvallam*. Auf diesen Lastkähnen fährt man vorbei an Fischernetzen, wie sie seit Jahrhunderten verwendet werden. Die schönen Holz-

Großes Bild: Bootsfahrt durch die stillen, von Palmen gesäumten Backwaters von Kerala in einem umgebauten Lastenkahn *(kettuvallam)*

Links: *Kettuvallam* mit typischem Strohdach

Rechts (von links nach rechts): Basilica Santa Cruz in Fort Cochin; Frauen in traditioneller gelber Kleidung am Strand

boote dienen normalerweise zum Transport und als Fähren, zunehmend jedoch auch als Hotelschiffe, mit denen man das Labyrinth erkunden kann.

Fahrten durch die Backwaters sind besonders interessant, weil man einen Eindruck vom Alltagsleben der Menschen weitab von der turbulenten Welt der indischen Städte bekommt. Am Morgen hört man das aufgeregte Plappern der Kinder, die auf kleinen Booten zur Schule fahren. Frachtkähne werden mit Bergen von Cashewnüssen und *coir* (Kokosfasern) zur Herstellung von Seilen und Bodenbelägen beladen. Männer klettern behände die schlanken Stämme der Palmen hinauf, um deren Saft abzuzapfen. Daraus wird Palmwein gebrannt, der an den Wasserstraßen und in Restaurants verkauft wird. Wenn die Sonne über den Backwaters untergeht, zeichnen sich die Silhouetten der Palmen gegen den Himmel ab, und die friedliche Stille wird nur durch gelegentliches Affengeschrei unterbrochen – Indien zeigt hier eine seiner faszinierendsten Facetten.

Oben (von oben nach unten): Fischernetze bei Fort Cochin; Fischer holen ihre Netze ein

Unten: Kathakali-Tänzer mit traditioneller Gesichtsbemalung

Oben: Frachtkahn auf den ruhigen Backwaters

Wasserwege

Kerala zählt ganzjährig zu den beliebtesten Reisezielen in Indien – im Dezember wird die Region jedoch zu »God's Own Country«. In dieser Zeit hat der Nordost-Monsun den ganzen Staat in ein üppig grünes Kleid gewandet, und der hohe Wasserstand bietet ideale Bedingungen für eine Fahrt auf den Backwaters.

Zehn Tage im Wasserland

In Kochi spazieren Sie ins Viertel Fort Cochin mit seinem altmodischen Charme. In der River Road bestaunen Sie die chinesischen Fischernetze, dann besichtigen Sie die St Francis Church und die Basilica Santa Cruz. Danach bummeln Sie in den engen Straßen und Antiquitätenläden rund um die Paradesi Synagogue in Jew Town. Abends besuchen Sie eine Kathakali-Aufführung in der See India Foundation. **TAG 1–2**

Ein Ausflug führt in das Bergstädtchen Munnar, das inmitten riesiger Teeplantagen gelegen ist. Nach einem Spaziergang in die Umgebung lassen Sie sich mit einer traditionellen Ayurveda-Massage im Hotel verwöhnen. **TAG 3**

Im Periyar Wildlife Sanctuary sehen Sie zahlreiche Wildtiere, darunter Tiger, Elefanten, Wildschweine, Hirsche, Büffel und Affen. **TAG 4**

Auf dem Weg nach Alapphuzha, einem Hauptausgangsort für Backwater-Fahrten, halten Sie am schönen Vembanad Lake. **TAG 5**

Von Alapphuza fahren Sie auf den Backwaters nach Kollam, übernachtet wird auf einem *kettuvallam*. Genießen Sie die Ruhe und die schöne Landschaft. **TAG 6–8**

Von Kollam fahren Sie südwärts in Keralas Hauptstadt Thiruvananthapuram, die auf sieben Hügeln erbaut wurde. Dort bewundern Sie den beeindruckenden Anantha-Padmanabhaswamy-Tempel und besuchen die Museen. Danach bleibt genügend Zeit, um Kunsthandwerk zu erstehen oder an den Stränden von Kovalam oder Varkala die Sonne zu genießen. **TAG 9–10**

Dos & Don'ts

- ✓ Tragen Sie immer ein Insektenschutzmittel auf, besonders wichtig ist das in den Backwaters.
- ✗ Unterschätzen Sie die Kraft der UV-Strahlung bei leicht bedecktem Himmel nicht.
- ✓ Ziehen Sie sich angemessen an, sodass Arme und Beine bedeckt sind. Das hilft gegen die Sonne, aber auch gegen Moskitos.
- ✗ Baden Sie nicht in langsam fließenden oder stehenden Gewässern – und schlucken Sie auf keinen Fall Wasser.

ANREISE
Sydney liegt in New South Wales an Australiens Südostküste. Internationale und Inlandsflüge landen am neun Kilometer vom Stadtzentrum entfernten Sydney Airport.

VOR ORT UNTERWEGS
Die Stadt hat ein exzellentes öffentliches Verkehrsnetz mit Bussen, Zügen und Fähren, die Sie mit dem Travel Pass nutzen können. Taxis sind ebenfalls preiswert.

WETTER
Im garantiert warmen Dezember liegen die Durchschnittstemperaturen bei 24 bis 26 °C.

ÜBERNACHTEN
Park Lodge Hotel, gemütlich und nur fünf Minuten vom Stadtzentrum entfernt, Doppelzimmer ab 45 €; www.parklodgehotel.com

Kirketon Boutique Hotel, ein elegantes Hotel in Darlinghurst, Doppelzimmer ab 120 €; www.kirketon.com.au

Sebel Pier One, großartige Lage am Hafen mit herrlichem Blick in allen Zimmern, Doppelzimmer ab 150 €; www.mirvachotels.com

ESSEN GEHEN
Sydney bietet Restaurants von Weltrang, häufig mit asiatisch-pazifischen Einflüssen. Gut und preiswert isst man in der Chinatown (Hauptgerichte ab rund 7 €). Großartige Aussicht und fantastische Drei-Gänge-Menüs bietet Modern Australia am Circular Quay (rund 50 €).

KOSTEN FÜR ZWEI PERSONEN
180–220 € pro Tag inklusive Übernachten, Verpflegung, Fahrten vor Ort und Eintrittsgelder.

INFORMATION
www.sydney.com.au

Sydney Opera House

Australiens weltberühmtes architektonisches Wahrzeichen wurde nach den Plänen des dänischen Architekten Jørn Utzon 1973 vollendet. Das Gebäude umfasst fünf Theater, die wie »Muscheln« aus Gussbeton gleich den aufgebogenen Segmenten einer Orange geformt sind. Im Hauptkonzertsaal steht eine Orgel mit 10 000 Pfeifen. Die Außenverkleidung besteht aus über einer Million weißen schimmernder Granitkacheln, lokale Harthölzer und rosa Granit bestimmen die Innenräume. Die Oper kann im Rahmen von Führungen besichtigt werden.

Um Mitternacht steht die Brücke förmlich in Flammen, wenn das gigantische Feuerwerk den Himmel erhellt.

Oben (von oben nach unten): Koala im Taronga Zoo; die futuristisch anmutende Monorail fährt vom Central Business District über den Hafen nach Darling Harbour

Silvester in Down Under

Syndey hat eine einzigartige Skyline: Die Sydney Harbour Bridge und das Opernhaus, dessen Dächer an ein Schiff unter Segeln erinnern, verleihen dem geschäftigen Hafen sein unverwechselbares Gesicht. An Silvester steigt in dieser Kulturmetropole eine fantastische Party. Bei Einbruch der Dunkelheit füllt sich der Hafen mit blinkenden Booten, die auf dem Wasser schaukeln. Um Mitternacht steht die Brücke förmlich in Flammen, wenn das gigantische Feuerwerk den Himmel erhellt. Dann ergießt sich von der Brücke ein Lichtervorhang in das 50 Meter darunter gelegene Wasser, während Raketensalven immer wieder neue Funkenregen in psychedelischen Farbexplosionen in den Himmel zaubern. Nach Ende des Feuerzaubers hat man das Gefühl, als hätte jemand das Licht ausgeschaltet, und die Stimmung erreicht ihren Höhepunkt. Silvester wird typisch australisch mit Barbecue und »tinnies« (Bierdosen) je nach Kondition bis zum Morgengrauen (und noch länger) gefeiert. Beobachten Sie das

Oben (von oben nach unten): Rindengemälde eines Aborigine-Künstlers; Glasgang im Open Ocean des Sydney Aquarium

Großes Bild: Silvesterfeuerwerk an der Sydney Harbour Bridge

Unten: Restauranttische am Circular Quay

Oben: Junge Surfer bei einem Surf Carnival am Bondi Beach

Facettenreiches Sydney

Australiens »Harbour City« ist die Party-Hauptstadt des Landes – und an Silvester wird hier die größte Party gefeiert (obwohl der schwul-lesbische Mardi Gras auch nicht ohne ist). Eine Woche reicht, die Sehenswürdigkeiten zu entdecken. Danach lockt eine Reise zur Küste von Queensland (*siehe S. 256–257*).

Eine Woche in der Harbour City

30. DEZ
Vormittags gewinnen Sie einen ersten Eindruck bei einer Stadtrundfahrt, nachmittags sehen Sie The Rocks oder besuchen das Museum of Contemporary Art.

31. DEZ
Nach einer beeindruckenden Hafenrundfahrt ruhen Sie sich für die abendliche Party aus. Ein kleineres Feuerwerk wird schon um 21 Uhr gezündet (für die Kinder), der spektakuläre Höhepunkt findet jedoch um Mitternacht statt. Danach wird bis zum Morgen gefeiert.

1. JAN
Am Bondi Beach erholen Sie sich mit einem Schläfchen am Strand von den Strapazen der Nacht oder versuchen sich beim Surfen – hier geben einige Surfschulen ganz- und halbtägige Kurse.

2. JAN
Ein Ausflug führt in das Hunter Valley, wo Sie in den Weingütern Wein verkosten und Gourmetküche genießen. Empfehlenswert sind etwa Rothbury Estate, Lindemans und McWilliams Mount Pleasant Winery.

3. JAN
Heute locken die Art Gallery of New South Wales, das Australian Museum oder das Sydney Aquarium, danach das Sydney Opera House, Chinatown oder eine Fährfahrt vom Circular Quay zum Taronga Zoo.

4. JAN
Frische Luft und grüne Landschaften bieten die nahen Blue Mountains. Dort sehen Sie die Three Sisters, fahren mit dem Scenic Skyway über die Berge von Katoomba und erkunden die Jenolan Caves.

5. JAN
Am letzten Tag bewundern Sie die schönen Royal Botanic Gardens und shoppen dann ausgiebig in den hervorragenden Läden von Darling Harbour.

Ganze am besten von den offiziellen Aussichtspunkten. An den inoffiziellen Plätzen ist die Stimmung zwar ausgelassener, doch kann es dort auch etwas wild werden.

Am Neujahrstag sitzen bereits frühmorgens die Surfer am Bondi Beach auf ihren Brettern und warten auf die perfekte Welle. Sobald sich eine große Welle nähert, bricht hektische Aktivität aus – und immer wieder schaffen es einige, durch das turbulente Wasser mühelos bis an den Strand zu surfen. Man sollte die Gelegenheit nutzen, auch einmal auf den Wellen zu reiten. Selbst wenn man nur vom Brett fällt und Meerwasser schluckt, ist es ein faszinierender Sport.

Sydney wurde erst 1788 gegründet, die Geschichte der Aborigines der Region reicht jedoch 40 000 Jahre zurück. Mehr dazu erfahren Sie im Australia Museum. Über die berüchtigte Vergangenheit der Stadt als Strafkolonie informiert hingegen das Museum of Sydney. Am besten lernen Sie die Stadt kennen, wenn Sie sie zu Fuß erkunden. Die meisten Besucher beginnen an The Rocks, wo die erste englische Siedlung stand. Heute finden sich dort Museen, Galerien, Kunsthandwerksläden, historische Pubs und Restaurants mit dem obligatorischen Blick auf den Hafen.

Dos & Don'ts

- ✓ Kaufen Sie eine zwei, drei oder sieben Tage gültige Smartcard (für Kinder und Erwachsene), mit der Sie zu den meisten Attraktionen freien Eintritt haben.
- ✗ Vergessen Sie nicht Ihren Sunblocker, in dem etwa Zinkoxidpartikel vor den UV-Strahlen schützen. Eine dick eingecremte Nase ist beim Sonnenbaden am Bondi Beach Pflicht.
- ✓ Beachten Sie unbedingt die Flaggen an den Stränden: Eine rote Flagge bedeutet »Nicht schwimmen«. Die größten Gefahren sind Strömungen, Kabbelungen und hohe Brandung sowie Haie.

ANREISE
Dominica gehört zu den Inseln über dem Winde im östlichen Karibischen Meer. Auf den beiden Flughäfen landen Flüge von Puerto Rico. Fähren bringen Sie nach Guadaloupe und Martinique.

VOR ORT UNTERWEGS
Autos können bei zahlreichen Verleihern gemietet werden, auf der Insel fahren auch Taxis. Fahrer müssen eine zusätzliche Gebühr zahlen.

WETTER
Der Dezember fällt in die heißeste Jahreszeit. Aufgrund der Topografie und Vegetation variieren die Temperaturen erheblich. In den Bergen regnet es während des ganzen Jahres.

ÜBERNACHTEN
3 Rivers Eco-Lodge, Newfoundland Estate, Rosalie – Regenwald-Lodge mit Camping, Zweipersonenzelt ab 20 €; www.3riversdominica.com

Garraway Hotel, Roseau – Stadthotel mit Aussicht, Doppelzimmer ab 60 €; www.garrawayhotel.com

Jungle Bay Resort & Spa, Cottages im Wald, Doppelzimmer ab 110 €; www.junglebaydominica.com

ESSEN GEHEN
Dominicas würzige Küche weist karibische, französische und asiatische Einflüsse auf. Eine Spezialität ist *buljow* – Salzfisch mit Piment, Frühlingszwiebeln und Tomaten in Kokosmilch gekocht. Eine sättigende Mahlzeit kostet rund 7 bis 8 €, ein Gourmetgericht das Doppelte.

KOSTEN FÜR ZWEI PERSONEN
110–130 € pro Tag inklusive Übernachten, Verpflegung und Mietwagen.

INFORMATION
www.dominica.dm

Dominicas Papageien

Nur auf Dominica leben zwei endemische Papageienarten: Die Kaiseramazone oder Sisserou ist Dominicas Nationalvogel und ziert Flagge und Wappen der Insel. Die Männchen dieser größten Amazonenart können bis zu 50 Zentimeter groß und fast ein Kilogramm schwer werden. Ihr Gefieder ist an der Brust violett, am Hals blau-grün und am Kopf rostrot gefärbt. Die Federn der kleineren Blaukopfamazone sind am Hals blutrot. Am besten kann man die seltenen Vögel im Northern Forest Reserve bei Syndicate erspähen.

Gebirgiger Garten Eden

Dominica ist die jüngste und größte Insel der Kleinen Antillen – und ein gebirgiger Garten Eden, dessen unzählige Grüntöne in den *Fluch der Karibik*-Filmen perfekt mit der Kamera eingefangen wurden. Man spürt beinahe, wie die Pflanzen wachsen, und würde sich nicht wundern, wenn ein frecher Pirat im Unterholz lauerte. Die meisten Besucher wandern durch die Regenwälder, wo das Zwitschern, Pfeifen und Gurren der Vögel die kühle, feuchte Luft erfüllt. Auf der Insel leben insgesamt 170 Vogelarten, darunter zwei nur hier vorkommende Papageienarten. Besonders gut können sie an den unteren Hängen des Morne Diablotin beobachtet werden.

Hier gedeihen fantastische tropische Pflanzen, etwa der prächtige Fackelingwer, verschiedene Helikonien sowie knallrot leuchtende Bougainvilleen und Hibiskusarten.

Dominica ist aber auch ein Mekka der Pflanzenfreunde. Hier gedeihen fantastische tropische Pflanzen, etwa der prächtige Fackelingwer, verschiedene Helikonien sowie knallrot leuchtende Bougainvilleen und Hibiskusarten.

An der Ostküste leben im *Carib Territory* Nachfahren der präkolumbischen Bevölkerung – Dominica ist die einzige ostkaribische Insel, die noch von Kariben bewohnt wird. Über den bewohnten Regionen sind sieben Vulkane aktiv. In vielen Kratern befinden sich klare Gebirgsseen oder blubbernde Quellen. Das bevorzugte Ziel von Wanderern ist das Valley of the Desolation im Morne Trois Pitons National Park, wo der Weg zu den heißen Quellen und kühlen Becken der Trafalgar Falls führt. Ganz bequem sieht man den Regenwald von einer Seilbahn aus.

Auch für Taucher hat die Insel einiges zu bieten. Besonders faszinierend ist etwa der Soufrière Crater, ein versunkener Vulkan mit einem großen Korallengarten. Schnorchler können schon in Ufernähe Zackenbarsche, Papageifische und Schwärme von kleinen, bunt gestreiften Fischen entdecken. Weiter entfernt lassen sich ganzjährig Pottwale und im Winter Buckelwale beobachten, am Strand Meeresschildkröten, die ihre Eier ablegen. Einige Abschnitte der Küste sind so unzugänglich, dass Sie dort auf einem schwarzen Sandstrand vielleicht als erster Mensch ihre Fußabdrücke hinterlassen.

Großes Bild: Baumfarne im Regenwald
Kleines Bild oben: Die Rainforest Aerial Tram, eine Seilbahn im Morne Trois Pitons National Park
Unten (von links nach rechts): Emerald Pool und Wasserfall; Helikonie mit kräftigen Farben; die zerklüftete Ostküste der Insel

JAN
FEB
MÄRZ
APR
MAI
JUNI
JULI
AUG
SEP
OKT
NOV
DEZ

Oben: Abkühlung im Wasser beim Ausreiten

Karibischer Dschungel

Nirgendwo in der Karibik ist der Regenwald so gut erhalten wie auf Dominica – die Insel ist ideal für Naturfreunde und aktive Reisende. Der Dezember ist der trockenste Monat. Sie brauchen mindestens eine Woche, um die Insel zu entdecken, Wassersport zu treiben, zu wandern und den Regenwald zu erkunden.

Eine tropische Inselwoche

TAG 1

In der Inselhauptstadt Roseau bewundern Sie die Häuser im New-Orleans-Stil und informieren sich im Museum über Dominicas Kultur- und Naturgeschichte.

Nachmittags schnorcheln Sie in der Champagne Bay, wo Unterwasserschlote das Wasser zum Perlen bringen.

TAG 2

Im Morne Trois Pitons National Park wandern Sie zu den Trafalgar Falls und den Papillote Tropical Gardens.

Nachmittags erkunden Sie den Regenwald in der Rainforest Aerial Tram. Ein Führer zeigt Ihnen die Vögel und anderen Tiere im dichten Blätterdach.

TAG 3

Vormittags tauchen Sie in den Unterwasserhöhlen des Soufrière Crater, einem versunkenen Vulkan mit herrlichen Korallen. Oder Sie erkunden den Soufrière Marine Park. Danach geht es zu den Soufrière Sulphur Springs.

TAG 4–5

Verbringen Sie einen Tag im Wacky Rollers Adventure Park, inklusive Ausritt und Jeep-Safari.

Mit dem Boot fahren Sie zu den Buckelwalen, mit denen Sie schwimmen können. Dann lockt der Strand.

TAG 6

In den Bergen der Insel wandern Sie zum treffend benannten Boiling Lake im Valley of Desolation. Unterwegs baden Sie in den Thermalquellen.

TAG 7

Am letzten Tag sollten Sie unbedingt ein letztes Mal den Strand genießen und entspannen, bevor Sie zum Flughafen fahren und die Heimreise antreten.

Dos & Don'ts

- ✓ Nehmen Sie Pullover und Regenjacke mit. In den Bergen kann es kühl sein und immer wieder kurz regnen.
- ✗ Vergessen Sie nicht, wenn Sie ein Auto mieten: Auf Dominica herrscht Linksverkehr. Besonders wenn man auf einsamen Straßen ohne andere Verkehrsteilnehmer losfährt, tut man dies leicht auf der falschen Straßenseite.
- ✓ Probieren Sie unbedingt die köstlichen einheimischen Früchte, etwa Barbadinen, Karambolen, Tamarinden, Guaven und Soursops. Obst, das nicht gewaschen werden muss, sondern geschält oder aus der Schale gelöffelt wird, können Sie bedenkenlos an Straßenständen oder von fliegenden Händlern kaufen und sofort genießen.

ANREISE
Helsinki ist die Hauptstadt von Finnland. Internationale Flüge landen am 30 Minuten vom Zentrum entfernten Vantaa International Airport. Das 834 Kilometer weiter nördlich in Lappland gelegene Rovaniemi erreicht man mit einer elfstündigen Zugfahrt oder einem kurzen Flug.

VOR ORT UNTERWEGS
Helsinki ist gut mit Bussen, Straßenbahnen, Zügen und Booten zu erkunden. Im ländlichen Lappland kann man sich mit Hunde- und Motorschlitten fortbewegen.

WETTER
Im Dezember sinkt Helsinkis Durchschnittstemperatur selten unter 5 °C, häufig schneit es leicht. In Rovaniemi ist es mit durchschnittlich –5 °C erheblich kälter.

ÜBERNACHTEN
Scandic Grand Marina, elegant und modern in einem umgebauten Lagerhaus, Familienzimmer ab 160 €; www.scandic-hotels.com/grandmarina

Hotel Kamp, mit Blick auf Helsinkis Esplanadi-Weihnachtsmarkt, luxuriöse Familienzimmer ab 215 €; www.hotelkamp.fi

In Rovaniemi: Rantasipi Pohjanhovi, Familienzimmer ab 170 €; www.rantasipi.fi

ESSEN GEHEN
HelsinkiMenu bezeichnet saisonale Gerichte aus lokalen Produkten. G. W. Sundmans in der Eteläranta serviert Rentierfleisch (ab 60 €).

KOSTEN FÜR EINE VIERKÖPFIGE FAMILIE
320–350 € pro Tag inklusive Übernachten, Verpflegung, Eintrittsgelder und Fahrten vor Ort.

INFORMATION
www.visitfinland.com

Luciafest

In Skandinavien feiert man am 13. Dezember das Luciafest. In den Gemeinden wird ein junges Mädchen ausgewählt, das als Lucia eine Krone mit brennenden Kerzen trägt und so Licht in die Häuser, zu den Arbeitsstätten, in die Krankenhäuser und Schulen bringt. In den Städten und Dörfern führt die Lucia Umzüge an, bei denen Kinder singen. Das Fest wird auch im Familienkreis gefeiert. Ein Tochter wird zur Lucia gewählt und trägt das traditionelle weiße Gewand. Dem Brauch zufolge isst man am Luciatag Safrangebäck.

Großes Bild: Mit dem Rentierschlitten kommt man im verschneiten Lappland bequem voran
Oben (von oben nach unten): Schneekapelle in Rovaniemi; beleuchtete Skipiste in Levi; Nordlicht am finnischen Nachthimmel

Schlittenglöckchen im Schnee

Die Finnen lieben Weihnachten, nicht umsonst hat sich der Weihnachtsmann südlich von Rovaniemi im finnischen Lappland angesiedelt. Anfang Dezember beginnt die Festfreude: Kinder quietschen aufgeregt, wenn sie kurz den Weihnachtsmann erspähen, Würstchen und Heringe brutzeln über glühenden Kohlen, der *Finlandia*-Chor ertönt, der Geruch von frischem Honigkuchen hängt in der Luft der Cafés, die feierliche Melodie eines Straßenmusikanten erklingt, die Glöckchen bimmeln am Rentiergeschirr, und aus einem Markt unter freiem Himmel dringt Stimmengewirr. Dazu zaubert die Natur bunte Nordlichter in den Himmel.

Für Kinder werden die fantastischsten Winterträume wahr. Hier können sie die Werkstatt des Weihnachtsmanns besuchen, Rentiere betrachten und in den Schaufensterauslagen mit Spielzeug schwelgen, eine echte Festung und Schneeleoparden im Zoo besuchen, Schlittschuh laufen, Ski fahren und auf Hundeschlitten-Safari gehen.

Oben: Flotter Weihnachtsmann auf Motorschlitten

Unten (von oben nach unten): Stand mit Weihnachtsdekoration und Geschenken in Helsinki; weihnachtlich geschmückte Straße, im Hintergrund der Dom von Helsinki

Oben: Mammut-Eisskulptur im Helsinki Zoo

Weihnachtsmann-Tour

Im Dezember herrscht Weihnachtsstimmung: Auf Helsinkis Esplanadi reihen sich die Marktstände, die Schaufenster und Straßen sind mit Lichtern dekoriert, und Helsinki erstrahlt. In einer Woche können Sie die Stadt erkunden, shoppen und in Lappland die Heimat des Weihnachtsmanns sehen.

Acht Tage im Märchenland

TAG 1

In Helsinki bummeln Sie durch das Viertel am Hafen und fahren dann in das Jugendstilviertel Katajanokka, wo am Weihnachtsmarkt der Frauen (2. bis 6. Dezember) Kunsthandwerkliches verkauft wird.

TAG 2

Mit dem Boot fahren Sie zur Festungsinsel Suomenlinna, einer der größen Seefestungen der Welt und als Welterbe anerkannt. Zurück im Hafen besichtigen Sie die russische Uspensky-Kathedrale und trinken heiße Schokolade im gemütlichen Segelschiffcafé *Kathrina*. Abends shoppen Sie auf dem Esplanadi-Markt.

TAG 3

Heute stehen in Helsinkis Design-Viertel das Design Museum, das Museum der finnischen Architektur und das Design Forum auf dem Programm. Oder Sie bestaunen die Felsenkirche Temppeliaukio oder die Schneeleoparden im Helsinki Zoo. Mit Schlittschuhen gleiten Sie dann im Kallion Tekojäärata über das Eis.

TAG 4–6

Fliegen Sie nach Rovaniemi, wo Sie sich Lappland erst einmal im Museum Arktikum nähern.

Treffen Sie den Weihnachtsmann und seine Rentiere im Weihnachtsmanndorf, besuchen Sie ein Samen-Lager, machen Sie den Rentierschlitten-Führerschein.

Zur Hundeschlitten-Safari in die einsamen Wälder gehört auch ein zünftiges Mittagessen im Samen-Zelt.

TAG 7

Nach einem Skitag auf den schönen Hängen von Kittila oder Levi entspannen Sie in einer Sauna.

TAG 8

Zurück in Helsinki bummeln Sie noch einmal über den Markt auf der Esplanadi.

Auch die Suche nach Geschenken gestaltet sich märchenhaft. Auf den Weihnachtsmärkten findet man schöne Holzschnitzereien, Strickpullover, Puppen, Kerzen, Holzspielzeug, Pelzhüte, mundgeblasenes Glasgeschirr, Rentiere aus Stroh und Preiselbeerkonfitüre. Überall sieht man kleine, rote Elfen aus Wolle, mit Schaffell gefütterte Hausschuhe und Dekorationen aus roten Äpfeln. Und damit Sie sich von innen aufwärmen können, halten Stände Kessel mit dampfenden *glogi* bereit, einer leckeren Mischung aus Rotwein, Gewürzen, Rosinen und schwarzem Johannisbeersaft.

Die Finnen lieben nicht nur Weihnachten, sondern den Winter überhaupt, und sie laden die Welt ein, diese Zeit in vollen Zügen auf den zugefrorenen Seen, Skiloipen und bei Hunde- oder Rentier-Schlittenfahrten zu genießen. Und wirklich beginnen selbst Stadtmenschen den Winter zu lieben, wenn sie auf einem Hundeschlitten den eisigen Fahrtwind spüren, wenn sie sich an den kräftigen Farben der wollenen Mützen, Schals und Fäustlinge in der weiß glitzernden Schneelandschaft erfreuen oder dankbar die dampfende Wärme eines fellbedeckten Samen-Zeltes spüren.

Dos & Don'ts

- ✗ Scheuen Sie sich nicht, nach dem Weg zu fragen, fast jeder spricht hier Englisch.
- ✓ Kaufen Sie eine Helsinki Card. Sie ist günstig, wenn man Museen besuchen und viel mit der Straßenbahn fahren will. Mit der Karte erhält man auch Preisnachlässe in Hotels.
- ✓ Gehen Sie mindestens einmal in die Sauna. Außer Familiensaunen sind sie immer nach Geschlechtern getrennt.
- ✓ Nutzen Sie Helsinkis ausgedehnte unterirdische Passagen. Sie verbinden die Metro-Stationen und beherbergen Kaufhäuser und ganze Einkaufszentren.

ANREISE
Yap gehört zu den Föderierten Staaten von Mikronesien und ist via Guam oder Palau zu erreichen. Es gibt keine Direktflüge.

VOR ORT UNTERWEGS
Ein öffentliches Verkehrssystem ist nicht vorhanden. Colonia ist rund 15 Fahrtminuten vom Flughafen entfernt. Mieten Sie ein Auto im Hotel oder fahren Sie mit dem Taxi.

WETTER
Im trockenen Dezember liegen die Durchschnittstemperaturen wie im ganzen Jahr bei rund 27 °C.

ÜBERNACHTEN
ESA Hotel, einfache Doppelzimmer ab 60 €; www.yapesabayview.com

Manta Ray Bay Hotel, bunt und geräumig, Doppelzimmer ab 110 €; www.mantaray.com

Traders' Ridge Resort, gehobenes Hotel, Doppelzimmer ab 150 €; www.tradersridge.com

ESSEN GEHEN
Am besten isst man in Hotels. Das Manta Ray Bay's Restaurant serviert auf einem indonesischen Fischerboot im Hafen exzellente Meeresfrüchte (Hauptgerichte ab 11 €). Das Veranda View (Hauptgerichte ab 14 €) im Trader's Ridge bietet Aussicht über die Chamorro Bay sowie den »einzigen Yap-Profikoch auf Yap«. Gönnen Sie sich einen köstlichen Betelnuss-Cocktail.

KOSTEN FÜR ZWEI PERSONEN
160–180 € pro Tag mit Übernachten, Essen, Mietwagen, Halbtagesausflug, Tauchgang.

INFORMATION
www.visityap.org

Steingeld auf Yap

Yaps altes riesiges Steingeld, *rai* genannt, wurde auf den Felseninseln von Palau hergestellt und mit Booten in das 400 Kilometer entfernte Yap gebracht. Obwohl die Bewohner von Yap ausgezeichnete Seeleute waren, konnte die Fracht bei schlechtem Wetter den Tod bringen. So bemaß sich der Wert der Scheiben nach der Schwierigkeit, sie zu transportieren. Heute wird *rai* bisweilen noch verwendet, die Scheiben werden aber nie bewegt *(unten)*.

Unterwasserschätze

Stellen Sie sich vor, Sie schweben schwerelos in einer weichen, blauen Welt. Über sich sehen Sie verschwommen diffuse Lichtstrahlen, die auf verstreute unförmige Felsen treffen. Sie treiben über eine Felskante, die von senkrechten Wänden umgeben ist. Plötzlich verdunkelt eine große, dreieckige Gestalt die Umgebung. Das fremdartige Wesen mit vorstehenden Augen und ungeheuerlichen Seitenlappen mit einer Spannweite von fast fünf Metern kommt näher.

Wenn die Kreatur an ihnen vorbeischwimmt, öffnet sie ihr riesiges Maul und berührt Sie fast mit den Flügelspitzen. Ihnen stockt der Atem. Sind Sie ein Astronaut auf einem fremden Planeten, der Lebensformen sucht? Nein, Sie sind im westlichen Pazifik in neun Meter Tiefe, tauchen im M'il Channel und haben die Bekanntschaft eines der berühmten Mantarochen von Yap gemacht.

Yap ist nur ein winziger Fleck im Ozean, doch seine sanften, anmutigen, riesigen Mantas gehören zu den größten Attraktionen im Meer. Wer nicht taucht, für den ist die Insel meist nur ein Zwischenstopp auf dem Weg nach Guam oder Palau. Doch Yap ist als traditionellster Staat Mikronesiens äußerst sehenswert. Sie werden Ungewöhnliches entdecken, etwa Geld aus gigantischen Steinscheiben, deren Durchmesser vier Meter erreichen kann, und Betelnuss kauende Männer im Lendenschurz, die ihren Geschäften in der Hauptstadt Colonia nachgehen.

Auf dem winzigen Flughafen kommen Kinder auf die Rollbahn zu den Flugzeugen gelaufen, und in den Orten werden Sie mit einem ständigen Lächeln begrüßt. Die vom Betelkauen rot gefärbten Zähne sind nur am Anfang ein ungewohnter Anblick, und die Freundlichkeit der Einheimischen trägt dazu bei, dass man die Insel und ihre farbenprächtigen Unterwasserschätze gründlicher entdecken möchte – die wohlverdiente Erholung stellt sich dabei schnell ein.

Oben: Tänzer in farbenprächtigen traditionellen Kostümen

Oben (von oben nach unten): Yap aus der Vogelperspektive; Versammlungshaus *(faluw)* am Strand

Großes Bild: Taucherin am Korallenriff vor Yap

Unten (von oben nach unten): Mantarochen im Gewässer bei Yap; traditionelles Auslegerboot

Tauchabenteuer

Von Dezember bis Februar ist die beste Zeit, um Mantarochen zu beobachten – hierfür reichen ein oder zwei Tage, da man sie vor Yap in besonders großer Zahl trifft. In vier Tagen können Sie Yap in aller Ruhe erkunden, außer Sie möchten länger bleiben und noch auf die äußeren Inseln fahren.

Fünf Inseltage

TAG 1 Schwimmen Sie mit den Mantas – am besten sieht man Sie sehr früh am Morgen. Nachmittags schnorcheln Sie am Riff, den Blue Holes und in der Lagune.

TAG 2 Lassen Sie sich von einem Führer in das Stranddorf Bechiyal bringen. Das dortige *faluw* (Versammlungshaus der Männer) ist das älteste der Insel. Später sehen Sie die Steingeld-Banken in Balabat, Okau und Wanyan sowie einheimische Kunsthandwerker bei der Arbeit im Ethnic Art Village. Manchmal finden dort Tänze statt, oder der Transport von Steingeld und das Kauen der Betelnüsse wird demonstriert.

TAG 3 Von Bechiyal fahren Sie in 20 Minuten mit dem Boot zur »verbotenen« Insel Rumung, die seit dem 17. Jahrhundert bis vor kurzer Zeit Fremden nicht zugänglich war. Hier gibt es keine Autos, Straßen oder Strom, nur Steinwege und das Flair der Vergangenheit.

TAG 4 Lassen Sie sich von einem Führer die Relikte der japanischen Besatzung im Zweiten Weltkrieg zeigen, etwa abgeschossene Kampfflugzeuge. Unternehmen Sie eine Fahrt auf einem traditionellen Segelboot, fahren Sie mit dem Kajak durch die Mangrovenkanäle oder mit dem Mountainbike durch den Dschungel.

TAG 5 Fliegen Sie zum unberührten Ulithi-Atoll der äußeren Inseln, wo Sie ein oder zwei Tage schnorcheln und tauchen. Hier sehen Sie unter anderem Tigerhaie, Schildkröten und Wracks aus dem Zweiten Weltkrieg.

Dos & Don'ts

- ✓ Lassen Sie sich zeigen, wie man Betelnüsse kaut. Wer sich ungeschickt anstellt, wird seine Kleidung schnell mit dem roten Speichelsaft ruinieren.
- ✗ Tragen Sie am Strand keinen Badeanzug, bedecken Sie sich mit einem Sarong. Auch wenn einige Yap-Frauen oben ohne gehen, gilt es als unschicklich, wenn Frauen ihre Oberschenkel zeigen.
- ✓ Tragen Sie einen Grashalm, wenn Sie durch ein Dorf gehen – das gilt als Zeichen des Respekts.
- ✗ Gehen Sie nirgendwohin, ohne vorher zu fragen – jedes Landstück ist in Privatbesitz, und es gilt als schwere Beleidigung, es ohne Erlaubnis zu betreten.

ANREISE
Wien ist die Hauptstadt von Österreich. Internationale Flüge landen am 20 Kilometer südöstlich der Stadt gelegenen Flughafen Wien-Schwechat. Am besten kommt man mit dem City Airport Train (CAT) in die Stadt, die Fahrt dauert nur 16 Minuten.

VOR ORT UNTERWEGS
Am besten erkundet man Wien zu Fuß sowie mit U-Bahn, Bussen und Straßenbahnen.

WETTER
Im Dezember rangieren die Temperaturen in Wien zwischen –1 bis +3 °C.

ÜBERNACHTEN
Hotel Zipser, ein Familienbetrieb in zentraler Lage, Doppelzimmer ab 80 €; www.zipser.at

Hotel Altstadt Wien, elegant mit behaglichem Flair, Doppelzimmer ab 140 €; www.altstadt.at

Grand Hotel Wien, ein historisches Luxushotel, Doppelzimmer ab 340 €; www.jjwhotels.com

ESSEN GEHEN
Typische Gerichte sind neben Mehlspeisen – etwa Kaiserschmarrn, Apfelstrudel und Palatschinken – Tafelspitz, Gulasch und natürlich Wiener Schnitzel. Eine Mahlzeit kostet in der Regel zwischen 15 und 30 € pro Kopf. In den berühmten Wiener Kaffeehäusern kann man neben der obligatorischen Sachertorte viele weitere Kuchensorten schlemmen.

KOSTEN FÜR ZWEI PERSONEN
250–300 € pro Tag inklusive Übernachten, Verpflegung, Fahrten vor Ort und Eintrittsgelder.

INFORMATION
www.wien.info

Stadt der Musik

Wien ist seit ewigen Zeiten eine Musikmetropole Europas. Das zeigt sich nicht nur in den Konzertsälen und in der Oper, sondern auch auf der Straße, wenn in der ganzen Stadt weihnachtliche Klänge ertönen und die Chöre auf den Christkindlmärkten »Stille Nacht« anstimmen. Das 1818 in Oberndorf bei Salzburg komponierte Lied zählt auch zum weihnachtlichen Repertoire der Wiener Sängerknaben. Für die beliebten Weihnachtskonzerte im Wiener Konzerthaus sollte man auf jeden Fall vorab Karten bestellen.

JAN
FEB
MÄRZ
APR
MAI
JUNI
JULI
AUG
SEP
OKT
NOV
DEZ

Großes Bild: Vorweihnachtliches Treiben auf dem Christkindlmarkt
Oben (von links nach rechts): Nikoläuse an einem Marktstand; Weihnachtsmarkt in Schönbrunn; Kaffee und Kuchen im Café Stern

Oben: Kuppel des Michaelertrakts in der Abenddämmerung

Lebkuchen und Glühwein

Die Advents- und Weihnachtszeit wird in Wien fröhlich gefeiert. Ein erster Höhepunkt ist der 6. Dezember, wenn der Nikolaus mit seinem unheimlichen Gesellen Krampus auf den Christkindlmarkt kommt. Manche behaupten, dass die Liebe der Wiener zu Weihnachten auf die Habsburger Kaiser zurückgeht, die als überzeugte Katholiken in der Geburt von Christus das höchste Fest sahen.

Seit Jahrhunderten verwandelt sich Wien in der Weihnachtszeit in ein Wintermärchen, wenn sich die Stadt festlich mit Lichtern schmückt. Am Schloss Schönbrunn, am Rathaus und in anderen Vierteln werden auf den Weihnachtsmärkten Kunsthandwerk, Spielzeug und Christbaumschmuck angeboten. Beim Bummel durch das Gewirr der Buden steigt einem unwiderstehlich der Duft von heißen Maroni, Glühwein, Punsch und Lebkuchen in die Nase – man muss einfach von den Weihnachtsspezialitäten kosten, für die Wien zu Recht berühmt ist.

Weihnachtstraditionen werden in Wien großgeschrieben: Chöre aus aller Welt geben Konzerte, Marionettentheater spielen Weihnachtsstücke, kunstvolle Krippen werden präsentiert. Nach dem Heiligen Abend und den Weihnachtsfeiertagen gehen die Festlichkeiten weiter. Die Wiener Silvesterveranstaltungen können es leicht mit den Feiern am New Yorker Times Square aufnehmen. Ein riesiger Neujahrsmarkt zieht sich kilometerlang durch die Stadt, und der Champagner fließt in Strömen. Am zentralen Festplatz am Stephansdom stoßen die Feiernden an und tanzen wie Profis durch die Nacht, nachdem sie am Neuen Markt eine kostenlose Tanzstunde genommen haben.

Doch damit sind die Feste nicht vorbei – Silvester bildet nur den Auftakt für die 300 Bälle der Ballsaison im Januar, die jedes Jahr von Neuem zeigt, dass Wien die musikalischste Stadt der Welt ist.

»Die Straßen Wiens sind mit Kultur gepflastert, die Straßen anderer Städte mit Asphalt.«

Karl Kraus

Unten (von links nach rechts): Beim Wiener Opernball; Wiener Sängerknaben
Kleines Bild links: Weihnachtsschmuck ziert die ganze Stadt

Adventsstimmung

Die Festlichkeiten starten im November und dauern den ganzen Advent über Weihnachten bis zur Ballsaison im Januar. Wer vor Weihnachten kommt, sieht die fantastischen Märkte, an Silvester lockt die Party am Stephansplatz, danach geht die Ballsaison erst richtig los.

Vier weihnachtliche Tage

23. DEZ

Bummeln Sie durch die Innenstadt und schließlich zu den Weihnachtsmärkten (etwa am Schloss Schönbrunn), wo Sie Weihnachtsschmuck, Holzspielzeug oder köstliche Weihnachtsleckereien erstehen können. Danach gönnen Sie sich deftige Kartoffelpuffer und trinken heißen Glühwein dazu. Abends besuchen Sie ein Weihnachtskonzert.

24. DEZ

Auf den Spuren des Kaiserreichs wandeln Sie in den grandiosen Bauten der Hofburg etwa durch die Appartements von Franz Joseph I. im Reichskanzleitrakt. Nachmittags lockt eine Pause mit Sachertorte oder ungarischer Dobostorte in einem Kaffeehaus.

Abends spazieren Sie über den berühmten Christkindlmarkt am Rathaus, genießen die festliche Atmosphäre und kaufen ein paar Kleinigkeiten. Danach gibt es als traditionelles Essen zum Beispiel *Fischbeuschelsuppe* (Karpfensuppe) oder gebackenen Karpfen.

25. DEZ

Genießen Sie den Weihnachtsfeiertag mit köstlichen Wiener Spezialitäten. Spazieren Sie durch die Stadt, die an diesem Tag besonders ruhig ist und eine faszinierende Atmosphäre bietet.

26. DEZ

Musikfreunde fahren mit der Straßenbahn zum Zentralfriedhof, wo große Komponisten begraben sind. Oder Sie besuchen die exzellenten Kunstmuseen, etwa das Museum moderner Kunst und das Leopold Museum für österreichische Kunst. Schlemmen Sie auf jeden Fall noch einmal im Kaffeehaus, bevor Sie abends eine Aufführung in der weltberühmten Staatsoper besuchen.

Dos & Don'ts

- ✓ Wenn Sie Musik mögen: Versuchen Sie unbedingt, Karten für ein Konzert im Musikvereinssaal zu bekommen. Er gilt als Konzertsaal mit der weltweit besten Akustik.
- ✗ Grüßen Sie nicht mit einem norddeutschen »Tach« oder »Tak«, sondern angepasst mit »Grüß Gott«. Aber versuchen Sie nicht, den Wiener Dialekt zu imitieren – er ist schwieriger, als man glaubt, und Wiener reagieren auf schlechte Nachahmungen leicht beleidigt.
- ✓ Bringen Sie Ihre Kinder in die »Christkindls Werkstatt«, die täglich in der Volkshalle im Wiener Rathaus angeboten wird. Dort können sie Geschenke basteln und Plätzchen backen, während Sie ungestört bummeln oder Kunst genießen.

Links: Klassischer Chevrolet am Strip in Las Vegas

Rechts (von links nach rechts): Im pompösen Tropicana; Red Rock Canyon in der Nevada Desert; einarmige Banditen im Flamingo Casino; Showgirl im funkelnden Kostüm im Bally's

Kleines Bild rechts: Das Venetian Hotel and Casino am Las Vegas Boulevard

ANREISE
Las Vegas liegt im Südwesten der USA. Internationale Flüge landen am McCarran International Airport. Vom Flughafen fahren Taxis zum Strip.

VOR ORT UNTERWEGS
Am besten ist man mit dem Taxi, Bus oder der Monorail unterwegs, die am Strip zu den großen Hotels fährt.

WETTER
Im Dezember liegen die Tagesdurchschnittstemperaturen bei 16 °C. Abends können sie auf –1 °C fallen.

ÜBERNACHTEN
Golden Nugget, gutes Preis-Leistungs-Verhältnis, ein Klassiker in der Downtown, Doppelzimmer ab 65 €; www.goldennugget.com

THEhotel, elegant und ruhig am südlichen Strip; große Doppelzimmer ab 110 €; www.thehotelatmandalaybay.com

Bellagio, im italienischen Palazzo-Stil, am zentralen Strip, Doppelzimmer ab 120 €; www.bellagio.com

ESSEN GEHEN
Eine Standardmahlzeit kostet inklusive Getränk rund 25 €. Gourmetmenüs (60 € ohne Wein) bietet das Picasso im Bellagio. Buffets sind meist am günstigsten, billiger isst man nur in Fast-Food-Ketten. Am besten ist das Carnival World Buffet im Rio Las Vegas (ab 10 €).

KOSTEN FÜR ZWEI PERSONEN
320–410 € pro Tag inklusive Übernachten, Verpflegung, Unterhaltung und Fahrten vor Ort.

INFORMATION
www.visitlasvegas.com

Bugsy's Town

Hollywood Glamour, Mafiageld (und -morde) und legales Glücksspiel – mit diesen Zutaten begann der Mobster Benjamin »Bugsy« Siegel ein Spiel- und Unterhaltungsdorado in der brütend heißen Wüste von Nevada aufzubauen. Noch heute steht sein 1946 errichtetes Flamingo Hotel, das den sagenhaften Erfolg von Vegas begründete. Als dieses Casino-Hotel nach Jahren endlich Gewinne abwarf, schlug die Geburtsstunde der »Sin City«.

Großes Bild: Neonlichter an Binion's Casino

Viva Las Vegas!

Eines ist sicher: Las Vegas ist einzigartig. Es ist verführerisch und abstoßend, künstlich und faszinierend, ein amerikanischer Traum von Freiheit ohne Grenzen, ein Lichtermeer von kosmischer Größe im Dunkel der Wüstennacht. In keiner anderen Stadt gibt es über 120 000 Hotelzimmer oder ein Hotel wie das Wynn Las Vegas, dessen Baukosten über 2,7 Milliarden US-Dollar betrugen. Wo früher am legendären Strip Provinzler das schnelle Glück suchten und Fressorgien an billigen Buffets feierten, summt Vegas nun seine Sirenengesänge für die wilden Reichen. Mit Direktflügen aus aller Welt strömen Risikospieler in die Stadt, und die Zimmerpreise steigen teilweise ins Unermessliche. Schnöder Mammon und Luxus stehen wieder im Mittelpunkt der Sin City.

Las Vegas ist schon am Tag ein Anschlag auf die Sinne. In der Wüstenhitze verdampft der Schweiß, und in der flirrenden Sonne stellt sich der Clint-Eastwood-Blick von selbst ein. Doch nachts lässt einen der »Überwältigungs-

Oben: Lichterglanz am berühmten Strip von Las Vegas

Ein amerikanischer Traum von Freiheit ohne Grenzen, ein Lichtermeer von kosmischer Größe im Dunkel der Wüstennacht.

faktor« an der eigenen Wahrnehmung zweifeln. Elvis-Klone in weißen einteiligen Hosenanzügen drängen sich wie Albino-Pinguine in Grüppchen zusammen. Schlepper bieten vom »diskreten« Begleitservice bis zu extrem überteuerten Karten für die angesagteste Show einfach alles an. In den Straßen stauen sich die Maseratis, Pick-up-Trucks röhren unter turmhohen, grellen Werbetafeln und Kopien des Eiffelturms und des Empire State Building. Der Lärm in den Casinos treibt alle Vernunft aus, im Klirren, Klingeln und Knallen der Spielautomaten fühlt man sich wie inmitten eines Chors irrer Zwerge unter dem Kommando des Marquis de Sade.

Aber, hey Baby, das ist Vegas! Kann man die »stille Zeit« denn besser verbringen als mit einem Wochenende voll purem Spaß? Dort, wo Wayne »Mr. Las Vegas« Newton seine 25 000. Vorstellung gab – vor zehn Jahren. Dort, wo selbst die Tourismus-Website Sie auffordert, der zu werden, der Sie schon immer sein wollten. In Las Vegas können Sie sich in Ihre Rat-Pack-, Gangster- oder *Fear and Loathing*-Fantasien stürzen – wahrscheinlich wird es nicht einmal jemand bemerken.

Sin City Fever

Am besten besucht man Las Vegas am Wochenende, dann ist die Stadt besonders aktiv. In der Weihnachtszeit läuft Las Vegas zu absoluter Hochform auf. Wer seinen Spieltrieb zur Zufriedenheit ausgelebt hat, kann anschließend die wilde Schönheit der Wüste im Umland entdecken *(siehe S. 120–121)*.

Ein Wochenende in Las Vegas

FR

Auf Erkundungstour durch die Mega-Hotels am berühmten Strip reisen Sie vom alten Ägypten nach New York und von Polynesien nach Venedig. Mit dem Hochgeschwindigkeitslift fahren Sie auf den 274 Meter hohen Stratosphere Tower, der einen großartigen Blick über die Stadt bietet. Abends bewundern Sie die Licht- und Toneffekte der spektakulären Show Fremont Street Experience, danach locken die Casinos, etwa das glitzernde Tropicana, das berühmte Flamingo oder das traditionellere Binion's.

SA

In Caesar's Palace fahren Sie auf der Wendelrolltreppe, bummeln durch »antike« römische Straßen und werfen eine Münze in den Pseudo-Trevi-Brunnen. Oder Sie entspannen am Pool Ihres Hotels und verwöhnen sich mit einer Wellness-Behandlung.

Nach dem Abendessen am Buffet besuchen Sie eine Vorstellung des Cirque du Soleil, etwa die Wassershow *O*, oder die Showgirls im Bally's. Danach bringt Sie der gläserne Aufzug von THEhotel in die 64. Etage. Dort trinken Sie im Mix einen Martini, bevor Sie sich in das Nachtleben in den schicken Clubs am Strip stürzen.

SO

Bodenkontakt gewinnen Sie wieder durch ein Kontrastprogramm mit frommen Gesängen und handfester Küche des amerikanischen Südens. Besuchen Sie einen opulenten Gospel Brunch im House of Blues oder die Meisterwerke im Guggenheim Hermitage Museum im Venetian. Oder Sie unternehmen einen Ausflug in den malerischen Red Rock Canyon am Stadtrand. Den letzten Abend verbringen Sie in den Casinos mit Nervenkitzel beim Spielen. Passen Sie auf Ihre Geldbörse auf!

Dos & Don'ts

- ✗ Versuchen Sie nicht, früh aufzustehen – Las Vegas ist definitiv keine Morgenschönheit.
- ✓ Buchen Sie wenn möglich ein Zimmer in den oberen Etagen mit Blick auf den Strip. In der Regel wird dies ermöglicht, außer wenn das Hotel ausgebucht ist.
- ✓ Reservieren Sie früh, um die besten Tische, Zimmer oder Karten zu ergattern. Vieles kann man online reservieren.
- ✓ Die Entfernungen am Strip sind nicht zu unterschätzen – ziehen Sie bequeme Schuhe an.

ANREISE
Internationale Flüge landen am rund 20 Kilometer von der Stadt entfernten Flughafen António Carlos Jobim. Von dort fährt man am besten mit dem Taxi oder Shuttle-Bus in die Stadt.

VOR ORT UNTERWEGS
Tagsüber ist man in Rio mit Bussen und U-Bahn unterwegs. Abends empfehlen sich Taxis.

WETTER
Im Dezember liegen die Temperaturen bei 34 bis 42 °C, die Luftfeuchtigkeit ist sehr hoch.

ÜBERNACHTEN
Zum Jahreswechsel bieten viele Hotels nur Vier-Tage-Pakete zu höheren Preisen als üblich an.

Martinique, erschwingliches Hotel nahe der Copacabana, Doppelzimmer ab 60 €; www.windsorhoteis.com.br

Praia Ipanema, beim Strand von Ipanema, sehr schöner Blick auf das Meer, Doppelzimmer ab 130 €; www.praiaipanema.com

Copacabana Palace, berühmtes Luxushotel in großartiger Lage, Doppelzimmer ab 400 €; www.copacabanapalace.com.br

ESSEN GEHEN
In Rio gibt es eine riesige Auswahl an Restaurants, eine Mahlzeit kostet 7 bis 15 €. Empfehlenswert ist das brasilianische Gericht *feijoada* (Schwarzer-Bohnen-Eintopf) in der Casa da Feijoada, Rua Prudente de Morais 10, Ipanema.

KOSTEN FÜR ZWEI PERSONEN
200–230 € pro Tag inklusive Übernachten, Verpflegung, Fahrten vor Ort und Eintrittsgelder.

INFORMATION
www.riodejaneiro-turismo.com.br

Futbol-Fieber

Ein *Futbol*-Spiel im riesigen Maracanã-Stadion von Rio zählt sicher zu den aufregendsten Sportereignissen, die man als Zuschauer erleben kann. Die Fans strömen schon Stunden vor Spielbeginn herbei, und die Stimmung auf den Rängen wird durch ständiges Sambatrommeln angeheizt. Brasilianischer Fußball ist schnell und spielfreudig. Statt Abwehrblockaden kann man hier fantastischen Ballzauber und viele Schüsse auf das Tor bewundern.

Samba in Rio

Tausende Kerzen flackern im Sand, Sambarhythmen durchdringen die Nacht. Auf dem dunklen Wasser treiben kleine Holzboote mit Blumen, Schmuck und Süßigkeiten beladen auf das Meer hinaus. Zehntausende Zuschauer am Strand leuchten mit ihrer weißen Kleidung wie Geistererscheinungen. Sie feiern an Silvester ein Fest zu Ehren der Meeresgöttin Iemanjá, einer wichtigen Gottheit *(orixá)* in den afrobrasilianischen Religionen Umbanda und Candomblé.

Der spontane Charakter der religiösen Feier ergreift die Menschen der ganzen Stadt, ohne Rücksicht auf Hautfarbe, Glauben oder Vermögen, und schafft eine erstaunlich gelöste Atmosphäre. Das Fest beginnt untertags, wenn die Ersten mit ihrer Pilgerfahrt zum Strand beginnen, wo sie zwischen ölig glänzenden Sonnenanbetern im Sand Altäre für die Göttin aufbauen.

Großes Bild: Feuerwerk über dem Strand von Copacabana

Doch die Feiern von Rios Silvesterfest *Reveillon* beginnen erst richtig bei Einbruch der Nacht. Auf drei großen Bühnen werden Rock, populäre brasilianische Musik (Samba und *choros*) sowie ältere Musik (*boleros* und alte Karnevalslieder) gespielt. Auf der Strandpromenade sitzen an behelfsmäßigen Tischen Wahrsager, Künstler und Essensverkäufer. Weiße Rosen und Gladiolen, die überall als Opfergaben für Iemanjá verkauft werden, verströmen ihren Duft. Kurz vor Mitternacht hocken sich die Gläubigen an das Ufer, verstreuen die Blumen im Meer und schubsen die kleinen Boote auf das Wasser. Wessen Boot auf das Meer hinaustreibt, wird im kommenden Jahr Glück haben, Schiffchen, die zurückkommen, verheißen dagegen ein Jahr mit Enttäuschungen.

An Mitternacht wird ein beeindruckendes Feuerwerk von Booten auf dem Meer gezündet, die Atmosphäre ist wie elektrisiert. Musik und Tanz gehen die Nacht hindurch weiter, bis am Neujahrstag die ersten Strahlen der aufgehenden Sonne am Himmel erscheinen.

Oben (von oben nach unten): Religiöses Ritual zu Ehren von Iemanjá; Sambamusiker

Unten (von oben nach unten): Strandleben an der Copacabana; der Tijuca-Nationalpark, im Hintergrund Rio de Janeiro

Oben: Statue des Cristo Redentor (Christus der Erlöser) über Rio

Neujahrsparty

In Sachen Silvesterparty ist Rio schwer zu übertrumpfen. Zwei Millionen Menschen aus aller Welt strömen in die Stadt, um zu feiern und die Feuerwerke über dem Meer zu sehen. Sechs Tage reichen, um Rio etwas zu erkunden und die unvergleichliche Party am Strand von Copacabana die ganze Nacht mitzufeiern.

Sechs Tage in tropischer Sonne

28. DEZ Überwinden Sie Ihren Jetlag am Strand von Copacabana oder Ipanema. Nachdem Sie Sonne und Meer genossen haben, fahren Sie mit der Seilbahn auf den Zuckerhut, wo Ihnen der Blick den Atem raubt. Abends bietet eine traditionelle *roda de samba* (Sambagruppe) in der Bar Bip Bip in Copacabana Unterhaltung.

29. DEZ In Rios moderner Innenstadt stehen noch viele historische Gebäude. Erkunden Sie die Umgebung der Praça XV de Novembro, Rios Hauptplatz in der Kolonialzeit, der Praça Floriano aus dem 19. Jahrhundert und des Museu Nacional de Belas Artes.

30. DEZ Die Zahnradbahn bringt Sie auf den Corcovado zur Statue Cristo Redentor, wo Sie einen Panoramablick über Berge, Meer und Stadt haben. Bei einer Führung durch den Tijuca-Nationalpark sehen Sie den weltweit größten Regenwald innerhalb eines Stadtgebiets.

31. DEZ Vormittags entspannen Sie am Strand oder am Hotelpool. Abends feiern Sie Silvester am Strand von Copacabana oder bei einem der extravaganten Bälle der Strandhotels. Auf jeden Fall sollten Sie um Mitternacht das Feuerwerk vom Strand aus bewundern.

1. JAN Vormittags erholen Sie sich gründlich von der Nacht, nachmittags können Sie Souvenirs in Ipanema oder in der Innenstadt von Rio einkaufen.

2. JAN Auf einem Ausflugsboot sehen Sie die Stadt und ihre Strände aus einer anderen Perspektive. Danach locken das Museu de Arte Moderna und Tee in der schönen Confeitaria Colombo aus dem 19. Jahrhundert.

Dos & Don'ts

- ✓ Gehen Sie an Silvester weiß gekleidet an den Strand – das gehört zum Fest unbedingt dazu.
- ✓ Denken Sie immer daran, Sonnenschutz aufzutragen. Selbst in der Innenstadt ist die tropische Sonne sehr intensiv.
- ✗ Nehmen Sie keine Wertsachen mit. Lassen Sie sie zu Hause oder im Hotelsafe. Stecken Sie Ihre Kamera in eine unauffällige Tasche, tragen Sie nur eine Kopie Ihres Passes bei sich.
- ✓ Fahren Sie mit der U-Bahn. Sie ist preiswert, sauber, sicher und klimatisiert. Busse sind auf die U-Bahn abgestimmt.

Reisen und Umwelt

ANREISE

Wie sich Luftfahrt und Tourismus auf die Umwelt auswirken, ist bekannt. Doch man kann die schädlichen Folgen der eigenen Reise beschränken. Fahren Sie mit dem Zug oder dem Schiff, anstatt zu fliegen. Das geht überraschend schnell, und die Erholung beginnt schon bei der Anreise. Sind Flüge unvermeidlich, erkundigen Sie sich nach CO_2-Kompensationen oder nach Reisen von ökologiebewussten Reiseveranstaltern.

CO_2-KOMPENSATIONS-PROGRAMME

Auch immer mehr deutsche Reiseveranstalter und Fluggesellschaften bieten freiwillige Beiträge für die Umwelt an, die im Preis enthalten sind. Mit Ihrem Geld werden Wälder gepflanzt oder Biodiversitäts-Programme durchgeführt, die in etwa die Menge des von Ihnen produzierten CO_2-Ausstoßes »kompensieren«. Organisationen wie atmosfair liefern Informationen, wie Sie diesen CO_2-Ausstoß berechnen können.

AUSWIRKUNGEN DES TOURISMUS

Der Tourismus beeinflusst die Ökologie und regionale Wirtschaft in den bereisten Ländern ganz direkt. Große Tourismusanlagen schaden oft der Natur und der Infrastruktur. Nicht alle Anlagen sind gleich, doch scheuen Sie sich nicht, Fragen zu stellen: Werden Einheimische angestellt? Wie wird der Müll entsorgt? Woher kommen Wasser und Strom?

Ortsansässige Hotels und Reiseveranstalter haben meist einen positiveren Einfluss, besonders wenn sie auf die Umwelt achten. In der Regel werden hier die Einnahmen aus dem Tourismus breiter gestreut. Den Einheimischen bieten sich so Alternativen zu umweltfeindlichen Praktiken wie Waldabholzung und dem Anbau nach Brandrodung.

Ausflüge in abgelegene Gebiete oder Safaris, um Wildtiere zu beobachten, sollten in kleinen Gruppen und möglichst mit ortsansässigen Führern gemacht werden, nicht im Rahmen von Touren in großen Bussen. Dadurch gewinnt nicht nur die Natur, sondern auch Sie: Sie erfahren mehr von dem Land, das Sie bereisen, und kleine Hotels in naturnaher Umgebung werden Ihnen auch stärker in Erinnerung bleiben.

Global denken, lokal kaufen

Kaufen Sie Souvenirs in kleinen Läden und auf Märkten, nicht in Hotels oder großen Einkaufszentren. Das kommt den Einheimischen zugute. Wenn Sie die Verhaltensregeln in Ihrem Reiseland kennen und höflich fragen, sind Sprachbarrieren schnell zu überwinden. Es muss nicht alles billig sein, was Sie kaufen wollen, nur weil Sie in einem armen Land unterwegs sind: Die Menschen haben ein Recht auf einen fairen Preis für ihre Arbeit. Essen Sie in einheimischen Restaurants, doch vermeiden Sie die billigsten Lokale.

Oben (von links nach rechts): Neonlichter auf der Nathan Road in Kowloon, Hongkong; Flughafenschild in Portugal; Wegweiser zum Sunset Station Hotel and Casino in Las Vegas; Einreisestempel in einem Pass

Praktische Hinweise

Weltweites Reisen war nie einfacher. Ist erst einmal der Plan gefasst, kann man innerhalb weniger Tage selbst die exotischsten Orte erreichen. Doch für eine unbeschwerte Reise müssen Sie einige Dinge beachten. Mit etwas Planung sparen Sie Geld und minimieren die Wahrscheinlichkeit, dass bei Ihrer Reise etwas schiefgeht.

Gesundheit

Viele Krankheiten sind weltweit eingedämmt, dennoch sind Impfungen etwa gegen Typhus, Cholera, Tetanus, Polio und Hepatitis je nach Reiseziel sehr zu empfehlen. Fragen Sie dazu Ihren Hausarzt oder einen Reisemediziner; in der Regel arbeiten diese in tropenmedizinischen Instituten. Impfungen gegen Tetanus halten zehn Jahre, gegen Typhus drei Jahre – denken Sie also an die Auffrischungen.

Malaria ist die gefährlichste Tropenkrankheit, besonders im mittleren Afrika, in Teilen Indiens und Südostasiens. Es gibt dagegen keinen Impfstoff, doch Prophylaxemittel. Da Menschen auf diese starken Mittel unterschiedlich ansprechen (besonders Schwangere und Personen, die regelmäßig Medikamente einnehmen), sollte ein Arzt konsultiert werden. Malaria-Prophylaxe muss ab mindestens einer Woche vor Reisebeginn eingenommen werden.

Die häufigste Reisekrankheit ist gewöhnlich Diarrhö. Leichter Durchfall ist bei veränderter Ernährung kaum zu vermeiden. Doch einer ernsthaften Erkrankung kann man mit einfachen Vorsichtsmaßnahmen vorbeugen: Trinken Sie möglichst nur Wasser aus Flaschen, prüfen Sie, ob die Flasche versiegelt ist. Essen Sie nicht in Billiglokalen. Lassen Sie an Straßenküchen Ihr Essen vor Ihren Augen zubereiten. Vermeiden Sie Salate und Rohgemüse, wenn Sie nicht wissen, ob es gewaschen wurde. Essen Sie nur Früchte, die Sie selbst schälen. Führen Sie Medikamente mit dem Wirkstoff Loperamid oder rehydrierende Lösungen mit. Bei starker Diarrhö sollten Sie einen Arzt aufsuchen.

Insekten übertragen Krankheiten, etwa Malaria. Achten Sie daher darauf, möglichst nicht gestochen oder gebissen zu werden. Nehmen Sie ein starkes Insektenabwehrmittel mit auf die Reise.

Die medizinischen Einrichtungen sind nicht überall gut. Nehmen Sie eine Notapotheke mit Insektenabwehrmittel, Mittel gegen Insektenstiche und -bisse sowie gegen Durchfall, Fieber und Schmerzen, Antiseptikum, Pflaster und Verband mit.

Persönliche Sicherheit

Allgemeine Informationen über Gefahren in Ländern, in die Sie reisen wollen, bieten die Sicherheitsempfehlungen des Auswärtigen Amts. Reisen Sie in abgelegene Gebiete, erkundigen Sie sich bei anderen Reisenden, einheimischen Führern, Hotelbesitzern oder anderen nach den Risiken. Teilen Sie mit, wohin Sie fahren: Freunden zu Hause, dem Reiseveranstalter oder einem Hotelbesitzer in der nächsten Stadt.

Die häufigsten Verbrechen geschehen im Bereich der Straßenkriminalität. Hier kann man mit wenigen Vorsichtsmaßnahmen vorbeugen *(siehe Kasten unten)*. Fotokopieren Sie Ihren Reisepass, Flugtickets und wichtige Dokumente. Führen Sie die Kopien mit sich, lassen Sie das Original im Hotelsafe und eine weitere Kopie zu Hause.

Werden Sie Opfer eines Verbrechens, zeigen Sie dies sofort bei der Polizei an. Auch wenn es in der Regel eher unwahrscheinlich ist, dass Sie Ihr Eigentum zurückbekommen, benötigen Sie eine Kopie des Polizeiberichts für die Versicherung. Wurde

SICHERHEITSTIPPS

- Tragen Sie Taschen geschlossen und niemals am Rücken.
- Hängen Sie Taschen und Jacken nicht so an Stühle, dass Sie sie nicht im Auge behalten können.
- Achten Sie in Menschenmengen auf Personen, die sich an Sie drängen. Diebe arbeiten oft im Team – einer lenkt ab, der andere greift zu.
- Tragen Sie Wertsachen in einem Brustbeutel.
- Wechseln Sie nur wenig Geld auf einmal. Heben Sie kein Geld nachts an Geldautomaten an der Straße ab.
- Meiden Sie düstere, leere Straßen und einsame Strände, besonders nachts.

Ihr gesamtes Geld oder der Reisepass gestohlen, wenden Sie sich an Ihre Botschaft oder das Konsulat. Die Kontaktdaten finden Sie auf der Website des Auswärtigen Amts.

Versicherungen

Bürger der Europäischen Union und der Schweiz können medizinische Behandlungen in allen Ländern der EU mit ihrer gesetzlichen Krankenversicherung abdecken oder rückwirkend abrechnen, wenn sie die Europäische Krankenversicherungskarte (EHIC) besitzen. Privatversicherte sollten sich vor einer Reise bei ihrer Gesellschaft erkundigen.

Um alle möglichen Vorkommnisse abzudecken, sollte man eine Reiseversicherung abschließen, die Reiserücktritt, Diebstahl, verlorene Gegenstände und Reisepässe, Rechtsschutz und umfassende medizinische Behandlung sowie den Krankenrücktransport beinhaltet. Für »riskante« Aktivitäten – als solche gelten z. B. Rafting und Tauchen – sowie für bestimmte Länder und Regionen sind möglicherweise zusätzliche Versicherungen nötig. Überprüfen Sie die Versicherungspolice.

Alle europäischen Fahrzeugversicherungen beinhalten nun eine Haftpflichtabdeckung, die in allen Ländern der EU gilt. Bei Reisen ist zudem eine Vollkaskoversicherung ratsam. Beachten Sie, dass die Fahrzeugversicherungen der USA und Kanadas nicht in Mexiko gelten. In der Regel dürfen Sie mit einen US-Mietwagen nicht nach Mexiko fahren.

Pässe und Visa

Für Reisen in Länder der EU, in die USA und nach Kanada wird kein Visum benötigt. Auch für viele andere Länder ist bis zu einer Aufenthaltsdauer von 90 Tagen nur ein gültiger Reisepass erforderlich. Die Bestimmungen ändern sich jedoch immer wieder. Im Zweifelsfall erkundigen Sie sich bitte beim Auswärtigen Amt oder der Botschaft des entsprechenden Reiselands. Für eine visafreie Einreise in die USA benötigen Sie einen maschinenlesbaren Reisepass. Seit 2009 müssen Reisende spätestens 72 Stunden vor der beabsichtigten Einreise via Internet unter https://esta.cbp.dhs.gov eine Einreiseerlaubnis einholen. Seit September 2010 wird dafür eine Gebühr von 14 US-Dollar erhoben, die per Kreditkarte zu bezahlen ist.

Visa werden unter anderem für Australien, Russland, China, Indien und Kuba benötigt. Einige Touristenvisa (z. B. Australien) können auch im Internet beantragt werden. Für bestimmte Länder bekommt man ein Visum auch über Reisebüros, gegen Gebühr bei Visa-Agenturen oder bei der Einreise an der Grenze.

Reisekasse

Eine international verbreitete Kreditkarte ist normalerweise das beste Zahlungsmittel für größere Beträge, etwa Hotelrechnungen. Für die Anmietung eines Fahrzeugs ist sie unabdingbar. Mit ihr können Sie auch an Geldautomaten lokale Währung abheben. Ihre Kartenfirma verlangt dafür eine Gebühr, jedoch ist der Wechselkurs in der Regel besser als bei den lokalen Banken.

Da Geldautomaten und Kartenterminals nicht überall verfügbar sind, sollten Sie immer etwas Bargeld und Reiseschecks als Reserve mit sich führen. Außerhalb Europas, besonders in Lateinamerika, sollten Sie Bargeld und Schecks in US-Dollar bei sich haben, in weiten Teilen Osteuropas und Afrikas wird auch der Euro akzeptiert.

Die Währung mancher Länder (z. B. Kuba) ist nicht frei konvertibel. Dort sollten Sie etwas Bargeld oder Reiseschecks (für Kuba am besten in Euro, ansonsten in US-Dollar) mitnehmen, nur so viel wie nötig tauschen und den Beleg aufbewahren. Sie benötigen ihn, um bei der Ausreise restliches Geld zurückzutauschen.

NÜTZLICHE INTERNET-ADRESSEN

ALLGEMEIN

Adventure Sports Worldwide
www.adventuresportsonline.com
US-Verzeichnis von Möglichkeiten für sportorientierte Reisen, mit aktuellem Event-Kalender.

DK Travel
www.traveldk.com
Reiseseite mit vielen Informationen online und der Möglichkeit, sich seinen individuellen Reiseführer zusammenzustellen.

Scuba Spots Diving Directory
www.scubaspots.com
Tauchanbieter/-schulen weltweit.

UMWELTBEWUSST REISEN

atmosfair
www.atmosfair.de
Mit dem Emissionsrechner können Sie herausfinden, wie stark das Weltklima durch Ihre Flugreise belastet wird und was Sie zur Kompensation tun können.

The Climate Protecting Partnership
www.myclimate.org
Die internationale Initiative hat ihre Wurzeln in der Schweiz. Hier finden Sie u. a. deutsche Reiseveranstalter und Fluggesellschaften, die CO_2-Kompensation anbieten.

GESUNDHEIT

Centers for Disease Control & Prevention (CDC)
www.cdc.gov/travel
Umfassende Gesundheitsinformationen für Reisende.

Gesundes Reisen
www.gesundes-reisen.de
Umfassende Informationen und Nachrichten zu vielen Ländern. Zusammenarbeit mit dem Reisemedizinischen Zentrum am Bernhard-Nocht-Institut in Hamburg.

Institut für Tropenmedizin
www.charite.de/tropenmedizin/reiseberatung_impfung.htm
Telefonnummern und Formblatt für individuelle Anfragen.

International Association for Medical Assistance to Travellers
www.iamat.org
Weltweite Non-Profit-Organisation.

World Health Organization
www.who.int
Informationen über aktuelle Risiken und Vorsorgemaßnahmen.

PERSÖNLICHE SICHERHEIT

Auswärtiges Amt
www.auswaertiges-amt.de
Reise- und Sicherheitshinweise weltweit.

VERSICHERUNGEN

Reiseversicherungen bieten alle großen Versicherungsunternehmen für wenig Geld an. Eine Reiseversicherung kann (und sollte) folgende Faktoren umfassen: Auslandsreise-Krankenversicherung (inkl. Rücktransport), Reiseunfallversicherung, Reiserücktrittsversicherung, Reiseabbruchversicherung und Reisegepäckversicherung. Angebote finden Sie im Internet (Google: Reiseversicherung +weltweit), Bewertungen z. B. bei Stiftung Warentest (www.test.de). Fragen Sie bei Ihrer bevorzugten Versicherung an.

PÄSSE UND VISA

Auswärtiges Amt
www.auswaertiges-amt.de
Länderinformationen weltweit, auch die Adressen der Botschaften und Konsulate der Länder in Deutschland. Detaillierte Angaben über die aktuellen Einreisebedingungen.

Die entsprechenden ebenso hilfreichen Seiten für Österreich und die Schweiz lauten:

Bundesministerium für europäische und internationale Angelegenheiten
www.bmeia.gv.at

Eidgenössisches Departement für auswärtige Angelegenheiten
www.eda.admin.ch

Project Visa
www.projectvisa.com
Informationen zu Visa und Botschaften weltweit.

REISEKASSE

American Express
www.americanexpress.com
Reiseschecks, Geldwechsel und Kreditkarten.

Travelex
www.travelex.com
Reiseschecks, Geldwechsel und weltweite Geldüberweisungen.

Western Union
www.westernunion.com
Weltweite Geldüberweisungen.

VOR ORT UNTERWEGS

Eurail
www.eurail.com
Zugreisepässe für 20 europäische Länder.

The Man in Seat 61
www.seat61.com
Weltweites Verzeichnis von Zügen und Alternativen zu Flugreisen.

Pacific Air Travel Association
www.pata.org
Verzeichnis von Unternehmen und Agenturen in Asien.

INTERNET-KOMMUNIKATION

Travel Pod
www.travelpod.com
Hier können Sie z. B. Ihren eigenen Reise-Blog verfassen und die Blogs von anderen lesen.

MOBILTELEFONE

Ekit
www.ekit.com
Mobiltelefone, Telefonkarten und andere Kommunikationsmittel, die in vielen Ländern verwendet werden können.

GSM World
www.gsmworld.com
Mobilfunkbetreiber weltweit.

Unten: Die berühmten Yellow Cabs in einer New Yorker Straße

Vor Ort unterwegs

Wenn Sie internationale Flüge individuell buchen, müssen Sie sich auch um den Transport innerhalb des Landes kümmern. Inlandsflüge können teuer sein. Airpass-Systeme sind eine günstige Möglichkeit, mit Rabatt mehrere Flüge zu buchen. Sie müssen im Voraus im Land der Abreise gekauft werden, innerhalb der jeweiligen Länder werden sie meist nicht vertrieben. Vor allem in Lateinamerika sind sie weitverbreitet. Der Mexipass deckt Mexiko und Teile der USA sowie Zentralamerikas ab. Der Mercosur-Airpass gilt für Brasilien, Uruguay, Argentinien, Paraguay und Chile.

Mit Zugpässen kann man für eine bestimmte Zeit in Ländern und Regionen mit dichtem Eisenbahnnetz unbegrenzt umherreisen. Normalerweise müssen sie im Voraus gekauft werden und werden nicht immer innerhalb der jeweiligen Länder vertrieben. Der beliebte Eurail-Pass deckt fast ganz Europa ab, andere Angebote sind der Britrail-Pass für Großbritannien oder der Japan Rail Pass.

Mietwagen bekommt man für die meisten Länder günstiger, wenn man sie zu Hause im Voraus bucht. In einigen Ländern – etwa in Indien und China – ist es ratsamer, ein Fahrzeug mit einem einheimischen Fahrer zu mieten, als selbst zu fahren.

PACKTIPPS

Neben einer gut sortierten Notfallapotheke *(siehe Gesundheit)* sollten Sie einpacken:

- Knitterfreie Kleidung, die immer ordentlich aussieht
- Langärmelige Hemden/Blusen, lange Hosen/Röcke – als Schutz gegen Sonne und Insekten sowie als angemessene Kleidung an sakralen Stätten
- Sonnenschutzmittel mit sehr hohem Lichtschutzfaktor
- Strom-Transformator und Adapter
- Kleine Taschenlampe
- Reiseführer
- Einen Sonnenhut, außer in Ländern wie Mexiko, wo es gute zu kaufen gibt

Reisen und Internet

In den meisten Ländern ist es nicht schwer, ein Internet-Café zu finden, um seine E-Mails abzurufen. Dazu sollten Sie eine E-Mail-Adresse bei einem Webmail-Portal wie t-online.de, gmx.de, web.de oder yahoo.de haben – das ist an Orten mit unzuverlässigen Internet-Verbindungen der einfachste Mail-Zugang.

Führen Sie ein WLAN-fähiges Notebook mit sich, können Sie in vielen Hotels und an anderen Orten einen drahtlosen Internet-Zugang benutzen. Einige Hotels erheben jedoch hohe Gebühren dafür. Auf Websites wie Jiwire (www.jiwire.com) erfahren Sie, wo in der Welt überall kostenlose WLAN- (Wi-Fi-) Hotspots zur Verfügung stehen.

Aber auch ohne Notebook können Sie in Internet-Cafés einen Reise-Blog oder ein Web-Tagebuch auf einer der vielen Blog-Websites führen, die dafür kostenlosen Platz anbieten. In der Regel können Sie in den Internet-Cafés auch Ihre Fotos hochladen oder auf DVD brennen.

Beachten Sie, dass in einigen Ländern – vor allem in China, Iran, Saudi-Arabien und einigen anderen arabischen Staaten – der Internet-Zugang kontrolliert und zensiert wird.

Mobiltelefone

Weltweit gibt es vier Hauptfrequenzen für GSM (Global System for Mobile Communications), deshalb funktionieren nur Quad-Band-Telefone überall. Die in Europa üblichen Tri-Band-Telefone funktionieren in Nordamerika, aber nicht in Teilen Asiens. Tri-Band-Telefone aus den USA und Kanada nutzen zwei Frequenzkanäle, sie funktionieren weltweit nur begrenzt. Auf der GSM-World-Website finden Sie einen Frequenzführer.

Um Ihr Telefon auch im Ausland nutzen zu können, muss Ihre Telefongesellschaft »Roaming« für Ihr Telefon freischalten. Erkundigen Sie sich vor der Reise nach den Roaming-Tarifen, möglicherweise hat Ihre Telefongesellschaft spezielle Angebote. Innerhalb der EU sind die Roaming-Gebühren seit einiger Zeit begrenzt.

Sie können auch ein internationales Mobiltelefon durch Firmen wie Ekit beziehen oder vor Ort eine SIM-Karte kaufen, mit der Sie über eine lokale Telefongesellschaft telefonieren. Dies ist allerdings nur möglich, wenn Ihr Gerät »entsperrt« ist. Am einfachsten ist es, wenn Sie sich für die Dauer des Aufenthalts ein Mobiltelefon vor Ort kaufen.

Falls Sie Ihr eigenes Telefon mitnehmen, überprüfen Sie, ob ein Verlust durch Ihre Versicherung abgedeckt ist, und halten Sie die Nummer der Service-Hotline Ihrer Telefongesellschaft bereit.

Calling-Karten wie die T-Card ermöglichen es, mit einer Zugangsnummer und der persönlichen Kartennummer von vielen Ländern zu einem festen Tarif zu telefonieren.

Fotografieren

Digitalkameras sind für die meisten Reisenden die erste Wahl. Sie können damit viele Bilder aufnehmen, sie sofort betrachten und auf Datenträger sichern bzw. in Ihren Blog hochladen. Nehmen Sie mehrere Speicherkarten für die Kamera und eine Sicherungsmöglichkeit mit – auf Netbooks, viele Smartphones und MP3-Player kann man auch Bilder überspielen. Vergessen Sie nicht die Verbindungskabel und zumindest zwei Akkus, sodass Sie weiter fotografieren können, während der erste Akku auflädt. In den meisten Ländern bekommen Sie auch noch herkömmliche Filme.

In vielen Ländern wollen die Menschen nicht ungefragt fotografiert werden – nicht aus Aberglauben, sondern weil es ihnen unangenehm ist, als »Material« benutzt zu werden. Fragen Sie höflich und bieten Sie an, dass sie sich Ihre Bilder ansehen können.

Rechte Spalte (von oben nach unten): Internet-Café; Telefonzellen in der Türkei; Einkaufsstraße in Québec; Straßenbahnen an einer roten Ampel; Jugendstilschild an der Pariser Metro; im Preah-Khan-Tempel in Angkor

FÜNFJAHRESKALENDER

In diesem Kalender sind die wichtigsten religiösen beweglichen Feiertage und einige Sportereignisse von 2011 bis 2015 verzeichnet. Feste Feiertage wie etwa Weihnachten sind nicht eingetragen. Bei mehrtägigen religiösen Festen ist der Anfangstag verzeichnet.

	2011	2012	2013	2014	2015
JANUAR		**23.** Chinesisches Neujahr		**31.** Chinesisches Neujahr	
FEBRUAR	**3.** Chinesisches Neujahr	**18.–21.** Karneval*	**9.–12.** Karneval* **10.** Chinesisches Neujahr **10.** Kumbh Mela (hinduistisch)	**7.–23.** Olympische Winterspiele (Sotschi)	**14.–17.** Karneval* **19.** Chinesisches Neujahr
MÄRZ	**5.–8.** Karneval* **19.** Holi (hinduistisch)	**8.** Holi (hinduistisch)	**26.** Pessach (Passah, jüdisch) **27.** Holi (hinduistisch) **29.** Karfreitag **31.** Ostersonntag	**1.–4.** Karneval* **17.** Holi (hinduistisch)	**6.** Holi (hinduistisch)
APRIL	**19.** Pessach (Passah, jüdisch) **22.** Karfreitag **24.** Ostersonntag **24.** Orthodoxes Ostern	**6.** Karfreitag **7.** Pessach (Passah, jüdisch) **8.** Ostersonntag **15.** Orthodoxes Ostern **28.** Vesakh (buddhistisch)		**15.** Pessach (Passah, jüdisch) **18.** Karfreitag **20.** Ostersonntag **20.** Orthodoxes Ostern	**3.** Karfreitag **4.** Pessach (Passah, jüdisch) **5.** Ostersonntag **12.** Orthodoxes Ostern
MAI	**17.** Vesakh (buddhistisch)		**5.** Orthodoxes Ostern **24.** Vesakh (buddhistisch)	**14.** Vesakh (buddhistisch)	**3.** Vesakh (buddhistisch)
JUNI		**9. Juni–1. Juli** Fußball-Europameisterschaft (Polen und Ukraine)		**13. Juni–13. Juli** Fußball-Weltmeisterschaft (Brasilien) **28.** Ramadan (islamisch)	**18.** Ramadan (islamisch)
JULI	**15.** Dharma-Tag (buddhistisch)	**3.** Dharma-Tag (buddhist.) **20.** Ramadan (islamisch) **27. Juli–12. August** Olympische Spiele (London)	**9.** Ramadan (islamisch)	**28.** Īd al-Fitr (islamisch)	**18.** Īd al-Fitr (islamisch)
AUGUST	**1.** Ramadan (islamisch) **29.** Īd al-Fitr (islamisch)	**19.** Īd al-Fitr (islamisch)	**8.** Īd al-Fitr (islamisch)		
SEPTEMBER	**28.** Rosch ha-Schana (jüdisches Neujahr)	**17.** Rosch ha-Schana (jüdisches Neujahr) **26.** Jom Kippur (jüdisch) Ryder Cup (USA)	**5.** Rosch ha-Schana (jüdisches Neujahr) **14.** Jom Kippur (jüdisch)	**25.** Rosch ha-Schana (jüdisches Neujahr) Ryder Cup (Schottland)	**14.** Rosch ha-Schana (jüdisches Neujahr) **23.** Jom Kippur (jüdisch) **24.** Īd ul-Adha (islamisch)
OKTOBER	**8.** Jom Kippur (jüdisch) **26.** Diwali (hinduistisch)		**15.** Īd ul-Adha (islamisch)	**4.** Jom Kippur (jüdisch) **4.** Īd ul-Adha (islamisch) **23.** Diwali (hinduistisch) **25.** Hidschra (islamisch)	**15.** Hidschra (islamisch) **24.** Aschura (islamisch)
NOVEMBER	**5.** Īd ul-Adha (islamisch) **24.** Thanksgiving (USA) **26.** Hidschra (islamisch)	**13.** Diwali (hinduistisch) **15.** Hidschra (islamisch) **22.** Thanksgiving (USA) **24.** Aschura (islamisch)	**3.** Diwali (hinduistisch) **5.** Hidschra (islamisch) **14.** Aschura (islamisch) **28.** Chanukka (jüdisch) **28.** Thanksgiving (USA)	**4.** Aschura (islamisch) **27.** Thanksgiving (USA)	**11.** Diwali (hinduistisch) **26.** Thanksgiving (USA)
DEZEMBER	**4.** Aschura (islamisch) **21.** Chanukka (jüdisch)	**9.** Chanukka (jüdisch)		**17.** Chanukka (jüdisch)	**7.** Chanukka (jüdisch)

HINWEIS: Feiertage, die sich nach dem Mondkalender richten, können sich leicht verschieben. Überprüfen Sie die Termine vor der Reisebuchung.

* Umfasst die letzten vier Tage des Karnevals, der mit dem Dienstag (Faschingsdienstag, Veilchendienstag, Mardi Gras, Shrove Tuesday) bzw. mit der Nacht zum Aschermittwoch endet. Der Termin hängt von Ostern ab. Da das Orthodoxe Osterfest in manchen Jahren später liegt als das westliche, kann in östlichen Ländern auch der Karnevalstermin abweichen.

Weltwetter

Viele Faktoren bestimmen das Wetter, verantwortlich ist im Wesentlichen die Sonneneinstrahlung. An den Polen fallen die Strahlen schräger ein und sind daher nicht so energiereich wie am Äquator. Wälder, Meere und Eis absorbieren die Wärme unterschiedlich stark; Landmassen heizen sich schneller auf und kühlen schneller ab als das Meer. Temperaturunterschiede bewirken die Bildung von Hoch- und Tiefdruckgebieten. Die Druckunterschiede führen zur Entstehung von Winden. Lufttemperaturen sind auch von der Höhe abhängig – je höher, desto kälter ist es. Warme Luft steigt auf und nimmt dabei immer mehr Wasserdampf mit. In höheren Schichten kühlt sich die Luft ab, der Wasserdampf kondensiert, in der Folge kommt es zu Regen.

Globale Klimazonen

Das Wetter ist der sich täglich verändernde Prozess der Wärme- und Wasserverteilung in der Atmosphäre. Das Klima ist die Bezeichnung für die Wetterzustände an einem Ort über längere Zeit hinweg. Kehren diese Zustände regelmäßig und vorhersagbar wieder, können Sie als Klimazonen kartiert werden *(siehe Illustration)* und zur großräumigen Wettervorhersage genutzt werden. Einige besondere Phänomene, die aus Wetterzuständen entstehen oder diese bewirken, wurden auf der Karte eingetragen.

Der Sonnenstaat

❶ Kalifornische Küste

Das Wetter an der kalifornischen Küste ist durchgehend mild. Im Winter halten die Rocky Mountains und die Sierra Nevada die kalten kanadischen Winde ab, und das Meer gibt Wärme ab. Im Sommer lässt die kalte Strömung an der kalifornischen Küste die Temperaturen nicht zu hoch ansteigen und verhindert die Entstehung tropischer Zyklone.

Tornado Alley

❷ Great Plains

Die wirbelnden Luftsäulen entstehen, wenn in einem schweren Gewitter Luftmassen unterschiedlicher Temperatur und Feuchte aufeinanderstoßen. Im Zentrum der USA treffen kalte, trockene Winde aus Kanada auf warme, feuchte Winde aus Mexiko. Dies verursacht so viele Tornados, dass die Region Tornado Alley genannt wird.

EL NIÑO – DAS CHRISTKIND

Normalerweise treibt der Ostwind am Äquator warmes Oberflächenwasser von Südamerika nach Australien und Indonesien. Alle zwei bis sieben Jahre verschieben sich die Windzonen, das warme Wasser fließt nach Osten und erreicht Südamerika im Dezember – daher der Name El Niño, »das Christkind«.

Das warme Wasser verteilt sich an der Küste nach Norden und Süden und verhindert, dass kaltes und nährstoffreiches Tiefenwasser nach oben steigt. Die Meeresfauna an der Küste stirbt weitgehend ab. Diese Umweltveränderung hat weltweite Folgen: Dürren und Missernten in Afrika, Südamerika und Südostasien, Überschwemmungen in Peru, den Golfstaaten und den USA.

Hurrikan-Warnung

❸ Tropischer Atlantischer Ozean

Die Hurrikan-Saison dauert etwa von August bis Oktober. Am Anfang der Saison besteht die größte Wahrscheinlichkeit für Hurrikane im Golf von Mexiko, in der Mitte über den Kleinen Antillen und gegen Ende im Westen der Karibik. Auch wenn sich viele Hurrikane über dem Meer abschwächen: In den letzten Jahren erreichten immer mehr die amerikanische Küste.

Klimadiagramme

Die Diagramme rechts geben die jeweils durchschnittlichen Höchst- und Tiefsttemperaturen, täglichen Sonnenstunden und monatlichen Niederschläge in den vier Jahreszeiten an. Jede Grafik zeigt typische Werte für eine der Klimazonen, die in der Karte farbig markiert sind *(Legende rechte Seite oben)*.

KUALA LUMPUR
Malaysia, Asien

	Dez–Feb	März–Mai	Juni–Aug	Sep–Nov
°C	32 / 22	33 / 23	32 / 23	32 / 23
Sonne	6 Std.	6 Std.	7 Std.	5 Std.
Niederschlag	183 mm	258 mm	131 mm	242 mm

BUENOS AIRES
Argentinien, Südamerika

	Dez–Feb	März–Mai	Juni–Aug	Sep–Nov
°C	28 / 17	22 / 12	15 / 6	21 / 10
Sonne	9 Std.	7 Std.	5 Std.	7 Std.
Niederschlag	83 mm	91 mm	59 mm	83 mm

ULURU
Australien, Australasien

	Dez–Feb	März–Mai	Juni–Aug	Sep–Nov
°C	36 / 21	27 / 12	20 / 5	31 / 14
Sonne	10 Std.	9 Std.	9 Std.	10 Std.
Niederschlag	38 mm	18 mm	10 mm	19 mm

ROM
Italien, Europa

	Dez–Feb	März–Mai	Juni–Aug	Sep–Nov
°C	12 / 5	16 / 10	29 / 19	21 / 13
Sonne	4 Std.	7 Std.	10 Std.	6 Std.
Niederschlag	75 mm	51 mm	24 mm	97 mm

Legende der Klimazonen

- **Tropisch**: Starke Niederschläge, beständig hohe Temperaturen und Luftfeuchtigkeit und eine kurze Trockenzeit.
- **Subtropisch/Äquatorial**: Größere Temperaturspektren als im tropischen Klima, Regen- und Trockenzeit sind eher gleich lang.
- **Arid**: Geringe Niederschläge, große Temperaturunterschiede zwischen Tag und Nacht, etwas weniger extrem an den Randzonen.
- **Mediterran**: Warm-gemäßigtes Klima mit heißen, trockenen Sommern und milden, feuchten Wintern.
- **Gemäßigt maritim**: Vier Jahreszeiten, aufgrund der nahen warmen Meeresströmungen keine extremen Temperaturunterschiede.
- **Gemäßigt**: Vier Jahreszeiten mit relativ konstanten Niederschlägen während des ganzen Jahres. Die Sommer können sehr warm und feucht sein, die Winter sehr kalt, mit reichlich Schnee.
- **Kalt-gemäßigt**: Ähnlich wie die gemäßigte Klimazone, doch mit viel längeren, bis zu neun Monate dauernden Wintern und mehr Schnee, der einen Großteil des Jahres liegen bleibt.
- **Montan**: Die Temperaturen nehmen entsprechend der Höhe ab. Bergklimate sind auch feucht, wegen der Kälte fällt oft Schnee.
- **Polar**: Extrem lange, kalte Winter, häufige Schneefälle. Im kurzen Sommer geht die Sonne nicht unter, dennoch steigen die Temperaturen nur wenig an.

DIE VIER JAHRESZEITEN

Die Erde kreist einmal im Jahr vollständig um die Sonne, ihre Achse ist dabei um 23,5 Grad geneigt. Daher erfahren die Gebiete auf der südlichen und nördlichen Halbkugel zwei Extreme: Es ist Sommer, wenn sie zur Sonne geneigt sind, und Winter, wenn sie von der Sonne abgewandt sind. Ab Juni herrscht auf der nördlichen Halbkugel Sommer, auf der südlichen Winter. Ab Dezember ist es genau umgekehrt. Die beiden Perioden zwischen den Extremen sind der Frühling und der Herbst. Der Gürtel zwischen den Wendekreisen ist der Sonneneinstrahlung relativ gleichmäßig ausgesetzt, daher gibt es dort keine ausgeprägten Jahreszeiten – nur feuchtere und trockenere Monate.

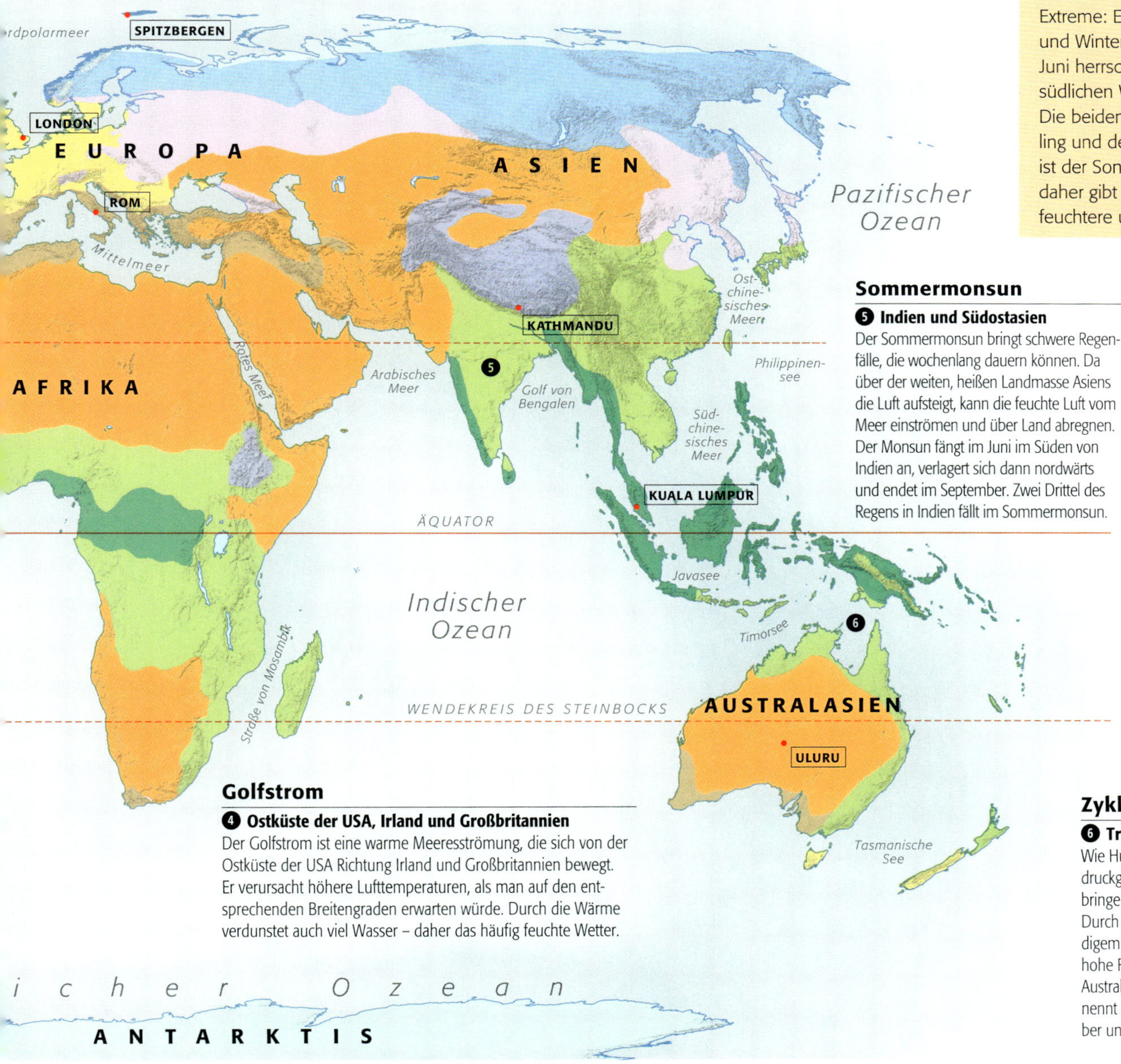

Sommermonsun

5 Indien und Südostasien

Der Sommermonsun bringt schwere Regenfälle, die wochenlang dauern können. Da über der weiten, heißen Landmasse Asiens die Luft aufsteigt, kann die feuchte Luft vom Meer einströmen und über Land abregnen. Der Monsun fängt im Juni im Süden von Indien an, verlagert sich dann nordwärts und endet im September. Zwei Drittel des Regens in Indien fällt im Sommermonsun.

Golfstrom

4 Ostküste der USA, Irland und Großbritannien

Der Golfstrom ist eine warme Meeresströmung, die sich von der Ostküste der USA Richtung Irland und Großbritannien bewegt. Er verursacht höhere Lufttemperaturen, als man auf den entsprechenden Breitengraden erwarten würde. Durch die Wärme verdunstet auch viel Wasser – daher das häufig feuchte Wetter.

Zyklone

6 Tropisches Australasien

Wie Hurrikane sind Zyklone gewaltige Stürme, die in Tiefdruckgebieten über dem tropischen Meer entstehen. Sie bringen heftige Winde und verursachen viele Schäden. Durch die Kombination aus tiefem Luftdruck und auflandigem Wind entstehen Sturmfluten – außergewöhnlich hohe Fluten. Zyklone treten in den Gewässern des tropischen Australien und der pazifischen Inseln auf. Nördlich davon nennt man sie Taifune. Zyklone entstehen gehäuft im November und April, doch nur die wenigsten erreichen das Land.

LONDON
Großbritannien, Europa

	Dez–Feb	März–Mai	Juni–Aug	Sep–Nov
°C	7	13	21	14
	3	6	13	8
	1 Std.	5 Std.	6 Std.	3 Std.
	47 mm	40 mm	54 mm	57 mm

CHICAGO
USA, Nordamerika

	Dez–Feb	März–Mai	Juni–Aug	Sep–Nov
°C	1	12	26	16
	−6	4	18	7
	4 Std.	7 Std.	9 Std.	6 Std.
	51 mm	74 mm	85 mm	69 mm

ANCHORAGE
USA, Nordamerika

	Dez–Feb	März–Mai	Juni–Aug	Sep–Nov
°C	−6	7	18	6
	−14	−4	8	−2
	2 Std.	8 Std.	8 Std.	3 Std.
	20 mm	13 mm	42 mm	49 mm

KATHMANDU
Nepal, Asien

	Dez–Feb	März–Mai	Juni–Aug	Sep–Nov
°C	19	28	29	26
	3	12	20	13
	7 Std.	6 Std.	2 Std.	8 Std.
	20 mm	68 mm	321 mm	67 mm

SPITZBERGEN
Norwegen, Europa

	Dez–Feb	März–Mai	Juni–Aug	Sep–Nov
°C	−7	−5	6	0
	−12	−11	3	-4
	0 Std.	3 Std.	5 Std.	1 Std.
	27 mm	20 mm	28 mm	37 mm

Entfernungstabellen

Die folgenden Tabellen zeigen die Entfernungen (Luftlinie) zwischen Frankfurt am Main und den großen Städten, die in diesem Buch erwähnt werden. Nicht alle Reiseziele sind aufgelistet. Finden Sie ein bestimmtes Ziel nicht, wurde die nächstgelegene größere Stadt oder der nächste Flughafen aufgeführt. Um eine Vorstellung von den jeweiligen Flugzeiten zu erhalten, teilen Sie die Entfernung in Kilometer durch 850 Stundenkilometer, dies entspricht der durchschnittlichen Reisegeschwindigkeit eines Passagierflugzeugs. So erhalten Sie die ungefähre Flugzeit in Stunden. Denken Sie aber daran, dass Flugzeuge nicht Luftlinie fliegen und dass sich Zwischenlandungen oder Jetstreams erheblich auf die Reisezeit auswirken.

ENTFERNUNGEN VON FRANKFURT NACH NORDAMERIKA

Stadt	km	Meilen	Stadt	km	Meilen	Stadt	km	Meilen	Stadt	km	Meilen
Albuquerque	**8612**	5383	Havanna	**8133**	5054	New Orleans	**8080**	5021	Savannah	**7317**	4573
Boston	**5890**	3660	Honolulu	**13 006**	8082	New York City	**6197**	3851	Seattle	**8192**	5120
Burlington	**5879**	3674	Houston	**8417**	5230	Orlando	**7754**	4818	Toronto	**6339**	3939
Calgary	**7532**	4680	Juneau	**7501**	4688	Ottawa	**5979**	3737	Vancouver	**8064**	5011
Cancún	**8599**	5374	Kingston	**8156**	5098	Philadelphia	**6746**	4192	Washington, DC	**6542**	4065
Cd. de Guatemala	**9397**	5873	Las Vegas	**9817**	6100	Phoenix	**9703**	6029			
Ciudad de México	**9551**	5935	Los Angeles	**9311**	5786	Salt Lake City	**8991**	5587			
Chicago	**6972**	4332	Memphis	**7755**	4819	San Diego	**9872**	6134			
Dallas	**8256**	5130	Miami	**7763**	4824	San Francisco	**9149**	5685			
Denver	**8431**	5239	Montréal	**5858**	3640	San José	**9921**	6165			
Edmonton	**7308**	4568	Nashville	**7349**	4593	San Juan	**7590**	4744			
Halifax	**5231**	3269	Nassau	**7623**	4764	Santa Fe	**8532**	5333			

ENTFERNUNGEN VON FRANKFURT NACH SÜDAMERIKA

Stadt	km	Meilen	Stadt	km	Meilen	Stadt	km	Meilen	Stadt	km	Meilen
Asunción	**10 592**	6620	Cayenne	**7537**	4711	Montevideo	**11 357**	7098	Stanley	**12 972**	8108
Bogotá	**9088**	5647	Georgetown	**8364**	5228	Quito	**9777**	6111	Ushuaia	**13 650**	8531
Brasília	**9159**	5724	La Paz	**10 488**	6555	Rio de Janeiro	**9572**	5948	Valparaíso	**12 102**	7564
Buenos Aires	**11 489**	7139	Lima	**10 834**	6732	Santiago de Chile	**12 189**	7574			
Caracas	**9960**	6189	Manaus	**8761**	5476	São Paulo	**9806**	6093			

ENTFERNUNGEN VON FRANKFURT NACH AFRIKA

Stadt	km	Meilen	Stadt	km	Meilen	Stadt	km	Meilen	Stadt	km	Meilen
Accra	**5008**	3112	Johannesburg	**8690**	5400	Marrakech	**2464**	1540	Tunis	**1473**	915
Addis Abeba	**5349**	3324	Kairo	**2921**	1815	Nairobi	**6315**	3924	Windhoek	**8117**	5044
Bamako	**4421**	2763	Kapstadt	**9394**	5837	Sharm el-Sheikh	**3282**	2051			
Daressalam	**6980**	4363	Livingstone	**7726**	4829	Timbuktu	**3838**	2399			
Durban	**9194**	5713	Maputo	**8765**	5478	Tripolis	**1966**	1229			

ENTFERNUNGEN VON FRANKFURT NACH EUROPA

Stadt	km	Meilen	Stadt	km	Meilen	Stadt	km	Meilen	Stadt	km	Meilen
Ajaccio	**940**	588	Edinburgh	**1030**	644	London	**652**	408	Reykjavík	**2344**	1456
Amsterdam	**367**	228	Funchal	**2832**	1770	Luxemburg	**177**	110	Rom	**962**	598
Athen	**1807**	1123	Genf	**462**	287	Madrid	**1423**	790	Santorin	**2034**	1271
Barcelona	**1093**	679	Genua	**622**	389	Mailand	**497**	309	Sofia	**1397**	868
Berlin	**433**	269	Glasgow	**1082**	676	Málaga	**1819**	1130	St. Petersburg	**1749**	1087
Brüssel	**306**	190	Helsinki	**1539**	956	Moskau	**2034**	1264	Stockholm	**1210**	752
Budapest	**816**	507	Heraklion	**2115**	1314	München	**299**	186	Stuttgart	**156**	97
Bukarest	**1453**	902	Innsbruck	**370**	230	Nizza	**716**	445	Tallinn	**1469**	918
Cardiff	**850**	531	Istanbul	**1864**	1158	Oslo	**1106**	687	Tromsø	**2252**	1408
Dijon	**398**	249	Kopenhagen	**679**	422	Paris	**460**	289	Venedig	**568**	353
Dublin	**1088**	676	Lissabon	**1875**	1165	Pisa	**719**	449	Warschau	**896**	557
Dubrovnik	**1114**	696	Ljubljana	**609**	381	Prag	**407**	253	Wien	**620**	385

ENTFERNUNGEN VON FRANKFURT NACH AUSTRALASIEN

Stadt	km	Meilen	Stadt	km	Meilen	Stadt	km	Meilen	Stadt	km	Meilen
Alice Springs	**14 500**	9063	Christchurch	18 587	11 617	Nadi	**16 281**	10 176	Sydney	**16 487**	10 304
Auckland	**19 510**	12 123	Darwin	13 336	8335	Perth	**13 852**	8658	Wellington	**18 566**	11 604
Brisbane	**16 092**	10 058	Exmouth	**12 982**	8114	Pohnpei	**13 022**	8139			
Cairns	**14 707**	9192	Hobart	**16 803**	10 502	Queenstown	**18 421**	11 513			
Canberra	16 449	10 281	Melbourne	**16 303**	10 189	Rarotonga	**16 639**	10 399			

ENTFERNUNGEN VON FRANKFURT NACH ASIEN

Stadt	km	Meilen	Stadt	km	Meilen	Stadt	km	Meilen	Stadt	km	Meilen
Amman	**3045**	1892	Islamabad	**5461**	3413	Macau	**9142**	5714	Trivandrum	**7743**	4839
Bali	**11 929**	7456	Jaipur	**6160**	3850	Malé	**7880**	4925	Ulan Bator	**6620**	4138
Bangkok	**8972**	5575	Jakarta	**11 101**	6938	Mandalay	**7993**	4996			
Bangalore	**7410**	4631	Kabul	**5118**	3199	Manila	**10 292**	6433			
Beijing	**7789**	4840	Kathmandu	**6770**	4231	Mumbai	**6566**	4104			
Brunei	**10 731**	6707	Karachi	**5693**	3558	Osaka	**9374**	5825			
Chengdu	**7807**	4879	Kolkata	**7388**	4618	Penang	**9672**	6045			
Chiang Mai	**8444**	5278	Kota Kinabalu	**10 719**	6699	Seoul	**8644**	5371			
Colombo	**8063**	5039	Kuala Lumpur	**9993**	6246	Shanghai	**8827**	5485			
Delhi	**6122**	3804	Kuching	**10 712**	6695	Singapur	**10 279**	6387			
Hanoi	**8708**	5443	Kunming	**8186**	5116	Taschkent	**4688**	2913			
Ho Chi Minh City	**9714**	6036	Kyoto	**9226**	5766	Taipei	**9360**	5850			
Hongkong	**9170**	5698	Lhasa	**7033**	4396	Tokyo	**9540**	5928			

Register

Fett gedruckte Seitenzahlen beziehen sich auf den Haupteintrag.

Danksagung

Der Verlag möchte sich bei folgenden Personen für ihre Beiträge und Unterstützung bedanken (in alphabetischer Reihenfolge): Michael Allaby, Emma Anacootee, J.P. Anderson, David Atkinson, Vicki Auen, Christopher Baker, Pam Barrett, Peter Bently, Eleanor Berman, Shawn Blore, Philip Briggs, Christopher Catling, Sue Dobson, Wendy Dunlop, Mary Fitzpatrick, Rebecca Ford, Susan Forsyth, Paul Franklin, Jeremy Gray, Paul Greenberg, Graeme Harwood, Denise Heywood, Andrew Humphreys, Nick Inman, Yvonne Jeffery, Claire Jones, Evelyn Kanter, Christopher Knowles, Tania Kollias, Simon Lewis, Frances Linzee Gordon, Rachel Lovelock, Sinead McGovern, Jenny McKelvie, Robin McKelvie, Nancy Mikula, Kate Molan, Mari Nicolson, John Noble, Georgina Palffy, Laura Byrne Paquet, Helen Peters, Eleanor Radford, Nick Rider, Barbara Rodgers, Andrew Sanger, Jürgen Scheunemann, Andrea Schulte-Peevers, Simon Sellars, Malvika Singh, Deanna Swaney, Hugh Taylor, Samantha Tidy, Craig Turp, Ross Velton, Stewart Wild, Joanna Williams, Roger Williams, Helena Zukowski.

Bildnachweis

Der Verlag bedankt sich bei folgenden Personen und Institutionen für die freundliche Erlaubnis, ihre Fotografien abdrucken zu dürfen:

Legende: o = oben; u = unten; m = Mitte; g =ganz; l = links; r = rechts

4Corners Images: Biscaro Alberto 165ur, 165m; Morandi Bruno 174ur; Cozzi Guido 27ur, 28ul, 30mr, 95ur, 109ol, 123um, 131ol, 158, 158mlu, 159ur, 217mu, 247m, 247ml, 249or, 250mo, 257gol, 257gor, 261ul, 307or; Gräfenhain Günter 90–91; Johanna Huber 148ur, 156–157m; Tim Mannakee 289or; Borchi Massimo 17ul, 34–35, 49um, 122um, 127ur, 129ur, 144om, 144–145mo, 156, 171mo, 173or, 191mro, 227or, 251or, 254, 320or; Ripani Massimo 203r; Fantuz Olimpio 145r; SIME/Belenos PS 91mo, 91ol; SIME/Cristofori Marco 94mu; SIME/Fantuz Olimpio 95um; SIME/Giovanni Simeone 8–9, 40or, 40–41, 41mo, 110, 111um, 122–123, 123ur, 162om, 162–163; SIME/HP Huber 30ur; SIME/Iorio Giovanni 68–69; SIME/Morandi Bruno 40ol, 41ol; SIME/Puku 114–115; SIME/Ripani Massimo 111om, 111ol; SIME/Schmid Reinhard 31ur; SIME/Ausili Tommaso 206–207m; SIME/Baviera Guido 283om, 283ol; SIME/Bednarz Silko 185ul; SIME/Belenos PS 192–193, 204mlo, 204–205um; SIME/Biscaro Alberto 6–7; SIME/Bortoli Manfred 307gol, 307om; SIME/Damm Fridmar 152mru, 237mu, 267um, 267ml; SIME/Damm Stefan 275om; SIME/Dutton Colin 89ur, 101um, 101m; SIME/Fantuz Olimpio 182–183mu, 183m, 217or, 276–277mu, 282or, 306om; SIME/Giampiccolo Angelo 183um, 306–307m; SIME/Giovanni Simeone 37m, 48ul, 49l, 49ol, 49or, 107l, 185ml, 208, 242r, 249, 249ul, 251mo, 255or, 267ul, 267gol, 267om, 277mo, 298ul, 321or; SIME/Gräfenhain Günter 49ur, 50mo, 58om, 236–237m, 237or, 314m, 314om, 314–315mo, 323or; SIME/Hans-Peter Huber 52–53m, 246m, 253gor; SIME/Johanna Huber 17mo, 36m, 43ur, 62ml, 65um, 65or, 93ml, 106or, 156ul, 216m, 216–217m, 221ml, 243um; SIME/Kornblum Lothar 46l; SIME/Morandi Bruno 124m; SIME/Orient 259mu; SIME/Pavan Aldo 182l, 216l; SIME/Pignatelli Massimo 23ur, 264ur, 265um; SIME/Puku 250um, 306or; SIME/Rinaldi Roberto 278mu; SIME/Ripani Massimo 2–3, 73um, 119um, 223m, 232mo, 233mo, 285or, 309m; SIME/Römmelt Bernd 224ul, 224om; SIME/Scatà Stefano 308um, 308–309m; SIME/Scattolin Sebastiano 17um, 270–271; SIME/Schmid Reinhard 42mo, 42–43m, 43um, 125om, 205mr, 208l, 215m, 224ol, 224or, 226ur, 226or, 294ul; SIME/Spila Riccardo 37ml, 52om, 172–173m, 183mo, 261ol; SIME/Stadler 261om; Giovanni Simeone 30um; Amantini Stefano 23ol, 74ul, 75mo, 95m, 102ol, 129om, 208m, 250mu, 282m, 283r.
Africa Image Library: Ariadne Van Zandbergen 15mu, 27m, 211mo, 240mo, 241mu, 262–263m, 263um, 292um, 292l, 292–293m
akg-images: Erich Lessing 122mlu.
Alamy Images: A Room With Views 177or; 311mu; Arco Images 89m, 95mo, 111ml; Jacek Baczkiewicz 243ol; David Ball 310l; Bruno Barbier 284–285mo; Carol Beckwith & Angela Fisher 293ul; Pat Behnke 119ul; Andy Belcher 147um; Suzy Bennett 142um, 149um; Walter Bibikow 81om; blickwinkel 203ol, 221ul, 236mo; Nigel Blythe 259or; Rachael Bowes 137ur; Bowman 277mu; Allen Brown 194ml, 214or; Bryan & Cherry Alexander Photography 39om; Cristiano Burmester 97ol; James Caldwell 204fmlu; Andy Christodolo 181r; Gary Cook 195ml, 211or, 262gmlu; Cornforth Images 185ol; Dennis Cox 177gul; CuboImages srl / Bluered 94m; Jean Dominique Dallet 43ul; Ethel Davies 328l; Design Pics Inm. 222ul; Dinodia Images 80ul; Chad Ehlers 191or; FAN travelstock 191mru; David Fleetham 249ml; Kevin Foy 138mlu; Stephane Frances 46om; franzfoto.com 202or; Michel Friang 60–61, 84, 148ul; Lee Frost 73or; Eddie Gerald 106ul; Daisy Gilardini 314mu; Michel Gortin 299mr, 315om; Tim Graham 99um, 99ul; Sylvain Grandadam 319ul; Jeff Greenberg 55l, 109ml, 126ur; guichaoua 110mlu; Judith Haden 268l; Blaine Harrington III 165um; Juergen Henkelmann 75m; Per-Andre Hoffmann 174–175m; Robert Hollingworth 291ol; Andrew Holt 242ul; Peter Horree 125ml; Hervé Hughes 291om; imagebroker / Stefan Auth 91or; Images&Stories 262ur; INTERFOTO Pressebildagentur 190ml; JadroFoto 156ur; James Davis Photography 147mo; Andre Jenny 170l, 230gul, 261um, 261ml; Mark A. Johnson 248ul; David Keith Jones 155gur; Ali Kabas 220m, 226om; Christian Kapteyn 264um; Ei Katsumata 117ul, 139mo; Vadym Kharkivskiy 226ul; Erich Kuchling 202–203om; Hideo Kurihara 113m, 198l; Yadid Levy 190gmlu, 308ul; Barry Lewis 319um; Jason Lindsey 19om, 19ol; Suzanne Long 78ul; Craig Lovell 258om; Craig Lovell/Eagle Visions Photography 88ul, 103ur; Joe Malone 81m; J. Marshall, Tribaleye Images 153ur; Iain Masterton 23um, 75gur; Neil McAllister 143um, 151um, 151ol; Chris McLennan 50ul, 56mo, 57mo; mediacolor's 69mu; mediacolors 204ml; John And Lisa Merrill 249ur; F. Monheim/R. von Götz 119om; Geoffrey Morgan 289m; Jeff Morgan 177gol; Renee Morris 119ol; The National Trust Photolibrary/Derek Croucher 119ur; Julian Nieman 272ml, 293or; Odyssey 123mo; PCL 71ur; Chuck Pefley 139om, 305ol; Photo Japan 103ol; The Photolibrary Wales 177ul; Éric Piché 164um; Sergio Pitamitz 113ur; Stu Porter 154ur; Publiphoto Diffusion Inc/P.G. Adam 44; Alun Richardson 169m, 180o; Rolf Richardson 272ul, 275um; Ray Roberts 73ml; Pep Roig 153ml; Tom Salyer 85ol; Aliki Sapountzi 100ul; Scottish Viewpoint 128ul; Neil Setchfield 163mo; Thomas Shjarback 185gol; Joe Sohm 170–171m; Steve Bloom Images 39ol, 154–155m; Mel Stuart 88ml, 106ur; Keren Su 288l; Sue Cunningham Photographic 97mo; Emilio Suetone 47mo; Jack Sullivan 319om; Petr Svarc 72ul; Bjorn Svensson 259om; Sylvia Cordaiy Photo Library Ltd/Dave Willis 49om; David Tipling 196mo; Nick Turner 146–147m; Pablo Valentini 78um; Geneviève Vallée 196or; Mireille Vautier 64ul; Lanz von Horsten 142mr, 154ul; David Wall 257om; Ken Welsh 311om; Robin Whalley 19um; Arch White 36ml, 47om; Jochem Wijnands 112m; World Pictures 149ur; WorldFoto 57m; Worldwide Picture Library/John Cleare 62m, 69ur.
Alaska Stock: 194ur, 212ul, 213um, 213om.
Alberta Tourism, Parks, Recreation & Culture: 178um, 178mo, 178l.
Alfred Molon Photo Galleries: 82or, 82–83, 83ur, 234u.
Ardea: Francois Gohier 28l, 295r; M. Watson 208mu.
Jon Arnold: 199gol; Peter Adams 85or, 278om; Jon Arnold 17m, 74om, 318r; Walter Bibikow 27mu (Gebäude), 49ul, 52mo, 238, 273mr, 279r, 320–321m, 321gol; Michele Falzone 303r; Neil Farrin 147mu; Danielle Gali 287or; Gavin Hellier 125ul, 302ol; Doug Pearson 56m, 56–57um, 223or.
Art Directors & TRIP: 112ul; Jane Sweeney 14ul.
The Art Archive: Bibliothèque Nationale Paris 132ul; Dagli Orti 42um.
Australian Picture Library: 310–311m.
Austrian National Tourist Office: Wiesenhofer 172ul.
Axiom: Jenny Acheson 111ur; Steve J Benbow 131om; Joe Beynon 143ml, 162mu; M. Bowman 65ol; Chris Bradley 198r; Chris Caldicott 32mo, 63ml, 73ur, 309mo, 309or; Sue Carpenter 289um; Chris Coe 164l, 265ul; Ian Cook 18m; Ian Cumming 24mro, 144m, 182m, 210mlu, 232mu, 239gor, 258l, 259mo, 276l; Ellen 21ur; Tim Hall 32om, 40mlu, 41mu; Steve Jones 288r; Naki Kouyioumtzis 321ol; Guy Marks 152mu, 159ol; Chris Martin 281ul; Doug McKinlay 69mo; James Morris 69um; Chris Parker 93om, 239ol; Wolfgang Polzer 11mlu, 16ur; Paul Quayle 51m, 74mo, 286m; Ellen Rooney 23ml, 142mr, 156mr; J. Sparshatt 47mu; James Sparshatt 42mu, 105ur; Luke White 212m; Peter M. Wilson 106um, 162m.
Bluegreen Pictures: 298mr, 317um, 317or.
BrazilPhotos: Ricardo Beliel 298ml, 322ul, 323m.
The Bridgeman Art Library: 68mlu; Catacombs of Domitilla 162ul; Private Collection/Artist: Bedford, Francis 42ul.
britainonview.com: 118ul; Colin Weston 129.
Bryan and Cherry Alexander Photography: 29ul, 39ur, 39ml, 186–187, 187m, 187mu; Ann Hawthorne 38l; Mark Ryan 39um.
Calgary Stampede: 179or.
Mabel Chan: 56gul, 57mu.
China Span/Keren Su: 132m, 132om, 133mu, 151ur.
China Tourism Photo Library: 150ul, 151ul, 151m; Li Shao Bai 228ur; Deng Wei 228ul.
Coast Mountain Photography: Andrew Doran 77ul; Frans Lanting 197or.
Gary Cook Photography: 73ul, 73om, 73ol, 90or, 91mu, 91om, 105om, 130ul, 136um, 137ul, 172mo, 172or, 200um, 213ul, 240l, 241om, 250l, 262ul, 263ul, 263or, 293um.
Corbis: 105ml; Theo Allofs 310mu; Archivo Iconografico, S.A. 103mo; Tony Arruza 54ul, 89mr, 109or; Dave Bartruff 126ul; Peter Beck 229ul; Niall Benvie 117mr, 123m; Yann Arthus-Bertrand 93ul, 97mu; Amit Bhargava 80–81om; Tibor Bognar 133ur; John Conrad 105ol; Joel Creed 97om; Gérard Degeorge 98ul, 99ml, 99or; Macduff Everton 85um; Randy Faris 33m; Owen Franken 239ml; 243gor; Justin Guariglia 151or; Dallas and John Heaton 32–33m; Lindsay Hebberd 268–269mo; Jon Hicks 188–189m, 228–229m, 252–253or, 319mr, 319gol, 319ol; K J Historical 252ol; Jason Hosking 50um; Kit Houghton 13om; Dave G. Houser 284mo; George H. H. Huey 312l; William Henry Jackson 202ul; Dewitt Jones 103om; Kelly-Mooney Photography 108r; Richard Klune 201m; Bob Krist 254l, 298–299mo, 304r; Frans Lanting 197m; Danny Lehman 249om, 305um; Massimo Listri 225mo; Craig Lovell 298m, 302or; Frank Lukasseck 250–251m; Ludovic Maisant 131ml; William Manning 134; Buddy Mays 54ur; Stephanie Maze 58ul; Gideon Mendel 229um; Marc Muench 305or; NASA/Roger Ressmeyer 109ul; Kazuyoshi Nomachi 14–15m, 26–27, 93ol, 246ml, 259ol; Richard T. Nowitz 93um, 171or; Charles O'Rear 254–255m, 277r; Herwig Prammer 318ul; Carl & Ann Purcell 27om; Neil Rabinowitz 299or; Jose Fuste Raga 67ur; Reuters 160ml; Chris Rogers 120ol; Bill Ross 113om; Pete Saloutos 101ur; Kevin Schafer 197om, 294–295m; Paul Seheult 294gul; Jayanta Shaw 329r; Paul A. Souders 302–303mu, 310mo, 311mo; Hubert Stadler 180m; Keren Su 99ur, 152ul; Svenja-Foto 225ol; Onne van der Wal 278–279mo; Patrick Ward 311or; WEDA/epa 206m, 206l; Kurt-Michael Westermann 319or; Nevada Wier 99om; Adam Woolfitt 232l; Michael S. Yamashita 286l; Zefa/Bruno Levy 69m.
Courtesy of Ski Portillo: 180l, 180–181mo.
Richard Cummins: 13um, 13ul, 13ur, 13ol, 13or.
Department of Tourist Development, State of Tennessee: 142ul, 160om, 161mu.
DK Images: 134mlu, 135ol, 139ur, 163ur; Max Alexander 112mo, 276m; Demetrio Carrasco 109um; Christopher and Sally Gable 86–87; Eddie Gerald 266l, 267or; Alan Keohane 149ul, 320ul; Rough Guides/Neil Setchfield 113mu; Chris Warren 177ol; Linda Whitwam 126um, 126–127.
Double Blue Images Stock: Tim Rock 316ul, 316–317, 317mo.
Katie Eke: 17mu.
Europa-Park: 204ul.
Eye Ubiquitous: 65om, 308ur, 309um; Jeremy Horner 85om.
Michele Falzone: 51ur.
Stephanie Farrow: 16–17m.
Finnish Tourist Board: 314l, 315.
FLPA: 27mu; Michael & Patricia Fogden 30–31; David Hosking 104ul; Frans Lanting 96om, 196mu, 234gul, 234gur; Mark Newman 255mu; Martin B. Withers 148um; Norbert Wu 234ur.
Focus New Zealand: 199u.
Franz Marc Frei: 24mlo, 24–25, 25ur, 94–95, 116ml, 121mo, 135ul, 135ml, 135om, 135or, 138–139, 163om, 195mr, 216um, 216mo, 217um, 217m, 224–225m, 225, 225mu, 225or, 243ul, 320om, 321m
GAP Photos Ltd: Paul Debois 116ul, 119ml.
Getty Images: 213or; Peter Adams 134–135m, 264l; AFP 62ul, 80m; Glen Allison 107ur; Altrendo 172om, 264–265; Christopher P. Baker 47ol; Walter Bibikow 264mo; Ira Block 248m; Tim Boyle 63mr, 70ml, 70mlu, 70om; Michael Busselle 247ul, 261or; Angelo Cavalli 29gur, 36ul, 58mo, 258–259m; John Chard 119or; Paul Chesley 207or; China Tourism Press 258or; J Clarke 205mru; Mike Clarke 11mr, 33om; Cosmo Condina 65ur, 284mu; Joe Cornish 277um; Cousteau Society 39or, 278mo; Gary Cralle 255um; Grant Dixon 152mo; Jerry Dodrill 137gur; Kenneth Ehlers 11ml, 19ur; Macduff Everton 255mo; Grant Faint 47ur, 53gur, 120–121om, 152r, 169ur, 190mlu; Robert Frerck 269r; Stephen Frink 294ur; Howie Garber 213ol; Darrell Gulin 231m; Bob Handelman 220ml, 229or; Kathleen Hanzel 243fml; Robert Harding 260l, 260r, 312um; Don Hebert 299m; Gavin Hellier 23or; Corey Hendrickson 12m; Pal Hermansen 168m, 187om; Jeff Hunter 37mru, 55ur; Richard I'Anson 23om; Iconica/Frans Lemmens 85ul; The Image Bank/Andrea Pistolesi 161m; The Image Bank/Gary Cralle 135ur; The Image Bank/Peter Lilja 10mr, 30ul; Cyril Isy-Schwart 261gol; Lou Jones 323mu; Tim Laman 220m, 234mr; Siegfried Layda 74–75om; Frans Lemmens 131ul; Harvey Lloyd 188m; Robin MacDougal 233mu; David Madison 28–29m; Yves Marcoux 164–165mu; Scott Markewitz 63m, 76ul; Peter McBride 157ur; Aaron Mccoy 117m, 136ur; Will & Deni McIntyre 170ur; Michael Melford 189ol, 213ml; Ethan Miller 321om; Mark Newman 230mr; Klaus Nigge 54mr; Steve Outram 156um; Panoramic Images 280–281m; Heather Perry 317mu; Photo and Co 221mr, 239ul; Andrea Pistolesi 264mu; Mike Powell 77ol, 77or; Martin Puddy 274–275m; Reportage/Marco Di Lauro 163mu; Reportage / Per-Anders Pettersson 160ul; Roger Ressmeyer 202m, 254um; Vincent Ricardel 171mu; Ronald Rogoff 241m; Rusty Russell 161om; Chris Sanders 124ul; Sime Sas 18l; Sybil Sassoon 105ul; Kevin Schafer 116mr, 131ur, 294um; Hugh Sitton 236mu; Stone 111gur; Stone/Robert Frerck 84ul; Oliver Strewe 284l; Jane Sweeney 136ul; Grant Taylor 65ul; Michael Townsend 202mo; Pete Turner 240–241m; Robert van der Hilst 132–133m; Rohan Van Twest 88m, 112–113m; Cassio Vasconcellos 58mu; Aaron Black Veer 76m; Jochem Wijnands 266r; Winfried Wisniewski 220mr, 241or.
Glenbow Museum: 252ul.
Jenn Hadley: 200mlu.
Hemispheres Images: Arnaud Chicurel 307m; Jean Du Boisberranger 125or; Patrick Frilet 187mo; Bertrand Gardel 42m; Michel Gotin 182mu; Hervé Hughes 290l.
John Heseltine Photographics: 282mo, 282l, 282–283mu, 283or.
Denise Heywood: 206mu, 206om, 302tm.
Barbara von Hoffmann: 211um.
ICEHOTEL, Jukkasjärvi: Håkan Hjort 19, 19ul.
Images of Ningaloo: 62mr, 78m, 78–79mu, 79um, 79m.
IML - Image Group: Massimo Pizzocaro 101mo.
Impact Photos: Michael Mirecki 58–59mo.
Insight Photography: 77um, 77mo, 77ml.
Japanese National Tourist Organization: 103mu, 286mo, 286mu, 286or, 287om; Andrew Chong 286–287m.
Joel Rogers Photography: 184r.
John Warburton-Lee Photography: 199gor, 199or; Amar Grover 85ml; Mark Hannaford 19or, 52mu, 240m, 241mo, 263gul; Christian Kober 286–287om; Nigel Pavitt 11m, 26mlu, 240om; John Warburton-Lee 159ul; Allan White 36mr, 38, 39ul.
Wolfgang Kaehler Photography: 16l, 17ur, 92, 174ul, 174l, 175or, 239or, 275mo, 306ul; Wolfgang Kaehler 302l.
Lebrecht Music and Arts Photo Library: Jim Four 233ol.
Holger Leue Photography: 24ul, 24mo, 29gul, 57um, 90ol, 91ur, 120om, 120–121, 121ur, 121mu, 121ol, 146ul, 159um, 159ml, 159om, 159or, 186ul, 187or, 191mu, 256ul, 257ol, 291ul, 291or, 299m, 312mr; Holger Leue 202–203m, 203or, 280l.
Lonely Planet Images: 10m, 22m, 29ur, 93ur, 98m, 99ol, 102or, 155um; Judy Bellah 220ul, 233om; Bruce Bi 45ul, 45ol; John Borthwick 116m, 133m; Greg Caire 137um; Jean-Bernard Carillet 89ml, 111or, 183r; Bethune Carmichael 273ml, 282om; Frank Carter 41om; Tom Cockrem 293ur; Mark Daffey 15u, 153mr; Grant Dixon 280um; Krzysztof Dydynski 265; Greg Elms 106om; David Else 210–211um; Frances Linzee Gordon 246ul, 262um; Kim Grant 230ul; Rhonda Gutenberg 168ml, 175ul; Peter Hendrie 281ur, 291m; Charlotte Hindle 46ol; Richard I'Anson 131um, 131or, 150r, 151om, 171um; Greg Johnston 313or; Chris Mellor 276mo; Guy Moberly 74m; Bernard Napthine 206mo; Paul Piaia 51um; Anthony Plummer 258ol; Peter Ptschelinzew 309ul; Tim Rock 211mu; Cheyenne Rouse 13ml; Stephen Saks 304ul; Witold Skrypczak 247mr, 268um; Jonathan Smith 20ur; Peter Solness 274l; Oliver Strewe 223mu, 272m, 277m; Ariadne Van Zandbergen 292ur; Stephane Victor 117ml, 125ur; David Wall 195m, 199ml, 199ol; Eric L Wheater 214ur; Christopher Wood 276mu.
Luzern Tourismus AG : Priska Ketterer 201um, 201mu.
Madeira Tourist Board : 237om; DRTM 237m.
Shahid Mahmood: 52um, 52ul, 53um, 53om, 81ur, 273ul, 289ul.
Maple Grove Farms of Vermont: 231or.
Gunter Marx - Stock Photos: 77ur.
Mary Evans Picture Library: Alexander Meledin 20ul
Masterfile: J. David Andrews 44l, 189om; Garry Black 37mr, 45ur; Bill Brooks 244–245; Gloria H. Chomica 166–167, 178–179m; Peter Christopher 20–21; Brent Daniels 296–297; Damir Frkovic 126mr; Peter Griffith 71mu; JW 140–141; R. Ian Lloyd 146um, 146m, 146mu, 289gor; F. Lukasseck 88mr, 96–97m; Andrew McKim 299mo; Dale Sanders 290r; Jon Shireman 71m; George Simhoni 10ul, 21ul; Lloyd Sutton 251um; Brian Sytnyk 188l, 189or; Mark Tomalty 164m, 169mr, 178mu; Carl Valiquet 21m; Marc Vaughn 12ul.
Matthew Newton Photography: 273m, 281um.
Peter Matthews: 80um, 80om.
Ingrid Morató: 142ml, 144mo, 144l.
Brian Moyes: 136–137m.
Brian Moyes Photography: photographersdirect.com 128–129m.
NASA: KSC 108l.
Nashville Convention & Visitors Bureau: Heavenly Perspectives 161ur.
Natural Photographic Ltd: Chris Weston 155ul, 155ur.
Natural Visions: Brian Rogers 235or.
naturepl.com: Bernard Castelein 168mr, 185ur; Brandon Cole 184l; Christophe Courteau 105or; De Meester / ARCO 194m, 205um, 205or; Steven David Miller 79ur; David Noton 214o; Rolf Nussbaumer 90mlu; Pete Oxford 194mr, 196gor; Doug Perrine 16ul; Michael Pitts 298l; Jeff Rotman 307ol; Anup Shah 235m; Tom Walmsley 278l.
Clive Nichols: Blenheim Palace,Oxon 118m.
Nik Wheeler Photography: 291um.
Oceanwide Images: Gary Bell 78om, 148–149m, 256r, 257um, 257ul; Andy Murch 79om.
OnAsia: Peter Charlesworth 22l.
PA Photos: AP/Gregory Bull 139mu; Lo Sai Hung 33um; Jeff Roberson 70–71; Vincent Yu 32.
Photolibrary: 143m, 147ur; David Ball 4–5; Bruno Barbier 14mo; Walter Bibikow 305gol; Demetrio Carrasco 165mu; Scott Christopher 299ur, 305ul; Kindra Clineff 169ml, 188or; Ben Davidson 185om; Perrine Doug 88ur, 105um; David B. Fleetham 272mr, 291gol; Bud Freund 188mo; Index Stock Imagery 54um; Index Stock Imagery/Barry Winiker 160–161; Adam Jones 172mu; Mark Jones 104; Jtb Photo 10ml, 15om; Ed Langan 188–189o; Gloria & Richard Maschmeyer 125um; Grahame McConnell 94um; Wendell Metzen 160mu; Diane Miller 305om; J.-C.&D. Pratt 173om; Jeff Randall 185or; The Travel Library 122m; Steve Vidler 132mu, 133om; Zhenguang Zhang 218–219, 228um.
Photolibrary Wales: Dave Newbould 177om; Paul Parker 176m; Ben Smith 177um; Neil Turner 176ul.
Photo Scala, Florence: © ARS, NY and DACS, London 2007. 305m. **Photoshot / NHPA:** Stephen Dalton 312–313m; Trevor Mcdonald 294mr.
Pictures Colour Library: Oliver Benn 312ul; Anthony Cox 227m; J.D. Dallet 208–209m; Edmund Nagele 100–101; Loek Polders 195ur, 209or; Gregory Wrona 66ur.
Heinz Plenge: 196l.
PunchStock: Digital Vision 130m.
Ralph Morang Photography : 230ur.
Reuters: Victor Fraile 66ul; John Gress 70ul; Charles W. Luzier 109om; Sue Ogrocki 71om.
Rex Features: Rob Crandall 171ul.
Robert Harding Picture Library: CuboImages 94mlu; J.P. De Manne 223mo; Neil Emmerson 168ul, 173; Gavin Hellier 15ur, 190–191um; Christian Kober 102ul; Adam Woolfitt 72m.
Rocky Mountaineer Vacations : 252–253m, 253m, 253ol.
Royal Canadian Pacific: 252om.
Science Photo Library: Jim Reed 328m.
Scottish Viewpoint: S. Grosset 129mu.
Shutterstock: Andy Lim 82um, 82ur; Sergey Popov 82ul; TAOLMOR 50m, 51mo.
South American Pictures: Robert Francis 268ur; Tony Morrison 96ul, 96ol, 97ur, 268mr, 323um.
Staatsoper Unter den Linden: 75om.
Still Pictures: Russell Gordon 85ur.
Stillman Rogers Photography: 315m, 315mo.
Struik Publishers: Images of Africa 154gul.
SuperStock: 125ol, 197ol; age fotostock 42ur, 63ul, 66um, 66mr, 82om, 246mr, 249ol, 284m, 287ol; Vidar Askland/TMC 243gol; Maxx Images 45om; Prisma 253or.
Tangent Images: 322–323m.
Shin Terada: 102–103.
Mark Thomas: 111ul, 232om, 232–233mo, 267ol.
Tourism Tasmania: George Apostolidis 280–281um; Geoff Murray 281or.
The Travel Library: 257ml, 284om; Stuart Black 21um, 32m, 214ul, 214gul, 214gur, 275or; John Carr 1, 152–152m, 326u; Heather Coulson 48m; James Davis 50–51; Frank Fell 226um, 239um; Chris Hermes 200m, 201or, 243om; Sam Howard 33ur, 81um, 289ur, 289gol; Oldrich Karasek 175um; John Lawrence 200–201um; Tony Pleavin 40om; Rob Richer 317m; Paul Strawson 41ur; Andy Williams 251m.
Travel Ink: Abbie Enock 45ml, 312ur; Dave Saunders 299mu, 299ml.
VIA Rail Canada : 252or.
Wonderful Copenhagen: Christian Alsing 190mlo.
World of Stock: Keith Levit Photography 46–47.
www.palaceonwheels.net: 289ol.

Umschlagbilder: *Vorderseite:* **4Corners Images:** SIME/Johanna Huber Hauptbild; SIME/Kaos2 gur; **Alamy Images:** David Bell ur; nagelstock.com ugl; **Lonely Planet Images:** Ralph Hopkins ul. *Rückseite:* **4Corners Images:** SIME/Baviera Guido ur; SIME/Cellai Stefano gol; **Alamy Images:** David Ball or; Dennis Cox mgru; Kevin Foy gor; Odyssey mlo; Robin Whalley mru; xela gul; **Corbis:** Todd Gipstein gmlo; **Getty Images:** The Image Bank/Angelo Cavalli mlu; **Photolibrary:** Mark Jones mgro. *Buchrücken:* **Alamy Images:** Ron Niebrugge o; **Corbis:** Paul Hardy u.

DIE WELT: Traumziele